우리 사료 속의 독도와 울릉도

우리 사료 속의 독도와 울릉도

초판 제1쇄 발행 2013. 11. 15.
초판 제2쇄 발행 2014. 7. 15.

지은이 유 미 림
펴낸이 김 경 희
펴낸곳 (주)지식산업사
　　　　본사 ● 413-832, 경기도 파주시 광인사길53 (문발동 520-12)
　　　　　　　　전화 (031)955-4226~7 팩스 (031)955-4228
　　　　서울사무소 ● 110-040, 서울시 종로구 자하문로6길 18-7(통의동 35-18)
　　　　　　　　전화 (02)734-1978 팩스 (02)720-7900
　　　　한글문패 지식산업사
　　　　영문문패 www.jisik.co.kr
　　　　전자우편 jsp@jisik.co.kr
　　　　등록번호 1-363
　　　　등록날짜 1969. 5. 8.

책값은 뒤표지에 있습니다.

이 책을 읽고 저자에게 문의하고자 하는 이는
지식산업사 전자우편으로 연락 바랍니다.

우리 사료 속의 독도와 울릉도

유미림

지식산업사

책머리에

1.

나는 책머리에서 독도가 우리 땅이라는 주장을 되풀이하고 싶지는 않다. 독도는 엄연히 대한민국 영토이기 때문이다.

이 책은 그동안 발표했던 논문을 수정·보완하여 묶어 낸 것이다. 논문을 다시 보니 오류도 많고 확인해야 할 사항도 많아 원전을 다시 확인하고 최근의 연구성과도 반영하여 적지 않은 부분을 수정했다. 이 책에 실린 논문은 대부분 일본 주장에 대한 반론으로 쓴 것이거나 새로 발굴된 사료에 근거하여 쓴 것이다. 2000년대 이후 한일 양국에서는 새로운 사료가 적지 않게 발굴되었는데, 한국 측에 유리한 사료가 대부분이다. 그 가운데 2005년 일본에서 발굴된 것이 이른바 〈겐로쿠元祿 각서〉이며, 장한상의 〈울릉도 사적〉, 박세당의 〈울릉도〉, 〈책문策文〉, 대한제국의 〈울도군 절목節目〉 등은 한국 측 사료이다. 장한상의 글은 오래 전부터 알려져 있었으나 전문이 번역된 적이 없었고, 박세당의 글도 '우산도' 관련 내용이 연구되지 않았다. 〈울도군 절목〉 역시 울릉군이 배계주의 후손에게서 입수했으나 그 내용이 알려지지 않았었다. 숙종 때 '울릉도 쟁계'를 과거시험에 출제했던 〈책문〉은 최봉태 변호사가 내게 분석을 의뢰한 것이다. 중국 당안관 문서는 이번에 처음 발표하는 글인데, 현대송 박사의 제보로 중국 남경

당안관 자료를 조사하여 쓴 것으로 전문이 입수되기를 기다리다 이제야 발표하게 되었다.

〈울릉도 사적〉, 〈울릉도〉, 〈책문〉, 〈울도군 절목〉은 모두 원문을 정리하여 풀고 번역했다. 사료 해석은 늘 오역의 우려가 있기에 여러 분들의 도움을 받아 만전을 기하고자 했다. 관심 있는 분들의 질정이 있기를 기다린다.

2.

그동안 '독도 연구'에 종사하면서 한때는 연구기관에 종사했던 연구원으로서, 지금은 일개 연구자로서 (역사학)'연구'와 '홍보'의 측면에서 평소 아쉽게 느껴 오던 바를 적어 보려 한다.

내가 독도 연구에 발을 내딛게 된 것은 2006년 한국해양수산개발원 독도연구센터에 입소하면서부터이다. 처음에는 선행연구를 학습하면서 '독도 문제'를 알아 갔고 관련 문서를 읽었다. 그러나 많이 인용되는 사료에 오역이 많고 용어에 통일성이 없음을 알게 되면서 나의 관심은 원전에 대한 확인으로 이어졌다. 연구자가 원전을 확인하는 것은 당연한 일이지만, 우리 학계의 일부 학자는 이를 간과하여 선학의 오류를 답습하는 경향이 있다. 기본서와 선행연구에 대한 검토 없이 이루어지는 연구는 연구자에게 자신의 발견이 처음인 듯 오인하게 할 우려가 있고, 원전 확인 없이 답습하는 연구는 선학의 오역을 바로잡지 못할 뿐 아니라, 자신의 오류로 이어갈 위험성이 있다. 역사학은 사료가 새로 발굴되면 기존의 설은 재고되어야 한다. 더욱이 '독도' 관련 사료는 새로 발굴될 여지가 많을 뿐만 아니라 여전히 확인해야 할 내용도 많으므로 원전을 꼼꼼히 확인하고 최신의 동향을 반영하여 오류를 최소화해야 할 것이다.

'독도' 관계 연구에 대한 지원 예산은 그동안 꾸준히 증가되어 왔다. 그러나 그 지원이 많다고 해서 독도문제 해결에 도움이 된다고는 생각하지 않는다. 연구사업만 보더라도, 많은 예산이 오히려 불필요한 연구를 양산하고 연구의 질을 저하시키는 측면이 있기 때문이다. 연구자가 많아지면 수준도 제고되겠지만, 예산 소모를 위한 사업을 하다보면 불필요한 연구도 하게 되며, 한편으로는 특정 주제에 편중된다. 실제로 최근 몇 년 동안의 연구성과가 과거 50년 동안 축적된 것보다 많지만 황무지에서 '독도의 역사'를 개척하고 사료를 발굴해낸 업적으로 본다면, 우리가 1세대 연구자 및 송병기·신용하 선생들의 연구범위와 사료발굴에서 얼마나 벗어났는지는 의문이다. 그나마 희망적인 것은 과거에는 독도 통사와 한국 사료 분석을 위주로 했다면 요즘은 일본 사료로 분석 대상을 확대해 가고 있다는 점이다. 역설적이게도 한국의 독도 영유권 입증에 유리한 사료를 발굴해 주거나 독도가 일본 땅이 아님을 일본 측 사료로 논증해 주고 있는 사람은 주로 일본인이다. 물론 이들의 논저를 번역해 소개하거나 한국 측 반론의 논거로 활용하는 것도 필요하지만, 이제는 이를 넘어 사료 발굴과 연구, 두 측면에서 질적인 도약을 해야 할 때이다.

독도 연구는 사료 발굴과 해석이 관건이다. 독도는 우리 땅이므로 사료를 발굴할수록 이를 입증하는 데 유리해지기 때문이다. 그런데 개인 연구자는 사료에 접근하기가 쉽지 않을 뿐 아니라 시간도 많이 걸리는 한계가 있다. 또한 연구자가 모두 일차 사료에 대한 해독 능력을 지닌 것도 아니다. 그러므로 연구기관은 여러 개인에게 안배하여 단발성 연구를 맡기거나 영유권과 직접적 관련성이 적은 지도 구입에 예산을 쓰기보다는 사료 탈초와 번역 같은 기초연구를 수행하여 심화연구의 자료를 제공하는 것이 효율적이라고 생각한다. 우리는 독도 영유권을 주장할 때 512년 신라의 우산국 정복을 내세우지만 이를 영유권의 근거로 삼기는 어렵다. 그보다는 1905년 이전 한국이 독도를 통치한 실상과 일본이 독도를 침탈한 상황을 증명하는 것이 더 중요하다. 이를 입증할 수 있는 사료가 현재 한국의 규장각, 일본의 외교사료관 등에 있지만 열람이 용이하지 않을 뿐만 아니라 활용할 수 있는 연구자도 제한되어 있다. 또한 사료를 수집·번역하는 일은 적절한 인력을 확보한 연구소(기관)가 아니면 어려운 일이다. 나아가 사료란 수집 자체에 의의가 있는 것이 아니기 때문에, 연구기관은 수집 사료와 연구결과물을 다른 기관 및 여러 연구자들과 공유하는 데 적극적이어야 안팎으로 연구의 시너지 효과를 낼 수 있을 것이다.

이제는 기관마다 비슷한 홍보물을 발간하고, 같은 사료를 중복 수집하고, 비슷한 홈페이지와 아카이브를 구축하는 낭비를 지양할 필요가 있다. 그러기 위해서는 통합적인 디지털 아카이브를 구축하여 사료와 연구결과를 공개하여 정보를 공유해야 할 것이다. 그리고 연구는 정책적 대응과 분리되어 대외적 변수와 상관없이 지속되어야 할 것이다. 홍보물을 발간할 때는 대상의 수준에 맞추되 내용에서는 통일성을 기했으면 한다. 홍보물이 지역마다 균형적으로 배포되는지도 관리되어야 한다. 공공기관의 '독도' 홈페이지도 기관의 성격에 맞게 사료를 선별해서 오류 없이 게재한다면 공신력이 더 커질 것이다.

마지막으로, 독도 관련 용어와 표기는 통일되어야 한다. 독도 관련 사이트와 발간물, 박물관(홍보관, 기념관)의 전시물을 보면, 용어와 표기가 제각각이다. 이런 혼란은 연구기관이 원칙을 세워 바로잡아야 한다. 홍보물 발간에 우선되어야 하는 것이 오류를 바로잡는 일이다. 잘 알려져 있듯이, 일본이 '울릉도 쟁계'로 말미암아 도해금지령을 낼 때 칭한 '다케시마竹島'는 본래 울릉도를 가리키는 것이었다. 그런데 일본이 1905년에 자국령으로 편입할 때 명명한 '다케시마'는 독도 호칭이었다. 그리고 당시 우리나라와 일본이 울릉도 옆의 댓섬을 가리킬 때 사용한 호칭은 '죽도竹島'였다. 그런데 현재 우리나라는 공공기관조차 독도 호칭으로 '다케시마' 대신 '죽도竹島'로 표기하는 경우가 있다. 번역서도 마찬가지다. '다케시마'가 일본식 호칭임을 들어 '죽도'로 표기할 것을 주장하면서 영어로는 'Takeshima'로 표기한다면 이는 사리에 맞지 않다. 표기는 시대에 따라 바뀌게 마련이다. 요즘 시마네현을 도근현島根縣으로, 요시다 수상을 길전吉田 수상으로 표기하는 일은 거의 없지 않은가. 일본이 정한 2월 22일을 '다케시마의 날', '죽도의 날', '독도의 날'로 언론마다 다르게 표기하고, 연구자까지 애매한 입장을 보이는 것은 생각해볼 일이다. 그 밖에도 혼란을 겪고 있는 용어는 많다. '독도' 연구 자체가 워낙 논쟁적이다 보니 내용의 통일성을 기하기가 어렵겠지만, 사료의 성격을 올바로 인식한다면 이런 혼란은 불식될 것이다. 우리는 정확한 기술과 표기가 올바른 교육과 홍보로 직결되는 것임을 염두에 두어야 할 것이다.

내가 독도 연구자로서 감히 이런 지적을 하는 이유는, 독도가 대한민국 영토임에도 이를 입증해야 하는 현실에 직면해 있기 때문이다. 1877년에 일본이 독도는 일본의 영토가 아니라고 공식 인정한 태정관 지령과 1900년에 대한제국이 석도 즉 독도를 울도군의 관할구역으로 명시한 칙령 제41호를 홍보하는 것은 매우 중요하다. 그러나 이런 결정이 나오기까지의 역사적 맥락을 설명하는 데 통일성이 결여되어서는 안 된다고 여겨 우려를 표명한 것이다. 따라서 그 의도가 독도가 우리 땅이라는 엄연한 사실을 훼손하려는 데 있지 않음은 물론이다.

3.

이 책이 나오기까지 감사를 드려야 할 분들이 아주 많다. 우선 정치학자인 내게는 조금 낯선 한국해양수산개발원을 알게 해주신 윤진숙 박사께 감사드린다. 내가 연구원에 재직하는 동안 역량을 힘껏 발휘할 수 있게 격려해 주셨다. 그리고 울릉도를 답사할 때마다 친절히 안내해 주신 울릉군청의 김기백 과장께도 감사드린다. 책으로는 배우지 못할 울릉도의 역사와 귀중한 자료를 제공받았다. 경상북도 독도대책과의 이소리 선생께도 감사드린다. 도쿄대학에서 만났던 지기知己, 현대송 박사와 최봉태 변호사에게도 고마운 마음을 전한다. 진정으로 우호적인 한일관계를 바라는 두 동학에게 많은 것을 배운다. 그리고 사료 해독에 도움을 준 이택재麗澤齋의 동학들에게 진심으로 감사한다. 그 가운데 이택재 동학이자, 지금은 고려대학교 한자한문연구소에 재직 중인 최병준 선생과 강여진 선생에게 감사한다. 이 분들이 아니었다면 탈초脫草와 번역, 어느 것도 어림없었을 것이다. 또한 중국 외교문서 해석에 도움을 준 박문진 박사, 일본 사료 해석에 도움을 준 최은석, 박지영 박사에게도 감사드린다. 그 밖에도 국제법과 지리학, 지도, 어업

사 관련 부분에서 많은 분들에게 자문을 받았다. 일일이 거명하지 못해 죄
송할 따름이다. 한국해양수산개발원과 동북아역사재단, 경상북도 독도사료
연구회는 내가 독도 연구자로 성장하는 데 동력이 된 기관이다.

　이 책을 내면서 오랜 인연들이 소중하다는 걸 다시금 깨달았다. 힘들
때 나를 믿어 주고 격려해준 선후배와 지인들에게 고마운 마음을 전한다.
끝으로 이 책의 출판을 기꺼이 수락해 주신 지식산업사 사장과 편집팀의
노고에 깊이 감사드린다.

2013년 10월

유미림

차 례

3장 독도는 대한민국 영토다

4장 사료 속의 울릉도와 독도

일러두기

1. 일본의 인명과 지명은 국립국어원의 일본어 표기법에 따름을 원칙으로 한다. 다만 일본 문헌에 나온 지명은 원문대로 표기한 경우도 있다.

   예1: 다케시마竹島, 마쓰시마松島, 에도江戸, 오키隱岐, 쓰시마對馬, 다치바나 마사시게橘眞重

   예2: 竹島, 竹嶼, 卵島, リヤンコ, レェインコート

2. 중국의 인명과 지명은, 국립국어원 외래어 표기법의 '과거인은 종전의 한자음대로 표기하고 지명은 한국 한자음으로 읽는 관용을 허용한다'는 원칙을 따랐다.

   예: 반세헌潘世憲, 남경南京

3. 한국 사료 인용문은 인명과 지명을 한자대로 표기한 경우가 있다.

   예: 죽도竹島, 강호江戸, 백기주伯耆州, 대마도對馬島, 귤진중橘眞重

4. 일본어의 한글 표기 가운데 고유명사는 현지어 발음을 우선하고, 고유명사와 결합된 보통명사의 한자음 가운데 한글로 의미가 통하는 것은 한글로 표기했다.

   일본의 연호는 소리나는 대로 표기했다.

   예: 《다케시마고증竹島考證》, 《다케시마기사竹島紀事》, 《산인중앙신보》, 《산인신문》, 겐로쿠 연간, 메이지 유신

5. 《실록》, 《비변사등록》 등의 간지는 한국역사정보통합시스템
(http://www.koreanhistory.or.kr)의 번역문을 참조하여 아래와 같은
형식으로 했다.
예: 《숙종실록》숙종 23년 4월 13일(임술); 《비변사등록》숙종 20년
10월 15일; 《승정원일기》정조 19년 6월 4일(계미)

6. 조선, 한국 등의 용어는 대한제국을 기점으로 하여 1895년 이전 내
용은 조선, 이후는 대한제국 또는 한국으로 하되, 문맥에 따라 바꿨
다. 조선인, 한인, 한국인도 마찬가지다.

1장

우산도는 독도다

지리지 기술방식과 '울릉·우산 2도'설

1. 《세종실록》〈지리지〉의 '두 섬'

울릉도에서 우산도가 육안으로 보이는가 안 보이는가, 울릉도와 우산도는 같은 섬인가 아닌가를 두고 일본은 '지리지 편집방침 운운'하며 의문을 제기하고 있다. 그동안 한국은 《세종실록》〈지리지〉에 기술된 '우산도'가 '독도'라고 주장하여 왔다. 이에 대해 일본의 시마네현 '웹 다케시마문제연구소'는 홈페이지에 이를 부인하는 글을 올렸다. 일본의 주장은 《세종실록》의 〈지리지〉가 전통적인 지리지 편집방침에 따라 기술된 것이므로 "두 섬은 서로 거리가 멀지 않아 날씨가 맑으면 바라볼 수 있다"고 한 것은 울진에서 울릉도가 보이는 것을 의미한다는 것이다. 또한 《신증 동국여지승람》도 《세종실록》을 답습하여 상술한 것으로, 그 안의 "날씨가 맑으면 봉머리의 수목과 산 밑의 모래톱이 보인다"라고 한 문장의 의미도 울진에서 울릉도의 수목이 보이는 것을 의미한다고 했다.

일본의 이런 주장[1]은 과연 타당한가? 이를 알기 위해서는 지리지 편집

---

1) 일본은 《경상도 지리지》 편집방침이 도서의 경우 현에서의 방향과 육지에서의 거리를 기술하는 것이라고 주장하며, 《경상도 지리지》는 후의 《세종실록》〈지리지〉의 출발점이 된 문헌이므로 규식도 이 《경상도 지리지》를 답습했다고 볼 수 있다고 한다(시모조 마사오下條正男, 〈독도논쟁 3: 증거를 들어 실증하라〉, 《한국논단》 84, 1996, 229쪽).

방침이란 무엇이며, 《세종실록》〈지리지〉는 어떤 방침에 따라 기술되었는
가를 알아볼 필요가 있다. 우선 지리지 편집방침을 논하기 전에 《세종실
록》〈지리지〉의 내용부터 살펴보자.

　　우산于山·무릉武陵
　　두 섬이 (울진)현 정동쪽 바다에 있다.【두 섬은 서로 거리가 멀지 않아,
날씨가 맑으면 바라볼 수 있다. 신라 때는 우산국이라 일컬었으며, 울릉도라
고도 했다……】

　　于山·武陵
　　二島在縣正東海中【二島相去不遠 風日淸明 則可望見 新羅時 稱于山國 一
云鬱陵島……】

　《세종실록》〈지리지〉 '울진현'조에는 산명山名 다음 도서명島嶼名이 열거
되어 있는데, 도서명으로는 '우산·무릉'이 유일하다. 그런데 '于山·武陵'으
로 되어 있듯이 한 섬이 아니라 두 섬이다. 모두 강원도/삼척도호부/울진
현 내의 지역임을 나타내고 있다. "두 섬이 (울진)현 정동쪽 바다에 있다"
는 내용은 본문에 해당한다. 이어진 "【두 섬은 서로 거리가 멀지 않아
……】【二島相去不遠……】"는 분주分註[2] 형식을 띠고 있다.

　분주의 내용은【두 섬은 서로 거리가 멀지 않아, 날씨가 맑으면 바라볼
수 있다. 신라 때는 우산국于山國이라 일컬었으며 울릉도라고도 했다……】
라고 되어 있다. 이는 《삼국사기》와 《고려사》에 조선시대의 내용을 더하
여 두 섬의 거리관계와 연혁을 기술한 것이다. 이에 대해 일본은 "《세종

---

2) 분주란 본문보다 작은 글자로 본문 사이에 두 줄로 되어 있는 것을 일컫는데, 여기
　서는 【 】로 표시하고 글자크기는 본문과 같게 했다.

실록》〈지리지〉는 지지 편집방침에 따라 기술되었으므로, 울릉도를 관할하는 울진현에서 울릉도를 '볼 수 있다'고 해석해야 한다"고 주장한다. 나아가 《신증 동국여지승람》도 이런 기술방식을 따른 것이므로 《신증 동국여지승람》에서 보인다고 한 수목과 모래사장도 울진현이 관할하는 울릉도의 것이라고 주장한다. 그리고 이런 해석이 올바른 것임은 후에 나온 《여지도서》의 기록으로도 입증된다고 주장한다. 일본은 《세종실록》과 《신증 동국여지승람》, 《여지도서》의 기술방식을 같은 맥락에서 파악하고 있는 것이다.

2. 지리지에서 섬에 관한 기술방식

일본이 거론한 한국 지리지는 일차적으로는 《경상도 지리지》를 말한다. '우산·무릉'이 강원도 울진현에 속했으므로 《강원도 지리지》가 있으면 보다 명확히 파악할 수 있겠지만 현재로서는 《경상도 지리지》만 남아 있다. 따라서 《경상도 지리지》를 통해 지리지 편찬방침 내지 기술방식을 추론할 수 있다. 《경상도 지리지》는 일련의 변천을 겪었다. 조선시대 최초의 지리지인 《경상도 지리지》(1425)는 《신찬 팔도지리지》(1432)로 이어졌고 이는 《세종실록》〈지리지〉(1454)로 이어졌다. 《신찬 팔도지리지》는 《세종실록》〈지리지〉의 모본이 되었으므로 일부 북방지역의 변화를 제외하고는 대부분 1432년의 내용을 그대로 실었다. 《경상도 지리지》는 《경상도 속찬 지리지》(1469, 이하 《속찬 지리지》로 약칭)로 보완되어 나왔고, 《속찬 지리지》는 《(속찬) 팔도 지리지》(1478)로 이어졌다. 《(속찬)팔도 지리지》는 《동국여지승람》의 기본 사료가 되었고, 《동국여지승람》은 《신증 동국여지승람》으로 이어졌다. 《신증 동국여지승람》은 다시 《동국문헌비고》(1770)로 이어졌다. 이 가

운데《신찬 팔도지리지》와《팔도 지리지》는 현존하지 않으므로 현존하는
《경상도 지리지》3)와《속찬 지리지》,《신증 동국여지승람》을 통해 지리지
의 편집방침을 파악할 수 있다.

《경상도 지리지》는《신찬 팔도지리지》를 편찬하기 위한 기초자료로서
관찰사 주관 아래 작성되었다.《경상도 지리지》서문에는 예조가 지시한
편집방침이 이른바 '사목事目'으로 제시되어 있는데 이는 모두 13항목이다.
말하자면 지리지 편찬에 필요한 사항들로, 경상도를 경주·안동·상주·진주
도로 나누어 기술하되, 연혁, 도내의 부·목·대도호부·군·현, 명산대천과
사방의 계역界域·리 수里數·관방關防 요해처, 공물貢物, 성곽·온천·풍혈·목
장, 진영鎭營과 군 수軍數, 수영과 만호, 병강兵舡, 선왕능침과 사당, 토의
土宜·토지의 비척, 제도諸島, 조세와 조운, 호구와 전지 등을 자세히 기록
하게 했다.

이 가운데 총설에 실린 '제도' 부분을 보면, 모두 12개의 도서명이 열
거되어 있다. 영해의 축산도, 동래의 사도, 양산의 대저도, 동평의 절영도,
김해의 가덕도와 명지도·마도, 진해의 범의도, 진주의 흥선도, 곤남의 남
해도, 고성의 박도, 사천의 구량도가 그것이다. 이 도서들에 대해서는 육
지에서 떨어진 거리와 수로, 경작지 등이 기술되어 있는데, 같은 내용이
각도의 각론에도 들어가 있다.

《속찬 지리지》는《경상도 지리지》의 미비점을 보완하기 위해 펴낸
것이다. 체재는《경상도 지리지》와 비슷하지만 총론 없이 각론으로 바로
들어가 '경주도'에 관해 기술하고 있다. '사목事目'은 29개로 늘어났다.《경
상도 지리지》의 사목을 세분해 놓았는데, 향소부곡, 제언堤堰과 지택池澤,

---

3) 현존하는《경상도 지리지》는 춘추관에 보낸 초고본이 아니라 경상도 감영에 보관하
   던 부본으로《신찬 팔도지리지》를 만들기 위한 기초자료로 만들어졌다.

어량, 도기소, 읍성과 산성, 양계 본영의 연혁, 야인野人 현황, 강무장講武場, 연대煙臺 및 봉화, 관아에서 경도京都까지의 거리, 수영 등이 추가되었다. 재정과 국방 관련 내용이 증가되었음을 알 수 있다.

이 가운데 '해도海島' 관련 내용을 보면, 《경상도 지리지》와 《속찬 지리지》의 기술이 약간 다르다. 《세종실록》〈지리지〉의 '도서' 기술방식을 보기 위해서는 위의 두 지리지의 '도서' 기술방식을 함께 볼 필요가 있다.

《경상도 지리지》(1)⁴⁾와 《속찬 지리지》(2)는 '도서島嶼' 관련 내용을 아래와 같이 기술하고 있다.

> (1) 諸島 陸地相去水路息數 及島中在前人民接居 農作有無 開寫事
> 육지에서의 수로 식 수⁵⁾와 섬 안 인민의 거주 여부 및 농작 유무를 적을 것
> (2) 海島 在本邑某方 水路幾里 自陸地去本邑幾里 四面周回相距幾里 田畓 幾結 民家有無
> 본읍에서의 방향, 수로 리 수, 육지(연안)에서 본읍까지의 거리, 섬의 둘레와 거리, 전답, 민가의 유무를 적을 것

(1)은 섬이 수로로는 몇 식인지, 인민이 살았었는지, 농작 여부를 적게 한 것이다.

(2)는 섬이 본읍의 어느 방향에 있으며, 수로로는 몇 리인지, 육지 연안에서 본읍 즉 읍치까지의 거리는 얼마인지, 섬의 둘레와 거리관계, 그리고 전답과 민가에 대해 적게 한 것이다.

---

4) (1)은 《경상도 지리지》를 약칭하는 것으로 필자가 편의상 붙인 번호이다. (2)도 마찬가지다.

5) 1식息은 30리이다.

《경상도 지리지》가 일차적으로 수로와 경작지 유무 파악에 중점을 두었다면, 《속찬 지리지》는 수로와 민가 외에 방향과 육로를 추가한 것이 특징이다.

《경상도 지리지》에서 12개 '도서' 관련 기술은 아래와 같다(괄호 안은 《세종실록》〈지리지〉기술).

영해 丑山島 陸地相去水路二百步 無可耕之地

동래 少島 陸地相去水路5里 無可耕之地

양산 大渚島 陸地相去水路160步 國農所人民入居
(大渚島【在郡南 去陸一百六十步 有國農所 今革 人民入居】)

동평 絕影島 陸地相去水路1里40步 無可耕之地
(絕影島 毛等邊島【皆在東平縣南 竝令所在官行祭】)

김해 加德島 陸地相去水路10里 因倭寇荒廢
(加德島 在府東 水路十餘里)

鳴旨島 陸地相去水路30里 本無農場
馬島 陸地相去水路150步 人民來往耕作
(馬島 在府東南 水路一百五十餘步【人民來往耕作】)

진해 凡矣島 陸地相去水路3里 人民來往耕作
(凡矣島 在縣南水路三里【人民來往農作】)

진주　興善島　陸地相去水路10里　人民來往耕作

　　　　（興善島　本高麗　有疾部曲　後改爲彰善縣　屬晋州任內　忠宣王初　避王嫌名　改爲

　　　　興善　因倭人物全亡　今爲直村　水路十里【人民來往農作】)

곤남　昆南　南海島　陸地相去水路1里240步　人民入居農作

고성　樸島　陸地相去水路40里　仇良梁營田船軍來往耕作

　　　　（樸島　在縣南　水路四十里【仇良梁營田船軍　來往農作】)

사천　仇良島　陸地相去水路1里340步　人民來往耕作

　　　　（仇良島　水路一里三百四十步【人民來往農作】)

　　위 기술에 따르면, 영해의 축산도는 수로로 200보 되는 거리에 있으며 경작지는 없는 섬이다. 김해의 가덕도는 수로로 10리 떨어진 곳에 있으나 왜구로 말미암아 황폐해졌음을 알 수 있다. 모두 육지에서의 거리를 수로로 기술하고 있다는 점이 공통적이다. 즉 모든 섬이 '陸地相去水路~里(또는 步)'[6]라는 형식을 취하고 있다. 이로써 본다면 도서의 경우 육지에서의 거리를 기록하는 것이 편집방침이라는 일본의 주장에 부합한다. 《경상도지리지》는 각 섬이 본읍(읍치)에서 수로 몇 리인지를 기술하는 형식이다. 이 형식은 동일 지역의 다른 섬에도 해당된다. 이를테면 김해에 가덕도와 명지도, 마도라는 세 섬이 있는데 이들에 대해서도 각각 수로 10리, 30리, 150보로 적었다. 세 섬이 모두 김해도호부 관할 아래 섬인데 수로를 따로

---

6) 1만 800보步를 30리, 1식息(12.9㎞)으로 보고 있으므로(개리 레드야드 저, 장상훈 옮김, 《한국 고지도의 역사》, 소나무, 2011, 176쪽) 10리는 약 3,600보, 1리는 360보 이다.

적은 것은 각각에 대한 수로가 파악되어 있었음을 의미한다.

한편, 위 기술에서 괄호 안의 내용은 《세종실록》〈지리지〉의 기술을 참고로 적은 것이다. 《세종실록》〈지리지〉가 《경상도 지리지》를 계승했기 때문이다. 그런데 《경상도 지리지》에 있던 도서명이 《세종실록》에는 빠진 경우가 있고, 《속찬 지리지》는 다시 《세종실록》을 보정해낸 것이므로 이들을 함께 보아야 하며, 《속찬 지리지》를 계승한 《신증 동국여지승람》도 함께 보아야 차이를 비교할 수 있다. 《속찬 지리지》에는 도서가 '해도海島' 사목에 들어가 있었으나 《신증 동국여지승람》에는 '산천' 항목의 '海'에 들어가 있다. 《속찬 지리지》에서 '도서' 관련 기술은 아래와 같다 (괄호 안은 《신증 동국여지승람》 기술).

기장현 無只浦 竹島 在縣南水路30步許 自陸去本邑4里 周廻1里餘

（無只浦島【在縣南4里】）

加乙浦竹島 在縣南8里許 連陸無水路 周廻1里餘

동래현 絶影島 在縣南30里水路1里 周廻80里 田畓民家無

（絶影島【在東平縣南8里有牧場……】）

영해도호부 丑山島 在府東水路200步 自陸至府18里 周廻2230尺 東西相距 391尺 南北相距389尺 箭竹林2結60負 無人家

（丑山島【在府東10里 海中其形似牛 謂之丑山島 南有高峯 其形似馬 謂 之馬山 戰艦泊處】）

진주목 州南 興善島 周廻61里 水路11里 自陸地至官門38里 畓67結86負7

東　民家17戶

（興善島【在州南海中有牧場】）

김해도호부　府南距5里　有竹島　周廻2373步　左右海水連陸　又有德島　周廻

1565步　皆無田畓民家

（在府南德島【在府南12里江中】　竹島【在府南10里江中】　鷲島【在府南30

里白沙平浦周20里……】鳴旨島【在府南海中水路40里　東隔鷲島200步許

周17里……】前山島【在府南5里】……）

창원도호부　府西　猪島　水路2里　去本邑23里　周廻9里　田56負2束　無民家

（猪島【在月影臺南】）

남해현　縣本海島　自官門北至露梁津40里　水路1里150步　四面周廻320里　田

畓1323結87負6束　民戶738

사천현　縣南　除水島　周廻3里276步　水路17里　自陸去縣門32里85步17里　民

家無　田畓13結9負4束

仇良島　周廻1里100步　水路10里　自陸去縣門31里　民家無　田畓9結

71負8束

草島　周廻315步　水路10里　自陸去縣門31里

楮島　周廻1里　水路9里　自陸去縣門31里　民家無　田1結69負8束

（仇良島　深水島　草島　楮島【俱小島在縣南海中】）

고성현에는 '內草島' 외에 다수의 도서가 있으나 이 가운데 《경상도 지리지》에 나왔던 '樸島' 관련 기술은 아래와 같다.

下樸島　陸路50里　水路35里　周廻50里

(下樸島【周50里】)

上樸島　陸路50里　水路30里　周廻24里　田65負3束　畬31負5束

(上樸島【周24里】)

거제현의 도서 기술은 아래와 같다.

縣南　小凡矣島　水路13里　自陸去縣門1里　周廻42里　無田畓民家

大凡矣島　水路14里　自陸去縣門1里　周廻10里　田1結68負7束　無民家

(大凡矣島　小凡矣島【俱在縣南】)

거제현에는 이외에도 弓島, 大酒島가 있으나 기술방식은 같다. 《경상도 지리지》에는 沙島, 竹島, 柚子島 등의 도서가 있으나 《속찬 지리지》에는 없으므로 생략했다. 이 밖에 칠원현, 웅천현에도 도서명이 기술되어 있으나 위의 기술방식과 같고 《경상도 지리지》에는 없으므로 생략했다.

위의 기술방식으로 알 수 있는 것은 각 지리지마다 기술방식이 동일하지 않다는 것이다. 《경상도 지리지》는 수로와 인민의 경작 여부를 기술했다면, 《세종실록》〈지리지〉는 위 내용에 방향을 추가했다. 《속찬 지리지》는 이외에도 본읍에서의 거리와 섬의 둘레를 추가했다. 그런데 《신증 동국여지승람》는 위 지리지에 견주면 오히려 기술이 간략하다. 각 지리지는 도서명이나 관할구역이 바뀌면 거리관계와 수로를 고쳐 기술했다. 《경상도 지리지》와 《세종실록》〈지리지〉, 《속찬 지리지》가 '도서' 관련 내용을 본문으로 처리했다면, 《신증 동국여지승람》은 '【在府南12里江中】' 즉 '분주' 형식으로 처리했다. 이전 지리지들이 육로와 둘레, 민가 유무 등을 기술했다면, 《신증 동국여지승람》은 이들을 생략하고 방향과 수로만을 언급한 경우가 많다. 각 지리지에 따른 기술의 차이를 좀 더 알아보기 위해 지리지마다 공통적으로 언급한 가덕도와 범의도를 예로 들어 보겠다.

관할	도서명	기술 내용	출전
김해 도호부	加德島	陸地相去水路10里 因倭寇荒廢	경상도 지리지
김해 도호부	加德島	在府東 水路十餘里	세종실록 지리지
김해 도호부	德島	周廻1565步 皆無田畓民家	속찬 지리지
김해 도호부	德島	【在府南12里江中】	신증 동국여지승람
진해현	凡矣島	陸地相去水路3里 人民來往耕作	경상도 지리지
진해현	凡矣島	在縣南水路三里【人民來往農作】	세종실록 지리지
거제현	大凡矣島	縣南 水路14里 自陸去縣門1里 周廻10里 田1結68負7束 無民家	속찬 지리지
거제현	小凡矣島	縣南 水路13里 自陸去縣門1里 周廻42里 無田畓民家	속찬 지리지
진해현	大凡矣島 小凡矣島	【俱在縣南】	신증 동국여지승람

※【 】는 본문이 아니라 분주 형식임

우선 위의 표로 알 수 있는 것은 도서명과 관할구역이 변경된 경우 이를 밝히고 있다는 점이다. '가덕도'의 경우, 《경상도 지리지》에는 수로가 10리로 되어 있었는데, 《세종실록》〈지리지〉에는 이 내용에 김해도호부의 동쪽에 있다는 사실이 추가되어 있고, 《속찬 지리지》에는 '가덕도'가 '덕도'로 명칭이 바뀌어 있다. 《속찬 지리지》는 수로를 기술하지 않은 대신 둘레와 민가 현황을 추가했다. 《신증 동국여지승람》은 덕도가 "부의 남쪽으로 12리 떨어져 강 중앙에 있다"는 사실을 분주로 밝혔다. 섬의 방향이 김해도호부의 동쪽에서 남쪽으로 바뀌어 있다.

'범의도'의 경우, 《경상도 지리지》는 "수로로 3리이고 인민이 와서 경작한다"고 했으나, 《세종실록》〈지리지〉는 이 내용에 진해현 남쪽에 있다는 사실을 추가했고 "인민이 와서 농사짓는다"는 사실을 분주로 처리했다. 《속찬 지리지》에서는 '범의도'가 '대범의도'와 '소범의도'로 나뉘고 진해현에서 거제현 관할로 바뀌었다. 《신증 동국여지승람》에서는 다시 진해현 관할로 바뀌어 있다. 또한 《속찬 지리지》는 수로와 농작 여부 외에 둘레 및 '육지(연안)에서 현문까지의 거리'를 추가했다. 그러나 이런 사실이 《신증 동국여지승람》에 오면 전부 생략된 채 대범의도와 소범의도 "두 섬이 모두 현의 남쪽에 있다"는 사실만 기술되어 있다.

이렇듯 각 지리지는 기술방식에 차이가 있다. 《경상도 지리지》가 수로와 경작 여부를 나타내고 있다면, 《세종실록》〈지리지〉는 이외에 방향을 추가하고 있고, 《속찬 지리지》는 이들 외에도 본현에서 연안까지의 거리, 둘레와 거리를 추가하고 있다. 이는 《경상도 지리지》 이후 지리지에서 항목이 증가되고 있음을 보여 준다. 또한 이는 《경상도 지리지》와 《속찬 지리지》가 각각의 '사목'을 충실히 따른 것이기도 하다. 《세종실록》〈지리지〉는 '사목'이 따로 없지만 내용을 보면 《경상도 지리지》와 《속찬 지리지》의 중간형태의 편집방침을 취하고 있음을 알 수 있다.

《속찬 지리지》는 수로와 육로, 섬의 둘레를 적고 있지만 그 순서가 둘레-수로-육로 순이거나 아니면 수로-육로-둘레 순으로 되어 있어 일정하지 않다. 예를 들어, 기장현의 가을포 죽도加乙浦竹島[7]를 보면, '在縣南8里許 連陸無水路 周廻1里餘'라고 기술되어 있다. 즉 가을포 죽도는 기장현 남쪽 8리쯤 떨어진 곳에 있으나 육지와 붙어 있어 수로가 없다는 것이다. 진주 흥선도의 경우, 섬의 둘레와 수로, 육로를 기술하고 있으나, 육로에 대해서는 '自陸地至官門38里'라고 했다. 이는 진주 관문에서부터 연안까지의 거리가 38리라는 것이다. 다른 섬의 경우에도 '自陸至府18里', '自陸去縣門32里85步', '自陸去官門3里' 등으로 기술하여 본현(읍)에서 연안까지의 거리를 적고 있으며, 관할구역의 단위에 따라 부府, 현문, 관문으로 구분해서 적었다. 이런 기술방식은 《속찬 지리지》가 항목을 늘렸을 뿐만 아니라 《경상도 지리지》와 견주어 더 세분하여 기술하고 있음을 의미한다.

각 지리지는 기술방식에 약간씩 차이가 있지만, 어떤 경우라도 각 도서명을 명기하고 관련 내용을 적는 형식으로 되어 있다. 즉 도서명을 적을 때, 하나의 도서명을 거론한 뒤 그 도서의 수로와 육로, 방향, 둘레 등을 적는 형식을 취하고 있을 뿐, 두 개의 도서명을 함께 묶어 놓은 상태에서 내용을 기술한 경우는 없다. 이 점에서 본다면, 《세종실록》〈지리지〉의 '우산·무릉'의 경우는 예외라고 할 수 있다. 두 개의 도서명을 병렬로 열거한 뒤, '두 섬'을 주어로 하여 거리관계를 언급하고 있기 때문이다.[8] 이에 대해서는 다시 다룬다.

일본은 조선의 지리지 편집방침이 모든 섬은 육지를 기준으로 기술하게 되어 있다고 주장한다. 그것은 일면 맞는 면이 있다. 《경상도 지리지》에서 '陸地相去水路息數'라고 했듯이, 육지를 기준으로 수로를 기술하게

---

7) 가을포에 있는 죽도라는 의미인 듯하다.

8) "于山武陵 二島在縣正東海中【二島相去不遠 風日淸明 則可望見……】"

한 점에서는 타당하다. 그러나 이 경우에도 도서명을 거론한 뒤 그에 대해 '陸地相去水路……'를 적는 형식으로 되어 있다. 《세종실록》〈지리지〉의 경우를 제외하면, '二島'라고 하거나 '相去二島水路……' 형식을 취해 두 개의 도서명을 함께 거론한 경우는 없다. 혹자는 섬과 육지 사이의 거리를 알 수 없기 때문에 《세종실록》〈지리지〉처럼 '二島相去'라고 기술한 것이 아닌가 보기도 한다. 그러나 앞의 예들에서 보았듯이 수로를 모르는 경우에는 아예 거리를 언급하지 않았다.

  그렇다면 육지에서 섬의 거리를 모르는 경우가 울릉도에만 해당되는 것도 아닌데, 왜 《세종실록》〈지리지〉는 '두 섬[二島]'이라고 했을까? 《경상도 지리지》는 수로에 대해 '陸地相去水路息數'로 쓰도록 규식을 정했고, 《속찬 지리지》는 '水路幾里'로 쓰도록 했으므로 '陸地相去二島'에 해당되는 규식은 없다. 또한 위의 두 지리지에 '相去(相距)'9)라는 표현이 나오더라도 그 내용은 다르다. 《경상도 지리지》의 '陸地相去'는 육지를 기준으로 한 수로를 나타내는 반면, 《속찬 지리지》의 '自陸地去本邑幾里'는 연안에서 읍치까지의 거리인 육로를 나타내는 것이다. 《경상도 지리지》규식대로라면 '울릉도'의 경우, 육지에서 '수로 몇 리'라는 형식이어야 한다. 《세종실록》〈지리지〉가 《속찬 지리지》보다 먼저 나왔으므로 《속찬 지리지》의 규식을 따를 수는 없지만 굳이 적용한다면, '(울릉도가)自陸地去本邑幾里'라는 형식이 되어야 한다. 그런데 실록은 이 규식을 따르지 않았다. 따를 수 없었기 때문이다. 당시에는 울릉도가 육지에서 떨어진 거리를 몰랐을 뿐만 아니라 울릉도에 대해서만 적은 것이 아니기 때문이다. 이에 대해서

---

9) 통상적으로는 둘 다 거리를 의미하는 것으로 보지만, 엄격히 글자대로 해석하면, '去'자와 '距'자의 의미는 다르다. '去'는 두 대상 사이의 떨어진 차이를 의미한다면, '距'는 서로의 물리적인 거리, 즉 환산되는 거리를 가리킨다.

는 뒤에서 자세히 기술한다.

또 다른 예로 진주목 흥선도興善島를 보면, 《경상도 지리지》에는 '陸地相去水路10里 人民來往耕作'으로 되어 있는데, 《세종실록》〈지리지〉에는 '本高麗 有疾部曲 後改爲彰善縣 屬晋州任內 忠宣王初 避王嫌名 改爲興善 因倭人物全亡 今爲直村 水路十里【人民來往農作】'로 되어 있다. 이어 《속찬 지리지》에는 '周廻61里 水路11里 自陸地至官門38里 杳67結86負7束 民家17戶'로 되어 있다가 《신증 동국여지승람》에는 '在州南海中 有牧場'으로 되어 있다. 모두 '흥선도'를 기술한 것이지만 지리지마다 다르다. 《신증 동국여지승람》 이전의 지리지는 모두 수로를 10리로 기술했으나, 《속찬 지리지》에는 11리로 기술했고 둘레와 육로, 인민의 경작 여부에서 더 나아가 전답 현황과 가호까지를 기술했다. 그러나 《신증 동국여지승람》에 오면 이런 내용이 없는 대신 방향과 목장 관련 내용이 추가되어 있다.

'사천'지방 도서의 경우에도 《경상도 지리지》와 《세종실록》〈지리지〉는 '仇良島'를 언급하고 수로를 기술했지만, 《속찬 지리지》는 '仇良島' 외에 '除水島 草島 楮島'를 함께 거론하고 각각의 수로와 육로, 둘레를 밝혔다. 《신증 동국여지승람》은 이들 네 섬을 한데 묶어 '【俱小島在縣南海中】'라고 기술했다. 즉 네 섬이 "모두 사천현 남쪽바다에 있다"는 사실만 밝혔을 뿐 수로는 기술하지 않았다.

일본은 지리지에서 모든 섬은 육지에서의 거리를 나타내는 것이 규식이었다고 하지만, 위에서 보았듯이 이 규식을 모든 지리지에 일률적으로 적용하기는 어렵다. 또한 규식대로 '육지에서의 거리'를 적는다 할지라도 이를 하나의 도서에만 적용시켰다. 실록에서처럼 '두 섬'을 한데 묶어 지칭한 경우는 없다. 따라서 지리지에 대한 해석은 규식을 적용하되 그 형식에 맞지 않을 때는 기술되어 있는 대로 해석하는 것이 가장 올바른 해석법이다. 《세종실록》〈지리지〉도 울진현의 두 섬에 대해 '二島相去不遠……'이라고 했으므로 그대로 해석하면 된다.

3. 《세종실록》〈지리지〉의 '상거相去'의 의미

《세종실록》〈지리지〉에서 '우산과 무릉' 두 섬이 나오는 맥락을 보면, 우선 강원도 삼척도호부 울진현에 속한 섬으로 소개되는 것이므로 울진현의 행정관할 현황과 연혁, 풍속, 토산, 석성, 온천, 봉화, 산천을 기술하는 가운데 섬에 관한 내용이 나온다. 섬은 '산천' 가운데 '천川'에 해당되지만, 《경상도 지리지》에서는 '제도諸島'사목에, 《속찬 지리지》에서는 '해도海島' 사목에 속해 있다. 《경상도 지리지》는 '제도'에 대해 '陸地相去水路息數' 형식으로 기술하게 했으므로 《세종실록》〈지리지〉도 이 규식을 적용한다면 '수로 몇 리' 형식으로 기술되어야 한다. 그러나 울진현의 '우산·무릉'은 일반적인 도서명과는 다르다. 두 섬의 이름이 동시에 열거되어 있기 때문이다. 이에 일반적인 지리지 규식을 여기에 적용하기가 어렵다. 《세종실록》〈지리지〉는 《경상도 지리지》처럼 '陸地相去水路10里'라는 형식으로 기술하지 않고 "두 섬이 울진현의 정동쪽 바다에 있다[二島在縣正東海中]"는 형식으로 기술하되 이 내용을 본문으로 처리했다. 이는 앞에서 나왔던 섬들과는 달리, 두 섬이 울진현에서 얼마나 떨어져 있는지 수로를 모른다는 것을 의미한다. 또한 두 섬 각각의 수로를 기술하는 대신 두 섬의 관계를 분주 형식으로 기술했다. 그 내용은 바로 "두 섬은 서로 거리가 멀지 않아 날씨가 맑으면 바라볼 수 있다"[10]는 것이다. 이는 앞의 도

---

10) 여기서 "날씨가 맑으면 바라볼 수 있다[風日淸明 則可望見]"의 '풍일청명'에서 '風'자에

서 기술에서 보인, '陸地相去'의 '상거相去'와는 그 내용이 다르다. 《세종실록》〈지리지〉에서 '相去'의 의미는 무엇인가?

일반적으로 '相去'라고 하면 '去'를 기준으로 하여 비교의 대상이 앞에 오거나 뒤에 온다. '二人相去懸殊', '天地相去 其間才可倚一杵耳', '兩村相距常是十里二十里', '二地相去不遠' 등의 용례로 알 수 있듯이, '相去' 앞에 두 대상(二人, 天地, 兩村, 二地)이 오는 것이 일반적이고, 이 경우 비교 대상은 두 대상물 그 자체이다. 즉 두 사람, 하늘과 땅, 두 마을, 두 곳이 비교의 대상이지 두 대상을 한데 묶어 또 다른 대상과 비교하는 것은 아니다. 이를 지리지 규식대로 보아야 한다는 원칙에 얽매여 '二地相去不遠'을, "(함께 묶인)두 지역이 또 다른 지역에서 멀지 않다"고 해석해서는 안 된다. '相去不遠'은 두 섬이든 두 지역이든 해당되는 두 섬(지역) 사이의 거리가 멀지 않은 것으로 해석되어야 한다. 《세종실록》〈지리지〉의 '二島相去不遠'도 마찬가지다. 이 경우 비교 대상은 '두 섬〔二島〕' 그 자체이다. 즉 '우산(우산도)'과 '무릉(울릉도)'이 비교 대상이므로 '우산도와 울릉도 사이의 거리'가 멀지 않은 것으로 해석해야 한다. 이를 《경상도 지리지》나 《속찬 지리지》의 규식대로 해석해야 한다는 원칙에 얽매여 '二島相去不遠'을 해석하기를, 두 섬을 하나로 묶은 상태에서 육지와 두 섬 사이의 거리를 말하는 것으로 볼 수는 없다. 만일 그런 해석이 성립하려면, '自陸相去二島' 또는 '自(陸地)相去(二島)不遠'의 형식으로 기술되어 있어야 한다. 그러나 《세종실록》〈지리지〉에는 '(自陸地)相去二島不遠' 형식이 아니라 '二島

의미를 두어 "바람이 불고 날씨가 맑으면"으로 해석해야 한다고 주장하는 학자도 있다. 그러나 '풍일청명'은 '청명'에 대한 대구對句로서 두 자를 취한 것일 뿐, '風日'을 반드시 '風'과 '日'로 구분해서 풀어야 하는 것은 아니다. 신경준은 '풍일청명' 대신 '日淸'이라고만 썼다(《강계고》4 〈소대〉 '울릉도' "日淸則峯頭樹木及山根沙渚歷歷可見 ……"). 또한 박세당은 〈울릉도〉에서 같은 맥락의 내용을 기술하는 데 '風恬浪靜'이라고 했다.

相去不遠'으로 기술되어 있어 '二島'가 주어로 되어 있다. 이는 비교 대상이 '二島' 상호 간의 관계임을 분명히 보여 주고 있는 것이다.

일본의 주장처럼 《세종실록》〈지리지〉의 내용('二島相去不遠')을 육지에서 두 섬이 떨어진 거리를 의미하는 것으로 해석한다 할지라도 문제는 남는다. '날씨가 맑으면 육지에서 울릉도(를 비롯한 두 섬)가 보인다'는 해석이 성립하려면 '相去二島不遠'으로 기술하는 것이 일반적이지만, 그렇지 않다면 적어도 '自陸地去鬱陵(于山)不遠' 또는 '自陸地去鬱陵于山(二島)不遠'으로 기술해야 한다. 그런데 이렇게 두 섬을 묶어 기술하려면 두 섬이 매우 가까운 거리에 있는 섬이어야 한다. 또한 이 경우에도 '自陸地去鬱陵'에 대한 엄밀한 해석은 육지에서 울릉도 사이의 거리를 의미하므로 울릉도만을 언급해야지 '二島' 또는 '鬱陵于山'을 함께 언급하는 것은 이치에 맞지 않는다. 가령 두 섬이 매우 가까이 붙어 있는 섬, 이를테면 울릉도와 관음도, 울릉도와 죽도처럼 지근거리에 있어 이 둘을 하나의 섬으로 봐도 좋을 정도라고 한다면 '두 섬'이 육지에서 멀리 떨어져 있지 않다고 기술할 수는 있다. 그러나 이 경우에도 죽도이든 관음도이든 엄연한 명칭이 있는데 명칭을 언급하지 않고 '두 섬'이라고 묶어 표현하는 것은 자연스럽지 못하다. 그렇다면 당시 우산도를 죽도나 관음도에 비정한 것인가? 우산도가 《세종실록》에만 나온 것이 아니라 다른 문헌에도 일관되게 나오고 있고 지도에 두 섬을 따로 그린 정황으로 보더라도 우산도를 죽도나 관음도로 보는 것은 성립하기 어렵다. '죽도'와 '관음도'라는 명칭이 있기 전이라면 도서명을 거론하지 않는 것이 일반적이다. 이런 예는 《경상도 지리지》에서 볼 수 있다. 육지에서의 거리를 기술한다면, "울진에서 울릉도가 보인다"고 하면 될 것을 굳이 "울진에서 두 섬과의 거리가 멀지 않아"라고 애매하게 기술할 이치가 어디에 있겠는가.

도서명이 '우산·무릉'으로 되어 있듯이, 두 섬은 하나의 섬이 아닐 뿐더러 아주 가까이 붙어 있는 섬도 아니다. 하나의 섬으로 볼 만큼 가까이 붙어 있다면 '날씨가 맑은 날에만 보인다'는 단서를 붙일 필요도 없었을 것이다. 세종 연간에는 '육지(울진)에서 울릉도까지의 수로'[11]가 밝혀지기 전이며, 그 후에 밝혀진 수로도 적게는 350리, 많게는 800리인데 이를 일러 "울릉도(또는 울릉도를 포함한 두 섬)가 육지에서 멀리 떨어져 있지 않다"고 할 수 있겠는가. 위에서 예시한 《경상도 지리지》나 《속찬 지리지》에 언급된 섬들은 대부분 수로가 얼마 안 되는, 육지와 매우 가까운 섬들이다. 《경상도 지리지》 편찬 당시는 육지에서 몇 백리 떨어진 섬에 대해서는 파악되지 않은 상태였다. 이에 조선 전기의 지리지는 수로가 파악되지 않은 섬은 대부분 거론하지 않고 있다. 편찬자의 입장에서 보면, 도서명을 거론하지 않으면 되는데 멀리 있어 수로조차 모르는 섬을 '두 섬'이라고 애매하게 표현할 이치가 없기 때문이다.

이런 정황으로 미루어볼 때, 《세종실록》〈지리지〉의 '二島相去不遠'은 두 섬 사이의 거리관계를 나타내는 것으로 해석하는 것이 지리지 기술방식에도 부합된다. '二島相去不遠'을 두 섬 사이의 거리를 나타내는 것으로 보더라도 울릉도와 독도 사이가 200여 리인 점을 감안한다면 이 거리를 가깝다고 하기는 어렵다. 《세종실록》〈지리지〉에 '가깝다'거나 '육지에 붙어 있다[連陸]'는 표현 대신 '멀지 않다[不遠]'고 기술한 것은 이 때문일 것이다. 즉 '風日淸明 則可望見'이라는 조건을 덧붙임으로써, 가깝지 않아 정확한

---

11) 1760년 이전에 지은 《성호사설》, 〈천지문〉 '울릉도'에는 육지에서 울릉도 사이의 거리를 7백~8백 리로, 《동국문헌비고》(1770)에는 350리로, 정상기(1678~1752)는 《동국지도》 발문에서 제주도와 울릉도, 흑산도, 홍의도, 가가도 등은 수로를 모른다고 적었다.

거리는 모르지만 가시거리에 있다는 사실을 보여 준 것이다. 이런 단서 조항을 붙이면서까지 두 섬을 울진현 관할의 도서로 명기한 것은 동해상의 우산도와 울릉도가 지니는 중요성을 드러낸 것으로 볼 수 있다. 울릉도만 언급하면 되는데 우산도까지 언급한 것은 '2도인식'을 드러낸 것이다. 다만 우산도에 대한 자세한 설명이 없고, 이후 양성지의 〈동국지도〉(1463)와 이 계열의 동람도 등에서 우산도가 울릉도 서쪽에 그려져 있는 점을 고려해 볼 때, 우산도의 존재를 정확히 인지한 상태에서 기술했다기보다는 전문傳 聞 정보에 의거하여 기술한 것으로 보아야 할 것이다.

앞에서 말했듯이, 《경상도 지리지》와 《속찬 지리지》는 각 도서명을 따로 명기하는 형태를 띠고 있다. 그런데 《세종실록》〈지리지〉는 이 형식을 따르지 않고 '이도二島'라고 묶어서 기술했다. 지리지에서 수로를 모르는 경우는 아예 도서명을 언급하지 않으므로 두 개의 도서명을 함께 언급한 경우가 '우산·무릉' 외에는 찾아보기 힘든데, 이후의 《신증 동국여지승람》과 《해동역사》를 보면, 두 개의 도서명이 병기된 경우가 있으므로 이를 지리지 규식에 적용해볼 수 있다.

(1) 《신증 동국여지승람》 권32 경상도 웅천현
백산도白山島 흑산도黑山島【모두 현 동쪽에 있으며 수로가 20리인데, 두 섬은 1리 떨어져 있다〔俱在縣東 水路二十里 兩島隔一里〕〕
사의도蓑衣島 대죽도大竹島 소죽도小竹島【모두 현의 서쪽 바다에 있다〔俱在縣西海中〕〕

(2) 《신증 동국여지승람》 권32 경상도 진해현
대범의도大凡矣島 소범의도小凡矣島【모두 현의 남쪽에 있다〔俱在縣南〕〕

대주도大酒島【둘레가 20리이다(周二十里)】

소주도小酒島【수로가 16리다. 두 섬 사이가 20보步인데 썰물이 빠지면 육지에 이어진다(水路16里 兩島隔二十步 潮退則連陸)】

(3)《신증 동국여지승람》권37 전라도 해남현

부소도扶蘇島 마뢰도磨賴島【모두 현의 남쪽바다에 있다(俱在縣南海中)】

(4)《해동역사》속집 13권 〈지리고〉 '산수 1'

원산도元山島 오평도烏平島【두 섬은 모두 태안군 서쪽에 있다(二島俱在泰安郡西)】

저도猪島 웅도熊島【두 섬은 영흥부의 동쪽에 있다(二島在永興府東)】

신도薪島 연도連島【두 섬은 덕원군의 동쪽에 있다(二島在德源郡東)】

사도沙島【상고할 수가 없다(無考)】

위의 용례를 보면, 도서명을 하나만 언급한 경우, 두 개를 언급한 경우, 세 개 이상을 언급한 경우가 있는데, 어느 경우도 《세종실록》〈지리지〉의 경우에 해당되는 예는 없다. 다시 말해, 두 개의 도서명이 열거된 경우라도, "모두 현의 어느 쪽에 있다"고 하여 방향만을 기술했고, 두 섬 사이의 거리를 알 경우에는 그 거리를 기술했다. 그 거리가 대부분 1리, 20보로 되어 있듯이, 두 섬은 매우 가까운 거리에 있다. "두 섬이 떨어져 있다"는 것을 '二島相去不遠'으로 기술한 것은 《신증 동국여지승람》에 '兩島隔二十步'라고 기술한 형식과도 다르다. 《세종실록》〈지리지〉에 "두 섬이 서로 거리가 멀지 않아"라고 했는데, 이 말을 뒤집으면 가깝다는 말이 된다. 그렇다면 위의 다른 섬의 경우처럼 두 섬 사이의 거리를 리里 또는 보步 형식으로 기술했어야 한다. 그런데 《세종실록》〈지리지〉는 "날씨가 맑은 날에만 보인다"는 단서를 붙여 두 섬의 거리가 지근至近하지 않음을 암시했을 뿐이다. 이는 두 섬 사이의 거리를 적시해준 위의 다른 용례와는 다르며, 또한 두 섬 또는 세 섬이 "현의 어느 방향에 있다"고 위치정보만 밝혀준 용례와도 다르다.

위의 예에서 '범의도'를 보면, 이 섬에 대한 정보는 이미 《경상도 지리지》에서 '수로가 3리'라고 밝힌 바 있다. 그런데 '대범의도'와 '소범의도'로 구분한 《신증 동국여지승람》에는 두 섬이 "모두 현의 남쪽에 있다"는 사실만 적혀 있다. '대주도'와 '소주도'를 보면, "두 섬 사이가 20보步인데 썰물이 빠지면 육지에 이어진다"고 했다. '사도'의 경우, 도서명만 언급하고 "상고할 수 없다"고 했다. 이렇게 적은 것은 도서명만 알 뿐 다른 정보가 없었기 때문이다. 따라서 어느 경우를 보더라도 《세종실록》〈지리지〉처럼 "두 섬이 서로 거리가 멀지 않아……"라는 형식을 취한 것은 없다.

이렇듯 조선 지리지를 보면, 저마다 편찬 당시의 규식에 입각해서 기술하고 있으므로 기술방식이 각각 다르다. 《세종실록》〈지리지〉에 "두 섬이 현의 정동쪽 바다에 있다"고 한 것은 《해동역사》에 "저도와 웅도, 두 섬이 영흥부 동쪽에 있다"고 한 것과 마찬가지로 본읍에서의 방향을 나타낸 것이라는 점에서는 지리지 규식에 부합된다. 그런데 《세종실록》〈지리지〉는 《해동역사》처럼 방향만 언급한 것이 아니라 【두 섬이 서로 거리가 멀지 않아 날씨가 맑으면 바라볼 수 있다……】는 사실을 덧붙였다. 또한 무릉(울릉도)의 연혁까지 자세히 기술했다. 이는 지리지 편찬자가 두 섬이 지닌 역사적 의미를 부각시키려는 의도를 지니고 있었음을 의미한다. 이런 맥락을 무시하고 지리지에서 모든 섬은 육지에서의 거리를 기준으로 기술한다는 방침을 고집하여 수로를 모르는 도서까지 이를 무차별적으로

적용한다면, 이는 한적漢籍해독에 대한 몰이해를 드러내는 것임은 물론
지리정보의 기술방식에 대한 이해 수준마저 의심받을 우려가 있다.

4. 《신증 동국여지승람》의 '역력가견歷歷可見'

《신증 동국여지승람》에 '볼 수 있다[可見]'고 한 것의 의미도 마찬
가지다. 일차적으로는 《신증 동국여지승람》에 기술된 대로 해석하는 것
이 옳지만, 이를 다시 전체 맥락 속에서 파악할 필요가 있다. 《신증 동
국여지승람》(권45 강원도/울진현)의 '두 섬'에 관한 기술은 아래와 같다.

> 우산도于山島·울릉도鬱陵島
> 【무릉武陵이라고도 하고, 우릉羽陵이라고도 한다. 두 섬이 현의 정동쪽 바
> 다에 있는데, 세 봉우리가 우뚝 솟아 하늘에 닿았는데 남쪽 봉우리가 약간
> 낮다. 날씨가 맑으면 봉머리의 수목과 산 밑의 모래톱을 역력히 볼 수 있으
> 며 순풍이면 이틀 만에 갈 수 있다. 일설에는 우산과 울릉이 본래 한 섬으로
> 땅이 사방 백 리라고 한다……】
> 【一云武陵 一云羽陵 二島在縣正東海中 三峰岌嶪撑空 南峰稍卑 風日淸明
> 卽峰頭樹木及山根沙渚 歷歷可見 風便則二日可到 一說于山鬱陵本一島 地方
> 百里……】

《신증 동국여지승람》은 이전 지리지와는 다르게 두 섬에 대한 내용을
'분주'로 처리했다. 기술방식은 '우산도 울릉도'순으로 도서명을 나열했으
나 "무릉이라고도 하고, 우릉이라고도 한다"는 내용이 '울릉도' 제목 아래
나온다. 그리고 다시 "두 섬이 현의 정동쪽 바다에 있다"고 하여 '두 섬'

이라고 언급했다. 두 섬을 한데 묶어 언급했지만, 둘 다 현의 "정동쪽에 있다"고 했으므로 본읍에서의 방향을 기술하는 지리지 규식을 따르고 있다. 다만 '세 봉우리' 이하의 내용이 어느 섬을 가리키는지 분명하지 않은데, 내용을 보면 두 섬 가운데 하나에 대한 설명임을 알 수 있다. 여기에 지리지 규식을 적용하려면, 《신증 동국여지승람》의 기술방식이 하나의 도서명을 적고 그에 대해 기술하는 방식을 취했을 때만 해당된다. 그런데 《신증 동국여지승람》 역시 '우산도·울릉도'라고 하여 두 개의 도서명을 적었으며, 내용에서는 '두 섬'이라고 표현했지만 "날씨가 맑으면 봉머리의 수목과 산 밑의 모래톱을 역력히 볼 수 있고 순풍이면 이틀 만에 갈 수 있다"고 하여 우산도까지 포괄하는 내용은 아님을 알 수 있다. 봉머리의 수목과 산 밑의 모래톱이 보인다고 했으므로 이를 일러 '우산도'를 형상화한 것으로 보기는 어렵기 때문이다. 또한 앞에서 "무릉이라고도 하고, 우릉이라고도 한다"고 했으므로 이로써 미루어 보면, '울릉도'에 관한 내용임을 알 수 있다. 따라서 위 문장은 '可見'의 내용이 육지(울진현)에서 울릉도가 보인다는 것을 말한 것이지 울릉도에서 우산도가 보인다는 것을 말한 것으로 보기는 어렵다.

그렇다면 《신증 동국여지승람》의 '歷歷可見'에서 '볼 수 있다〔可見〕'의 의미는 《세종실록》〈지리지〉에 "날씨가 맑으면 바라볼 수 있다"고 할 때의 '바라볼 수 있다〔可望見〕'의 의미와는 다른 것임을 알 수 있다. 《세종실록》〈지리지〉에 '바라볼 수 있다(보인다)'고 한 것은 울릉도와 우산도와의 거리가 멀지 않으므로 날씨가 좋을 때 두 섬이 '서로 보인다'는 것을 의미하지만, 《신증 동국여지승람》에 '역력히 볼 수 있다'고 할 때의 '보인다'의 의미는 육지에서 울릉도가 보인다는 것을 의미한다. 그러

므로 두 문장은 맥락이 서로 다르다. 《신증 동국여지승람》에 나온 '역력
가견歷歷可見'과 《세종실록》에 나온 '즉가망견則可望見'의, '견見'자에 얽매
여 두 지리지가 동일한 대상을 기술한 것이라고 단정할 수는 없다. 고문
헌에 울진이나 삼척 등지에서 울릉도가 보인다고 기술한 것은 있지만, 육
지에서 우산도가 보인다고 기술한 문헌은 거의 없다. 《신증 동국여지승
람》에 "맑은 날 섬의 수목이 보이며 순풍이면 이틀 만에 갈 수 있다"고
한 것은 울진에서 울릉도의 수목이 보이며, 울릉도까지 가는 데 이틀이
걸린다는 사실을 말한 것이다. 이런 맥락을 무시하고 《경상도 지리지》의
규식을 무조건 적용하여 육지에서 울릉도와 우산도가 둘 다 보인다고 해
석할 수는 없다. 실제로 두 섬이 육지에서 다 보이는 것이 아닐 뿐더러
울릉도에서 우산도까지 가는 데 이틀이 걸린다고 기술한 문헌도 없기 때
문이다.

5. 일본의 왜곡 의도

일본이 주장하는 것과는 달리, 지리지는 그 규식에 의거하여 기술되는
것이라고 해서 모든 지리지에 이를 일괄적으로 적용할 수는 없다. 편집방
침이나 규식 자체가 단일적이거나 고정된 것이 아니기 때문이다. 그런데
도 일본이 이런 주장을 하는 저의는 무엇인가. 그것은 《세종실록》〈지리
지〉에 언급된 '우산于山'이 독도를 가리키므로 이를 인정할 경우 한국의
독도 영유권을 인정하지 않을 수 없기 때문이다. 《세종실록》〈지리지〉 기
술에 대한 일본의 비판은 1953년 독도에 관해 양국이 구상서를 왕복하던
때로 거슬러 올라간다. 그러나 이때 일본은 주로 조선 문헌에 '우산도'에
관한 구체적인 언급이 없다는 것을 근거로 우산도와 울릉도가 동일한 섬

이라고 주장했을 뿐 육지에서 떨어진 두 섬의 거리관계를 문제시하여 부인한 적은 없었다. 당시 한국 정부는 문헌에 나오는 우산도가 오늘날의 독도를 가리킨다고 주장했기 때문에 일본은 그에 대해서만 비판했다. 당시 일본은 《세종실록》〈지리지〉에 나온 '두 섬의 거리[二島相去]'를 '육지에서 떨어진 두 섬의 거리'로 보아야 한다고 주장하지 않았다. 국가적인 차원의 구상서 작성에 당대 전문가들이 동원되었을 것이 분명한데, 그렇다면 당시 일본학자 가운데 '二島相去不遠'을 제대로 해석하는 자가 없어서 지금 같은 주장을 하지 않았단 말인가.

현재 일본이 문제로 삼는, 지리지 규식을 근거로 한 '이도二島'부정의 논리는 한문의 맥락이나 지리지의 맥락에서 보더라도 맞지 않는다. 조선 후기의 문헌에 "우산도는 일본이 말하는 송도" 즉 '마쓰시마'라고 기록되어 있어 '우산도'가 '독도'를 가리킨다는 사실이 한층 더 분명해지자, 일본은 지리지 규식을 거론해 가며 부인하고 있는 것이다.

'우산도=독도'설의 입증

1. 머리말

독도 영유권 문제와 관련해서 한·일 양국 사이의 쟁점 가운데 하나는 '우산도于山島'가 '독도'인가 하는 점이다. '독도' 명칭이 한국 문헌에서 나타나는 것은 1906년이고 그 전에는 주로 '우산도'로 기술되어 있었기 때문이다. 한국에서 최초의 '독도' 명칭은 울릉군청에 보관되어 있던 울도 군수 심흥택 보고서에 나온 '본군 소속 독도'이다. 일본 기록에는 1904년에 처음 보인다. 1900년 대한제국 칙령 제41호가 공포될 당시의 명칭은 '석도'였고 '독도'라는 명칭은 없었다. 일본은 1905년 2월 독도를 일본 시마네 현에 편입하면서 '다케시마竹島'로 명명했으나 이후 기록에는 여전히 다케시마 외에도 마쓰시마, 리앙쿠르 락스(랑코 도), 호넷 락스 등이 혼용되어 있었다.

현재의 '독도' 명칭에 비정할 수 있는 고문헌의 명칭은 '우산도'이다. 이외에도 삼봉도, 가지도 등이 있다. 울릉도를 가리키는 호칭으로는 우산于山, 울릉鬱陵, 우릉于陵, 우릉羽陵, 우릉芋陵, 무릉武陵, 우산芋山, 우산도芋山島, 우산羽山, 우산국于山國, 삼봉도三峯島 등이 있다. 따라서 '우산도'는 독도뿐만 아니라 울릉도 호칭이기도 했다. 그런데 '우산도'는 점차 독도의 호칭이 되었고, 이에 한국은 우산도가 독도라고 주장했다.[1] 《삼국사기》에 나온 '우산국'에 독도가 포함되며 이후 《세종실록》〈지리지〉, 《고려사》〈지리지〉, 《신증 동국여지승람》 등에 기술된 '우산도'는 독도를 가리킨다고 주장해 왔다. 이에 대해 일본은 한국 문헌의 우산도는 울릉도를 가리킨다고 반박해 왔다. 그 이유는 한국 문헌에는 '우산도'라는 호칭만 있을 뿐 구체적인 내용이 없다는 것이었다. 그런데 조선 후기 '안용복 사건'[2] 당시 생존해 있던 두 사람, 즉 장한상과 박세당의 기록을 보면, 독도를 '우산도'로 비정할 수 있는 내용이 있으며, 더욱이 박세당은 이전과는 다른 방식으로 '우산도'를 구체적으로 언급하고 있다. 이 글에서는 두 사람의 기록을 중심으로 '우산도'가 '독도'임을 입증하고자 한다.

2. '우산도=독도'설을 둘러싼 한일 사이의 논쟁

1954년 한일 양국 사이의 독도 영유권 문제가 본격적으로 제기되었을 때 한국 정부는 '우산도'가 독도임을 입증하는 논거로 두 가지를 제시했다. 하나는 《세종실록》〈지리지〉이고, 다른 하나는 《신증 동국여지승람》이다. 《세종실록》〈지리지〉를 보면, '우산于山·무릉武陵'에 대해 기술하기를, "두 섬이 울진현 정동쪽 바다에 있다. 두 섬은 서로 거리가 멀지 않아 날씨가 맑으면 바라볼 수 있다"고 했다. 《신증 동국여지승람》에는 '우산도·울릉도'에 대해 기술하기를, "무릉이라고도 하고, 우릉이라고도 한다. 두 섬이 현의 정동쪽 바다에 있다. 세 봉우리가 우뚝 솟아 하늘에 닿았는데

---

1) 《독도관계자료집》(1)—왕복외교문서(1952~1976) (1977.7.15. 외무부)에 나오는 1953년 9월 9일부, 1954년 9월 25일부, 1959년 1월 7일부 '한국정부 견해'를 말한다.

2) 우리나라 사료상의 명칭은 '울릉도 쟁계'인데 주로 '안용복 사건'이라고 하고, 일본은 '다케시마 일건'으로 일컫는다.

남쪽 봉우리가 약간 낮다. 날씨가 맑으면 봉머리의 수목과 산 밑의 모래톱을 또렷이 볼 수 있으며 순풍이면 이틀 만에 갈 수 있다. 일설에는 우산과 울릉이 원래 한 섬으로 땅이 사방 백 리라고 한다"라고 했다. 한국 정부는 위의 두 인용문을 들어 '우산'과 '울릉'은 결코 동일한 섬을 가리키는 것이 아니므로 두 개의 분리된 섬으로 인정하지 않을 수 없다고 주장해 왔다.[3] 그러나 일본은 《세종실록》〈지리지〉에 "신라 때는 우산국이라 일컬었으며 울릉도라고도 했다"는 일절이 있고, 《신증 동국여지승람》에 "일설에는 우산과 울릉이 본래 한 섬으로"라고 한 사실을 들어 2도설을 부인해 왔다.[4]

이에 한국은 "전자(《세종실록》〈지리지〉)는 신라시대의 우산국을 말한 것이지 우산도(여지지에 우산도를 우산국의 일부라는 것을 표시)를 말한 것은 아니다. 그리고 후자(《신증 동국여지승람》)는 막연한 '일설'에 지나지 않는다. 따라서 이 인용문은 《세종실록》〈지리지〉와 《신증 동국여지승람》이 편찬된 당시 2도2명二島二名으로 확인된 사실에 결코 영향을 미치게 하지는 못 한다"고 반박했다.

그러자 일본은 "한국 측처럼 하나의 문헌의 일절만을 취해 자기에게 편한 대로 해석하는 것은 적절하지 않다. 이 문제를 바로 이해하기 위해서는 앞에서 말한 두 개의 문헌뿐만 아니라 우산도와 울릉도에 대해 기술한 같은 종류의 고문헌을 널리 비교 대조하여 그동안의 추이를 검토하는 것이 필요할 것이다"[5]라고 반박했다. 일본은 한국이 《신증 동국여지승람》이나 《증보 문헌비고》처럼 2도설을 취하면서도 1도2명에 대한 의문을

---

3) 《독도관계자료집》(1)─왕복외교문서 1954년 9월 25일부.

4) 《독도관계자료집》(1)─왕복외교문서 1954년 9월 25일부.

5) 《독도관계자료집》(1)─왕복외교문서 1954년 9월 25일부.

남기고 있으며, 2도설을 취하더라도 전문이 울릉도에 대한 설명으로 일관하여 우산도에 대해서는 어떤 구체적인 설명도 하고 있지 않다[6]는 점을 지적했다.

일본 정부의 이런 시각은 가와카미 겐조川上健三에게서도 보이는데 그는 한국 문헌의 우산도·울릉도 관련 기사에 대해 "우산·무릉 2도설을 뒷받침하는 구체적 사실에 대한 설명이 부가되어 있지 않으므로 한국 정부가 주장하듯이 이들 두 서적의 한 구절만을 인용하여 조선 초기부터 우산과 울릉, 두 섬의 존재가 분명히 인식되어 있었다고 단정할 수 없다"[7]고 주장했다. 그는 이어 "《세종실록》〈지리지〉나 《신증 동국여지승람》의 경우에도 그 내용은 울릉도 한 섬에 대한 것뿐이고 우산도에 대해서는 구체적인 기술이 없다"[8]고 하며, 우산도에 대한 구체적인 설명 부족을 2도설 부정의 근거로 내세웠다.

일본의 이런 주장은 주설과 일설一說 가운데 본령인 주설보다 주석인 일설을 근거로 하여 본질을 흐리려는 태도이다. 한국은 일본의 '우산·울릉 1도설'에 대해 "우산도와 울릉도를 각각 다른 섬으로 구별하여 기록한 《여지승람》의 본문을 버리고 참고로 기록한 주의 일절을 취한" 것이므로 정당하지 않다는 비판을 해왔다. 왜냐하면 "삼국시대의 우산국과 《세종실록》〈지리지〉 및 《여지승람》의 우산도는 국國과 도島의 구별이 있어 성질이 전연 다르기 때문"[9]에 결국 우산도를 독도라고 하는 우리의 주장

6) 《독도관계자료집》(1)—왕복외교문서 1954년 9월 25일부.

7) 가와카미 겐조川上健三, 《竹島の歴史地理學的研究》, 古今書院, 1966, 105쪽.

8) 가와카미 겐조(1966), 앞의 책, 101쪽.

9) 일본은 "《삼국사기》에 보면, 이 책에서는 우산국이란 울릉도라고 되어 있다. 이 《삼국사기》의 입장은 《고려사》지리지에서도 답습되어 울릉도는 원래 신라시대에 우산국이었다고 되어 있고, 단지 이 기술의 마지막에 우산과 무릉(울릉) 양도설일 여지를

에 아무런 영향도 주지 못한다[10]는 것이다.

이에 대해 가와카미 겐조는 《고려사》지리지의 '울릉도'항에서 설명한 것은 모두 울릉도 한 섬에 관한 것이고, 다만 그 기록의 마지막에 "어떤 이는 말하기를, 우산과 무릉은 본래 다른 섬인데〔一云于山武陵本二島〕"라는 한 줄을 삽입하여 우산과 무릉 2도설이 있음을 부언한 데 지나지 않는다고 비판했다.[11] 또한 가와카미 겐조는 《태종실록》17년 2월 임술 조에 나타난 '우산도'를 보면, 김인우가 갔던 섬이 우산도라고 되어 있어 《태종실록》의 다른 두 기록과 대조해볼 때 우산도가 무릉도 즉 울릉도와 동일한 섬을 지칭하고 있음을 알 수 있다고 비판했다. 게다가 김인우의 보고에 따르면, 우산도에서 강치가죽, 면자 등이 생산되고 86명이 거주한다고 한 점으로 보아 어떤 의미에서든 오늘날의 독도에 해당되지 않음이 분명하다고 했다. 일본은 우산도와 울릉도를 한 섬으로 다룬 《고려사》지리지는 물론 두 섬으로 한 《세종실록》〈지리지〉나 《신증 동국여지승람》이 모두 울릉도 한 섬에 대한 내용만 있고 우산도에 대해서는 구체적인 기술이 없다는 것을 들어 우산도가 독도임을 부인하고 있다.

이런 주장은 시모조 마사오下條正男를 비롯한 일부 학자에 계승되어 현재도 우산도는 울릉도이거나 그 옆에 있는 죽도竹島를 가리킨다고 주장하고 있다. 시모조는 한국이 우산도였던 독도를 한국의 고유영토라고 주장하게 된 배경을 언급한다. 그에 따르면, 한국은 지금으로부터 300년 전 일

___

남기고 있다. 또한 이 《고려사》를 전후하여 이루어진 《세종실록》〈지리지〉에서는 우산과 무릉 2도설을 취하고 있으나, 이 주기注記에서는 이 두 섬이 울릉도이며 신라시대의 우산국이라고 기술되어 있다"(《독도관계자료집》, (1)—왕복외교문서 1954년 9월 25일부)고 하여 우산국과 우산도를 동일선상에 놓고 있다.

10) 신석호, 〈독도의 내력〉, 《독도》, 대한공론사, 1965, 20쪽.

11) 가와카미 겐조(1966), 앞의 책, 88쪽.

본과 조선 사이에 울릉도 영유권을 둘러싼 영토문제가 일어났을 때 안용복이 "竹島(松島)는 조선령 우산도이다"라고 한 증언에 근거하여 우산도를 독도라고 해석, 독도의 영유권을 주장하고 있는데, 얼핏 보면 논리 정연해 보이는 한국 정부의 반박이지만 한국 정부는 여기서 중대한 실수를 범하고 있다고 한다.[12]

안용복의 증언과 관련한 영유권 문제는 이 글의 주제를 벗어나므로 '우산도'와 관련된 부분에 한정하여 논하기로 한다. 시모조 마사오는 한일 사이에 독도 논쟁이 본격화했던 1954년 한국 정부가 《동국여지승람》에 "맑은 날……또렷이 보인다"고 한 부분을 들어 울릉도에서 독도가 보인다고 해석, 독도를 고유영토로 했다고 주장한다.[13] 그러나 시모조의 주장은 논점이 빗나가 있다. 《동국여지승람》의 기사[14]는 한국 정부가 울릉도와 우산도가 별개임을 입증하기 위해 제시한 기사에 포함된 내용일 뿐, 거기에 나온 "맑은 날……또렷이 보인다"는 부분을 일러 "울릉도에서 우산도가 또렷이 보인다"고 주장한 것은 아니기 때문이다.

이 부분을 좀 더 살펴보면, 《동국여지승람》에 "무릉이라고도 하고, 우릉이라고도 한다[一云武陵一云羽陵]"고 한 것만으로는 우산도와 울릉도 가운데 어느 섬에 대한 설명인지 알기 어렵다. 그러나 제목이 '우산도·울릉도'로 되어 있고, 내용에서도 울릉도에 대해서만 언급하고 있으며, 본문에 나온 '무릉'과 '우릉'이 모두 '울릉'을 연상시킨다는 점에서 위의 기술은

---

12) 시모조 마사오下條正男, 〈竹島問題の問題點〉, 《日韓 歷史克服への道》, 展轉社, 1999, 389~390쪽.

13) 시모조 마사오(1999), 위의 글, 381쪽.

14) 참고로 원문을 소개하면 다음과 같다. "一云武陵 一云羽陵 二島在縣正東海中 三峰岌嶪撑空 南峰稍卑 風日淸明 則峰頭樹木及山根沙渚 歷歷可見 風便則二日可到 一說于山鬱陵本一島 地方百里……"

'울릉도'에 관한 설명으로 볼 수 있다. 이어 "두 섬이 울진현 정동쪽 바다에 있다[二島在縣正東海中]"는 내용과 "세 봉우리가 곧게 솟아 하늘에 닿았는데 남쪽 봉우리가 약간 낮다[三峰岌嶪撐空南峰稍卑]"는 내용이 나온다. 여기서 세 봉우리가 어느 섬의 것을 말하는 것인지 이 글만으로는 알 수 없으나, "무릉이라고도 하고, 우릉이라고도 한다"가 울릉도를 가리키는 것이므로 세 봉우리에 대한 설명도 울릉도를 가리키는 것으로 볼 수 있다. 또한 이를 자구대로 해석하더라도 그렇다. '또렷이 보인다'는 것은 세 봉우리를 포함한 '어느 섬'이 날씨가 좋을 경우 '어느 지점'에서인가 또렷이 보인다는 것을 말한 것이다. 그런데 여기서 말한 '어느 지점'은 섬이 아닌 육지를 가리킨다. 주체를 특정하지 않은 이상 "이틀 만에 갈 수 있다"고 한 것은 지리지 기술방식대로 육지의 어느 지점을 기준으로 했을 것이기 때문이다. 그렇다면 '어느 섬'은 육지에서 가까운 섬으로 추정된다. 이는 《세종실록》에 "신라 때는 우산국이라 일컬었으며 울릉도라고도 했다. 땅은 사방 백리이다[新羅時稱于山國一云鬱陵島地方百里]"라고 한 것이 울릉도를 묘사한 것인 점과도 상통한다. '땅이 사방 백리'라고 한 정황으로 보거나 세 봉우리를 지녔다고 한 정황으로 보더라도 위의 기술은 울릉도를 가리킨다. 따라서 《동국여지승람》에서 '또렷이 보인다'고 할 때의 의미는 육지에서 울릉도의 수목이 또렷이 보인다는 것을 말한 것이지 울릉도에서 우산도의 수목이 또렷이 보인다는 것을 말한 것은 아니다. 더구나 우산도에는 수목이 없기 때문이다. "바람이 잘 불면 이틀 만에 갈 수 있다[風便則二日可到]"라고 한 것도 육지에서 울릉도까지 가는 데 걸리는 시간을 말한 것이다.

　이는 《세종실록》〈지리지〉15)에서 "'날씨가 맑으면 바라볼 수 있다[風日

15) 참고로 원문을 소개하면 다음과 같다. "二島在縣正東海中【二島相去不遠 風日淸明 則可望

清明 則可望見]"라고 했을 때의 '바라볼 수 있다[望見]'의 의미와는 맥락이 다르다. 《세종실록》에서 말하는 의미는 울릉도와 우산도, 두 섬의 거리가 멀지 않으므로 날씨가 맑으면 울릉도와 우산도가 서로 보인다는 것을 말한다. 이는 《신증 동국여지승람》에서의 '또렷이 볼 수 있다[歷歷可見]'고 할 때의 '볼 수 있다'와는 다르다. 이런 차이를 무시하고 《경상도 지리지》16)의 규식을 일괄 적용하여 두 섬이 육지에서 멀지 않아 '보인다'고 해석할 수는 없다. 또한 《세종실록》에서 "신라 때는 우산국이라 일컬었다[新羅時 稱于山國]"라고 한 것의 의미는 우산도와 무릉도, 두 섬이 모두 '우산국'에 속한다는 것을 말한 것이다. 이 또한 '우산국'과 '우산도'의 지리적 영역이 다르다는 것을 암시한다. 즉 우산국 영역에 우산도가 포함된다는 것을 의미한다. 한국 정부는 이런 맥락에서 문헌상의 우산도가 오늘날의 독도를 가리킨다고 해석해 왔다.

일본은 이런 논리적 인과관계를 부정하고 있다. 그리하여 문헌에 따라 맥락이 다른데도 《동국여지승람》에 나온 '역력가견歷歷可見'과 《세종실록》에 나온 '즉가망견則可望見'의 '보인다[見]'는 글자에만 얽매여 두 문헌의 내용이 일치하지 않는다고 비판하고 있다. 그 결과 일본의 다케시마문제 연구회 최종보고서에는 "안용복이 주장하는 우산도는 현재의 다케시마가 아니다. 안용복이 본 것은 지도상에 '이른바 우산도'가 된 죽도[竹嶼島]17)

見 新羅時 稱于山國 一云鬱陵島 地方百里]"

16) 시모조 마사오는 《경상도 지리지》(1425)의 편집방침이 도서의 경우 현에서의 방향과 육지에서의 거리를 기술해야만 했다고 하면서 《경상도 지리지》는 후의 《세종실록》〈지리지〉의 출발점이 된 문헌이므로 규식도 이 《경상도 지리지》를 답습했다고 볼 수 있다고 한다(시모조 마사오, 〈독도논쟁 3: 증거를 들어 실증하라〉, 《한국논단》84, 1996, 229쪽). 이 부분은 〈지리지 기술방식과 '울릉·우산 2도'설〉을 참조.

17) 우리나라 호칭은 죽도이다. 죽도竹島는 '댓섬'에 대한 한역표기이다. 1945년 이전 일본 문헌에는 '죽서竹嶼'로 되어 있다. 최남선(1953)도 '죽서'로 표기했다. 다가와 고조 田川孝三가 '죽서'를 '죽서도'로 표기한 이래 후대에 이를 따라 '죽서도'로 변용·표기

이다. 죽도[竹嶼島]는 안용복이 어로활동을 하고 있던 울릉도의 저동에서 동북에 위치하며, 다케시마는 울릉도의 동남쪽에 있기 때문이다"라고 했다. 방향의 차이를 근거로 해서 우산도가 독도라는 사실을 부인하고 있는 것이다. 이런 주장은 다가와 고조田川孝三의 "《여지승람》의 2도설은 《세종실록》〈지리지〉를 계승한 것일 뿐 두 섬의 존재가 확실해진 결과로 보기는 어렵다. 실지 조사에 따라 두 섬의 존재가 사실로 드러나 2도설이 취해진 것이라면 무언가 섬에 관한 기사가 있을 테지만 그런 기사가 전혀 존재하지 않는다. 조선의 문헌에 있는 2도설이란 실제 견문에 기초한 명확한 지식에 의한 것이 아니라 막연히 관념적으로 《세종실록》〈지리지〉를 계승한 것에 지나지 않는다"[18]는 주장의 반복에 지나지 않는다.

그러나 한국의 사료를 검토해 보면, 우산도는 독도를 가리킨다는 사실을 알 수 있다. 《세종실록》〈지리지〉에서 '날씨가 좋을 때만 보인다'고 한 기록이나 안용복이 '울릉도에서 하루거리에 있다'고 한 증언에 의거해볼 때 이런 조건에 해당되는 섬은 독도밖에 없기 때문이다. 한편 위에서 두 섬(울릉도와 우산도)에 관한 구체적 기사가 존재하지 않는다고 비판한 다가와 고조도 우산도가 독도라는 사실은 인정하고 있다. 다가와 고조는 한일 양국 정부의 '다케시마=독도'영유권 논쟁에서 일본 정부의 브레인으로 활약하며[19] 한국의 2도설의 관념성을 지적했던[20] 사람이다. 그는 《숙종실록》에 나온 안용복의 증언을 범죄자의 공술서에 지나지 않으며 허구와

하는 경우가 있다.

18) 다가와 고조田川孝三, 〈于山島について〉, 《竹島問題研究資料》10, 島根縣圖書館所藏, 1953, 90~91쪽.

19) 박병섭, 《안용복 사건에 대한 검증》, 한국해양수산개발원, 2007, 한글본 21쪽.

20) 다가와 고조, 〈于山島と鬱陵島について〉, 《竹島問題研究資料》10, 1954, 37~62쪽. 다가와는 이 글에서 2도설의 오류를 고증하는 것을 연구 목적으로 한다고 밝히고 있다.

과장에 가득 찬 것이라고[21] 비판했다. 그런데도 그는 조선 문헌에 나온
우산도가 독도라는 사실만은 인정했다. 다가와는 세 섬이 있다고 한 조선
역관과 안용복의 말, 그리고 통역이 들은 조선인의 말, 이 세 가지를[22]
분석하여 다음과 같은 결론을 내렸다.

> 이 세 섬을 역관의 말에 비정한다면, 울릉도는 말할 것도 없고, 우산도는
> 竹島(竹嶼 - 원문대로)에 해당된다. 그러나 우산도를 죽서라고 하기에는 너무
> 가깝다. 북동이라는 방위에 매달리지 않고 동방의 섬을 찾는다면 동남에 우
> 리가 오늘날 다케시마竹島라고 하는, 과거의 마쓰시마松島 즉 리양코루 도島
> 가 존재할 뿐이다.……해도海島이므로 희미하게 멀리 바라볼 때 그 방위나
> 크기가 틀리기 쉽다는 것은 당시 지식으로 판단해 보면 있을 수 있다.[23]

즉 그는 해상에 멀리 있는 섬은 방위나 크기에 오차가 있을 수 있으므
로 이 점을 감안해 보아야 하며, 그렇게 볼 때 울릉도에서 멀리 희미하게
보이는 섬은 과거 일본이 '마쓰시마'라고 부르던 '독도'라는 것이다. 그런
데 이런 논증은 일본인의 언급을 빌리지 않더라도 한국 측 사료만으로도
가능하다.

---

21) 다가와 고조, 〈竹島領有に関する歴史的考察〉, 《東洋文庫書報》, 1988, 20쪽, 24쪽.

22) (A) 역관은 세 섬이 있다고만 했을 뿐 원근과 방위는 전혀 언급하지 않았다. 다만
여기서 분명한 것은 세 섬 가운데 하나는 울릉도이고 하나는 우산도라는 것, (B) 나
카야마中山 통역이 들은 조선인의 말로는, 그 명칭은 틀렸다고 생각되지만 울릉도에
서 희미하게 보이는 섬이 북동에 있다고 말한 점, (C) 안용복 등은 울릉도의 북동
에 있는, 두 번 본 섬을 우산도라고 한다는 것을 들었으며, 그 거리는 대체로 하루
노정이며 큰 섬이라고 했다는 것, 다가와는 이 세 가지를 들어 우산도가 독도라고
결론 내렸다(다가와 고조, 〈于山島について〉, 《竹島問題研究資料》10, 島根縣圖書館所藏,
1953, 101쪽; 박병섭, 《안용복 사건에 대한 검증》, 한국해양수산개발원, 2007 참조).

23) 다가와 고조(1953), 위의 책, 102쪽.

3. 우산도가 독도임을 말해 주는 두 기록

1) 장한상의 〈울릉도 사적蔚陵島事蹟〉

〈울릉도 사적〉은 1694년 9월 19일부터 10월 3일까지 울릉도를 조사한 삼척 영장 장한상의 기록이다. 장한상이 울릉도를 조사한 행적을 요약하면 아래와 같다.

1694년 9월 19일에 배를 출발시킨 장한상은 성난 파도를 헤치고 배가 전복될 위험을 겪고 나서야 20일에 여러 배를 모아 울릉도의 동남간 동구에 유숙할 수 있었다. 장한상 일행은 9월 21일부터 10월 3일까지 울릉도에 머물렀다. 섬을 일주하는 데는 이틀이 걸렸으며 거리로는 150~160리로 추산되었다. 군데군데 황죽밭이 있었고 울릉도 동쪽에 해장죽이 자라는 작은 섬이 하나 있었다. 장한상은 조사 내내 배를 대기에 가장 적당한 곳이 어디인지, 왜구를 막기에는 어느 동구가 좋은지, 개간지로는 어디가 적당한지를 중점적으로 살폈다. 그는 수토 기간 동안 일본인이 나무에 새겨놓은 이름을 발견했으나 성과 본관이 없는 것으로 보아 하층민일 것으로 생각했다. 또한 나무에 새겨진 흔적 상태로 보아 일본인들이 왔다간 시기가 매우 오래 전일 것으로 추측했다.

장한상은 조사를 마치고 10월 4일 울릉도를 떠나 육지로 향했다. 그는 6척의 배를 이끌고 무리하게 야간 항해를 하여 10월 5일 밤[24] 늦게야 삼척 포구에 도착했다. 6척의 배가 모두 삼척 포구에 정박한 것은 6일 새벽 무렵이었다. 그는 삼척에서 높이 올라가 바라보면, 울릉도의 모습이

---

24) 《비변사등록》에는 6일에 삼척으로 돌아오고 군관을 시켜 치보할 문서와 지도를 전달한 것은 9일로 되어 있다(《비변사등록》숙종 20년 10월 15일).

보일락 말락 하다고 기록했는데, 장한상 자신이 올라갔다는 것인지 다른 사람의 경험담을 말한 것인지 원문에 결자缺字가 있어 분명하지 않다. 그는 (육지에서) 울릉도까지의 거리를 700~800리25)로 추산하고 이 거리가 제주도와 비교할 때 배가 되는 거리라고 보았다. 울릉도와 육지 사이의 거리를 제주도와 비교하는 일은 그 후 기록에도 보인다.26)

장한상은 〈울릉도 사적〉에서 독도를 가리키는 듯한 언급을 했다. 즉 "서쪽으로는 구불구불한 대관령의 모습이 보이고, 동쪽으로 바다를 바라보니 동남쪽에 섬 하나가 희미하게 있는데, 크기는 울릉도의 3분의 1이 안 되고, 거리는 300여 리에 지나지 않는다"27)고 한 것이 그것이다. 한국은 장한상이 말한, '동남쪽에 희미하게 보이는 섬'이 '독도'일 것으로 보았다. 이에 대해 일본은 근거가 미약하다고 부인해 왔으나 박세당의 '울릉도' 관련 기록이 발견됨으로써 장한상이 말한 '희미한 섬'이 '독도'를 말하고 있음을 입증할 수 있게 되었다.

2) 박세당의 〈울릉도〉

한국 문헌에서 '울릉도·우산도' 관련 부분을 보면, 두 섬을 함께 적은 것이 있는가 하면, 둘 가운데 하나만을 적은 경우도 있다. 그리고 '우산도 울릉도'로 적은 경우라도 내용에서는 '울릉도'에 대해서만 있고 '우산도'에 대해서는 없는 경우가 많았다. 이 때문에 우산도에 대한 구체적인 설명이 없으므로 우산도를 울릉도와 별개의 섬으로 보기 어렵다는 일본의 비판에

---

25) 이 거리는 성호 이익이 기술한 거리와 같다(〈천지문〉'울릉도', 《성호사설》).

26) 《숙종실록》숙종 28년 5월 28일(기유).

27) "西望大關嶺逶迤之狀 東望海中有一島杳在辰方 而其大未滿蔚島三分之一 不過三百餘里"(〈울릉도 사적〉).

직면해야 했다. 그러나 박세당의 〈울릉도〉를 보면, 울릉도와 우산도가 분명히 구분되어 있다.

조선시대 울릉도 관련 기록은 관찬 지지地志나 사서史書를 제외하면 개인 기록으로는 장한상의 〈울릉도 사적〉이 대표적인 것으로 알려져 있었다. 그런데 〈울릉도 사적〉도 알려진 지 그리 오래된 것은 아니다. 이 사료는 1977년 11월 국사편찬위원회가 주관한 울릉도·독도학술조사사업의 일환으로 장한상 후손가에서 발굴되었다. 이 사료의 발굴로 한국은 숙종 연간에 이미 독도에 관해 인지하고 있었다는 사실을 확인했다. 그런데 이 내용을 뒷받침해줄 수 있는 것이 2001년에 추가로 발굴되었다. 그것은 서계 박세당의 11대손 박찬호씨가 장서각에 '서계 종택 고문서'를 기탁하면서28) 알려졌다. 이때 공개된 문서를 통해 〈울릉도〉가 실려 있다는 사실과 그에 대한 대체적인 내용이 소개되었다.29) 그러나 서계 박세당朴世堂 (1629~1703)의 글 속에 '우산도'에 관한 중요한 사실을 담고 있다는 사실에 대해서는 알지 못했다.

장한상과 거의 동시대 인물인 박세당이 울릉도 관련 기록을 남겼다는 사실은 독도 영유권과 관련해서 중요한 의미를 지닌다. 장한상과 박세당은 둘 다 숙종 연간의 인물로서 이른바 안용복 사건을 경험한 자들이기 때문이다. 그런데 이들 기록은 지금까지 제대로 연구된 적이 없었다. 그나마 장한상의 글은 알려져 있었으나, 박세당의 글은 전혀 알려져 있지 않았다. 장한상의 〈울릉도 사적〉도 '독도'와 연관된다고 여겨지는 내용 몇 줄만 인용되는 데 그치고 있다.

---

28) 한국학중앙연구원 공지사항 참조(2001년 5월 25일자).

29) 김기혁·윤용출, 《울릉도·독도 역사지리 사료연구》, 한국해양수산개발원, 2006, 124쪽 참조.

박세당은 17세기 조선 사상계를 풍미한 석학이다. 그의 문집은 《한국문집총간》으로 발간되어 있으나 〈울릉도〉가 실려 있는 《서계잡록西溪雜錄》[30]은 발간되지 않은 채 장서각에 필사본 상태로 소장되어 있다. 장서각 해제에 따르면, 《서계잡록》의 저술 시기가 1659년으로 되어 있는데 이는 '울릉도' 관련 기록이 1694년 사실을 담고 있다는 점에 비춰 볼 때 맞지 않는다. 〈울릉도〉는 《서계잡록》의 끝부분에 실려 있는데[31] 크게 네 부분으로 구성되어 있다. 첫 번째는 《신증 동국여지승람》을 인용한 부분이고, 두 번째는 승려에게 전해들은 이야기를 기록한 것, 세 번째는 1694년 9월 2일 영장營將 장한상이 비변사에 보고한 내용을 옮겨 적은 것이고, 네 번째는 1694년 9월 20일부터 10월 3일까지 장한상이 비변사에 보고한 수토 내용을 옮겨 적은 것이다.

이 가운데서 첫 번째와 두 번째 내용은 《와유록臥遊錄》[32]에도 실려 있다. 《와유록》에는 〈울릉도설〉[33]과 〈울릉도〉라는 두 개의 글이 실려 있는데, 〈울릉도설〉은 아계 이산해의 글임이 밝혀져 있고, 〈울릉도〉는 '지지地誌'가 그 출전인 것으로 되어 있다. 내용으로 보건대 여기서 말한 '지지'란 《동국여지승람》을 가리키는 듯하다. 그러나 '지지' 내용은 앞부분까지이고

---

30) 원본에는 《서계잡록》이라는 제목이 없다. 《서계잡록》(가칭)이라고 한 것으로 보아 장서각에서 임의로 붙인 것으로 보인다.

31) 이 가운데 일부 내용이 장서각 소장 《와유록》 안의 〈울릉도〉에 들어가 있다. 《와유록》에는 〈울릉도〉의 출전을 '地誌'라고 했다. 박세당의 글을 일부 뽑아 실은 듯하다.

32) 《와유록》은 17세기 중반 산수벽이 있던 사람이 편찬한 책으로 추정하고 있다. 한국학중앙연구원에서 낸 해제에 따르면, 12책의 필사본으로 된 유일본으로서 고려시대부터 조선 중기까지의 산수 유람에 대한 시문을 모은 것으로 되어 있다. 권마다 필자를 앞에 실은 것도 있으나 빠뜨린 것도 있다. 여러 문집에서 선별해서 편찬했는데, 원자료의 주석도 대부분 그대로 수용하고 있다. 규장각(古 4790-48)에도 필사본 7책의 《와유록》이 전한다.

33) 목록에는 〈鬱陵島記〉로 되어 있다.

뒷부분 즉 승려의 언급 부분은 '지지'에는 없다. 박세당의 글을 일부 추출하여 《와유록》에 실으면서 편자가 출전을 '지지'라고 밝힌 듯하다. 승려로부터의 전문傳聞 부분은 박세당의 글에 처음 보이기 때문이다.

'우산도'와 관련해 중요한 것은 두 번째, 승려로부터의 전문 부분이다. 이 내용은 박세당의 글인지 아니면 다른 사람의 글을 옮긴 것인지는 알 수 없지만, "일찍이 승려 한 사람을 만났는데 그가 말하기를……"이라고 한 것으로 보아 글을 쓴 자는 승려로부터 직접 이야기를 들었던 것으로 보인다. 박세당의 지인이 승려에게 들은 얘기를 박세당이 직접 들은 것처럼 적었거나, 아니면 박세당 지인의 얘기를 박세당이 옮겨 적은 것인지는 알 수 없지만, 내용으로 보더라도 박세당이 직접 쓴 것일 확률은 반반이다. 박세당의 생몰 연대는 1629~1703인데, 승려가 말한 병오년은 1606년이므로 승려와 박세당의 나이 차를 고려해볼 때 두 사람이 조우했을 확률은 그리 높지 않다. 만일 승려가 장수했다면 두 사람이 만났을 가능성도 전혀 배제하기는 어렵다.

〈울릉도〉에 나오는 승려는 임진왜란 때 포로로 일본에 잡혀갔다가 1606년에 일본 배를 타고 울릉도에 가본 경험을 지니고 있는 사람이다. 그의 경험담에 따르면, 울릉도에는 산이 많고 울창한 삼림이 있으며 뱃길이 매우 험하다. 그리고 울릉도에 있는 대나무들은 들보만큼 큰 것들이 많으며 진기한 약초가 많아 일본인들이 와서 대나무와 약초를 캐고 있었다고 한다. 승려는 울릉도에서 영해로 돌아오는 시간이 매우 짧게 소요되었다는 사실도 적었다. 그리고 〈울릉도〉 뒷부분에 이 글의 저자(박세당이든 아니든)의 견해가 적혀 있는데,[34] 여기에 '울릉도'와 '우산도'가 구분되어

---

34) 박세당이 자신의 설을 실은 것이든 다른 사람의 글을 전재한 것이든, 이 글이 우산도에 관한 조선인의 인식을 밝히고 있다는 점에서는 동일하다.

적혀 있다. 이 부분은 우산도가 울릉도를 가리킨다는 일본의 주장에 반박할 수 있는 좋은 증거가 되는데, 뒤에서 자세히 다룬다.

네 번째 부분, 즉 장한상이 치보한 내용은 장한상의 〈울릉도 사적〉에도 일부 실려 있다. 다만 세 번째 기록인 9월 2일의 치보 내용은 박세당의 문집에만 보인다. 이 부분은 장한상이 배가 만들어지기를 기다리는 동안 군관 최세철을 먼저 들여보내 조사시킨 후 그 내용을 비변사에 보고한 것이다. 장한상의 문집에는 없는 내용이 박세당의 문집에만 들어 있다는 사실이 의아하다.

박세당의 〈울릉도〉는 전체적으로는 울릉도와 주변의 해안 환경, 동식물의 서식상태, 촌락 구조, 일본인이 왕래한 흔적 등을 적고 있어 17세기 중반 울릉도의 상황을 잘 보여 주는 기록이다. 물론 〈울릉도〉는 박세당이 직접 울릉도에 가보고 남긴 기록은 아니다. 그러나 전문傳聞이든 아니든 그는 '울릉도'와 '우산도'를 구분하여 언급하고 있으며, 이때의 '우산도'는 바로 독도를 가리킨다. 이는 박세당 이전에 우산도(독도) 인지가 확립되어 있었음을 말해 준다. 물론 우산도에 대한 인지가 조선 초기부터 체계적으로 확립되어 있었다고 보기는 어렵다. 그러나 《고려사》지리지부터 조선시대 사서에 이르기까지 줄곧 '우산'과 '울릉'을 함께 거론하고 있으며 지도에도 두 섬이 그려져 있었다는 사실은 '울릉도' 이외에 '우산도'라는 섬이 따로 존재한다는 이른바 '2도인식'이 있었음을 의미한다. 다만 '우산도'에 대해서는 불명확한 상태로 인지하고 있었는데 이는 조선 중기를 지나면서 지견의 확대로 말미암아 명확하게 2도설로 정착해 갔다.

서계 박세당이 살았던 시기는 '안용복 사건'이 있었던 시기이며, 더구나 그는 안용복 사건에서 중요한 역할을 한 약천 남구만南九萬(1629~1711)의

자형이기도 하다. 남구만은 "안용복이 금령禁令을 무릅쓰고 다시 (일본으로) 가서 사단事端을 일으킨 죄는 실로 주살하지 않을 수 없습니다. 그러나 대마도對馬島의 왜인이 울릉도를 죽도竹島라고 거짓 칭하고, 강호江戶의 명이라 거짓으로 핑계대어 우리나라 사람들이 울릉도에 왕래하는 것을 금지시키려 중간에서 속이고 농간을 부린 정상이 이제 안용복으로 말미암아 죄다 드러났으니, 이 또한 하나의 쾌사快事입니다35)"라고 하여, 안용복 개인의 범법 사실과 국가적 이해관계는 구분 지을 것을 주장했다. 그리하여 참형을 받은 안용복을 유배형으로 감형시킬 것36)을 주장했다. 남구만은 안용복 사건뿐만 아니라 장한상의 일도 소상히 알고 있는 인물로서, 장한상이 울릉도 수토를 빙자하여 폐단을 일으켰다는 이유로 파직이 논의될 때 위험을 무릅쓰고 수토하고 온 정상을 참작해줄 것을 숙종에게 권하기도 했다.37) 박세당과 남구만이 주고받은 서간으로 미루어 보건대, 박세당은 남구만에게서 안용복이 일본에 잡혀갔던 사실과 일본에서 울릉도 영유권을 주장했던 일에 대해 들었을 것으로 보인다.

4. 두 기록에 의거한 '우산도=독도'설 입증

일본은 한국이 《동국여지승람》 등의 문헌을 자의적으로 해석하고 조작하여, 독도 영유의 역사적 근거로 하는 자가당착에 빠졌다고 비판한다. 그 이유는 한국 정부가 "竹島(松島)는 조선 영토인 우산도이다"라고 한 안용복의 증언38)을 전제로 하여 안용복 이전에 편찬된 《동국여지승람》의

---

35) 《숙종실록》숙종 22년 10월 13일(병신).

36) 《숙종실록》숙종 23년 3월 27일(무인).

37) 《비변사등록》숙종 20년 10월 22일.

분주分註를 해석하는, 말하자면 후세에 성립한 과거의 사실(선입견)로 과
거 문헌을 해석했기 때문이라고 한다. 그러므로 안용복이 목격한 우산도
는 오늘날의 독도가 아니라고[39] 주장한다. 일본의 이런 주장은 장한상과
박세당의 기록을 통해 오류임을 입증할 수 있다. 우선 장한상의 기록을
보자.

　비 개이고 구름 걷힌 날, 산에 들어가 중봉에 올라 보니 남쪽과 북쪽의
두 봉우리가 우뚝하게 마주하고 있는데, 이것이 이른바 삼봉三峰입니다. 서
쪽으로는 구불구불한 대관령의 모습이 보이고, 동쪽으로 바다를 바라보니
동남쪽에 섬 하나가 희미하게 있는데 크기는 울릉도의 삼분의 일이 안 되고
거리는 300여 리에 지나지 않았습니다. 그리고 남쪽과 북쪽에는 망망대해가
펼쳐져 물빛과 하늘빛이 같았습니다.

장한상의 이 말은 섬의 크기에서는 오차가 있지만, 바다 멀리 동남쪽으
로 희미하게 보이는 섬은 독도를 가리킨다. 이 사실은 아래의 언급을 보
면 더욱 분명해진다.

　섬의 산봉우리에 올라 저 나라 강역을 자세히 살펴보니, 아득할 뿐 눈에
들어오는 섬이 없어 그 거리가 얼마나 되는지 모르겠는데, 울릉도의 지리적
형세는 아마도 저 나라와 우리나라 사이에 있는 듯합니다.

---

38) 안용복의 증언은 《숙종실록》22년 9월 25일 비변사에서 심문받을 때 한 말로, 일본인
에게 안용복이 "송도는 자산도子山島이다. 그곳도 우리나라 땅인데 너희들이 감히 거
기 사는가?"라고 한 말을 가리킨다. 여기서 자산도는 우산도를 말한다.

39) 시모조 마사오, 〈竹島問題の問題點〉, 《日韓 歷史克服への道》, 展轉社, 1999, 393쪽.

장한상이 '희미하게' 보이는 섬을 조선의 강역이 아니라 일본의 강역으로 인식했다면, 위에서처럼 "저 나라 강역을 자세히 바라보니 아득할 뿐 눈에 들어오는 섬이 없어"라고 말하지는 않았을 것이다. 그렇다고 장한상이 말한 동남쪽의 '희미한' 섬이 죽도(댓섬)를 가리키는 것이 아님도 분명하다. 그는 "동쪽으로 5리쯤 되는 곳에 작은 섬이 하나 있다"고 하여 따로 '죽도'를 기술하고 있기 때문이다. 따라서 장한상이 말한, 동남쪽의 '희미한 섬'을 우산도에 비정할 수는 있지만, 그가 '우산도'라고 직접 언급한 것은 아니다. 그런데 박세당은 '우산도'를 직접 언급했다. 그리고 이 '우산도'는 장한상이 말한 동남쪽의 희미한 섬에 해당된다. 박세당은 아래와 같이 말하고 있다.

> 두 섬40)이 여기41)에서 그다지 멀지 않아 한번 큰 바람이 불면 이를 수 있는 정도이다. 우산도于山島는 지세가 낮아 날씨가 매우 맑지 않거나 정상에 오르지 않으면 보이지 않는다. 울릉이 (우산도보다-역자 주) 조금 더 높아 풍랑이 잦아지면 (육지에서-역자 주) 사슴과 노루들이 이따금 바다 건너오는 것을 예사로 볼 수 있다.42)

울릉도와 우산도의 관계에 대해 이토록 명확히 언급해준 기록은 박세당 이전에는 없었다. 박세당의 언급은 우산도가 독도라는 사실을 포함하여 다음과 같은 사실을 말해 준다.

첫째, 박세당은 '울릉도'와 '우산도'라 하여 두 섬을 명백히 구분하고 있

---

40) 여기서 두 섬은 울릉도와 우산도라는 것을 뒤의 문장으로 미루어 알 수 있다.

41) 위에서 영해를 이야기하고 있었으므로 영해 일대를 가리키는 것으로 추정된다.

42) "盖二島去此不甚遠 一飄風可至 于山島勢卑 不因海氣極淸朗 不登最高頂 則不可見 鬱陵稍峻 風浪息 則尋常可見糜鹿熊獐往往越海出來"(〈울릉도〉).

다는 점이다. 둘째, 박세당은 두 섬의 거리와 위치 관계를 밝히고 있는데, 그 관계로 보건대 박세당이 말한 우산도가 적어도 울릉도 인근의 섬을 가리키는 것은 아니라는 사실을 알 수 있다는 점이다. "우산도는 지세가 낮아 날씨가 매우 맑지 않거나 정상에 오르지 않으면 보이지 않는다"라고 한 것은 날씨가 맑거나 높은 곳에 올라가야만 우산도가 보인다는 것을 의미한다. 따라서 이는 울릉도와 우산도가 서로 인접한 섬이 아니라는 사실을 암시한다. 셋째, 장한상이 "동쪽으로 바다를 바라보니 동남쪽에 섬 하나가 희미하게 있는데……"라고 한 것이 '우산도'를 가리킨 것이라고 본다면, 박세당의 언급은 장한상의 언급과 서로 부합된다는 점이다. 장한상이 말한 섬은 '희미하게' 보이는 섬이고, 박세당이 말한 '우산도' 역시 맑은 날 울릉도의 높은 곳에서만 보이는 섬이므로 둘 다 울릉도에서 멀리 떨어진 '어떤' 섬을 의미한다. 그러므로 박세당이 말한 '우산도'와 장한상이 말한 '희미하게 보이는 섬'은 같은 섬을 가리킨다는 것을 알 수 있다. 넷째로 두 사람의 언급은 일본이 주장하듯이, 우산도가 울릉도 옆의 '죽도'를 가리키는 것이 아니라는 사실을 보여 주고 있다는 점이다. 박세당에 따르면, 우산도는 날씨가 매우 맑지 않거나 높이 올라가지 않으면 울릉도에서 보이지 않는 섬이다. 그렇다면 '우산도'는 적어도 울릉도 옆의 죽도나 관음도를 가리키는 것이 될 수 없다. 왜냐하면 죽도와 관음도는 둘 다 울릉도와 가까운 거리에 있어 흐린 날도 보일 뿐만 아니라 높은 곳에 올라가지 않더라도 보이기 때문이다. 박세당이 언급한 '우산도'에 부합되려면 죽도나 관음도보다 멀리 떨어져 있는 섬이어야 한다.

결국 울릉도에서 어느 정도 떨어져 있으며 높은 곳에서 맑은 날에만 보인다는 조건을 충족시킬 수 있는 섬은 '독도'밖에 없다. 따라서 박세당이 말한 '우산도'는 장한상이 말한 '희미하게 보이는 섬'에 해당되므로 '독도'를 가리킨다는 결론이 나온다.

〈표-1〉 장한상과 박세당의 기록 비교

	〈울릉도 사적〉(장한상)	〈울릉도〉(박세당)
번역문	서쪽으로 바라보면 구불구불한 대관령의 모습이 보이고, 동쪽으로 바다를 바라보면 동남쪽에 섬 하나가 희미하게 있는데, 크기는 울릉도의 삼분의 일이 안 되고, 300여 리에 지나지 않았다.	두 섬이 여기에서 그다지 멀지 않아 한번 큰 바람이 불면 이를 수 있는 정도이다. 우산도는 지세가 낮아 날씨가 매우 맑지 않거나 정상에 오르지 않으면 보이지 않는다.
원문	西望大關嶺逶迤之狀 東望海中有一島杳在辰方 而其大未滿蔚島三分之一 不過三百餘里	盖二島去此不甚遠 一飄風可至 于山島勢卑 不因海氣極淸朗 不登最高頂 則不可見

　　장한상과 박세당의 기록은 울릉도에서 독도가 보인다는 사실뿐만 아니라 울릉도에서 '보이는 섬'이 죽도나 관음도를 가리키는 것이 아니라는 사실도 말해 주고 있다. 이로써 장한상과 박세당의 기록은 '울릉·우산' 2도설의 근거가 된다. '울릉도와 우산도'를 언급한 한국 문헌에는 1도설과 2도설이 혼재되어 있었지만, 후대로 내려오면서 2도설이 확립되어 갔다. 그 분수령이 되는 시점이 바로 장한상과 박세당, 안용복이 공존했던 숙종 연간이라고 할 수 있다. 숙종대 이후 신경준은 1도설을 극복하고 울릉·우산 2도설로 결론을 내리고 있다.

내가 살펴보니, 《여지지》에 이르기를, '일설에 우산과 울릉은 본래 하나의 섬이라고 했으나 여러 도지圖志를 상고해 보면 두 섬이다. 하나는 그들이 말하는 송도松島인데, 두 섬은 모두 우산국이다'고 했다.[43]

위의 언급으로 보건대, 신경준은 《세종실록》과 《신증 동국여지승람》, 《동국여지지》[44] 등에 1도설과 2도설이 혼재되어 있어 이로 말미암은 혼란을 극복하기 위해 여러 문헌을 고증했음을 알 수 있다. 그리고 그는 2도설로 결론을 내렸다. 신경준이 우산도와 울릉도 가운데 하나가 바로 일본이 말하는 '송도'라고 한 것은 '우산'이 송도이며, 두 섬이 모두 우산국의 속도屬島임을 밝히려는 의도에서였다. 신경준이 박세당의 글을 보았는지는 알 수 없으나 이맹휴의 《춘관지》를 인용한 점으로 볼 때 두 섬에 대해 인지하고 있었던 것은 분명하다. 당시 2도설을 주장한 자가 신경준만 있던 것은 아니었다. 울릉도 이외에 여러 섬이 있다는 사실은 숙종 연간 이미 널리 퍼져 있었다. 강원도 어사 조석명은 영동 지방 해방海防의 허술한 상황을 논하면서, "포인浦人의 말을 상세히 듣건대, '평해와 울진은 울릉도와 가장 가까워 뱃길에 조금도 장애가 없고, 울릉도 동쪽에는 섬이 서로 잇달아 일본 경계에 접해 있다'고 했습니다"[45]고 보고했다. 숙종대는 울릉도 동쪽으로 도서가 잇달아 있음을 인식하고 있었으며, 이 섬들이 일

---

43) "愚按輿地志云 一說于山欝陵本一島 而考諸圖志 二島也 一則所謂松島 而盖二島 俱是于山國也"(《강계고》). 이 부분의 해석에 대해서는 이견이 있다. 이 책의 〈'울릉·우산'기술과 '신경준 개찬'설의 허구〉 참조.

44) 신경준이 말한 여지지가 《동국여지지》인지는 확실하지 않다. 보통 《동국여지지》를 유형원의 저작으로 보고 있지만 송병기 교수는 유형원의 저작이 아니라고 보았다. 《동국여지지》가 《동국여지승람》과 거의 같은 내용인 것으로 보아 유형원의 《여지지》와는 다른 것일 가능성이 크다. 자세한 내용은 이 책의 〈'울릉·우산'기술과 '신경준 개찬'설의 허구〉 참조.

45) 《숙종실록 보궐정오》숙종 40년 7월 22일(신유).

본 경계와 인접하고 있다는 사실도 인식하고 있었다. 영조 연간에도 울릉도 외에 다른 섬이 있다는 인식을 지니고 있었다. 강원 감사 조최수는 "대개 그 섬은 땅이 넓고 토질이 비옥하여 사람이 살던 터가 있었고, 그 서쪽으로 또 우산도牛山島라는 것이 있는데 이 섬도 매우 광활합니다. 이에 조정에서 3년에 한 번씩 찾아가 수토하는 제도를 정해 지금까지 행하고 있습니다"[46]라고 보고했다. 여기서 우산도의 위치가 서쪽으로 되어 있고 광활하다고 했으므로 어느 섬을 말하는지는 분명하지 않지만 적어도 울릉도 외에 우산도라는 다른 섬이 있다는 2도인식이 확립되어 있었으며, 또한 여기에는 우산도가 울릉도의 속도라는 인식이 전제되어 있음을 알 수 있다.

5. 맺음말

장한상과 박세당의 기록은 울릉도에서 우산도(독도)가 보인다는 사실뿐만 아니라 울릉도에서 '보이는 섬'이 죽도나 관음도를 가리키는 것이 아니라는 사실도 입증해 주고 있었다. 박세당은 우산도를 날씨가 매우 맑은 날 높이 올라가야 보이는 섬으로 묘사했으므로 적어도 울릉도 옆의 '죽도'를 가리키지 않는다. 죽도나 관음도 같은 울릉도 주변 도서는 울릉도 가까이 있으므로 높이 올라가지 않아도, 날이 흐려도 보이기 때문이다. 그러므로 박세당이 말한 '우산도'는 죽도나 관음도보다 더 멀리 떨어진 섬이어야 하는데, 그렇다면 이는 지금의 독도 이외에는 찾을 수 없다.

박세당이 우산도에 대해 언급했다는 사실은 그 이전에 우산도에 대한 인지가 확립되어 있었음을 의미한다. '우산도'를 인지한 것이 상고시대부

---

46) 《국조보감》제61권, 영조조 5, 11년(을묘, 1735), 1월.

터 확립되어 있었다고 보기는 어렵지만 적어도 조선 중기에 이르면 구체화되고 있었다고 할 수 있다. 문헌에서 '우산'과 '울릉'이 항상 함께 기술되어 있어 2도인식을 엿볼 수 있지만, '우산도'에 대한 구체적인 기술이 없었던 것도 사실이다. 그러나 '우산'과 '울릉'을 한 섬으로 보는, 이른바 '일설'은 우산도에 대한 구체적인 지견知見이 확립되어 있지 않았음을 의미할 뿐 그것이 '우산도'의 존재 자체를 부정하는 것은 아니었다. '우산도'에 관한 구체적 기술의 부재는 장한상과 박세당의 기록이 발견됨으로써 보완할 수 있게 되었다.

장한상과 박세당은 둘 다 '안용복 사건'을 겪은 동시대인인 점에서 기록이 경험에 근거했을 가능성이 크고, 따라서 그만큼 사실적이라고 할 수 있다. 이들 기록을 통해 우리는 '우산도'가 '독도'라는 사실을 입증할 수 있게 되었다. 날씨가 좋거나 높은 곳에 올라가야 한다는 단서가 붙긴 하지만, '보인다'는 것이 인지를 입증하기에 유리한 것임은 부인하기 어려울 것이다.

울릉도 수토와 수토제의 추이에 관한 고찰

1. 머리말

울릉도와 주변 도서에 관한 조선 초기의 방침은 그곳에서 주민의 거주를 허용하지 않는 것이었다. 이는 울릉도와 주변 도서가 범죄자 또는 피역자의 은신처로 이용되거나 왜구의 침략을 당할 우려가 있기 때문이었다. 그러므로 울릉도를 점검하러 들어간 지방관들은 거주민을 발견하면 곧바로 데리고 나오는, 이른바 '쇄출刷出' 또는 '쇄환刷還'조치를 취했다. 고려 말에 왜구가 울릉도를 침입한 일이 있었고, 조선조에 들어와 쓰시마인이 울릉도 거주를 바란다는 소식을 접했을 때도[1] 조선 정부는 관리를 파견하여 쇄출조치를 취했다.[2] 조선 초기에 정부는 부정기적이긴 하지만, 울릉도와 주변 도서에 대해 '순심巡審' 내지 '심찰審察'을 실시했다. 순심을 위해 파견한 관리의 직명은 안무사, 초무사, 순심 경차관, 쇄환사, 수토관, 검찰사, 검찰관, 사검관 등으로 시대에 따라 차이가 있긴 하지만, 초기에는 주로 안무사按撫使, 安撫使의 직함을 지녔고, '안용복 사건'[3]을 겪은 뒤

---

1) 《태종실록》태종 7년 3월 16일(경오).

2) 《태종실록》태종 16년 9월 2일(경인); 《태종실록》17년 2월 5일(임술); 《세종실록》7년 8월 8일(갑술).

3) 사료상의 명칭은 '울릉도 쟁계'이다. 이에 관해서는 송병기, 《울릉도와 독도》, 단국대

로는 수토관搜討官으로 불렸다.

조선 후기에 정기적으로 울릉도 수토제를 실시하게 된 배경에는 1693년에 일어난 '안용복 사건'이 있다. 이 사건은 1693년 봄 울릉도에서 일본인들이 안용복과 박어둔을 납치하여 전개된 영유권 다툼으로 1696년에 일본이 조선의 영유권을 인정하고 일본 어민의 도해渡海를 금지함으로써 일단락되었다. 이 과정에서 정부는 울릉도의 중요성을 인식하게 되었고, 정기적으로 수토할 것을 검토했다. 울릉도가 주목을 받게 되는 계기는 일본이 1693년 11월 안용복 일행을 돌려보내면서 쓰시마번을 통해 조선 어민의 출어 금지를 요청하는 서계를 보내온 것이 시발이었다. 이에 조선은 울릉도 조사의 필요성을 느껴 1694년 9월 장한상을 파견했다. 남구만은 울릉도 조사를 건의할 때 섬의 형편을 보아 백성을 모집하여 거주하게 하고 진鎭을 설치하여 일본의 침탈을 막을 계산이었다.4) 그러나 그는 장한상의 조사 후 거주가 불가능함을 깨닫고 그 대신 1~2년 간격을 두고 울릉도를 수토搜討할 것을 숙종에게 건의했다.

1696년 울릉도 영유권 문제가 결착될 무렵 조선은 '수토'를 제도화하기로 방침을 정하고 2년 간격의 수토를 명했다.5) 수토가 실제로 실시된 것은 1699년부터이다. 이후 수토는 제도로서 정착해 1894년 말까지 지속되었다.

출판부, 2007, 49~73쪽 참조.

4) 《숙종실록》숙종 20년 8월 14일(기유).

5) 《숙종실록》숙종 23년 4월 13일(임술).

2. 장한상의 수토와 울릉도·독도 기술

1) 수토를 위한 사전 답사

장한상張漢相(1656~1724)은 1694년 9월 울릉도를 수토한 뒤 〈울릉도 사적蔚陵島事蹟〉6)을 남겼다. 이 기록은 1694년 9월 19일부터 10월 3일7) 사이에 이뤄진 수토행적을 담고 있다. 10월 6일에 삼척으로 돌아온 장한상은 10월 9일에 군관을 시켜 보고서와 지도를 비변사에 보냈다고 하는데, 현재 지도의 소재는 파악되어 있지 않다. 그의 집안이 소장해 오던 〈울릉도 사적〉이 '치보馳報'형태인 것으로 보아 비변사에 보냈다는 보고서도 〈울릉도 사적〉과 동일한 내용일 것으로 보인다.

〈울릉도 사적〉은 1977년 경상북도 의성군 구천면 용사리의 장한상 후손의 집에서 발견되었다. 장한상과 그의 집안에 관해서는 《조선왕조실록》과 《기년편고紀年便攷》에 언급되어 있다. 그 기록은 각각 이러하다. 《조선왕조실록》에 따르면, 장한상은 현종 연간 경상 좌수사와 회령부사를 지냈던 장시규의 아들로 1676년에 무과에 등과하여 선전관宣傳官이 되었다. 아버지 장시규도 무신으로 현종 연간에는 경상 좌수사, 1673년에는 전라 우수사, 1685년에는 회령 부사를 지냈다. 장시규는 1686년에는 회령 부사로 있으면서 암행어사에게 죄상이 적발되었고, 1687년 8월에는 진형陣形을 잘못 편 죄로 치죄받은 적이 있다. 《기년편고》에 따르면 장한상은 효종 7년(1656)에 출생했다. 자는 필경弼卿, 호는 운암雲巖이다. 1676년에 무과에 등과하여 선전관이 되었는데 무예로 이름났다. 일본인들이 장한상을 무서

---

6) 총 15면으로 되어 있다. 1722년 신광박의 필사본이 남아 있다.

7) 삼척으로 돌아온 날짜는 10월 6일이다.

워하여8) 그 같은 사람 몇 명만 있으면 대국大國도 감히 모욕하지 못할 것이라고 한 것을 보면 장한상 집안의 무예는 대대로 출중했던 듯하다. 1682년에는 훈련원 부정副正으로 통신사를 따라 일본에 간 적이 있다.9)

〈울릉도 사적〉은 장한상의 수토에 대해서만 기록하고 사전 답사에 대해서는 기록된 바가 없다. 그런데 박세당의 〈울릉도〉에는 장한상의 사전 답사가 기록되어 있다. 박세당의 〈울릉도〉는 장한상의 〈울릉도 사적〉과 거의 동일한 내용을 싣고 있을 뿐만 아니라 장한상 기록에는 없는 '사전 답사' 부분도 싣고 있다.10) 장한상의 〈울릉도 사적〉도 마찬 가지로 박세당의 〈울릉도〉에는 없는 내용을 포함하고 있다. 따라서 당시 의 수토 상황을 파악하려면 두 기록을 함께 보아야 한다.

지금까지 장한상의 울릉도 수토에 관한 연구는 〈울릉도 사적〉을 중 심으로 고찰하되, 전문全文을 보지 않은 채 독도와 관련된다고 생각되는 부분만 발췌하여 연구하는 경향이 있었다. 이 때문에 《숙종실록》 기사11) 를 〈울릉도 사적〉 내용으로 잘못 인용한 경우도 있었다. 〈울릉도 사적〉에 근거하여 수토제의 성립과정을 고찰한 선행연구는12) 수토제의 확립과정과

---

8) "震懾倭人 爲熙川接敕行 彼人畏歎曰 有如此数軰 大國不敢侮"(《紀年便攷》).

9) 김지남의 《동사일록》에 '제2선-전 부정副正 장한상'이라는 기록이 보인다.

10) 유미림, 《〈울릉도〉와 〈울릉도 사적〉역주 및 관련 기록의 비교연구》, 한국해양수산개 발원, 2007.

11) "장한상張漢祥이 9월 갑신에 배를 타고 갔다가 10월경자에 삼척으로 돌아왔는데 아 뢰기를, '왜인倭人들이 왕래한 자취는 실로 있었지만 또한 일찍이 거주한 적은 없었 습니다. 땅이 좁고 큰 나무가 많았으며 수종水宗 또한 평탄하지 못해 오고가기가 어 려웠습니다. 토질을 알기 위해 모맥麰麥을 심어 놓고 돌아왔으니 내년에 다시 가 보 면 알 수 있을 것입니다'고 했다"〔《숙종실록》 숙종 20년 8월 14일(기유)〕. 위 기사는 장한상이 아뢴 말로 실록에 나와 있지만 〈울릉도 사적〉의 내용이 아니다. 〈울릉도 사적〉 내용으로 잘못 인용하는 경우가 있다.

12) 송병기(2007), 앞의 책.

'지리적 지견'이 확대되어 가는 과정을 다루되, 실학자의 저술에 따른 울릉·우산 2도설 입증에 주안점을 두고 있다. 선행연구가 울릉도 개척과 수토제의 폐지를 다루고는 있지만, 박세당의 〈울릉도〉를 다룬 것은 없었다. 장한상의 사전 답사에 대해서도 언급된 바가 없었으며, 초점 또한 수토제의 변천과정이 아니었다. 이 글은 장한상의 조사 이후 수토가 제도화되는 과정 및 18~19세기 수토제의 추이를 고찰하는 데 역점을 둔다.

장한상은 삼척 영장에 임명된 뒤 울릉도를 조사하러 갔다. 9월 19일 울릉도로 출발하기에 앞서 그는 군관 최세철에게 사전 답사를 지시했다. 사전 답사는 장한상이 임금과 면대했을 때 명받은 사실이기도 하다. 최세철의 사전 답사는 8월 16일부터 9월 1일에 걸쳐 이루어졌다. 최세철은 8월 16일 삼척에서 준비하여 8월 22일 울릉도에 도착했다. 그는 울릉도에서 7~8일 동안 머물며 조사했는데, 그의 보고서에 근거해 활동을 요약하면 다음과 같다.

최세철은 8월 16일부터 바람을 기다리다 20일 울릉도로 떠나 22일 울릉도 북쪽 해안에 도착했다. 23일에 잠시 남쪽 해안으로 돌아 정박했다가 대나무를 베었고, 그곳에서 일본인들이 썼던 것으로 보이는 부釜와 정鼎, 도르래 등을 목격했으며 가지어 두 마리를 잡고 돌아왔다. 최세철 일행은 울릉도에 머무는 동안 여러 정황을 살펴보았으나, 섬에 대한 의구심과 두려움을 떨쳐내지 못해 결국 산에는 오르지 못하고 돌아왔다. 최세철은 본진(삼척진)에서 울릉도까지의 거리는 왕복 7일 거리지만 울릉도로 가는 바닷길에는 배를 댈 만한 섬이 하나도 없다고 보고했다. 그 경로를 아래와 같이 정리할 수 있다.

(8월) 16일 출선 준비→18일 삼척 장오리진 유숙→20일 오후 5시 넘어 울

릉도로 출발→22일 오후 1시 넘어 울릉도 북쪽 해안 도착→23일 울릉도 남쪽 해안 정박→울릉도 조사→30일 새벽 울릉도를 출발→9월 1일 오후 7시 넘어 삼척진 도착(추정)

최세철의 보고는 소략한 편이다. 장한상은 최세철의 보고에 자신의 의견을 덧붙여 상부에 보고했다. 장한상은 최세철이 울릉도 왕복에 7일이나 걸린 이유를 배가 작고 돛의 폭이 좁은 데서 구하고, 큰 배에 두 개의 돛을 달고 가면 해결될 것으로 보았다. 그렇게 하면 3일 정도에 울릉도를 왕복할 수는 있으나, 하루 만에 도달하는 것은 무리라고 보았다. 그러나 장한상은 해가 긴 여름에는 하루 낮, 하루 밤 정도면 울릉도에 도달할 수 있다는 말을 인용했다. 이어서 이는 《동국여지승람》에 "순풍이면 이틀 만에 도달할 수 있다"고 한 것과 일치하는 것이라는 자신의 견해를 덧붙였다.

《실록》에는 장한상이 기록한 거리관계가 《동국여지승람》과 다르므로 그가 간 곳이 울릉도가 아닐지 모른다고 의심한 기사가 있으나, 장한상은 역설적이게도 《동국여지승람》의 기록을 거론하고 있다. 장한상이 《동국여지승람》을 거론한 것은 그가 울릉도 도달에 걸리는 시간을 사전에 알고 있었음을 말해 주며, 이는 《동국여지승람》에 근거한 사전 지식이 보급되어 있었음을 말해 준다. 장한상은 울릉도에 가는 데 통상 만 하루가 걸린다고 보았는데, 《동국여지승람》 기록이 널리 유포되어 있는 상황에서 울릉도를 가지 않고 국왕에게 허위 보고서를 올렸다고 생각하기는 어렵다.

장한상은 최세철이 가져온 울릉도 토산물, 대나무와 가지어에 대해서도 언급했다. 그러나 그는 대나무는 영남의 대나무와 다를 바가 없으며 가지어도 물개나 점박이 물범과 같은 종류라고 보았다. 또한 이런 동물은 평해와 통천 등지에 흔하다고 했다. 이로써 가지어 즉 강치가 당시 울릉도 뿐만 아니라 동해에 흔한 동물이었음을 알 수 있다. 장한상은 울릉도에 사람이 거주했던 사실을 확인하여 보고했고, 일본인들이 있던 흔적은 발견했으나 이들의 거주는 일시적이었다고 보고했다.

군관 최세철의 사전 답사는 장한상 일행이 육지에서 큰 배[13]의 완성을 기다리고 있는 사이에 있었다. 최세철은 먼저 작은 배로 답사했는데, 여정이 순탄치 않았다. 차출된 선졸船卒들의 두려움이 얼마나 컸는지를 그의 보고서로 알 수 있다. 최세철이 돌아온 뒤 장한상은 9월 19일에 삼척의 장오리진을 떠나는 것으로 본격적인 수토 행로에 들어갔다. 그가 발선한 뒤의 행적은 아래에서 다루기로 한다.

2) 장한상의 수토 행적

삼척 영장 장한상은 첨사[14]로서 역관 안신휘 등 150여 명을 거느리고 울릉도로 갔다. 배는 기선과 복선 각 1척, 급수선 4척, 모두 6척의 배가 동원되었다. 〈울릉도 사적〉에 근거하여 장한상의 행적을 요약하면 다음과 같다.

1694년 9월 19일, 삼척을 출발한 장한상 일행은 배가 전복될 뻔한 위험한 상황을 겪은 뒤 9월 20일 저녁에야 울릉도의 동남간 동구에 유숙할 수 있었다. 그 다음날인 21일[15]부터 10월 3일까지 울릉도에 머물렀다.

---

13) 《비변사등록》에 따르면, 강원도는 원래 몸통이 큰 배를 만든 적이 없어, 이로 말미암은 폐단이 있었던 것으로 되어 있다(《비변사등록》숙종 20년 10월 22일 '鬱陵島往來 船隻').

14) 장한상은 치보에서 삼척 영장으로 칭했지만, 자신을 '첨사는'이라고 하여 첨사도 함께 나온다. 영장과 첨사는 경우에 따라 같이 썼던 것으로 보인다. 이후 수토관의 직책은 대부분 삼척 영장으로 되어 있다.

15) 원문에는 20일로 되어 있으나 박세당의 〈울릉도〉에 21일로 되어 있고, 정황으로 보

그 사이 울릉도에는 늘 비가 오고 맑은 날은 별로 없었다. 9월 하순인데도 중봉(성인봉-역자 주)에는 눈이 쌓여 있었고 계곡 사이로는 끊임없이 물이 새어 나와 큰 가뭄에도 마르지 않을 정도였다. 150~160리 되는 섬을 일주하는 데 이틀이 걸렸다. 장한상은 울릉도 도처에서 사람들이 살던 터를 확인했으며 돌무덤도 목격했다. 일본인이 가지어를 삶는 데 이용했던 것으로 보이는 부釜와 정鼎도 발견했다. 일본인들이 사용하던, 우리나라 양식이 아닌 도르래도 목격했다.

장한상이 울릉도를 왕래하면서 어려운 점으로 지적한 것은 배를 정박할 곳이 없다는 점이다. 그는 수토 내내 정박지로 어디가 적당한지, 왜구를 막기에는 어느 동구가 좋은지를 살펴보았다. 울릉도의 수목과 어종, 동물, 조류에 대해서도 조사했다. 대밭과 개간할 만한 곳도 조사했다. 이는 백성을 모집해서 살게 할 만한 곳을 조사하라는 어명 때문이었다.

장한상이 울릉도 조사 후 다시 삼척으로 떠난 날은 10월 4일이다. 10월에는 좀처럼 얻기 힘든 동풍을 얻었기에 이날 발선이 가능했던 것이다. 장한상은 밤에도 항해하여 일부 배는 10월 5일 밤늦게[16] 삼척 포구에 도착했고, 6일 새벽에는 6척 모두 삼척 포구에 닿았다. 삼척으로 돌아온 뒤 장한상은 역관 안신휘를 시켜 복명서를 올려 보냈으며, 군관에게는 생목桂木[17]과 도형圖形,《여지승람》을 비변사에 보내도록 했다.

이상의 기록으로 알 수 있는 것은 장한상 조사단의 규모는 대략 150여 명, 선박은 6척, 소요일 수는 대략 18일, 섬 일주에 소요된 시간은 이틀,

---

아도 21일이 맞는 듯해 고쳤다.

16)《비변사등록》에는 10월 6일에 삼척으로 돌아왔고, 군관을 시켜 치보할 문서와 지도를 전달한 것은 9일로 되어 있다(《비변사등록》숙종 20년 10월 15일).

17) 울릉도의 특산물 향나무를 가리키는 듯하다.

일주 거리는 150~160리 정도였다는 것이다. 또한 장한상은 울릉도에 물이 많다는 것, 사람들이 살던 터가 곳곳에 있으며 정박지가 많지 않다는 것, 그리고 일본인의 흔적이 남아 있다는 사실을 파악했다는 점이다.

조선 정부가 장한상을 수토관으로 파견한 이유는 일본인의 울릉도 왕래로 양국 사이에 마찰이 빚어졌기 때문에 위기의식을 감지했기 때문이다. 장한상에 대해 "형편없는 무기와 외로운 돛단배로" 들어가 "우리나라의 경계를 정했으므로 일본인들이 그 경계를 침범하지 못했다"[18]는 평가가 조금 과장되긴 했지만, 한편으로는 울릉도 수토의 지난함을 말해 준다.

장한상의 기록에는 박세당의 기록에 없는 내용이 두 가지 더 있다. 하나는 일본에 대한 방비책을 논한 것이며, 다른 하나는 군관과 장한상이 목격한 동굴 묘사이다. 장한상은 울릉도를 조사하는 동안 일본의 점거 가능성을 염려하여 보루 설치를 구상했었다. 그러나 진영을 설치하는 문제는 백성들이 상주할 때만 가능한 일이었다. 그런데 울릉도는 백성들이 와서 살아갈 방법이 없는 데다 보루를 설치하기에는 너무 춥기 때문에 현실성이 없었다. 장한상은 동굴 속의 이상한 광경을 목격한 뒤 일본인의 울릉도 점거 가능성을 더욱 염려했다. 장한상이 목격한 동굴 안에는 10여 칸의 화려한 기와집이 있고 유황 썩는 냄새가 진동하고 있었다. 장한상은 이런 이상한 모습 때문에 두려움을 느껴 더 이상 조사하지 못하고 동굴을 나왔다. 장한상의 기록에 비춰볼 때, 울릉도에서 집을 지을 만한 동굴 공간을 찾는다면 황토굴 외에는 찾기 어려운데, 그렇다 해도 10여 칸의 공간이 되는 곳은 아니다. 그가 철저히 조사하지 못한 사실을 감추기 위해 과장한 것인지는 알 수 없다.

---

18) "以弱櫓孤帆直入島中定其界限倭人不得越境侵犯"(《紀年便攷》).

3) 수토 기록 안의 '독도' 기술

장한상은 중봉에 올라가본 형세를 기록하고 있는데, 여기에 현재의 독
도를 가리키는 듯한 언급이 나온다.

비 개이고 구름 걷힌 날, 산에 들어가 중봉에 올라 보니 남쪽과 북쪽의
두 봉우리가 우뚝하게 마주하고 있는데, 이것이 이른바 삼봉三峰입니다. 서
쪽으로는 구불구불한 대관령大關嶺의 모습이 보이고, 동쪽으로 바다를 바라
보니 동남쪽에 섬 하나가 희미하게 있는데 크기는 울릉도의 삼분의 일이 안
되고19) 거리는 300여 리20)에 지나지 않았습니다. 그리고 남쪽과 북쪽에는
망망대해가 펼쳐져 물빛과 하늘빛이 같았습니다.21)

위에서 장한상이 '바다 멀리 동남쪽으로 희미하게 보이는 섬'으로 기록
한 것은 오늘날의 독도를 가리킨다. 울릉도와 독도와의 거리는 현재 230
리 정도로 보고 있는데, 장한상은 300여 리로 보았다. 다만 섬의 크기를
울릉도의 삼분의 일이 안 된다고 본 것은 오차가 있다. 이런 오차에도 불
구하고 장한상이 말한 섬은 독도로 보아야 하는데, 그 이유는 그가 "섬의

---

19) 독도의 면적은 0.186평방킬로미터(56,310평)로 울릉도(72.99평방킬로미터)의 약 391
분의 일이 된다(송병기, 《고쳐 쓴 울릉도와 독도》, 단국대출판부, 2005, 54쪽) 독도연
구소가 배부한 '독도통합홍보 표준지침'에는 187,554평방미터(2013년도 기준)로 되어
있다.

20) 울릉도와 독도와의 거리는 50해리 즉 약 230리로 보고 있다(송병기(2005), 위의 책,
54쪽].

21) "雨霽雲捲之日 入山登中峰 則南北兩峯发峯相向 此所謂三峰也 西望大關嶺透迤之狀 東望海中
有一島杳在辰方 而其大未滿蔚島三分之一 遠不過三百餘里 而南北兩方 則杳茫無際 水天一色是
齊"(〈울릉도〉)
〈울릉도 사적〉에는 약간 다르게 되어 있다. 참고로 밝히면 아래와 같다.
"霽雨鸎捲之日 入山登中峰 則南北兩峯发崇相面 此所謂三峰也 西望大關嶺透迤之狀 東望海中
有一島杳在辰方 而其大未滿蔚島三分之一 不過三百餘里 北至二十餘里 南近四十餘里 回互往來
西望遠近臆度如斯是齊"

산봉우리에 올라 저 나라 강역을 자세히 바라보니, 아득할 뿐 눈에 들어
오는 섬이 없어 그 원근이 얼마나 되는지 모르겠지만, 지리적 형세는 아
마 저 나라와 우리나라 사이에 있는 듯합니다22)"라고 한 것에서 찾을 수
있다. 앞에서 장한상은 "동남쪽에 섬 하나가 희미하게 있다"고 했는데, 동
남쪽의 섬을 조선의 강역으로 전제했기 때문에 이와 같이 말한 것이다.
만일 장한상이 '희미하게' 보이는 섬을 일본의 강역23)으로 인식했다면,
"저 나라 강역을 자세히 바라보니 아득할 뿐 눈에 들어오는 섬이 없"다고
하지는 않았을 것이기 때문이다. 장한상은 해상에서 일본의 강역이라고
볼 만한 섬을 찾아보았으나 아무것도 발견하지 못했기 때문에 저 나라
강역에서는 눈에 들어오는 섬이 아무 것도 없었다고 한 것이다.

　그렇다면 장한상이 "동쪽으로 바다를 바라보니 동남쪽에 섬 하나가 희
미하게 있는데"라고 했을 때의 그 '희미한 섬'을 '죽도'로 볼 가능성은 없
는가? 이에 대한 답은 장한상 자신의 말로 증명된다.

　　섬 주위를 이틀 만에 다 돌아보니, 그 리 수里數는 150~160리에 불과하
　고24) 남쪽 해안에는 황죽篁竹밭이 있었습니다. 그리고 동쪽으로 5리쯤 되는
　곳에 작은 섬이 하나 있는데, 그리 높고 크지는 않으나 해장죽海長竹이 한쪽
　에 무더기로 자라고 있었습니다.

---

22) "登島山峰　審望彼國之域　則杳茫無眼杓之島　其遠近未知幾許　而地形似在於彼我間"(〈울릉도
　　사적〉).

23) 안용복이 자산도(우산도)라고 한 섬을 일본은 우산도가 아니라 오키 섬을 본 것이라
　　고 주장하는데, 위의 장한상의 언급으로도 일본 주장이 잘못되었음을 알 수 있다.

24) 150~160리로 보는 것은 이규원의 기록과 일치한다. 현재 둘레는 56.5킬로미터로 되
　　어 있으며, 박세당 기록에는 '불과 100여 리'로 되어 있다.

위에서 말하는 '5리쯤 떨어진 곳에 있는 섬'은 바로 오늘날 죽도로 불리는 섬이다. 따라서 장한상이 언급한, 동남쪽으로 '희미하게' 보이는 섬은 죽도가 아니라 독도이다. 물론 죽도 외에도 관음도가 있지만 이 섬은 죽도보다 더 울릉도 가까이 있으므로 '5리쯤 떨어진' 곳으로 묘사될 만한 섬에 해당되지 않는다. 이런 정황으로 보아 장한상이 말한 동남쪽의 '희미한 섬'은 독도이지만, 장한상이 이를 '우산도'라고 호칭하지 않았다. 오히려 장한상과 동시대 인물인 박세당이 '우산도' 호칭을 사용했다. 장한상과 박세당의 기록을 종합해 보면, 장한상이 말한 '동남쪽의 희미한 섬'이 바로 박세당이 말한 '우산도'에 해당된다는 사실을 알 수 있다.[25]

3. 수토제의 정착과 변천

1) 수토의 제도화

'안용복 사건'은 조선의 대일對日 방어의식을 고양시키고 수토제를 정착시키는 계기가 되었다. '안용복 사건'이 일어난 다음 해인 1694년에 남구만은 1~2년 간격의 수토제를 제안했고, 1697년에는 유상운의 건의로[26] 2년 걸러 수토하기로 결정했다. 2년 걸러 수토한다는 것은 3년째 되는 해에 수토를 시행한다는 것을 의미한다. 본래 수토에 관한 본격적인 논의는 일본과의 '울릉도 쟁계'가 매듭지어지던 때부터 있었으나, 유상운이 수토에 가장 적당한 시기가 5월인 점을 들어 1698년 5월부터 할 것을 건의했다. 그러나 정작 수토가 실시된 것은 1699년[27]에 들어서이다. 1699년 월송

---

25) 이에 대해서는 이 책 〈'우산도=독도'설 입증〉에서 다루었다.

26) 《숙종실록》숙종 23년 4월 13일(임술).

만호 전회일의 수토가 정식으로 제도화한 이후 실시된 첫발이었다.

월송 만호 전회일은 1699년 6월 4일에 발선하여 6월 21일에 돌아왔다. 그런데 전회일의 수토 기록은 매우 소략하다. 울릉도를 수토하고 대풍소로 돌아왔으며 지형을 그려 올렸고 토산품을 진상했다는 사실만 있을 뿐 자세한 경로는 기록하지 않았다.[28] 1699년의 수토 이후, 1702년 5월에 삼척 영장의 수토가 있었고, 1705년 6월에도 수토[29]는 실시되었다. 다음 차례인 1708년에도 울릉도에 진을 설치하자는 건의가 있었으나 수토에 관한 구체적인 내용은 보이지 않는다. 이후 1711년 삼척 영장에 제수된 박석창은 5월 14일 울릉도를 수토하고 〈울릉도 도형〉을 남겼다. 이를 보면 수토를 제도화한 초기에는, 정확히 2년 간격으로 삼척 영장과 월송 만호가 교대로 수토를 교대로 수행했음을 알 수 있다.

1702년 삼척 영장 이준명의 수토는 전회일이 수토한 1699년으로부터 3년차에 해당되는 해이다. 2년 간격의 수토제를 보통 '3년'설로 일컫는다. 그런데 이 '3년'설이 사료마다 달리 기록되어, 어떤 기록에는 '2~3년'설, 또는 '5년'설로 되어 있다. 《실록》에는 주로 '3년'설로 되어 있고 신경준도 '3년'설을 취했다. 유상운의 건의로 "2년 간격으로 수토하라는 어명이 내려져"[30] "이내 2년 간격으로 변장邊將을 보내 수색하여 토벌하기로"[31] 했

---

27) 숙종의 수토 명령이 내려진 사실을 곧바로 수토제의 정식화로 보는 견해가 있다(송병기, 〈조선 후기 고종기의 울릉도 수토와 개척〉, 1987; 최영희 선생 화갑기념 논총 간행위원회, 《한국사학논총》, 탐구당, 403쪽; 송병기(2005), 앞의 책, 239쪽). 그러나 이는 지시일 뿐 실제로 수토가 실시된 것은 1699년이다.

28) 《숙종실록》숙종 25년 7월 15일(임오).

29) 수토하고 돌아오다 익사한 자에 대한 휼전을 베풀라고 한 기록으로 보건대, 이해에 수토가 있었던 것으로 추정되나 수토관의 이름은 나와 있지 않다(《숙종실록》숙종 31년 6월 13일(을사)).

30) 《숙종실록》숙종 23년 4월 13일(임술).

다는 기록 등은 3년설이 정식임을 뒷받침한다.[32]

2년 간격의 수토제는 영조 연간에도 지속되었다.[33] 그러나 이는 어디까지나 정식定式일 뿐 불변의 제도일 수는 없었다. 유상운이 1698년에 수토할 것을 건의했지만, 흉년으로 말미암아 물자조달이 어려워 1년이 연기되었다. 수토제는 2년 간격으로 하게 되어 있었으나 상황에 따라 변통론이 적용되었던 것이다.

후대에 '5년'설이 등장하는 것은 2년 간격의 수토제가 제대로 지켜지지 않아 혼란이 생겨서이다. 《연려실기술》은 《춘관지》가 출전임을 밝히면서 수토제를 '5년'설로 기록했다. 그런데 《춘관지》를 인용한 《강계고》는 다시 '3년'설을 취하고 있다. 《춘관지》에는 "월송 만호와 삼척 영장이 5년마다 한 번씩 가는데 교대로 가도록 법으로 정했으며"라고 한 반면, 《강계고》에는 "무신 장한상을 보내 섬 안을 살펴보게 하고, 그때부터 정해 법으로 삼아 3년마다 한 번씩 사람을 보내 그 섬을 관찰하게 했다"라고 기술했다. 《문헌비고》에도 '3년'설을 취하고 있으므로 '5년'설은 '3년'설이 후대로 내려오면서 와전된 것으로 보아야 한다.

수토에 참여한다는 것은 당사자에게는 익사를[34] 각오해야 하는 위험한 일이었다. 정부도 흉년이 들면 수토에 필요한 인력과 물자를 대기가 곤란하므로 지방에 강요하기 어려웠다. 그 와중에 수토관이 민간에 폐를 끼치는 일도 있었다. 양식값을 요구한다든지, 채삼군採蔘軍으로 차출당하지 않

---

31) 《숙종실록》숙종 24년 4월 20일(갑자).

32) 《숙종실록》숙종 28년 5월 28일(기유).

33) 《영조실록》영조 11년 1월 13일(갑신).

34) 울릉도를 수토하고 돌아오다 군관 황인건 등 16명이 익사한 기록도 있다(《숙종실록》숙종 31년 6월 13일(을사)).

기 위해 중간에 담당관에게 뇌물을 주는[35] 일도 있었다. 수토관들은 대개 별견역관이나 왜어(倭語)역관을 대동하고 갔다. 장한상은 별견역관을, 이준 명은 왜어역관을 대동하고 갔다고 했지만 호칭만 다를 뿐 모두 역관을 이른다. 역관을 대동한 것은 그만큼 울릉도에서 일본인을 만날 가능성이 높다는 것을 방증한다.

2) 18세기 수토제의 추이

숙종대 후반기에 접어들면서 수토제에 변화가 보이기 시작했다. 1711 년의 수토 이후 1717년[36]과 1718년[37]에는 정지 논의가 보였고, 실제로 도 수토는 실시되지 못했다. 경제적인 이유 때문에 수토를 실시할 수 없 는 상황이 되었기 때문이다. 이어진 영조 연간의 기록을 보면, 영조 11년 (1735)에 강원 감사 조최수가 흉년을 이유로 수토 정지를 건의한 사실이 보인다. 그런데 김취로가 수토 정지에 반대하고 영조도 이에 동의했다[38] 는 것을 보면 수토는 실시되었을 것으로 보인다. 삼척 영장 구억이 수토 한 사실이 태하리 각석문으로 남아 있는 것도[39] 이를 뒷받침한다. 영조 45년(1769)의 기록[40]은 수토가 실시되었음을 말해 주지만 그 내용은 빈약 하다.[41] 당시 울릉도에서는 잠상의 인삼 채취가 성행하고 있었는데 강원

---

35) 《정조실록》정조 23년 3월 18일(병자).

36) 《숙종실록》숙종 43년 3월 17일(임신), 이해의 수토는 정지했던 것으로 되어 있다.

37) 《숙종실록》숙종 44년 2월 30일(기유), 이해에는 정지했던 것으로 보인다.

38) 《영조실록》영조 11년 1월 13일(갑신).

39) 김호동, 《독도 울릉도의 역사》, 경인문화사, 2007, 117쪽.

40) 《영조실록》영조 45년 1월 4일(무자).

41) 조선시대의 울릉도 순심과 수토관에 대해서는 김호동(2007), 앞의 책, 116~119쪽; 《독도 사전》 참조.

감사와 삼척 영장이 결탁되어 있다는 사실이 조정에 보고되었다.[42] 수토를 구실로 이득을 챙기려는 폐해가 생겨나고 있는 것이다.

정조 연간의 수토 기록으로는 정조 10년(1786) 6월의 이치중의 장계, 18년(1794) 6월 심진현의 장계, 그리고 23년(1799) 3월의 기록이 남아 있다. 본래는 정조 2년(1778)이 수토하는 해였으나 흉년 때문에 실시되지 못했다.[43] 이처럼 2년 간격의 수토제는 지켜지지 못했고 수토 기록도 간헐적으로 보이긴 하지만, 정조 연간에도 수토 정책은 지속되었다. 정조 후기인 18세기 말부터는 2년 간격이 아닌 '간년間年' 즉 2년마다 실시했다는 기록이 보인다.[44] 사료에서는 숙종 대부터 영조 연간까지는 '2년 간격[間二年]' '식년式年'[45] '3년에 한 번[以三年一往]'[46]으로 나오다가, 정조 후반기에는 '간년'[47] 표기가 나타나고 있다.

수토 기록은 후대로 올수록 자세해진다. 숙종 연간에 월송 만호 전회일의 수토(1699)에 대해 《실록》에는 "강원도 월송 만호 전회일이 울릉도를 수토하고 바람을 기다리느라 정박해 있으면서 그린 본도의 지형을 올리고, 겸하여 그곳 토산인 황죽·향나무·토석土石 등 수종의 물품을 진상했다[48]"고만 언급했다. 3년 뒤인 숙종 28년(1702)에 있었던 삼척 영장 이준

---

42) 《영조실록》영조 45년 12월 9일(정사).

43) 《정조실록》정조 2년 1월 10일(신미).

44) 배재홍, 〈조선후기 울릉도 수토제 운용의 실상〉, 《대구사학》103, 2011에서는 〈한길댁 생활일기〉라는 사료에 근거하여 2년마다 이루어졌다고 보고 있다. 원문이 공개되었으면 한다.

45) 《비변사등록》숙종 44년 3월 1일.

46) 《영조실록》영조 11년 1월 13일(갑신).

47) 《승정원일기》정조 19년 6월 4일(계미).

48) 《숙종실록》숙종 25년 7월 15일(임오), '월송 만호 전회일이 울릉도의 지형을 그려 올리다'.

명의 수토 보고도 소략하기는 마찬가지였다.[49] 다만 이들 기록은 수토제가 2년 간격이 정식임을 확인시켜 준다. 한편 죽변에서 배를 타고 갔다가 "이틀 만에 돌아왔다"고 한 것은 수토제가 형식적이 되어 가고 있음을 말해 준다.

1702년 이준명의 수토 후, 숙종대 후반부터 영조 연간에는 수토 사실만 나올 뿐 자세한 내용은 보이지 않는다. 영조 연간이 되면 흉년 때문에 수토할 수 없음을 호소하는 기록이 보인다. 강원 감사 조최수가 "울릉도 수토를 금년에 마땅히 해야 하지만 흉년에 폐단이 있으니, 이를 정지하도록 하소서"라고 하자, 김취로 등은 "3년에 한 번 가보기로 정했으니, 이를 정지할 수가 없습니다"[50]라고 반대했다. 영조도 수토에 동의한 것으로 보아 수토가 실시되었을 듯하지만, 그에 대한 내용 기술은 없다.

정조 연간의 수토 기록을 보면, 즉위년과 2년, 7년, 9년, 10년, 11년, 18년, 21년, 23년에 보인다. 반드시 2년 간격으로 실시하기보다는 그해의 풍작 등을 고려하여 실행한 듯하다. 정조 연간은 수토기도 자세하여 경로뿐만 아니라 울릉도의 지명, 산물 등에 대해서도 소상히 기록하고 있다. 정조 10년(1786), 감사 이치중은 월송 만호 김창윤金昌胤의 수토 사실을 상부에 보고했다.[51] 김창윤은 4월 19일 평해의 구미진에서 출선 준비를 한 뒤 4척의 배와 80여 명을 이끌고 27일에 출발했다. 이들이 울릉도 저전동에 이른 것은 29일이다. 이곳 동구에서부터 중봉까지를 답사했는데, 가는

---

49) "삼척 영장 이준명李浚明과 왜역倭譯 최재홍崔再弘이 울릉도에서 돌아와 그곳의 도형과 자단향紫檀香·청죽靑竹·석간주石間朱·어피魚皮 등의 물건을 바쳤다. 울릉도는 2년 걸러 변장을 보내 번갈아 가며 수토하는 것이 이미 정식으로 되어 있는데, 올해는 삼척이 그 차례에 해당되기 때문에 이준명이 울진 죽변진에서 배를 타고 이틀 만에 돌아왔는데, 제주보다 갑절이나 멀다고 한다"〔《숙종실록》숙종 28년 5월 28일(기유)〕.

50) 《영조실록》영조 11년 1월 13일(갑신).

51) 《일성록》정조 10년 6월 4일(병자).

동안 가지어可支魚 두 마리를 잡았고 사람이 살던 터를 확인했다. 논농사를 지을 만한 곳을 확인했고 토굴 바위 위에 새겨진 수토관의 이름도 목격했다. 이들은 수토를 마치고 5월 5일 삼척의 장오리진에 정박했다가 7일에 대풍소로 돌아왔고 8일에 진鎭으로 돌아왔다. 준비부터 귀로까지 대략 28일이 소요되었다. 김창윤의 기록으로 보건대, 울릉도에는 동백나무·측백나무·향나무·단풍나무·회나무·엄나무·오동나무·뽕나무·느릅나무·박달나무가 있고 날짐승으로는 까마귀와 비둘기, 들짐승으로는 고양이와 쥐, 해산물로는 미역·전복·가지어가 있음이 밝혀졌다. 지명도 박세당과 장한상의 기록에 견주어 그 수가 증가했고 바위 이름까지 적혀 있다.

정조 10년에 이어 수토 기록은 정조 18년(1794)에 보인다. 그 사이의 기록은 관찬 사료에는 보이지 않는다.[52] 1794년에 강원도 관찰사 심진현은 월송 만호 한창국의 수토 사실을 상부에 보고했다.[53] 한창국의 보고는 1786년 김창윤의 내용과 크게 다르지 않아, 배의 규모와 동원된 인원, 떠난 날짜가 비슷할 뿐 아니라 일정도 비슷하다. 단지 한창국의 수토기가 김창윤의 수토기와 다른 점이 있다면 울릉도 지명이 더 상세하다는 점이다. 한창국은 모두 17곳의 지명을 거론했으며 김창윤과 마찬가지로 가지도에 관해서도 언급했다. 한창국은 "거기서 자고 26일에 가지도可支島로 가니, 너댓 마리의 가지어가 놀라서 뛰쳐나오는데, 모양은 무소 같았고, 포수들이 일제히 포를 쏘아 두 마리를 잡았습니다"라고 했다. 이로 보면, 여기 나온 '가지도'는 울릉도 이외의 섬을 가리키는 것이 분명하다.

---

52) 《승정원일기》정조 9년 1월 10일(경신)에 수토 기록이 나오는데 강원 감사가 그해의 수토 정지를 요청한 내용이며, 재작년 즉 정조 7년에 수토가 이루어졌음을 말하고 있다. 배재홍에 따르면, 《한길댁 생활일기》에는 정조 11년 8월 12일에 수토한 것으로 되어 있는데 10년에 하고 또다시 11년에 수토했다는 것이 된다.

53) 《정조실록》정조 18년 6월 3일(무오).

'거기서 잤다'고 했을 때의 '거기'는 울릉도의 저전동을 가리키므로, 가지
도는 울릉도가 아닌 다른 섬을 가리키기 때문이다. 저전동에서 자고 다
른 날에 가지도로 갔다는 사실로 미루어볼 때 가지도는 독도를 가리키는
듯하다.[54]

1794년 한창국은 4월 21일에 출발하여 울릉도에 도착한 뒤 30일에 다
시 배를 타고 출발해서 5월 8일에 본진으로 돌아왔다. 대략 18일이 소요
되었으나 울릉도 체재 기간은 10일이며 본진으로 돌아오는 데 걸린 여정
이 상대적으로 길다. 한창국도 답사하는 동안 울릉도 지명을 자세히 기록
했다. 김창윤과 한창국의 수토 경로를 비교하면 다음과 같다.[55]

    (1) 김창윤의 수토 경로

    (4월 27일)평해 구미진→(4월 28일)(울릉도)상봉→(4월 29일)저전동-대추
암·소추암·석초·저전-가지도구미→(5월 1일)왜선창-장작지-천마구미→(5월
2일)후죽암-방패도→(5월 3일)현작지-추산-죽암-공암-황토구미→(5월 4일)
향목정 대풍소

    (2) 한창국의 수토 경로

    (4월 22일)황토구미진-중봉-황토구미굴-병풍석-향목정→(4월 24일)통구

---

54) 김기혁은 김창윤과 한창국의 수토기에 보이는 가지도를 지금의 와달리 일대로 보고
    있고, 이규원의 〈울릉도 외도〉에 나오는 가지도는 다른 지명으로 보았다(김기혁, 〈조
    선 후기 울릉도의 수토 기록에서 나타난 부속도서 지명 연구〉, 《문화역사지리》23권
    2호, 2011, 128쪽). 1786년 김창윤 수토기에 나온 '가지도구미可支島仇味'는 울릉도 근
    처를 가리킨다고 할 수 있지만, 한창국은 방패도와 죽도, 옹도를 따로 언급하고 있
    으므로 한창국이 말한 가지도를 독도로 볼 수 있다. 그러나 이 경우에도 독도로 가
    는 여정이 너무 소략하여 의문은 남는다.
55) 수토 경로의 비교는 김기혁·윤용출, 《울릉도·독도 역사지리 사료연구》, 한국해양수
    산개발원, 2006 참조.

미진→(4월 25일)장작지포-저전동-방패도-죽도竹島-옹도瓮島→(4월 26일)가
지도可支島-구미진-죽암-후포암-공암-추산-통구미→(4월 30일)출항

이들 기록은 장한상의 기록보다 지명이 자세하다. 장한상의 〈울릉도 사
적〉에 등장하는 지명은 중봉中峰뿐이다. 위의 두 기록에 등장한 지명은
황토구미黃土丘尾, 통구미진桶丘尾津, 장작지長作地, 저전동楮田洞, 현작지玄
作地, 추산錐山, 왜선창, 향목정 등이다. 한창국은 울릉도 앞의 섬에 대해
"북쪽의 것은 방패도防牌島, 가운데 것은 죽도竹島, 동쪽의 것은 옹도瓮島"
라고 했다. 방패도는 김창윤과 한창국의 기록에 모두 등장하지만, 죽도와
옹도는 한창국의 기록에만 보인다. 방패도는 오늘날의 관음도에 비정할
수 있고, 죽도는 오늘날의 죽도에 비정된다. '옹도'가 남는데, 이를 독도에
비정할 수 있겠지만 거리관계로 보아 독도로 보기는 어렵다.[56] '옹도'를
우리말로 풀면 '독섬'이지만 이는 관음도 옆의 섬목으로 볼 수 있다. 오늘
날 '도항島項'으로 호칭되는 지명에는 관음도와 섬목이 포함되기 때문이다.
1794년에 이어진 수토 차례는 1797년이다. 《승정원일기》에도 1797년에 시
행하도록 되어 있는데 2년 간격이 아니라 '간년'으로 되어 있다.[57] 정조
후반기에 오면 수토제 시행 간격이 2년 간격에서 '간년間年'으로 변화하고
있음을 알 수 있다. 1797년에 이어 1799년에 월송 만호가 수토했다는 사
실이[58] 이를 증명한다.

---

56) 여기 나오는 瓮島의 뜻은 '독섬'이지만 石島의 우리말 '독섬'과는 다른 뜻이다. 옹도
   를 북저바위로 보기도 한다.

57) "鬱陵島搜討 間年爲之 故今年非年次"〔《승정원일기》정조 20년 6월 24일(무술)〕.

58) 《정조실록》정조 23년 3월 18일(병자).

3) 19세기 수토의 빈도 증가에 따른 형식화 그리고 울릉도 개척

19세기의 수토 기록은 《실록》에는 보이지 않으나, 태하 유적지와 《관동읍지》의 기록 등에 일부 보인다. 최근에는 〈한길댁 생활일기〉[59]라는 사료가 소개되어 순조 연간의 수토 상황을 보여 주고 있다. 이들에 근거하여 수토제의 추이를 보면, 순조 1년에 삼척 영장 김최환의 수토, 순조 3년 월송 만호 박수빈의 수토,[60] 순조 4~5년 삼척 영장 이보국의 수토 사실이 보인다. 이외에도 순조 7년과 9년, 11년, 13년, 19년, 23년, 29년의 수토 사실과 함께 30년 삼척 영장 이경정의 수토 사실이 보인다. 이는 정조대 후반에 성립된 '간년'제가 정착되고 있음을 보여 준다. 헌종 연간에는 7년[61]과 9년, 11년에 수토 사실이 보인다. 이를 보더라도 순조 연간과 헌종 연간에는 수토가 2년마다 빈번하게 이루어졌음을 알 수 있다. 다만 이 시기에는 수토 사실만 있고 내용을 자세하게 기록하지 않은 것이 대부분이다. 헌종 12~13년 사이에도 삼척 영장 정재천의 수토가 있었다.[62] 삼척 영장과 월송 만호가 번갈아 수토하여 왔으나 이 시기에는 주로 삼척 영장의 수토 사실만 보인다.

철종 연간의 수토 빈도는 헌종 연간과 견주어 현저히 낮다. 울릉도에 도적이 모여 있을 정도였다[63]고 하니 수토가 형식적인 데 그쳤음을 알

---

59) 배재홍은 《한길댁 생활일기》에 대해, 조선 후기 강원도 삼척지방에 세거世居하던 강릉김씨 감찰공파 한길댁 구성원들이 일상생활 속에서 보고 들은 사항이나 직접 경험한 일상적인 삶의 모습을 책력册曆의 여백과 이면에 간략하게 쓴 비망록의 성격을 지닌 일기라고 소개했다. 다만 여기에는 수토관이 파견된 사실만 기록되어 있을 뿐 이름이나 자세한 내용이 없어 아쉽다.

60) 《비변사등록》순조 3년 5월 22일.

61) 《비변사등록》헌종 7년 6월 10일.

62) 김호동(2007), 앞의 책, 117쪽.

63) 《철종실록》철종 3년 7월 11일(기미).

수 있다. 이렇듯 수토가 형식화된 상황은 고종 연간 울릉도에서 많은 일본인이 목격된 것으로 알 수 있듯이, 일본인의 래도來島를 초래한 원인이 되었다. 고종 연간에도 수토는 실시되었으나 형식적이었다. 이에 일본인의 침어가 증가하자, 정부는 점차 울릉도를 개척하는 정책으로 선회했다. 우선 무신 이규원을 울릉도 검찰사로 파견하여 상황을 알아보게 했다. 이규원은 1882년 4월 30일부터 5월 10일까지 6박 7일의 육로 검찰과 1박 2일의 해로 검찰을 수행했다.[64] 고종은 직접 이규원에게 조사를 지시했고, 이규원은 조사 후 고종에게 복명했다. 이때 〈울릉도 검찰일기〉와 〈울릉도 검찰일기 계초본〉을 남겼다. 이규원은 육로 조사에 이어 배로 돌며 조사했으나 그가 독도를 보았다는 기록은 없다. 다만 이규원의 기록에는 울릉도로의 이동경로와 지명 등이 상세하다. 〈울릉도 검찰일기〉에 기록된 경로와 지명을 보면 아래와 같다.[65]

(4월 29일)평해 출발→(4월 30일)소황토구미→(5월 1일)(배 정비)→(5월 2일)대황토구미→(5월 3일)흑작지-창우암-촉대암-천년포-추봉-왜선창-오대령-홍문가-중봉→(5월 4일)성인봉-저포→(5월 5일)장작지포→(5월 6일)통구미산 기슭 →(5월 7일)삼준령-삼류천[66]→(5월 8일)황토구미에서 휴식 및 기록→(5월 9일)향목구미포-대풍구미[67]-현작지-왜선창-산봉-죽암-촉대암-선판구미-도항-죽도-와달웅달구미→(5월 10일)도방청-죽포-장작지포-현포-통구미-화암-곡포-사태구미-삼막동 포구→(5월 11일)출항

---

64) 이혜은·이형근,《만은 이규원의 〈울릉도 검찰일기〉》, 한국해양수산개발원, 2006, 114쪽.

65) 김기혁·윤용출(2006), 앞의 책, 210쪽.

66) 삼준령과 삼류천은 지명으로 보기 어렵다.

67) 이혜은·이형근(2006),《만은 이규원의 〈울릉도 검찰일기〉》에는 대황토구미로 되어 있다.

〈울릉도 검찰일기〉에는 36곳의 지명이 수록되어 있고 마을별 거주 인구까지 기록되어 있다. 이렇듯 조선시대의 수토 기록은 시대를 내려올수록 지명과 물산, 인구 수, 거주 형태 등을 기록할 정도로 자세해지고 있는데, 후기로 올수록 사람들의 울릉도 왕래가 빈번하고 숫자도 증가했기 때문이다. 고종 시대에도 수토제는 유지되었으나 일본인의 침탈상황이 보고되고 있다는 점에서 이전 수토 기록과는 다른 양상을 띠었다. 고종은 '수토搜討' 대신 '검찰'이라는 용어를 사용했고, 이규원의 관직명도 울릉도 검찰사였다. '수토'가 정례적인 조사의 의미를 나타낸다면 '검찰'은 중앙에서 파견한 관리의 특별조사를 나타내는 용어로 볼 수 있다. 고종 연간에는 검찰檢察, 사검査檢이라는 용어가 자주 보이고, 수검搜檢[68])도 함께 보인다. 고종 연간에도 '수토'라는 용어는 존속했지만, 개척령 이후에는 '검찰'과 '수검'이 더 많이 사용되었다. 그리하여 '수토'와 '검찰' 두 용어가 병존하고 있었다.

수토를 제도화했다 하더라도 수토제는 상시제가 아니었으므로 일본인의 입도 이후로는 울릉도 관리를 위해서도 상시 관리자가 필요했다. 그리하여 1880년대 초 개척령을 내린 이후에는 도장을 두어 개척 사무를 담당하게 했다. 도장에는 울릉도에 10년째 거주한 전석규가 임명되었다.[69]) 전석규가 10년째 거주하고 있었다는 사실로 보더라도 이미 많은 자들이 개척령 이전부터 울릉도에 거주하고 있었음을 알 수 있다. 전석규는 울릉도 현지 사정에 밝은 자로서 개척 사업을 주관하는 평해 군수를 도와 개척에 필요한 물자를 조달하는 임무를 띠었다. 그러나 이때의 도장은 전임

---

68) '搜檢'이란 용어는 숙종 대에 울릉도에 공차를 보내 수검했다는 기록이 있듯이 수토의 의미를 지니고 함께 쓰이던 용어이다.

69) 《강원감영 관첩》1882년 9월 6일.

도장이 아니었다.

1880년대 후반이 되면, 울릉도 행정체계에 변화가 생긴다. 도장 전석규가 비리로 말미암아 파직되었고,[70] 삼척 영장이 울릉도 첨사를 겸해 울릉도를 관리하게 되었다. 그러나 이 제도도 몇 차례의 변경을 거쳐 삼척 영장이 예겸하던 것을 평해 군수가 예겸하는 형태로 바뀌었다. 1888년 2월에는 첨사제가 도장제로 바뀌었고 월송 만호가 도장을 겸하게 되었다. 이때의 도장은 종4품의 정부 관원이라는 점에서 종래의 도장과는 다른 것이었다.[71] 월송 만호 서경수가 도장에 임명되었으나 겸직 상태에서 파직되었고, 다시 가도장이 등장했다.[72] 가도장은 행정적인 공백을 메우기 위한 임시관직으로 보인다.[73] 월송 만호가 도장을 겸직하고 평해 군수가 울릉도 첨사를 예겸하는 것은 이전에 월송 만호와 삼척 영장이 번갈아 수토하던 제도의 연장선상에서의 변화로 볼 수 있다. 그런데 가도장 전연태가 울릉도를 관리한 것은 1888년에만 확인된다. 1889년에는 다시 월송 만호 겸 도장 서경수가 수검했다. 서경수는 울릉도에서 3개월간 머물며 수검搜檢하고 이를 상부에 보고했다.[74] 서경수의 수검은 수토제의 일환인 듯하지만 이때부터 수토가 수시로 이루어졌다고 한 것으로[75] 보아 사실상 정기적인 수토제는 형해화形骸化했다고 볼 수 있다.

---

70) 전석규는 1883년 말 일본이 천수환을 이용, 울릉도의 미곡을 반출하고 목재를 실어 나른 사건에 연루되어 1884년 초에 파면되었다. 이 사건에 대해서는 송병기(2007), 앞의 책, 156~158쪽에 자세하다.

71) 송병기(2007), 앞의 책, 158~159쪽.

72)《강원도 관초》1888년 7월 10일.

73) 가도장 제도를 종래의 도장 제도를 대신하는 변화의 하나로 보는 의견도 있다(송병기(2007), 앞의 책, 159쪽).

74)《강원도 관초》1889년 7월 17일.

75) 송병기(2007), 앞의 책, 159쪽.

1889년 8월에는 월송 만호 겸 도장 서경수가 직무를 태만히 한 죄로 파출되었다. 이에 김자유를 도수島首로 삼아 대행시켰다가[76] 다시 서경수에게 직임을 맡겼다.[77] 이때 김자유의 직책이 도수인데 이는 도장이 육지로 나간 사이 도장직을 대리하는 임시 관직인 듯하다.[78]

1890년대에 접어들어 울릉도의 행정체계는 더욱 복잡해졌다. 1890년 윤2월에 평해 군수 겸 울릉도 첨사 양성환이 울릉도를 검찰했고, 7월에는 월송 만호 겸 도장 서경수가 검찰했다. 삼척 영장이 하던 일을 평해 군수가 울릉도 첨사를 겸해 대신하게 되었으나 '수토'보다는 '검찰'의 의미를 띠었다. 그리고 한편으로는 중앙에서 선전관을 특별히 파견하기도 했다. 1892년에 중앙정부는 선전관 윤시병을 특별히 파견[79]하여 울릉도를 검찰하게 하는 한편 월송 만호 겸 도장의 수토 또한 여전히 지속되었다. 월송 만호는 관례대로 하던 수토의 연장선상에서 울릉도 도형과 물품을 진상하고 민호와 개간 상황을 보고하는 것이 주된 임무였다[80]. 이에 비해 선전관의 임무는 주민을 보호하고 미역세의 원활한 수세收稅를 돕는 것, 외국인의 목재 요구 건 등을 해결하는 것이었다.[81] 이는 울릉도 관리체계가 '수토'와 '검찰'로 이원화되고 있었음을 의미하며, 이런 구조는 그만큼 울릉도의 상황이 복잡해져 중앙정부의 적극적인 개입이 요구되고 있었음을

---

76) 《강원도 관초》1889년 8월 11일.

77) 《강원도 관초》1889년 9월 21일.

78) 《울릉도지》에는 도수島守라는 직책이 나오는데 이는 도장이 3월부터 7~8월까지만 있는 관계로 그 후부터 다음 해 2월까지 도수가 대리하는 것으로 나온다. 1893년에는 배상삼이 도수였다고 기술하고 있다(손순섭 후손, 이종열 필사, 《울릉도지》).

79) 《강원도 관초》1892년 2월 1일.

80) 《강원도 관초》1891년 8월 16일.

81) 《강원도 관초》1892년 2월 1일.

뜻한다. 검찰을 위해 중앙정부에서 파견한 윤시병의 관직은 선전관, 수토
사, 검찰사의, 검찰관[82]으로 다양하여 어느 것이 공식 직함인지는 분명하
지 않다. 윤시병은 도장의 수검과는 별도로 미역세 상납을 둘러싼 비리를
조사했다. 월송 만호 겸 도장이 보부상과 교졸을 시켜 미역세 부과를 핑
계로 관리와 감관 전사능을 구타하고 미역 실은 배를 억류하는 사건이
생기자, 윤시병은 이를 상부에 보고하여 미역을 돈으로 환산하여 그 값을
강원 감영으로 하여금 상납하게 했다.[83] 그러자 평해 군수 겸 울릉도 첨
사는 검찰관 윤시병의 보고를 허위로 돌리려 했다.

이렇듯 울릉도를 둘러싼 상황이 복잡해지자 정부는 평해 군수 조종성
에게 특별 수검을 맡겼다.[84] 1893년 3월 정부는 평해 군수 조종성에게 울
릉도를 검찰하게[85] 하는 한편 월송 만호에게는 수토하지 말도록 지시했
다.[86] 이때 조종성의 직함은 울릉도 사검관査檢官이었다.[87] 이로 인해 평
해 군수의 검찰이 월송 만호의 수토보다 상위 권력이며, 정기적인 '수토'
와 부정기적인 '검찰'이 수시로 이루어지고 있었음을 알 수 있다. 이런 상
황은 월송 만호 겸 도장, 평해 군수 겸 울릉도 첨사, 그리고 특파된 검찰
관(사검관)의 위계구조를 복잡하게 만들었다. 도장島長의 직함도 도수島首,
島守, 가도장假島長, 도감島監 등으로 계속 변했다. 이는 한편으로는 울릉

---

82) 1892년 7월 24일 관문, 8월 28일자 관문(송병기, 《울릉도와 독도》, 2007, 160쪽)에는
울릉도 검찰관(검찰사의)으로 나와 있으나, 7월 14일자 월송 만호의 보고에는 '울릉
도 수토사'라고 했으므로 검찰관이 수토사를 의미하는 것인지는 알 수 없다.

83) 《강원도 관초》1892년 7월 24일; 8월 23일; 8월 28일.

84) 《강원도 관초》1892년 12월 9일.

85) 평해 군수의 수토 보고서는 1893년 9월 20일에 올라온다(《강원도 관초》1893년 9월
20일).

86) 《강원도 관초》1893년 3월 12일.

87) 《강원도 관초》1893년 11월 8일.

도가 상황 변화에 따른 자구책을 부단히 꾀하고 있었음을 방증한다.

정기 점검의 성격을 띤 수토제는 선박과 집물什物의 폐지를 결정하면서[88] 공식적으로는 1894년 말에 폐지되었다. 그리고 월송 만호가 겸하던 도장 대신 이른바 전임 도장을 두자는 의논이 대두하기 시작했다. 개척령이 내려진 이래 수토제가 폐지될 때까지 울릉도 도장을 역임한 사람으로는 전석규, 서상일, 서경수, 전연태, 김자유, 이종인, 박지영, 이완갑 등으로 추정되지만, 정확한 인원과 발령 일자, 면관 일자는 알 수 없다. 수토제가 폐지되고 나서는 1895년 1월에 전임 도장이 두어졌다.[89] 1895년 8월, 전임 도장제는 다시 도감제로 바뀌었고 9월에는 배계주가 도감에 임명되었다. 그 후 울릉도의 행정개편에 대한 논의가 활발해지면서 울릉도는 더 이상 '수토'의 대상이 아니었다.

5. 결론

1694년 장한상의 수토 이후 정식 제도로 성립된 수토제는 1894년 말까지 지속되었다. 장한상은 150여 명의 부하와 6척의 배를 통솔하고 울릉도로 들어가 13일 동안 체류하면서 울릉도를 조사했다. 그의 조사는 일본인의 울릉도 어로로 인해 양국 어민이 충돌한 것이 계기가 되었기 때문에, 수토를 제도화하는 데 크게 기여했다. 장한상은 울릉도 성인봉에 올라 동남쪽에 섬이 하나 희미하게 보인다고 말함으로써 '독도'로 비정되는 섬에 대해서도 언급했다. 장한상의 조사 이후 정부는 3년마다 정기적으로 수토하도록 제도화했다가 정조대 후반부터는 2년마다 수토를 실시했

---

88) 《고종실록》고종 31년 12월 27일(기사).

89) 《고종실록》고종 32년 1월 29일(신축), 도장의 이름은 나오지 않아 알 수 없다.

다. 이는 울릉도 입도가 늘어나 잠상潛商의 활동이 활발해지고 있었음을
의미하며 한편으로는 수토가 빈번해질수록 삼척과 울진, 평해 지역민에게
전가되는 수토 비용도 함께 증가했다는 것을 뜻한다. 수토가 빈번해지면
서 형식적이 되어 갔고, 그 기록도 소략해졌다. 19세기에 접어들자 울릉도
수토가 형식적이 되어 가면서 기강도 해이해졌다. 이에 조선인과 일본인
이 울릉도로 몰래 들어오는 일도 늘어났다. 울릉도에서 많은 일본인이 목
격되자 위기의식을 느낀 조선 정부는 이규원을 보내 울릉도를 조사하고
이어 개척령을 내리기에 이르렀다. 개척령을 내린 후에도 울릉도에는 한
동안 수토제를 실시했다.

조선 정부는 울릉도를 개척하기로 결정, 동남제도 개척사東南諸島開拓使
를 두어 울릉도 및 주변도서에 대한 개척을 정책적으로 전개하고자 했다.
그런데도 일본인의 침탈이 끊이지 않자 정부는 계속해서 울릉도 관리를
위한 방책을 모색했다. 1890년대에 접어들면서 수토제 폐지가 본격적으로
논의되어 전임 도장제의 설치로 이어졌으나[90] 도장제는 다시 도감제로 바
뀌었다.[91] 도장제를 도감제로 변경한 것은 수토제 폐지 이후 도감의 권한
을 높여 도민을 보호하고 행정을 원활히 하기 위해서였다. 특히 도감제는
울릉도를 지방관제에 편입시키는 단초가 되었다. 이어진 1898년 칙령 제
12호 〈지방 제도 중 울릉도 도감 설치 건〉은[92] 울릉도를 지방 제도 안에
편입하는 시발이 되었다. 그 배경에는 일본뿐만 아니라 러시아까지 울릉
도 침탈에 가세한 위기상황이 있었고, 이는 1900년 대한제국 칙령 제41호
의 제정으로 귀결되었다.

---

90) 《고종실록》고종 32년 1월 29일(신축).
91) 《고종실록》고종 32년 8월 16일(갑신).
92) 《고종실록》광무 2년 5월 26일(양력).

'울릉·우산' 기술과 '신경준 개찬'설의 허구

1. 머리말

우리나라는 문헌상의 '우산도'가 '독도'를 가리킨다고 주장해 왔다. '우산도'에 대해서는 《고려사》〈지리지〉에서 《세종실록》〈지리지〉, 《신증 동국여지승람》, 《동국문헌비고》에까지 기술되어 있다. 이들 기록은 후대로 내려올수록 우산도가 독도임을 밝히는 데 유리한 내용을 담고 있다. 한국 문헌의 '울릉도'와 '우산도'가 일본 기록에는 '다케시마竹島'와 '마쓰시마松島'로 되어 있고, 후대로 오면 한국 문헌에 "우산도는 일본이 말하는 송도松島이다"라고 되어 있어 일본이 일컫는 '송도'가 우산도 즉 독도를 가리킨다는 사실을 입증해 주고 있기 때문이다. 나아가 "울릉도와 우산도는 둘 다 우산국에 속한다"라고 기술되어 있는 것도 우산도가 독도임을 분명히 해주고 있다.

이런 논리적 인과 때문에 일본은 "우산도는 일본이 말하는 송도이다"라고 쓴 한국 측 기록에 민감히 반응해 왔다. 그리하여 이 기술에 대해 신경준이 이맹휴의 기록을 개찬改竄하고 분주分註를 날조한 데서 비롯되었다[1]고 비판했다. 일본 측 주장에 따르면, 한국 문헌 속의 '우산도'는 독도

---

1) 시모조 마사오, 〈죽도문제의 문제점〉, 《한국논단》108호, 1998.8, 144~146쪽; 김병렬, 《독도논쟁》, 다다미디어, 2001, 12장; 下條正男, 〈日本の領土（竹島）の歷史を改竄せし者たちよ〉, 《諸君》, 2007.9, 99쪽.

가 아니며, "우산도는 일본이 말하는 송도이다"라는 내용은 신경준이 인용한 《춘관지》에는 본래 없던 내용인데, 신경준이 마음대로 내용을 바꿔 개찬했다는 것이다. 또한 울릉도와 우산도가 조선 영토로 인식된 것은 안용복 사건을 겪은 이후이며 이런 사실이 나타난 것은 신경준의 《강계고》에서 비롯된다고 했다. 다시 말해 신경준이 《강계고》 저술 당시 인용한 〈여지지〉에는 "본래는 울릉과 우산이 한 섬이다"라고 적혀 있었는데 신경준이 이를 "우산도는 일본이 말하는 송도이다"라고 개찬했다는 것이다. 이것이 이른바, '신경준 개찬改竄'설이다.

신경준이 정말로 이맹휴의 저술을 개찬改竄했는가? 아니면 개찬改撰했는가? 한국 정부는 1950년대에 독도 영유권의 근거로 《동국문헌비고》의 기사, "〈여지지〉에 말하기를 '우산과 울릉은 모두 우산국 땅, 우산은 일본이 말하는 송도이다'라고 했다"는 내용을 제시한 바 있다.[2] 이에 대해 일본 학자는 《동국문헌비고》가 관찬서지만 사실은 《동국문헌비고》의 〈여지고〉 부분 담당자인 신경준이 《춘관지》를 표절했으므로 《동국문헌비고》를 근거로 독도 영유권을 주장해온 한국 정부의 논거에는 재검토의 여지가 있다고 했다. 또한 일본은 《동국문헌비고》의 분주에는 독도로 볼 수 있는 '우산도'가 《춘관지》에는 '울릉도'의 다른 이름으로 되어 있기 때문에, 《동국문헌비고》 편찬과정에서 《춘관지》의 주가 개찬되었다고 비판했다.[3] 과연 그러한가? 이를 사료에 입각해 분석해볼 필요가 있다.

---

2) 외무부, 〈1954년 2월 10일부 독도 영유권에 관한 일본 정부의 견해를 반박하는 한국 정부의 견해〉, 《독도관계자료집》1954.9.25(6), 1977; 시모조 마사오, 〈《竹島紀事》と《春官志》覺書〉, 《國際開發學硏究》2권 4호, 2003, 79쪽.

3) 《춘관지》에 "대개 이 섬은 대나무가 나는 까닭에 죽도라 이르고 세 봉우리가 있기 때문에 삼봉도라 한다. 우산이니 우릉이니 울릉이니 무릉이니 의죽이니 하는 것은 모두 발음이 잘못 전해져 그런 것이다"는 내용이 있다. 일본은 이 내용이 《동국문헌비고》에서 "우산은 바로 일본이 말하는 송도이다"로 바뀌었다고 주장한다. 이에 대해

2. 일본의 '신경준 개찬'설

일본 학자는 신경준의 《강계고》[4]와 《동국문헌비고》가 모두 이맹휴의 《춘관지》를 저본으로 했으면서 그 내용이 바뀌어 있다는 점을 들어 신경 준이 《춘관지》를 표절했을 뿐만 아니라 개찬改竄했다고 비판하고 있다. 이른바 '신경준 개찬'설은 아래와 같은 내용을 담고 있다.

> 《동국문헌비고》의 〈여지고〉를 담당한 신경준은 이맹휴의 《춘관지》 가운 데 〈울릉도 쟁계〉와 〈안용복전〉을 무비판적으로 인용했으나 그것은 초록이 라기보다는 표절이었다. 그뿐만 아니라 이맹휴가 우산도와 울릉도를 '동도 이명同島異名'으로 한 분주分註를 신경준이 "우산도는 일본이 말하는 송도이 다"라고 개찬改竄하여 후세에 전해진 것이다. 사실, 울릉도에 관한 지식은 "우산도는 일본이 말하는 송도다"라고 개찬되어 그 우산도는 울릉도의 속도 가 되었고 《동국문헌비고》의 분주로 인해 한층 더 퍼지게 되었다.[5]

> 신경준이 그대로 베낀 것은 〈안용복전〉뿐만이 아니었다. 〈울릉도〉에 관한 기술도 《춘관지》 안의 〈울릉도 쟁계〉를 그대로 베낀 것으로 신경준의 《강계 지》(〈울릉도〉)는 《춘관지》(〈울릉도 쟁계〉)의 표절이라 해도 지장이 없을 정 도이다.[6]

> 신경준의 《강계지》에는 이맹휴의 《춘관지》에는 없던 '역사'도 덧붙여 있

서는 본문에서 자세히 다룬다(시모조 마사오(2003), 앞의 글, 79쪽).

4) 신경준의 저술로 《강계지》가 있는데, 45세 때인 1756년에 지었으나 일실되었다고 한 다. 서문이 《여암유고》에 전한다. 《여암전서》에는 《강계고》로 실려 있다. 내용은 동일 하다(신경준, 〈疆界誌序〉, 《旅菴遺稿》권3).

5) 시모조 마사오(2003), 앞의 글, 81쪽.

6) 시모조 마사오(2007), 앞의 글, 98쪽.

다. 안용복의 증언에 의거하여 우산도를 '일본이 말하는 송도'라고 하여《여
지지》의 문구를 개찬한 것이다. 안용복이 '울릉도와 송도를 조선령'으로 한
영웅이 되어 그 역사인식이 정착한 것은 신경준의《강계지》부터이다.7)

위의 인용문을 바탕으로 하여 일본의 '신경준 개찬'설과 그 내용을 정
리하면 다음과 같다.

(1) 신경준은 이맹휴의《춘관지》의 '울릉도'와 안용복 관련 내용을
    표절했다.
(2) 신경준은 이맹휴가 '분주' 형식으로 처리한, '울릉도와 우산도는 같
    은 섬'이라고 한 내용을 "우산도는 일본이 말하는 송도이다"라는
    내용으로 바꿔버렸다.
(3) 신경준이 개찬한 내용은《동국문헌비고》에 실려 한층 더 확산되
    었다.

이러한 일본 주장의 핵심은 신경준이 인용한〈여지지〉의 문구는 본
래《춘관지》에는 없는 내용이며, 그의 개찬은 안용복 사건이 계기가 되었
다는 것이다. 이런 일본의 비판은 근본적으로는 조선의 학문방식과 지리
지 편찬방식에 대한 몰이해에서 비롯된 것이라고 할 수 있다. 일본은 '개
찬改竄'이라는 단어를 사용하여 신경준의 저술을 폄하하려 했다. 그러나
신경준의 저술은 그 자신의 역사인식을 반영하여 성립한 개찬改撰이라고
할 수는 있으나 개찬改竄이라고 할 수는 없다. 일본이 말하는 '개찬'은 저
자가 다른 사람이 기술한 내용을 마음대로 지우고 고쳤다는 의미의 부정

7) 위의 글, 100쪽.

적 평가를 담고 있다.[8] 그러나 '개찬'의 의미는 다르다. 조선의 학문방식에 의거해볼 때 신경준의 개찬은 비판받아야 할 일이 아니다. 조선의 학문방식은 주로 '술이부작述而不作', 즉 선학을 계승하여 기술하되 창작하지 않는다는 것을 전통으로 한다. 경학經學 위주의 학문을 주로 하는 조선은 '조술祖述' 형식을 취해 선학을 답습하여 보다 더 심화시키는 것이 후학자의 올바른 학문태도였다. 그런데 이런 경학과 달리 지리지의 경우는 사실관계가 분명해야 하는 학문이다. '설說'이 많으면 단정하기 어려운 경우가 생긴다. 그럴 때는 여러 설을 고증하고 자신의 견해를 덧붙여 후대 학자의 질정을 기다릴 수밖에 없다. 더구나 지리지 편찬은 국가적인 사업이므로 개인의 견해보다는 전대의 전적典籍을 참고하고 사실史實에 근거해야 하는 경우가 더 많았다. 조선 전기에 편찬된 《동국여지승람》은 이 점에서 조선 후기 지리지의 교과서로 이용되었다. 신경준이 《강계고》를 저술하고 《동국문헌비고》의 〈여지고〉 집필을 담당할 때도 이런 전통에서 크게 벗어나지 않았을 것이다. 그리하여 지리지 기술에 있어서는 기본적으로는 전대의 지리지를 계승하되 시대변화와 자신의 역사인식에 따라 체재와 내용을 바꾸는 방식을 취했을 것이다.

3. 울릉도·우산도 기술에 대한 분석

1) 울릉도·우산도 기술의 추이

한국 문헌에서 울릉도와 우산도에 관한 기술은 《고려사》〈지리지〉, 《세

---

8) 《한어대사전》에 따르면, '改竄'이란 문자를 마음대로 먹칠을 해 지우거나 고치는 것〔修改塗抹文字等〕을 의미한다.

종실록》〈지리지〉, 《신증 동국여지승람》, 《동국여지지》, 《춘관지》, 《강계
고》, 《동국문헌비고》, 《만기요람》, 《증보 문헌비고》 등으로 이어져 있다.
《지봉유설》, 《성호사설》, 《오주연문장전산고》 등에도 울릉도와 우산도 관
련 내용이 기술되어 있지만 이들은 관찬서를 참조하여 사견을 덧붙여 낸
사찬서이다. 이 가운데서 《강계고》는 신경준의 개인 저작이지만 후에 신
경준이 관찬서인 《동국문헌비고》의 〈여지고〉 집필을 담당했고 여기에
《강계고》의 내용을 그대로 실었으므로 관찬서적 성격을 지닌다.

이들 저술은 저술 성격이나 편찬자의 인식에 따라 체재와 내용 면에서
차이를 보인다. 우선 지적할 수 있는 것은 '울릉도' 항목이 소속된 위치에
서의 차이이다. 《고려사》부터 《강계고》에 이르기까지는 '울릉도' 항목이
주로 '강원도/울진현'에 들어가 있었다. 그러나 《동국문헌비고》에서는 '여
지고/관방/해방'에, 《만기요람》에서는 '군정편/해방/동해'에 들어가 있다.
이는 '울릉도' 항목이 초기에는 지리적 관점에서 분류되었다가 후대로 올
수록 국방의 관점에서 분류되고 있었음을 의미한다. 두 번째로 들 수 있
는 것은 일본과 영토 갈등을 겪게 되면서 이들 도서의 중요성을 인식해
갔다는 사실이다. 숙종 연간의 '울릉도 쟁계' 이른바 '안용복 사건'을 겪은
뒤로는 울릉도와 우산도에 관한 내용뿐만 아니라 이들 영토를 지켜낸 안
용복이라는 인물에 대해서도 다루게 되었다. 신경준이 이맹휴의 《춘관지》
를 참고했으면서도 동일하게 기술하지 않은 것은 이런 상황 변화에 따른
인식의 변화를 반영했기 때문이다. 또한 같은 내용을 실었다 해도 배열순
서가 다르고, 원문으로 하거나 분주를 취하는 형식상의 차이가 있으며, 제
목이 달라진 경우도 있다. 따라서 저술마다 다르게 기술된 문맥의 차이를
간파하면서 분석해야 한다. 이러한 형식과 내용에서의 차이를 무시하고

개찬 또는 표절 운운하는 것은 비판을 위한 비판일 뿐이다.

한국 문헌에서 울릉도와 우산도에 관한 기술방식을 보면, 우선 일반적인 지리지 기술방식에서 크게 벗어나지 않고 있다. 전대의 지리지를 참고하여 기술하되, 새로 밝혀진 사실을 추가하는 방식을 취하고 있다. 15세기에 편찬된 《고려사》에서부터 20세기 초반에 간행된 《증보 문헌비고》에 이르기까지 이런 방식에서 크게 벗어나지 않고 있다

우선 이들 문헌에서의 체재와 내용상의 차이를 알아보기 위해 각 문헌의 기사를 키워드 중심으로 아래와 같이 적어 보기로 한다.[9] 문헌마다 이전에는 없던 내용이 새로 추가된 경우, 괄호 안에 '추가'라고 써서 첨삭添削 현황을 알게 했다. 연도에 오류가 보이더라도 그대로 적고 괄호에 '오류'라고 적었다. 제목 아래에는 ( )를 넣고 그 안에는 편의상, (이하 본문으로), (한 칸 들어가 본문으로), 분주는 【】라고 써서 위치와 형식의 차이를 알수 있게 했다. 통상 본문보다 작은 글자로, 본문 사이에 두 줄로 되어 있는 경우를 '분주分註'로 일컫는다. 문헌에 따라 본문과 분주로 구분하여 형식을 다르게 한 것이 중요도의 차이를 나타내는 것이라고 단정하기는 어렵지만 그런 구분 자체가 편찬자의 인식상의 차이를 보여 주는 척도는 될 수 있다고 본다.

(1) 각 문헌의 관련기사 주제어

① 《高麗史》권58 志 권12 地理3/ 東界/ 蔚珍縣

有鬱陵島【在縣正東海中 新羅時稱于山國 一云武陵一云羽陵 地方百里, 지증왕 12년, 태조 13년 백길 토두, 의종 11년(13년의 오류)명주도감창 김유립, 一云于山武陵 本二島 相距不遠 風日淸明 則可望見】

---

9) 전반적인 내용을 보여 주기 위해 써준 것일 뿐 자세한 내용은 본문에서 다시 다룬다.

② 《世宗實錄》(1432, 1454)[10]권153 지리지 144책 강원도/삼척도호부/울진현

(본문으로)……于山武陵二島在縣正東海中【二島相去不遠 風日淸明 則可望見 新羅時稱于山國 一云鬱陵島 地方百里, 지증왕 12년 이사부, 태조 13년 백길 토두, 의종 13년 심찰사 김유립, 태조(태종의 오류) 安撫使金麟雨(추가)……】

③ 《新增東國輿地勝覽》권45 강원도/울진현

于山島 鬱陵島[11]【一云武陵.一云羽陵 二島在縣正東海中 三峰岌嶪撑空 南峯稍卑 風日淸明 卽峯頭樹木及山根沙渚 歷歷可見 風便則二日可到 一說于山鬱陵本一島(추가), 지방백리……지증왕 12년 이사부, 태조 13년 백길 토두, 의종 13년 명주도감창 김유립, 최충헌 헌의 태종 按撫使 金麟雨 쇄출, 세종 20년 남호, 성종 2년[12] 삼봉도 박종원(추가)】

④ 《東國輿地志》권7 강원도/울진현

于山島鬱陵島[13]

【一云武陵一云羽陵 二島在縣正東海中 三峰岌嶪撑空 南峯稍卑 風日淸明 卽峯頭樹木及山根沙渚 歷歷可見 風便則二日可到 一說于山鬱陵本一島 地方百里……, 지증왕

---

10) 1454년은 《세종실록》이 찬진된 해이고 1432년은 지리지가 편찬된 해를 말한다. 원문은 규장각 제공 《조선왕조실록》정족산본에 의거했다.

11) 우산도에 대해서는 설명은 없이 명칭만 나와 있고 칸을 띄운 다음 울릉도를 적고 관련 내용이 나온다. 그 앞에 나온 산의 경우에는 이름을 적고 현으로부터의 위치관계 등을 적었는데 우산도에 대해서는 명칭만 나와 있어 파악된 내용이 없음을 알 수 있다. 따라서 뒤에 이어진 '울릉도' 아래의 내용은 울릉도에 대한 내용으로 볼 수 있다.

12) 《신증 동국여지승람》에 2년으로 되어 있으나 삼봉도가 처음 보이는 것은 성종 1년 12월 11일 기사이다. 박종원을 삼봉도 경차관으로 임명한 기사는 3년 3월 20일 기사에 보인다.

13) 규장각 소장본(古 4790-51)에 의거함.

12년, 태조 13년, 의종 13년, 태종 按撫使 김인우 쇄출, 세종 20년, 성종 2년 삼봉도 박종원……島中無居民矣】

⑤《春官志》권8 鬱陵島爭界[14]

(두 칸 들어가 본문으로) 鬱陵島在江原道海中 屬蔚珍縣 輿地勝覽曰……二島 在縣正東海中 三峰岌嶪撑空……風便則二日可到 一說于山鬱陵本一島, 東史 云: 지증왕 12년·태조 13년·의종 13년·태종 金獜雨·세종 20년·성종 2년 삼 봉도朴元宗(박종원의 오류), 지봉유설운(추가), 광해 4년, 숙종 19년, 숙종 20 년, 숙종 21년, 숙종 22년, 안용복과 안용복 사건 소개, 남구만이 안용복을 비호한 말, 장한상 파견, 수토 매5년(추가)

⑥《旅菴全書》권7〈疆界考〉4 昭代/울진현[15]

'鬱陵島'(본문으로) 鬱陵島鬱一作蔚一作芋一作羽一作武 二島一卽于山(추 가)在蔚珍縣正東海中 與日本之隱歧州相近(추가) 三峯岌嶪撑空 南峯稍卑 日 淸則峯頭樹木及山根沙渚 歷歷可見 風便二日可到 (一說于山鬱陵本一島 부분이 삭제됨) 地方百里……海中有大獸……名可之(추가) 島本于山國新羅取之 後恐 遵倭爲寇 刷出居民空其地(추가), 고려 태조 경인, 현종 임술, 덕종 임신, 인 종 기미(추가) 의종 기묘 김유립, 고려 원종(추가), 태종대왕 김인우, 세종 무 오 남호, 성종 신묘 삼봉도박종원……島中無居民矣 (한 칸 들어가 줄 바꿔 본 문으로) 按[16]輿地志云 一說于山鬱陵本一島 而考諸圖志二島也 一則其[17]所謂 松島 而盖二島俱是于山國也(추가), (이하 본문으로) 광해 갑인(6년), 숙종 계

---

14) 국립중앙도서관 소장 1745년도 필사본에 의거함.

15) 국립중앙도서관 소장 판본에 의거함. 고려대학교 소장 필사본《강계고》도 있는데 약 간의 글자 출입이 있다.

16) 고려대학교 소장본에는 '愚按'으로 되어 있다.

17) 고려대학교 소장본에는 '倭'로 되어 있다.

유(19년), 숙종 갑술(20년), 숙종 을해(21년), 숙종 병자(22년) 남구만의 조종
강토 언급(추가), 장한상 파견, 수토 매 3년, '安龍福事'(별도의 제목으로 뽑아
기술-추가): 안용복 사건 소개, 남구만이 안용복을 비호한 말(위치 변동)

⑦ 《東國文獻備考》권18(1770)[18]: 興地考1/관방3/해방1/울진현

于山島 鬱陵島(항목 변동)【……在東三百五十里……二島一卽于山 有事實錄于左】
(이하 두 칸 들어가 본문으로) 島在蔚珍縣正東海中 與日本之隱歧州相近
三峯岌嶪撑空……風便二日可到 地方百里……海中有大獸……名可之 島本
于山國新羅取之 後恐導倭爲寇 刷出居民 空其地, 고려 태조 13년, 현종,
덕종, 인종, 의종 13년, 고려 원종, 태종 김인우, 세종 20년, 성종 2년 삼봉도
박종원……島中無居民矣【興地志云 鬱陵于山皆于山國地 于山則倭所謂松島也】《강
계고》의 〈여지지〉 인용문과 상이), (이하 본문으로) 광해 7년[19] 의죽도, 숙종 19
년 지봉유설, 숙종 20년, 숙종 21년, 숙종 22년: 남구만의 조종강토 언급, 장
한상 파견, 수토 매 3년, 안용복과 안용복 사건 소개: 남구만의 안용복 비
호, 안용복의 공적으로 결론

⑧ 《萬機要覽》권10 軍政編4/海防[20]

(이하 한 칸 들어가 본문으로) 文獻備考曰鬱陵島在蔚珍縣正東海中 與日本之
隱歧州相近 三峯岌嶪撑空……風便二日可到 地方百里……海中有大獸……名
可之 島本于山國新羅取之 後恐導倭爲寇 刷出居民 空其地, 고려 태조 13년,
현종 13년, 덕종, 인종 17년, 의종 13년, 원종, (조선)태종 金麟雨, 세종 20년,

---

18) 국립중앙도서관 소장, 홍봉한 등편, 숭정전 校, 17책, 금속 활자본에 의거함(조선총
   독부 고서부 古朝 31).

19) 《증정 교린지》4권 '울릉도 의죽도 변정전말'에는 광해군 6년에 동래부사 윤수겸이
   장계에서 '의죽도'를 거론한 것으로 되어 있다.

20) 국립중앙도서관 소장 필사본에 의거함(이만운 저, 1808, 청구기호 BA-6025-33). 서
   영보 심상규 등찬(청구기호 B1-6025-9-1-11)도 참조함.

성종 2년 삼봉도박종원……島中無居民矣【輿地志云 鬱陵于山皆于山國地 于山
則倭所謂松島也】,21) (이하 본문으로) 광해 7년, 숙종 19년, 숙종 20년, 숙종 21
년, 숙종 22년:남구만의 '강토', 장한상 파견, 수토 매 3년, 안용복과 안용복
사건 소개, 남구만의 안용복 비호, 안용복의 공적으로 결론, 柳成龍答(추가)

⑨《增補文獻備考》권31 여지고19/관방7/해방10/동해/울진22)
于山島 鬱陵島 【在東三百五十里 鬱一作蔚一作芋一作羽一作武 二島一卽芋山】
(續)今爲鬱島郡(추가) (이하 두칸 들어가 본문으로) 島在蔚珍縣正東海中 與日本
之隱歧州相近 三峯岌嶪撑空……風便二日可到 地方百里……海中有大獸……
名可之 島本于山國新羅取之 後恐導倭爲寇 刷出居民空其地, 고려 태조 13년,
현종 임술, 덕종 임신, 인종 기미, 의종 기묘, 원종, 본조 태종 金麟雨, 세종
20년 남호, 성종 2년 삼봉도박원종(박종원의 오류)……島中無居民矣【輿地志
云 鬱陵于山皆于山國地 于山則倭所謂松島也】(이하 본문으로) 광해 7년 의죽도,
숙종 19년, 숙종 20년, 숙종 21년, 숙종 22년: 남구만의 '강토', 장한상 파견,
수토 매3년, 안용복과 안용복 사건 소개, 남구만의 말(위치 변동), 안용복의
공적, (補)숙종 28년 이준명·(補)이이명의 관동지도 서문(추가)

이상으로 알 수 있듯이, 모든 문헌이 '울릉도와 우산도' 관련 내용을
싣고 있지만 표제와 항목의 위치, 형식 등에서 약간의 차이가 있다. 이들
문헌에서 '울릉도' 관련 제목이 어떻게 되어 있으며 어디에 위치해 있는
지, 전대의 기록에서 삭제되거나 추가된 내용은 무엇인지, 달라진 내용은
무엇인지를 분석하면 신경준의 개찬 여부가 밝혀질 것이다.

---

21) 필사본에는 "壽陵于山皆于山國地 于山則倭所謂松都也"로 되어 있다. 목판본에는 '島'로
되어 있다.

22) 국립중앙도서관 소장, 홍문관 찬집, 1908년도 연활자본에 의거함.

(2) 주요 문헌의 울릉·우산 기술 비교

① 《고려사》에서 '울릉도'내용은 지리지/동계/울진현' 항목에 들어가 있다.

"울진현은 본래 신라 경덕왕 때는 군에 속했는데 고려에 와서 현으로 낮춰졌다"는 내용이 맨 앞에 나온다. 울릉도에 관한 설명은 '분주分註' 형식을 취했다. 울릉도의 위치와 지증왕 12년에 우산국이 신라에 항복한 일, 태조 13년에 백길白吉과 토두土豆를 보내 토산물을 바친 일, 의종 11년에 명주도 감창溟州道監倉 김유립金柔立을 파견하여 보고한 일 등이 기술되어 있다. 이런 내용은 울릉도 안의 거리관계에서만 약간의 차이가 있을 뿐 후대에도 대부분 그대로 계승되고 있다. 《고려사》에서 중요한 것은 "어떤 이는 '우산과 무릉은 본래 다른 두 개의 섬인데, 서로 거리가 멀지 않아 날씨가 맑으면 바라볼 수 있다'고도 한다〔一云于山武陵本二島 相距不遠 風日淸明 則可望見〕"[23]고 한 내용이다. '有鬱陵島'라고 하여 울릉도 1도를 다루면서 내용에서는 우산과 무릉이 다른 섬이라는 2도설을 분주로 제시하고 있다.

② 《세종실록》〈지리지〉에는 강원도/삼척도호부/울진현 안에 '우산·무릉'이 들어가 있다. 《고려사》에서 '울릉도'였던 표제가 여기서는 '우산·무릉'으로 되어 있다. "두 섬이 현의 정동쪽 바다에 있다"는 내용을 본문으로 해서 2도를 먼저 제시하고, 2도에 관한 내용은 분주 형식으로 기술했다. 《고려사》에 "相距不遠 風日淸明 則可望見"이라고 한 내용이 여기서도 같은 '분주' 형식인데 다만 '相距不遠'이 '相去不遠'으로 되어 있다. 《고려

---

23) 대체로 번역문을 쓰고 괄호에 원문을 쓰는 것을 원칙으로 했으나, 비교를 위해 원문을 먼저 쓴 경우도 있다.

사》에는 "어떤 이는 우산과 무릉이 본래 두 개의 다른 섬인데……"라고 한 이른바 '2도'설을 '1도'설 아래 기술함으로써 1도설이 주설主說로 되어 있다. 이에 비해 《세종실록》은 "두 섬이 현의 정동쪽 바다에 있다"라는 내용으로 시작하여 '2도'설이 주설로 되어 있다. 즉 본문에서 2도설을 기술하고 나서 '一云鬱陵島'라는 1도설을 덧붙이고 있다는 점에서 《고려사》와는 체재가 다르다. 《고려사》에는 김유립의 관직이 명주도 감창으로 되어 있었는데, 여기서는 심찰사로 되어 있다. 《세종실록》은 조선시대의 기록이니만큼 태조가 김인우를 안무사로 파견한 내용이 추가되어 있다.

③ 《신증 동국여지승람》에는 '우산도·울릉도'가 강원도/울진현 항목에 들어가 있다.

《세종실록》〈지리지〉에서 '우산·무릉'이던 것이 여기서는 '우산도'와 '울릉도'로 바뀌어 있다. 이후 지리지는 대부분 '우산도·울릉도'를 계승하고 있다. 제목에 '우산도于山島'가 들어가 있지만 내용은 없이 바로 '울릉도鬱陵島'로 이어져 있고, '二島在縣正東海中'이라 하여 2도설을 표방하고 있다. 내용은 분주 형식으로, 지증왕 기사부터 태종대 김인우 파견을 싣고 있다. 또한 여기에 세종 20년과 성종 2년 삼봉도 관련 내용이 추가되어 있다. 또한 《고려사》와 《세종실록》에는 없는데 《신증 동국여지승람》에만 추가된 내용이 있다. "세 봉우리가 우뚝 솟아 하늘에 닿았는데 남쪽 봉우리가 약간 낮다. 날씨가 맑으면 봉머리의 수목과 산 밑의 모래톱을 또렷이 볼 수 있으며 순풍이면 이틀 만에 갈 수 있다〔三峰岌嶪撑空 南峰稍卑 風日淸明 卽峰頭樹木及山根沙渚 歷歷可見 風便則二日可到〕"는 내용이 그것이다. 이는 육지에서 보이는 울릉도의 모습과 거리관계를 기술한 것으로 앞의 두 문헌에서 "두 섬은 서로 거리가 멀지 않아 날씨가 맑으면 바라볼 수 있다"
고 한 것과는 맥락이 같지 않다. 《세종실록》이 "우산과 무릉, 두 섬이 서
로 바라보인다"고 하여 우산과 무릉 사이의 관계를 말한 것인 반면, 《신
증 동국여지승람》에서 '봉머리의 수목이 보인다'는 것을 운운한 것은 울
진에서 울릉도가 보이는 관계를 기술한 것이다. '이틀 만에 갈 수 있다'는
것도 울진에서 울릉도까지의 소요시간을 말한 것이다. 《신증 동국여지승
람》은 울진에서 울릉도의 수목이 보인다는 사실을 기술하고 나서 이른바
'일설'을 소개하고 있다. 이는 "일설에 우산과 울릉은 본래 한 섬[一說于山
鬱陵本一島]이라고 한다"는 것으로 단지 '일설'을 소개한 것이므로 《세종실
록》이 2도설을 주설로 기술한 것과는 다르다.

④ 《신증 동국여지승람》 이후의 관찬서로 《동국문헌비고》가 있다. 그
러나 이에 앞서 유형원의 《동국여지지》(1656)가 있었던 것으로 전해진다.
신경준의 《강계고》도 한백겸의 《동국지리지》와 유형원의 《동국여지지》의
영향을 받은 것으로 알려져 있다.[24] 신경준이 인용한 '안여지지운按輿地志
云'에서의 〈여지〉가 유형원의 《동국여지지》를 가리키는 듯하지만,[25] 이
부분은 논란의 여지가 있다. 뒤에서 다시 다룬다. 《동국여지지》에는 아래
와 같은 내용이 나온다.

　　于山島·鬱陵島

---

24) 〈여지지〉가 유형원의 저작일 가능성이 높다고 보는 견해는 신경준의 《여암전서》 안
　　에 '郡縣之制'라고 한 것이 바로 유형원의 저작을 그대로 베껴 넣은 것이라고 보기
　　때문이다(고동환, 〈旅菴 申景濬의 학문과 사상〉, 《지방사와 지방문화》제6권 제2호, 역
　　사문화학회, 2003.11, 186쪽).

25) 《여암전서》〈강계고〉권1, '前朝鮮國'에 "柳磻溪馨遠輿地志云……"이라고 되어 있다.

【一云武陵一云羽陵 二島在縣正東海中 三峰岌嶪撑空……風便則二日可到 一說于山
鬱陵本一島 地方百里, 지중왕 12년, 태조 13년, 의종 13년, 태종 김인우, 세종 20년,
성종 2년 삼봉도】

즉 표제가 '우산도·울릉도'로 되어 있고, 내용은 분주 형식이다. 《동국
여지지》 서문에 《신증 동국여지승람》을 증수한 것이라고 밝혔듯이, 《동
국 여지지》는 《신증 동국여지승람》과 거의 동일한 내용을 싣고 있다.
《신증 동국여지승람》은 '于山島 鬱陵島'라고 하여 간격을 둔 반면 《동국
여지지》에는 '于山島鬱陵島'로 붙어 있다. '울진현' 조의 사목 배열이나 내
용에 약간의 차이는 있지만, 울릉도와 우산도 관련 기술은 《신증 동국여
지승람》과 거의 같다.[26) 《신증 동국여지승람》에 나온 '一說于山鬱陵本一
島'도 그대로 싣고 있어 《東國興地志》 편자가 《신증 동국여지승람》의 인
식을 그대로 받아들였음을 알 수 있다. 그러나 후대의 문헌에 나온 '興地
志云' 내용이 《동국여지지》에는 보이지 않는다.

1531년[27)에 《신증 동국여지승람》이 간행된 이후, 조선은 임진왜란
등의 사회적 혼란을 겪었고 지리 정보가 증가했다. 그에 따라 지리지에서
도 울릉도 관련 내용에 변화가 보인다. 관찬서인 《동국문헌비고》
(1770)가 나오기에 앞서 여러 사찬이 편찬되었는데, 이수광의 《지봉유설》,
이익의 《성호사설》, 이맹휴의 《춘관지》 등이 그것이다. 《동국문헌비고》
〈여지고〉부분을 담당한 신경준은 이들을 참고했다. 신경준이 《동국문헌비

---

26) '최충헌헌의'가 《동국여지지》에는 '최충헌의'로, '朴宗元往覓之'가 《동국여지지》에는 '朴
宗元往見之'로 되어 있다. '최충헌헌의'를 '최충헌의'로 쓴 예는 박세당의 〈울릉도〉에
도 보인다.
27) 편찬 연대에 대해서는 이견이 있다. 1530년에 완성되었으나 발간된 해가 1531년이
므로 편찬 연도를 따랐다.

고》〈여지고〉 부분을 담당하게 된 데는 영조가 그의 강역지彊域志28)를 인정한 것이 작용했다.29) 이맹휴는 《춘관지》를 집필할 때 《지봉유설》과 《성호사설》을 참조했다. 아버지 이익이 '안용복'을 기술했기 때문이다. 이 내용은 신경준에게도 전해졌다.30) 《동국문헌비고》의 〈여지고〉는 한백겸 이후 일련의 역사지리 연구를 집대성한 것이며, 개인 차원의 연구를 사회적인 차원으로 승화시킨 실천적 지리서로서 평가받고 있다.31) 이 평가는 신경준의 업적에 대한 평가이다. 그렇다면 신경준의 역사·지리적 인식이 이수광, 이익, 이맹휴의 인식과 동일한가? 신경준을 표절과 개찬자로서 비판하는 것이 타당한지를 알려면 이맹휴의 《춘관지》와 신경준의 《강계고》, 《동국문헌비고》를 함께 분석할 필요가 있다. 우선 《춘관지》와 《강계고》를 먼저 고찰하기로 한다.

2. 《춘관지》, 《강계고》, 《동국문헌비고》의 기술방식 비교

1) 《춘관지》의 '일설' 인용과 《강계고》의 '여지지' 인용

《춘관지》32)는 본래 이맹휴가 초고를 완성했으나 수정작업은 조카인 이가환이 담당했다. 편찬을 주관한 곳은 예조지만 이맹휴와 이가환이 실

---

28) 《강계고》를 말한다.

29) 《영조실록》영조 46년 윤5월 16일(신유).

30) 당시 이맹휴가 '안용복전'을 썼고 그것이 《문헌비고》에 수록된 사실은 문인 사이에 널리 알려져 있었다고 한다(성대중, 〈울릉도에서 왜인을 내쫓은 안용복전安龍福傳의 전말〉, 《청성잡기》).

31) 양보경, 〈여암 신경준의 지리사상〉, 《국토》211, 국토연구원, 1999, 27쪽.

32) 이맹휴는 1744년부터 편찬에 참여, 1745년 9월에 초고를 완성했고 1781년에 예조에 소장되었다. 정조가 1781년 이가환에게 수정을 명했다.

제 담당자인 점에서 성호학파의 저작으로 볼 수 있다. 황윤석은 《동국문헌비고》〈여지고〉33)가 유형원과 김윤金崙, 안정복, 한백겸의 여러 학설을 인용했다고 평하고,34) 패수의 위치를 요동에 비정한 것은 성호의 설을 따른 것이라고 평한 데서 드러나듯이35) 신경준이 성호학파의 영향을 받은 것은 부인하기 어렵다. 또한 신경준은 《강계고》를 집필하는 데 《춘관지》의 영향을 받았다. 그러나 조선의 학문 전통으로 볼 때 선학을 인용했다고 해서 표절로 단정한다거나, 첨삭을 가했다고 해서 개찬으로 비판할 수 있는 것은 아니다. 일본이 "신경준이 《동국문헌비고》에서 이맹휴의 《춘관지》의 주를 개찬했다"고 비판하는 이유는 《동국문헌비고》에 나온 "우산은 일본이 말하는 송도이다〔于山則倭所謂松島也〕"라고 한 내용이 이맹휴의 《춘관지》에서는 보이지 않기 때문이다. 신경준은 왜 《춘관지》에 없는 내용을 추가했을까?

《동국문헌비고》에서 〈여지지〉관련 내용은 "輿地志云 鬱陵于山皆于山國地, 于山則倭所謂松島也"이다. 그런데 《춘관지》에는 "一說于山鬱陵本一島"라는 내용만 있고 〈여지지〉 관련 내용은 없다. 이 때문에 일본은 신경준이 《춘관지》 내용을 마음대로 개찬했다고 비판하는 것이다. 신경준의 두 저술에서 '여지지' 부분을 보면, 아래와 같다.

> 《강계고》: (본문으로) 按輿地志云 一說于山鬱陵本一島 而考諸圖志二島也 一則其所謂松島 而盖二島俱是于山國也

---

33) 신경준은 1769년에 《동국문헌비고》 편찬에 참여하여 이듬해에 완성했다. 《영조실록》 영조 46년 8월 5일(무인).

34) 《이재난고》권16, 8일(경진)(고동환, 〈旅菴 申景濬의 학문과 사상〉, 《지방사와 지방문화》제6권 제2호, 역사문화학회, 2003.11, 190쪽에서 재인용).

35) 고동환, 위의 글, 190쪽.

《동국문헌비고》:【輿地志云 鬱陵于山皆于山國地 于山則倭所謂松島也】

위 내용은 둘 다 신경준이 기술한 것이므로 그 차이를 알려면 신경준
이 참고한 《춘관지》를 대조해 보아야 한다. 《춘관지》는 〈울릉도 쟁계〉라
고 표제를 붙였다. 이렇게 붙인 것은 당시의 이른바 '안용복 사건'을 반영
해서이다. 그런데 〈울릉도 쟁계〉에는 "輿地勝覽曰……二島在縣正東海中 三
峰岌嶪撐空……風便則二日可到 一說于山鬱陵本一島"라고 기술했다. 앞에서
언급했듯이, 이 내용은 《신증 동국여지승람》과 같은 내용이다. 이어 지증
왕 12년·태조 13년·의종 13년·태종 김인우·세종 20년·성종 2년의 삼봉도
기사까지를 싣고 있는데, 이 역시 《신증 동국여지승람》과 같다. 이맹휴가
〈울릉도 쟁계〉에서 《신증 동국여지승람》을 인용한 부분은 여기까지이다.
그 뒤로는 이수광의 《지봉유설》을 아래와 같이 인용하고 있다.

　　판서 이수광의 《지봉유설》에 이르기를, '울릉도는 임진년 병란 후로 왜적
　　의 노략질을 받아 다시는 인가가 들어서지 못했는데, 근래에 들으니 왜가
　　의죽도를 점거했다고 한다. 혹자는 의죽이 바로 울릉이라고 한다'고 했다.
　　이 말은 전해 들은 데 근거해 말한 것이다. 왜인은 이 점을 들어 안을 만들
　　어 만력 갑인년부터 논쟁해 마지않았다. 그러나 이 또한 일본의 뜻이 아니
　　라 쓰시마 왜인의 속임수가 이와 같은 것이다. 대개 이 섬은 대나무가 나는
　　까닭에 竹島라 하고 세 봉우리가 있기 때문에 삼봉도라고도 한다. 우산이니
　　우릉이니 울릉이니 무릉이니 의죽이니 하는 것은 모두 발음이 잘못 전해져
　　그런 것이다.

이맹휴는 《신증 동국여지승람》의 '삼봉도' 기사까지는 동일하게 인용했

지만, 이어 이수광의 《지봉유설》 내용까지 추가해서 인용했다. 그런데 신경준은 《강계고》에서 《지봉유설》의 내용을 인용하지 않았다. 이 때문에 일본은 신경준이 《춘관지》의 주를 개찬했다고 비판한다. 이맹휴가 《춘관지》에서 이수광의 설을 인용한 부분은 "(울릉도를) 일본이 의죽이라고 한다"는 내용까지이고 그 뒤에는 자신의 견해를 붙였다. "울릉도에는 대나무가 나므로 죽도라 하고 세 봉우리가 있으므로 삼봉도라 하며, 우릉, 무릉, 의죽이라는 호칭은 전부 발음이 잘못 전해져 그렇게 되었다"고 한 내용은 이맹휴의 견해이다. 그런데 이맹휴의 《춘관지》를 참고한 신경준은 이 부분도 그대로 인용하지 않았다. 이는 무엇을 의미하는가? 그것은 바로 신경준의 인식이 이맹휴의 인식과 다르다는 것을 의미한다. 신경준도 이맹휴와 마찬가지로 《신증 동국여지승람》의 '성종 삼봉도' 기사까지는 그대로 인용했다. 그런데 그 다음에는 《춘관지》에 추가되어 있던 《지봉유설》의 내용을 그대로 싣지 않고 신경준 자신의 견해를 본문 또는 분주[36] 형태로 넣었다. '성종대' 부분을 보면 아래와 같이 되어 있다.

> 성종 2년에 '삼봉도三峯島가 따로 있습니다'고 고하는 자가 있으므로, 곧 박종원을 보내 가보게 했으나, 풍랑 때문에 이르지 못하고 돌아왔는데, 동행했던 한 척의 배가 울릉도에 정박하여 큰 대나무와 큰 전복만을 가지고 돌아와 아뢰기를, '섬 안에는 사는 사람이 없습니다'고 했다.
>
> 살펴보니, 〈여지지〉에 이르기를, '일설에 우산과 울릉은 본래 한 섬이라고 하나 여러 도지를 상고해 보면 두 섬이다. 하나는 그들이 말하는 송도이다'고 했으니, 대체로 두 섬은 모두 우산국이다.

---

36) 편의상 설명을 위해 분주 내용을 【 】에 넣기도 한다.

신경준은 《疆界考》에서 성종대 기사 다음에 "살펴보니, 〈여지지〉에 이르기를[按輿地志云]……"이라는 내용을 추가했다. 그런데 이 내용이 성종 2년의 '삼봉도' 기사 아래 위치한다는 사실에 주목할 필요가 있다. 이맹휴는 삼봉도 기사 아래 《지봉유설》 내용을 추가했기 때문이다. 신경준은 위의 내용을 형식 면에서는 같은 '본문'으로 처리했지만 줄을 바꿔 한 칸씩 들여 썼다. 이는 '按輿地志云' 이하 내용이 '성종 2년의 삼봉도' 기사에 대한 주석 형식으로 첨입된 것임을 말해 준다. 이렇게 한 것은 신경준이 지금까지 언급되던 울릉도와는 다른 명칭, '삼봉도'가 성종대에 처음 보인데 의문을 품었기 때문으로 보인다. 그리하여 이에 대한 자신의 견해를 '按輿地志云' 형식을 취해 밝히려 한 것이다.

'삼봉도'라는 명칭은 성종대 이전에는 보이지 않았다. 그 이전 도서 명칭으로 나온 것은 무릉, 울릉도 외에는 주로 우산도였다. 그런데 16세기 중반 《신증 동국여지승람》에서 '삼봉도'라는 호칭이 처음 보여 신경준이 이에 주목한 것이다. 이맹휴도 '삼봉도' 기사 다음에 《지봉유설》을 인용하고 있다. 이는 그 역시 '삼봉도'에 주목했음을 말해 준다. 그러나 이맹휴는 이에 대한 설명을 위해 '의죽'을 '울릉'과 동일시한 이수광의 설을 끌어왔고, 따라서 그는 울릉도와 죽도, 삼봉도를 동일시했다.

신경준은 《춘관지》의 '삼봉도' 부분을 그대로 가져왔지만 《춘관지》가 인용한 《지봉유설》 내용을 자신의 저술에서는 삭제했다. 이는 이맹휴가 《지봉유설》에 의거하여 울릉도와 의죽(죽도), 삼봉도를 같은 섬으로 취급한 것을 신경준 자신은 동의하지 않는다는 사실을 보여 주기 위해 고의로 삭제한 것으로 볼 수 있다. 다만 신경준은 성종대에 처음 등장한 '삼봉도'가 과연 울릉도를 말하는지, 그렇다면 우산도와는 어떤 관계가 있

는지에 대해 의문을 품었다. 이에 그는 《강계고》에서 울릉도를 설명하면
서 "두 섬인데, (그 가운데) 하나는 우산이다〔二島一卽于山〕"라고 했다. 즉
울릉과 우산이 다른 두 섬임을 밝힌 것이다. 그런데 '삼봉도'에 이어진 부
분에서는 〈여지지〉를 인용하고 있다. 그는 삼봉도가 울릉도인지 우산도인
지, 아니면 다른 제3의 섬인지 의문을 품었고 이를 구명하기 위해 여러
문헌을 상고해 보고 결론을 내리기 위해 〈여지지〉를 인용한 것이다. 그는
〈여지지〉 저자가 자신과 같은 의문을 품었다고 보았다. 신경준은 〈여지
지〉에 "일설에 우산과 울릉은 본래 한 섬이라고 하나 여러 도지를 상고해
보면 두 섬이다. 하나는 그들(일본인-역자 주)이 말하는 송도이다"라고 되
어 있는 내용에서 자신이 품었던 1도설인가 2도설인가에 대해 결론을 내
리게 된 것이다. 신경준은 〈여지지〉 저자도 우산과 울릉을 조사한 결과
두 섬으로 결론 내렸고 그 가운데 하나는 일본인들이 송도라고 부른다는
사실을 알게 된 것으로 보았다.

그러나 〈여지지〉의 저자가 누구이며 인용문이 어디까지인지에 대해
서는 논란이 있을 수 있다. 앞에서 언급했듯이 〈여지지〉가 유형원의 《동
국여지지》를 말하는 것이라면 《동국여지지》는 《신증 동국여지승람》을 증
수한 것이므로 '여지지운'은 '一說于山鬱陵本一島'로 끝나야 한다. 한편으로
저자가 일설만 소개하고 자신의 견해를 밝히지 않은 채 문장을 맺는다는
것은 자연스럽지 못하다. 학자라면 보통은 일설을 소개한 뒤 자신의 의견
을 밝히기 마련이기 때문이다. 이렇게 볼 경우 〈여지지〉 저자의 문장이
어디까지인가도 문제가 된다. 〈여지지〉 저자의 견해가 "여러 도지를 상고
해 보면 두 섬이다. 하나는 그들이 말하는 송도이다〔一則其所謂松島〕"까지
인지, "두 섬은 모두 우산국이다"까지인지에 대해서도 논란이 있을 수 있

다. 신경준은《강계고》서문에서 "우리나라 지지가 소략하지는 않지만 상
고할 만한 것이 없으니, 틀림없이 잡다하여 의심스러운 것이 많을 것이다.
논설들이 분분해 단안을 내리지 못하겠기에, 지금 우선 여러 글들을 나열
하여 기록해 놓고 그 뒤에 내 생각을 써서 훗날 잘 아는 자를 기다리노
라"[37]고 했다. 이를 본다면 신경준의 논증방식은 여러 설을 상고한 뒤에
자신의 생각으로 결론을 내리는 식일 가능성이 크다.《강계고》본문 안에
도 이를 짐작케 하는 부분이 있다. "按輿地志云 一說于山鬱陵本一島 而考
諸圖志二島也 一則其所謂松島 而盖二島俱是于山國也"에서 '盖'자이다. 보통
'盖'자 이하의 내용은 앞 문장에 대한 저자의 결론을 의미하는 경우가 많
기 때문이다. 그렇게 볼 경우 아래와 같이 해석된다.

> 내가 살펴보니, 〈여지지〉에 이르기를, '일설에 우산과 울릉은 본래 한 섬
> 이라고 하나 여러 도지圖志를 상고해 보면 두 섬이다. 하나는 그들이 말하는
> 송도松島이다'라고 했으니, 대체로 두 섬은 모두 우산국이다.

그런데 문제는 신경준이 지은 것으로 알려진《동국문헌비고》에 '輿地
志云 鬱陵于山皆于山國地'라고 되어 있는 것이다. 즉《동국문헌비고》에
는 "울릉과 우산은 모두 우산국땅"이라는 내용이 〈여지지〉의 내용으로
되어 있다. 그렇다면《강계고》에서 "두 섬은 모두 우산국이다"는 내용도
〈여지지〉의 내용이 되어야 한다. 따라서 이를 종합하면 위 문장은 다시
아래와 같이 해석된다.

---

37) "東方地志 非關略 無可攷 則必雜亂 多可疑 論說紛紜 未有斷案 今姑列錄諸書 續之以愚見 以
    侯後之明者云爾"(《旅菴遺稿》권3, '疆界誌序').

　　내가 살펴보니, 〈여지지〉에 이르기를, '일설에 우산과 울릉은 본래 한 섬
이라고 하나 여러 도지圖志를 상고해 보면 두 섬이다. 하나는 그들이 말하는
송도松島인데, 대체로 두 섬은 모두 우산국이다'라고 했다.[38]

　두 가지 해석 가운데 전자는 '두 섬은 모두 우산국이다'를 신경준의 결
론으로 처리한 것이고, 후자는 신경준 자신의 견해는 없이 〈여지지〉의
견해를 수용하여 자신의 견해로 만든 것이 된다. 여기서 〈여지지〉를 유형
원의 《동국여지지》로 본다면 '一則其所謂松島'도 유형원의 견해로 봐야
한다. 그렇다면 유형원 당시 '마쓰시마松島'의 존재가 알려져 있었음을 의
미한다. 일본은 현재 우산도를 마쓰시마로 부른다는 사실이 한국 측에 알
려진 것은 안용복 사건을 통해서라고 주장한다. 그런데 광해군 당시 의죽
도를 언급했고,[39] 유형원 이전에 나온 《지봉유설》에도 '의죽도'[40]를 언급
하고 있으므로 당시 조선이 일본의 호칭 '礒竹島(竹島)'에 대해 파악하고
있었음을 알 수 있다. '松島'는 '竹島'의 대칭으로 통상 같이 쓰였다고 생

38) 송병기는 이와 같이 해석하고, 〈여지지〉 이하를 모두 유형원의 말로 보았다(송병기,
　　《울릉도와 독도》, 1999, 52쪽). 그런데 다른 연구자는 《강계고》에 대해서는, "내가 살
　　펴보니, 〈여지지〉에 이르기를, '일설에 우산과 울릉은 본래 한 섬이라'고 하나 여러
　　도지圖志를 상고해 보면 두 섬이다. 하나는 그들이 말하는 송도松島인데, 두 섬은 모
　　두 우산국이다"로 해석하고, 《동국문헌비고》에 대해서는, "〈여지지〉에 이르기를, 울
　　릉·우산은 모두 우산국 땅인데, 우산은 일본이 말하는 송도이다"라고 해석했다(신용
　　하, 《독도의 민족영토사 연구》, 지식산업사, 1996, 29~30쪽, 247쪽). 즉 다른 연구자
　　의 해석은 신경준의 말이 어디까지인지, 〈여지지〉 저자의 말이 어디까지인지 애매하
　　게 처리하고 있다. 이후 대부분의 연구자들이 이런 오류를 답습하고 있다(김화경,
　　《독도의 역사》, 영남대 출판부, 2011, 227쪽).

39) 《숙종실록》숙종 21일 6월 20일(경술), 《증정 교린지》, 《오주연문장전산고》 등에 나
　　온다.

40) 일본은 모모야마시대桃山時代의 일본도 병풍에 오키와 고려와의 사이에 '이소타케磯
　　竹'가 그려져 있고, 명 가정嘉靖 34년, 일본 홍치弘治 2년(1556)에 일본에 와서 실정
　　을 조사해간 명나라 정순공鄭舜功이 남긴 《日本一鑑》 지도편에 '竹島'가 있는 점으로
　　미루어 이 호칭은 《인슈시청합기》(1667)보다 앞서 있었을 것으로 보고 있다.

각해 보면, 일본 호칭 '竹島'가 조선에 전해지면서 '松島'가 함께 전해지지 않았다고 단정하기도 어렵다. 다만 신경준이 인용한 〈여지지〉가 유형원의 《동국여지지》를 가리킨다면, 《동국여지지》에 '一則其所謂松島'나 '우산국' 관련 내용이 있어야 하는데, 《동국여지지》를 보면 《신증 동국여지승람》의 일설만 실려 있다. 따라서 〈여지지〉가 《동국여지지》를 가리키는지는 의문이다. 《강계고》에 인용한 〈여지지〉[41]는 《동국여지지》가 아니라 제3의 여지지일 가능성이 있다. 신경준이 말한 〈여지지〉가 《동국여지지》를 가리키며, 그것이 현존하는 《동국여지지》와 같은 것인지는 좀 더 고증이 필요하다.

《강계고》와 《동국문헌비고》를 종합해볼 때, 〈여지지〉의 저자가 누구이며 인용문이 어디까지인지가 중요한 문제는 아니다. 중요한 사실은 신경준이 〈여지지〉의 견해를 수용하여 자설로 취했다는 점이다. 신경준은 〈여지지〉 견해를 자신의 견해와 부합된다고 여겨 결론으로 취한 것이므로 신경준이 의도한 바는 결국 '1도'가 아니라 '2도'였던 것이다. 신경준은 〈여지지〉 저자 역시 '일설'을 수용하지 않고 2도설을 수용하여 "두 섬은 모두 우산국이다"라고 결론내린 것으로 보았다. 그리하여 신경준은 '삼봉도'가 여러 도지에 나온 '우산도'를 가리킨다고 보았으며, 이 우산도가 울릉도와 함께 모두 우산국 땅에 속하는 것으로 결론지은 것이다.

신경준이 이맹휴의 글을 그대로 인용하지 않은 것은 이런 결론을 도출하기 위해서였다. 그렇다면 이는 개찬이 아니라 자신의 입론을 기술한 것

41) 신경준의 《여암유고》에 '여지지운'이라고 했어도 '輿地志云', '柳磻溪輿地志云', '東國輿地志云' 등 여러 형태이다. 이 가운데 '유반계 여지지운' '동국여지지운'이라고 한 내용을 조사해 보면 대부분 《동국여지지》에도 실려 있어 《동국여지지》를 유형원의 저작으로 보는 설이 성립한다. 그러나 '여지지운'이라고 한 내용이 《동국여지지》에 그대로 실려 있지 않기도 한다. 〈여지지〉가 《동국여지지》를 가리키기도 하지만 아닌 경우도 있는 듯하다.

이다. 신경준이 "바람이 잘 불면 이틀이면 도달할 수 있다[風便二日可到]"
는 내용에 이어지는 "일설에 우산과 울릉은 본래 한 섬이라고 한다[一說
于山鬱陵本一島]"는 부분을 삭제한 것도 이 때문이다. 일본은 이 부분을
삭제한 사실을 두고 '개찬'이라고 비판하지만, 이것이야말로 신경준의 역
사인식을 잘 보여 주는 부분이다. 우산도와 울릉도가 한 섬일지 모른다는
'일설'을 이맹휴는 계승했지만, 신경준은 이를 2도설로 전환시켰기 때문이
다. '일설'은 엄밀히 말하면 이맹휴의 설이 아니라, 《신증 동국여지승람》
의 설로서, 《춘관지》에 인용된 '一說于山鬱陵本一島'는 《신증 동국여지승
람》과 《동국여지지》기사를 전재轉載한 것뿐이다.

《강계고》에 개진된 신경준의 2도인식은 《동국문헌비고》에 반영되었고,
이에 따라 1도설은 자취를 감추었다. 《동국문헌비고》는 관리들에게 행정
지침을 내려 주기 위해 만든 전장서典章書적 유서類書로 특히 강역과 여
지에 관한 내용이 핵심이다.[42] 이전 지리지에서는 '울릉도'가 주로 강원도
/울진현에 들어가 있었고 《강계고》에서도 '昭代/울진현'에 들어가 있었는
데, 《동국문헌비고》에서는 '우산도·우릉도'라는 표제로 '여지고/관방/해방/
동해/울진'에 들어가 있다. 이는 '울릉도'를 단순히 지리적 인식 안에서가
아니라 국방(해방)인식 안에서 다루려는 것임을 알 수 있다. 신경준은 이
전 문헌에서는 보이지 않던 "(우산도와 울릉도가) 두 섬으로 (그 중) 하나가
바로 우산이다[二島一卽于山]"는 내용을 《강계고》와 《동국문헌비고》에 둘
다 언급하여 '2도'인식을 분명히 했다. 이렇듯 인식의 차이에 근거하여 다

---

42) 박광용, 〈《동국문헌비고》 편찬의 역사적 배경〉, 《진단학보》104호, 2007.12, 234쪽. 《동
   국문헌비고》가 단기간에 만들어진 데 대한 비판이 있으나 대규모 인력이 투입되었고
   각 고목에 해당하는 개별 문헌이 구비되어 있었으므로 가능했다는 것이다. 《동국문
   헌비고》는 총 100권 13고목인데, 그 가운데 〈여지고〉는 17권으로 가장 많은 분량을
   차지한다.

르게 기술한 것을 일러 '개찬'이라고 비판할 수 있는가? 일본 학자가 "이맹휴는 《춘관지》에서 울릉도는 삼봉도라고도, '우산, 우릉, 울릉, 무릉, 의 죽도'라고도 불린다고 했다. 이 때문에 신경준은 《춘관지》를 베껴 《강계고》를 편찬할 때, 자설과는 다른 이맹휴의 주기注記를 2도설로 바꿔 쓴 것이다"[43]라고 비판한 것은 두 사람의 인식의 차이를 고려하지 않은 비판이다.

2) 《동국문헌비고》의 〈여지지〉 인용

신경준은 《강계고》에는 본문으로 "按輿地志云 一說于山鬱陵本一島 而考諸圖志二島也 一則其所謂松島 而盖二島俱是于山國也"라고 했던 것을 《동국문헌비고》에서는 분주 형식인 "輿地志云 鬱陵于山皆于山國地 于山則倭所謂松島也"라는 내용으로 바꾸었다. 그렇다 해도 이를 개찬이라 할 수는 없다. 왜냐하면 《동국문헌비고》의 "우산은 왜가 말하는 송도이다[于山則倭所謂松島也]"는 내용이 《춘관지》에는 보이지 않으며, 《동국문헌비고》의 내용도 《강계고》와 동일하지 않기 때문이다. 《동국문헌비고》와 《강계고》는 관찬과 사찬이라는 차이가 있는 만큼 편제도 다르다. 《동국문헌비고》는 영조의 적극적인 추진으로 단기간에 완성시키려 하다 보니 소루하고 체재의 통일성이 결여된 단점은 있으나[44] 속편을 기약하고 펴낸 관찬서이다. 신경준은 《동국문헌비고》를 관찬의 성격에 맞게 편제하여 '우산도'에 관한 내용도 《강계고》와는 다르게 고쳤다. 그리고 수정된 내용은 후대의 《만기요람》과 《증보 문헌비고》으로 이어졌다.

신경준은 사찬 《강계고》에서 자신의 견해를 논증하는 방식을 취했다

---

43) 下條正男, 《諸君》, 2007. 9, 文藝春秋社, 99쪽.

44) 안정복, 《順菴先生文集》권5, '與洪判書書'에 《동국문헌비고》의 문제점을 지적하고 있다.

면, 관찬 《동국문헌비고》에서는 울릉과 우산, 두 섬의 관계 및 일본과의 관계를 단정하는 방식을 취한 것이다. 그는 《동국문헌비고》에서 울릉도와 우산도가 모두 우산국 땅이라는 근거로 〈여지지〉를 들었다. 그는 "우산은 일본이 말하는 송도"라는 내용을 인용하여 우산이 울릉도나 삼봉도와는 다른 섬임을 분명히 했다. 당시 일본이 울릉도를 '竹島'로, 우산도를 '松島'로 호칭하고 있었기 때문에 일본이 우산도를 松島라고 불렀다는 사실은 우산도가 바로 독도라는 사실을 말해 준다. 이 때문에 일본은 "두 섬은 모두 우산국에 속한다"고 하는 내용에 민감한 반응을 보여왔던 것이다. '안용복 사건'을 통해 우산도가 독도를 가리킨다는 사실이 밝혀졌고, 그 후 신경준도 우산도를 일본이 '송도'라고 부른다는 사실을 기록하고 있으므로 한국 측이 그동안 우산도가 독도를 가리킨다고 주장해 왔던 것이 사실임이 입증되는 것이다.

신경준은 삼봉도를 울릉도와 동일시한 이맹휴의 시각을 그대로 차용하지 않았다. 이맹휴의 〈울릉도 쟁계〉에 구체적으로 언급된 사실이 신경준의 《강계고》에는 생략되어 있으며, 〈울릉도 쟁계〉에는 없는 사실이 《강계고》에는 들어가 있기도 하다. 이 또한 두 사람의 역사인식이 다르다는 사실을 말해 준다. 그러나 《동국여지지》의 '울릉도' 관련 내용은 《신증 동국여지승람》의 내용과 거의 동일하다.[45] 그러므로 신경준이 인용한 〈여지지〉는 《동국여지지》가 아닐 가능성이 더 크다. 따라서 신경준이 《동국여지지》를 개찬했다고 보기도 어렵다. 《동국여지지》에는 《신증 동

---

45) 《동국여지지》 내용이 《신증 동국여지승람》과 동일하므로 〈여지지〉와 《동국여지지》는 다른 판본으로 보아야 한다. 그런데 일본은 이런 차이를 무시하고 "근래 한국의 제주대학교의 오상학 씨가 사본의 존재를 확인하고 유형원의 《동국여지지》와 《동국문헌비고》에 인용된 〈여지지〉와 비교했다. 그 결과 《동국여지지》에는 '일설에 이르기를, 우산울릉은 본래 일도'라는 구절이 있었음을 알 수 있었다"고 비판하고 있다.

국여지승람》에 있던 "一說于山鬱陵本一島"라는 내용이 실려 있지만,《동국
문헌비고》에는 이 부분이 없을 뿐만 아니라《신증 동국여지승람》에 없던
내용도 추가되어 있기 때문이다.

'안용복 사건' 이후 이른바 '울릉도 쟁계鬱陵島爭界'가 결착되었는데, 조
선인은 이 쟁계의 범주에 '독도'가 포함되는 것으로 여겨 왔다. 신경준이
두 섬이 모두 우산국에 속한다는 사실을 강조하고 '송도'를 언급하게 된
데도 그 영향이 있었을 것이다. 또한 앞에서 언급했듯이《동국문헌비고》
에 인용된 〈여지지〉가《동국여지지》가 아닐 가능성이 높은 것은《동국여
지지》 내용이《신증 동국여지승람》 내용과 거의 같으므로《신증 동국여
지승람》의 지리적 인식의 연장선상에서《동국여지지》가 기술되었음을 보
여 주기 때문이다. 〈여지지〉에 언급된 '송도'라는 명칭이《동국여지지》에
는 보이지 않는 점도 〈여지지〉가《동국여지지》와 같은 것이 아님을 말해
준다. 현존하는《동국여지지》[46]는 전부 10권인데, 유형원의 〈여지지〉는
13권이라고 했으므로[47] 두 문헌을 동일한 것으로 보기는 어려우나, 좀 더
고증이 필요하다.

《동국문헌비고》에 나온 〈여지지〉 인용문에 대해서도 두 가지 해석이
가능하다.

---

46) 국립중앙도서관 소장본을 말한다(청구기호 古 4790-51-v.1-10).

47)《星湖先生全集》권88, 〈磻溪柳先生傳〉"所著有隨錄十三卷 理氣總論一卷 論學物理二卷 經說一
卷 詩文一卷 雜著一卷 問答書一卷 續綱目疑補一卷 郡縣制一卷 東史條例一卷 正音指南一卷
紀行日錄一卷 其所編有朱子纂要十五卷 東國文十一卷 紀效節要一卷 書說書法各一卷 遯翁稿三
卷 輿地志十三卷……"

(1) 〈여지지〉에 이르기를, '울릉·우산은 모두 우산국 땅이다'고 했으니,
   우산은 일본이 말하는 송도이다.

(2) 〈여지지〉에 이르기를, '울릉·우산은 모두 우산국 땅이다. 우산은
   일본이 말하는 송도이다'고 했다.

이런 해석의 차이는 '송도'라는 명칭이 〈여지지〉 편찬 당시 알려져 있
었는지, 아니면 신경준이 처음 사용한 것인지에 말미암는다. 신경준이 '松
島'라는 단어를 처음 썼다면 해석 (1)이 맞고, 신경준 이전부터 사용했다
면 (2)가 맞을 것이다. (2)가 맞는다면 유형원 당대에 이미 '松島'가 알려
져 있었다는 말이 된다. 《강계고》에서 〈여지지〉 인용문을 "一說于山鬱陵
本一島 而考諸圖志二島也 一則其所謂松島"까지로 본다면 '松島'가 포함되므
로 (2)일 가능성이 더 크다.

이외에도 《강계고》는 《춘관지》와는 여러 면에서 다르다. 《강계고》에서
는 본문이 "鬱陵島鬱一作蔚一作芋一作羽一作武二島一卽于山 在蔚珍縣正東海
中 與日本之隱歧州相近……"로 시작하여 두 섬 가운데 하나가 '우산'임을
밝히고, 이어 동해에 있다는 사실이 기술되어 있다. 그러나 《강계고》 이
전의 문헌은 대부분 "一云武陵一云羽陵 二島在縣正東海中"이라고 하여 두
섬이 동해에 있다는 사실만 밝혀져 있다. 《춘관지》도 '二島在縣正東海中'
로 시작하고 있으나 《춘관지》에는 《강계고》에 있는 '二島一卽于山'과 '與
日本之隱歧州相近'이라는 내용이 없다. 위 내용이 《강계고》에만 있다는
사실은 신경준이 '2도'인식에 입각하고 있었을 뿐만 아니라 대일對日방어
의식 안에서 '울릉도'를 파악하고 있었음을 의미한다. 울릉도와 일본 오키
와의 거리관계 운운은 '해방海防'의식의 일단을 보여 주기 때문이다. 무엇

보다 두 사람의 인식 차이를 극명히 보여 주는 것은 《춘관지》에 있던 '一說于山鬱陵本一島'가 《강계고》에서는 삭제되었다는 점이다.

이외에도 두 문헌의 기술상 차이를 보면, 《춘관지》에는 숙종 20년 예조의 답서 내용이 자세히 소개되어 있다. 숙종 19년 안용복이 일본에 잡혀간 일로 쓰시마번은 조선 어민의 도해를 금지시켜줄 것을 우리 정부에 요구한 일이 있다. 이에 대해 숙종 20년의 예조의 답서에 '弊境之鬱陵島'[48]라고 한 부분이 있었는데, 일본은 이를 가지고 '울릉' 두 글자의 삭제를 요구했다. 그러자 예조는 '울릉'에 관한 역대 사적을 소개하고, 어민 두 사람이 고기잡이를 한 곳은 울릉도로도 竹島로도 일컫는다는 사실을 지적했다. 또한 《춘관지》는 1695년 5월에 일본이 제기한 '의문 4개조'도 자세히 소개했다. 그러나 이런 내용이 《강계고》는 《춘관지》만큼 자세하지 않다. 《강계고》는 오히려 '가지可之'에 관한 사실을 싣고 있다. 《성호사설》에 실려 있던 '가지어嘉支魚' 내용이 《춘관지》에서는 삭제되었는데, 신경준은 다시 이 내용을 넣은 것이다. 숙종 22년에 남구만이 울릉도가 조종의 강토임을 역설한 내용도 《강계고》에만 실려 있다.

또한 《강계고》는 〈安龍福事〉라는 제목으로 안용복과 안용복 사건을 따로 소개하고 있다. 이맹휴도 안용복에 관해 소개했으나 따로 구분하지는 않았다.[49] 조정에서 안용복의 사형이 논의될 때 남구만이 그를 변호했는데 《춘관지》에도 이 내용이 있지만, 《강계고》는 이를 〈안용복사〉 안에 따로 실었다. 신경준은 일본과의 분쟁에서 울릉도와 우산도를 지켜낸 안용복의 행적을 높이 평가했기 때문에 남구만의 말도[50] 인용했다. 이맹휴

---

48) 《숙종실록》숙종 21년 6월 20일(경술); 《만기요람》, 〈군정편〉4 해방 동해.
49) 《동국문헌비고》에서는 다시 '안용복'을 본문에 넣어 소개하고 있는 것을 보면, 이 역시 관찬서에 맞게 편제를 달리한 것으로 볼 수 있다.

가 남구만이 안용복의 위대성을 발견한 인물인 데 초점을 맞추고자 했다면, 신경준은 남구만이 조종의 강토를 일본에 양보할 수 없다고 한 강역의식에 초점을 맞췄다. 숙종 22년의 안용복 관련 기사는 《춘관지》에도 나오지만, 이맹휴는 남구만이 조종강토를 역설한 말은 인용하지 않았다.

이상에서 보았듯이, 신경준의 《강계고》가 이맹휴의 《춘관지》를 저본으로 했다고 하지만 체재와 내용에서 분명한 차이가 있다. 이익에서 이맹휴로 이어져 소개되던 '안용복' 관련 내용에 따로 〈안용복사〉라는 제목을 붙여 소개한 자는 신경준이다. 신경준은 이맹휴의 글을 인용했지만 강조점을 달리했고, 그 기준은 '국방'이었다. 두 사람이 모두 남구만의 말을 인용했지만 내용과 삽입되어 있는 위치에서 차이가 난다. 《강계고》에는 본문으로 되어 있던 '안여지지운按輿地志云……' 부분이 《동국문헌비고》에서는 '삼봉도'에 대한 분주로 들어가 있고 내용도 약간 다르다. 《동국문헌비고》의 다른 기사는 대부분 《강계고》를 답습하고 있다.

3) 《만기요람》, 《증보 문헌비고》의 울릉 · 우산 기술

《만기요람》(1808)과 《증보 문헌비고》(1908)는 《동국문헌비고》를 저본으로 하고 있으면서도 《동국문헌비고》에 없는 내용이 추가되어 있다. 《만기요람》에 '文獻備考曰'이라고 하여 출전을 밝혔듯이, 대부분 《동국문헌비고》의 내용과 같다. 다만 《동국문헌비고》에 있는 아래 내용이 《만기요람》에는 없다.

---

50) "강토는 조종에서 물려받은 것이니, 남에게 줄 수 없다'고 하고, 이어서 말하기를, '이 섬은 고려가 신라에서 얻었고, 우리 조정이 그것을 고려에서 얻었으니, 원래 일본의 땅이 아니다'고 하여 이런 주장을 주고받기를 그치지 않다가 일은 드디어 중지되었다"

울진에서 동쪽으로 삼백 오십 리에 있다. 울鬱은 울蔚이라고도 하고, 우芋라고도 한다. 우羽라고도 하고, 무武라고도 한다. 두 섬인데 하나가 바로 우산于山이다. 사실에 관해서는 아래와 같이 기록한다.

반면에 《동국문헌비고》에는 없지만, 《만기요람》과 《증보 문헌비고》에는 아래와 같은 내용이 있다.

유성룡(1542~1607)이 명나라 장수에게 보낸 답서에, '동해 일변一邊이 경상좌도에서 강원도에 이르며, 강원도에서 함경도에 이르기까지가 다 바다에 면한 지역이다. 남해는 섬들이 많지만 동해는 섬들이 없고, 또한 물결이 급해 배가 통행하기에 불편하다. 그러므로 적병들이 국경을 침범하는 때가 아주 없는 것은 아니지만 늘 있지는 않다'[51]고 했다.

위 내용이 《만기요람》에는 '안용복'을 논한 뒤에 나온다. 울릉도와 안용복 사건을 국방 차원에서 보려는 의도가 엿보이지만, 동해의 특성상 적의 침입이 용이하지 않을 것으로 보고 있어 대외 위기의식은 희박했음을 알 수 있다.

《증보 문헌비고》는 1770년에 완성된 《동국문헌비고》를 보완하여 1831년에 《증보 동국문헌비고》로 완성시켰다가 1908년에 나온 것이다. 《동국문헌비고》가 《강계고》를 바탕으로 했다면, 《증보 문헌비고》는 《동국문헌비고》를 바탕으로 한 것이다. 《강계고》에는 제목이 '울릉도'로 되어 있던 것이 《증보 문헌비고》에는 《동국문헌비고》와 마찬가지로 '우산도·울릉도'로 되어 있다. 《동국문헌비고》에는 들어 있었으나 《만기요람》에는 없던

---

51) 이 내용은 《한국문집총간 권9—西厓先生文集》 '答吳遊擊惟忠書'에도 실려 있다.

내용이 다시 《증보 문헌비고》에는 분주52)로 들어가 있기도 하다. 《강계고》와 《춘관지》에 없던 내용이 《동국문헌비고》에 있는 것은 신경준이 새로 넣은 것이다. 《증보 문헌비고》는 편찬 시기가 1908년이므로 '우산도·울릉도'가 울도군에 속해 있다는 사실이 추가되어 있으며 '독도獨島' 호칭이 출현한 뒤인데도 여전히 '우산도'로 되어 있다. 또한 《증보 문헌비고》에는 《동국문헌비고》와 《만기요람》에는 없던 기사도 추가되어 있다. 숙종 28년 이준명의 수토 사실과 이이명의 〈관동지도〉 서문에 관한 내용이 그것이다.

숙종 28년(1702)에 삼척 영장 이준명이 일본어 역관 최재홍과 함께 울진의 죽변진에서 배를 타고 울릉도로 들어갔는데, 이틀 만에 돌아와 울릉도의 도형과 자단향·대나무·석간주石間朱·어피魚皮 등의 산물을 바쳤다.

이이명李頤命(1658~1722)이 〈관동지도〉 서문에서 이르기를 '영동의 연해에 예전에 포영浦營과 봉수를 설치했었는데, 지금도 그 터가 남아 있다. 그 사이 해로海路가 옛날과 달라져 도둑이 오기 어렵다고 하여 지금은 모두 폐지했다. 작년에 평해 사람이 표류하여 일본에 닿았다가 돌아왔는데, 외국 배도 표류하여 평해에 정박했다고 한다. 해로가 옛날에는 막혔으나 지금은 통하니, 바람만 잘 분다면 하나의 돛대로 이를 수 있음을 알 수 있다. 이제 어찌 눈앞의 근심이 없다 하여 오래도록 울타리를 철거할 수 있겠는가'라고 했다.

《증보 문헌비고》에 숙종 연간의 수토 사실을 넣은 것은 장한상 파견 이후 성립된 수토제의 실상을 알려 주기 위해서일 것이다. 이이명의 서문

---

52) "울진에서 동쪽으로 삼백 오십 리에 있다. 울鬱은 울蔚이라고도 하고, 우芋라고도 한다. 우羽라고도 하고, 무武라고도 한다. 두 섬으로 하나가 바로 우산芋山이다"

을 인용한 것은 영동 해안의 방비가 일본의 공격을 막는 데 중요하다는 사실을 강조하려는 의도로 보인다. 이는 대외적 위기의식이 고양된 상황 변화를 반영한 것으로 볼 수도 있지만 유성룡의 말을 인용한 것으로 볼 때 반드시 그렇게 보기는 어렵다.

5. 맺음말

조선시대의 문헌에서 울릉도와 우산도에 관한 기술은 전대의 기록을 답습하되 후대로 내려오면서 편찬자의 인식에 따라 첨삭하거나 체재를 달리하는 경향이 있다. 울릉도·우산도 관련 내용이 풍부해지고 이를 국방·영토·의식과 결부지어 논하기 시작한 것은 '안용복 사건'을 겪고 나서부터라고 할 수 있다. 동시대인 이맹휴의 〈울릉도 쟁계〉와 신경준의 《강계고》를 보면 이런 인식 차이를 알 수 있다. 신경준은 이맹휴의 〈울릉도 쟁계〉를 참고했지만 자신의 역사인식에 근거하여 첨삭을 가했다. 그리하여 《신증 동국여지승람》을 답습한 《춘관지》의 서술방식을 그대로 따르지 않았다. 그 이유는 새로 등장한 '삼봉도'의 존재에 의문을 품었기 때문이다. 신경준은 여러 문헌을 고증한 결과 삼봉도가 울릉도와는 다른 섬으로 우산도를 가리킨다는 사실을 밝혀냈다. 그리고 그는 일본이 우산도를 '송도'라고 부른다는 사실에 주목했다. 이에 신경준은 《춘관지》의 '일설'을 삭제하는 대신 '송도'를 새로 언급하고 이를 우산도와 연관시켰다. 나아가 울릉도와 우산도가 모두 우산국에 속하는 조선 영토임을 분명히 했다. 이는 '안용복 사건'으로 조·일 양국 사이에 제기되었던 울릉도와 독도 영유권에 대한 그의 시각을 수립한 것이다. 그러므로 신경준의 서술방식은 이맹휴의 저술을 표절하거나 개찬改竄한 것이 아니라 자신의 역사인식에 입각하여 '개찬改撰'한 것이라고 할 수 있다. 일본 학자도 지적했듯이, 문헌분석에서 중요한 것은 편찬자가 내용을 바꾸었을 경우 그 배경과 의도, 내용에 대한 엄밀한 분석, 그리고 이를 전체적인 맥락에서 파악하는 일이다. 이로써 신경준의 문헌을 분석하면, 아래와 같이 정리할 수 있다. 신경준은 삼봉도를 울릉도와 같은 섬으로 본 이맹휴의 인식에 의문을 품는 데서 연구를 출발하여 삼봉도와 울릉도, 우산도에 대해 깊이 연구했다. 이에 그는 삼봉도는 울릉도와는 다른 섬으로, 예로부터 전해지는 우산도를 의미한다는 사실을 알아냈고, '우산도'를 일본이 '송도'라고 일컫는다는 사실에 주목하여 울릉도와 우산도가 다른 섬으로 둘 다 우리나라 영토라고 결론 지었다는 것을 알 수 있다.

2장

석도도 독도다

일본의 '석도=독도'설 부정에 대한 비판

1. 머리말

한국은 대한제국 칙령 제41호에 나오는 '석도'가 독도를 가리킨다고 주장해 왔다. 그런데 일본의 《산인중앙신보山陰中央新報》(2008. 2. 22)는 새로운 사료의 발견을 들어 이를 부정하고 있다.

대한제국 칙령 제41호는 울릉도의 행정체제 개편이 주요 골자이다. 더욱이 제2조에는 '군청의 위치는 태하동으로 정하고 구역은 울릉 전도全島와 죽도竹島, 석도石島를 관할할 것'[1]이라고 하여 울릉도와 그 부속도서인 죽도와 석도가 대한제국 영토임을 분명히 했다. 그런데 칙령에 독도가 '석도'로 되어 있어 일본은 '석도'가 독도가 아니라고 주장하고 있다. 이에 우리나라는 '석도'를 우리말로 풀면 '돌섬'이 되고, 방언으로는 '독섬'이라고 하므로 '독섬'은 '석도'와 '독도' 둘 다 표기가 가능하다는 논리를 개진해 왔다.[2] 그런데 일본은 《황성신문》 기사를 석도가 독도가 아닌 결정적인 증거로 제시했다. 이 글은 일본 주장이 신문 오독으로 인한 것임을 논

---

1) 《각부 청의서 존안各部請議書存案》(1900, 규장각)

2) 신석호는 이승만의 '평화선' 선포로 일본이 항의를 해와 한일 사이의 독도 문제가 이슈화하기 이전인 1948년에 이미 〈독도 소속에 대하여〉(《史海》 수록)라는 논문을 발표한 바 있다. 〈독도의 내력〉(《사상계》, 1960)에서도 돌섬을 언급하고 있다.

증하고 아울러 한국의 '석도=독도'설이 정당함을 밝히고자 한다.

2. 대한제국 칙령 제41호와 '석도石島'의 등장

1) 칙령 제41호 공포의 배경

울릉도를 행정구역에 편입시키는 것을 골자로 하는 칙령 제41호는 1880
년대 중반부터 노출되기 시작한 여러 문제에 대한 해결책으로 나온 것이
었다. 1881년 5월 강원 감사인 임한수林翰洙는 울릉도에서 일본인의 무단
벌목이 심하다는 사실을 정부에 보고했는데, 이로써 일본인의 침탈이 드
러나기 시작했다. 그리하여 정부는 일본 외무성에 서계를 보내 항의하는
한편, 1882년 4월 말 이규원을 파견하여 울릉도의 형세를 조사하게 했고[3]
이어 울릉도 개척을 명했다. 1883년 봄에는 개척민을 모집해 들여보냈고
8월에는 울릉도 도장을 임명했으며 개척 사업을 주관할 지방관으로 평해
군수를 위촉하는 등 울릉도 개척을 본격화했다. 이에 따라 점차 울릉도로
유입되는 주민이 증가하기 시작했고, 마찬가지로 일본인의 유입도 증가했
다. 그러나 울릉도에는 개척령 이전부터 상당수의 조선인(140명 이상)과 일
본인(78명)이 울릉도를 왕래하고 있었다. 1880년대 초 조선 정부의 항의로
일본인들이 잠시 철수한 적이 있었으나[4] 1890년대부터 다시 들어오기 시
작하여 청일전쟁이 끝난 다음 해부터는 줄곧 200명 선 내외를 유지할 정
도가 되었다.[5]

---

3) 《승정원일기》고종 18년 1881년 5월 22일(계미).

4) 1883년 9월에 철수했다. 송병기, 《울릉도와 독도 그 역사적 검증》, 2011, 175쪽.

5) 송병기, 〈일본의 '량고도(독도) 영토편입과 울도 군수 심흥택 보고서〉, 《윤병석 교수

한인은 개척령 이후 1883년 두 차례에 걸쳐 16호 54명이 정식으로 입도했다. 이후 꾸준히 증가하여 1897년에 390호 1,134명, 1900년에 400여 호 1,700여 명, 1903년 500호, 1907년에 781호 4,119명에 달했다.[6] 울릉도에서 한인과 일본인이 늘어나자 자연히 마찰을 빚었다.[7] 일본인들은 무단으로 울릉도의 목재를 벌목하여 밀반출하는 것은 물론 도민에게 칼을 휘두르거나 규수를 희롱하는 등 작폐를 행했다. 또한 고래를 한인과 함께 잡아 나누기로 약속하고는 고기와 기름을 독차지해 버리는 일도 있었다.[8] 더구나 러시아가 벌목권과 양목권을 허가받아 일본과 각축하게 되자 여기서 생기는 갈등을 도감의 힘만으로는 감당하기 어려웠다. 이런 울릉도의 실상을 접한 정부는 기존의 행정체제로는 대처하기가 어렵다고 판단, 1890년대 중반부터 관제 개편을 논의하기 시작했다.

조선시대에 수토제를 정착시켜 실행해온 울릉도는 1894년에 이 제도를 정식으로 폐지하고 1895년에는 전임 도장을 두었다가 다시 도감제로 바꿨다. 이때의 도감은 관제에 편입되지 않은 자치적인 성격을 띠고 있었다. 정부는 1898년 5월 26일, '지방 제도 중 울릉도 도감 설치 건'이라는 칙령 제12호를 반포하여 도감을 판임관 대우로 한다는 방침을 정했다.[9] 그런데 이때의 도감도 여전히 서기나 사환 등의 수하手下가 없고 월급도 없는 명목상의 도감에 지나지 않았다. 따라서 일본인이 거주민을 괴롭히고 목재

화갑기념 한국근대사논총》, 지식사업사, 1990.

6) 김기혁, 《울릉도·독도 고지도첩 발간을 위한 기초연구》, 한국해양수산개발원, 2007, 11쪽.

7) 1898년에서 1899년 사이 울릉도에 일본인은 150~160여 명 있었다.

8) 우용정, 〈鬱島記〉'報告書 後錄'('鬱'자가 이형자인 '𢥀'자로 되어 있으나 여기서는 대표자인 '鬱'자로 표기했음을 밝힌다. 이하도 마찬가지다.)

9) 《고종실록》1898년 5월 26일(양).

를 마구 베어가는 상황이 진행되어도 도감이 이를 저지하지 못했다. 도감의 보고를 여러 번 접한 중앙정부는 내부대신 이건하의 건의로, 우용정을 시찰위원으로 삼아 양국이 공동 조사하기로 결정했다. 우용정은 1900년 5월 말에 부산으로 향했다.

우용정은 감리서 주사 김면수, 부산해관 세무사 서리 라포테〔羅保得〕[10], 일본 부영사 아카쓰카 마사스케赤塚正輔,[11] 일본 경부警部 와타나베 간지로渡邊鷹治郎, 우리 측 보호 순검 신태현, 김형욱, 일본 측 보호 순검 두 사람과 함께 울릉도에 입도했다.[12] 라포테는 입회인 자격이었다. 우용정은 6월 1일부터 5일에 걸쳐 도감과 주민, 일본인을 상대로 심문 조사를 했다.[13] 울릉도의 벌목 현황과 재류 일본인에 말미암은 피해 현황, 개척 상황 등을 조사하기 위해서였다. 조사 후 우용정은 선박 구입과 관제 개편을 시급한 현안 문제로 보았다.[14] 도감의 권한이 미약한 것이 도민과 일본인의 불법행위를 근절시키기 어려운 이유라고 판단한 우용정은 관제 개편의 필요성을 인식하고 이를 정부에 적극 개진했다. 우용정의 보고를 접한 대한제국은 울릉도의 실질적인 행정제도 정비에 착수하기 시작했다.

2) 칙령 제41호와 '석도'

1900년 대한제국 칙령 제41호가 반포되기 전에 청의서가 먼저 제출되었다. 청의서는 울릉도가 군으로 승격되어야 하는 이유 두 가지를 제시했

---

10) 프랑스계 영국인인데 〈울도기〉에는 프랑스인으로 되어 있다.

11) 아카쓰카 쇼스케赤塚正助로 되어 있는 기록도 있다(〈각영사관 기밀래신〉, 《주한 일본공사관기록》14권 '鬱陵島調査槪況 및 山林調査槪況 報告 件').

12) 5월 29일 입도한 것으로 되어 있다(우용정, 〈울도기〉).

13) 우용정, 〈울도기〉.

14) 우용정, 〈울도기〉 '보고서 후록'.

다. 하나는 울릉도가 다른 육지와 견주어 인구나 생산물 측면에서 다른 곳과 차이가 없기 때문이며, 다른 하나는 외국인들이 왕래하며 교역하고 있어 현행 도감 체제로는 행정에 장애가 되기 때문이라는 것이다.[15] 청의서는 의정부의 의결을 거치고 고종의 재가를 받아 칙령 제41호로 반포되었다.[16] '강원도의 울릉도를 울도군으로 개칭하고 도감을 군수로 개정한 건'을 담은 칙령 제41호는 전부 6조로 되어 있다. 제1조는 '울릉도를 울도라 개칭하여 강원도에 부속하고, 도감을 군수로 개정하여 관제 안에 편입하고 군등郡等은 5등으로 할 것'이라는 내용이다. 이는 울릉도를 울도군으로 편제하고, 도감을 군수로 격상시켜 중앙정부에서 직접 관리하겠다는 것이다. 제2조는 울도군의 관할구역을 '울릉 전도와 죽도, 석도'라고 명시했다. 여기서 '울릉 전도'와 '죽도', '석도'를 구분해서 언급했으므로 '석도'가 적어도 '죽도'를 가리키는 것이 아님을 알 수 있다. '죽도'는 오늘날에도 '죽도'라고 칭해지는 '댓섬'을 말하며, 일본 기록에는 '죽서竹嶼'로 되어 있다. '울릉 전도와 죽도, 석도' 중에서 울릉도와 죽도를 제외하면 '석도'가 남는다. 우리나라는 이를 '독도'에 비정한다. 그런데 일본은 '석도'가 독도를 가리키는 것이 아니라 관음도를 가리키는 것이라고 주장한다.

그러나 관음도를 석도로 보기는 어렵다. 관음도는 이규원의 지도에도 등장하는데 도항島項 가까이에 있기 때문이다. 도항을 우리말로 풀면 '섬목'이지만, 도항에는 섬목과 관음도가 둘 다 포함되는 것으로 보기도 한다.[17] 따라서 칙령에서도 이 섬목과 관음도를 포함해서 '울릉 전도'라고 한 듯하다. 관음도는 육안으로 보더라도 울릉도와 바로 인접해 있어 굳이

---

15) 《각부 청의서 존안》17책.

16) 재가일은 10월 25일이고, 반포일은 10월 27일이다(《구한국관보》10월 27일, 1716호).

17) 이혜은·이형근, 《만은 이규원의 〈울릉도 검찰일기〉》, 한국해양수산개발원, 2006, 77쪽.

따로 행정 조치를 취할 필요가 없기 때문에 '울릉 전도'로 칭해 포함시킨 것이다. 또한 관음도라는 호칭에는 '독도'와 연관 지을 만한 어떤 단서도 찾아보기 힘들다. 이런 논거를 무시하고 일본은 《황성신문》에서 거리관계를 언급한 사실만을 들어 한국 측이 주장해온 논거를 전부 부정하고 있다.

3. 일본의 '석도=독도'설 부정 논리

1) '석도'가 독도임을 부정하는 일본의 논거

일본은 '석도'가 '독도'라는 한국 주장에 대해 "그 근거가 발음의 유사성만으로는 석도가 독도라는 것이 증명되지 않는다. 대체로 리얀코 섬 등으로 불린 현재의 다케시마를 한국 측이 독도라고 부른 것은 1904년 이후이다"[18]라고 반박해 왔다. 그러다가 일본의 한 지역신문이 석도가 독도임을 부정할 만한 중요한 단서를 찾았다고 보도하면서 "이제 독도가 한국령이라는 주장은 무너진다"고 단정했다. 일본 신문이 근거로 든 것은 무엇인가? 그것은 일본의 한 회사원이 자신의 블로그에 올린 글이었다. 이 회사원은 그 근거로 《황성신문》의 기사를 사료로 제시하였다. 일본의 주장이 사실이라면 석도가 독도임을 부정하는 근거를 우리 자신이 제시한 셈이 되므로 우리는 《황성신문》의 기사를 면밀히 분석하여 사실 여부를 가릴 필요가 있다.

일본 《산인중앙신보》는 아래와 같은 내용의 기사를 실었다.

사료는 대한제국 시대의 《황성신문》 1906년 7월 13일 기사. 일본이 다케

---

18) 《山陰中央新報》의 2005년 8월 28일자 기사. "發信竹島, 2부, 勅令對閣議決定, (6)無主先占"

시마를 시마네현에 편입하기 5년 전인 1900년에 대한제국 정부가 낸 것인데, 여기에 석도가 독도라는 한국 측 주장의 근거가 되고 있는 칙령에서 한국의 울릉도를 울도군으로 승격한 경위가 써 있다. 기사는 '울도군이 관할하는 섬은 울릉도와 죽도(현재의 竹嶼)와 석도. 동서 60리, 남북 40리'라고 되어 있다.……현재의 다케시마(독도)는 울릉도의 남동쪽 92킬로에 있으므로 숫자가 군의 범위를 나타내는 것이라면 한국 측 주장은 무너진다.

위 기사의 근거가 된 회사원의 글은 아래와 같다.

상기의 신문(《황성신문》) 기사에서는 울릉도의 동서남북 어느 방향에 석도가 있는지 분명하지 않지만, 동서가 60리, 남북이 40리라는 관할범위가 나타나 있으므로 다케시마가 이 범위 안인지 범위 밖인지로 '석도'가 다케시마인지 아닌지를 알 수 있습니다.……'동서 60리, 남북 40리'로 다케시마(독도)가 영역 밖임이 명백하다는 것을 알 수 있습니다. 요컨대, 석도는 이 붉은 선의 안측에 존재하는 섬이므로 당연히 석도와 다케시마가 별개라는 것이 명백합니다.[19]

회사원의 글은 《황성신문》 기사에 나온 '동서 60리, 남북 40리'를 울도군의 관할범위로 본 것이다. 《산인중앙신보》도 이를 그대로 받아들여 '숫자가 울도군의 범위'를 나타낸다고 보고 있다. 회사원은 "석도가 소재하는 위치를 보여 주는 자료가 이것밖에 없으므로 한국 측이 반론할 수 있는 자료를 제시하지 못하고 있는 겁니다. 이런 모순을 한국 측은 어떻게 설명할 것인지요?"라고 했다.

---

19) http://ameblo.jp/nidanosuke (杉野洋明: 極東亞細亞硏究所)

2) 일본이 제시한 《황성신문》 기사와 부정의 논거

그렇다면 문제의 《황성신문》 기사는 어떤 내용인가? '울도군의 배치 전말'이라는 제목의 기사내용은 아래와 같다.[20]

통감부에서 내부[21]에 알리되, 강원도 삼척군 관하 소재의 울릉도에 소속하는 도서島嶼와 군청이 처음 설치된 연월을 설명하라고 했다. 이에 회답하되, 광무 2년(1898) 5월 20일에 울릉도감으로 설립했다가 광무 4년(1900) 10월 25일에 정부 회의를 거쳐 군수를 배치했으니, 군청은 태하동에 두고 이 군이 관할하는 섬은 죽도와 석도요, 동서가 60리요 남북이 40리니 합쳐 200여 리라고 했다더라.

이 기사는 통감부가 내부에 울도군의 부속도서와 군청의 설치 연혁에 관한 설명을 요청하자 내부가 회신한 내용을 다루고 있다. 일본과의 외교문제는 외부가 담당했으나, 통감부가 설치된 뒤로는 통감부가 이를 담당하게 되었기 때문에 울도군 관련 사항을 내부에 요청한 것이다. 통감부가 설치되기 이전에 일본이 독도를 자신의 영토로 편입했으므로 이때 통감부에 '편입' 사실이 전해졌는지 알 수 없지만, 1906년 7월은 이른바 '심흥택 보고서'가 알려진 뒤였기 때문에[22] 내부는 당연히 편입 사실을 알고 있었을 것이다. 더구나 《대한매일신보》와 《제국신문》은 1906년 5월 1일에 이를 보도했고, 《황성신문》도 5월 9일에 보도한 바가 있으므로 부처간 문서

---

20) 인용문은 필자가 현대문의 어법에 맞게 고친 것으로 원문과 어미만 다를 뿐 내용은 거의 같다.

21) 내부는 정부 조직을 이르는데, 1906년 7월은 일본이 외교권을 박탈하여 통감부의 지배를 받던 상태였다.

22) 1906년 5월 1일자 《대한매일신보》와 5월 9일자 《황성신문》 기사로 인해 알려졌다.

를 주고받은 선후관계를 알아볼 필요가 있다.

1906년 3월 29일[23] 강원도 관찰사 서리 춘천군수 이명래는 울도 군수 심흥택이 보고한 내용에 근거해 1906년 4월 29일 의정부 참정대신에게 〈보고서 호외〉 형식으로 보고했다. 그런데 1906년 5월 1일자 《대한매일신보》는 "내부에서 지령하기를, 유람하는 길에 지계와 호구를 기록해 가는 것은 괴이할 게 없으나 독도라 칭하고 일본 속지라고 한 것은 결코 그럴 이치가 없는 것이니 이번 보고는 매우 놀랍다고 했다고 한다"는 내용을 보도했다. 그리고 의정부 참정대신 박제순의 지령은 5월 10일자로 되어 있다. 그렇다면 이는 심흥택이 이명래에게 보고할 때 내부에도 보고했거나 아니면 이명래가 의정부뿐만 아니라 내부에도 보고했다는 말이 된다.[24] 《대한매일신보》의 기사로 보아, 내부는 이 보고에 근거해 지령을 내렸음을 알 수 있다. 그런데 의정부 참정대신은 5월 10일자 지령 제3호로 "보고서를 보았다. 독도가 일본 영토가 되었다는 사실은 전혀 근거가 없는 것이니 섬의 형편과 일본인의 행동을 잘 살펴 보고하라"고 지시했다. 의정부도 독도 편입 사실을 몰랐음을 이로써 알 수 있다.

그런데 《제국신문》 1906년 5월 1일자 기사에는 내부가 "일본 이사에게 교섭하여 처단하라"고 한 것으로 되어 있다.[25] 이는 내부가 심흥택의 보고서를 받고 이사청 즉 통감부와 교섭하려 했다는 말이 된다. 《황성신문》 기사로 보면, 7월에 통감부가 내부에 질의한 데 대한 내부의 회신을 싣고 있으므로 내부와 통감부사이에 문서가 왕래된 시점은 5월 1일 이후부터 7

23) 심흥택이 독도 편입 사실을 일본인으로부터 알게 된 것은 3월 28일이다.

24) 당시 문서를 보면 대체로 군수는 내부에 보고하고, 관찰사는 의정부에 보고한 것으로 되어 있다.

25) 홍정원, 〈근대 문헌에 보이는 독도(우산도, 석도) 연구〉, 《근대 이행기의 한일 경계와 인식에 대한 연구》, 동북아역사재단, 2012, 132쪽.

월 13일 이전일 것이다.

내부가 이사청26)과 교섭을 시도했고 이로 말미암아 통감부의 질의가 있었다고 본다면, 그 질의 내용으로 보아 통감부도 편입 사실을 사전에 인지하지 못하고 있었다는 말이 된다. 1906년 당시 통감부가 알고 싶어했던 것은 첫째, 울릉도의 부속도서는 무엇인지, 둘째 군청은 언제 설치되었는지, 그 연혁에 관한 것이었다. 《황성신문》 기사에 의거해 1906년 내부의 회신을 보면, "군수를 배치했으니, 군청은 태하동에 두고 이 군이 관할하는 섬은 죽도와 석도요"라고 하여 칙령 제41호의 내용을 그대로 적고 있다. 즉 내부 역시 울도군의 관할 도서를 '죽도와 석도'로 보고 있는 것이다. 이때는 '독도' 호칭이 알려진 뒤인데도 '석도'라고 쓴 것은 통감부에 보내는 공문인 만큼 일반화된 명칭인 '독도'가 아닌 공식 행정 명칭인 칙령 제41호의 '석도'를 명기해 주려는 의도에서였으므로27) 이것이야말로 '석도'가 독도임을 말해 준다. '독도'로 쓸 경우 '울릉 전도와 죽도, 석도' 외에 '독도'가 별개로 있는 것으로 오인할 우려가 있다고 본 내부가 고의로 이렇게 쓴 것이다.

그런데 《황성신문》 기사에는 칙령 제41호에는 언급되지 않았던 내용이 더 들어가 있다. "동서가 60리요 남북이 40리니 합쳐 200여 리라고 했다더라"라는 내용이 그것이다. 기사 말미에 '했다더라'고 하여 내부의 회신을 인용한 것임을 나타내고 있다. 일본이 독도가 한국령임을 부인하는 근거는 《황성신문》의 기사에 "이 군이 관할하는 섬은 죽도와 석도요"라고 한 다음에 "동서가 60리요 남북이 40리니"라고 한 내용이다. 일본은

26) 1906년 2월에 설치된 통감부 지방기구의 하나이다(홍정원(2012), 위의 글, 133쪽).
27) 홍정원, 〈러·일의 울도군 침탈과 대한제국의 대응연구〉, 《군사》제80호, 국방부 군사편찬연구소, 2011.9, 161쪽.

이것이 바로 울도군의 관할범위를 가리키는 것이라고 주장한다. "동서가 60리요 남북이 40리"라고 한 범위는 울도군의 관할범위를 말하는데, '석도'는 이 범위 안에 포함되지 않기 때문에 한국의 영토가 아니라는 것이다. 그런데 일본은 《황성신문》에서 말한 "동서가 60리요 남북이 40리니"라고 한 다음의 "합쳐 200여 리"라는 내용은 언급하지 않고 있다.

그 배경에 대해서는 차차 밝히기로 하고 우선 일본이 주장하는 논리를 따져보자. 신문 기사에서 '이 군이 관할하는 섬은 죽도와 석도요'라고 했을 때의 주체는 '이 군' 즉 울도군이다. 따라서 울도군이 관할하는 대상은 죽도와 석도이다. 그런데 칙령에는 없던 거리관계가 나와 있다. '동서가 60리요 남북이 40리니 합쳐 200여 리'라는 내용인데, 이는 칙령이 울릉도의 행정편제를 개편한 것이므로 군으로 승격한 울도군과 관계가 있는 것임을 짐작할 수 있다. 문제는 '동서가 60리요 남북이 40리니 합쳐 200여 리'라는 내용이 '이 군이 관할하는 섬'에 관한 것인가이다. 이 부분은 표면상으로 보면, 울도군의 부속도서에 관한 통감부의 질문이지만, 내부의 회신이 부속도서를 전부 포함하여 답변한 것으로 보기는 어렵다. 그렇다면 답변에서도 부속도서를 언급한 부분과 거리관계를 언급한 부분을 별개로 볼 필요가 있다. 그렇게 볼 경우 거리관계의 주어를 '이 군이 관할하는 섬'으로 볼 필요가 없으므로 거리관계는 울릉도의 크기만을 말한 것으로 볼 수 있다. 그런데 일본은 "이 군이 관할하는 섬은 죽도와 석도요 동서가 60리, 남북이 40리, 합쳐 200여 리라고 되어 있다"[28]고 하여 원래의

---

28) 참고로 블로그에 있는 일본어 원문을 인용한다.
'鬱島郡の配置顚末'
"統監府から內部に公照された江原道三陟郡管下に所在する鬱陵島の所属島嶼と郡廳設始月を示明せよとの故に答酬され, 光武二年五月二十日に鬱陵島統監として設設され, 光武四年十月二十五日に政府会議を經由して郡守を配置したが, 郡廳は台霞洞に置き, 該郡所管島はチュク島と石島で, 東西が六十里で南北が四十里なので, 合せて二百余里だという"

《황성신문》 기사와는 달리 뒷 문장의 주어를 '이 군이 관할하는 섬'으로 단정했다.

이를 부연설명하면, 일본 신문은 '죽도와 석도로〔チュク島と石島で〕'라고 되어 있다. 이는 《황성신문》이 '죽도와 석도요'라고 한 것과는 다르다. '죽도와 석도요'라고 하면 하나의 단락이 끝난 듯한 느낌을 주지만 '죽도와 석도로'라고 하면, 뒷 문장이 앞의 주어를 이어받는 듯한 느낌을 준다. 또한 일본은 '동서가 60리요 남북이 40리니 합쳐 200여 리'의 주어를 '이 군이 관할하는 섬'으로 단정해 버렸다. 이에 울도군의 관할범위가 '동서 60리, 남북 40리, 합쳐 200리'인 것으로 보았다.29) 《황성신문》에 '죽도와 석도요'라고 한 것은 '그 군이 관할하는 섬은'이라는 주어의 술부임에는 분명하다. 그런데 '동서가 60리요 남북이 40리니 합쳐 200여 리라고 했다더라'는 내용은 또 다른 주어에 대한 술부로 볼 수 있다. 이 내용에 대한 주어는 '울릉도'로 볼 수 있다. 왜냐하면 '울릉도의 동서가 60리요 남북이 40리니 합쳐 200여 리'라고 볼 경우 이는 사실에 가깝기 때문이다. 《황성신문》 기사가 국한문 혼용이지만 사실상 한문 구조에 가까운데, 한문에서

---

29) 《황성신문》에서 '합쳐 200여 리'라고 한 것이 오히려 한국의 독도 영유권을 증명해 주는 것이라는 한국 측 견해도 있다. 즉 신문에서 200여 리라고 했는데, 현재 독도가 울릉도로부터 92킬로미터 떨어진 곳에 있으므로 이는 약 230여 리이므로 독도까지 포함하는 것이라는 것이다(신용하, 〈大韓帝國 1900년 勅令 제41호의 獨島 領有 재선언과 石島=獨島의 증명〉, 독도연구보전협회 학술회의 발표자료, 2008.5.29). 그러나 이는 그렇지 않다. 《황성신문》에서 동서남북 거리를 언급하지 않고 200여 리만 언급했다면 그렇게 볼 수 있을 것이며, 이는 우리에게 유리한 증거가 될 것이다. 그러나 여기서는 동서남북의 거리를 말했으므로 독도와의 거리관계로 보기 어렵다. 울릉도와 독도 사이의 거리를 말한 것이라면 동서남북의 거리를 말할 필요가 없기 때문이다. 최근에 이와 비슷한 논리가 다시 나왔다. 즉 내부가 '합 200여 리'라고 한 것을 해석하기를, 심흥택 보고서에 '독도가 외양 백여 리'라고 한 '백여 리'를 포함하는 것으로 보아, 여기에 40리와 60리를 합치면 200여 리가 되므로 독도가 포함된다는 논리이다(박병섭, 〈일본의 독도 영유권 주장에 대한 관점〉, 김병우 외, 《한일 양국의 관점에서 본 울릉도 독도》, 지성 人, 2012, 185쪽).

는 주어가 생략되는 경우가 많다. 《황성신문》에서도 주어를 생략한 채 여
러 질문에 대한 회신을 잇달아 말했을 가능성이 있다. 이 기사를 이해하
기 쉽게 재구성해 보면, 아래와 같이 나눌 수 있다.

> 통감부가 내부에 아래 사항을 요청했다.
> "강원도 삼척군 관하에 있는 울릉도에 소속된 도서島嶼 및 군청이 처음
> 설치된 시기를 설명하라"

> 이에 (내부가) 회답했다.
> "광무 2년(1898) 5월 20일에 울릉도감을 두었다가 광무 4년(1900) 10월
> 25일에 정부 회의를 거쳐 군수를 두었다. 군청은 태하동에 두었고, (울도)군
> 이 관할하는 섬은 죽도와 석도이다. 울릉도는 동서가 60리이고 남북이 40리
> 이니 합쳐 200여 리라고 한다."

《황성신문》에 나온 리 수里數를 울릉도의 거리관계로 보아야 하는
논거는 아래에서 다루도록 한다.

4. 한국의 '석도＝독도'설 논거

1) '석도＝독도'설과 칙령의 '석도'

칙령에서의 '석도'가 '독도'라는 논거를 한국 학자들은 '석도'의 어원에
서 찾고 있다. 즉 당시 울릉도를 왕래하던 전라남도[30] 연해민의 말에서

---

30) 울릉도에 전라도 사람들이 가장 많이 왕래했다는 사실은 이규원의 보고서에 나타난
　　다(《고종실록》고종 19년 6월 5일). 1883년 이주 초기의 기록에는 전라도 사람보다는

‘석도’의 어원이 출현하게 되었다는 것이다. 전라남도 연해민들은 문헌에서의 호칭인 ‘우산도’에 대해 접해 보지 못했던 사람들이므로 지금의 독도에 그들 나름의 이름을 붙였을 것인데 그것이 ‘독섬’이었을 것으로 보고 있다.[31] 이 ‘독섬’은 돌섬에 대한 방언으로 이를 한자로 표기하면 ‘石島’가 된다. 전라도 방언[32]에서는 ‘돌[石]’을 ‘독’으로 부르거나, 일부 지방에서는 ‘돌’과 ‘독’을 섞어 부른다는 연구결과를 가져다 주장을 뒷받침해 왔다.

한국이 석도(독도)를 섬으로 보는 데 비해, 일본은 섬과 암초는 구별된다고 주장한다. 그리하여 울릉도의 부속도서로서 섬으로 부를 만한 것은 죽도(죽서)와 관음도로서, 칙령 제41호의 죽도竹島는 죽서竹嶼를 가리키며 석도는 관음도로 보는 것이 타당하다고 주장한다.[33] 그러나 관음도는 돌섬이 아니라 대나무가 자라는 섬이므로 오히려 ‘죽도(죽서)’에 비정할 가능성은 있지만 석도에 비정하기는 어렵다. 울릉도를 조사한 검찰사 이규원도 〈울릉도 외도〉에 석도는 표기하지 않았지만 관음도 주변에 ‘도항’을 표기하고 나머지를 암초로 처리했다. 따라서 도항이 관음도를 포함할 수는 있지만 석도가 되기는 어렵다.

칙령 제41호에 나오는 도서명은 ‘울릉 전도와 죽도, 석도’이다. 이 가운

강원도와 경상도 사람이 주를 이루고 있다(“光緖九年七月 日江原道 鬱陵島 新入民戶人口 姓名年歲及田土起墾數爻成冊”). 이로써 후에 입도한 사람들이 이전부터 왕래하던 전라도민의 영향을 받아 돌섬을 ‘독섬’으로 불렀을 것으로 보는 견해가 통설이다.

31) 송병기,《재정판 울릉도와 독도》, 단국대학교출판부, 2007, 199쪽.

32) 〈독도에 관한 1953년 7월 13일부 일본정부견해에 대한 한국정부의 논박〉(1953.9.9.)에는 경상도 방언으로 되어 있는데, 이는 신석호씨의 영향인 듯하다(신석호, 〈독도 소속에 대하여〉 1969; ____,《독도의 내력》, 1947, 18쪽).

33) 사사키 시게루佐佐木茂, 〈領土編入に關わる諸問題と資·料史料〉,《竹島問題硏究會 最終報告書》, 2007, 58쪽.

데서 울릉 전도를 제외하면 《황성신문》에는 '우산도와 죽도'가 나오고, 칙령에는 '죽도와 석도'가 나온다. 이 가운데 공통적인 것은 '죽도'이다. 이 죽도는 오늘날의 죽도에 비정된다. 이에 양국은 이견이 없을 것이다. 대한제국 칙령 제41호 반포 전후의 울릉도와 부속도서 명칭을 보면 아래와 같다.

〈표-1〉 칙령 제41호 반포 전후의 울릉도 및 부속도서 명칭 표기

연도	출처	울릉도와 부속도서 명칭		
1899. 9. 23	황성신문	鬱陵島	竹島	于山島
1899. 12. 15	대한전도	鬱陵島		于山
1900. 10. 25	칙령 제41호	鬱陵全島	竹島	石島
1904. 9. 25	일본 군함 新高	松島		리앙코루도 암: 獨島
1906. 3. 29	심흥택 보고서			본군 소속 獨島

위의 표에서 울릉도(울릉 전도, 송도松島)를 제외하고 부속도서 가운데 공통적인 것은 죽도이다. 이 '죽도'를 제외하면 《황성신문》의 '우산도'와 칙령 제41호의 '석도'가 남는다. 그리고 일본 군함 보고서에서는 '리앙코루도 암'과 '獨島'가 남는다. 이를 보더라도 《황성신문》의 '우산도'를 칙령의 '석도'에 등치시킬 수는 있지만, 관음도로 등치시킬 수는 없다.

2) 《황성신문》의 거리는 울릉도의 거리관계를 의미

《황성신문》에서 "군청은 태하동에 두고 이 군이 관할하는 섬은 죽도

와 석도요"라고 한 내용이 '울도군'에 대한 설명임은 이미 언급했다. 그러나 "동서가 60리요 남북이 40리니 합쳐 200여 리"라고 한 내용도 일본 주장대로 울도군의 관할범위를 나타낸 것인가? 일본 신문은 "기사는 울릉도에 대해 쓴 것이 아니라 군의 범위를 나타낸 것으로 보는 것이 타당하다"고 한 회사원의 말을 인용하고 나서 "기사가 언급하고 있는 숫자는 울릉도의 크기인 동서 10킬로, 남북 9.5킬로와도 다르기 때문에 가령 한국 측이 울릉도를 가리키는 것이라고 주장해 와도 설득력이 없을 듯하다"고 했다. 위 숫자는 울릉도의 크기가 아니라 관할범위를 나타내는 것으로 보아야 한다는 것이 일본의 주장이다.

'울릉도의 크기, 거리'와 '울도군의 관할범위'는 분명히 다른 개념이다. 그런데 일본은 이를 혼동하고 있다. 나아가 일본은 이 숫자가 울릉도의 크기인 동서 10킬로미터, 남북 9.5킬로미터와도 다르기 때문에 울릉도를 가리키는 것이 아니라고 주장한다.

일본이 주장하는 '동서 10킬로'와 '남북 9.5킬로'는 현재 우리나라 행정지도에 나타난 거리[34]와 유사하다. 그런데 오늘날의 거리관계는 조선시대의 표기방식과 일치하지 않는다. 《황성신문》은 조선시대의 표기방식을 차용했다. 일본의 오류는 이 점을 감안하지 않아 생긴 문제이다. 《황성신문》의 거리관계를 조선시대의 기록과 비교해 보면, 황성신문의 거리가 조선시대 기록에 나타난 울릉도의 동서남북 간 거리와 둘레를 말한 것임을 알 수 있다.

조선 후기 울릉도 수토관들은 대부분 거리관계를 기록으로 남겼는데, 숙종 시대 장한상은 "남북은 70리요, 동서는 60리, 둘레는 150~160리에 불

---

34) 현재 울릉도에 관해 행정지도상에는 동서 11.426킬로미터(약 28리), 남북 10.73킬로미터(약 26리), 둘레는 56.5킬로미터(약 180리)로 되어 있다.

과하다"35)고 했고 정조 10년(1786)에 수토한 월송 만호 김창윤은 "섬 전
체의 둘레가 120여 리는 됨 직했고 남북으로 70~80리, 동서로 60~70
리"36)라고 했다. 한창국(정조 18년, 1794) 역시 "남북이 70~80리 남짓에, 동
서가 50~60리 남짓"37)이라고 했다. 이규원은 둘레를 140~150리로 보았고,
김정호는 "둘레는 200여 리, 동서 70여 리, 남북 50여 리"38)라고 했다. 이
렇듯 수토관마다 동서남북과 둘레[周回]를 기록하고 있다.

〈표-2〉 울릉도의 거리와 둘레에 관한 문헌상의 기록

출처	동서	남북	둘레
삼국사기			사방 백 리
고려사, 세종실록, 동국여지승람, 춘관지	2만 3천여 보	2만 3천여 보	사방 백 리
강계고, 증보문헌비고	2만 3천여 보	2만 5천여 보	사방 백 리
장한상(1694)	60리	70리	150~60리
박세당	50리	70리	
김창윤(1786)	60~70리	70~80리	120리
한창국(1794)	50~60리	70~80리	
대동여지전도(1861)	60여 리	40여 리	200여 리
대동지지(김정호)	70여 리	50여 리	200 리

35) 《五洲衍文長箋散稿》〈울릉도의 사적에 대한 변증설〉.

36) 《日省錄》정조 10년 6월 4일(병자), "原春監司 李致中以鬱陵島搜討形止馳聞"

37) 《正祖實錄》정조 18년 6월 3일(무오), "蓋島周回 摠爲論之 則南北七八十里許 東西五六十里
許"

38) 김정호, 《大東地志》8, 강원도편 울진.

이규원(1882)			140~150리
우용정(1900)	70리(길이)	40리(넓이)	140~150리
황성신문(1906.7.13)	60리	40리	합쳐 200여 리
최남선(1953)	10km	9.5km	120리
행정지도(현재)	11.426km(28리)	10.73km(26리)	56km 내지 56.5km (약 180~183리)

이들 기록을 보면 울릉도의 둘레나 동서남북 간 거리에 기록마다 어느
정도 편차가 있는 것은 사실이다. 보步로 기록하면 1만 800보가 대략 30
리[39]라고 했으니, 2만 3천 보는 50리 남짓 60리에 못 미친다. 리 수의 기
록으로 보면 《황성신문》에 나온 거리관계가 김정호의 〈대동여지전도〉의
기술과 일치한다. 김정호는 《대동지지》에서 '(울릉도의) 동서는 70리, 남북
은 50리, 둘레는 200리'라고 했는데, 《황성신문》에는 '동서가 60리, 남북이
40리, 합쳐 200리'라고 했다. 장한상과 김창윤, 한창국의 기록도 동서남북
거리에서는 큰 차이가 나지 않지만 둘레에서는 오차가 있다. 이에 견주어
보면 김정호와 《황성신문》이 기록한 거리관계는 거의 같다. 김정호가 울
릉도의 거리관계라고 밝힌 것으로 보아 《황성신문》의 리 수里數도 울릉
도의 거리관계임을 알 수 있다. 일본 기록에도 울릉도의 주위周圍가 100
리[40] 내지 150리[41]로 나온다. 그렇다면 《황성신문》에 '동서 60리, 남북이
40리, 합쳐 200여 리'라고 한 것은 울릉도의 거리와 둘레를 말한 것이지

---

39) 개리 레이야더드 저, 장상훈 옮김, 《한국 고지도의 역사》, 소나무, 2011, 176쪽.

40) 오야가大谷家의 구에몬 가쓰노부九右衛門勝信가 1681년에 막부에 올린 청원서(川上健
三, 《竹島の歷史地理學的研究》, 古今書院, 1966, 52쪽에서 재인용).

41) 기타쿠니 미치안北園通葊, 〈竹島圖說〉, 川上健三, 1966, 53쪽에서 재인용.

울도군의 관할범위를 말한 것으로 볼 수는 없다.

일본은 "황성신문이 울도군의 관할범위를 '동서 50리, 남북 40리, 합쳐 200여 리'라고 한 것은 의미가 있다"고 하면서, 이를 논파하려면 "칙령 41호의 공포와 연관 있는 내부 시찰관 우용정의 울도군 인식을 명확히 할 필요가 있다"고 했다. 그리하여 일본은 "우용정의 시찰 범위는 '둘레 또한 140~150리는 됨직하다'고 하여 울릉도 한 섬에 한하고 있다. 이것은 칙령 제41호가 재가되기 전날 내부대신 이건하가 제출한 청원서에 '해도該島의 땅은 사방 가로 80리, 세로 50리이다'고 했듯이, 그 안에는 죽도와 석도도 포함되어 있다"고 했다.[42] 그러나 이것도 청원서(청의서-필자 주) 원문을 다르게 본 데서 비롯된 결론이다. 청의서에는 "울릉도의 사방은 가로 80리, 세로 50리"라고만 적혀 있다. 우용정은 울릉도만 시찰하고 독도에는 가지 않았다. 우용정은 울릉도의 거리관계만을 말했을 뿐이므로 이를 가지고 "죽도와 석도가 포함된다"고 볼 수는 없다. 그런데도 일본은 이 안에 죽도와 석도가 포함된다고 주장한다.

5. 맺는말

근대 이전 독도를 가리키는 호칭으로 기록에 등장한 것은 주로 우산도于山島였다. 물론 이 우산도가 '죽도'를 가리킨 경우도 없지 않지만, 울릉도 이외 다른 섬의 존재를 표현하는, 이른바 이도二島인식을 표현할 때는 죽도가 아니라 독도를 가리킨 경우가 더 많다. 이런 경향은 1899년까지 이어져, 9월 23일자 《황성신문》은 "울진의 동해에 한 섬이 있으니, 울릉이라 한다. 그 부속한 작은 여섯 개의 섬 가운데 가장 눈에 띄는 것은 우산

---

42) 위의 글.

도와 죽도이니……"라고 했다. 여기서 죽도는 오늘날의 죽도이고, 우산도는 오늘날의 독도를 가리킨다. 이때만 해도 여전히 우산도가 등장하고 있었으나 일 년도 안 되어 칙령 제41호에 '석도'가 등장했다. 이어 '석도'는 다시 '독도'로 전화되었다. 이런 경위로 볼 때 칙령의 '석도'는 '우산도'에서 유래하여 '독도'로 전화된 것이거나, 아니면 '석도'가 등장할 즈음 '독도'도 함께 등장한 것으로 보인다. 일본은 "석도가 독도라면 왜 칙령에서 독도라고 하지 않았는가"[43]라고 한다.

우리나라에서는 《세종실록》〈지리지〉에 '우산·무릉'이 등장한 이래 '무릉'과 함께 일관되게 등장한 것은 '우산도'였다. 근대기에는 1882년 고종이 이규원과 대화를 나눌 때 '우산도'를 언급했고, 1899년의 《여재촬요輿載撮要》에도 '우산도'가 등장한다. 1899년 12월 학부 편집국이 발행한 〈대한전도〉에도 '우산도'가 나와 있다. 이렇듯 1899년 말까지 등장했던 '우산도'는 20세기에 들어와 자취를 감추고 그 대신 '석도'라는 호칭이 등장했다. 이렇듯 갑자기 명칭의 변화가 생긴 배경에는 1899년에서 1900년 10월 사이에 '우산도'에 대한 인식의 변화가 생겼거나, 아니면 어떤 역사적 변화가 있었기 때문으로 볼 수 있다.

이 시기의 울릉도 관련 역사적 사건을 보면, 1899년 말부터 1900년 5월에 걸쳐 논의된 울릉도 관제개편과 그에 따른 6월의 현지조사가 눈에 띈다. 그러므로 '우산도'가 '석도'로 바뀌게 된 배경에는 1900년 6월 우용정의 보고가 영향을 미쳤을 것으로 추정된다. 울릉도 현지조사를 한 우용정은 주민들이 독도를 '돌섬' 내지 '독섬'으로 부른다는 사실을 듣게 되었을 것이다. 그런데 그가 보고한 공식 문서에는 이런 호칭이 나오지 않는

---

43) 일본 외무성이 홈페이지에 올린 〈竹島: 다케시마 문제를 이해하기 위한 열의 포인트〉에 보인다.

다. 다만 그가 관제 개편안을 건의한 장본인이고 그 후에 이를 반영한 칙령 제41호에 '우산도' 대신 '석도'라는 호칭이 나타난 것으로 보아 이렇게 추정할 수 있을 뿐이다. 우용정의 보고를 받은 중앙정부는 칙령 제41호에 울도군의 관할구역을 명시하면서 현지인들의 호칭인 '돌섬' 내지 '독섬'을 그대로 표기할 수는 없었을 것이다. 이두 표기를 하는 법령 관련 문서가 아닌 이상 대부분의 공문서는 한문체로 작성하는데, 이것이 칙령에 '석도'로 표기된 이유이다. '돌섬'을 훈차표기하면 '석도'가 된다. 다만 칙령에서의 '석도' 호칭이 현지에서도 그대로 사용되었을 가능성은 낮다. 오히려 현지에서는 '돌섬' 내지 '독섬'이 더 많이 사용되었을 것이다. 그런데 '석도' 호칭이 등장하고 얼마 안 되어 '독도' 호칭이 등장했다. 1906년 심흥택은 '본군 소속 독도'[44]라고 하고 있다. 이는 '석도' 호칭이 1900년 이후 지속적으로 사용되지 않았음을 말해 준다. 심흥택은 1903년 1월에 울도 군수에 임명되었다. 그가 1906년에 '본군 소속 독도'라고 했다는 것은 독도가 울도군 소관임을 분명히 함과 동시에 1900년 칙령의 '석도'가 '독도'로 계승된 것임을 인식하고 있었음을 말해 준다. 다만 '석도'에서 '독도'로 바뀌게 된 시기에 대해 명확히 밝혀진 바는 없지만 1903년 전후로 추정된다. 1904년 일본 군함 니타카新高호의 일지에 "리앙크루도 암岩, 실제로 본 자에게 들은 이야기로, 한인韓人은 이를 독도獨島라고 쓴다"[45]고 했기 때문이다. 이는 한인들이 '독도' 호칭을 1904년 이전부터 사용하고 있었음을 의미한다. 호리 가즈오堀和生는 군수가 '독도'라고 부른 사실, 즉 식자층에까지 '독도'라는 호칭이 멀리 인지되고 있었다는 사실에 주목했다.[46]

---

44) 《各觀察道案》1, 〈이명래의 '報告書號外'〉; 《대한매일신보》 1906년 5월 1일 잡보 '無變不有'; 《황성신문》 1906년 5월 9일 잡보 '欝倅報告內部'

45) 《軍艦新高行動日誌》 1904년 9월 25일.

'석도'나 '독도'가 둘 다 '돌섬', '독섬'에서 연유한 훈차(석도)와 음차(독도) 표기인 점으로 보면, 지명의 명명에 식자층이 개입되고 있었음은 자연스런 일이다.

《독립신문》과 《황성신문》은 1890년대 말 울릉도에서의 일본인의 불법 벌목과 러시아 군함의 울릉도 기항 및 측량, 배계주 관련 소송 등을 지속적으로 보도했다. 《황성신문》은 1900년 10월 8일 울도군 격상과 관련된 사실을 보도한 바 있다. 이는 그 이전에 《황성신문》이 울도군의 관제 개편 안에 대해 알고 있었음을 의미한다. 그러다가 1906년 7월 13일자 기사에서는 통감부와 내부간의 일을 보도하면서 칙령 제41호에는 없던, 거리관계까지 언급했다. 그런데 《황성신문》이 왜 이런 거리관계를 언급하게 되었는지 그 배경이나 전후 사정은 밝혀져 있지 않다. 우용정의 기록에 '석도'에 대한 언급이 있었다면, 《황성신문》 기사는 아무 문제가 되지 않았을 것이다. 그러나 우용정의 기록이나 다른 기록에 '석도'와 연관 지을 만한 '돌섬·독섬'에 관한 언급이 없어 일본이 이를 빌미로 활용하고 있는 것이다. 일본의 '석도=독도'설 부인은 일차적으로는 《황성신문》 기사에 대한 오독誤讀에서 기인한다고 생각되지만, 향후 이런 문제의 발생을 막기 위해서는 '석도' 관련 연구를 좀 더 발전시키고 새 사료도 발굴할 필요가 있다.

---

46) 호리 가즈오堀和生, 〈1905年日本の竹島領土編入〉, 《朝鮮史硏究会論文集》24, 1987, 123쪽.

차자借字표기방식과 '석도=독도'설 입증

1. 머리말

1) 문제 인식

일반적으로 지명을 처음 명명할 때는 그곳의 지형적 특징이나 형상 등을 취해 이름을 붙이게 마련이다. 해도海島의 경우도 예외는 아니다. 예를 들어 잣나무골, 송곳산, 모시개, 댓섬, 돌섬 같은 지명을 보면, 그 자체로 지형적 특성을 알 수 있다. 그런데 전근대기에는 문헌에 우리말 지명을 그대로 옮길 수가 없었으므로 우리말의 뜻이나 음을 취해 한자로 표기하는, 이른바 훈차訓借 내지 음차音借[1] 표기방식이 주를 이뤘다. 밤섬을 '栗島', 토끼섬을 '兎島', 솔섬을 '松島', 비게(베개)섬을 '枕島', 송곳산을 '錐山'으로 표기한 것은 뜻을 빌린 '훈차' 표기방식이고, 산막골을 '山幕谷'으로 표기한 것은 음차와 훈차가 혼용된 방식이다. 대한제국 칙령 제41호에 나온 '石島'는 '돌섬'에 대한 훈차 표기방식으로 볼 수 있다. 한국은 이 '石

---

1) 지명에서 한자를 우리말로 풀어주거나 우리말을 한자로 차자借字표기하는 방식을 일러 音借, 訓借, 訓借字, 意譯, 漢譯, 訓讀, 音讀, 이두 등으로 논자마다 다르게 일컫는다. 여기서는 우리말의 뜻(음)을 빌려 한자로 표기하는 경우는 訓借(音借)로 표현하되, 반대로 한자의 의미를 우리말로 풀어준 경우는 訓讀으로 칭하기로 한다.

島'를 오늘날의 '獨島'에 비정比定한다. 그 근거는 '石島'를 우리말로 풀면 '돌섬'이지만, 전라도(경상도) 방언으로는 '독섬'이라고도 하므로 '독'의 음 (獨)을 취해 표기하면 '獨島'가 된다고 보기 때문이다.

일본은 '석도'가 '독도'라는 설을 부인하고 있다. '석도=독도'설을 부정하는 근거로는 다음과 같은 점을 내세우고 있다. 칙령에는 '독도'가 아니라 '석도'로 쓰여 있으며 이를 독도와 연관시킬 만한 직접적인 증거가 없다. 한국 측 사료를 통틀어 '독도'의 특징을 일러 '돌 같은 형상이다'고 언급한 문헌은 하나도 없다. 한국은 울릉도 주민의 다수를 차지했던 전라도 사람들의 방언 '독섬'에서 '석도'로 된 것이라고 주장하지만 이들은 봄에 와서 가을에 돌아가는 통어자일 뿐이고 개척 당시 울릉도 입도자는 경상도 사람이 더 많았다. 그리고 독섬이 전라도 방언인지 경상도 방언인지에 대해서는 논자에 따라 불일치하며, 현지인들이 독도를 '독섬'으로 호칭하고 있었음이 논증된 적이 한 번도 없다.[2]

위와 같은 근거를 들어 일본이 '석도=독도'설을 부인하는 이유는 칙령 제41호에 나온 '석도'가 '독도'임을 인정할 경우, 한국의 독도 영유권을 인정하지 않을 수 없게 되기 때문이다. 대한제국은 1900년 10월 25일 칙령 제41호를 제정했는데 이에 따르면 울도 군수의 관할구역 안에 '울릉 전도' 뿐만 아니라 '죽도'와 '석도'가 포함되어 있다. 그러므로 일본 입장에서는 1900년 칙령의 '석도'가 '독도'임을 인정하면 일본이 독도를 편입한 시기인 1905년보다 5년이나 앞서 대한제국이 독도 영유권을 대내외에 공포한 것이 되므로 그들의 '무주지 선점'론은 설 땅이 없어지기 때문이다.[3] 일본은

---

2) 이케우치 사토시池內敏, 〈竹島/獨島と石島の比定問題·ノート〉, 《HERSETEC》4권 2호, 名古屋大學, 2010, 1~3쪽.

3) 최근 일본의 논리는 석도가 독도임이 입증될 경우를 상정하여 다른 논리로 대체되고 있다. 즉 일본은 1905년 이전 대한제국이 독도에 대하여 실질적인 경영 즉 행정관할

‘석도’를 관음도에 비정한다. 칙령에 언급된 ‘죽도’가 오늘날에도 죽도로 호칭되므로 석도를 ‘죽도’라고 주장하지 못하기 때문이다. 대한제국 칙령에 나온 ‘석도’가 ‘독도’임을 입증하는 일은 “가장 절실하면서도 시급한 과제이며, 이것만 입증된다면 우산도나 삼봉도에 관한 연구가 불필요하기까지 하다”[4]고 할 정도이다. 이런 이유로 많은 연구자들이 석도가 독도임을 입증하려 했고 이를 위해 동원한 연구방법은 방언 연구에 의한 ‘독섬(돌섬)=석도·독도’설이었다. 다만 ‘석도’와 ‘독도’ 두 호칭의 선후성에 대해서는, “1900년 무렵 식자들 사이에서 의역하여 표기할 때는 ‘石島’로 표기되고, 음을 취하여 표기할 때는 ‘獨島’로 표기되어 두 호칭이 병용되고 있었다”[5]고 하여 동시대적인 것으로 보지만, 기록에서 ‘石島’가 보이는 것은 1900년이고 ‘獨島’가 보이는 것은 1904년으로 시차가 있다. 이 글은 토착 지명이 한자로 차자 표기된 용례를 통해 ‘독섬’의 차자표기가 ‘석도’이며 ‘석도’가 바로 ‘독도’라는 사실을 입증하려는 것이다.

2) 선행연구

‘석도’ 호칭과 ‘독도’ 호칭의 연관관계를 밝히려는 시도는 해방 후부터 있었다. 국어학자 방종현은 1947년 8월 울릉도·독도학술조사단에 참가했다가 돌아와 쓴 기행문에서 독도를 ‘독섬’으로 언급했는데, 그는 ‘독도’라는 호칭이 ‘석도’에서 왔으며 이는 ‘독섬’과 관계가 있는 것임을 논했다.[6]

권 등의 실효지배를 행사했음을 스스로 입증하지 않는다면, 1904년 나카이 요자부로 中井養三郞에 의한 경영과 이에 대한 국가의 추인에 의한 무주지 선점이 정당하다는 것이다. 1905년 이전 대한제국의 실효지배에 관해서는 별도의 논고로 다루기로 한다.

4) 김병렬, 《독도연구 60년 평가와 향후 연구방향》, 한국해양수산개발원, 2009, 198쪽.

5) 신용하, 《독도 영유권 자료의 탐구 2권》, 독도연구보전협회, 1999, 323쪽.

6) 방종현, 《경성대학 예과신문》13호 ‘독도의 하루’; _____, 《一簑國語學論集》, 1947,

1947년 8월 울릉도·독도학술조사단에 참가한 바 있는 역사학자 신석호도 1948년 독도의 소속을 밝히는 논문에서 '독도'의 유래를 언급하고 있다. 그는 "독도 명칭의 유래에 대하여 울릉도 사람 가운데 어떤 사람은 이 섬이 동해 한복판에 외로이 있기 때문에 독도라 했다고 하는 사람이 있고, 어떤 사람은 이 섬 전체가 바위 즉 돌로 성립되어 있고 경상도 방언에 '돌'을 '독'이라 하므로 돌섬이라는 뜻에서 독도라 했다는 사람도 있어 그 어떤 것이 옳은지 알 수 없으나……"[7]라고 하면서 두 가지 유래를 소개했다. 한편 해방 후 조직된 민간단체인 우국노인회는 1948년 8월 연합국 최고사령관 앞으로 보내는 청원서에 독도, 울릉도, 쓰시마와 함께 파랑도를 한국 영토로 반환해줄 것을 요청했는데, 이 청원서는 '독도'를 'Docksum'으로 칭했다. 그 당시 신문에는 '독도'와 '독섬'이 혼재된 상태로 호칭되었다.

최남선은 1953년 《서울신문》에 '울릉도와 독도'라는 글을 연재했다. 여기서 그는 울릉도 주변에 10여 개의 부속 섬이 있다고 보고, 북쪽에 공암, 동북쪽에 관음도 獵項島, 동쪽에 죽서竹嶼[8]가 주요한 섬으로 가까이 있다면, 동남으로 훨씬 떨어진 해상에는 두 개의 주도主島와 여러 개의 작은 섬이 있다고 했다.[9] 그는 '동남으로 훨씬 떨어진 해상에 있다는 두 개의 섬'이 바로 독도를 가리킨다고 보았고, "이것은 우리 고대에 가지도라 하고 근세 부근 거민의 사이에서 도형島形이 '독[甕]'과 같다 하여 보통 '독섬'이라고 부르는 것이다(울릉본도의 아주 측근에도 또 별개의 독섬이 있다)"고

568~572쪽.

7) 신석호, 〈독도 소속에 대하여〉, 《史海》 창간호, 1948, 89~100쪽; _____, 〈독도의 내력〉, 《독도》, 대한공론사, 1965, 18쪽.

8) 괄호 안에 '일본인의 竹島란 것은 아니다'가 주기되어 있다.

9) 최남선, 〈울릉도와 독도〉, 《신석호 전집》, 신서원, 1996, 696~697쪽.

하여 '독섬'의 유래를 항아리모양에서 찾았다. 이어 "근래 '독도'라는 字는 '독'의 取音일 뿐이요 '獨'의 자의에는 아무 관계가 없는 것이다"[10]라고 했다. 즉 '獨島'의 '獨'자는 항아리모양이라는 의미의 '독섬'에서 '독'의 음만 취한 것일 뿐 홀로 '獨'의 의미와는 관계가 없다는 것이다. 이렇듯 1960년대 이전의 연구는 '독도' 어원이 '석도'에 있으며 '석도'의 어원은 '독섬'에 있다는 사실, 그리고 '독도' 어원도 '독섬'에서 유래된 것이라는 데 의견을 같이한다. 그러나 여기서 말하는 '독섬'이 '돌섬'에서 온 것인지 '항아리섬'에서 온 것인지, 그리고 돌의 의미를 지닌 '독'이 경상도 방언인지 전라도 방언인지에 대해서는 논자마다 의견이 엇갈린다.[11] 그런데 이때는 '독도'가 '석도'에서 유래한 것이라는 사실은 알고 있었지만, 이 '석도'가 대한제국 칙령 제41호에 등장하고 있었다는 사실에 대해서는 인지하지 못한 상태였다. 칙령 제41호의 '석도'가 '독도'를 가리키며, '獨島'의 '독'은 바로 '石'이라고 해석한 사람은 법학자 이한기였다. 그는 대한제국 칙령 제41호가 명백히 독도를 울릉도의 관할 아래 두었으며 독도가 한국 영토라는 신념으로 이 섬에 주권활동을 전개한 것은 의심의 여지가 없다고 보고, "울릉도 개척이 시작된 당시부터는 그 섬이 오늘날과 같이 독도라고 호칭되어 왔다. 독섬이라는 우리말을 한자로 표현하여 독도 또는 석도라고 한 것 같다"[12]고 했다.

한국사학회가 발간한 《울릉도독도 학술조사연구》(1978)의 집필자 가운데 한 사람인 송병기는 〈고종조의 울릉도 경영〉에서 대한제국의 칙

---

10) 최남선, 위의 글, 697쪽.

11) 1953년 한국 정부가 일본 정부를 상대로 한 구술서(1953.9.9)에는 경상도 방언에서 '돌'을 '독'이라고 한 것으로 보았다.

12) 이한기, 《한국의 영토》, 서울대학교출판부, 1969, 250쪽.

령 제41호에 나온 석도에 대해, "석도를 훈독訓讀하면 〈독섬〉 또는 〈돌섬〉
이 된다. 그런데 그것은 울도 군수 심흥택이 1906년 4월경에 강원도 관찰
사에게 제출한 보고서에서 '본군 소속 독도가 재어 외양 백여리 외 이십
더니……'라고 한 독도와 일치하는 것이다"13)라고 하여 칙령의 '석도'와 심
흥택이 호칭한 '독도'가 일치한다고 보았다. 이런 진술은 1981년 백충현,
신용하, 송병기 3인의 좌담보고서14)에서 좀 더 개진되었다. 송병기는 이규
원의 보고에 울릉도를 왕래하던 자의 대부분이 전라도 사람으로 되어 있
는 점에 의거하여, 이들이 돌로 된 섬을 그들의 방언에 따라 독섬으로 불
렀을 것이고, 독섬이라는 호칭이 1883년부터 입도한 사람들에게 영향을
주어 돌섬 또는 독섬으로 불리다가 1900년 우용정이 '석도'로 한역한 것이
칙령에 석도로 명기된 것이라고 보았다.15) 이때 그는 오구라 신페이小倉進
平의 전라도 방언 연구도 거론했다. 이 좌담에서 신용하는 송병기의 설명
을 일본인이 납득할 수 있게 증명할 필요가 있다는 사실을 언급했다. 이
에 송병기와 신용하 두 사람 모두 전라도 방언을 들어 '석도=독도'설을
입증하는 방법이 중요함을 공유하고 그 일에 매진했다. 이들의 성과로 이
후 독도 연구자들은 칙령의 '석도'는 '독섬'을 의역해서 표기한 것이고 '독
도'는 '독섬'을 음역해서 표기한 것이라는 사실을 기본으로 전제하고 있다.

송병기는 '석도'라는 명칭이 전라남도 연해민들이나 울릉도 주민들이
부르던 '독섬' 또는 '돌섬'을 한역한 것으로, 이 '독'을 차자借字표기할 때
'獨'자로 쓰는 것은 15세기 초까지 거슬러 올라가 약초인 '오독도기(狼毒,
蔄茹)'를 표기할 때 '오독독기吾獨毒只'로 쓴 것이 그런 예에 해당한다고

13) 한국사학회, 《울릉도·독도 학술조사연구》, 한국사학회, 1978, 80쪽.
14) 1981년 7월 25일 좌담 (송병기, 〈독도문제 재조명〉, 《한국학보》24, 1982 수록).
15) 송병기, 〈독도문제 재조명〉, 《한국학보》24, 1982, 202쪽.

보았다.16) 또한 20세기 초 무안의 '독섬'을 '獨島'로, 제주의 '독개'를 '獨浦'로 표기한 것도 그 예라고 했다.17) '석도'가 칙령에 실리게 된 경위도 우용정이 섬주민들이 부르던 '독섬' 또는 '돌섬'을 '석도'로 한역漢譯한 후 이를 관제 개편안에 반영시켰기 때문으로 보았다. 송병기는 '돌섬'의 방언인 '독섬'에서 '석도'가 되었다는 사실을 방종현과 오구라 신페이의 연구를 들어 실증한 점에서 의의가 있으며, 이후 대부분의 연구자들도 이 설을 따르고 있다.

신용하는 이한기와 송병기의 설에 의거하여 '석도'가 '독도'임을 입증하는 데 주력했다. 그는 식물과 동물, 형상 등에서 취한 한국어 명칭을 '의역'하여 한자로 표기한 지명이 많다는 사실을 들어 지명표기방식을 설명하고, 이를 《한국지명총람》(이하 《총람》으로 약칭함)의 지명 용례를 조사하여 실증했다.18) 그 예로 전라남도 남해안에는 돌이 많은 마을이라는 뜻의 '독골'이 많은데 이를 한자로 표기할 때는 무안군 청계면 월선리의 '독골'처럼 '石谷'으로 표기하거나 장흥군 장흥읍 덕제리의 '독골'처럼 '獨谷'으로 표기하기도 한다는 사실을 들었다. 즉 이들은 '독'의 뜻을 취하면 '石'이 되고, 음을 취하면 '獨'이 되는 하나의 양식을 확인할 수 있는 사례19)라고 보아 '독섬에서 '석도'와 '독도' 두 지명이 성립할 수 있는 근거로 삼았다.

《한국지명총람》을 보면, 독산-石山洞, 독고개-石峴, 독다리-石橋里 등과 같이 '독'을 '石'으로 훈차표기한 용례는 무수히 많다. 이에 대해서는 뒤에

---

16) '오독도기'의 예는 한역이라기보다는 이두식 차자표기에 가깝다.

17) 《증보문헌비고》권33 '여지고'21 '해방'에는 한자 지명만 나와 있고 이들 지명이 '독섬', '독개'에 대한 한역인지는 밝혀져 있지 않다(송병기, 〈울릉도 독도 영유의 역사적 배경〉, 《독도연구》, 한국근대사자료협의회, 1985, 248~249쪽).

18) 신용하, 《독도의 민족영토사 연구》, 지식산업사, 1996, 195~196쪽.

19) 한글학회 편, 《한국지명총람》14권, 186쪽; 신용하(1999), 앞의 책, 319~320쪽.

서 상술한다. 《한국지명총람》(1966~2004, 한글학회)은 1960년대부터 나온 2
차 자료이며, 《한국방언자료집》(1987~1995, 한국정신문화연구원)20)도 마찬가
지다. 이에 비해 《朝鮮地誌資料》(조선총독부, 54책, 1906~1914?)는 일제 강점
기에 조선총독부와 조선어학회가 중심이 되어 만든 일차 자료이다. 이 자
료가 나온 시기가 '독도' 호칭이 등장한 시기에서 멀지 않으므로 우리말의
훈차표기방식을 살펴보기에 적당하다. 김기혁의 연구는 이 《朝鮮地誌資料》
를 기본 자료로 했다. 다만 연구의 초점이 울릉도 지명의 생성 변화과정을
추적하는 데 놓여 있다.21)

최근에는 어문학적 연구의 일환으로 '독도' 지명을 고찰한 연구가 수행
되고 있다. 서종학의 연구(2008)에서는 칙령 제41호의 '석도'는 돌섬을 '훈
차자訓借字'한 것이고 심흥택 보고서의 '독도'는 이두식 표기임을 밝혀 '석
도'와 독도가 동일한 지명을 가리키는 다른 한자 차용표기의 지나지 않는
다고 보았다. 그의 연구는 '石'과 '獨'이 둘 다 '돌'을 표기한 차자借字라는
것을 재확인한 셈이다. 또한 서종학은 울릉도 현지 방언조사와 자료를 통
해 '獨島'가 '독섬', '돌섬'의 표기임을 밝혔다.22) 다만 방언자료로 2차 자
료를 이용하고 있으며, '독'이 전남의 방언임을 입증하고자 울릉도 방언
가운데서 전남 방언의 흔적을 확인하고 있으나 울릉도로 입도한 사람이
전남지방 사람이 많았다고 한 오류가 보인다.23)

---

20) 이에 따르면 돌의 방언으로 독, 돍 등이 나오는 지역은 전라도, 경상도, 충청도이다.
   강원도는 나오지 않는다.

21) 김기혁·윤용출, 《울릉도·독도 역사지리 사료연구》, 한국해양수산개발원, 2006.

22) 70세 전후의 피조사자에 대한 서면조사를 통해 '독도'보다 '독섬', '돌섬'으로 더 많
   이 불렸음을 확인했다고 한다(서종학, 〈방언으로 본 '독도' 지명고〉, 《어문연구》
   37-4, 한국어문교육연구회, 2009).

23) 울릉도로 입도한 자가 아니라 개척 이전부터 울릉도를 왕래하던 자들이다(서종학
   (2009), 앞의 글, 47쪽).

한국 학자들은 대부분 '석도'와 '독도' 호칭이 둘 다 '독섬'에서 나왔으며 두 호칭이 함께 사용되어 왔다는, 이른바 병용론을 주장하고 있다. 그리고 그 근거를 오구라 신페이가 밝혀낸 전라도 지역에서 '돌[石]'을 '독'으로 부른다는 사실에[24] 두고 있다. 이 글은 《朝鮮地誌資料》과 〈朝鮮말地名〉(1940) 등 일차 자료, 그리고 《총람》에서 우리말 지명을 훈차 또는 음차하여 표기한 방식의 용례를 조사하여 '독섬→석도', '독섬→독도'설을 구명하려는 것이다.

2. 울릉도 및 주변도서 지명과 표기용례

1) 석도와 관음도

일본은 대한제국 칙령 제41호에 언급된 '석도'가 '관음도'라고 주장한다. 과연 그런가? 칙령에는 울도군의 관할구역으로 울릉 전도와 죽도, 석도만 언급되어 있을 뿐 관음도는 보이지 않는다. 그 이유가 1900년 당시 관음도라는 지명이 없어서인가 아니면 언급할 필요가 없어서인가? 이에 대해 일부 학자는 관음도가 울릉도에 매우 가까이 있는 섬이므로 칙령에서 굳이 따로 언급할 필요가 없었기 때문으로 보기도 한다.[25] 이는 관음도가

---

24) 오구라 신페이小倉進平는 전라도 외에 경상도와 충청도에서도 '돌'을 '독'으로 부른다고 했는데 송병기를 제외한 대부분의 연구자들은 이를 전라도 방언으로만 소개하고 있다. 오구라 신페이의 연구에 따르면, 돌을 '독'으로 일컫는 예가 전남이 가장 많고 그 다음이 전북, 경남, 경북, 충남, 충북 순이다. 강원도는 돌을 '독'이 아니라 '돌'로 부른 것으로 되어 있다(小倉進平, 《朝鮮語方言の硏究》(上) 岩波書店, 1944, 218~219쪽).

25) 오니시 도시테루大西俊輝는 "'석도=우산도' 즉 '석도=독도'인 것이다. 왜냐하면, '석도=관음도'라고도 볼 수도 있지만, 관음도는 일부러 칙령을 내려 행정관할구역에 포함시킬 필요가 없었다. 행정조치가 필요하려면, 지리적으로 특별히 멀리 떨어져 있다든가, 아니면 특별히 강조할 필요가 있을 때만이 가능하다"고 했다(大西俊輝 저술,

칙령의 이른바, '울릉 전도'에 포함되는 섬으로 보아도 무방하다는 논리이
기도 하다.

1882년 울릉도 검찰사 이규원이 정부에 제출한 〈울릉도 외도〉에는 울
릉도 이외의 섬으로 '죽도竹島'와 '도항島項'이 표기되어 있다. '죽도'는 후
에 칙령에 언급된 '죽도'인데, '도항'은 어디를 가리키는 것일까? '도항島
項'을 풀면, '섬 도島' '목 항項', 즉 '섬목'에 대한 훈차표기가 된다. 본래
'섬목'이라는 명칭은 울릉도의 목덜미 부분에 해당된다는 의미 또는 목처
럼 좁은 수로라는 의미로 붙여졌다고 하는데 관음도와의 거리는 그리 멀
지 않다.26) '섬목'과 '관음도'를 따로 표기할 경우는 문제가 되지 않지만
두 지명 가운데 하나만 언급하거나, 섬목을 '도항'으로 표기할 경우 혼동
이 초래된다. 이규원은 지도에 '섬목'을 도항'으로 표기하고 관음도는 따로
명기하지 않았다. 그런데 이규원이 '도항'으로 표기한 지점은 섬목 가까이
가 아니라 섬목과 관음도 사이이다. 따라서 '도항'이 섬목을 가리키는지
관음도를 가리키는지가 명확하지 않다. 이에 이규원이 표기한 '도항'에 '섬
목'과 '관음도'가 둘 다 포함되는 것으로 보는 설도 있다.27)

부산영사관보 아카쓰카 쇼스케赤塚正助28)가 1900년 6월 울릉도 조사 후
하야시 곤스케林權助 공사에게 올린 복명서에 첨부한 부속지도에 '島牧',
'觀音崎', '竹島'라는 지명이 나온다.29) '도목島牧'은 '섬목[島項]'을 차자표
기한 것인 듯한데,30) 지도에는 도목과 관음기, 죽도가 구분되어 있고 도

권오엽·권정 옮김,《独島》, 제이앤씨, 2004, 81~89쪽).

26) 2013년 현재 140미터의 현수교로 연결되어 있다.

27) 이혜은·이형근,《만은 이규원의 〈울릉도 검찰일기〉》. 한국해양수산개발원, 2006, 77쪽.

28) 아카쓰카 마사스케赤塚正輔로 된 기록도 있다(우용정, 〈울도기〉).

29)《주한 일본공사관기록》14권 〈각영사관 기밀래신〉'鬱陵島調査概況 및 山林調査概況 報
告 件'

목과 관음기의 위치가 바뀌어 있다. 1902년 울릉도 경관 주재소警官駐在所의 경부 니시무라 게이조西村圭象[31]의 보고서 〈韓國鬱陵島事情〉에는 다음과 같은 내용이 실려 있다.

　　또한 정석포亭石浦 해상에 쌍촉석双燭石과 도목島牧이라는 도서가 있는데 둘레가 20정이다. 본방인은 이를 관음도라 칭하며 그 산허리를 관음갑觀音岬(간논미사키)이라고 하며 그 사이를 관음의 세토瀬戸라 불렀다. 또 쌍촉석은 세 바위가 높이 솟아 있으므로 삼본三本이라는 이름이 있다. 나머지 주변 해안에는 여러 개의 험한 바위가 있으나 명칭이 있는 것은 하나도 없다. 오직 광안光岸[32]의 앞면에 다와라지마俵島라는 것이 있으나 매우 작은 섬이다.

위의 '도목' 역시 '섬목'에 대한 한자 표기 '島項'을 잘못 차자표기한 것이다. 이 도목의 '둘레가 20정'이고 본방인이 관음도라 부른다는 사실을 적고 있어 섬목과 관음도가 혼동되고 있다. 이런 혼동으로 말미암아 이규원의 지도와 마찬가지로 '섬목'은 울릉도 끝자락에 이어진 좁은 수로를 가리키게 되었고, '도목(도항)'은 섬목과 관음도를 둘 다 포함하는 호칭인 것처럼 변용되었다. 관음도에 대해서는 울릉도 개척 당시 이 섬에 입도했다가 풍랑을 만난 사람이 깍새[33]를 잡아먹은 데서 유래하여 깍세섬(깍께

---

30) 일본이 '섬목'을 '島牧'으로 표기한 것이나, 한국이 '독섬'을 '獨島'로 표기한 것은 모두 동일한 차자방식에 따른 것이다.

31) 니시무라 게이조西村銈象가 맞지만 원문대로 썼다(《通商彙纂》제234호).

32) 본래는 구암龜岩인데, 굴바우 또는 구바위穴巖가 한자화되는 과정에서 잘못 전해져 광암光岩으로 되었다는 설이 있다.

33) 1882년 이규원은 霍鳥(〈울릉도 검찰일기〉), 藿鳥(〈계초본〉)로, 1900년 우용정은 鶴鳥로, 1902년 일본의 부산영사관 보고서(《통상휘찬》235호)는 郭鳥로 표기하고 있다. 모두 '깍새'를 음차표기한 것이다.

섬, 관음굴)34)이라 별칭되었다는 설이 있다. 일본인이 개척 당시 우리가 '깍새'라고 부르던 것을 듣고 '깍새'와 유사한 발음을 취해 '간논도(觀音島)'로 부르다가 이것이 다시 '관음도'로 전화된 것인지는 확실하지 않다.35) 이규원의 지도에 표기된 '도항'은 섬목과 관음도를 둘 다 포함하는 것이 되었고, 일본인의 보고서에도 섬목에 '도항'을 포함하거나, '도항'을 관음도로 칭하고 있다. 이로써 점차 '관음도'와 '도항'이 병칭되는 경향이 보인다.36) 따라서 섬목과 관음도를 칙령의 이른바 '울릉 전도'의 범주에 포함시킬 수는 있지만, 관음도를 따로 분리하여 '석도'에 비정하기는 어렵다. '관음기觀音崎'라는 명칭이 '죽도'가 보인 1900년에 함께 보이므로 이 명칭을 놔두고 굳이 '석도'라고 표기할 이유도 없었을 것이다. 지형적 특성으로 보더라도 '관음도'는 '석도' 호칭에서 유추되듯이 '돌섬'이 아닌 데다 대나무가 자라는 섬이므로 '죽도'에 비정할 수는 있어도 '석도'에 비정하기는 어렵다.

2) 우리말 지명의 훈차표기 용례

지명은 본래 순수한 우리말이었겠지만 문헌 표기를 위해서는 한자화가 필요했을 것이다. 우리말을 한자화하는 방법에는 우리말의 뜻에 맞게 훈訓을 붙이는 '훈차' 방식, 그리고 음音을 그대로 한자로 적는 '음차' 방식이

---

34) 《한국지명총람》7권 '울릉군'편 지도에는 '깍세섬'으로 나와 있고, 본문에는 이들 호칭이 열거되어 있다. '깍새(깍꼐새)'로도 되어 있어 깍새와 깍세가 같은 호칭임을 알 수 있다(95쪽). 현재의 공시지명은 깍새섬이라고 한다(김기혁, 〈조선-일제 강점기 울릉도 지명의 변화〉, 《한국지명연구》, 444쪽).

35) 석불형상의 바위가 여러 개 있다고 해서 관음도라 불렀다는 유래도 있다(《동아일보》 1928년 9월 8일자).

36) 1933년 일본이 펴낸 《朝鮮沿岸水路誌》에는 '觀音島(鼠頂島)'로 되어 있다. '鼠頂島'는 '島項'이 와전된 것이다.

있다. 앞에서도 언급했듯이, 일반적으로 지명은 그 지역의 형상이나 특징을 나타낼 수 있는 것으로 명명하므로 말섬, 쇠섬, 토끼섬, 바위섬, 댓섬, 밤섬, 돌섬 등의 지명은 그 자체가 섬의 형상에서 파생된 것임을 말해 준다. 거꾸로 한자 지명 이를테면 馬島, 牛島, 兎島, 巖島, 竹島, 栗島, 石島 등은 우리말의 뜻에 맞춰 그 훈訓을 빌려 표기한 지명으로 문헌 표기를 위한 방식이다. 오늘날 우리가 우리말 지명을 알 수 있는 방법은 역설적이게도 한자 지명을 통해 거꾸로 추론하는 수밖에 없다. 조선시대의 《경상도 지리지》(1425)를 보면, 섬의 형상을 짐작할 만한 지명, 馬島나 樸島 등이 나오지만, '石島'에 비정할 만한 지명은 보이지 않는다. 《경상도 지리지》는 《신찬 팔도지리지》(1432)와 《세종실록》〈지리지〉(1454)로 이어졌고 후에 《동국여지승람》의 기본 사료가 되었으므로 그 증보판인 《신증 동국여지승람》을 통해 지명의 표기방식을 추론할 수 있다. 《신증 동국여지승람》제45권 강원도 흡곡현의 누정樓亭 시중대侍中臺를 소개하는 글에 아래와 같은 내용이 있다.

고을 북쪽 7리쯤에 긴 멧부리가 뻗어나가다 동쪽으로 서렸는데 삼면이 모두 큰 호수이다. 호수의 물이 넘치고 물가가 돌고 굽으며 밖으로는 큰 바다가 빙 둘러 있다. 바다에는 빽빽하게 늘어선 작은 섬 일곱 개가 있으니, 천도穿島·묘도卯島·우도芋島·승도僧島·석도石島·송도松島·백도白島이다.

위에 나온 우도, 석도·송도·백도 등은 지명으로 섬의 형상을 짐작할 수 있다. 《동국여지승람》을 인용한 《대동야승》[37]에는 "영동 학림현鶴林縣

---

37) 《대동야승》〈해동잡록〉3 본조本朝, 한명회韓明澮. 〈海東雜錄〉은 《大東野乘》제19권에서 23권까지의 사이에 전부 6권으로 수록되어 있다. 작자 미상이다. 그러나 《대동야승》 은 권별 편저(1589)로 알려져 있다.

북쪽에 수려한 묏부리가 하나 있는데 삼면은 다 큰 호수요, 호수 밖에는 큰 바다가 있고, 바다 가운데는 일곱 섬이 있는데 천도穿島·알섬〔卵島〕·토란섬〔芋島〕·중섬〔僧島〕·돌섬〔石島〕·솔섬〔松島〕·흰섬〔白島〕이라 하고, 호수와 바다 사이에는 푸른 솔이 길을 메우니 그 경치는 경포대와 서로 고하를 다투므로 이름을 칠보대七寶臺라고 했다"고 쓰여 있다. 《신증 동국여지승람》과 같은 지명을 기술한 것이지만 여기서는 우리말로 풀어준 차이가 있다. 알섬〔卵島〕이 《신증 동국여지승람》에는 '卵島'로 되어 있는데 아래 내용으로 보건대, '卵島'가 맞는 듯하다. 《신증 동국여지승람》 제45권 강원도 통천군의 '산천'조에 '卵島'라고 호칭한 연유가 아래와 같이 나와 있다.

난도卵島: 군의 동쪽 바다 안에 있는데 수로는 50리이다. 사방에 석벽이 가파르게 서있고 서쪽의 한 길만이 바닷가로 통하며 물가에 겨우 고깃배 하나를 댈 수 있다. 해마다 3~4월이 되면 조류들이 무리로 모여들어 알을 낳아 기르기 때문에 난도卵島라고 이름한 것이다.

위의 용례는 지명 표기가 돌이나 대나무, 소나무, 알처럼 섬의 형상이나 특성에서 훈차訓借한 것임을 확인시켜 준다. 이러한 예는 각종 읍지나 지도에서도 흔히 발견되며,[38] 일본 기록에서도 찾아볼 수 있다. 1894년 8월 17일 인천영사 노세 다쓰고로能勢辰五郎가 오토리 게이스케大鳥圭介 특명전권공사에게 보낸 보고서 별지에 황해도 대동강 근처의 지명을 일러, "'돗섬トッセム' 또는 '돗첨トッチエム'(席島가 아닌지)을 통항할 때……"[39]라

---

38) 《경상도읍지》 남해 부분에 '石島竹島沙島槽島鼎島南虎島'가 보이고, 《大東地志》 제주해로 부분에도 '竹島卵島以上湖西松島石島豆島' 등의 지명이 보인다.

39) 《주한 일본공사관기록》3권, 5 〈군사관계 일건〉, 1894년 8월 17일.

고 적은 것이 보인다. 이는 '돗섬'에 대한 것으로, 돗자리의 뜻(席)과 섬의
뜻(島)에 해당되는 한자를 빌려 '席島'로 표기한 것이다. '섬'의 발음이
'섬'인지 '첨'인지 몰라서 둘 다 적어주었으나 괄호에 '(席島가 아닌지)'라는
말을 넣었으므로 '돗섬'임을 알 수 있다. 이 섬은《신증 동국여지승람》(제
43권) '황해도 풍천도호부'의 '산천'조에 나오는 '席島'[40]를 가리킨다.

일본이 펴낸 조선수로지와 일본수로지 등의 지명에도 훈차방식이 적용
되고 있다. 특히 '석도'에 대해서는 '도루소무' 또는 '도토쿠소무' 등의 토
를 달아주어[41] '돌섬' 또는 '독섬'의 훈차로 '石島'가 성립했음을 보여 주
고 있다. 1920년《일본 수로지》에는 '울릉도' 부분에 아래와 같은 내용이
나온다.

저동 정박지의 북북동 2련 반에 冑島(北岩)라고 불리는 암서가 있다. 정
상이 뾰족하고 높이가 137척인데 방인邦人은 이를 두도兜島라고 한다.

위에 나온 '冑島(北岩)'와 '兜島'는 둘 다 '투구 섬'을 훈차 표기한 것이
다. 다만 '투구'의 뜻에 해당되는 한자를 '주冑'와 '두兜'로 달리 썼을 뿐이
다. 우리나라는 바위 형상이 투구와 닮았다고 해서 이렇게 명명된 것으로
보지만[42] 1920년 당시 일본은 '주도冑島'는 한국식, '두도兜島'는 일본식 호
칭인 듯 기술하고 있다.[43] 현재는 저동의 북쪽에 있다는 의미에서 '북저
바위'로 불리기도 한다. 괄호에 '北岩'이라고 했으므로 '북저바위'에 대한

---

40) 석도席島 부의 북쪽 30리 바다 가운데 있다.

41) 박병섭,《한말 울릉도 독도어업》, 한국해양수산개발원, 2009, 74~75쪽.

42) 울릉군,《울릉군지》, 울릉군청, 2007, 91쪽.

43) 그러나 울릉도 남양에 투구바위라 불리는 것이 따로 있다.

훈차표기임을 뒷받침하고 있다. 이렇듯 일본도 우리말 지명을 표기할 때 훈차 또는 음차방식을 취하고 있다. 다만 일본식 한자를 쓰거나 표기를 달리한 것은 혼동을 피하기 위해서였다. 일본이 울릉도 옆의 '죽도竹島'를 '죽서竹嶼'로 표기하게 된 것도 '다케시마竹島'와의 혼동을 피하기 위해서 이다.

3) 울릉도 지명의 차자표기 용례

우리말 지명의 한자표기 용례는 울릉도와 주변도서의 지명에서도 찾아볼 수 있다. 18세기 수토관의 보고서와 1882년 이규원의 〈울릉도 검찰일기〉를 보면, 우리말 지명의 한자표기방식을 짐작할 수 있다. 1785년 월송 만호 김창윤의 수토 보고서에 나오는 지명은 대략 아래와 같다.[44]

> 저전동苧田洞, 중봉中峰, 대추암大錐巖, 소추암小錐巖, 가지도구미可支島仇味, 왜강창倭舡滄, 장작지長作地, 천마구미天磨仇味, 후죽암帿竹巖, 방패도防牌島, 현작지玄作地, 죽암竹巖, 공암孔巖, 황토구미黃土仇味, 향목정香木亭

이들 지명은 우리말 지명을 훈차표기한 것으로 보이지만 정확히 추정하기 어려운 것도 있다. 이 가운데 섬에 해당시킬 만한 지명은 가지도구미可支島仇味, 방패도防牌島 정도이다. 1794년의 강원도 관찰사 심진현의 장계는 월송 만호 한창국의 보고에 근거한 것인데, 여기에는 황토구미진, 중봉, 황토구미굴, 향목정, 통구미진, 장작지포, 저전동, 방패도, 죽도, 옹도, 가지도, 구미진, 죽암, 후포암, 공암, 추산 등의 지명이 보인다. 한창국의 보고에서 섬에 해당시킬 만한 지명은 김창윤의 보고에 나온 가지도(가

---

44) 《일성록》정조 10년 6월 4일(병자).

지도구미), 방패도 외에 죽도와 옹도가 추가되어 있다.[45] 1794년 이후에도 수토는 지속되었으므로 이규원의 검찰이 있기 전까지 대략 20건의 수토 기록이 남아 있다. 이규원의 〈울릉도 검찰일기〉와 〈울릉도 외도〉에 나오 는 지명은 대략 아래와 같다.

> 곡포谷浦, 나리동羅里洞, 통구미桶邱尾, 소황토구미小黃土邱尾, 대황토구大黃 土邱, 흑작지黑斫之(玄浦), 왜선창倭船艙, 대소저포大小苧浦, 도방청道方廳, 장 작지長斫之, 대암포大巖浦, 저전포楮田浦, 흑작지포黑斫之浦, 천년포千年浦, 향 목구미香木邱尾, 촉대암燭臺岩, 죽도竹島, 도항島項, 죽암竹岩, 흑포黑浦, 사태 구미沙汰邱尾

이들 지명은 그 유래를 알 수 없는 것이 있긴 하지만, 흑작지黑斫之, 현포玄浦, 황토黃土, 죽암竹岩, 저전포楮田浦, 촉대암燭臺岩, 죽도竹島, 흑포 黑浦 등은 그 자체만으로 지형적 특성을 짐작할 수 있다. 이규원의 보고 서와 지도에서 울릉도 외에 도서에 비정할 만한 지명으로는 '죽도'와 '도 항'이 있다. 이보다 앞선 정조 연간의 수토기와 그 후 기록에서 울릉도 외에 도서에 비정할 만한 지명으로는 가지도, 방패도, 죽도竹島, 옹도瓮島, 도항島項 등이 있었다. 한창국은 방패도를 세 개의 섬 가운데 하나로 죽 도와 옹도 사이에 있는 북쪽의 섬이라고 했고, 따로 가지도도 언급했다. '瓮島'는 독 '瓮'자를 쓴 것으로 보아 '독섬'에 대한 훈차표기로 볼 수 있 으나 세 섬의 거리가 1백 여 보에 불과하다고 했으므로 석도인 '독섬'에 대한 훈차가 아니라 '항아리섬'에 대한 훈차표기이다.[46]

---

45) 《정조실록》정조 18년 6월 3일(무오).

46) 현재 이 섬에 해당되는 것을 북저바위로 보고 있다.

그러므로 위 문헌의 한자 지명 가운데 '돌섬(독섬)-석도'와 연관지을 만한 것은 별로 보이지 않는다. 한글 지명이 보이기 시작한 것은 《독립신문》(1887년)에 와서이다. 져포동, 도동리, 샤동, 쟝흥동, 남양동, 현포동, 태하동, 신촌, 광암리, 련부동, 나리동 등의 울릉도 지명을 한글로 쓰고 있지만 이는 순우리말은 아니고 한글로 표기한 것뿐이다. 순우리말 지명이 보이는 것은 1892년으로 추정되는 《정처사 술회가》에서이다. 모두 25개가 넘는 지명이 나오는데 '현포玄圃', '즁군딖將軍臺', '모시기', '가두머리可頭峰', '통구미通九味' 등으로[47] 음차·훈차표기 지명과 순우리말 지명이 함께 나온다. 위에서 언급한 〈한국 울릉도 사정韓國鬱陵島事情〉(1902)에는 'テツセミ島(댓세미 도)'라고 되어 있는데 이는 '댓섬'에 대한 음차와 훈차가 혼합된 표기이다. 여기에 "본방인은 이를 竹島라 속칭한다"고 추기하고 있으므로 일본은 '댓섬'을 훈차하여 '竹島'로 표기하고 있었음을 알 수 있다. 〈한국 울릉도 사정〉에 나온 울릉도 지명은 《한국 수산지韓國水産誌》를 발간할 때 참고가 되었을 것으로 보인다.[48] 《한국 수산지》(1908-10)는 경상남도 울도군 부락의 지명을 아래와 같이 적고 있다.[49]

　　南面 - 芧洞(모동), 都洞(도동), 沙洞(사동), 玉泉洞(옥천), 新里(신리), 長
　　　　　興洞(장흥동)

　　西面 - 通龜洞(동기미), 石門洞(셕문), 南陽洞(남양동), 窟巖洞(글바위), 南

---

47) 김기혁·오상학·이기봉, 《울릉도 독도 고지도첩 발간을 위한 기초연구》, 한국해양산개발원, 2007, 97쪽; 디지털 울릉문화대전 참조.

48) 여기 수록된 지명은 1907년 오쿠하라 헤키운이 펴낸 《竹島及鬱陵島》에 나오는 지명과 유사한 지명이 많이 보인다. 오쿠하라는 道洞, 遇伏洞, 中嶺, 通龜尾, 窟巖, 山幕谷, 香木洞, 新村, 千年浦, 天府洞, 亭石浦, 乃守田, 砂工南, 沙洞, 新里, 間嶺, 南陽洞, 水層洞, 臺霞洞, 玄浦, 光岩, 羅里洞, 昌洞, 竹岩, 臥達里, 芧洞 등을 열거하고 있다.

49) 《한국 수산지》2집에는 한글고어로 되어 있는데 이 글에서는 현대어로 표기했다.

西洞(남셔동), 鶴浦洞(학포동), 臺霞洞(대가동)

北面 - 玄圃洞(현포동), 新村(신촌), 光巖(광암), 錐山(츄산), 昌洞(챵동),

竹巖(죽암), 亭石浦(정셕포)

이렇듯 한자와 한글을 병기하고 그 아래에 다시 언문을 덧붙였으므로 지명의 어원을 알 수 있다. 苧洞-모시게/ 沙洞-아래게사/ 南陽洞-고우리켄/ 玄圃洞-가몬사키/ 錐山-송곳산/ 昌洞-에이센챠/ 竹巖-라바오/ 亭石浦-청포동 등으로 적은 것은 대부분의 지명이 '훈'을 차용하는 방식을 취하고 있었음을 보여 준다. 또한 《한국 수산지》에는 "학포동은 과거 소황토포, 대하동도 옛 이름은 황토포로 칭했다. 이곳은 본도本島 서북각의 서남 측에 있으며 이 섬 북서각에 황토금말黃土金末로 기록되어 있는 것은 아마 이 때문일 것이다. 북면에 속한 죽암, 정석포 등 일대를 총칭하여 천부동天府洞이라 하는데 대개 문서상〔成冊上〕의 마을 이름으로 죽암, 정석 등은 그 일 부락에 지나지 않는다"라는 내용이 나온다. 이는 학포동, 대하동, 천부동 등의 지명이 순우리말에서 유래했다기보다는 '문서상'의 필요에 의해 성립한 지명임을 말해 주고 있다.

3. 차자표기 용례에 의한 '독섬→석도' '독섬→독도'설 입증

1) 《조선지지자료朝鮮地誌資料》의 표기 용례

기록에서 '석도石島' 호칭이 보인 지 4년 만인 1900년에 '독도獨島' 호칭이 등장했다. '독도'라는 호칭은 1904년 일본 기록에 보였고 이어 1906년 한국 기록에도 보였는데 이후부터는 '석도'보다 '독도' 호칭이 일반화되었고 우리말 '독섬'이라는 호칭도 함께 쓰였다. 일제 강점기 한인이 '독도'로 호칭했음을 보여 주는 한국 측 문서가 현재로서는 보이지 않기 때문에50) 해방 후 기록에서 찾아보면, 1946년 1월 29일자 SCAPIN-67751)에는 울릉도를 'Utsuryo(Ullung) Island'로, '독도'를 'Liancourt Rocks(Take Island)'로 표기했다. 1946년 6월의 SCAPIN-1033에는 '독도'를 'Takeshima'로 표기했다. 1947년 '울릉도독도 학술조사단'은 조사단 명칭에 '독도'를 썼으며, 조사를 통해 당시 울릉도 주민들이 독도를 '독섬'으로 부르고 있다는 사실을 밝혀냈다. 1948년 8월 우국노인회가 맥아더 사령관에게 보낸 청원문에는 'Docksum'으로 되어 있어 1940년대까지 '독도'와 '독섬'이 병칭되었음을 알 수 있다. 한국에서 '독도' 표기의 변천과정을 보면, 근대 이전에는 '于山島'52)로 표기되다가 1900년 문서에는 '石島'로 표기되었고 이어 1904년에 '獨島' 호칭이 나타난 이래 1940년대까지 '독도'와 '독섬'이 병칭되다가 현재는 '독도獨島'로 정착한 상태다. 그렇다면 문서에서의 표기인 '石島'가 어떻게 '獨島' 표기로 바뀌게 되었는가, 그리고 현재의 '獨島'는 '석도'를 계승한 것인가 '독섬'을 계승한 것인가?

1947년 울릉도·독도 학술조사단의 일원이던 국어학자 방종현은 독도를 탐사할 당시 '독도' 호칭의 유래를 천착하기 시작했다. 그는 먼저 '독도'라고 할 때의 '독'이 지닌 의미를 생각해 보았다. 그리하여 이를 섬의 형상

---

50) 일제 강점기 울릉도 재주 일본 어업인들은 울릉도의 한인이 독도로 호칭했음을 진술하고 있다(〈竹島漁業の變遷〉, 《涉外關係綴(竹島關係綴)》 (昭和 28年) (001-02), 참고자료-竹島島名について補足).

51) SCAPIN-677은 Supreme Commander for the Allied Powers Index Number 677의 약자이며, '연합국 최고사령관 총사령부 지령 제677호'라고 표기한다. SCAPIN 제677호라고 쓰는 것은 올바른 표기가 아니다(GENERAL HEADQUARTERS SUPREME COMMANDER FOR THE ALLIED POWERS STAFF MEMORANDUM NUMBER 4, 24 January 1946와 《독도 사전》)에 의거함.

52) 문헌에 우산도 표기가 보이는 것은 1908년 《증보 문헌비고》까지이다.

과 연관시켜 보면, 독도가 속이 텅 비고 밑바닥에 물이 고인 모양이 물독과 비슷하므로 '독섬'이라 이름 붙였을 가능성이 있으나 두 개의 섬인 독도를 '독섬'으로 부르는 것은 섬의 형상과 맞지 않는다고 생각했다.[53] 즉 그는 '독'을 섬의 형상과 연관지어 보았으나 그것이 '물독'에서 왔을 가능성을 배제하고 다른 식으로 생각했다. 이에 고안해낸 것이 '石島'의 뜻과 연결 지어 보는 것이었다. 그는 '石島'를 풀면 '돌섬'이 되지만 '돌'의 방언이 '독'이라는 점에 착안했다. 그렇게 되면 석도를 '독섬'으로도 부를 수 있다고 보았다. 그가 국어학자이기에 가능한 발상이다. 그리하여 그는 독도의 외형이 돌로 된 것처럼 보인다는 점과 '돌'을 방언으로 '독'이라고 하는 문제를 해결하면, '독도'라는 명칭이 '석도'라는 명칭에 거의 가까운 해석이 된다고 보았다.

그 결과 그는 "독도 역시 돌뿐이요 오히려 흙이 없고, '石'을 '독'이라고 하는 것은 전라남도 해안에서 '절구'를 '독구통'이라고 하던가, '碁'를 '돌' 또는 '바독'으로, '다드미돌'을 '다드미독' 이라고 하는 것 등에 비추어, 이 섬은 역시 石島의 뜻인 '독섬'이라고 생각된다"[54]는 결론을 도출했다. 이런 논증은 '獨島'의 어원을 '石島'의 언문인 '독섬'에서 찾아보려는 최초의 시도이다. 그러나 그는 대한제국 칙령 제41호에 '석도'가 언급되어 있다는 사실은 알지 못한 채 언어학적으로만 추론한 것이다. 1947년 당시 독도는 "현재 독섬이라고 부른다"고 했듯이, '독섬'으로도 불렸다.

'돌'의 방언이 '독'이라는 해석은 언어학자 오구라 신페이도 밝힌 바 있다. 방종현의 해석이 오구라 신페이小倉進平의 조선어 방언 연구에 기초한 것인지 그 선후 관계는 알 수 없지만, 방종현이 국어학자인 점에 비춰 오

---

53) 방종현(1947), 앞의 글, 570쪽.

54) 위의 글, 570~571쪽.

구라 신페이의 조선어 방언 연구를 알고 있었을 가능성이 크다. 그런데 오구라 신페이의 방언 연구를 '독섬'→'독도' 연구에 응용한 자는 방종현이 아니라 송병기이다.

오구라 신페이를 비롯한 국어학자들이 '돌'의 방언이 '독'이라는 점을 밝히는 데 근거로 이용한 일차자료를 분석해 보면, 우리는 '독섬'이 '석도'와 '독도'로 된 경위 그리고 지명 표기방식을 추정해볼 수 있다. 일제 강점기에 조선총독부와 조선어학회가 중심이 되어 《조선지지자료朝鮮地誌資料》55)(조선총독부, 54책, 1906~1914?)와 《朝鮮말地名》(1940)을 낸 적이 있다. 《조선지지자료》는 칙령 제41호의 반포시기에서 멀지 않은 시대의 자료다. 이 자료는 울릉도 부분을 종별種別, 지명,56) 언문, 비고 순으로 적고 있고, 지명을 다시 산山, 천川, 계溪, 치峙, 동명洞名으로 구분해 적고 있다. 한자 지명을 먼저 쓰고 뒤에 언문 지명을 쓰고 있는데, 언문이 없는 지명도 많다. 이 자료는 지명뿐만 아니라 나무와 물고기, 특산물도 한자와 언문을 병기하고 있어 언문의 한자화과정을 밝히는 데도 유용하다. 한자와 언문이 병기된 지명을 위주로 추출해 보면 아래와 같다.

지명	언문	비고(원문은 한자임)
愚伏洞溪	우복동골	옥천동
間嶺峙	간영재	장흥동

---

55) 국립중앙도서관에 소장되어 있는 이 자료는 편찬연대와 필사자 미상으로 나와 있다. 김기혁의 연구(2007)에 따르면, 54책의 필사본으로 1906년 이후 1914년 이전 자료이나 편찬 연도는 1910년 전후인 것으로 되어 있다. '울도군' 지명은 경상남도 편에 수록되어 있다. 그러므로 '獨島' 명칭이 등장한 시기와 가장 가까운 시기에 조사된 것으로 볼 수 있다.

56) 김기혁의 연구(2007)는 지명을 모두 58개로 보고 있으나 실제로는 이보다 더 많다.

沙洞峙	아록사재	사동
苧洞峙	모시개재	저동
羅里峙	라리골재	신흥동
沙工里	사공넘이	도동안에 있음
苧洞	모시개	남면
朱砂谷	쥬사골	저동안에 있음
玉泉洞	우복동	남면
內周峰	안두루봉	석문동
外周峰	밧두루봉	남양동
蟾山	두겁산	학포동
石門洞溪	셕문골물	석문동
南西溪	남셔골물	남서동
台霞川	태하동내	태하동
通九味峙	통구미재	통구미동
龜岩峙	굴방위재	구암동
馬岩峙	말방위재	학포동
台霞峙	황토구미재	남서동과 태하동사이
南陽洞	골개	서면
馬岩	말바위	학포동 안에 있음
山幕谷	산막골	
錐山	송곳산	라리동
錐山川	송곳산내	라리동
玄浦洞	감은작지	북면
雄通浦	웅통개	현포동
光岩	구암	평리동
卵峰	알봉	라리동
古船昌	예선창	천부동
石圍洞	정돌포	북면

위의 용례를 보면, 한자지명은 대부분 우리말의 뜻을 차용[訓借]하거나

음을 차용〔音借〕하는 방식, 또는 혼용하는 방식을 취하고 있음을 알 수 있다. 구체적으로 보면, '馬巖'은 '말〔馬〕'과 '바위〔巖〕'의 뜻을 각각 훈차訓借한 것이고, '朱砂谷'은 '쥬샤'를 음차, '골'을 훈차한 것이며, '卵峰'은 '알〔卵〕'을 훈차, '峰'을 음차한 것이다. 모시개〔苧洞〕, 감은작지〔玄圃〕, 송곳산〔錐山〕, 대방위〔竹岩〕, 안두루봉〔內周峰〕 등의 지명도 대부분 같은 방식으로 명명된 것이다. 따라서 위의 표기방식으로 미루어 보더라도 칙령에 언급된 '석도'가 '돌섬'을 훈차한 것임을 알 수 있다.

그런데 우리나라는 '石島'가 '돌섬'을 훈차한 것일 뿐만 아니라 '독섬'을 훈차한 것이기도 하며, '獨島'는 '독섬'을 음차한 표기로 보고 있다. 그 근거는 무엇인가?《조선지지자료》울도군 부분에는 '石島' 또는 '獨島' 지명은 보이지 않는다. 그러나 다른 지역의 지명에서 '石'과 '獨'이 들어간 지명을 찾아 언문을 유추해 보면 위의 주장을 논증하는 것이 가능하다.

《조선지지자료》16(전라북도편)에 나온 지명 중 '石'과 '獨'이 들어간 한자지명과 언문을 적어 보면 아래와 같다.

지명	언문	비고(필자)
立石里	션돌	돌→石
立石酒幕	션돌쥬막	돌→石
石隅坪	돌모름이들	돌→石
石山	독산	돌→石
石洑坪	독보들	독→石
石洑	독보	독→石
石橋坪	독달리들	독→石
立石坪	션독거터	독→石
石亭坪	독정이	독→石

石洞峙	독골재	독→石
獨山坪	독매들	독→獨

《朝鮮地誌資料》17-23(전라남도편)에 나온 지명 중 '石'과 '獨'이 들어간 한자지명과 언문을 적어 보면 아래와 같다.

지명	언문	비고(필자)
石峴峰	돌고개	돌→石)
石溪	돌냇	돌→石
石隅坪	돌모을아들	돌→石
石峴	돌고개	돌→石
石谷	돌고개	돌→石
石峴峙	돌개재	돌→石
石峴坪	돌고개들	돌→石
石橋坪	돌다리들(평)	돌→石
石峴	독고개	독→石
石谷	독골	독→石
白石坪	차독박일골	독→石
石頭山	독머리산	독→石
石橋洑	독다리보	독→石
石洑	독보	독→石
石犬峙	독개재	독→石
石窟山	독굴매	독→石
石井坪(谷)	독정평(골)	독→石
石峙	독갓재	독→石
碑石坪	비독거리들	독→石
石內谷	독안이고랑	독→石
獨山	똥뫼	똥→獨

| 犢岩坪 | 독매들 | 독→犢 |
| 瓮峙 | 독재 | 독→瓮 |

　위에 나온, 전라북도와 전라남도의 지명표기 용례를 아래와 같이 구분해 볼 수 있다.

　　(1) '돌'을 '石'으로 훈차한 용례: 선돌→立石里 외
　　(2) '독'을 '石'으로 훈차한 용례: 독골→石谷 외
　　(3) '독'을 음차한 용례: 독산평→獨山坪, 독매들→犢岩坪
　　(4) '독'을 '瓮'으로 훈차한 용례: 독재→瓮峙
　　(5) '똥'을 '獨'으로 음차한 용례: 똥뫼→獨山

　(1)의 경우는 '돌'의 뜻을 가져와 '石'으로 훈차표기한 용례이다.

　(2)의 경우는 '독'을 '石'으로 훈차한 용례로, 이때의 '독'이 '돌'의 뜻을 지닌 방언임을 보여 준다. '石橋'에 대한 언문이 '돌다리'와 '독다리'로, '石峴'에 대한 언문이 '돌고개'와 '독고개' 두 가지로 나오는 것은 '石'이 '돌'의 훈차지만 '독'의 훈차이기도 하다는 사실을 보여 준다.

　(3)의 경우는 '독'을 음차한 용례인데 하나는 '獨'으로, 다른 하나는 '犢'으로 표기되고 있다. 독매들→獨山坪, 독매들→犢岩坪의 용례를 보면, '독'의 한자는 다르지만 둘 다 '돌'의 의미를 지니므로 방언 '독'을 음차한 것이다.

　(4)의 경우는 독(항아리)의 뜻을 빌린 훈차표기이다.

　(5)는 '똥'을 '獨'으로 표기한 것인데, 뒤에는 '똥매[犢山]'로 표기하

고 있어 '獨'과 '犢'은 '똥'에 대한 음차표기인 듯하며, '山'은 '뫼'에 대한
훈차표기인 듯하다.[57]

《조선지지자료》는 한자지명을 위주로 하고 언문은 부수적이어서 언문이
없는 지명도 많다. 그러므로 정확한 통계를 내기는 어려우나, '독'을 '石'으
로 훈차한 용례는 전라남도가 전라북도보다 더 많다. 전라도 이외 지역에
서 '石'과 '獨'자가 들어간 한자지명과 언문을 적어 보면 아래와 같다.

지역	지명	언문	비고(필자)
경상남도	石峴	돌고개	돌→石
경상북도	石白員	돌백이	돌→石
경상북도	石橋洞	돌다리	돌→石
강원도	支石市場	괸돌장	돌→石
강원도	石項	돌목이	돌→石
강원도	石高介	돌고개	돌→石
강원도	立石坪	선돌뜰	돌→石
강원도	石峴	돌개	돌→石
강원도	石巖坪	돌바우뜰	돌→石
충청남도	石浦里	돌개	돌→石
충청남도	石隅里	돌머루	돌→石
경상남도	獨山嶝	독메등	독→獨
경상북도	獨山	독뫼	독→獨
경상북도	獨巖谷	독박골	독→獨
경상북도	獨事谷	독새골	독→獨
충청남도	瓮岩里	독바위	독→瓮
경상남도	獨峴	외고개	외→獨

---

57) 이 원고를 쓴 뒤 필자는 국립중앙도서관의 이기봉 박사로부터 '똥뫼'가 '동산'을 의
미한다는 사실을 들었다. 그렇다면 '똥뫼'를 '獨山'으로 표기한 것은 '똥'을 '독'으로
음차한 것이며, '산'은 '뫼'를 훈차한 것으로 볼 수 있다.

강원도	獨橋川	외다릿목	외→獨

위에 나온 지명표기 용례를 아래와 같이 구분해볼 수 있다.

  (1) '돌'을 '石'으로 훈차한 용례: 돌고개→石峴, 돌머루→石隅里

  (2) '독'을 '獨'으로 음차한 용례: 독뫼→獨山, 독박골→獨巖谷, 독새골→
     獨事谷

  (3) '외'를 '獨'으로 훈차한 용례: 외다릿목→獨橋川, 외고개→獨峴

  (4) '독'을 '瓮'으로 훈차한 용례: 독바위→瓮岩里

위의 용례로 알 수 있는 것은 전라도 이외 지역에서는 '독'을 '石'으로 훈차한 지명이 거의 보이지 않는다는 사실이다. 반면에 '돌'을 '石'으로 훈차한 지명은 전라도뿐만 아니라 다른 지역에서도 일반적이었음을 보여준다. (2)의 경우는 '독'을 '獨'으로 음차했지만 '돌'의 의미를 지닌 경우(독뫼→獨山)와 단순히 '독'자를 음차한 경우(독새골→獨事谷)로 나뉜다. '독'이 '돌'의 의미를 지니고 '獨'으로 음차한 경우(독뫼→獨山 등)는 주로 경상도 지역에서 보인다. 전라도 이외에서는 '獨'자에 대한 음차표기 외에 훈차표기로서 '獨'자를 쓰고 있다. '외고개'를 '獨峴'으로 표기한 것은 '독'을 음차한 것이 아니라 '외(홀로)'에 대한 훈차표기로 볼 수 있기 때문이다. 따라서 전라도 이외 지역에서는 '獨'자가 들어간 지명이라 하더라도 독뫼→獨山의 경우처럼 음차한 경우와 외고개→獨峴의 경우처럼 훈차한 경우로 나뉘고 있음을 알 수 있다. (4)는 '독'을 항아리 '瓮'으로 훈차표기한 경우이다.

2) 1940년대 지명자료에 보이는 지명표기 용례

지명조사는 1940년대에도 실시되었다. 조선어학회는 1930년대 말에서 1940년대 초에 걸쳐 우리말 지명을 조사하여 《朝鮮말地名》[58]이라는 학술지 형태로 발간했는데, 이 안에도 돌(독)을 '石'으로 표기한 용례가 나와 있다. 당시 현지조사를 통해 작성된 이 자료는 돌골[石山], 샛섬[新島], 돗섬[席島], 곰섬[熊島], 널바위[板岩], 가문골[玄洞], 다리목[橋項] 등의 지명처럼 우리말 지명을 먼저 적은 뒤 괄호 안에 한자를 적었는데, 훈차표기가 대부분이다. 이 자료는 표준말과 시골말도 적어주어 '가위'의 시골말은 '가새[鋏]', '베개'의 시골말은 '비개[枕]', '부엌'의 시골말은 '정지[廚]'임을 밝히고 있다. 마찬가지로 '돌'의 시골말이 '독[石]'이라는 점도 밝히고 있다. '독[石]'에 대한 조사를 '전주'에서 했다고 특별히 밝히고 '돌'의 시골말이 '독[石]'이라고 했으므로 '돌'의 전라도 방언이 '독[石]'이라는 사실을 입증해 주고 있다.

전라북도 익산군 일대를 조사한 지명 중 '石'자가 들어간 것을 추출해 보면 아래와 같다.

조선말 지명	한자지명	비고(필자)
독다리골	石橋	독→石
선돌	立石	돌→石
돌바우	石岩	돌→石
돌고개	石峙	돌→石

---

58) 국립중앙도서관(http://www.dlibrary.go.kr)에서 원문자료를 제공하지만 정확한 서지사항은 알 수 없다. 1937년부터 보이기 시작하여 1946년까지 나와 있다.

위에서 '石'자 표기용례는 둘로 나뉜다. 하나는 '돌바우→石岩'의 용례처럼 '돌'을 '石'으로 훈차한 것이며, 다른 하나는 '독다리골→石橋'의 용례처럼 '독'을 '石'으로 훈차한 것이다.

전라도 이외 함경도, 황해도, 강원도 지역에서 우리말 지명의 한자표기 및 '石'자가 들어간 지명용례를 보면 아래와 같다.

※ 지역에 따라 같은 지명이 중복되어 나오기도 함

지역	조선말지명	한자지명	구분(필자)
북청	샛섬	新島	새→新
송화	돗섬	席島	돗→席
송화	곰섬	熊島	곰→熊
청진	가지섬	鵲島	가지(까치)→鵲
양양	댓섬	竹島	대→竹
영흥	뚝섬	纛島	뚝(둑)→纛
영흥	범섬	虎島	범→虎
나진, 은진	솔섬	松島	솔→松
나진, 은진	알섬	卵島	알→卵
안주	검바우	黔岩	검다→黔
송화	돌논들	石畓洞	돌→石
북청	돌골	石村	돌→石
연천	검은돌	玄石里	돌→石
봉천	돌직개	石支	돌→石
명천	선돌	立石洞	돌→石
은율	돌모루	石隅洞	돌→石
은율	돌무지	石塘	돌→石
강릉	돌문리	石門里	돌→石
영흥	선돌	立石里	돌→石
영흥	돌터	石臺里	돌→石

영흥	돌쩡이	石場里	돌→石
영흥	돌섬	石島	돌→石
안주	선돌	立石里	돌→石
안주	돌모루	石隅	돌→石

위에서 나온, 돗섬→席島, 곰섬→熊島, 범섬→虎島 등의 용례는 우리말의 뜻에 따라 훈차표기한 방식으로, 이런 방식이 1940년대에도 여전히 적용되고 있었음을 보여 준다. '石'자가 들어간 지명의 경우, 언문은 모두 '돌골', '돌터', '선돌' 등으로 되어 있는 것을 보면 '돌'을 '石'으로 훈차한 것임이 드러난다. 영흥의 '石島'도 현재의 독도는 아니지만 '돌섬'에 대한 훈차표기이다. 다만 이들 지역에서 '石'자에 대한 언문을 '독'으로 한 지명은 보이지 않는다. 즉 '돌섬'은 보이지만 '독섬'은 보이지 않는다. 이는 오구라 신페이가 '돌'을 '독'으로 부른 지역을 주로 전라도와 경상도, 충청도 지역에 한정한 사실과도 부합된다.

3) 《한국지명총람》에 보이는 지명표기 용례와 '獨島'의 의미변용

일제 강점기에 이어 1960년대에 우리말 지명을 조사한 자료로는 《한국지명총람》이 있다. 앞서 나온 《조선지지자료》와 《朝鮮말地名》을 망라한 것으로 보이는 《한국지명총람》은 우리말 지명 조사가 목적이므로 우리말 지명을 먼저 싣고 뒤에 한자를 실었다. 한자 표기가 없는 경우도 있지만, 지명 유래에 관한 설명이 덧붙여 있어 '독'과 '石'의 관계를 추정해볼 수 있다.

전라북도(11~12권)의 지명 가운데 '石'자와 '독'자가 들어간 지명을 구분해 보았다.

(1) '돌'을 '石'으로 훈차한 용례: 돌재〔石峙〕, 돌고개〔石峙〕, 선돌〔立石〕, 돌
보평〔石洑坪〕

(2) '독'을 '石'으로 훈차한 용례: 독섬〔石島〕, 독사리〔石村〕, 독보〔石洑〕, 독
다리〔石橋〕

(3) '독'을 '독'자로 음차한 용례: 독뫼/독매〔獨山〕, 독애들〔犢岩坪〕, 독곡篤谷

(4) '독'을 '瓮'으로 훈차한 용례: 독재〔瓮峙〕

(5) '똥'을 '獨'으로 음차한 용례: 똥뫼〔獨山〕

전라남도(13~16권) 지명도 아래와 같이 구분하되, 한자표기가 없는 것
은 우리말 지명만을 썼다.

(1) '돌'을 '石'으로 훈차한 용례: 돌배기〔石村〕, 돌고개〔石峴〕, 돌깨, 돌새미
〔石井〕, 돌꼬지, 선돌〔立石〕, 돌골〔石門〕, 돌보다리〔石洑〕

(2) '독'을 '石'으로 훈차한 용례: 독다리〔石橋〕, 선독거리, 독섬〔石島〕, 독배
미, 독개〔石浦〕, 독골〔石洞〕, 독배기〔石峙〕, 독고개〔石峴〕

(3) '독'을 '독'자로 음차한 용례: 독매〔獨山〕, 독섬〔獨島〕, 독골〔獨谷〕, 독새
골〔毒蛇〕, 독새울〔讀書洞〕

(4) '외'를 '獨'으로 훈차한 용례: 윗보〔獨洑〕

(5) '독'을 '瓮'으로 훈차한 용례: 독점〔瓮〕

(6) 기타 음차 용례: 돌산突山

위에서 보듯이, 전라도 지역은 남도와 북도를 불문하고 '돌'이나 '독'을
모두 '石'으로 훈차한 경우가 많다. 이 가운데서도 '독'자가 들어간 지명은

특히 전라남도에 많다. '독배기'에 대한 한자를 '石田坪' 또는 '石峙洞'으로 적고 있고 "돌이 많음"이라고 적어 '독'이 '돌'을 의미한다는 것을 알 수 있다. 한자가 없더라도 "돌이 박혀 있다고 함"이라고 적어 '독'이 '돌'의 방언임을 알 수 있다. 위에서 중요한 것은 '독섬'에 대한 표기로 '石島'와 '獨島' 둘 다 보인다는 점이다. 훈차표기와 음차표기가 병행되고 있는 것이다. 다만 비율에서는 '독'을 '石'으로 한 훈차표기가 '독'을 '獨'으로 한 음차표기보다 더 많다.

《조선지지자료》에서는 '외'를 '獨'으로 훈차한 경우가 주로 경상도 지역에서 보이는데, 《총람》에서는 전라도 지역에서도 보인다. 한편 《총람》경상도(5~10권)와 강원도(2권), 충청도(4권) 지역의 지명도 아래와 같은 구분이 가능하다.

(1) '돌'을 '石'으로 훈차한 용례: 돌정이[石井], 돌고개[石峴], 선돌[立石], 돌발산[石峰], 돌고지[石串], 돌골[石洞里], 돌내[石川], 돌보[石洑]

(2) '독'을 '石'으로 훈차한 용례: 독골[石洞里], 독개[石浦], 독다리, 독새미

(3) '독'을 '독'으로 음차한 용례: 독뫼(매)[獨山], 독섬[獨島], 독바우[獨巖], 독산리[篤山里], 독자곡獨自谷, 독잣골[犢子谷], 독새등[毒蛇], 독점獨店

(4) '외(딴, 외미, 오미)'를 '獨'으로 훈차한 용례: 딴묏산[獨山], 윗보[獨洑], 오미[獨山], 딴섬[獨島]

(5) '독'을 '瓮'으로 훈차한 용례: 독바위[瓮]

(6) 기타: 똥매[犢山], 똥매봉[獨山峰], 옹기점[獨店]

위의 용례를 보면, 몇 가지 특징이 발견된다. 첫째, 경상도 지역에서 '독'을 '石'으로 훈차한 지명이 보이기는 하지만, 기타 지역에서는 대부분

'돌'을 '石'으로 훈차하고 있다는 점이다. 둘째, '獨'이 들어간 지명이라 할지라도 '독섬〔獨島〕'의 경우처럼 '독'을 음차한 경우, 딴섬〔獨島〕의 경우처럼 '딴'을 훈차한 경우, '윗보〔獨洑〕'의 경우처럼 '외'를 훈차한 경우로 나뉜다는 점이다. 셋째, '독섬'을 '獨島'로 표기한 경우라도, '독'을 '獨'으로 음차한 것은 전라도와 경상도에 모두 보이는 반면, '딴섬'을 '獨島'로 훈차 표기한 것은 전라도 지역에서는 보이지 않는다는 점이다. '獨島'에 대한 언문으로 '독섬' 외에 '딴섬'이 출현하고 있다는 사실은 지금까지의 '독도' 표기방식과는 다르다는 점에서 시사하는 바가 있다. '독섬'이나 '딴섬'이 모두 한자로는 '獨島'로 표기되고 있으나, 하나는 '독섬'의 '독'자를 딴 음차이고, 다른 하나는 '딴섬'의 '딴(외딴)'의 의미에서 온 훈차표기이기 때문이다.

1960년대 이후에 '딴섬'이라는 지명이 등장한 것은 '獨島'가 '돌섬'의 의미만을 지닌 것이 아니라 '외딴 섬'의 의미도 지니고 있음을 시사한다. 그런데 '獨島'에 대한 언문이 '(외)딴 섬'인 것은 주로 강원도에서 보인다. 이것이 의미하는 바는 무엇인가? 이는 '독섬'에서 '獨島'로 된 음차표기가 강원도 지역에서는 다른 의미의 '獨島'로 음차되고 있었음을 말한다. 그것은 초기에는 '돌'의 의미를 지닌 '독'에서 '독도'가 되었으나《한국지명총람》이 발간될 즈음에는 '돌'의 의미가 '외딴 섬'의 의미로 변용되기에 이르렀음을 말한다. 이렇게 된 데에는 강원도의 언어방식이 영향을 미쳤을 것으로 보인다. 다만 그 분기점이 언제인지 정확히 단정하기는 어렵다. 다만 강원도의 언어방식에서는 독섬→獨島→외딴 섬의 의미로 변용해 갔음을 추정해볼 수 있다.

지금까지는 돌섬인 독도를 '독섬'으로도 불렀으므로 '독섬'을 훈차하면

'石島', 음차하면 '獨島'가 된다는 것이 통설이었다. 1906년대의 자료인 《조선지지자료》에는 '독'의 한자표기로 '石'자와 '獨'자 둘 다 보이므로 '독섬'을 음차하면 '獨島'가 된다는 통설이 그대로 적용된다. 그런데 1960 년대 《한국지명총람》[59]을 보면 전라도 이외의 지역에서도 '독섬〔石島〕', '독섬〔獨島〕'이 보일 뿐만 아니라 '딴섬〔獨島〕'이 새로 출현하고 있는 것이다. 이는 '독섬'을 한자로 표기하던 초기에는 '石島'와 '獨島'가 병행되었으나, '석도'와 달리 '獨島'의 경우 '독섬'의 의미가 점차 퇴색하고 자의字意대로 '딴섬'의 의미를 띠게 된 것은 아닌가 생각해볼 수 있다. 그렇다고 '독도'의 우리말 '독섬'이 사라진 것은 아니다. 1940년대에도 여전히 '독섬' 호칭이 사용되고 있었고 그 후로도 사용되고 있었다. 1900년에 '석도' 표기가 출현하고 얼마 안 되어 '독도' 표기가 출현한 것을 보더라도 두 호칭이 모두 '독섬'에서 연유한다는 사실을 알 수 있다. 다만 위에서 보았듯이 후대로 오면 약간의 변화가 보인다. 즉 전라도 지역에서는 '독섬'을 '석도石島'로 표기하는 경향이 강한 반면, 강원도와 경상도, 충청도 지역에서는 '독섬'을 '독도獨島'로 표기하고, '딴섬'에 대해서도 '獨島'로 표기하는 용례가 등장하고 있다는 점이다.

이런 변화에 대해서는 다음과 같이 설명할 수 있다. 울릉도 개척 이전의 왕래자는 주로 전라도인이었지만, 정주자는 경상도 출신이 많았고,[60] 개척 이후 정식 입도자 역시 강원도와 경상도인이었다.[61] 이들은 초기에

---

59) 여기에는 이 자료가 《조선지지자료》와 그 이후의 지명 변화를 반영하여 수록한 것이라는 전제가 깔려 있다.

60) 1882년 이규원이 조사했을 때 울릉도에 있던 전석규는 십년 째 거주한 자로서 경상도 함양출신이다.

61) 1883년 입도 당시는 강원도인이 가장 많았고 그 다음이 경상도인이다. 1900년 우용정의 조사에 따르면, 울릉도 가호는 400여 호, 인구는 1,700여 명이었고, 1906년 일본인 조사에 따르면, 가호는 700호, 인구는 5천에서 7천 명으로 추산하고 있는데, 이

는 전라도인이 부르던 호칭 '독섬'을 받아들였을 것이다. 전라도인이 독도를 '돌섬' 또는 '독섬'이라고 호칭한 것은 문헌상의 '우산도' 호칭과는 달리 실견實見에 의한 호칭이었다. 이 호칭은 1900년 우용정 조사 당시 그대로 전해졌으나 보고서를 한문으로 작성하는 관례상 '독섬'은 '石島'가 되었을 것이다.[62] 그리고 이는 대한제국 칙령 제41호에 반영되어 '석도'로 표기되었다. 한편 우용정이 1900년 6월 조선造船을 금지하자 전라도인의 왕래가 소홀해졌고 그 사이에 울릉도에 입도한 강원도와 경상도인들이 정착해 갔다. 그러면서 이들의 언어방식도 지명에 영향을 미쳤을 것이다. 현지에서는 '우산도'나 '석도'보다 토착호칭인 '독섬'을 더 많이 사용하면서 경상도의 언어방식에 따라 경상도인들은 '독섬'을 '獨島'로 표기하게 되었다. 1904년 이후 '독섬'을 '독도'로 표기하는 용례가 정착하게 된 배경에는 경상도의 언어방식이 영향을 미쳤을 것으로 보인다. 이렇게 해서 정착된 '獨島'가 이번에는 거꾸로 '獨島'의 자의에 따른 의미를 지니게 되어, 이전의 '독섬'에서 '외딴 섬'의 의미로 변용된 것이 아닌가 한다. 여기에 영향을 미친 것이 강원도인의 언어방식이었을 것으로 가정해 볼 수 있다. 본래 강원도와 경상도에서 '독섬'은 '돌섬'의 의미였지만, 한자표기 '獨島'가 세월을 지나면서 초기 음차인 '獨'이 다시 훈차인 '獨'으로 변전하게 되었고 그로 인해 '홀로'의 의미를 띠어가게 된 것이다. 이는 '독메(石山:전라도)' '독뫼(獨山:경상도, 강원도)'의 경우를 보아도 알 수 있다. '石山'으로 표기된 '독메'는 '돌산'의 의미였지만, 獨山, 篤山, 禿山 등으로 표기된 '독뫼(독메)·독산'은 '독'의 음차에 지나지 않고, 점차 '獨山'에 대한 우리말은 '딴뫼·딴묏산'(강원도)의 형태에서 '독뫼(딴뫼)'(충청도)[63]로 의미까지 변하고

가운데 강원도와 경상도에서 온 이주민이 가장 많다.

62) 우용정이 '석도'로 쓴 기록은 아직 발견되지 않았다.

있기 때문이다.

1904년 일본 군함의 기록에 "한인들은 獨島라고 쓴다"고 한 것은 '독도' 호칭이 1904년 이전에 정착했음을 말해 준다. 1900년에서 1904년 사이의 간격은 크지 않으므로 '독섬'에 대한 훈차(石島)와 음차(獨島)표기가 1904 년을 전후해 병존했을 수도 있다. 다만 '독섬'이 '石島'로 표기된 지 얼마 안 되어 '獨島'로도 표기되고 그것이 경상도인의 언어방식과 관계가 깊다 고 한다면, 그 자체가 울릉도 정주자와 입도민의 출신지 언어의 영향을 받았을 것임을 시사한다. 이 때문에 돌섬인 '石島'가 독섬인 '獨島'로 정착 했다가 다시 강원도인 언어의 영향으로 '외딴 섬'의 의미로 변전하게 된 것이 아닌가 한다. '독도'가 이런 변전을 거쳐 오늘날의 '獨島'로 정착된 것이라면 신석호의 지적대로 이 섬이 동해에 '외로이' 있기 때문에 '獨島' 라는 이름이 붙여졌다고 언급한 부분에도 전혀 근거가 없다고 하기는 어 려울 것이다.

4. 맺는말

대한제국 칙령 제41호에 명기된 '석도'가 독도임을 입증하기 위해 우리 말 지명을 한자로 표기한 용례를 담고 있는 자료와 《한국지명총람》을 검 토했다. 선행연구는 '돌섬'의 방언이 '독섬'이고 이를 훈차한 것이 '石島', 음차한 것이 '獨島'라는 주장의 근거로 언어학적 성과를 거론해 왔으나, 이 글에서는 해방 이전 지명 자료에서 '石'자와 '獨'자가 들어간 지명의 용례를 들어 '독섬'이 '석도'와 '독도' 둘 다 표기될 수 있음을 입증했다. 그 결과 '돌'을 '石'으로 훈차한 지명은 전라도뿐만 아니라 다른 지역에서

---

63) 충청남도 지명에는 '독뫼(딴뫼)'라고 쓰고 한자는 '獨山'으로 쓰고 있다.

도 일반적이었음을 밝혔다. 또한 '독'을 '石'으로 훈차한 지명이 '돌'의 의미를 지니고 있으므로 '독'이 '돌'의 방언임을 입증했다. 또한 '독'을 '石'으로 훈차한 용례가 전라도에 절대적으로 많긴 하지만 경상도와 충청도[64]에서도 보인다는 사실을 확인했다. 이는 '돌'을 '石'으로도 쓰고 '獨'으로도 쓰는 용례가 지역마다 동등한 빈도로 보이는 것이 아니라는 사실을 말해준다. 경상도에서는 '독'을 '石'으로 표기한 용례보다 '독'을 '獨'으로 표기한 용례가 훨씬 더 많이 보이기 때문이다.

《조선지지자료》 등의 자료를 집대성한 《한국지명총람》의 단계에 오면, 전라도 이외 지역에서는 '獨'자가 들어간 지명의 언문이 여러 가지로 나뉜다. 독섬〔獨島〕, 독뫼〔獨山〕는 물론이고 딴섬〔獨島〕, 딴뫼산〔獨山〕, 윗보〔獨洑〕, 오미〔獨山〕 등의 지명도 보인다. '윗보〔獨洑〕'의 경우는 '외'의 의미대로 훈차한 것이므로 논외로 하더라도, '딴섬〔獨島〕'의 경우는 '독'을 음차한 것이 아니면서도 '독'과는 다른 의미인 '외딴'의 의미를 지니고 있다. 즉 '獨島'가 '외딴 섬'의 의미를 지니고 있는 것이다. 이는 '독섬'에서 유래한 지명이 세월이 흐르면서 의미 변용을 일으킨 것이다. '독섬'으로 불리던 초기에는 전라도 방언 '독섬'의 훈차와 음차방식이 병용되어 '석도·독도'라는 두 가지 표기방식(① '독섬→石島' ② '독섬→獨島')이 공존했지만, 점차 경상도인의 언어방식이 영향을 미치면서 '독섬→獨島'로 정착해간 것이다. 이렇게 해서 '獨島'가 된 지명이 이번에는 거꾸로 '獨'자를 훈독하여 '딴'의 의미(③ '딴섬→獨島')를 띠어 갔다. 그리하여 '딴섬→獨島' 단계에서는 '獨'이 '돌'이 아닌 '외딴'의 의미로 변용되었고, 이는 지명이 '독섬'의 음차방식에서 '외딴(홀로) 섬'의 훈차방식으로 변화했음을 의미한다.

필자는 '獨島'를 '딴섬'으로 훈독하는 방식(역으로는 '딴섬'을 '獨島'로 훈차

---

64) 이는 오구라 신페이의 연구결과와 일치한다.

하는 방식)이 주로 강원도에 보인다는 사실에 주목하여, 그 원인을 개척 당시 입도민이 주로 경상도와 강원도 사람이었다는 점에서 찾았다. 그리하여 통설인 '돌섬(독섬)→석도·독도'설이 통시적으로 적용되어 온 것이 아니라 시기를 내려오면서 독섬→'獨島'→'외딴 섬'의 의미로 변용되어 왔다는 사실을 알아냈다. 그러나 이는 가설로 제시한 단계이므로 앞으로 입도민의 출신분포, 울도군 관할이 강원도→경상남도→경상북도로 이동한 배경 등과 연관지어 보완될 필요가 있다.[65]

일본이 '석도=독도'설을 부정하는 데 대해서는 아래와 같이 반박할 수 있다. 첫째 칙령에 '석도'로 쓰여 있고 이를 독도와 연관시킬 만한 직접적인 증거가 없다는 점에 대해서는, 석도는 '독섬'에서 온 것이며, 독도 역시 '독섬'에서 온 것임은 우리말 지명의 한자표기 용례를 통해 충분히 방증된다는 점이다. 또한 일본은 "한국 측 사료를 통틀어 독도의 특징을 일러 '돌 같은 형상이다'고 언급한 문헌은 하나도 없다"고 했지만, 독도의 특징을 일러 돌 같은 형상이라고 직접적으로 기술해야만 알 수 있는 것은 아니다. 문헌에서는 '우산도'가 오래도록 통용되어 왔으며, 형상에 의거한 호칭으로는 '석도'가 최초의 호칭이라는 점에 오히려 주목해야 할 것이다. '석도'는 형상을 본 실견자들의 호칭인 점에서 근대의 산물이라고 할 수 있다. 다만 실견에 따른 호칭이 '돌섬'과 '독섬' 두 가지로 나오며 이것이 문헌에서는 '석도(독도)'로 되어 있었으므로 그 연관성을 방증하는 작업이 필요했던 것이다. 이에 한국 지명에서 '돌' 또는 '독'을 '石'으로 표기한 용례를 통해 실증한 것이다. 지명용례를 보면 '돌', '독'을 '石'으로

---

65) 초기 입도민이 강원도민이 경상도민보다 많았다는 사실에 비춰 보면, 강원도식 지명 변용이 우선되었어야 하지만 실제로는 경상도식 음차(독섬→독도)가 먼저 진행되었다. 이는 언어 변용과정에 영향을 미치는 요인으로 입도민의 숫자 외에 다른 요인, 이를테면 경제력, 관리의 비율, 행정장악력 등도 고려해야 할 것임을 보여 준다.

표기하고 있는데, 이 자체가 '石島'가 '돌 같은 형상'에서 연유한 것임을 말해 준다. 독도가 돌로 이루어진 섬임은 실견자라면 누구나 알 수 있는 사실이지만, 한편으로 일본이 주장하듯 명칭과 형상 사이에 반드시 직접적인 관계가 있어야 하는 것이라면, 일본이 칭하는 이른바 '마쓰시마松島'는 독도의 형상을 소나무와 같은 형상(또는 소나무)과 관계가 있다고 보고 붙인 호칭인지 반문할 수 있다.

또한 일본의 "한국은 울릉도 주민의 다수를 차지했던 전라도사람들의 방언 '독섬'에서 석도로 된 것이라고 주장하지만 이들은 봄에 와서 가을에 돌아가는 통어자일 뿐이고 개척 당시 울릉도 입도자는 경상도 사람이 더 많았으며, 독섬이 전라도 방언인지 경상도 방언인지 논자에 따라 불일치하며"라는 주장에 대해서는, '독섬'이 두 지역에서 모두 사용되던 방언이기 때문에 논자에 따라 일치하지 않았던 것임을 입증했다. 현재의 독도를 당시 '독섬'으로 불렀고 그 '독섬'을 '石島'로 표기한 것은 전라도와 경상도 모두에 해당되는 명명방식이었던 것이다. 일본은 1900년의 '석도'가 '독섬'에서 온 것이라면 당시 현지인들이 독도를 실제로 '돌섬(독섬)'이라고 호칭했어야 하는데 이 점이 의문시된다고 한다. 그러나 '독도'를 '독섬'으로 불렀다 할지라도 문헌에서는 한자로 표기해야 했으므로 '독섬'이라고 기록한 것은 쉬 목격되지 않는다.[66] 이 때문에 역으로 '石'으로 표기한 지명 용례를 조사하여 그것이 '독'의 의미를 지닌 것임을 방증하는 형식을 취한 것이다.

---

66) 일본은 1950년대 초 독도 어로 경험이 있는 일본인을 면접 조사한 적이 있는데, 이때 면접에 응한 자들은 대부분 일제 강점기 한인들이 독도를 '독섬'으로 불렀다는 사실을 증언했다. 이에 대해서는 이 책의 〈일제 강점기 일본인의 '독도' 호칭〉을 참조.

3장

독도는 대한민국 영토다

수세관행과 독도에 대한 실효지배

1. 머리말

한국은 1900년 대한제국 칙령 제41호에 명시된 '석도'가 현재의 독도를 가리키므로 일본의 편입보다 5년 앞서 독도 영유권을 확립했다고 주장해 왔다. 이에 대해 일본은 칙령의 '석도'는 독도가 아니며, 가령 독도라 할 지라도 1905년 일본의 편입 이전에 한국의 실질적인 점유, 이른바 '실효지 배'가 없었기 때문에 자국의 무주지 선점은 정당하다는 논리를 펴고 있 다.[1] 현재 일본 외무성이 "석도가 독도라는 의문이 해소된다 해도 칙령 공포를 전후하여 조선이 다케시마竹島를 실효지배한 사실이 없으므로 한 국의 영유권이 확립되지 않았다"고 주장하는 것은 대한제국 칙령 제41호 에 나온 '석도'가 '독도'임을 인정해야 할 경우를 가정하여 내놓은 논리이 다. 일본은 1905년 이전에 한국이 독도에 실효지배를 미칠 수 있는 완전 한 지위에 있었으면서도 전혀 지배권을 행사하지 않았던 점이 문제라고

---

[1] 쓰카모토 다카시塚本孝는 "석도가 다케시마임이 증명된다면 영유의사를 칙령에 공포 한 것은 영유의사의 표시가 될지 모른다. 그러나 칙령 전후로 다케시마에 대해 어떤 점유행위를 하지 않았기 때문에 칙령에서 자국 관할구역으로 기재한 것을 가지고 한국 영토라고 주장해서는 안 된다"라고 한 바 있다(쓰카모토 다카시, 〈다케시마 영 유권 분쟁의 초점〉, 《다케시마문제연구에 관한 조사연구보고서》, 다케시마문제연구 회, 2007).

지적한다. 그리하여 최근 일본은 한국으로 하여금 1905년 이전에 독도가 한국령이었음을 입증할 것을 요구하고 있다.

일본은 1903년 개인이 한 강치잡이가 불완전한 '실효지배'였다면, 이후 국가가 '시마네현島根縣 편입' 조치를 취한 다음 개인의 점유행위를 추인해 준 것은 완전한 '실효지배'의 확립에 해당된다고 주장한다. 과연 그러한가? 한국이 1905년 이전에 독도에 대한 실효지배 즉 통치권을 행사하지 않았다는 일본의 주장을 반론할 수 있는 자료가 울도 군수 후손에 의해 공개되었다. 바로 〈울도군 절목鬱島郡節目〉2)이다. 이 절목은 1902년 4월에 작성되어 내부가 울도군에 하달한 문서로 여기에는 일본의 불법 거주와 자원 침탈을 저지하고 울도군의 기강을 확립하기 위한 구체적인 방침이 실려 있다. 특히 이 절목 안에는 대일對日 수출화물에 과세하여 경비에 보태라는 내용이 들어 있는데, '수출화물'에는 독도에서 어채漁採한 전복과 강치가 포함되므로 이로써 독도에 대한 한국의 실효지배를 입증할 수 있다.

'실효지배'를 정의하기를, 실제로 국가가 일정한 영역에 대하여 자국 영유의 의사로 직접 또는 간접적으로 계속해서 통치권을 실질적으로 행사하거나 점유행위를 행한 사실, 구체적으로는 그 토지에 자국 법령을 적용하고, 토지에서의 경제활동에 과세하는 것을 포함하는 것으로 정의한다면,3) 대한제국이 독도에서의 경제활동에 과세한 사실이야말로 분명한 '실효지배'에 해당될 것이다. 이 글은 근대기 울릉도와 주변도서에서 전개된 일본의 침탈로 말미암아 성립된 '수세'관행이 어떻게 독도 영유권과 관계되는

---

2) 울릉군은 배계주 관련 사료를 수소문하다가 외증손녀가 소장하고 있던 이 사료를 발굴했다(2010년 10월). 필자가 그 사본을 제공받아 대략적인 내용을 처음 밝힌 바 있다(2011년 1월).

3) 김현수·박성욱, 《독도 영유권과 실효적 지배에 관한 연구》, 한국해양수산개발원, 2007, 참조.

지를 입증하려는 것이다.

　근대기 울릉도·독도의 어업을 조세정책의 측면에서 고찰하여 이를 영유권과 결부시킨 연구는 거의 없다. 이는 울릉도가 비非 개항장이었으므로 관세구역에 포함되지 않았기 때문이기도 하지만, 연구 측면에서도 울릉도· 독도의 어업에 관해서는 이제 시작단계에 있기 때문이다. 어업의 활성화에 따른 국가의 수세정책이나 어세 연구는 대체로 조선 후기에 한정되어 있다.[4] 대부분의 관세 연구는 개항장의 해관 구성이나 조직, 기능에 초점이 맞춰져 있다. 개항 이후 일본인의 어업 침투를 다룬 경우는 전국을 연구범위로 하거나 제주도어장을 중심으로 한 것이고 '울릉도·독도'로 특정해 다룬 것은 없었다. 울릉도·독도 어업을 영유권과 결부시킨 연구가 최근 나오고 있지만 울릉도 주민의 독도 인지, 거문도인의 독도 강치 증언, 일본인의 도항에 따른 어업활동과 어장 독점을 다루는 데 그치고 있다.[5] 이 가운데 울릉도와 독도 어업을 영유권 관점에서 다룬 연구[6]가 있는데 독도 어업을 상어잡이와 전복채취, 강치잡이로 구분하여 고찰하고 있다.

2. 대한제국 칙령 제41호 이전의 울릉도와 독도

1) 일본인의 울릉도 유입과 자원 침탈

일본 어업이 조선으로 출어를 본격화하기 시작한 것은 1883년에 '재조

---

4) 이영학(2000, 2003) 등의 연구가 있다.

5) 박구병(1966), 허영란(2006), 박병섭(2009), 송병기(2010), 김수희(2009, 2011)의 연구가 있다.

6) 박병섭(2009)의 연구.

선국 일본인 통상장정在朝鮮國日本人通商章程'(이하 '통상장정'이라 약칭함)이 체결되고 1889년에 '조선일본 양국 통어장정朝鮮日本兩國通漁章程'(이하 '통어장정'이라 약칭함) 체결로 어업에 관한 내용이 구체화되면서부터이다. 개국 이후 일본인들의 조선어장 침투는 경상도와 전라도를 중심으로 한 남해안과 제주도 어장이었으므로 울릉도 해역에서의 어로는 활발하지 않았었다. 이들은 제주도에서의 어로가 금지되자 전복을 찾아 울릉도로 오거나 일본에서 직접 도항해 왔다. 울릉도에서의 일본인 어로가 기록에 나타난 것은 1879년이고[7] 도민에 의해 목격되기 시작한 것은 1881년이다.[8] 이후 1882년 우치다 히사나가內田尙長가 울릉도에서 조선인과 응대한 적이 있고, 1883년 3월 후쿠오카현福岡縣의 80여 명이 울릉도에 잠입해 수목과 어류를 채취한 이래 수백 명이 들어와 어로를 했다.[9]

울릉도에서의 일본인의 활동은 벌목과 어로 두 방면에서 이루어졌으나 어로가 목격된 바는 드물었기 때문에 조선 정부는 주로 무단벌목에 대해서만 항의했다. 1881년 조선의 수토관은 일본인의 벌목을 목격하여 정부에 보고했고, 정부는 일본에 항의 문서를 보냈다.[10] 일본 내무성은 1883년 8월 울릉도에 관리를 파견하여 조사한 뒤 잔류 일본인을 처벌할 것임을

---

7) 1878년에 에노모토榎本 공사가 울릉도의 존재를 처제에게 알려 주자 몇 명이 울릉도에 갔다가 일단 귀국했고 그 다음 해에 벌목과 어로에 종사한 것으로 되어 있다〔야마모토 오사미山本修身,〈복명서〉'메이지 17년 울릉도 일건록', 1884(박병섭,《한말 울릉도 독도 어업》부록, 2009, 93쪽 재인용)〕.

8) 일본어민의 제주연안 침투는 1883년 이전부터이다. 한국은 제주와 아울러 울릉도도 통어권 밖에 둘 것을 일본 측에 제안했으나 일본은 제주도가 4도에 속하지 않는다는 조선 측 주장을 받아들이지 않았다(《구한국 외교문서舊韓國外交文書》제1권 日案1, no 253(한우근,〈개항 후 일본어민의 침투〉,《동양학》1, 1971, 7~8쪽에서 재인용)〕.

9) 송병기,《울릉도와 독도 그 역사적 검증》, 역사공간, 2010, 173쪽.

10)〈朝鮮国蔚陵島へ入往漁採者アル二付往復書ノ件〉,《公文錄》(1881년 8월 27일);〈朝鮮国蔚陵島へ本邦人民入住漁探セシニヨリ往復書・二条-〉,《太政類典》(1881년 8월 29일).

알려 왔다.[11] 당시 일본 관리가 울릉도에서 쇄환한 일본인은 255명이었고 야마구치현山口縣 사람이 가장 많았는데, 이들을 비롯한 어업자는 주로 잠수기업자들이었다. 이들은 전복[12]을 목적으로 도항한 사람들로 해녀를 고용하여 제주도에 이어 울릉도로 와서 통어했다. 이들은 전복을 채취해 말려야 했으므로 울릉도내의 건조장이 필요했고 이를 위해 울릉도민에게 필요한 물품을 교역하는 형태로 접촉하게 되면서 이 사실이 조선 정부에 보고되었다. 잠수기어업이 조선 어장으로 진출한 시기에 대해서는 이견이 있지만[13] 울릉도에서 전복을 채취한 기록이 보이는 것은 1888년 4월부터이다.[14]

1888년 7월 울릉도장 서경수는 일본인 희노姬野 무리들이 제주도에서 조업했던 후루야古屋를 빙자하여[15] 비개항장인 울릉도에서 불법으로 전복을 채취하고 있다는 사실을 상부에 보고했다. 이어 그는 일본인의 전복 1250근과 잠수기, 잠수복을 몰수했다. 이 때문에 일본인들이 귀국 후 일본 정부에 배상금을 요구하자, 일본 대리공사 곤도 마스키近藤眞鋤는 1888년

11) 《善隣始末》 부록 〈竹島始末〉(송병기(2010), 앞의 책, 174쪽에서 재인용).

12) 조선인의 전통어업의 어획물은 명태, 조기, 새우, 멸치, 청어, 대구 등이었고, 전복은 해삼과 함께 주로 일본인의 어획물이었다. 조선인이 채취한 우뭇가사리도 일본으로 수출되었는데(강재순, 〈《韓國水産誌》 편찬단계(1908년)의 전통어업과 일본인어업〉, 《동북아문화연구》27집, 2011, 130쪽), 울릉도에서는 일본인에 의해 채취되었다.

13) 가와카미 겐조川上健三는 구마모토현 사람의 증언을 인용하여 1883년으로 보고 있는데, 이들은 귀로에 독도에도 들러 전복과 강치를 잡은 것으로 되어 있다. 송병기도 1883년으로 보고 있으나 박병섭은 1888년 7월 오키에서 전복 채취를 위해 울릉도로 간 것을 최초의 전복 채취로 보고 있다.

14) 《각사등록各司謄錄》 1888년 4월 8일.

15) 1884년 서귀포에서 조업하려던 후루야는 제주목사의 저지로 귀향했다가 다시 잠수기회사를 차려 들어왔다. 그러나 다시 조업이 금지되자 통어권을 주장하며 2만 8천 엔의 배상을 요구했다. 후에 이 회사의 직원이 1888년에 울릉도에 나타난 것이다 (박찬식, 〈개항 이후(1876~1910) 일본 어업의 제주도 진출〉, 《역사와 경계》68, 2008, 155쪽).

11월 항의서한을 조병식에게 보내 전복을 돌려주고 배상하게 했다. 이때 일본은 통상장정 41조를 들어, 울릉도 거주는 규정을 어기는 것이지만 통어권은 정당하다고 주장했다.[16] 일본은 통상장정 41조에 따라 조선의 4개 도 근해에서의 어로를 인정받았다고 주장했지만, 당시 외국어선의 포어捕漁는 만국공법에서 연해 3해리 밖에서만 준허準許한다고 되어 있었으며, 더구나 사적인 무역은 허락되지 않았기 때문에 조선 정부는 위반자의 물품을 몰수할 수 있었다.[17] 일본인들은 울릉도에서 어로행위만 한 것이 아니라 축실築室을 하고 교역행위를 했기 때문이다. 이에 따라 조선은 범법자들을 영사관에 인도해 처벌할 수 있었으나 일본인에게는 치외법권이 있는 데다 울릉도에서 부산영사관으로 인도하는 일 자체가 울릉도로서는 거의 유명무실한 규정이었다.

1889년 7월 강원감영이 올린 보고서[18]에는 3월~5월 말까지 울릉도에 정박하며 전복을 채취한 일본 선박이 24척, 일본인은 186명으로 되어 있다.[19] 이때의 기록을 보면, 선박이 부산항 면허를 지녔는지의 여부를 부산항 감리에게 조회한 것으로 되어 있으나 전복을 몰수한 흔적은 보이지 않는다. 1889년 통어장정에 이어 통어규칙[20]이 체결됨으로써 어업허가증 소지자의 연안 3해리 이내 어업이 허가되자, 일본 선박의 울릉도 출입이

---

16) 《각사등록》 1888년 12월 24일; 《구한국 외교문서舊韓國外交文書》제1권 日案1, 문서번호 1229.

17) 《조선통어사정朝鮮通漁事情》 부록 159쪽; 여박동,〈근대 한일관계와 거문도 어업이민〉, 《경영경제》26집 2호, 계명대 산업경영연구소, 1993, 233쪽.

18) 1889년 7월 17일 동영에 내린 관문.

19) 《통서일기統署日記》 20책, 고종 26년 6월 28일조〔한우근(1971), 앞의 글, 18쪽에서 재인용〕.

20) 주요 내용은 어업면허세 건, 포경 특허 건, 탈세자 처분 및 어민 단속에 관한 건으로 이 규칙은 조인일로부터 2년간 시행된다(《韓國水産行政及經濟》, 1904, 1~2쪽).

빈번해졌다. 세금관련 조항도 구비되어 어업 면허세는 1년으로 하되 선원 수를 기준으로 세금을 매겼다. 그러나 어업세가 지나치게 적게 책정되었 고 처벌규정도 너무 관대하다는 점이 문제였다.[21] 더구나 울릉도에 온 선 박은 무면허의 불법 도항어선도 적지 않았다.

본래 울릉도는 1883년 개척민이 들어오기 전부터 전라도 사람들이 벌 목과 미역 채취를 위해 왕래하던 섬이었다.[22] 개척 이후로도 정부는 어곽 漁藿과 어채漁採가 백성의 생업에 도움이 된다고 보아 적극 권장했으나[23] 울릉도인은 해조류를 제외하면 어업을 활발히 하던 단계는 아니었다. 1893년 6월 사토 교스이佐藤狂水가 원양어업의 일환으로 오키隱岐에서 울 릉도로 도항했던 일이 《산인신문》[24]에 실렸는데 이 기사는 울릉도민이 농업을 주로하고 어업은 미역 채취뿐이며 내륙으로 수출하고 비싸서 세금 을 대신한다고 적었다. 더욱이 전복은 수년 전부터 규슈九州지방에서 채 취하러 와서 큰 이윤을 얻어 돌아간다는 사실과 '량코 도(Liancourt Rocks)' 즉 독도가 강치 서식지이며 이 섬 근해가 유망한 고래잡이어장이라는 사 실도 소개했다. 《환영수로지寰瀛水路誌》(1886)에는 전라도인이 통어기에 울릉도에 와서 개충介蟲을 채집해 말린다고 기록했는데, 비슷한 내용이 《조선수로지朝鮮水路誌》(1894)와 《조선기문朝鮮紀聞》(1894)에도 실려 있다. 《조선기문》은 울릉도에 인삼, 전복, 해삼 등이 있다는 사실을 적었는데

---

21) 여박동(1993), 앞의 글, 234쪽.

22) 이규원 보고서에 따르면, 1882년 당시 울릉도 도항자의 대부분은 전라도 사람으로 되어 있고, 야마모토 복명서에도 매년 300여 명이 도항하여 다시마(미역의 오류) 등 을 채취하고 가을이면 본국으로 돌아가는 것으로 되어 있다.

23) 《각사등록》 1892년 2월 1일 '울릉도 도장에게 보낸 관문'.

24) 《山陰新聞》 1894년 2월 18일 '조선다케시마탐험'(박병섭(2009), 앞의 책, 97~100쪽에 서 재인용).

'개충'에 전복이나 해삼이 포함된다는 점을 생각해 보면, 전라도인들이 미역채취에만 머물지 않았음을 짐작할 수 있다. 울릉도 해역에서의 어로형태에는 조선인과 일본인 사이에 차이가 있었지만, 전복, 해삼, 고래에 대한 가치가 알려지면서 1896년 울릉도에는 일본인이 200여 명에 달할 정도였다.[25]

2) 수세관행의 성립

울릉도에서 일본인의 거주와 어로활동이 증가하고 화물 반출이 늘어나자 도장은 이들의 화물에 과세하여 울릉도의 재정을 보충할 방법을 모색했다. 본래 울릉도 자원에 대한 일본인의 관심은 어획물보다는 목재와 곡물에 있었다. 그러나 곡물은 통상항에서도 수출이 규제된 것이었고 목재는 한인들도 배를 만드는 데 이용했다. 따라서 곡물이나 목재 모두 일본인이 반출하는 것은 불법이었다. 전복과 같은 어획물은 건조에 필요한 근거지를 확보하기 전에는 수출에 제약이 있었다. 그러다 점차 일본인 거주자가 늘면서 건조지를 확보하게 되자 어획물 수출의 길이 열렸다. 울릉도 도장이 관심을 보인 세원은 미역과 목재였다. 미역세[26]는 주로 전라도인에게 매겨졌는데, 1890년대 초기에는 세금을 중앙정부에 상납했고, 조선造船용 목재에 대해서는 파把를 기준으로 세금을 부과했다.

조선 정부는 울릉도 개척 초기부터 일본인의 무단벌목과 밀반출에 대해 일본 정부에 항의해 왔었다. 그러나 울릉도 현지에서는 도장이 벌목료

---

25) 울릉도의 일본인은 영구 거주자, 통어기 거주자로 분류되는데 사료에는 재류자, 거주자, 통어자, 임시 거주인 등으로 지칭되어 명확히 구분하기 어려운 경우가 많다. 통어기는 주로 3월부터 9월까지로 통어자들도 울릉도에 거주지를 마련하여 살면서 어로와 교역에 종사하며 세금을 납부했다.

26) 100원 당 10원을 부과하다가 5원으로 감세되었다가 다시 10원으로 돌아갔다.

를 받고 묵인해 주거나 울릉도민이 일본인과 결탁하여 벌목을 방조하는
일이 있었다. 이 때문에 도감 배계주는 1898년에 일본인이 벌목료를 내지
않고 밀반출한 목재를 찾아오기 위해 일본에 소송을 제기하기도 했다. 울
릉도 도장(도감)이 목재와 수출화물에 대해 벌금 또는 '구문'의 이름으로
세금을 부과한 사실이 알려진 것은 1900년 한일 양국 조사단의 조사를 통
해서였다. 1898년과 1899년 초에 일본과의 소송으로 배계주가 도감직을 잠
시 떠나 있는 사이 오성일(오상일)[27]은 도감직을 대리하면서 일본인에게
대가를 받고 벌목을 허가한 뒤 영수증을 써주거나 수출화물에 세금을 매
기는 형태로 징세했던 사실이 양국 조사로 밝혀진 것이다.

오성일은 '수출세' 명목으로 2퍼센트의 세금을 거두었다고 했는데, 일본
기록 '수출세 건'[28]에 따르면, 과세품목에는 제한이 없지만 규목재를 포함
하는지는 명백하지 않다고 했다. 그렇다면 규목에 대해서는 벌목료 명목
으로 구문을 받은 듯하고, 수출세는 곡물[29]을 포함한 다른 품목, 이를테
면 해산물 등에 매겨진 것으로 보인다. 수출세 대상에 해산물이 포함되어
있음은 오성일이 일본 상인들과 맺은 약조문의 서명자 가운데 한 사람인
가도 만타로門滿太郎가 훗날 독도에서 강치잡이를 한 '우라고 조組'의 '가
도 아무개'와 동일인물이라는 데서[30] 알 수 있다. 또한 부산영사관보 아

---

27) 기록에 따라 吳相鎰, 吳性鎰(聖一) 등으로 나온다. 배계주가 1895년에 초대 도감으로
　　임명되었으므로 그 이전의 오성일을 도감이라 하는 것은 잘못된 호칭이다. 1897년경
　　배계주의 업무를 대리했기 때문에 오성일을 '전 도감'이라 한 듯하다.

28) 〈受命調査事項 報告書〉 가운데 〈輸出稅の件〉, 1900 (외무성 기록 문서분류 3.5.3.2., 《鬱
　　陵島における伐木關係雜件》에 수록). 일본이 '수출세'라고 한 것도 일본인의 거주와 교
　　역을 합법화하려는 의도에서로 보인다.

29) 곡물 반출이 불법이지만 후대로 오면 수출품목이 되어 있다. 일본상인들이 울릉도
　　민에게 구매하여 세금을 납부한 뒤 일본으로 수출한 것이다.

30) 박병섭, 《한말 울릉도 독도어업》, 한국해양수산개발원, 2009, 35쪽.

카쓰카 쇼스케赤塚正助가 조사해 작성한 '수출입 통계표'(1900)에 따르면, 1897년부터 3년 동안의 울릉도 수출품에 전복과 우뭇가사리가 들어가 있는 점도 수출세 대상에 해산물이 포함되어 있었음을 뒷받침한다. 화물에 대한 징세가 정확히 언제부터 시작되었는지는 알기 어렵지만, 일본 기록에서 수출화물이 보인 시기가 1897년부터이며, 1895년과 1896년은 '불명不明'으로 되어 있으므로 적어도 1897년 이전부터 징세되고 있었음을 알 수 있다.[31]

일본인이 울릉도의 수장에게 세금을 내기로 약속했음은 이른바 '약조문'[32]이 증명해 주고 있다. 울릉도의 일본인들은 1899년에 화물액의 2퍼센트를 '수출세' 명목으로 납세한다는 약속을 오성일과 했으며 이를 문서로 남긴 것이다. 오성일은 수출세를 대두大豆로 받은 뒤 영수증도 발행했다고 하지만 영수증은 남아 있지 않다. 수세의 시작은 배계주에서 비롯되었으나 오성일은 이를 2퍼센트의 수출세 징수라는 관행으로 성립시켰고, 배계주는 이 관행을 좀 더 구체화시켰다. 다만 배계주는 통상이 불법임을 알아 영수증을 발행하지 않았다. 본래 개항장에서의 관세는 해관에서 거둬 세무사 명의로 은행에 예금하게 되어 있다. 관세 관리를 주도하는 자는 총세무사 휘하의 세무사였고 각항의 감리는 관세수입과 지출을 통리아문에 보고해야 하지만 영향력을 행사하지는 못하게 되어 있다.[33] 그런데 1890년대 후반에는 한국으로 오는 일본 통어자 가운데 면허감찰을 받지 않은 밀어자가 많은 데다[34] 울릉도는 비개항장이므로 밀어자가 더 많았

---

31) 배계주가 문서에서는 1898년과 1899년에만 받은 것으로만 밝혔으나 그 이전부터 받았음을 일본인에게 고백한 바가 있다(외무성 기록 문서분류 3.5.3.2., 앞의 글).

32) 〈受命調査事項 報告書〉 가운데 〈輸出稅の件〉, 1900 (외무성 기록 문서분류 3.5.3.2., 《鬱陵島における伐木關係雜件》에 수록).

33) 김순덕, 〈1876~1905년 관세정책과 관세의 운용〉, 《한국사론》 15, 1986, 313쪽.

다.35) 일본인들은 통상이 금지되어 있는 울릉도에서 밀교역을 하는 대가로 세금 명목으로 일정액을 도감에게 냈고, 도감은 불법을 묵인해 주는 대가로 세금을 받는 대신 영수증을 발행하지 않아 증거를 남기지 않았던 것이다. 다른 개항장에서는 어업세 외에 따로 쇄어세晒魚稅와 출구세 등이 규정되어 있었고,36) 물품에 대한 수입세와 수출세가 따로 있었지만,37) 울릉도에서는 이들을 포괄하는 이른바 '수출세'가 그 자리를 대신하고 있었던 것이다.

1895년 8월 도감에 임명되고, 이듬해 봄에 취임한 배계주는 일본인의 침어사실과38) 목재 밀반출 등의 작폐를 자주 상부에 보고했다. 일본이 청일전쟁에서 승리한 이후 울릉도에서의 불법 정주와 유입은 배가되어 200여 명이 되었고, 무단 벌목과 밀반출도 여전했기 때문이다. 배계주의 보고를 받은 내부는 일본 공사관에 알려 금지해줄 것을 요청했지만 실효가 없었다. 당시 울릉도는 담배와 포목 등을 일본에서 수입하고 해채海菜와 판목 등을 수출했는데 일본 상선들은 쌀과 소금, 질그릇, 술, 석유 등을 들여와 팔았다. 이에 배계주는 해채에는 10분의 1세를,39) 목재에는 선박

---

34) 1897년 부산의 일본영사 보고에 따르면, 통어선은 3천 4백여 척, 인원은 1만 9천여 명으로 되어 있다(박구병, 《한국어업사》, 정음사, 1975, 255~256쪽).

35) 나이토 세이츄는 1890년대에 시마네현 오키 어민이 부산까지 가서 출원하고 어업세를 납입하고 감찰을 받은 뒤 출어한다는 것은 당시 실정으로 생각할 수 없는 일이므로 밀어가 통례였을 것으로 보고 있다(권오엽·권정 번역, 《나이토 세이추우의 독도논리》, 지식과 교양, 2011, 271~272쪽).

36) 《각사등록》 1892년 10월 4일.

37) 일본에서 탑재하고 온 물품에는 수입세, 자신의 어획물을 일본으로 보낼 때는 수출세가 부과되었다(권오엽·권정(2011), 앞의 책, 281쪽).

38) 《독립신문》 1897년 10월 12일 '외방 통신'.

39) 10퍼센트라는 세율은 조선시대 해세율海稅率이 10퍼센트인 관행을 이어받은 듯하나 미역세는 지역에 따라 달라 반드시 10퍼센트 세율은 아니었다.

한 척 당 4원[40]을 물렸고, 일본인의 화물에는 구문口文명목으로 100분의 2를 세금으로 물렸다.[41] 이는 오성일 단계보다 세목과 세율이 구체적으로 명시된 것이다. 화물에 대한 세금은 일본인에게 부과하는 것으로, 목재와 곡물, 일용잡화, 그리고 해산물이 과세대상에 포함된다. 이들 화물에 부과된 세율은 초기에는 2퍼센트였지만 후에 1퍼센트로 감해진다.

1899년 6월경 내부는 배계주를 다시 도감에 임명하면서 규칙[42]을 지시했는데, 그 안에 "물고기와 콩에 관한 세금은 사실대로 조사하여 본부에 상납할 것"이 들어 있었다. 해산물과 곡물에 대한 징세를 인정하되 납부처는 정부임을 분명히 한 것이다. 한국 정부는 배계주를 울릉도로 들여보낼 때 부산해관 세무사 서리 라포테[羅保得]와 함께 이런 사실을 조사하도록 총세무사인 브라운[柏卓安]에게 위탁했다. 1900년 6월 현지조사를 한 라포테는 배계주의 수세가 이전부터 이루어지던 관행임을 알았고, 이를 부산해관에도 보고했다. 부산해관이 '수세 정황'[43]을 파악하고 있었으면서 아무 제재를 취하지 않았다면 이는 도감의 징세요구와 일본인의 납세가 상호 필요에 의한 것이었음을 '묵인'해준 것으로 볼 수 있다. 한국 정부도 이 수세관행을 인정하고 도감의 징세권을 정당화해 주었다. 당시 개항장에서의 수출입 관세의 표준이 5퍼센트의 종가세였는데[44] 울릉도에

---

40) 《황성신문》에는 한척 당 엽葉 100냥으로 되어 있다.

41) 《황성신문》 1899년 9월 23일 별보 '鬱陵島 事況'; 《독립신문》 1899년 10월 31일 '울릉도 현상'.

42) 모두 7개조로 되어 있다(《황성신문》 1899년 6월 15일 잡보 '仍任裴監').

43) 《구한국외교관계 부속문서》 第2卷, 〈海關案〉 2, 1231번 '鬱陵島 調查報告書 送呈의 件'(1899. 7.30).

44) 해관세칙에 따르면, 수입세는 5퍼센트에서 35퍼센트까지로 다양하지만 수출세는 대체로 5퍼센트로 균일했다(김순덕(1986), 앞의 글, 271~273쪽; 윤광운·김재승, 《근대 조선 해관연구》, 2007, 부경대 출판부).

서의 2퍼센트라는 낮은 세율을 허용한 것도 합법적이지 못한 점을 감안한 조처로 볼 수 있다.

정부는 수세관행을 인정하되 세금을 내부에 상납하도록 지시했고, 계속해서 일본인의 거주를 금지시키라고 지시했다. 그러나 도감이 일본인에게 거둔 세금을 정부에 상납했다는 기록은 보이지 않으며, 일본도 울릉도 재류인의 퇴거를 거부하며 버티는 상황이 지속되었다.[45] 울릉도에서 재류 일본인에 의한 폐해가 증가하고 도민과 갈등을 유발하자, 정부는 1900년 5월 말 우용정을 파견하여 제 문제를 조사하게 했다. 1900년 10월 칙령 제41호에 '수세' 조항이 삽입되어 있음은 수세관행을 확인한 우용정이 정부에 건의한 결과로 볼 수 있다.

오성일이 '징세'한 사실은 확인되지만 목재 이외 수출화물의 품목이 무엇인지는 알 수 없었다. 마찬가지로 배계주가 일본인 화물에 2퍼센트를 징세했다고 할 때도 구체적으로 어떤 품목에 징세했는지가 불분명했다. 그런데 1900년 일본 기록을 보면, 수출품에 규목과 곡물 외에도 전복과 우뭇가사리 등이 들어가 있다. 즉 1900년 부산영사관의 아카쓰카 쇼스케가 조사한 '수출입 통계표'에 따르면, 주요 수출품은 규목이고 그 외에 해산물은 1897년에 전복 6천 근 우뭇가사리 8천 근, 1898년에는 전복 6천 근, 우뭇가사리 8천 근, 1899년에는 전복 800근, 우뭇가사리 2천 근을 일본으로 수출한 것으로 되어 있다.[46] 당시 오징어잡이도 병행되었다고 하지만[47] 수출품목에는 들어 있지 않다. 전복과 우뭇가사리는 모두 일본인

---

45) 《주한일본공사관 기록》 각 영사관 왕복, 원산영사관 공 제28호;《일본외교문서》 32, 사항 9;《황성신문》 1899년 10월 1일 잡보 '日人撤還'; 송병기(2010), 앞의 책, 197~198쪽.

46) 외무성 기록 문서분류 3.5.3.2, 앞의 글.

47) 박병섭(2009), 앞의 책, 31쪽.

이 채취해서 수출한 것들이다. 당시 어선들의 대부분은 독도에도 갔다.[48]
《한해통어지침韓海通漁指針》[49]은 야마구치현의 잠수기선이 양코 도(독도-
필자 주)로 출어했던 시기를 1899년경으로 추정하며 (양코 도-필자 주)근해
에 전복, 해삼, 우뭇가사리 등이 풍부하다고 적었다. 이런 사실로 미루어
보아, 독도 해산물이 울릉도 수출품에 포함되었을 것임은 쉬 짐작할 수
있다. 더구나 생복은 건조가 필요했으므로 독도산 전복을 울릉도로 수송
하여 건조시킨 후에 수출했을 것이다. 당시 한·일 양국이 비통상 항구에
서의 수출문제와 일본인의 퇴거문제를 자주 거론한 점으로 보건대[50] 울릉
도의 일본인들이 관행적으로 납부하던 2퍼센트의 세금을 피하기는 어려웠
을 것이다.

1899년의 신문보도로 알 수 있듯이, 울릉도에서 일본인의 세력은 점차
확장되어 그 폐단이 불법거주와 벌목, 교역에 한정되지 않았다. 도감은 일
본인에게 과세하는 대신 묵인해 주려 했으나, 목재와 화물의 밀반출 문제
는 울릉도민과 관계가 얽혀 복잡한 상황을 야기했다. 한국 정부는 일본인
의 불법 벌목을 항의하고 이들을 쇄환시킬 것을 일본 정부에 종용했으
나[51] 울릉도 현지에서는 오히려 "일본인 수백 명이 촌락을 이루고 선척을
함부로 운행하며 목재를 연달아 실어 나르고 곡식과 화물을 몰래 교역하
고"[52] 폭동까지 일으키는 상황이 전개되었다. 게다가 러시아까지 일본의

48) 가와카미 겐조川上健三, 《竹島の歷史地理學的研究》, 古今書院, 1966, 207쪽.

49) 울릉도 관련 내용은 1901년에 집필되었고 수정 부분은 1902년에 '추기'로 부기하고
있다.

50) 《구한국 외교문서》제4권 〈日案4〉 '울릉도 일인 퇴거조치의 치사 및 위법입주자의 쇄
환요망'(1899.10.4).

51) 《구한국 외교문서》제4권 〈日案4〉 '울릉도 불법 일인의 엄벌 및 조회 요구'(1899. 9.
16).

52) 《황성신문》 1899년 9월 16일 잡보 '鬱島日人'

벌목을 항의하고 벌목권을 주장하고 나섰다. 한국과 일본이 관리를 파견하여 공동조사를 하기로 합의한 데에는 이런 배경이 있다.

3. 칙령 제41호의 '수세' 조항과 〈울도군 절목〉의 '수세' 조항

1) 우용정, 울릉도감의 징세권 인정

1900년 초에도 도감 배계주는 일본인들의 폐단을 계속해서 상부에 보고했다.[53] 주요 폐단은 무단 벌목과 화물 밀반출이었다. 배계주는 이를 저지하려 했지만 역부족이었고, 일본인은 오히려 벌목료 납부를 빌미로 불법행위를 정당화하려 했다. 1900년 5월 21일 하야시 곤스케林權助 공사가 부산의 노세 다쓰고로能勢辰五郎 영사에게 지시한 〈鬱陵島在留日本人調査要領〉[54]에 따르면, 도감의 허가 아래 벌목료를 납부했음을 들어 항의하도록 종용하고 있다. 일본 정부 차원에서 수세관행을 인지하고 오히려 역으로 이를 이용하도록 권장하고 있는 것이다. 한국 정부는 일본 공사관에 조회, 항의했으나 일본은 항의문 사실이 확실하지 않다고 하며 양국의 공동 조사를 제안했다. 이때 하야시 공사는 영사관보에게 "일본인의 재류를 승인하고 벌목을 승인 내지 묵인했음을 주안점으로 내세우도록"[55] 지시했다.

---

53) 《내부래거안》8 조회 6호; 《舊韓國外交關係附屬文書》 第7卷, 〈交涉局日記〉 (광무 4년 3월 15일).

54) 《주한일본공사관 기록》14권 〈각영사관 기밀〉 第六號, '日韓官吏鬱陵島出張ニ關スル件'(1900. 5. 21) 別紙.

55) 《주한일본공사관 기록》14권 〈각영사관 기밀〉 第六號, '日韓官吏鬱陵島出張ニ關スル件'(1900. 5. 21).

한국 정부는 1900년 5월 4일 우용정과 동래 감리서 주사 김면수, 부산 해관 세무사 서리 라포테 등을 울릉도에 파견하기로 결정했고, 그들은 6월 1일부터 5일까지 5일 동안 조사했다. 양국 조사단은 라포테의 입회하에 도감 배계주와 주민, 일본인을 심문했다. 그 결과, 울릉도민들이 선박이 없어 전라남도 선박으로부터 일용품을 공급받고 있었으며, 일본선박과는 콩, 땅콩, 보리, 해산물과 일용품을 교환하고 있다는 사실을 알아냈다. 이미 언급했듯이, 우용정은 오성일이 배계주를 대행하여 세금을 징수한 사실과 배계주가 일본인이 화물을 수출할 때 담당자 2명을 파견하여 징세한 사실 등을 확인했다.[56]

우용정은 울릉도에 도민 소유의 선박이 없어 외국배로 물산을 운반하는 데는 문제가 있다고 보았다. 일본이 통어장정을 위반하는 것은 물론 도민들이 일본인과 결탁하여 생기는 피해도 이로 말미암기 때문이다. 그는 일본인과 한인 모두 서로의 필요에 따라 '징세'와 '납세'라는 명목으로 공생관계를 유지하고 있음을 파악했고, 이것이 관행이라는 사실을 일본인의 진술로 확인했다. 6월 1일 양국 조사위원이 후쿠마福間[57] 등을 심문할 때 "저희들은 3년 전에 이 섬에 와 머물면서 수목을 함부로 베거나 병기를 사용한 적이 없었습니다. 그리고 화물을 내갈 때 도감이 매번 사람을 파견하여 적발하여 100분의 2를 세금으로 납부했으니 이는 화물을 몰래 운송한 것이 아닙니다"[58]라고 한 것은 '수세'가 관행이 된 정황을 보여 주고 있다.

---

56) 우용정, 〈鬱島記〉외 부록.

57) 후쿠마 효노스케福間兵之助이다. 1898년 배계주가 그의 수출 재목을 찾기 위해 소송을 제기한 바 있다. 1902년 일상조합 의원 명단에도 들어가 있는 것으로 보아 1898년 전부터 거주하고 있었음을 알 수 있다.

58) 우용정, 〈울도에 있는 일본인 조사요령(鬱島在留日本人調査要領 - 韓日人分日査問)〉.

일본인의 납세는 처음에는 자발적이었다. 그러나 점차 자국의 세력 확장을 믿고 납세를 회피하려는 일본인이 늘어 갔다. 그리하여 '적발'당한 경우에만 어쩔 수 없이 납세하려 했다. 배계주가 "출항하는 물건이 그렇게 많은데 40두의 콩으로 세금을 내는 것은 너무 보잘것없지 않느냐고 질책하고서 끝내 납세를 허락하지 않았습니다"라고 한 것으로 알 수 있듯이, 일본인들은 2퍼센트의 세율조차 지키지 않으려 했다. 한편 위의 언급은 배계주가 규정대로 징세하려는 의지를 보이고 있었음을 시사한다. 그렇긴 하지만 징세하는 측이나 납세하는 측이 모두 불법이므로 배계주도 영수증을 발급하거나 징계할 수는 없었다. 우용정은 조사 후 올린 보고서에서 일본인의 납세현실에 대해 아래와 같이 언급했다.

> 일본인에게 세금을 거두는 조목은, 도감이 새로 부임하던 초기인 병신년과 정유년[59] 두 해에는 간혹 벌금을 내라고 질책하고 화물을 살펴 100에 2를 거두었는데, 몇 년 전부터는 도감 스스로가 통상하지 않는 항구에서 세금을 거두는 것이 옳지 않다는 것을 알게 되자, 일본인의 무시가 갈수록 심해져 사실대로 납세하려 하지 않는다. 그러므로 그대로 놔두고 거두지 않는 것뿐이다.[60]

위의 언급으로 알 수 있는 것은 도감이 일본인의 교역에 징세해 왔으나 그것이 불법임은 후에 알게 되었다는 것이다. 그리고 이렇게 보고한 우용정의 저의는 현재 일본인에 대한 수세를 적극적으로 하지 않는 것일 뿐 이를 묵과하려는 것은 아니라는 점이 행간에 드러난다. 이는 배계주도

---

59) 1896년과 1897년을 말한다.

60) 우용정, 〈후록後錄〉.

마찬가지임을 우용정은 확인했다. 비 개항장 징세를 허락하지 않는다는 정부의 훈령이 있은 후로 일본인은 납세를 회피하려 했으나, 훈령은 실행되지 못했다. 정부는 오히려 도감의 징세권을 합법화해 주는 방향으로 정책을 전환했다. 그 첫 번째 조치가 1900년 대한제국 칙령 제41호의 '수세 收稅' 조항이고, 두 번째가 1902년 〈울도군 절목〉의 '수출입세' 조항이다.

우용정은 울릉도 체류 당시 내부가 작성한 〈고시告示〉를 선포하여 시행하게 했다.[61] 〈고시〉의 10조목 가운데 주목되는 것은 화물 운반을 울릉도 배로 할 것과 외국선박으로 수송할 경우 화물을 울릉도 회사 소속으로 하도록 지시한 것이다. 이는 일본인 화물이라도 울릉도 선박회사에 소속되면 납세를 피할 수 없으리라는 계산, 즉 일본인의 세금 탈루를 막을 의도에서인 듯하다. 배계주가 도감으로 재직하던 초기인 1896년과 1897년에는 징세에 성실히 응하던 일본인들도 점차 수세가 '불법'임을 핑계로 납세를 회피하고 있었기 때문에 정부가 이 조항을 넣은 것으로 보인다. 우용정은 개운환開運丸을 구입하여 회사를 설립하게 했고, 세금은 일체 도감의 약속을 따르도록[62] 했다. 이는 이전에 중앙정부가 울릉도 세금을 내부로 상납하라고 하던 것과는 다른 양상이다. 우용정이 현지조사를 통해 울릉도의 현실에 맞는 대책을 강구해준 것이다. 또한 그는 울릉도 주요 재원인 미역세가 전라도민의 청원으로 5퍼센트로 감세된 상황을 다시 10퍼센트로 회복시켰다. 이 부분은 〈울도군 절목〉에서도 10퍼센트로 상향

---

61) -. 돛단배를 사두어 뱃길에 편리하게 하고 토산물을 운반하여 무역할 것
  -. 울릉도에 배를 사둔 뒤에는 섬의 물산을 울릉도의 배로 드나들며 무역하되, 만일 외국 선박에 적재할 경우 그 물화物貨는 모두 울릉도 회사의 것으로 속하게 할 것
  -. 본국인과 외국인을 막론하고 나무를 베어 배를 만드는 것은 일체 엄금할 것
62) 《황성신문》 1900년 6월 20일 잡보 '鬱島船運'

조정되었다. 조선세는 1파把[63])에 5냥으로 전라남도 연해민은 매년 10척 내외를 건조하고 있었는데, 우용정은 "다시는 배를 만들어서는 안 된다는 뜻으로 정식定式을 만들어야 할" 것임을 예고했다. 이 부분 역시 〈울도군 절목〉에도 명시되어 있다. 우용정은 도감이 도민을 통솔하려면 사환과 급료 등의 권한 부여가 필요하다는 점도 인식했다. 우용정이 조사할 당시 일본인의 가호는 57호이고 인구는 144명,[64]) 정박한 선박은 모두 11척인데 왕래하는 상선은 정해진 숫자가 없는 것으로 파악되었다. 우용정이 체류하는 동안에도 상선 4척이 들어오는 것을 목격할 정도로 일본 상선은 끊임없이 왕래했다.[65]) 이들 선박은 대부분 벌목용 풍범선[66])으로 통어기에 들어온 어선은 제외된 듯하다. 울릉도민과 일본인이 합동으로 포경捕鯨을 하고 있다는 사실도 우용정 조사로 밝혀졌다.

우용정의 조사 후에도 한국 정부는 계속해서 일본 정부에 일본인 철수를 요청했으나, 일본은 거부입장을 밝히며 도감의 세금 징수를 거론했다. 나아가 일본은 "울릉도에 온 일본인에게 세금이나 거두고, 돌려보내지 말라"[67])고 요청했다.[68]) 일본이 이전부터의 수세관행을 빌미로 거주권을 주장하고 있는 것이다. 이에 대해 외부外部는 '조약'을 거론하며 '수세'가 이

---

63) 양선척量船尺은 영조척營造尺의 반을 기준하며 10척尺을 파把라 한다(《만기요람》〈재용편〉 3 양선록안).

64) 아카쓰카는 인구를 100명 안팎이며 주로 시마네 현 사람으로 보았다.

65) 우용정, 〈후록〉. 6월 9일 보고서와 함께 제출된 것이다.

66) 김면수의 〈후록〉에 따르면, 6월 4일 풍범선 4척이 정박하는 것을 목격했는데, 이들은 벌목을 위해 온 배로서 라포테가 해관 관리를 보내 배 이름과 선호船號를 적으려 하자 다른 항구로 가서 정박했다고 한다. 이렇듯 면허없이 불법으로 들어와 벌목과 어로를 하는 선박이 늘고 있었으며 부산해관이 이를 파악하고자 했었음을 알 수 있다.

67) 《황성신문》 1900년 9월 14일 잡보 '照駁收稅', 일본 공사의 조복 내용이다.

68) 《舊韓國外交關係附屬文書》 第7卷, 〈交涉局日記〉, 광무 4년 9월 5일.

치에 맞지 않는 일이라고 회답했다. 외부가 내부의 방침에 역행하고 있는
것이다. 그러나 정부 부처 사이의 엇박자는 1900년 칙령 제41호, 그리고
1902년 내부대신 명의의 〈울도군 절목〉으로 이어짐으로써 정부가 울릉도
에서의 수세를 인정해 주는 것으로 귀결된다. 통어장정에 의거하면 범법
한 일본인을 영사관으로 보내 조치해야 하지만, 그럴 만한 여건이 되지
않는 한국 정부는 퇴거를 거부하는 일본 공사의 조회를 받고도 달리 좋
은 계책이 없었다.[69] 울릉도 재류 일본인의 퇴거가 점점 요원해지는 가운
데 일본에서 직접 도항해 오는 자들이 늘어 갔다. 이들은 독도에도 도항
하여 상어를 잡았다. 1900년 전후하여 오이타현大分縣에서 온 어선[70]은 독
도에서 상어잡이를 한 듯하나, 울릉도 수출품목에는 들어 있지 않다.

　1900년 부산항을 통해 각 방면으로 수출된 해관 통계에 따르면, 대일
수출품 가운데 말린 전복이 68,150근 우뭇가사리가 78,560근이고, 대청對淸
수출품 가운데 말린 전복은 500근이다. 이는 부산항을 통한 전복과 우뭇
가사리의 대부분이 일본으로 수출되었음을 말해 준다. 1900년경에는 20개
의 부현에서 통어자가 오고 통어선박이 3천 여 척에 이르지만 그 중에서
면허장을 출원한 어선은 2,119척에 달하되 산인지방은 시마네현이 18척,
돗토리현은 제로였던 것으로 파악되고 있다.[71] 900여 척에 달하는 선박이
밀어인데, 그 가운데서 시마네현의 합법적인 통어 선박이 18척에 불과하
다면, 시마네현과 돗토리현에서 온 선박의 대부분은 밀어 선박임을 의미

---

69)《내부래거안》8, 1900년 9월 15일 기안.

70) '조선어업협회'에 의한 〈상어잡이 어선 조사표〉와 1899년의 기사,《지학잡지》기사
　　등을 종합해볼 때 규슈의 오이타현 어선은 1899년 3~4월에 울릉도를 기지로 하여
　　상어를 쫓는 동안에 독도를 '발견'했다고 한다(박병섭(2009), 앞의 책, 47쪽).

71) 羽原又吉,《日本近代漁業經濟史》, 岩波, 1957, 126쪽(권오엽·권정, 앞의 책, 281~282쪽에
　　서 재인용). 1904년 통어인 통계에도 시마네현과 돗토리현인의 숫자는 나와 있지 않
　　다(박구병,《한국수산업사》, 태화출판사, 1966, 314쪽).

한다. 그런데 1900년 아카쓰카 쇼스케는 하야시 공사에게 울릉도의 수출품에 대해 보고했다. 〈울릉도 조사개황 및 산림조사개황 보고 건〉에서 '수출입' 부분을 보면, 수출품에는 콩, 보리, 전복, 우뭇가사리, 끈끈이 등이 보이고 미역은 포함되어 있지 않다. 그렇다면 1897년에서 1899년 사이의 수출품 가운데 전복과 우뭇가사리도 다른 화물과 마찬가지로 관행대로 2퍼센트의 세금을 납세해야 하는 품목임을 알 수 있다. 앞에서 도감이 검사인 2인을 보내 수출화물에 징세한 사실을 일본인이 진술한 바 있으므로 위 3년간의 수출품에 대해서도 2퍼센트를 납세했을 것이다. 일본 공사가 본국에 수출품목과 액수를 보고할 정도였다면 어떤 형태로든 정당성의 근거를 마련하고 있었을 것이다. 그 근거는 바로 관행화된 수출세였다. 시마네현에서 온 선박의 대부분이 밀어인 상황에서 개항장에서와 같은 관세를 납부하지는 못하더라도 관행마저 무시하고 어획물을 수송해 갔으리라는 것은 그들의 세력 판도가 열세인 한에서는 상식적이라고 보기 어렵다. 화물 가운데 곡물은 '한인이 산출한 것'인 반면, 해산물은 '일본인이 직접 채취하여 가져가는 것'으로 되어 있다. 그런데 이들 수출화물의 "하역지 및 목적지가 섬은 도동, 일본은 사카이境, 바칸馬關, 쓰루가敦賀, 하마다濱田 등으로 사카이가 그 70퍼센트를 차지한다"고 했듯이[72] 울릉도와 독도에서 산출된 것들은 울릉도에서 바로 일본(주로 사카이—필자 주)으로 수출되었다. 당시 울릉도 출어자들이 독도에서 조업했을 가능성은 일본 학자도 인정하고 있다.[73] 그렇다면 1900년 전후 울릉도 수출품의 일부였던 전복과 우뭇가사리에는 독도산도 포함되어 있는 것으로 보아야 할 것이다.

---

72) 당시 부산항을 통해 가져가는 물품은 하카다로 나가는 것이 많았다.

73) 가와카미 겐조는 울릉도에 와서 체류하며 잠수기로 전복과 우뭇가사리를 채취하던 자들이 독도에서도 조업했을 것으로 보고 있다(가와카미 겐조(1966), 앞의 책, 201쪽).

2) 칙령 제41호, '수세' 조항 삽입

1900년 6월에 우용정은 울릉도를 조사할 때 도민과 일본인과의 갈등을 감지했지만, 도민들이 일용품을 일본 수입품에 의존하지 않을 수 없고 본토와 왕래도 일본 선박에 의존할 수밖에 없는 상황에서 일본인의 존재는 필요악으로 보았다. 이 때문에 우용정은 도감이 정한 과세율 2퍼센트를 준수하는 선에서 일본인의 교역을 묵인해 주는 수밖에 방법이 없다고 보았을 것이다. 그리고 울릉도 수장의 권한을 높이는 것도 일본인의 침탈을 저지하는 하나의 방법이라고 보았다. 이에 내부대신 이건하는 도감 배계주의 보고와 우용정 및 동래세무사의 보고에 의거하여 1900년 10월 22일 '설군設郡 청의서'를 의정부 의정 윤용선에게 제출했고,[74] 이 청의서는 다시 10월 25일 칙령 제41호로 제정되었다. 칙령 제41호에는 울도군의 관할 구역이 명시되어 있을 뿐만 아니라 세금관련 조항도 삽입되어 있다. 4조에 "5등군으로 마련하되 지금은 이액吏額이 미비하고 모든 일이 초창기이므로 울릉도에서 수세收稅한 것 중에서 우선 마련할 것"이라고 한 조항이 그것이다. 즉 울릉도를 군으로 승격시키는 일은 정부 차원의 일이지만, 제반 경비는 울도군이 자체적으로 마련하라는 것이다. 지금까지 우리는 칙령 제41호의 '수세' 조항에 주목하지 않았으나, 4조는 정부가 지금까지 인정하지 않던, 비非개항장에 대한 수세관행을 인정해준 것이라는 점에서 의미가 있다. 한편 1901년은 '독도'어업과 관련해서도 하나의 전기가 된다.

1901년 3월 일본은 '미발견의 한 섬 양코'를 발견했다는 글을 소개했다. 잠수기선이 어류를 찾다가 발견한 양코를 근거지로 정해 사방을 돌

---

74) 《각부 청의서 존안》17 '鬱陵島를 鬱島로 改稱ㅎ고 島監을 郡守로 改正에 關한 請議書' 안에 "최근에는 외국인이 와서 교역하여 교제상으로도 그런 점이 있는지라, 도감이라 호칭하는 것이 행정상 과연 방애됨이 있습니다"고 한 내용이 있다.

아다닐 때 수백 마리의 강치 때문에 어류를 포획하지 못했다는 내용
도75) 소개되었다. 비슷한 시기인 1901년 5월, 울릉도를 시찰한 부산해관
세무사 스미스[土彌須]의 보고76)는 일본인의 어업 현황을 담고 있다. 이
보고는 1900년 10월의 칙령 제41호와 1902년 4월 〈울도군 절목〉 사이에
있던 보고이다. 내용을 요약하면 다음과 같다. 당시 울릉도에 있는 일본
인은 150명인데 조선이나 목재업, 상인들로서 울릉도를 영구 거주지로
여긴 지가 7~8년이 넘었다. 해마다 3~6월까지는 일본인 남녀 300~400
명이 사카이 지방에서 와서 어렵 또는 벌목에 종사하며, 일부는 목재와
콩, 보리, 감자, 마 등을 실어 운송하는 일에 종사한다. 섬에 거주하는
일본 여자는 32명이다. 일본인은 규목을 벌채하여 일본으로 수출하며,
쌀과 소금, 장, 술, 식품과 기타 포목을 울릉도로 수입하여 잡곡과 물물
교환하거나 화폐로 바꾼다. 섬의 일본인은 벌목하면서 인장認狀을 받지
않았으며, 목재와 곡식 등 각종 수출입에도 세금77)이 없었다. 그리고 말
린 전복과 해삼, 황두黃豆 삼백 석 및 끈끈이 등의 물건은 모두 수출될
것들이었다.

위의 보고로 알 수 있는 것은 일본인 어로자가 크게 증가했다는 점이
다. 1901년 당시 울릉도에는 재류인 150명 외에 통어자가 300~400명이 더
있었는데 이들은 대부분 사카이에서 온 자들이었다. 1900년 아카쓰카 조
사 당시 일본인들의 선박 출항면장과 여권은 대부분 원산 내지 부산으로

75) 《地學雜誌》13집, 149호(1901).

76) 1901년 8월 20일 제출되었는데 《황성신문》 1902년 4월 29일 별보 '스미스의 울릉도
시찰보고'로도 보도되었다. 《山陰新聞》 1902년 5월 14일에도 '울릉도의 일본인'이라는
제목으로 게재되었다.

77) 이전에 조사한 해관 세무사 라포테는 수세관행을 인지했는데 스미스는 세금이 없다
고 했다. 스미스는 수출세가 세금으로 대체된 것을 모르고 관세의 의미로 세금을 일
컬은 듯하다.

되어 있었고 이들은 원산이나 부산으로 가던 도중 기항한 자들로 시마네현 사람이 대부분이었다. 그런데 1901년 보고에서 보이는 300~400명의 사람들은 "일본에서 한국 연해 어장으로 곧바로 와서 감찰 없이 어업에 종사하는 경우"[78] 즉 불법 도항자들이었다. 본래 영사관의 허가를 받은 어선은 개항지 관청에 허가를 제출하고 일년 동안의 면허감찰을 얻은 뒤 어업세를 한국 정부에 지불해야 하며, 어업세는 승조원에 따라 3엔에서 10엔으로 정해져 있었다.[79] 그리고 어선과는 달리 상선은 '종가'세로 납부하도록 되어 있었다.

1901년경 수출품에는 1897년의 수출품과 마찬가지로 말린 전복이 들어가 있고 해삼이 추가되어 있지만, 오징어나 상어는 들어 있지 않다. 1901년에서 1902년에 이르는 사이 일본인의 자원 침탈은 본국의 비호를 받아 더욱 심해졌다. 우용정은 1900년 6월 조사 당시 일본의 침탈현황을 파악했고, "다시는 침어侵漁하지 않겠다"는 자복을 받아내기도 했다.[80] 1902년 2월 일본은 울도의 일본인을 보호한다는 명목으로 경찰서를 신설하고 부산의 니시무라西村 경위와 순사 3명을 울릉도에 주재시키기에 이르렀다. 한국 정부는 조약 위반과 관계된 사항을 동래 감리에 알려 처리하게 하는 한편,[81] 납세를 회피하려는 일본인에게 다시 한번 의무를 상기시켰다. 그래서 나온 것이 바로 〈울도군 절목〉이다.

---

78) 《주한 일본공사관 기록》14권. 〈日韓貿易 振興擴張 등에 관한 件〉 [別紙 2] 〈朝鮮沿海漁業 保護 및 取締에 관한 卑見〉 1900년 9월 1일.

79) 여박동(1993), 앞의 글, 234쪽.

80) 《강원도 래거안江原道來去案》 1901년 9월 일 보고서 제1호.

81) 《강원도 래거안》 1902년 3월 13일 훈령 제1호, 외부대신 박제순이 울도 군수 강영우 앞으로 보낸 날짜는 10월 30일로 되어 있다.

3) 〈울도군 절목〉의 세금 규정과 독도 전복

일본인의 울릉도 침탈과 그로 말미암은 울릉도의 황폐화를 더 이상 방치하기 어렵다고 판단한 대한제국은 1902년 4월에 작성된 〈울도군 절목〉을 울도 군수에게 내렸다.[82] 절목이란 정부조직 내 결재절차를 거친 뒤 해당 관서로 하달된 구체적인 시행세칙을 이른다. 〈울도군 절목〉은 작성자가 내부로 되어 있고 내부대신의 인장이 간인형태로 찍혀 있다. 모두 10조목으로 된 〈울도군 절목〉은 대략 (1) 일본인의 불법 벌목 및 반출에 대한 엄금 (2) 외국인에게 가옥과 전토 매매 금지 (3) 개척민에 대한 세금 면제, 단 본토 복귀자는 전답 환수 (4) 관청 신축으로 인한 민폐 금지 (5) 군수 및 관리에 대한 급료 규정 (6) 상선 및 수출입 화물에 대한 징세 (7) 관선官船 마련을 위한 대책 (8) 기타 사항 등을 규정하고 있다.

이 절목이 칙령 제41호에 대한 보완의 의미를 담고 있음은 조목의 내용으로도 알 수 있다.[83] 우선 서두에는 "본 군(울도군)이 승격된 지 이미 2년이 지났는데도 전도全島의 서무庶務가 아직 초창함이 많은 가운데……"라고 하여 칙령 제41호의 연장선에서 나온 것임이 밝혀져 있다. 이 절목에 '석도'나 '독도'가 따로 명기되어 있지 않으나 칙령 제41호의 연장선에서 나온 것임이 내용에 언급되어 있으므로 절목이 포함하는 범위에는 석

---

82) 이유미 씨에게 받은 문서에는 절목과 함께 '내각 총리대신 윤용선 각하'라고 쓰인 문서가 따로 한 장 더 있었는데 절목의 서체와 다르다. 윤용선이 내각 총리대신을 지낼 당시는 1896년이며 이후 의정부제로 관제가 개편되었기 때문에 절목 당시의 관직으로는 맞지 않는다. 별개의 문서인 듯하다. 필자는 이전 글에서는 이 문서를 같은 부류로 취급하여 내각 총리대신의 결재를 받았다고 했는데, 이는 오류였음을 밝힌다. 이 부분은 선우영준 박사의 가르침에 힘입은 바가 크다.

83) 우용정이 조사할 당시 언급된 전사능의 벌목 행위에 대해 절목은 9조에서 그 방안을 언급하고 있다. 이는 절목이 칙령 제41호에 대한 구체적인 대안을 담은 것임을 보여 주는 대목이다.

도 즉 독도가 포함되는 것으로 보아야 할 것이다. 당시 울릉도의 현안은 일본인들의 무단벌목과 가옥 매입, 행정체계의 미비, 그리고 세수稅收문제였다. 일본인들의 무단벌목과 가옥 매입문제를 해결하기 위해 정부는 "일본에서 넘어와 나무를 몰래 베어가는 자들을 특별히 엄금할 것"과 "본도의 인민 중에 가옥과 전토를 외국인에게 몰래 매매하는 자가 있으면 일률一律(사형)을 시행해야 할 것"을 규정했다. '사형'을 명시한 것이 당시 일본인들의 무분별한 가옥·전토 매입 상황의 심각성을 말해 준다. 그 다음에 주목해야 할 것은 아래의 '세금' 관련 조목이다.

각도 상선商船으로 울릉도에 와서 물고기를 잡거나 미역을 채취하는 사람에게는 사람마다 10분의 1세를 거두고, 그 밖에 출입하는 화물은 물건값에 따라 물건마다 100분의 1세를 거둬 경비에 보탤 것〔各道商船 來泊本島 捕採魚藿人等處 每十分抽一收稅 外他出入貨物 從價金每百抽一 以補經費事〕

이는 오성일과 배계주 시절에 성립된 해채와 조선造船, 화물에 대한 수세관행을 다시 조목으로 규정한 것이다. 이 조목은 앞서 우용정이 언급한 미역세와 조선세, 일본인에 대한 세금을 구분하고 종합해서 규정한 것으로 이 가운데 조선세가 없는 것은 우용정이 조선을 정식으로 금지시켰으므로 더 이상 거둘 일이 없어졌기 때문으로 보인다. 달라진 것이 있다면, 우용정이 "일본인이 사실대로 납세하려 하지 않는 것을 놔두고 거두지 않는 것뿐"이라고 했던 부분이 오히려 이 단계에 오면 강화되었다는 점이다. 물건값에 따라 물건마다 1퍼센트의 세금을 매기도록 분명히 하고 있기 때문이다. 해채세는 일찍부터 부과되던 것으로 주로 전라도인의 미역 채취에 부과되던 것인데 위 조목에는 '어류'가 추가되어 있다. 일본인의 전복과 우뭇가사리 채포도 '어류'에 포함되는지는 알 수 없지만, 10퍼센트 세율이 주로 미역채취자에게 부과되던 것임을 감안하면 이 조목은 일본인에게 해당되는 것이 아니라 전라도를 비롯한 내륙의 한인들이 와서 한 어로활동을 가리키는 것으로 보인다.

뒤에 나오는 '출입하는 화물'은, 울릉도에서 육지로 수출하는 물품이 콩과 미역 등에 지나지 않았지만 일본으로 수출한 품목들은 그 항목이 더 많았던 것으로 보아[84] 주로 일본 상선에 해당되는 조목으로 보인다. 당시 상선의 선주는 대부분 일본인이었으며, 따라서 여기서 말하는 '출입하는 화물'은 한국 각 도로 수출하는 화물도 포함하지만 주로 대일 수출화물을 가리킨다. 울릉도에서 육지로 나가는 물품은 콩과 미역, 약초 등으로 이들에 수출세가 부과되었다고 보기는 어렵다. 앞에서 우용정이 '그 밖에 출입하는 화물'은 일본인이 수송하는 화물에 대한 '수출세'임을 밝힌 바 있고, 오성일도 수입세는 없다고 했기 때문이다. 우용정의 조사에서 칙령을 거쳐 절목이 나오는 일련의 과정과 이때의 세금명목을 '수출세'[85]라고 칭한 것으로 보건대, 절목에서 말한 '출입하는 화물'은 조선 본토로의 수출화물이 아니라 대對일본 수출화물을 가리킨다. 대일 수출화물의 주종은 콩과 보리, 목재, 해산물인데 그 가운데서 곡물 수출은 조선 본토보다 일

---

84) 1902년 당시 수출통계는 없지만, 오쿠하라 헤키운의 기록에 따르면 1904~1905년에 울릉도에서 육지로 수출된 품목의 가격은 총액 1만 원 이상이고, 일본으로 수출된 품목의 가격은 10만 엔 이상이다.

85) 울릉도에서 화물에 매기는 세금을 일컫는 명목은 구문, 화물출항세, 수출(입)세, 화물세, 관세 등으로 다양하다. 우용정이 '수출세'라고 칭했지만 오늘날의 관세를 의미한다고 보기는 어렵고 일종의 영업세 또는 수수료의 성격을 띠는 것으로 보아야 할 것이다. 일본인들이 '수출세'라고 일컫는 것은 국내가 아닌 외국으로 운반해 가는 물품임을 나타내기 위해서인 듯하다. 따라서 일본인들이 통상 세금, 관세라고 한 것은 위의 수출세와는 다른 개념으로 보아야 할 것이다. '수출세'는 울릉도에서만 보인 독특한 현상이라고 할 수 있다.

본으로 수출된 양이 더 많았다는 사실도 이를 증명한다. 일본상인은 조선
인들에게 목재와 곡물, 해산물 등의 대금을 지불하고 매입한 뒤 이를 수
출할 때는 다시 물건 값에 따라 1퍼센트의 수출세를 울도군에 납부하고
가져간 것이다. 울릉도의 일본인들이 수출세를 납부한 사실은 일상조합
규약을 통해서도 증명된다. 1902년 6월에 인가받은 일상조합日商組合 규약
(초록)86)에 따르면, "조합 유지비로 화물 주인에게서 수출세의 5/1000를
징수한다"87)고 되어 있다. 이는 일상조합이 설립되기 이전부터 이미 수출
세가 성립되어 있었음을 의미하며, 이후로는 조합이 수출세 납부업무를
대행했을 가능성이 있었음을 의미한다.

1902년 5월 울릉도의 경부警部 니시무라 게이조西村鉎象는 부산 영사관
의 시데하라 기쥬로幣原喜重郎 영사에게 〈한국 울릉도 사정韓國鬱陵島事
情〉88)이라는 보고서를 올렸다. 이 보고서에서 어업과 관련한 내용을 살펴
보면, 울릉도민은 556가구에 3,340명의 인구로 주로 농업에 종사하며 어업
종사자는 적고, 물산 가운데 어류로는 전복[鮑], 말린 오징어[鰂], 김[海
苔], 우뭇가사리[天草], 미역[甘藿] 등이 있는데, 어업기는 보통 3월부터 9
월까지이며 수확물은 전복과 말린 오징어, 김, 우뭇가사리, 미역 등 몇 종
류에 불과하다고 했다. 어업자의 대부분은 구마모토현熊本縣의 아마쿠사天
草, 시마네현의 오키, 미에현三重縣의 시마志摩에서 온 자들이며, 일본인들
이 채취한 해산물은 목재와 함께 일본인이 수출하는 것으로 되어 있다.

---

86) 《통상휘찬》제234호(1902. 10)의 〈韓國鬱陵島事情〉에도 '조합규약'이 실려 있는데 1901
년 8월 8일로 되어 있다. 오쿠하라는 이 규약을 초록한 것으로 보인다. 다만 《통상
휘찬》의 '조합규약'에는 수출세 언급이 없다.

87) 유미림, 《〈독도와 울릉도〉 번역 및 해제》, 한국해양수산개발원, 2009, 75쪽.

88) 일본 외무성 기록 문서분류 6.1.6.10. 《부산영사관 보고서 2》, 1902년 5월 30일(《통상
휘찬》10책 제234호, 1902년 10월 16일에도 동일한 내용이 실려 있다).

한인이 수출하는 품목은 콩과 땅콩 보리와 황백나무 껍질, 소량의 끈끈이 〔鰇〕에 불과하고 해산물은 없다고 했다.

니시무라 보고서는 수출 해산물의 대부분을 일본인이 채포했음을 밝히고 있다. 잠수기선 8척과 해녀 배 2척, 잠수어부 배 1척이 온 해안을 돌며 어로했다고 한 것으로 보아 수출품은 주로 전복과 우뭇가사리였을 것이다.89) 그런데 전복 채취구역에 대해 "이 섬의 정동 약 50해리에 3소도가 있다. 이를 '량코 도'라고 한다. 우리나라 사람은 마쓰시마松島라고 일컫는다. 거기에 다소의 전복이 있으므로 본도에서 출어하는 자가 있다. 그러나 이 섬에 음료수가 없으므로 오래도록 출어할 수 없고 4~5일이 지나면 본도로 귀항한다"고 했다. '본도에서 출어하는 자'가 누구인지 명확하지 않으나, 지금까지의 기록에서 한인의 어업 부진을 언급했고 일본인의 울릉도 근해 어업이 주로 전복이었다는 사실로 미루어 볼 때, 1902년 단계에 전복을 목적으로 도항한 '본도 출어자'가 한인일 개연성은 적다. 그리고 "이 섬에……4~5일이 지나면 울릉도로 귀항한다"고 한 것은 독도 도해가 우연적인 것이 아니라 계획적이었음을 시사한다. 1902년 당시에는 통어기에 일본에서 건너와 도동에 근거지를 둔 자들이 많았고90) "수출입 화물은 모두 도동에 모인다"고 한 것으로 보건대, 일본인이 독도에서 전복을 채포한 뒤 울릉도로 가져와 세금을 납부하고 수출하는 시스템이었던 것이다.

1900년과 1902년 일본인의 보고서에는 수출품이 독도의 전복이라고 수출품으로 명시되어 있지는 않다. 그러나 전복은 당시 울릉도민의 수출

---

89) 요시다 우야마시吉田敬市, 《朝鮮水産開發史》, 朝水會, 1954, 211쪽.

90) 니시무라가 조사한 일본인 직업에 따르면, 340여 명 가운데 목재 관련자(100여 명)를 제외하면 잠수기업자와 선원, 선박 관련자 등 어업 관련자가 140여 명으로 가장 많다.

품이 아니었고, 주로 일본인이 채취·수출한 품목에 해당한다. 1890년대 후반부터 울릉도에 온 일본인 잠수기업자나 나잠업자의 목적은 전복 채취였고, 채취된 전복은 대부분 일본으로 수출되었다.[91] 이때 일본인들은 독도에서도 전복을 채취한다고 했으므로 독도산 전복은 울릉도 수출품에 포함되었을 것이다. 전복은 〈울도군 절목〉의 규정에 입각하는 한 과세대상이었다. 절목대로라면, 1902년 단계에 군수는 화물에 1퍼센트의 세금을 징세하도록 되어 있기 때문이다. 〈울도군 절목〉에 '독도'의 해산물에 과세한다는 규정은 없지만, 이 절목은 '대한제국 칙령 제41호'에 대한 시행세칙으로 나온 것이고, 칙령에 이미 울도 군수의 관할구역에 석도 즉 독도를 명시했기 때문에 과세조항은 독도의 해산물에도 적용되는 것이다.

《韓海通漁指針》[92]의 '울릉도'에 따르면, 울릉도의 일본인 영구 거주자는 30명 정도이며, 어업은 잠수기어업이며 이전에는 300명 정도였는데, 1902년 봄에는 140~150여 명이 거주하는 정도였다. 이들은 대개 돗토리현鳥取縣에서 직접 도항한 자로 목재와 대두, 우뭇가사리 수출을 영업으로 했다.[93] 니시무라 보고서에는 주요 수출품이 전복인데 《한해통어지침》에는 우뭇가사리도 추가되어 있다. 더욱이 독도의 어업에 대해 "한인과 우리나라 어부들은 이를 양코라고 부른다.……이 섬에는 해마海馬가 매우 많이 서식하고 있다. 근해에는 전복, 해삼, 우뭇가사리 등이 풍부하다"고 했다. 해마, 즉 독도의 강치를 언급하고 근해에 해산물이 풍부하다고 했으므로

---

91) 요시다 우야마시(1954), 앞의 책, 211쪽.

92) 1900년에 저술에 착수하여 1903년에 발간되었는데 '울릉도' 부분은 1901년에 집필한 것으로 보이고, 수정 내용은 1902년 봄의 사항까지를 기록하고 있다.

93) 《韓國水産行政及經濟》(한국정부재정고문본부 편, 1904, 124쪽)에 따르면, 1900~1902년 사이 통어조합에 신고한 선박 수 가운데 돗토리현의 경우 1902년에 4척으로 나와 있다. 따라서 위의 어로자는 불법 도항자임을 알 수 있다.

독도의 해산물도 울릉도 수출품 안에 포함된 것으로 보인다.

4) 독도 강치에 대한 과세

1900년 이전 울릉도 수출품은 해산물 가운데에는 전복과 우뭇가사리가
주를 이뤘고, 오징어는 없었다. 말린 오징어는 1902년에 보이다가, 1904년
에는 주요 수출품이 되었다. 오징어잡이에는 한인도 참여한 것으로 되어
있다. 무엇보다 1904년 수출품에서 중요한 것은 강치가 포함되어 있다는
점이다. 오징어와 강치가 수출품으로 등장하고 일본인의 어로에 한인이
참여했음은 울릉도 내 한인의 어업 양상이 변화했음을 말해 준다. 이러한
변화의 배경으로는 울릉도 인구의 비약적인 증가를 들 수 있다. 울릉도의
한인은 1899년에 300명이던 것이 1900년에 1,700명, 1901년에 3천여 명으로
크게 늘었고, 일본인은 1900년에 100명 내외에서 1901년에는 임시 거주자
를 포함, 500여 명으로 늘었다. 오징어의 발견은 일본인의 래도來島를 촉
진시켰다.[94] 또한 상어와 고래에 이어 강치어장이 발견되자 채조採藻 외
에는 특별한 어업을 하지 않던 한인들로 하여금 오징어잡이와 강치잡이에
나서게 했다. 당시 한인의 자본이나 선박 소유현황으로 보아 오징어잡이
와 강치잡이를 주도할 수는 없었겠지만 어로에는 참여할 수 있었을 것이
다. 근대기에 일본인이 독도에서 강치잡이하는 것이 목격된 시기는 1897
년 전후지만,[95] 울릉도 한인이 참여한 시기는 1903년 전후이다.[96] 한인 독

---

94) 요시다 우야마시는 오징어 발견을 1903년으로 보고 있으나 니시무라 보고서에는
1902년에 오징어가 보여 적어도 1902년 이전에 발견된 것으로 볼 수 있다.

95) 오쿠하라 헤키운奧原碧雲, 《竹島及鬱陵島》, 松江: 報光社（ハーベスト出版, 2005년 복
각), 1907, 32쪽.

96) 나카이 요자부로가 강치를 잡기 시작한 시기도 1903년이다. 울릉도 사람들과 나카
이의 독도 어로가 비슷한 시기인 점이 어떤 인과관계가 있는지 모르겠지만, 나카이
가 독도를 알게 된 것도 울릉도에 왕복하던 중이었다.

점품목이던 해조류 채취에 일본인이 공동으로 참여하는 한편, 일본 잠수 기업자들은 전복 채포를 위해 한인을 고용하기 시작했다. 이렇게 양상이 바뀐 데에는 양국인의 울릉도 재주가 증가하면서 교류도 증가했고 이에 따라 협업 또는 고용 기회가 증대했기 때문이다. 오징어와 강치도 〈울도 군 절목〉대로라면 모두 과세대상이다.

울릉도에서 강치 수출이 1904년에 보인다는 것은 그 이전부터 포획이 시작되었음을 말해 준다. 그런데 독도에서의 강치포획은 강치들이 생식을 위해 군집해 있을 때뿐이므로 그 기간에만 집중적으로 잡을 수 있었다. 나카이 요자부로中井養三郎는 1903년에 강치잡이를 시도했지만 오키사람들 의 강치잡이는 그보다 먼저 시작되었다.[97] 1904년 5월 1일 나카이 요자부 로가 두 번째로 독도에 도착했을 때는 이구치 류타井口龍太와 이시바시 쇼타로石橋松太郎가 도항해 있었고 그 밖에 가토 주조(加藤重藏, 重造) 조 組 외에도[98] 이와사키岩崎[99] 조까지 있어, 모두 5조가 어로를 하고 있었 다. 이때 "이와사키 아무개가 울릉도에서 한인을 데리고 온"[100] 것으로 되

---

97) 1903년 이전부터 하시오카 도모지로橋岡友次郎와 그의 백부 이케다 요시타로池田吉太 郎 및 구미 사람들이 독도로 출어하여 강치와 해산물을 채포해온 것으로 되어 있으 나(〈다케시마의 조사에 대해〉,《昭和26年度 涉外關係綴》) 다무라 세이자부로는 1903년 으로 보고 있다[김선희(2010), 앞의 책, 121쪽]. 나카이 요자부로는 1903년 5월 16일 독도에 도항했을 때 다른 어렵자가 한 사람도 없었고 귀항하려 할 때 이시바시 쇼 타로와 이구치 류타가 인부를 데리고 와서 포획했다고 진술하고 있다(〈메이지 37년 중 조사〉,《竹嶋貸下海驢漁業書類》). 그러나 1897년 울릉도에서의 난파선 수색을 위해 도항했던 어선이 독도에서 강치를 잡아 판 이래 포획을 계속했으므로 울릉도의 일 본인들은 1900년을 전후해서 강치잡이를 해왔던 것으로 보인다.

98) 〈메이지 37년 중 조사〉,《竹嶋貸下海驢漁業書類》

99) 1882년 이규원의 〈울릉도 검찰일기〉와 〈계초본〉에는 이와사키 추조岩崎忠照가 보이 며, 또한 1889년 외무성 문서에는 이와사키 추조와 이와시마 추조巖島忠助가 같이 보 인다. 시마네현 문서에는 저동의 이와사키 추조岩崎忠藏가 보인다(《竹嶋貸下海驢漁業書 類》,〈다케시마 도항 때 감사했다는 인사장 초안〉인사장과 관련 없이 들어가 있는 것으로 보아 착간錯簡인 듯하다). 모두 동일 인물로 보인다.

어 있다. 한인이 포함된 이와사키 조는 1905년 3월에도 한인 7명, 일본인 3명, 배 2척으로 약 200여 마리의 강치를 포획했다.[101] 1905년에 독도에 온 이와사키 조를 포함한 3조[102]는 모두 울릉도 재류자로 볼 수 있다. 3조는 이와사키 조, 와키타 조, 우라고 조를 말하는데, 이 중에 와키타脇田[103]는 1899년의 약조문에 등장할 뿐 아니라 1900년 우용정의 조사 때도 보이고 1901년 일상조합日商組合[104]의 의원 명단[105]에도 들어 있어 오래 거주한 자임을 알 수 있다. 그는 일본 오키에도 거주지를 두고 부산과 오키를 왕래했으므로 부산과 일본 현지 사정에도 두루 밝았다. 이런 그가 강치 수출사업을 주도하면서 울릉도에서 이루어진 과세규정을 몰랐을 리는 없다. 만일 이와사키와 와키타, 가도 만타로[106]가 울릉도 재류민이 아

---

100) 〈메이지 37년 중 조사〉, 《竹嶋貸下海驢漁業書類》 울릉도 개척민 홍재현의 1947년 8월의 증언에 의하면, 1903년경 4~5차례에 걸쳐 독도에 미역을 채취하거나 강치를 포획하러 간 적이 있다고 했다(외무부, 《독도문제개론》, 35쪽).

101) 〈다케시마 강치잡이 실황 각서〉, 《(秘) 竹島》

102) 일본인과 한인을 포함하여 모두 8조, 70(65)여 명인데, 이 가운데 이와사키 조와 와키타 조, 우라고 조에 한인이 포함되어 있다. 와키타는 와키타 쇼자부로脇田庄三郎 또는 와키타 쇼타로脇田庄太郎로 나온다. 우라고 조는 앞에서 나온 가도 만타로를 가리킨다.

103) 《울릉도지》에는 1897년에 처음 보이는데 당시 조선어에 능했으며 조선인에게 선박이 없음을 비웃은 인물로 나온다. 1900년 우용정이 조사할 때 배계주가 일본인 후쿠마와 자신을 중재시킨 인물로도 거론했다. 1901년 8월 스미스가 조사할 당시 울릉도의 2대 파벌로 하타모토당과 외기타당을 거론하고 있다. 1906년 시마네현 시찰단원 일부가 와키타 집에서 휴식을 취하기도 했다. 시찰단이 돌아와 감사장을 보냈는데 와키타 코로脇田光郎로 되어 있다. 모두 동일 인물로 보인다.

104) 울릉도민은 사상의소를, 일본인은 일상조합을 만들어 상거래를 협의하고 있었던 것으로 보아 와키타를 포함한 재류자들은 직접 어로를 하기보다는 조합원 또는 중개인 역할을 했던 것으로 보인다.

105) 《通商彙纂》제234호, 1902. 10. 〈韓國鬱陵島事情〉.

106) 와키타와 가도 만타로는 1901년 울릉도에서 조직된 일상조합 명단에도 들어가 있다. 가도 만타로는 1899년 5월 16일자 《황성신문》에는 요시오 만타로吉尾萬太郎로 나오며, 《부산영사관 보고서 2》(1902년 5월 30일)에도 요시오 만타로로 나온다. 동일

니라 오키에서 온 출어자라면 1905년 시마네 현에 어업허가를 출원할 당시 13명의 신청자 명단[107])에 이들의 이름이 보여야 하는데 누구도 들어 있지 않다. 더구나 일본인들이 독도 강치를 울릉도에서 수출했다는 사실은 일본 기록에 남아 있다. 1904~1905년간 울릉도의 강치 수출고를 표로 나타내면 아래와 같다.

연도	수출품명	수량	출전	수량	출전
1904	강치가죽	800貫	竹島及鬱陵島	800貫	通商彙纂 50호(鬱陵島現況)
	강치기름	2石	竹島及鬱陵島	20斗	通商彙纂 50호(鬱陵島現況)
	강치가죽	800貫	竹島及鬱陵島	1275貫	通商彙纂 50호(鬱陵島現況)
1905	강치기름	83상자	竹島及鬱陵島	414斗	通商彙纂 50호(鬱陵島現況)
	강치절임	150貫	竹島及鬱陵島		
	강치기름 찌꺼기			800斗	通商彙纂 50호(鬱陵島現況)

위에서 보았듯이 울릉도 수출품에 강치가 들어가 있다는 사실은 위의 3조를 비롯한 울릉도 재류자들이 독도에서 잡은 강치를 울릉도로 가져와[108]) 일본으로 수출했음을 의미한다. 강치 가격은 1904년에는 가죽이 600

인물로 보인다.

107) 김수희, 《울릉도·독도어장 이용과 어민들의 어업활동》, 동북아역사재단 연구보고서, 2009, 14쪽.

108) 포획지인 독도에서 가죽을 벗기고 기름을 만들어 울릉도로 싣고 왔는지는 명확하

엔, 기름은 26엔이었다. 1905년에는 가죽이 700엔, 기름이 124엔이었다. 한편 나카이 요자부로가 독도에서 포획한 강치는 오키로 운반되어 오사카로 수출되었다. 따라서 울릉도 수출품과는 관계없으므로 과세되지도 않았다.[109] 1905년 수출품에는 강치절임이 추가되어 있어 울릉도에서 가공업이 정착하고 있었음을 보여 준다. 그러나 울릉도 수출품에 강치가 보이는 것은 1905년까지이다. 일본이 독도를 자국령으로 편입한 뒤 어렵을 허가제로 바꿨기 때문이다. 울릉도의 일본인과 한인은 1905년 3~4월까지도 독도로 출어했으므로 일본의 불법 편입이 없었다면 울릉도에서의 출어는 지속되었을 것이다. 그러나 나카이 요자부로 등이 1905년 6월에 어렵합자회사 형태로 시마네현의 허가를 받았기 때문에 울릉도 재류자들은 1920년대에 울릉도의 오쿠무라 헤이타로奧村平太郎에게 고용되기 전까지는 독도로 출어하지 못했으며 그때도 강치 포획은 어로에서 제외되었다.

1905년 7월 일본 외무성이 부산영사관보 스즈키 에이사쿠鈴木榮作로부터 보고받은 〈울릉도 현황〉에 따르면, '랑코 도'의 강치잡이는 1904년경부터 울릉도민[110]이 잡기 시작했고 10명의 어부가 하루 평균 5마리를 잡았

지 않다. 가죽 염장에 많은 소금이 필요하고, 기름을 내려면 솥을 걸 공간과 연료가 필요하다는 점으로 미루어볼 때 가죽과 피지를 울릉도로 싣고 와 작업을 했을 수도 있다. 나카이 등이 염장하여 바로 오키로 가져간 것과는 달리 독도에서 울릉도는 가깝기 때문에 가죽만 벗기고 염장하지 않은 채 가져왔을 수도 있다. 누가 포획을 했고 누가 구매자였든 울릉도의 수출통계에 들어 있다는 것은 수출세 징수처가 울도군임을 의미한다.

109) 참고로 적으면, 1904년 나카이를 비롯한 어업자들이 6척의 배로 잡은 강치는 모두 2,760마리, 가죽 7,690관이었고, 나카이는 1905년에 1,003마리, 절인 가죽 3,750관, 기름 총량 3,200관(320상자)였다(〈'리양코' 섬 영토 편입과 대여 요청 설명서〉, 《竹島一件書類》제1권; 유미림(2009), 앞의 책, 23쪽).

110) '울릉도민이 잡기 시작했다'고 한 것은 실제 포획자가 울릉도의 한인이었다는 것인지, 아니면 울릉도에 있던 사람들(국적 불문)이라는 것인지 분명하지 않다. 다만 일본식 어법을 고려해볼 때, 본방인이라고 하지 않고 울릉도민이라고 한 것으로 보아 한인을 가리킬 가능성이 크다. 이 경우 실제 포획을 담당했다는 의미로 보아야 할

으며, 모두 3조, 30인이 이 사업에 종사하고 있었던 것으로 되어 있다.[111] 이는 앞에서 언급한, 이와사키 조를 비롯한 3조를 말한다. 위 보고서에는 1904년 울릉도 수출품에 강치와 말린 전복, 말린 오징어, 김, 미역이 들어가 있었으나, 1905년에는 말린 전복, 말린 오징어, 김, 미역 외에 전복통조림이 추가되어 있다. 전복 산출액은 1904년에 50관〔貫目〕, 1905년에는 9,100관이고 수출은 1904년에 50근斤이었으나 1905년에는 970근으로 나오는데[112] 이는 통조림으로 수출했기 때문이다.

이들 역시 〈울도군 절목〉대로라면 세금을 납부해야 하는 품목이다. 더구나 1904년과 1905년에 강치잡이를 주도했던 이와사키와 와키타, 가도만타로는 모두 울릉도 재류자였으므로 수세관행에 대해 알고 있었을 것이다. 그런데 오쿠하라 헤키운은 1906년 수출입품 어느 것에도 관세가 필요 없다고 했다.[113] 오쿠하라가 말한 관세는 수출세와는 다른 것인가? 오쿠하라가 집필한 시기는 1906년 5월이고 심흥택 군수는 그해 3월까지 일본에 의한 편입 사실을 모르고 있었다. 1906년 군수의 연봉은 700원인데 정부로부터 교부받은 것은 없었다.[114] 이는 정부가 군수로 하여금 도민과 일본인에게 징수하여 재원을 충당하게 했음을 의미한다. 심흥택이 일본 경부 설치에 따른 폐해를 자주 보고한 점으로 보아 1906년 시점에 〈울도군 절목〉에 규정된 대로 일본인이 납세했는지의 여부는 알 수 없다.[115]

것이다. 일인의 주도하에 선박과 자금을, 한인이 포획을 주로 담당한 것 같다. 포획법은 총살, 그물, 작살, 때려잡기를 이용했다. 1905년에 출어한 3조 30여 명 가운데 한인은 19명, 일인은 13명이었다.

111) 《통상휘찬》 제50호(1905년 9월 3일, 관보 9월 18일), 〈鬱陵島現況〉(1905. 7. 31. 보고).

112) 오쿠하라 헤키운奧原碧雲, 《竹島及鬱陵島》 1907, 43쪽, 46쪽. 단위는 원문대로 썼다.

113) 유미림, 《〈독도와 울릉도〉 번역 및 해제》, 한국해양수산개발원, 2009, 75쪽. 오쿠하라는 비개항장의 수출품에 대해서도 '관세'라는 명칭을 쓰고 있다.

114) 유미림(2009), 앞의 책, 71쪽.

1906년에도 일상조합의 유지비를 징수했다면 수출세가 존속했음을 의미하는데, 1906년에도 일상조합은 존속하고 있었다.[116] 일본이 조합을 유지시키면서 수출세 납부를 거부했다면 이는 성립하기 어렵다. 그러나 일본의 세력이 강대해짐에 따라 납세 양상도 점차 변화해 갔으리라는 것은 짐작할 수 있다.

4. 맺는말

〈울도군 절목〉의 '수세' 조항은 1900년 대한제국 칙령 제41호의 연장선에서 나온 것이고, 칙령 제41호의 '수세' 조항은 오성일과 배계주 당시 성립한, 비개항장에서의 교역과 '수세'관행을 정부 차원에서 인정해준 것이었다. 본래 일본은 '통어규칙'이 체결된 이후 어업면허를 지닌 자는 기한 내에는 어업 구역 어디에서라도 정당하게 어로할 수 있었으므로 연해 지방에서 한국 관리가 각종 명목으로 징세하는 것은 불법임을 인식하고 있었다. 따라서 일본인은 이를 거절할 권리가 있음을 어민들에게 주지시켰다.[117] 이런 일본인들이 울릉도 관리의 징세에 응한 것은 일차적으로는 어업면허를 지니지 않은 데다가 불법 교역까지 해야 했기 때문이다. 한편 부산영사관이 울릉도 어업의 불법성을 모르지 않으면서 그 수출현황을 본국에 보고했다면, 그들은 수출행위가 정당하다고 주장할 만한 명분을 확

---

115) 1906년 3월 17일 시마네현은 울릉도의 와키타에게 23일 시찰단의 순시 건을 알려주면서 안내를 부탁하는 편지를 보냈다. 이때 와키타는 독도 편입사실을 알았을 것이며, 납세를 거부했다면 이런 정황이 영향을 미쳤을 것이다.

116) 일상조합 이사 마노 요시카와眞野由若가 거론되고 있다(유미림(2009), 앞의 책, 74쪽).

117) 한국정부재정고문본부 편, 《韓國水産行政及經濟》, 1904, 37쪽.

보하고 있었다는 말이 된다. 그 명분이란 이른바 수출세였고, 징수자는 한국 관리였던 것이다. 대한제국도 초기에는 납세를 구실로 거주와 교역을 합법화하려는 일본에 대해 항의했으나 수세를 인정해 주는 선에서 타협하게 된 데는 울릉도라는 지역적 특수성을 고려했기 때문일 것이다. 울릉도 관리의 수세 품목에는 한인이 채취한 미역과 조선造船용 목재, 곡물, 그리고 화물이 포함되어 있었으나, 1902년 단계에 〈울도군 절목〉에서 말한 '출입하는 화물'은 주로 대일對日 수출화물을 가리키며 해산물을 포함한다. 해산물에는 전복과 우뭇가사리, 해삼, 오징어, 강치 등이 포함된다. 이것들은 한인이 산출한 것이라 하더라도 일본인이 구매해서 수출했으므로 수출화물에 대한 납세자는 일본인이었다. 더욱이 전복과 우뭇가사리는 울릉도뿐만 아니라 독도에서도 채포되었고, 강치 역시 과거에는 울릉도에서도 포획되었지만 20세기 초의 시점에서는 독도에서만 포획되는 동물이었다.

울릉도 수출화물에 대한 징세에 일본인들이 동의한 바가 있고 그 화물에 독도산 해산물이 포함되어 있다는 사실은 독도에 대한 징세권에 대해서도 합의했음을 의미한다. 당시의 울릉도 재류 일본인들이 독도를 일본령으로 인식했었다면 그들은 독도 해산물을 울릉도로 가져오지 않았을 것이며 또한 울도군에 납세하기를 거부했을 것이다. 그런데 울릉도의 일본인들은 그렇게 하지 않았다. 오히려 일본이 독도를 불법으로 편입한 1905년에도 일본인들은 한인과 함께 강치 포획에 참여했으며 이때 포획한 강치를 울릉도에서 일본으로 수출했다. 나카이 요자부로가 대하원 제출을 계획하던 1904년 가을, 독도가 한국령이라고 생각한 이면에는 해도의 기록뿐만 아니라 1904년 당시 울릉도에서 독도로 출어한 일본인 및 한인과의 조우, 그리고 그로 말미암은 영토인식이 작용했을 것이다.118)

118) 나카이는 당시 독도에서 어로하던 일본인들이 울릉도 재류자로서 수출품에 세금을

일본은 독도에서의 강치잡이에 한인을 고용하여 비로소 한인이 독도를 인지하게 되었으며, 일본인의 강치어로야말로 독도에 대한 일본의 실효지배를 의미한다고 주장해 왔다. 그러나 위에서 보았듯이 한국은 일본인의 수출 어획물에 세금을 부과하는 형태로 통치권을 행사해 왔다. 일본이 나카이 등의 자국민의 강치어업에 대해 한국이 단속하지 않았음을 들어 자국의 실효지배를 주장하는 것은 개인의 행위를 국가 지배로 호도하는 것일 뿐만 아니라 징세권이 있던 한국 입장에서 보면 침탈이다.[119] 나카이 등의 어로는 울도군에 납세하는 경우가 아닌 것은 물론 어업면허를 취득한 경우도 아니기 때문이다. 이에 비해 울릉도 재류 일본인들은 1880년대 후반부터 거주권과 경제활동을 보장받기 위해 벌목료뿐만 아니라 납세를 자원해 왔다. 그러던 것이 1890년대 후반에는 '수출세' 명목으로 2퍼센트의 세금을 납부하기에 이르렀고 이는 관행으로 정착했다.

그러나 일본은 청일전쟁에서의 승리로 세력이 강해지자 비개항장에서의 통상이 불법이라는 것을 빌미로 납세관행을 지키지 않으려 했다. 이에 한국 정부는 우용정을 파견해 조사했고, 우용정은 도감이 부과해온 수세관행을 직접 확인했다. 우용정의 보고를 받은 대한제국은 칙령 제41호에 '수세' 조항을 명기함으로써 관행을 인정해 주었다. 그런데 정부가 합법화해

납부한 뒤 수출한다는 사실을 알았을 것이다. 그가 독도를 한국령이라고 생각한 데는 이런 사실도 영향을 미쳤을 것이다. 그가 독도 어로 독점권을 한국 정부로부터 얻으려 했던 것도 이 때문일 것이다.

119) 1905년 6월 이전 나카이 요자부로의 독도 어로는 일본의 관할권의 증거가 되지 못한다. 일본이 나카이라는 개인의 점유행위에 대해 국가가 편입조치를 취해 추인한 것이 '실효지배'라고 주장하듯이, 나카이의 어로행위는 개인의 행위에 지나지 않기 때문이다. 더구나 나카이가 독도가 울릉도의 부속도서임을 인지한 상태에서 한국 정부에 어업세를 내지 않고 어로했다면 이는 불법행위이다. 1903년부터 1905년 사이에 나카이가 일본 정부에 납세했다면-그 합법성 여부는 차치하고-일본의 실효지배 증거가 된다고 주장할 수 있으나, 편입 이전에는 그런 사실이 보이지 않는다. 일본은 편입 후 허가제로 하여 토지사용료를 받았고, 독도의 강치에 대해 잡종세를 부과했다.

준 관리의 징세권을 일본인들은 인정하지 않으려 했다. 이에 대한제국 정부는 칙령에 이어 다시 절목으로 울도 군수의 징세권을 보장해 주려 했다. 그것이 이른바 〈울도군 절목〉이다.

〈울도군 절목〉이 나온 1902년대 일본 기록을 보면, 해산물은 일본인이 수출한 것으로 되어 있고 독도의 전복도 포함되어 있다. 1904년의 수출품에는 오징어와 강치도 들어가 있다. 1904년부터 본격화한 한인의 독도어업이 그대로 지속되었더라면, 한국의 실효지배의 양상은 달라졌을 것이다. 1905년에 일본이 불법으로 독도를 편입한 뒤 어렵합자회사를 설립하자, 한인이 포함된 울릉도에서의 강치어로는 종언을 고할 수밖에 없었다. 나카이 요자부로가 독도 강치를 일본으로 바로 가져간 것과는 달리, 울릉도의 한인과 일본인은 강치를 울릉도로 들여와 가공해서 수출했다. 따라서 이때의 강치는 다른 해산물과 마찬가지로 군수에게 세금을 납부하고 수출되어야 하는 품목이다. 한인이 독도에서 경제활동을 한 것은 우리 영토임에 비춰볼 때 당연한 일이다. 따라서 대한제국이 한인의 경제활동에 징세한 것은 독도에 대한 영토주권을 행사했음을 보여 주는 분명한 증거인데 그 납세자가 일본인이라면 어떠하겠는가. 대한제국이 비통상 항구에서 일본선박에 화물을 적재하거나 거래하는 것이 불법임을 들어 주문진에서 이뤄지는 일본인과의 어물魚物 잠매를 금지하는 훈령을 내린 시기가 1903년임에 비춰 보면,[120] 절목을 내려 울도군에서의 어물 매매와 징세를 허용한 사실은 매우 이례적이라고 할 수 있다. 당시 부산 영사관이 울릉도 수출현황을 파악하고 있었다는 사실도 울릉도와 주변도서가 지닌 특별한 경제적·전략적 가치를 말해 준다. 무엇보다 일본이 한국의 징세 요구에 응했다는 것은 독도가 한국 영토라는 사실을 인정했음을 의미한

120) 《각사등록》 1903년 12월 14일 훈령 제1호.

다. 1877년 태정관 지령의 존재를 알 리 없는 일반인들이 납세를 관행으로 성립시켰다는 사실이야말로 그들이 독도가 한국 영토임을 인정했음을 시사한다. 수세관행은 일본인들이 1880년대부터 1905년에 이르기까지 울릉도와 그 주변해역에서의 경제활동에 가해진 한국의 징세권에 동의함으로써 성립된 것으로, 뒤집어 말하면 이는 일본인들에게 독도가 일본 영토라는 인식이 없었기 때문에 성립된 것이다. 일본이 강해짐에 따라 울릉도의 일본인들이 세금을 회피하려 한 흔적은 보이지만 그 경우에도 독도가 일본 영토라고 주장한다거나 일본 영토이므로 일본 영토의 산물에 대해 세금을 납부할 수 없다고 항의한 흔적은 보이지 않는다. 따라서 이는 일본이 주장하는, 1905년 시점에 독도가 무주지였으므로 편입했다는 이른바 선점론의 허구성을 드러내 주는 것이기도 하다. 1906년이 되면 울릉도의 수출품에 더 이상 세금이 부과되지 않았다고 하지만, 수출세의 일부를 조합 유지비로 충당하던 일상조합이 1906년에도 존재한 사실로 보아 위에서 말한 '세금'을 '수출세'와 동일한 것으로 보기는 어렵다. 울릉도 수출품에 독도의 전복과 강치가 포함되어 있고 정부가 군수에게 징세권을 위임하는 내용을 칙령 제41호 및 〈울도군 절목〉에 명시한 이상, 그리고 이런 규정이 일본인의 자발적인 납세관행에 따라 성립된 이상, 일본이 납세를 거부했다면 그 책임은 일본 측에 있다. 따라서 세력 변화에 따른 납세 거부는 일본의 제국주의화에 부수된 현상일 뿐 그것으로 이전의 납세관행까지 부정할 수 있는 것은 아니다.

조선 지리지의 울릉도·독도 인식

1. 머리말

일본은 메이지 유신 이후 부국강병을 기도하는 과정에서 개인 또는 조직이 수집한 정보를 적극 활용했다. 일본이 제국주의를 확장하는 데 우선적으로 필요했던 정보는 조선에 관한 정보였다. 지리지는 이들 정보를 망라하고 있는데, 본래 일본이 조선, 그 가운데서도 울릉도와 주변도서의 자원에 관심을 기울인 시기는 에도시기로 거슬러 올라간다. 근대 이전 울릉도에 대한 일본 호칭은 '다케시마竹島', 독도는 '마쓰시마松島'였다. 17세기 중반 '울릉도 쟁계' 이른바 '안용복 사건' 이후 막부가 낸 '다케시마 도해금지령'의 '다케시마'는 울릉도를 가리키지만 이 금지령에는 '마쓰시마' 즉 독도를 포함한다.1) 이들 섬에 대한 일본인의 도해는 1836년 이마즈야 하치에몬今津屋八右衛門 사건2)으로 금지령이 강화되면서 한동안 뜸했었다.

---

1) 1696년 에도 막부의 다케시마도해금지령 이후 오야 가문의 후손은 계속해서 막부에 도해 청원을 해왔다. 1740년 오야 가쓰후사大谷勝房는 사사봉행들이 열좌한 가운데 "竹嶋松島 양도 도해가 금지된 이후에는 호키와 요나고 성주께서 가엾게 여겨 주신 덕택에……"등의 진술을 하여 두 섬에 대한 도해금지였음을 말하고 있다(大谷氏舊記 三, 도쿄대학 사료편찬소 소장 書目 ID 54892(윤유숙, 〈근세 돗토리번 町人의 울릉도 도해〉, 《韓日關係史硏究》 42집, 2012, 450쪽에서 재인용)).

2) 이마즈야 하치에몬이 막부의 허가 없이 울릉도에 건너가 밀무역을 하다 1836년에 발각되어 처형당한 사건으로 일명 '덴포天保다케시마사건'이라고 한다.

그 사이를 틈타 서양 선박들이 동해를 항행하다 울릉도와 독도를 발견한 뒤 서양 호칭을 붙이게 되었고 그 호칭을 다시 일본인[3]이 거꾸로 일본으로 유입하면서 섬의 호칭에 혼란이 가중되었다.

근대 시기에 들어오면 일본이 해외 개척에 눈을 돌리면서 울릉도가 신도新島로서 주목받기 시작했다. 그리하여 1870년대 중반부터는 이른바 '다케시마 내지 마쓰시마 개척원'이 쇄도하기 시작했고, 1880년대에는 일본인의 울릉도 도해가 활발해졌다. 이때 일본은 울릉도를 다케시마 또는 마쓰시마라고 부를 정도로 호칭의 혼란을 겪고 있었다. 더구나 울릉도에 조선인의 도해까지 잇따르자 조선 정부는 수백 년 동안 시행해 오던 수토 정책을 폐지하는 대신 울릉도와 주변 도서를 개척하기로 방침을 바꿨다.

이 과정에서 일본은 지리지가 식민주의 국가의 발흥에 직접적인 연관을 지닌다고 생각하고 편찬작업을 활발히 했다. 지리지 편찬에 직접 또는 간접으로 일본 정부가 개입한 정황은 서문 등을 통해 흔히 접할 수 있다. 그런데 제국주의 시대의 산물인 조선 지리지에 관해 연구한 바는 그리 많지 않다. 전통시대의 조선 지리지에 관해서는 전국 규모의 지리지와 군현지, 읍지 등을 중심으로 연구해 왔으나 근대기에 일본이 펴낸 조선 지리지에 관해서는 거의 연구된 바가 없다. 특히 울릉도와 독도라는 특정 지역을 고찰한 연구는 거의 없고, 있다 하더라도 그 대상은 우리나라가 펴낸 지리지이며[4] 일본이 펴낸 경우에는 메이지 시기 한국지리 관련 문헌을 소개하는 데 불과하다.[5] 따라서 이 글은 일본이 펴낸 조선 지리지를

---

3) 1867년 가쓰 가이슈勝海舟가 그린 〈대일본국 연해략도大日本國沿海略圖〉는 일본 최초의 근대식 해도로서, 다케시마(아르고노트), 마쓰시마, 리앙쿠르 섬을 그렸는데, 이는 지볼트 지도의 영향을 받은 것으로 보고 있다.

4) 신명호, 〈조선시대 지리지 항목과 부산이미지〉,《동북아문화연구》25집, 동북아시아문화학회, 2010.

연구대상으로 하되, 1905년 일본이 불법 편입을 기도할 정도로 관심의 대
상이 되어온 울릉도와 독도에 관한 인식을 고찰하고자 한다. 일본이 1869
년에서 1945년 사이에 펴낸 지리지는 수로지 등을 포함해 80여 종이 넘는
다. 여기서는 근대기 일본이 편찬한 조선 지리지와 부속지도를 주 대상으
로 하여 검토하고자 한다.6)

2. 1876~1905년 울릉도·독도 서술의 추이

1) 울릉도 · 독도 호칭의 혼란과 지도상의 불일치

일본이 조선 지리지를 펴내기 시작한 시기는 대략 1874년 전후이다. 에
도 시대에 펴낸 《삼국통람도설三國通覽圖說》(1785)과 《상서기문象胥紀聞》
(1794)은 조선 지리지를 다룬 대표적인 것이지만, 내용이 간략할 뿐만 아
니라 대부분을 조선인이 제공한 정보와 서술방식에 의존해 기술했다. 그
러나 메이지 시대에 오면, 일본과 서양의 수집 정보에 근거하여 조선 지
리지를 펴내는데, '울릉도'에 관한 내용은 《조선지략朝鮮誌略》(도조 다모쓰東
條保 편찬, 1875)에서 보이기 시작한다. 이 책은 내용은 소략하지만 조선의
경위도가 밝혀져 있고 '도서' 편목에는 아래와 같은 내용이 적혀 있다.

자산도子山島 또는 궁고륵高7)라는 이름이 있다. 우리나라에서는 다케시마

---

5) 남영우, 〈日本 明治期의 韓國地理 關聯文獻〉, 《지리학》28권 1호, 대한지리학회, 1993.

6) 조선 지리지와 일본 지리, 수로지를 연구범위에 포함시킨 연구에 대해서는 유미
림·최은석, 《근대 일본의 지리지에 나타난 울릉도 독도 인식》, 한국해양수산개발원,
2010을 참조. 일본 고지도에 나타난 울릉도 독도 표기에 관한 분석은 현대송, 〈일본
고지도로 본 일본의 독도인식〉, 《지해해양학술상 논문수상집》, 한국해양수산개발원,
2010 참조.

竹島라고 일컫는다. 강원도 안에 있다. 3년마다 한 번 수영水營의 관리를 파견하여 이 섬을 검사한다. 수로는 1천 리里로고 한다.

위 기술은 1875년 당시 일본이 울릉도를 '다케시마'로 호칭했고 '자산도'와 '궁고'를 울릉도의 이칭으로 알고 있었음을 보여 준다.[8] 서양인의 저술을 발췌·번역한 《조선 사정朝鮮事情》(1876)은 당시의 팽배한 정한론적 분위기에 편승하여 조선 정벌에 도움을 줄 목적에서 나왔다. 여기에서 경위도는 기술하고 있으나 울릉도에 관해서는 다루지 않고 있다. 《조선 지지朝鮮地誌》(1881)에도 '울릉도' 관련 내용은 보이지 않으며 첨부 지도에도 울릉도와 독도는 그려져 있지 않다. 이 책에 제자題字를 해준 하나부사 요시모토花房義質는 외무성 관리로서 1880년대 초 일본인이 울릉도에서 무단 입도와 벌목으로 조선과 갈등을 겪을 때 조선에 있던 인물이다. 이를 감안하면, 이 책의 편찬에 일본 정부가 관여했을 개연성은 매우 높다. 지리지 편찬에 일본 정부와 군부가 개입되었음을 보여 주는 또 다른 예는 《조선 팔도지朝鮮八道誌》(1887)이다. 이 책의 편자인 고마쓰 스스무小松運는 육군 군의관으로서 조선에 근무했던 자이고, 제자를 해준 와타나베 고키渡邊洪基는 제국대학 총장, 글을 써준 하나부사 요시모토는 특명전권공사였다. 그런데 이 지리지에 울릉도 관련 내용은 없고 첨부된 〈조선전국략도朝鮮全國略圖〉에도 울릉도와 독도는 그려져 있지 않다.

이렇듯 근대 초기의 조선 지리지를 보면, 울릉도와 독도 관련 내용이

---

7) '궁고'는 '궁숭륵嵩〔이소타케〕'의 오기인 듯하다.

8) 현대송의 연구에 따르면, 지도상에 울릉도를 '다케시마'로 표기한 것은 1870년대까지가 가장 일반적이었으나 1850년대에 '마쓰시마'라는 호칭이 붙여지면서 이후는 '마쓰시마'가 가장 빈번히 쓰였고 따라서 지도상의 표기와 지리지상의 표기 빈도는 일치하지 않는 것으로 보고 있다(현대송(2010), 앞의 글, 19쪽).

소략하거나 생략된 경우가 많아 주요 관심지역이 아니었음을 보여 준다. 1870년대의 《일본지지제요日本地誌提要》에는 울릉도·독도 호칭이 '다케시마竹島/마쓰시마松島'로 되어 있던 것이 1886년의 《개정 일본지지요략改正日本地誌要略》에는 '마쓰시마松嶋/다케시마竹嶋'로 바뀌어 있다. 이는 지리지의 호칭의 불명확성과 수로지의 혼동된 양상이 그대로 반영된 결과로 볼 수 있다. 이런 양상은 지도도 마찬가지였다. 지도에서 독도에 대한 일본 호칭은 1870년대에는 우산도가 10, 마쓰시마가 17, 다케시마가 12, 리앙쿠르 락스가 2로 나타났으나, 1880년대에는 마쓰시마가 1, 다케시마가 13으로 나타나 '다케시마'로 표기된 경우가 압도적으로 많다.[9] 이런 수치는 일본에서 울릉도와 독도 호칭에 관해 가장 혼동된 인식을 보여 주는 시기가 1870~1880년대라는 사실을 시사한다.

이런 인식의 혼란은 이마즈야 하치에몬 사건으로 말미암아 울릉도 도해에 40여 년 동안의 공백이 있은 뒤로 더 심화되었다. 그런데 그 이후 얼마 지나지 않아 일본이 조선의 개항을 앞두고 외무성 관리로 하여금 조사시킨 항목에 '다케시마와 마쓰시마가 조선의 부속이 된 경위'(1869년)가 포함되어 있는 것을 보면, 일본은 여전히 이 섬들에 대한 조선의 영유를 인정하고 있었음을 보여 준다. 조사 후 보고서를 접한 일본 외무성은 '다케시마와 마쓰시마가 조선의 부속도서'임을 재확인했으나 이즈음 신도新島 개척의 붐이 일어나는 바람에 호칭 혼란이 가중되었다.

메이지 유신 이후 일본은 해외 영토에 눈을 돌리면서 조선 동해의 자원이 풍부한 섬에 주목하기 시작했는데, 양국의 통교 개척 건의를 계기로 하여 일련의 개척건의서가 제출되었다. 개척 건의서는 1876년 7월, 무토 헤이가쿠武藤平學의 〈마쓰시마 개척건의[松島開拓之議]〉를 시발로 해서

---

9) 현대송(2010), 앞의 글, 26쪽.

1876년 12월 19일 사이토 시치로베齋藤七郎兵衛의 〈마쓰시마 개도원서 및 건언[松島開島願書幷建言]〉, 1877년 1월 도다 다카요시戶田敬義의 〈다케시마 도해청원[竹島渡海之願]〉', 다시 1877년 5월 6일 무토 헤이가쿠武藤平學의 〈마쓰시마 개도 건백[松島開島之建白]〉으로 이어졌다. 그런데 이때 개척을 희망하는 섬의 이름이 '다케시마'와 '마쓰시마' 두 가지였다. 비슷한 시기인 1877년 3월, 일본 국가최고기관인 태정관은 '다케시마 외 일도가 일본과는 관계없다'는 지령을 내렸다. 이때의 '다케시마'가 울릉도, '외 일도'의 '일도'가 마쓰시마 즉 독도를 가리키는 것임은 첨부 문서와 〈이소타케시마 약도磯竹島略圖〉로 증명된다.

태정관 지령으로 '외 일도'가 '마쓰시마(독도)'임이 밝혀졌음에도, 1881년에 오야 겐스케大谷兼助 외 1명이 〈마쓰시마 개간청원서[松島開墾請願]〉를 시마네현에 제출하는 일이 있었다. 이 문서를 접수한 내무성 관리는 외무성에 이 사실을 조회했다. 당시 내무성 권대서기관權大書記官 니시무라 스테조西村捨三는 외무 서기관에게 조회할 때(1881.11.29) 시마네현이 제출한 문서(별지 갑호, 을호)를 첨부했다. 이때 첨부된 별지 갑호의 제목은 〈일본해내 다케시마 외 일도 지적 편찬방법에 대한 품의[日本海內竹島外一島地籍編纂方伺]〉이다. 이 문서는 바로 내무성이 태정관에 요청했던 품의서와 같은 내용이다. 다만 다른 것이 있다면 제목 아래 주서朱書로 '(외 일도는 마쓰시마이다)'라는 글자가 부기되어 있는 것이다.[10] 이는 시마네현령 사카이 지로가 〈일본해내 다케시마 외 일도 지적 편찬방법에 대한 품의〉를

---

10) 〈日本海內竹島外一島地籍編纂方伺〉(外一嶋ハ松嶋ナリ)라고 하여 품의서와 지령의 '외 일도'가 마쓰시마 즉 독도라는 사실을 분명히 했다(內務權大書記官西村捨三発外務書記官あて照会, 《朝鮮國蔚陵島へ犯禁渡航ノ日本人ヲ引戻之儀ニ付伺)(自明治十四年七月至明治十六年四月], 일본 외무성 기록 문서분류 3.8.2.4.). 최근 일본학자에 의해 '외 일도'가 '마쓰시마'임을 인정하는 연구가 나왔다(이케우치 사토시, 《竹島問題とは何か》, 名古屋大學出版會, 2012).

필사해 내무성에 보내면서 지령의 '외 일도'가 무엇인지 알려 주기 위해 추가한 것으로 보인다. 사카이 지로는 오야 겐스케의 청원서에 '마쓰시마'로 되어 있고, 태정관 지령에는 '다케시마 외 일도'로 되어 있어 내무성 관리 니시무라가 혼동할까봐 부기한 것이다.[11]

외무성은 12월 1일 내무성에 보낸 답변에서 "조선국 울릉도 즉 다케시마·마쓰시마에 대한 건은 이미 도항을 금지한 바 있음"을 밝혔다. 내무성이 이에 근거하여 시마네현에 알릴 때(1882.1. 31)는 "서면상의 마쓰시마는 이전의 지령대로 우리나라와는 관계없음을 명심해야 하며, 따라서 개간 청원은 허가할 대상이 아님"[12]을 분명히 했다. 이때 '서면상의 마쓰시마'라고 한 것은 오야 겐스케가 청원했을 때의 호칭 '마쓰시마'를 가리킨다는 의미이다. '이전의 지령대로'라고 한 것은 1877년의 태정관 지령대로 처리하겠다는 것을 밝힌 것이다. 따라서 이는 태정관 지령의 '다케시마', 오야 겐스케의 '마쓰시마'가 모두 울릉도를 가리키며 일본과 관계없으므로 개간을 허가할 수 없다는 사실을 분명히 한 것이다. 그런데 일본에서 '마쓰시마'는 점차 울릉도 호칭으로 정착해 갔다. 그렇게 된 데는 1880년 9월 아마기天城함이 '마쓰시마松島는 울릉도'라고 결론내린 영향이 크다. 이 때문에 지역주민들 사이에서 전래되던 두 호칭은 수로지와 해도에 울릉도를 '마쓰시마'로 표기한 이래 점차 정착되어 갔고, 개척에 눈을 돌린 외지인들에 의해 호칭의 전도는 가속화되었다. 여기에 당시 유입되어 있던 서구 호칭이 더해짐으로써 호칭의 혼란은 가중되었다. 이런 혼란은 지리지와 지도에도 영향을 주었다. 1880년대에는 독도를 일본 영토로 표시한 지도

11) 니시무라 스테조가 지은 《南島紀事 外篇乾卷》(1886)에 지도가 첨부되어 있는데, 울릉도와 독도 위치에 竹島, 松島가 그려져 있어 그가 울릉도를 다케시마로, 독도를 마쓰시마로 칭했음을 알 수 있다.

12) 《県治要領》 1882년 1월 31일.

가 자취를 감추었지만 1890년대에는 독도를 일본 영토로 표시한 지도가 나타나고 있는 것이다.[13] 1870년대에서 1880년대까지는 울릉도와 독도에 관한 지리지 내용이 소략한 탓에 호칭 혼란의 궤적이 드러나지 않았지만 1890년대가 되면서 혼란이 두드러지고 있다.

2) 울릉도 편목의 성립과 지리지의 비약적 증가

조선 지리지의 울릉도·독도 관련 내용은 1880년대까지만 해도 그다지 풍부하지 않았으나 1890년대가 되면서 '울릉도'가 하나의 편목으로 성립할 정도로 증가하였다. 이런 현상은 지리지 가운데서도 특정 분야를 다룬 수산지에서 나타나는데, 그 배경에는 일본의 활발해진 어업진출이 있다. 일본은 1883년에 〈조일통상장정朝日通商章程〉을 체결, 조선과 어업조약을 체결했고 1889년 말에는 이 장정의 시행세칙에 해당하는 〈조일통어장정〉을 체결했다. 이로써 쓰시마 근해에서 어업을 하던 일본 어민은 어업세를 납부하고 조선에서의 법적인 어로권을 인정받게 되었다. 일본인들은 자국 정부의 권력에 의거하여 한국의 동해안과 남해안 어장 개방을 요구하며 본격적으로 진출하기 시작했고, '무궁한 보고인 조선해'에서의 어업자원을 보다 효율적으로 거둘 수 있게 장려하기 위해 《조선통어사정朝鮮通漁事情》(세키자와 아케키요關澤明淸·다케나카 구니카竹中邦香 공편, 1893)을 펴내기도 했다.

《조선통어사정》은 조선해 출어의 기원과 연혁, 통어규칙, 지리, 수산물과 어업 실태 등을 싣고 있으며 수산물 이름을 한글로도 표기했다. 이 책의 '지리'편은 평안도를 제외한 각 도를 다루었고 부도로 〈조선국도〉를 실었다. 해도海圖의 오류가 한둘이 아님을 지적하고 있는 것으로 보아 실

---

13) 현대송(2010), 앞의 글, 33쪽.

제 어로활동에 필요한 지도정보를 제공하려는 목적이 강함을 알 수 있다. 이 책의 '강원도' 편목에서 유일하게 다뤄진 도서는 '울릉도蔚陵島'[14]인데, 울릉도의 일본 호칭은 '마쓰시마松島'이며 울진에서 이틀이면 도달하고 옛날에는 우산국으로 일컬어졌으며 일본에서는 아직 출어한 자가 없다는 사실 등을 적고 있다. 이 수산지의 목적은 어업 관련 정보의 제공에 있었으므로 '울릉도' 관련 내용도 어업 차원의 논의에 머물고 있으나 울릉도를 '마쓰시마'로 칭한 것이 특기할 만하다. 이로써 1870년대 말에서 1890년대 초기까지는 울릉도 호칭으로 다케시마와 마쓰시마가 혼용되고 있었음을 알 수 있다. 《산인신문》(1894년 2월 18일, 2444호) 기사도[15] 《조선통어사정》과 유사한 내용을 싣고 있지만, 울릉도를 '다케시마'[16]로 호칭하고 있다.

1894년 청일전쟁의 발발은 조선의 전략적 중요성을 부각시킴과 동시에 울릉도와 독도의 전략적 중요성도 함께 부각시켰다. 더욱이 이 시기에는 지리지 간행이 비약적으로 증가해 1894년에만 네 종류의 지리지가 편찬되었다. 《조선기문朝鮮紀聞》(스즈키 노부히토鈴木信仁 편), 《조선지朝鮮志》(아다치 리쓰엔足立栗園 편), 《신편 조선지지요략新編朝鮮地誌要略》(마쓰모토 겐도松本謙堂 편), 《신찬 조선지리지新撰朝鮮地理誌》(오타 사이지로大田才次郎 편) 등이 그것이다. 가장 먼저 나온 《조선기문》의 울릉도 연혁은 《조선지략》 (1875)을 일부 인용한 듯하지만, '궁고릉高'를 '궁숭릉嵩'으로 적었고 울릉도를 '다케시마竹島'로 적고 있다. 《조선지》에는 일본과 조선이 지리적으

---

14) '울량토'로 음독音讀하고 있다.

15) 기사 연도는 1894년이지만 내용은 1893년 6월에 마쓰에의 사토 교스이佐藤狂水가 오키에서 울릉도로 출어한 일을 적고 있다.

16) 신문기사에 독도 호칭은 '량코 도'로 되어 있다. 섬의 둘레가 1리쯤이며 강치와 고래가 많이 서식하고 있다고 하는 사실이 독도임을 말해 주고 있기 때문이다.

로 매우 가깝고 역사적으로도 '보거순치輔車脣齒' 관계라는 인식이 전제되어 있다. 이 지리지의 지도에는 '다케시마'와 '마쓰시마'가 표기되어 있는데, '마쓰시마'가 '다케시마'보다 동남쪽에 더 크게 나타나 있고 본문에는 그에 관한 기술이 없어 어느 것을 그린 것인지는 알 수 없다.

《신찬 조선지리지》도 《조선기문》과 마찬가지로 조선의 산천 도읍의 위치와 형세를 알고자 하는 목적에 충실하려 했으므로 이정里程도 조선의 이법에 맞춰 적었다. 지리 정보와 민업, 인종, 정체, 종교, 풍속 등을 해관의 보고서를 참고해 적었다. 부도인 〈조선지도〉에는 다케시마와 마쓰시마가 그려져 있으나 마쓰시마가 다케시마보다 더 크게 오른쪽에 그려져 있다. '도서' 편목에는 "……기타 초도草島, 제·성도梯·城島, 죽도竹島, 울릉도鬱陵島, 우산도亐山島는 모두 동해 가운데 흩어져 있는 섬들이다"라고 적혀 있고 竹島[17] 다음에 '울릉도'와 '우산도亐山島'가 등장한다. 우산도는 울릉도와 함께 나온 것으로 보아 '于山島' 즉 독도를, 竹島는 울릉도 옆의 죽도를 가리키는 듯하지만, 지도상으로는 마쓰시마가 다케시마竹島 오른쪽에 더 크게 그려져 있어 본문과 지도상의 표기가 일치하지 않는다. 《신편 조선지지요략》의 부도인 〈조선전도〉[18] 역시 다케시마와 마쓰시마가 그려져 있으나 마쓰시마가 다케시마 오른쪽에 있고 경위도상으로는 131°에 못 미치게 나타나 있다. 청일전쟁 이후 활발해진 지리지 편찬은 대한제국 정부와 민간에도 영향을 미쳐 《조선지지朝鮮地誌》(1895)와 《대한지지大韓地誌》(1899) 등이 나왔다.

---

17) 어느 섬을 가리키는 것인지 불분명하므로 원문대로 표기한다.

18) 표지에는 부속지도명이 〈팔도지도〉로 되어 있다.

3) '울릉도' 서술과 '양코 도'

'울릉도'를 본격적으로 다룬 지리지는 1901년의 《조선 개화사朝鮮開化
史》(쓰네야 모리후쿠恒屋盛服 저)이다. 일본의 식민사업 실행을 장려하기 위
해 펴낸 이 책은 〈지리〉편 제4장 '강원도' 부분에 '울릉도'가 독립된 편목
으로 나오는데, '강릉'이나 '삼척'편목에 비해 양적으로 많다. "울릉蔚陵이
라고도 쓰는데 바로 옛날의 우산국이다. 후에 신라로 편입되었다. 별명은
무릉武陵, 우릉羽陵이니, 모두 그 자음이 비슷하기 때문이다"라고 적고, 이
어 "크고 작은 여섯 개의 섬이 있다. 그 중 저명한 것을 우산도(일본인은
마쓰시마라고 이름한다)와 竹島라고 한다……"라고 적었다. 이 내용으로 보면,
우산도와 竹島를 별개의 섬으로, 그리고 우산도를 일본 호칭 마쓰시마松島
에 비정하고 있음을 알 수 있다. 따라서 이때의 마쓰시마는 독도를 가리
킨다. 울릉도 이외의 섬으로 일본이 마쓰시마라고 부르는 섬은 독도 외에
는 없기 때문이다. 울릉도 주변 섬으로 우산도와 함께 '竹島'를 거론하고
있으므로 이는 댓섬을 가리킨다. 이 책은 1898년 봄에 집필을 시작, 1899
년 5월에 탈고했고 서문은 1900년 늦봄에 썼다고 되어 있어, 대한제국 칙
령 제41호 반포 이전에 완성되었음을 알 수 있다. 울릉도의 부속 도서를
여섯 개의 대소 도서로 본 것은 1899년에 라포르테가 보고한 바 있다. 부
산해관에 근무하던 라포르테는 울릉도 부속도서 가운데 가장 드러난 것을
우산도와 죽도라고 했는데[19] 쓰네야 모리후쿠는 이 보고서를 참고한 것으
로 보인다.

《한해통어지침韓海通漁指針》(1903)은 울릉도의 부속도서를 여섯 개로
보던 인식을 비판했다. 《한해통어지침》은 울릉도에 대해 "평해군 월송
포 남쪽 40여 리 바다에 있는 고도孤島로서 한인韓人은 무릉 또는 우릉이

---

19) 그 내용이 《황성신문》 1899년 9월 23일 별보 '鬱陵島 事況'에 실려 있다.

라고도 적는다. 바로 옛날의 우산국으로, 지나인은 이를 마쓰시마松島라고
부른다"고 했다. '추기追記'에 "세상사람들은 본도本島를 대소 여섯 개의
도서가 모여 있는 것으로 보고 혹은 다케시마竹嶋, 마쓰시마松嶋라는 두
섬의 총칭이라고 하며, 심지어는 왕왕 지도 안에서도 이를 병기한 것을
본다. 이런 것은 실로 큰 오류이다"고 했다. 즉 울릉도를 다케시마와 마쓰
시마의 총칭으로 보거나 여섯 개의 도서로 구성된 것으로 본 종래의 견
해를 비판한 것이다. 이 책의 저자인 구즈우 슈스케葛生修亮는 울릉도의
일본 호칭을 '마쓰시마'로 보았으므로 여기서 언급한 '다케시마竹島'는 독
도를 의미하는 것으로 볼 수 있겠지만, 그 자신은 이를 부정했다. 오히려
그는 마쓰시마(울릉도-역자 주) 외에 '양코 도島'라는 다른 섬이 있음을 거
론했다. '양코 도'는 '리앙쿠르 락스'에 대한 일본의 방언식 호칭이다. 이
렇게 되면 '울릉도=마쓰시마', '독도=다케시마'라는 통설이 여기서는 적용
되지 않는다. 그가 거론한 '양코 도'가 바로 독도에 해당되기 때문이다.
각 문헌에 나온 울릉도·독도·竹島 명칭을 비교해 보면, 각각의 호칭이 어
느 섬에 비정되는지를 알 수 있다. 1905년 일본이 독도를 '다케시마'로 명
명하기 전 울릉도와 주변 도서에 대한 표기를 보면 아래와 같이 정리할
수 있다(괄호는 실제 저술시기).

연도	출전	도서 명칭
1894년	新撰 朝鮮地理誌	울릉도, 亏山島, 竹島
1899년	황성신문	울릉도, 于山島, 竹島
1900년	대한제국 칙령 제41호	鬱陵全島, 竹島, 石島
1901년	朝鮮開化史	울릉도, 우산도(본방인 松島), 竹島

1902년	通商彙纂	울릉도, 랑코 島(본방인 松島)
1903년(1900)	韓海通漁指針	울릉도(지나인 松島), 양코 島

이들 호칭을 현재의 울릉도와 독도 및 죽도에 대입시키면 아래와 같이 된다(괄호 안은 출전).

    울릉도: 울릉도(황성신문), 울릉 전도(칙령 제41호), 울릉도(조선개화사), 울
        릉도/松島(한해통어지침)
    독도: 우산도(황성신문), 석도(칙령 제41호), 우산도/松島(조선개화사), 랑코
        島/松島(통상휘찬), 양코 島(한해통어지침)
    죽도: 竹島(황성신문), 竹島(칙령 제41호), 竹島(조선개화사)

위의 관계로 보면, 일본은 1890년대 이후부터 1905년 이전까지는 '독도' 호칭으로 '다케시마竹島'보다 '우산도'와 '양코 島'[20]를 더 많이 사용했음을 알 수 있다. 지도에서 보면 1880년대에는 '독도' 호칭으로 '다케시마'를 사용한 경우가 많은 반면, 지리지에서는 '양코 도' 호칭이 증가하고 있다. 이에 독도 호칭이 지도에서는 '다케시마'가, 지리지에서는 '양코 도(랑코 도)'로 표기되는 불일치를 보인다. '竹島' 호칭은 《조선 개화사》와 《한해 통어지침》에도 나오지만, 이외에 '양코 도'가 따로 나오므로 '竹島'를 '독도'에 비정하기는 어렵다. 오히려 독도 호칭으로 '松島'보다 '우산도'를 쓰

―――――――――――――――――――――――――――――――――

20) 한국 기록에는 《제국신문》 1901년 4월 1일 기사에 '양고'라는 섬 이름이 처음 보인
    다. 그러나 '울릉도 동남 삼십 리里' 해중에 있는 섬으로 보고 있어 일본 기록을 그
    대로 인용하고 있다.

는 경향이 있었으므로 '竹島'는 댓섬인 '죽도'로 보아야 할 것이다. 일본은 울릉도 호칭이던 '다케시마'를 '마쓰시마'로 전화한 이후에는 '다케시마'를 독도 호칭으로 썼지만, 그 이전에는 독도 호칭으로 '양코 도'를 더 많이 사용했다. 위와 같은 대비로 본다면, 일본은 '우산도'를 '독도' 호칭으로 사용했으며, '양코 도'는 에도시대의 독도 호칭 '마쓰시마'가 사라진 뒤에 일시적으로 사용했음을 알 수 있다.

이처럼 1900년 대한제국 칙령 제41호의 반포를 전후하여 나온 일련의 문헌에서 울릉도와 竹島를 제외하면 남는 호칭은 '우산도'와 '석도', '양코 도', '량코 도'이다. 이들 호칭이 울릉도나 竹島를 가리키는 것이 아님이 분명하므로 이들을 '독도'에 비정할 수 있다. 이 가운데서도 독도 호칭임에 이견이 없는 '우산도'와 '양코 도'를 제외한다면, 남는 것은 '석도'뿐이다. 이로써도 '석도'가 '우산도', '양코 도' 호칭과 함께 '독도'라는 사실이 방증된다.

4) '양코 도' 편목의 독립과 '竹嶼'의 등장

《한해통어지침》에서 울릉도 이칭의 오류를 비판했듯이, 조선의 지리 정보 가운데 특히 울릉도와 주변 도서에 대한 기술은 점차 오류가 줄고 정확성이 증가하는 형태로 보완되었다. 《한해통어지침》은 1903년 전후 울릉도의 변화를 반영하여 《조선통어사정》(1893) 이후 변모된 어업환경을 알려 주는 데 목적이 있었다.[21] 당시 울릉도 재류 일본인 500여 명 가운데 대부분은 3월에서 6월 사이에 임시로 와 있는 자들이었고 영구 거주자

---

21) 1900년에 저술에 착수하여 1903년에 발간되었다. 탈고에서 발간 전까지 그 사이의 오류에 대해서는 '추기'를 넣어 정정했고, 울릉도 부속 도서에 대한 부분도 '추기'에서 언급하고 있다.

는 30명 내외였으나, 한인韓人은 3천 명을 헤아릴 정도였다. 그런데 일본이 국내 인구 증가에 따른 인구 배출의 한 방편으로 조선 진출을 도모했으므로 점차 일본인이 늘어나는 추세였다. 일본이 보기에 조선의 강원도는 어업하기에 좋은 지역이지만 선박 통항이 불편해서 잠수기 어업을 제외하면 출어자는 많지 않은 상태였다.

《한해통어지침》에서 '울릉도'는 제3장 〈연해 지리〉의 강원도 부분에 나오는데, '울릉도' 내용과 '양코 島' 내용이 분리되어 있다. 이전 지리지에서는 '양코 도' 즉 독도 관련 내용이 '울릉도' 안에서 함께 언급되었는데 여기서는 분리되어 있다. 목차에는 '鬱陵島(ヤンコ島)'로 되어 있는데, 본문에는 '○鬱陵島'라고 하고, 이어 '△ヤンコ島'라고 하여 양자에 대한 기호가 다르다. 울릉도에 대해서는 ○를, 양코ヤンコ 도에 대해서는 △기호를 붙이고 있다. 이는 '양코 도'가 울릉도의 속도임을 나타내려는 의도에서 이렇게 한 것으로 보인다. 여기서 '양코 도'는 독도를 가리킨다. 에도시대에는 독도를 주로 '마쓰시마'로 호칭했지만, 편입 이전 수로지는 '리앙쿠르 열암' 또는 '양코 도'로 기록한 경우가 많기 때문이다. 1886년의 《환영수로지寰瀛水路誌》도 독도 호칭으로 '우산도'나 '다케시마'가 아니라 '양코 도'라고 했는데, 이 호칭이 지리지에서는 1903년[22]에 등장한 것이다.[23] 《한해통어지침》의 '양코 도島' 관련 기술은 아래와 같다.

울릉도에서 동남방으로 약 30리里, 우리 오키국 서북에서의 거리와 거의 같은 리 수만큼 떨어져 있는 무인의 섬이다. 맑은 날 울릉도 산봉우리 높은

---

22) 지리지에 앞서 1902년 《통상휘찬》에 '량코 島(본방인 松島)'라는 호칭이 보인다.

23) 지도상에는 '리앙쿠르 락스'라는 호칭이 1860년대에 보이는 것으로 되어 있다(현대 송(2010), 앞의 글, 25쪽).

곳에서 이 섬을 볼 수 있다. 한인과 우리나라 어부들은 양코라고 부른다. 길이는 거의 10여 정町이며 연안의 굴곡이 매우 많아 어선을 정박시켜 풍랑을 피하기에 알맞다.

윗글에서 '양코 도'는 울릉도에서 동남방으로 30리 떨어져 있는 섬으로 되어 있다. 오키국에서의 거리와 비슷하다고 잘못 기술하고 있으나, 맑은 날 울릉도 높은 곳에서 보인다고 했으므로 독도임을 알 수 있다. "한인과 우리나라 어부들은 양코라고 부른다"고 했다. 이는 얼마 뒤《군함니타카 행동일지軍艦新高行動日誌》(1904년 9월 25일자) 기록에서 "리앙코루도 암, 한인은 이를 獨島라고 쓰고 본방 어부들은 생략하여 양코라고 호칭한다"[24]라는 내용으로 변했다. 일본이 목격한 한인의 호칭이 '양코'에서 '독도'로 바뀐 것이다.

이 책의 발간 연도는 1903년이지만 서문을 쓴 시기는 1900년이므로 내용은 이미 1900년에 완성되었다고 볼 수 있다. 이 책에서 조선인과 일본인들이 독도를 일러 모두 '양코'로 부른다고 했으므로 이는 '독도' 호칭이 아직 등장하지 않았음을 시사한다. 독도에 해당되는 호칭은 1899년까지는 '우산도', 1900년 칙령 제41호에는 '석도', 1904년 전후해서는 '독도'로 되어 있다. 《한해통어지침》에 의거한다면, 조선에 '양코 도' 호칭이 도입된 시기가 1900년 전후일 가능성도 배제하기 어렵다.

위에서 언급했듯이, 구즈우는 울릉도의 부속 도서를 여섯 개의 대소 도서로 보는 속설을 비판하고 지도에 다케시마와 마쓰시마가 병기된 데 대해서도 비판했다. 구즈우는 '마쓰시마'를 울릉도의 호칭으로 보았고 '양코 도'를 따로 언급했다. 따라서 위에 언급된 '竹島'는 '독도'가 아니라 '죽도'

---

24) 독도의 두 암서를 東嶼, 西嶼라고도 했다.

일 가능성이 크다. 그런데도 고지도에는 항상 다케시마竹島와 마쓰시마松島가 병기된 경우가 많다. 이는 당시 지리지의 서술과 지도에서의 표기가 일치하지 않고 있었음을 보여 준다. 1903년은 지리지에서 울릉도 호칭으로 '마쓰시마'가, 독도 호칭으로 '양코 도'가 정착한 시기이다. 그런데 이와는 관계없이 일본이 1905년 편입 당시 독도를 '양코 도'가 아니라 '다케시마'로 명명했다는 사실은 역사성을 무시한 명명이었음이 드러난다. 일본에서 울릉도 호칭으로 '마쓰시마'가 정착하게 된 데는 해군 조사에 근거하여 기록한 수로지의 영향이 컸다고 할 수 있다. 수로지는 지리지보다 앞서 1883년부터 출현하는데[25] '울릉도'를 '울릉도, 일명 마쓰시마松島'라고 표기하거나 'Dagelet island'를 병기했다. 에도시대에 '다케시마'로 호칭되던 호칭이 수로지에서 '울릉도, 일명 마쓰시마'로 정착하자, 1905년 시점에 일본은 '마쓰시마'를 독도 호칭으로 더 이상 쓰지 못하고 '다케시마'로 정할 수밖에 없었던 것이다. 《한해통어지침》에 보인 울릉도와 죽도, 양코 도 호칭은 《통상휘찬通商彙纂》 안의 〈한국 울릉도사정韓國鬱陵島事情〉의 영향을 받은 것으로 보인다. 이 보고서는 울릉도의 지세와 한인의 상황, 선박 정박장, 일본 재류민의 개황, 상업과 어업 현황, 교통과 기후 등에 관해 기술하면서 부속도서에 대해서도 언급했다. 이에 따르면, "댓세미 島(テッ セミ島: 댓섬)는 와달리 앞바다에 있는데, 본방인은 이를 竹島라 속칭한다. 둘레가 30정(丁-원문대로) 정도로 후박나무와 해장죽이 무성하지만 음료수가 없으므로 이주한 자가 없다고 한다"는 구절이 보이는데, 이는 죽도에 대해 기술한 것이다. 또한 쌍촉석, 도목(島牧: 섬목의 훈차+음차 표기-필자 주), 관음도, 다와라지마, 굴바위 등의 지명도 보인다. 이 보고서와 《한해

---

25) 《수로잡지》 16호(1878년 조사, 1879년 편집, 1883년 발간); 41호(1880년 9월 조사, 1883년 발간).

통어지침》의 지명을 대조해 보면, 울릉도 이외 지명으로 댓섬과 竹島, 양
코가 혼재되어 있음을 알 수 있다. 〈한국 울릉도사정〉은 "댓섬을 竹島라
고 속칭한다"는 사실[26]을 적고 있는데, 울릉도 주민의 현지 발음 그대로
'댓섬'을 적고 있는 것은 竹島가 '다케시마'가 아니라 '죽도'임을 분명히
한 것이다. 이를 지도에 적용해볼 경우, 지도에 '竹島'로 나타난 것을 지
리지에서의 '다케시마' 즉 독도를 의미하는 것으로 동일시하기는 어렵다.
지도에 '竹島'와 '松島' 두 호칭이 함께 표기되어 있을 경우, 竹島가 죽도
인지 다케시마인지 알기 위해서는 울릉도에서의 방향 관계와 경위도, 연
대 등을 함께 고려해봐야 한다. 한편 '죽도' 표기의 등장은 그동안 '독도'
호칭으로 일본 문헌에 언급된 '竹島'와 지도에서의 '竹島'가 일치하지 않는
다는 사실을 확인시켜 주었다. 그리고 논점은 약간 다르지만, 일본이 '댓
섬'을 '竹島'라고 속칭한다는 사실은 한국이 '돌섬'을 '石島'로 호칭한 것과
유사한 명명방식이었음을 보여 준다.

1902년 〈한국 울릉도사정〉에도 '량코 도'가 나오는데, 《한해통어지침》
에는 '울릉도(지나인 마쓰시마)'와 '양코 도' 호칭으로 나온다. 다만 〈한국
울릉도사정〉은 독도 호칭으로 '량코 도'와 '마쓰시마'를 둘 다 거론하고
있다. (독도를) '마쓰시마'라고 한다는 사실과 '량코 도' 호칭을 병기한 것
은 1902년 전후 호칭된 '량코 도(양코 도)'가 일본의 고유 호칭이 아니었
음을 보여 준다. 또한 이 부분은 이미 수로지에서 '리앙코루토 열암'이
독도 호칭으로, '마쓰시마'가 울릉도 호칭으로 정착한 것과도 대비된다.

《한해통어지침》(1903)에는 강원도 항목에 '○鬱陵島'와 '△ヤンコ島'
로 되어 있었지만, 《최신 한국실업지침最新韓國實業指針》(1904)에는 13장

---

26) "본방 일본인이 죽도라고 한다"라고 했으나, 1883년 수로지에는 "조선인은 '죽도'라
   고 한다"고 적혀 있다.

〈수산〉편에 '울릉도'와 '양코 도島'순으로 나온다. 이는 '양코 도'를 울릉도의 속도로서가 아니라 병렬적으로 다루고 있는 것이다. 울릉도에 대해 "무릉 또는 우릉이라고 한다. 옛날 우산국于山國으로 본방인과 지나인은 이를 마쓰시마松島라고 한다. 월송포의 남쪽 40리 해상에 있다"고 하여 '마쓰시마'를 일본과 중국의 울릉도 호칭으로 보고 있다. 산물과 한인 호수 및 일본인에 관한 내용은 《한해통어지침》과 대동소이하다.

《최신 한국실업지침》에는 '양코 도'를 "울릉도와 우리 오키섬 중간 30리里 해상에 있다"고 하여 《한해통어지침》에서 "울릉도에서 30리 떨어진 곳"으로 기술했던 것과는 차이가 있다. 그러나 무인도라는 점, 땔감과 음료수가 없는 점, 근해에 전복과 해삼, 우뭇가사리 등이 나며 상어가 많지만 해마海馬의 방해로 상어잡이에 좋은 효과를 얻지 못한다는 내용이 적혀 있어 《한해통어지침》을 요약해놓은 듯하다. 《최신 한국실업지침》은 외무성 정무국장 야마자 엔지로山座円次郎의 글을 비롯하여, 많은 이들의 서문을 싣고 있어 일본 정부의 식산정책 및 대對러시아 관계가 반영된 것임을 엿볼 수 있다. 당시 일본은 한일의정서를 체결, 전쟁 수행에 필요한 군사적 요충지를 한국으로부터 제공받을 수 있게 해놓고 러시아와 이익을 다투던 때였다. 이에 일본은 한반도의 운명이 자국의 운명과 직결된다는 인식 아래 러시아에 앞서 조선을 차지해야 한다는 인식을 지니고 있었다.[27] 그런데 일본이 러일전쟁에서 승리하자 조선 개척에 아무런 장애가 없다고 보았고, 실업지침은 이런 상황에서 나온 것이다.

이 시기 조선 지리지에서 울릉도·독도 기술의 또 다른 특징 가운데 하나는 '竹島' 호칭에 변화가 보인다는 점이다. 이전 지리지에서는 울릉도와 다케시마, 마쓰시마가 함께 기술되었고 '댓섬'을 '竹島'로 기술했는데, 1904

27) 야마자 엔지로의 서문.

년부터는 '竹嶼'[28]라는 호칭이 등장한다. 《한국 지리韓國地理》(야즈 쇼에이 矢津昌永 저, 1904)의 〈도서〉 부분에는 울릉도에 대해 "강원도 연안에서 80 리涅, 우리 오키 서북에서 140리 떨어진 곳에 鬱陵島(松島)가 있다"고 기 술했으나, 〈처지處地〉 부분에는 "울릉도는 일명 마쓰시마로 칭한다. 본도 의 해안에서 80리里,[29] 오키 서북서 140리 바다가운데 고립되어 있다……
섬 둘레는 18리로 거의 반원을 이룬다.[30] 섬 중앙은 북위 37도 30분 동경 130도 53분이다"[31]라고 되어 있다. 이어 "이 섬의 동쪽에]죽서竹嶼가 있 다"는 내용을 쓰고 '竹嶼'에 강조점이 놓여 있다. 이렇게 한 것은 竹嶼가 '다케시마'가 아님을 밝혀주기 위해서인 듯하다. '竹嶼' 외에 '양코 도'가 보이지 않으므로 '竹嶼'가 '양코 도'를 가리키는 것으로 생각할 수도 있겠 지만, 울릉도를 '마쓰시마'로 표기했으므로 독도 호칭으로는 '다케시마'를 쓴 것이며, 따라서 '竹嶼'는 '죽도'를 가리킨다.

3. 1905년 이후 울릉도·독도 기술상의 변화

1) 울릉도 속도로서의 '양코 도'

한국을 보호국으로 만든 일본은 한국을 자국 판도의 일부가 되었다고 보아 개발론적 대한관對韓觀에서 침탈론적 관점으로 시각을 바꾸었다.

---

28) 1883년 《水路雜誌》에는 '竹嶼(Boussole Rx), 竹島(朝鮮人)'로 되어 있고, 1920년 《日本水 路誌》에는 '竹島(竹嶼)'로 되어 있다.

29) 앞의 '도서'편에서는 해리로 나왔다.

30) 수로지의 기술과 유사하다.

31) 앞에서는 울릉도가 강원도 해안에서 80해리 떨어져 있다고 되어 있었는데, 여기서 는 80리로 되어 있다. 해리를 잘못 옮긴 듯하다.

《한국 신지리韓國新地理》(다부치 도모히코田淵友彦, 1905)[32]에는 이런 경향이 반영되어, 러일전쟁의 승리로 한국이 일본의 판도에 들어왔다는 인식[33]을 바탕으로 저술되었다. 이 지리지는 '울릉도'를 1편 〈지문지리〉의 '도서島嶼' 부분에서 언급했고, 3편 〈처지〉에서는 다른 지역과 함께 하나의 편목으로 다시 다루고 있다. 다만 여기서는 경위도가 바뀌어 있고 위치를 "평해군 월송포 남쪽 40여 리 떨어진 해중에 있는 고도孤島로서 면적은 500 사방 리"라고 기술되어 있다. 중봉의 높이, 지질, 대두 산출액, 느티나무, 송도동, 산비둘기, 이주민의 가호, 가이바라 에키켄貝原益軒의 속도설 등을 인용한 부분이 《조선 개화사》, 《한해통어지침》과 비슷하다. '독도' 관련 내용은 '울릉도' 안에 '양코 島'로서 아래와 같이 기술되어 있다.

> 본도에서 동남방 약 30리里, 우리 오키 국과 거의 중앙에 해당되는 곳에 무인의 섬이 하나 있다. 속칭 양코 도島라고 한다. 길이는 10정町 남짓이다. 연안 굴곡이 매우 많아 어선을 정박시키기에 알맞다고는 하나 땔감과 음료수를 얻기가 매우 곤란하다. 땅을 파더라도 수 척尺 사이에 쉽게 물을 얻지 못한다. 이 섬에는 해마海馬가 많이 서식하고 있으며, 해산도 풍부하다고 한다.

이는 《한해통어지침》과 유사하다. 이전의 지리지를 답습하고 있는 것이다. '양코 도'와 관련된 부분을 보면, 1905년 이전 대부분의 지리지가 독도를 '양코 도'로 호칭하고 울릉도의 속도로 기술하고 있는데, 이 점에

---

32) 1905년 초판 이래 1908년 4판까지 나왔다.

33) "화태섬(사할린 - 필자 주)과 함께 만주의 일부 같은 것을 종래 다른 나라처럼 여겨 연구하고 가르쳐 왔던 것을 이제는 본방 범역範域의 일부로 볼 필요가 있음"(《한국 신지리》 서문).

서는 《한국 신지리》도 마찬가지다.

　조선 침탈을 일본의 국권 신장과 연결시켜야 한다는 인식은 지리지에도 반영되어 있고, 《한국지韓國誌》(1905)와 《최근 조선사정最近朝鮮事情》(1906)은 이런 인식에서 나왔다. 더구나 《한국지》는 러시아 대장성이 조사하여 펴낸 것을 일본 농상무성 산림국이 다시 펴낸 것이다. 일본 인구가 해마다 50~60만 명이 증가하고 있어 해외 식민지 개발이 중요한 상황이었으므로 식산에 뜻을 둔 자들에게 정보를 제공하기 위해서였다. 이 단계에 오면 일본은 조선을 반식민지로 보아 지리지에서도 식민화 정책을 드러내는 한편, 식민지 정당화의 논리를 펴고 있다.

2) 울릉도 편목의 구체화

　1910년 일본의 강제 병합을 전후해서는 특정 분야를 다룬 지리지가 출현하기 시작했다. 《한국 수산지韓國水産誌》는 어업 관계자에게 제공하여 일본의 어업발전을 도모한다는 취지에서 농상공부 수산국이 발간했다.[34] 이 수산지는 서문에서 통감부와의 협의 아래 조사원을 파견하여 자료를 수집했다고 썼다. 울릉도 관련 내용은 1집의 7장 〈연안〉 가운데 '도서' 편목과 울릉도에 관한 사진 설명, 그리고 경상남도를 다룬 부분에서 나온다. 우선 '도서'편목의 설명을 보면, "강원도 먼 바다에서 40여 리里 떨어진 곳에 위치한 鬱[35])陵島), 폭원幅員은 약 5리 사방[36)으로, 동해안에서 가장 큰 섬이다. 본도는 별명을 마쓰시마松島라고도 한다……"라고 썼다. 1집에

---

34) 1908년에 1집이 출판되어 총 4집이 나왔는데, 내용은 12도 연해의 어업사정, 외국인의 어업, 포경업, 수산행정, 지리정보 등을 다룬 것이며 다수의 사진을 싣고 있다.

35) 원문은 '胃'로 되어 있는데 '울'의 오류이므로 고쳤다.

36) 《한국 신지리》에는 '500사방 리'로 되어 있다.

서는 도서로서의 '울릉도'를 설명했으나 2집의 3장 '경상도'의 남도 '울도 군' 부분에서는 행정적인 설명을 위주로 하고 있다. 일본인이 벌목을 목적으로 도래했으나 지금은 어업이 주이며 어업은 오징어잡이뿐이라는 사실도 덧붙였다. 이 책에는 울릉도가 울도군이 된 시기가 10년 정도 늦게 기술되어 있으며, 울릉도가 강원도 울도군 소속에서 1906년 9월 24일 경상남도로 이관된[37] 사실도 반영되어 있지 않다. 당시 울릉도 인구는 남자가 1,916명, 여자가 1,116명, 가호의 수는 614호였다.[38] 2집의 '울릉도' 관련 내용이 같은 2집의 '도서' 편목 내용과 일치하지 않으며 이전 지리지와도 일치하지 않으나, 지명이 여럿 나타난 것이 특징이다.

'독도'에 관한 내용은 1집의 7장 〈연안〉 가운데 '동해'에 나온다. 독도 호칭이 '竹島(Liancourt rocks)'로 되어 있고 위치는 수로부 고시 제2094호를 인용하여 1908년 기준으로 오키 열도 북서 약 80리浬에 있으며, 두 섬 가운데 '東嶼(女嶋)'의 위치는 북위 37도 14분 18초, 동경 131도 52분 22초로 되어 있다. '다케시마(Liancourt rocks)'라고 하여 '양코 도'의 원어를 괄호 안에 영어로 써주고 있다. 또한 독도의 한 섬을 '동서(여도)'로 한 것은 '동서'와 '서서', '여도'와 '남도'로 구분한 것이므로 이것도 이전 지리지에서는 보이지 않던 양상이다.

1910년을 전후해서 조선 지리지에는 몇 가지 변화가 보인다. 첫째로는 행정구역상의 변화로, 1독부 13도 체제로 된 사실을 기술하고 있는 것이며, 둘째로는 대부분의 지리지가 한일병합의 시말을 기술하고 있다는 점이다. 1907년 7월 24일 한일 신협약이 체결된 뒤에 일본은 경성에 통감

---

37) 《각 관찰도안各觀察道案》 제1책, 광무 10년 4월 29일조 보고서 호외, 지령 제3호, 《구한국관보》 3570호 부록(광무 10년 9월 28일 금요일) 칙령 제49호.

38) 《황성신문》 1906년 9월 26일 잡보 '鬱島戶口'

부를, 지방에는 이사청을 두어 통치했다. 1909년 7월에는 한국 정부로부터 사법 및 감옥사무를 위탁받아 통감부 정치를 확대하면서 경찰권마저 장악했다. 이에 부산이사청이 경상도 남부와 동부, 강원도 동부를 관할하고, 원산이사청은 강원도 동북부를 관할했다. 지리지에는 이런 변화가 반영되어 《조선 신지지朝鮮新地誌》(1910)에도 그 과정이 잘 기술되어 있다. 울릉도와 독도 관련 내용은 3장 〈지세〉와 〈도서〉편에 기술되어 있는데, "강원도 동방 해상 80리里 즉 오키도 서쪽 140리 해중에 울릉도라는 하나의 큰 섬이 있습니다. 이 섬은 둘레가 18리里나 되고 섬 전체가 산을 이루어 수목이 울창하여 목재가 많이 납니다. 연해에는 어류가 많이 납니다. 이 섬은 마쓰시마松島라고도 하는데 우리 구 막부시대에는 밀항자가 있어 한때 소동을 겪은 적도 있습니다. 이 섬의 동쪽에 작은 竹嶼(다케시마)라는 섬이 하나 있습니다"라고 했다. 여기서 '죽서竹嶼'를 '다케시마'라고 음독하고 있지만 '죽도'를 가리킨다. 《한국 지리韓國地理》(1904)의 내용과 유사하기 때문이다.

3) 강제병합 후에도 '리앙코루도 락스'로 표기

일본의 강제병합 이후 조선 지리지는 '척식'편목이 추가되었고 행정구역 및 법률, 지명에 대해 높은 관심을 보였다. 《최근 조선요람最近朝鮮要覽》(조선잡지사 편, 1910)은 이런 경향을 반영하듯 중요한 조약 및 법령을 싣고 있다. 《최근 조선요람》은 1909년 《최근 한국요람》의 개정판인데, 국가명이 '한국'에서 '조선'으로 바뀌어 있고 울릉도에 관한 내용은 없다. 《한국통람韓國通覽》(1910)은 통감부가 발행한 것으로 '수산'편목과 '공업'편목 사이에 '척식 사업'이 들어가 있다. 재정과 금융기관, 금리, 물가,

공업 소유권 및 저작권 보호 등 경제 관련 편목이 눈에 띄게 많아졌다. 통감부 소속 관서 및 직원, 일본관리 등도 다루고 있으나 울릉도에 관한 내용은 없다. 《조선지朝鮮誌》(요시다 히데사부로吉田英三郎, 1911)는 조선총독 백작 데라우치 마사타케寺內正毅가 제자題字하고 백작 고다마 히데오兒玉秀雄가 서문을 썼으며 〈朝鮮誌 附圖〉가 첨부되어 있다. '경찰'과 '사법' 등의 편목이 보이는데 이후의 지리지도 대부분 비슷한 편목을 싣고 있다. 13장 경상남도 '울도군'에 나온 '울릉도' 내용은 1905년 이후의 정보를 수록하여 자세한 편이다. 울릉도 소속이 1907년[39] 강원도에서 경상남도로 이속한 뒤 오늘에 이른다고 했고 부산에서 170리浬, 강원도 울진현에서는 80리浬 떨어져 있으며 동서의 거리는 5리里,[40] 남북으로는 4리, 넓이는 9 평방 리로 되어 있다. 농업이 주이지만 어업이 유망하고 대부분의 어업인이 강원도 연안과 경상북도 이주자라는 사실을 적고 있다. 조선인 호 수는 1,040여 호, 인구는 6,400명, 일본인은 300여 호 1,100여 명이 거주한다고 적었고, '도동'에 관해 따로 자세히 기술했다.

일본은 조선을 병합하자마자 새로운 지리지 편찬에 착수했다. 2년 넘는 준비 끝에 나온 것이 《최신 조선지지最新朝鮮地誌》(1912)이다. 1편 〈자연지리〉 10장 '도서島嶼' 부분에 "일본해에는 울릉도, 여도麗島, 마양도馬養島 등의 소도가 있다"고 한 뒤 아래와 같은 내용을 실었다.

　　이 가운데 저명한 것을 기술하자면, 울릉도는 내지인이 소위 마쓰시마松島라고 하는데 강원도 평해군 월송포에서 동북으로 40여 리里 떨어진 바다

---

39) 1906년의 오류이다.

40) 보통 浬는 해리를 말하는데 구분하지 않고 里로 쓰는 경우도 있다. 여기서 리里는 육지의 리 수인데, 일본의 1里는 한국의 10리이다.

에 있는 하나의 고도이다. 동서가 5리里, 남북이 4리로 면적은 대략 9평방
리이다. 중앙에 솟아 있는 하나의 봉우리를 성인봉이라고 한다. 해발 약
1700척尺이다. 남벌한 결과 과거 같은 모습은 없고 약간의 수목이 있을 뿐
이다. 여기서 나오는 느티나무는 내지에서는 마쓰시마동松島桐이라 불리면서
진귀한 나무로 여겨지고 있다. 이 (울릉도 - 역자 주) 부근에 일본해전으로 이
름이 알려진 로크 리앙코루도가 있다.

이 내용은 독도 영유권과 관련하여 중요한 시사점을 제공한다. 1912년
의 시점임에도 여전히 '로크 리앙코루도'라는 호칭을 쓰고 있기 때문이다.
로크 리앙코루도는 바로 'rock Liancourt', 다른 말로는 리앙쿠르 락스, 일본
명으로는 '리앙코루토 열암(양코 島)'인데, 이 도서를 조선의 울릉도에 속
하는 것으로 본 것이다. 《한국 신지리》(1905)에도 '양코 島' 호칭이 나왔
다. 독도를 일컫는 '리앙쿠르 락스'를 이전에는 주로 '양코 도'로 호칭했다
면, 이 시점에는 '로크 리앙코루도'라고 하여 원어에 가깝게 쓰고 있다.
그런데 이 지리지는 1905년에 일본이 독도를 자국령으로 편입하면서 '다
케시마竹島'로 명명했음에도 여전히 서양명칭을 쓰고 있다. 나아가 '한국'
을 다룬 지리지에서 울릉도의 부속도서로서 다루고 있는 것이다. 1894년
일본 해군성 수로부가 발간한 《조선 수로지朝鮮水路誌》에서 "울릉도를 마
쓰시마松島, 독도를 리앙코루토 열암列岩"으로 기술한 이래, 대부분의 지리
지가 독도를 '리앙코루토 열암' 또는 '다케시마竹島'라는 호칭으로 기술했
다. 그런데 《최신 조선지지》에 와서 다시 '로크 리앙코루도'로 호칭하며
조선의 '도서' 편목에 넣은 것이다. 이는 일본이 독도를 시마네 현에 편입
한 뒤에도 여전히 '조선의 울릉도 부속도서'로 인식하고 있었음을 의미한
다. 다만 이 지리지는 1912년 당시 울릉도가 경상남도 소속으로 바뀌었는

데 강원도 소속으로 적는 오류를 보이고 있다. 조선의 위치가 "극동은 울릉도 동단 동경 130도 54분, 극서는 압록강구 신도의 서단 동경 124도 13분, 극남은 제주도 남단 북위 33도 12분, 극북은 함경북도 북단 북위 42도 2분"으로 되어 있다. 당시 조선의 극동을 동경 130도 54분으로 보고 있었으면서 '로크 리앙코루도'를 언급한 것, 1905년에 독도를 '다케시마'로 명명했으면서도 '로크 리앙코루도'로 호칭한 것은 두 가지 점을 시사한다. 하나는 지리지에 기술된 경위도가 영토 범위와 반드시 일치한다고 보기는 어렵다는 점이고, 다른 하나는 1912년에도 일본이 독도를 자국의 고유영토로 보는 인식이 희박했다는 점이다. 더구나 이 책의 교열을 맡았던 우에다 슌이치로上田駿一郎는 조선총독부 관리이자 편수관으로서 《(공립보통학교 교원) 강습회 강연집》(1911)의 〈조선지리朝鮮地理〉 부분을 담당하는 등 조선 지리 연구에 관여해온 인물이다. 따라서 당시 지리지의 편찬에는 조선총독부가 깊이 관여했고 일본 정부의 입장이 반영되어 있다. 그러나 이어진 《조선 개척지朝鮮開拓誌》(하라다 히코구마原田彦熊·고마쓰 덴로小松天浪 공저, 1913)에는 각 도道는 물론 '울릉도' 관련 편목이 없고, 울릉도를 경상도에 소속된 어업 근거지로 소개하는 데 머물고 있어 병합 후 지리지에서 '울릉도'가 차지하는 비중이 약해지고 있음을 보여 준다.

4) 지리적 관심의 후퇴

1910년 이후에는 행정구역의 편제가 변경됨에 따라 지리지의 울릉도와 독도 관련 내용도 그 영향을 받았다. 울릉도는 1906년에 강원도 관할에서 경상남도 관할로 이속되었다가 1914년에 경상북도 관할로 이속되었다. 조선총독부는 자치행정의 기초를 확립한다는 미명 아래 행정 편제를 개편

하기 위한 법규를 제정했다. 그 결과 신구 군·면·리의 명칭을 변경한
《신구 대조 조선전도 부군면리동 명칭일람新舊對照朝鮮全道府郡面里洞名稱
一覽》(오치 다다시치越智唯七 편, 1917)이 나왔다. 이에 따르면, 울릉도 행
정구역의 변경은 1913년에 조선총독부령 111호에 의해 근거가 마련되어
경상남도에서 경상북도 관할로 변경되었고 1914년부터 시행하게 되었다.

《조선지지자료朝鮮地誌資料》(조선총독부, 54책)는 편찬자 미상의 필사본이
다. 일본이 1909년에 전국 지명을 조사한 뒤 작성한 것으로 보이는데 울
도군이 경상남도에 속해 있는 것으로 보아 1906년에서 1914년 사이의 자
료로 볼 수 있지만, 지명 조사가 1910년에 시작되어 1914년에 마무리되었
다고[41] 하는 사실로 미루어 보면 그 이후의 자료일 수도 있다. 60여 곳
이상의 지명이 수록되어 있으나 竹島와 독도는 실려 있지 않다. 이후 《최
신 조선지리最新朝鮮地理》(후지토 게이타藤戸計太 저, 1918), 《최신 조선지지最
新朝鮮地誌》(조선급만주사 편찬, 1918), 《신편 조선지지新編朝鮮地誌》(히다카
유시로日高友四郎, 1924), 《조선지지자료朝鮮地誌資料》(1-42, 연대 미상), 《조선
요람朝鮮要覽》(1923, 1924, 1926, 1933) 등이 나왔지만 '독도' 관련 내용은
보이지 않는다.

《조선지지자료》(조선총독부 임시조사국, 1919)는 조선의 극동을 경상북도
울릉도, 죽도에 두고 동경 130도 56분 23초로 했으나, '도별 극단 경위도'
에서 울릉도의 위도는 동경 130도 56분 34초로 되어 있다. 제7 〈도서〉 편
'도서의 위치 명칭 및 둘레와 면적'에는 울릉도와 죽도, 관음도가 경상북
도 소속으로 되어 있다. 울릉도는 서면과 북면, 남면에 걸쳐 있으며, 죽도
는 남면에, 관음도는 북면에 소속되어 있다. 울릉도의 면적은 4,700방리方

---

41) 김기혁, 〈조선 일제 강점기 울릉도 지명의 생성과 변화〉, 《문화역사지리》제18권 1호,
2006, 44쪽.

里,[42] 최고 높이는 983.6미터, 죽도의 면적은 0.016방리,[43] 최고 지점의 높이는 105미터,[44] 관음도의 면적은 0.011방리,[45] 최고 지점의 높이는 107미터로 되어 있다.

일제 강점기에 나온 지리지는 시정施政 위주로 기술한 것이 많다. 《조선 십삼도지朝鮮十三道誌》(야나기가와 쓰토무柳川勉 편, 1934?), 《조선현세편람朝鮮現勢便覽 1~5》(조선총독부, 1935~1939), 《조선 풍토기朝鮮風土記》(오노 기요시小野淸, 1935), 《조선 사정朝鮮事情》(조선총독부, 1933), 《반도의 근영半島の近影》(1936), 《조선 대관朝鮮大觀》(호죠 료에이北條亮英, 1938), 《조선 사정》(조선총독부, 1944) 등에도 울릉도의 지명은 열거되어 있으나 내용은 초기보다 상당히 줄어들었다. 조선총독부 주관 아래 편찬된 지리지는 조선의 시정 경영과 일본인의 발전 상황을 알려 주는 데 목적이 있으므로 통계표를 첨부해서 구체적으로 기술하고 있지만, 울릉도와 관련해서는 행정구역상의 변화를 적고 있는 데 그쳐 지리적 관심이 점차 후퇴하고 있었음을 알 수 있다.

4. 맺음말

근대기 일본이 펴낸 조선 지리지에서 '울릉도' 호칭은 자산도, 궁숭, 다케시마竹島, 죽산도, 무릉, 우릉, 우산국 등이 혼재되어 있다. 1870년대 후반부터 이른바 '개척원'과 《수로잡지》에 울릉도 호칭으로 '마쓰시마松島'가

---

42) 현재 울릉도의 면적은 72,897,360평방미터, 동서길이 10킬로미터 남북 9.5킬로미터, 해안선 둘레는 56.5킬로미터로 되어 있다(울릉군 홈페이지 참조).

43) 현재 죽도의 면적은 207,868평방미터(62,880평)로 되어 있다.

44) 현재는 해발고도 106미터로 되어 있다.

45) 21,600평이다.

등장했지만 지리지에서는 1893년에 등장했고, 이후에는 다케시마와 마쓰시마, 다줄레 섬 등이 혼재하다가 1910년 이후 '울릉도[일명 松島]', '울릉도 일명 松島[Dagelet island]'로 표기되는 과도기를 거쳐 '鬱陵島[松島]'로 정착해 갔다. 한자로는 '蔚陵島'가 함께 쓰였다.

한편 지리지에서 '독도' 호칭은 1890년대 초까지도 松島 즉 '마쓰시마'로 호칭된 경우가 많았고, '양코 도' 호칭은 수로지보다 훨씬 늦은 1903년에 처음 등장한다. 이후 일본이 영토 편입을 하면서 '다케시마'로 명명했지만, '양코 도' 호칭은 잔존하여 1912년에도 '로크rock 리앙코루도'로 표기한 지리지도 있었다. 이런 독도 호칭의 변천을 보면, 수로지에서는 1883년에 '리앙코루토 열암'이 등장하고 '다케시마[Liancourt rocks]'로 바뀌었다가 '리앙코루토 열암'이 병존하는 양상을 보였고, 1907년 이후에는 다시 '다케시마[Liancourt rocks]'로 바뀌었으며, 1933년에는 '[Liancourt rocks]'가 삭제되고 '다케시마'로 정착하는 양상을 보인다. 그러나 민간에서는 여전히 '양코 도' 호칭이 잔존해 있었다.

그 사이 '죽도'에 관한 정보도 竹嶼[Boussole Rx], 竹嶼[보츠루][46], 竹嶼[Boussole rock], 竹島[竹嶼, チュクト(죽도─필자 주)] 등으로 변전하다가 '竹嶼'로 정착했다. 처음에는 한국명 '죽도'를 '竹島'로 표기했으나 이것이 '다케시마竹島'와 혼동을 일으키자 '竹嶼'로 바꾼 것으로 보인다. 일본에서 독도 호칭의 혼란이 가중된 원인으로 '죽도'의 존재가 부각된 점을 들 수 있다. 죽도 즉 '댓섬'에 대해 일본은 '竹嶼[Boussole rock], 竹島[조선인]'에서 '竹嶼'로 표기하다 '竹嶼=チュクト'로 바꾸었다. 즉 표기는 '竹嶼'로 하되 발음은 '죽도'로 한다는 사실을 덧붙인 것이다. 이는 '대나무섬'이라는 竹島 본래의 의미를 밝히고 독도 호칭인 '다케시마'와 혼동을 피하기 위해 '죽도'로

---

46) 보츠루는 Boussole에 대한 일본식 표기이다.

발음한다는 사실을 특기한 것이다. 일본 수로지도 '독도'를 '竹島[Liancourt rocks]'라고 쓰고 '竹'자 위에 '다케たけ'라고 써주어 '다케시마'로 읽는다는 사실을 특기했다. 이 역시 댓섬인 '죽도'와 구분하려는 의도에서이다. 대부분의 수로지는 '다케시마'를 '량코 도'라고 부른다는 사실을 병기함으로써 지리지보다 정확성을 기하고 있었지만, 지리지는 '竹島'를 죽도, 죽서, 다케시마 등 여러 가지로 음독하여 독도인 '다케시마竹島'와 혼동을 하고 있다.[47] 이는 결국 지도의 표기에도 영향을 미쳤다. 지리지에서 내용을 보면 '竹島'가 '독도'를 가리키는데, 부도를 보면 '竹島'가 '죽도'를 가리키는 경우가 있었던 것은 이 때문이다.

이렇듯 지리지의 '다케시마' '마쓰시마' 호칭이 부도상의 표기와 일치하는 것은 아니므로 이들 간의 차이와 추이를 추적하기 위해서는 지리지와 수로지, 지도상의 표기를 총체적으로 분석할 필요가 있다. 지리지에서는 울릉도가 다케시마 또는 마쓰시마로, 수로지에서는 '울릉도 일명 마쓰시마, 다줄레 섬'으로, 지도에서는 이들 호칭 외에도 '호넷 락', '부솔 락', '아르고노트 섬' 등으로 표기되어 있기 때문이다. 수로지와 일본 지리지에 대해 개략적으로 정리해 보면, 1920년의 《일본 수로지》에는 독도 호칭으로 '다케시마竹島'와 '리앙쿠르 락스'가 병기된 반면, '다케시마' 호칭은 역설적으로 1933년의 《조선연안 수로지》에만 보인다. 호칭 혼란이 조선 수로지와 일본 수로지에 모두 보이고 있는 것이다. 일본은 수로지가 독도 영유권과 직접적인 관계가 있는 것은 아니라고 주장하고 있지만, 이런 혼동은 수로지 기술에 의거하는 한 적어도 일본이 독도를 고유영토로 인식하는 경향이 미약했음을 방증한다. 또한 1905년 이전 일본 지리지는 일본

---

47) 1880년 9월 아마기함의 조사로 '다케시마'가 '죽서'임이 밝혀진 것이 지리지에도 영향을 미쳤을 것이다.

영역 밖의 판도를 설명하면서 '다케시마'와 '마쓰시마'를 늘 함께 언급하고 있어 두 섬을 조선의 속도屬島로서, 그리고 마쓰시마(독도)는 다케시마(울릉도)의 속도로서 인식하고 있었음을 말해 준다. 조선 경위도에 관한 기술에서도 지리지마다 차이가 있음은 물론이고 하나의 지리지 안에서도 본문의 영토 범위와 부도에서의 영토 범위가 일치하지 않는 현상이 나타나기도 한다.

이런 불일치는 조선 지리지와 일본 지리지, 수로지에서 동일하게 나타나는 현상이다. 그러나 이런 호칭의 불일치를 들어 고유영토 인식이 미약한 논거로 삼는다면, 우리나라도 이로부터 온전히 자유로울 수는 없다. 우리나라 역시 '독도' 호칭이 우산도, 삼봉도, 가지도, 석도, 독도 등으로 달리 나타나기 때문이다. 그러나 이런 호칭의 불일치에도 양국에서 호칭의 변전과정을 보면 약간의 차이가 있음을 알 수 있다. 일본의 경우는 울릉도와 독도 호칭으로서 '다케시마'와 '마쓰시마' 두 호칭을 오가며 혼용과 도치를 반복하다가 서양 호칭이 유입되면서 호칭의 혼란이 가중되었다고 한다면, 한국은 '울릉도' 호칭은 비교적 고정된 상태에서[48] '독도' 호칭만 이질적인 표기로 변전해 갔다는 차이가 있다. 다만 '삼봉도'나 '가지도', '석도', '독도' 등의 호칭은 그 자체가 독도의 형상이나 특성에 근거하여 붙여진 이름임을 짐작케 한다. 그런데 역사적으로 가장 오래도록 언급된 독도 호칭은 '우산도'였다. '우산도'는 삼국시대 '우산국'에서 시작하여 1900년대까지 지속되었고, 일본이 펴낸 조선 지리지에도 '우산도'로 기술되어 있다. 1900년에 '석도' 호칭이 처음 등장했지만 '석도'는 이내 '독도'

---

48) 울릉도의 이칭으로 무릉, 우릉 등이 있고 '울릉' 표기에 있어서도 차이가 보이지만 발음이 유사하여 쉽게 울릉도와 연상되므로 우산도에서 독도로의 변화만큼의 이질감은 보이지 않는다는 의미에서 고정적이라고 한 것이다.

로 바뀌었다. 대한제국 시기까지 등장하던 '우산도'가 어떻게 해서 20세기에 들어와 '석도'로 바뀌었으며 그것이 왜 '독도'로 바뀌게 되었는지 정확한 경위는 밝히기 어렵지만, 적어도 한국의 경우 호칭의 '변천transition'과정이 있었다고 한다면, 일본의 경우는 '도치倒置, inversion'과정이 있었다는 점을 지적하고 싶다. 일본의 경우는 울릉도 호칭으로 '다케시마'가, 독도 호칭으로 '마쓰시마'가 오랫동안 사용되다가 서양의 호칭 '리앙쿠르 락스'가 유입된 뒤로는 여러 호칭이 병존하면서 혼동을 반복하다가 '리앙쿠르'의 일본식 호칭인 '양코 도'는 점차 사라져가고 울릉도 호칭이던 '다케시마'가 독도의 호칭으로 명명되어 어느 순간 '마쓰시마'에서 '다케시마'로 도치되었다. 그리고 이렇게 해서 공식화된 '다케시마' 호칭은 명명 이후에도 한동안 '양코 도'와 병존했다. 이런 의미에서 일본에서는 호칭의 '도치'과정이 있었다고 본 것이다. 한국에서 보인, 호칭의 '변천'은 시간이 흐름에 따라 인식의 변화가 반영되어 일어난 자연스런 현상으로, 더욱이 독도의 형상을 반영하여 바뀌어간 명칭이라는 점에서 역사성이 반영되어 있다고 할 수 있겠지만, 일본에서 보인 호칭의 '도치'는 서양 호칭의 영향으로 인해 변전을 반복하다가 도치된 부자연스런 현상이라는 점에서 비역사적이라고 할 수 있겠다.

일제 강점기 일본인의 '독도' 호칭

1. 머리말

현재 우리가 '독도'라고 부르는 섬을 일본은 1905년 이전까지는 주로 '마쓰시마松島'[1]로 칭했으며 다케시마竹島 또는 '리앙쿠르 열암(리앙쿠르島, 량코 島, Liancourt Rocks)'이라고도 칭했다. 그런데 일본은 1905년 2월 22일 독도를 자국령으로 불법 편입하면서 '오키에서 서북 85리浬'에 있는 도서의 명칭을 '다케시마竹島'로 명명한다고 발표했고, 이후 '다케시마'는 일본이 표방한 공식명칭이었다. 그러나 일본은 이후 공식명칭만을 사용한 것은 아니었다. 1905년을 전후해서는 '리앙쿠르 島'와 유사 명칭, 나아가 매우 이질적인 명칭까지 등장했으며, 이들 명칭은 1950년대 초까지도 공식 명칭과 함께 사용되었다.

'독도' 연구사는 도명島名과 고유영토 의식의 관계를 밝혀온 연구사라 해도 과언이 아닐 정도이다. 일본은 한국의 우산도와 삼봉도, 석도가 독도

[1] 이 글은 호칭의 문제를 다루는 것이므로 '마쓰시마松島'로 표기하는 원칙을 따르지 않는다. 필요에 따라 한자만 쓰거나 일본어 가타가나를 그대로 써준다. '량코 도'는 원문에 의거, 여러 가지로 표기한다. 竹島는 댓섬을 의미할 때는 '죽도'로 표기하되 분명하지 않을 때는 '竹島'로 쓴다. 일본어는 아래와 같이 음독하기로 한다. タケシマ: 다케시마, リヤンコ: 리양코, ランコ: 량코, トクソン: 독섬, レェインコート: 레잉코토.

인가를 두고 논란해 왔고, 한국은 일본의 다케시마와 마쓰시마 호칭의 도치, 대체 호칭 '량코 도'를 두고 논란해 왔다. 독도를 '마쓰시마'로 불러오던 일본은 '다케시마'로 명명하게 된 계기를 수로지에서 '울릉도 일명 마쓰시마'라고 칭한 데서 구했다. 즉 울릉도 호칭이던 '다케시마'가 수로지에서 '마쓰시마'로 표기되는 상황이 되었기 때문에 더 이상 '마쓰시마'를 독도 호칭으로 쓸 수 없게 되었고 이로 말미암아 '독도' 호칭으로 '다케시마'를 차용하게 된 것이다. 이처럼 호칭이 도치된 배경을 구명하는 것도 하나의 연구주제이지만, 이를 단순화시켜 보면 그 과정에는 '량코 도'라는 제3의 호칭이 개재되어 있던 상황을 들 수 있다. 그리고 이런 상황은 1905년 이후에도 일본이 독도를 '다케시마'로만 부르지 못하게 된 원인이 되었다.

한국에서 독도문제가 부상한 1947년에도 명칭의 문제는 소속 문제와 무관하지 않은 채 다뤄졌다. 독도 연구의 1세대로 불리는 이병도, 신석호, 최남선, 방종현 등은 '독도' 명칭의 연원을 추적하는 것으로 연구를 시작했다. 이들은 대부분 독도가 '독섬'에서 왔을 것으로 추정하고 '독도(독섬)'와 '석도' 표기의 병행을 당연시했으나, 최남선은 일본이 독도를 '다케시마'로 부르는 배경에 "일본인의 '다케'란 것이 조선명인 '독'과 음이 유사한 데서 나온 것이 아닌가"[2]라고 추측하되 무언가 '혼효착란混淆錯亂'이 있을 것으로 보았다.

그러나 해방 이후 한국에서 도서 명칭에 관한 연구는 주로 근대 이전의 명칭 연구[3]에 집중되어 있다. 따라서 일본이 울릉도를 마쓰시마, 독도

---

2) 최남선, 〈울릉도와 독도〉, 《신석호 전집》, 신서원, 1996, 697쪽.

3) 김영수, 〈근대 독도와 울릉도 명칭 문제를 둘러싼 논쟁과 그 의미〉, 《독도와 한일관계》, 2009, 159~194쪽에 잘 정리되어 있다.

를 다케시마 또는 량코 도로 부르게 된 배경, 그 밖에 '卵島'라는 호칭이 등장하게 된 배경, 일제 강점기의 호칭 등에 대해서는 연구가 활발하지 못했다. 1945년 전후 시기의 명칭 혼란에 대해서는 최근에야 연구가 진행되고 있는 실정이다.[4]

이 글에서는 일제 강점기 일본인의 울릉도·독도 인식을 '호칭'을 중심으로 고찰한다. 이를 위해 선행연구에서는 다루지 않았던, 독도 도항자, 울릉도 거주자의 증언을 통한 호칭의 변화를 함께 다룬다. 이 글이 1905년 편입 이후 호칭을 통한 도서 인식을 다룬다고 해서 그것이 일본의 편입 조치를 정당한 것으로 인정함을 의미하는 것은 아니다. 다만 그것과는 별개로, 일본이 주장하듯이 자국의 편입 조치가 합법적이며 편입 당시 명명한 '다케시마'가 공식 명칭이라면 문헌과 실제의 양 측면에서 '다케시마' 호칭으로 일관했을 것이라는 가정 아래 그 사실 여부를 확인해 보려는 것이다.

2. 편입 이후 호칭의 변화

1) 1905년 전후의 호칭

1904년 9월 29일 나카이 요자부로中井養三郎가 영토편입과 대여를 청원할 때의 독도 명칭은 '리양코 도リヤンコ島'[5]였다. '리양코 도'는 '리앙쿠르

---

4) 정영미, 〈일본의 '섬의 명칭 혼란에 대한 연구'와 Liancourt Rock's〉, 《근대 이행기의 한일 경계와 인식에 대한 연구》, 동북아역사재단, 2012에서 섬의 명칭 혼란에 대한 연구 형성과정을 고찰하고 있는데, 1950~1960년대 독도 영유권 논쟁기, 1906년 오쿠하라 헤키운의 연구, 다보하시 기요시의 연구, 아키오카 다케지로의 연구사를 중심으로 정리했다.

5) '리양코 도'를 한국학자들은 보통 '량코 도'로 표기하는데 여기서는 일본어 그대로

암석'6)에서 연유한 것인데, 이를 '다케시마'로 명명하기 전 우리나라에서의 호칭은 '독섬' 또는 '독도'였고 일본도 이 사실을 인지하고 있었다.7) 영토 편입의 계기를 제공한 나카이가 제출한 대하원에는 '리양코 도島 영토편입 및 대하원'8)으로 되어 있었고 이에 앞서 편입의 필요성을 역설한 설명서인 '리양코 도島 영토편입 및 대하원 설명서リヤンコ島領土編入並貸下願説明書'9)에도 '리양코 도島'로 되어 있다. '리양코 도島 영토편입 및 대하원 설명서'에는 아래와 같은 내용이 보인다.

속설에 울릉도는 마쓰시마松島이고 진짜 다케시마는 따로 있으며, 커다란 대나무가 난다고 말하는 자가 있다. 그러나 요나고의 아무개가 왕복한 다케시마는 확실히 울릉도이다. 이른바 마쓰시마·다케시마 두 섬(松竹兩島)은 방인邦人이 명명한 바로서, 울릉도와 본도를 병칭한 것은 아닐 것이다. 따라서 오키 열도를 거쳐 울릉도로 여러 차례 왕복한 사람은 본도를 보지 않았을

'리양코 도'로 표기했다.

6) 프랑스 포경선 리앙쿠르 호가 독도를 1848년에 발견했지만 1850년 수로지에서는 '프랑스 리앙쿠르 호가 발견한 바위섬'이라고 했고 울릉도는 'Dagelet(Matsusima)섬'으로 칭했다. 1851년 프랑스 해도국 문서는 "다줄레 동쪽의 암석으로 위치는 북위 37도 2분, 동경 129도 26분"에 있는 암석으로 소개했다. '리앙쿠르 바위섬(le rocher du Liancourt)' 명칭이 등장한 것은 1853년 수로지인데, 태평양 지도에 리앙쿠르 바위섬을 마쓰시마Matsu-Sima의 남동쪽에 위치시켰다고 기술했다. 1855년 영국 호넷호가 측량한 후 1858년 수로지는 'Rochers Liancourt(Hornet)'로 표기했다(정은철, 《프랑스 리앙쿠르호의 독도 발견에 관한 역사지리학적 연구》, 동북아역사재단 연구보고서, 2010, 20~28쪽).

7) 《軍艦新高行動日誌》 1904년 9월 25일.

8) "오키 열도 서북 85리, 조선 울릉도의 동남쪽 55리 떨어진 바다에 사람들이 리양코 도島로 부르는 무인도가 있습니다"

9) 〈'リヤンコ'島領土編入並貸下願説明書〉《《秘》竹島》(明治 38-41年)(5-1), 시마네현 총무과 소장. (5-1)는 시마네현이 매긴 건번件番과 지번枝番이다. 이하도 마찬가지 형식으로 표기하되 소장처는 생략한다.

리가 없다. 즉 방인은 일찍이 본도를 발견했으면서도 애석하게 기록으로 보여줄 만한 것이 없을 뿐이라고 믿고 있다.[10]

위의 언설을 보면, 나카이 요자부로는, 현재 마쓰시마로 불리는 울릉도가 에도시대에는 '다케시마'로 불렸다는 사실을 알고 있으면서도 '진짜 다케시마' 운운하여 '다케시마'에 대해 혼동하고 있음을 알 수 있다. 나카이는 울릉도 호칭인 마쓰시마 외에 대나무가 나는 진짜 다케시마가 따로 있다고 믿었고, 요나고 사람이 간 '다케시마'를 울릉도라고 여겼으므로 '다케시마'와 '진짜 다케시마'를 별개의 섬으로 여겼다. 나카이가 말한 '진짜 다케시마'는 '댓섬'을 가리키는 것인데 그는 댓섬인 '죽도'까지는 인식하지 못했던 것으로 보인다. 그렇다고 해도 나카이의 인식은 오키 도사에 비하면 상대적으로 정확하다. 1905년 영토 편입 결정에 앞서 시마네현 내무부장 호리 신지堀信次가 오키 도사 히가시 분스케東文輔에게 '다케시마' 명칭에 대해 물었을 때 오키 도사는 아래와 같이 회답했다.

원래 조선의 동쪽 해상에 마쓰시마와 다케시마 두 섬이 존재함은 일반에게 구전되는 사실로, 종래 이 지방에서 나무하고 농사짓던 자들이 왕래하던 울릉도를 다케시마라고 통칭하지만 실은 마쓰시마로서, 해도海圖로 보더라도 명료한 유래가 있습니다. 그렇다면 이 신도新島를 놔두고 다른 것을 다케시마에 해당시킬 수가 없습니다. 따라서 종래 잘못 칭해온 명칭을 다른 데로 돌려 다케시마라는 통칭을 이 신도에 붙이는 것도 가능하다고 생각합니다.[11]

---

10) 위의 글.

11) 〈島嶼所屬に付名稱命名の回答寫〉, 《〈秘〉竹島》(明治 38-41年) (003-00); 유미림, 《〈독도와 울릉도〉 번역 및 해제》, 한국해양수산개발원, 2009, 153쪽.

위의 오키 도사가 근거한 것은 지역민이 아니라 해도였다. 오키 도사의
주장대로 해도가 역사적 유래를 지닌 지역민의 호칭보다 더 정확한 것이
라면 편입 후에도 '다케시마' 호칭으로 일관했어야 한다. 그러나 일본은
편입 후에도 '다케시마'와 '리양코島'를 병칭한 경우가 많았다. 이는 관보
官報12)에서도 볼 수 있다. 1905년 5월 29일자 관보의 '전보戰報'란에는 "연
합함대의 주력은……리양코루도 암リヤンコール۴岩 부근에서 적함……"이라
고 했고, 5월 30일자에서도 "28일 오후 리양코루도 암 부근에서……"라고
하여 '리양코루도 암'으로 칭했다. 이 호칭이 잘못된 것을 뒤늦게 인지한
일본은 6월 5일에 두 날짜(5월 29일과 30일)의 해전 속보에 '리양코루도
암'이라고 쓴 것을 모두 '다케시마竹島'로 정정한다는 사실을 실었다. 1905
년 6월 1일 《오사카아사히신문大阪朝日新聞》은13) '영광스런 다케시마'라고
제목을 붙였지만, 본문에서는 "리양코루도 암(일명 다케시마)은 옛날부터 사
람이 살지 않는 한낱 무인도에 지나지 않아……"라고 했다. 제목과는 달리
내용에서는 '리양코루도 암'을 주칭으로, '다케시마'를 일명으로 처리한 것
이다.

사메지마鮫島의 사세보 진수부佐世保鎭守府 사령장관이 마쓰나가 다케요
시松永武吉 시마네현 지사에게 보낸 1905년 7월 4일자 문서에 "이번에 당
국의 훈령에 따라 본부에서 일본해 다케시마(리양코루도 岩)의 영조물 건
설에 착수하게 될 것임"14)이라고 했듯이, 다케시마와 리양코루도 암을 병
칭하고 있다. 1905년 7월 일본 외무성이 부산영사관보 스즈키 에이사쿠鈴

---

12) 일본 국회도서관 전자도서관 사이트에서 검색할 수 있다.

13) 〈東京電話〉, 《大阪朝日新聞》 (1905년 6월 1일) 제8358호, 2쪽〔大阪朝日新聞 竹島關係記
事寫》《秘〉 竹島》(21-1)에서 재인용〕.

14) 佐鎭機密 제7호의 49, 〈竹島海驢漁獲者腐敗海驢投棄にて投棄方法嚴達及照會〉, 《秘〉 竹島》
(明治 38-41年) (19-1).

木燦作로부터 보고받은 〈울릉도 현황〉에도 "랑코 도ランコ島의 강치잡이는 작년(1904년-역자 주)경부터 울릉도민이 잡기 시작했고……"라고 하여 편입 후인데도 여전히 '랑코 도'로 호칭하며 울릉도의 일부로 간주하고 있다.

편입 이후 '다케시마'를 가장 먼저 다룬 학술지는 《지학잡지地學雜誌》15)였다. 제목을 〈오키국 다케시마竹島에 관한 지리학상의 지식〉이라고 했지만, 본문에서는 "조선수로지에 의해 리앙코루토 열암의 명칭 아래 매우 간단한 기사를 보일 뿐이었지만"이라고 기술했다. 덧붙여 다나카 아가마로田中阿歌麻呂는 위 잡지에서 "울릉도에서 50리, 울릉도 해상에서 멀리 이를 바라볼 수 있다. 방인은 울릉도를 마쓰시마松島라고 칭하는 데 비해 이를 다케시마竹島라고 명명했지만 외국인은 1849년 처음 발견한 프랑스 선박 리앙쿠르 호의 이름을 따서 그 명칭을 '리앙코루토 도島'라고 하며, 한인韓人은 이를 독도獨島라고 쓰며 본방 어부들은 일반적으로 '리앙코島'라고 칭한다. 대체로 영국명 리앙코루토의 전와轉訛에 따른 것이다"라고 하여 명칭 유래를 소개하고 한인의 호칭도 소개했다. 또한 다나카 아카마로는 군함 조사와 1905년 8월 시마네현 지사의 독도 시찰도 언급했다. 그가 기술한, 독도의 특성과 '다케시마' 명칭 유래는 리앙코루토를 영국명으로 본 오류를 제외하면 대체로 정확하다. 《지학잡지》는 1908년에도 독도에 관한 내용을 소개했다. 독도를 '오키 열도의 북서 약80리浬의 다케시마竹島'16)로 소개하면서 "東嶼(女島)는 북위 37도 14분 8초, 동경 131도 52분 22초라고 한다"17)고 하여 동도와 서도로 구분했는데 그 근거는 관보(제7597호, 1908년 10월 21일)였다.

---

15) 《地學雜誌》210호, 東京地學協會, 1906. 6.

16) 다나카 아가마로田中阿歌麻呂, 〈竹島の位置新測〉, 《地學雜誌》239호, 1908, 821쪽.

17) 위의 글.

이렇듯 편입 이후에도 일본 문헌은 '다케시마'와 '리양코루토 암(리앙코루토 암)'을 병기한 경우가 많았다. 이런 경향은 수산지도 예외가 아니어서, 조선총독부가 발행한 《한국 수산지韓國水産誌》(1908~1910)는 울릉도의 별명이 '마쓰시마'라는 사실과 함께 독도를 '竹島〔Liancourt rocks〕'로 호칭했다. 독도의 위치는 1908년 측정에 따르면, "오키 열도 북서 약 80리浬에 있으며 두 섬 가운데 東嶼(女嶋)의 위치는 북위 37도 14분 18초, 동경 131도 52분 22초"라고 하여 《지학잡지》 내용과 동일하다. 다만 《지학잡지》는 관보에 근거했다면, 수산지는 수로부 고시 제2094호에 근거한 차이가 있다. 1910년에 나온 《조선 신지지朝鮮新地誌》(아다치 리쓰엔足立栗園 편저)는 울릉도를 일러 마쓰시마라고도 한다는 사실과 함께 "이 섬의 동쪽에 작은 竹嶼라는 섬이 하나 있다"고 했다. '竹嶼'로 표기하고 '다케시마'로 음독한 것이다. 보통 수로지에서는 '竹嶼'에 서양명 'Boussole Rx'를 같이 써주어 '다케시마'와는 다른 '죽도'임을 밝혔지만, 지리지에서는 '다케시마'인지 '죽도'인지 혼동하고 있었던 것이다. 이렇듯 1905년 편입 이후부터 1910년까지 일본에서는 독도를 '다케시마'로 호칭하되 '리앙코루토 암'을 병기한 경우가 많았으나 '죽도'를 '竹嶼'로 표기하고 음독은 '다케시마'로 함으로써 '다케시마竹島' 호칭의 정착을 방해했다.

2) 강제병합 이후 '로크 리앙코루도'와 '죽서'

《최신 조선지지最新朝鮮地誌》는 강제병합 후인 1912년에 나온 지리지다. 이 책은 조선의 도서島嶼를 소개하는 부분에서 울릉도를 "내지인이 소위 마쓰시마라고 한다"는 점을 밝혔다. 독도에 관해서는 "이(울릉도-역자 주) 부근에 일본해전으로 이름이 알려진 로크(rock-역자 주) 리앙코루도가 있다"고 했다. 일본이 편입한 후인데도 조선의 지리를 다루면서 '독도'에 대해 언급하고 있으며 호칭도 '다케시마'가 아니라 '로크 리앙코루도'였다. 이는 조선총독부가 독도를 울릉도의 부속도서로 인식하고 있었음을 말해준다. 1910년 이후 대부분의 지리지는 울릉도에 관한 내용만 다루고 독도에 관한 내용은 다루지 않았다. 1920년대에도 지리지에서 독도를 다루지 않는 경향은 계속되었지만[18] 울릉도 외에 죽도와 관음도가 추가되는 경향이 새로 보였다.[19]

일제 강점기에는 '독도' 관련 기술은 현저히 줄어든 데 견주어 '죽도'에 관한 정보는 자세해지고 기술 빈도도 늘어났다. 본래 '죽도'에 관해 처음 기술한 것은 수로지이다. 수로지는 대부분 울릉도를 '울릉도 일명 마쓰시마' 또는 '鬱陵島 一名松島〔Dagelet island〕', 독도를 '리앙코루토 열암' 또는 '竹島〔Liancourt rocks〕'로 호칭하고, 죽도를 '竹嶼', 'Boussole rock', '보츠루 암' 등으로 표기한 경우가 많았다.[20] 1883년의 《수로잡지水路雜誌》는 '죽서竹嶼'에 대해 "조선인은 이를 죽도竹島라고 한다"는 분주分註를 넣었고 본문에서는 '죽서'가 울릉도 근해에서 가장 큰 섬이며, 울릉도에서 동쪽으로 7련 거리에 있다는 사실을 밝혔다. '죽서'에 대한 표기도 단일적이지 않아 1907년 《조선 수로지朝鮮水路誌》 제2개판에는 '竹嶼〔Boussole rock〕'로 표기되었고, 1911년 《일본 수로지日本水路誌》에는 '竹嶼'로, 1920년 《일본 수로지日本水路誌》에는 '竹島(竹嶼)'로 표기되어 있다.

일본은 한인이 댓섬을 '죽도'로 읽는다는 사실을 1883년에 이미 밝혔으

---

18) 《新編 朝鮮地誌》(히다카 유시로日高友四郞, 1924)에도 독도에 관한 기술은 보이지 않는다.

19) 《朝鮮地誌資料》(조선총독부, 1919)에는 울릉도와 죽도, 관음도의 면적이 나와 있다.

20) 그 변천에 대해서는 유미림·최은석, 《근대 일본의 지리지에 나타난 울릉도 독도 인식》, 한국해양수산개발원, 2010 참조.

면서도 '竹嶼'로 표기했다. 1920년대에 와서야 '竹島(竹嶼)'라고 하여 竹島를 주칭으로 하고 '죽도'로 음독했다. 독도에 대해서는 1920년의 《일본 수로지》에 '竹島(Liancourt rocks)'라고 하여 '竹'자 옆에 'タケ(다케)'라고 써주고 'Liancourt rocks'를 병기함으로써 '다케시마'임을 밝혔다. 1933년 《조선연안 수로지朝鮮沿岸水路誌》 역시 '竹島タケシマ'로 표기하여 '다케시마'임을 밝히고 '죽도'와는 구분했다. 특히 수로지는 독도를 '리앙코루도 열암'으로 표기하다가 1907년 이후부터 1933년까지는 '竹島(Liancourt rocks)'로 병기했으므로 두 호칭의 구분이 정착한 시기는 1933년 이후라고 할 수 있다. 이 때문에 그 사이에 '竹島'가 '다케시마'인가 '竹嶼'인가에 대한 혼란은 쉽게 해소되지 않았다. 그 혼란의 정점을 이룬 것이 쓰보이와 나카이, 다보하시 사이에 있었던 호칭 논란으로 볼 수 있다.

3. '독도' 호칭과 학명 '다케시마'의 출현

1) 竹島인가 武島인가

이렇듯 일본에서 독도 호칭은 '다케시마'로 정착하지 못하고 혼란을 거듭하고 있었는데, 이런 혼란은 일본 국내뿐만 아니라 병합한 조선에서 가중되기 시작했다. 병합 후에는 일본이 울릉도와 독도 현지조사를 하기가 수월해졌지만 이런 상황이 '다케시마' 호칭의 단일화를 초래한 것은 아니다. 현지 조사는 지명을 알 수 있는 첩경인데, 일본인의 울릉도 지명 파악은 식물조사에 부수적으로 수행되었다. 외국인에 의한 한국 식물조사가 보고되기 시작한 것은 19세기 후반부터지만[21] 울릉도 식물에 대한 본격적

---

21) 우리나라 특산식물은 1854년 독일 탐험가 쉴펜바흐가 처음 버드나무와 철쭉을 채집

인 조사는 1912년 오카모토 긴조岡本金藏의 조사, 1917년 이시도야 쓰토무 石戸谷勉·가와치 이치河內春一의 조사 및 나카이 다케노신中井猛之進[22]의 조사로 이어져 수행되었다.[23] 울릉도 식물조사가 독도 호칭 문제와 관련되는 이유는 나카이 다케노신이 붙인 '다케시마'라는 학명 때문이다. 그가 울릉도를 조사한 시기는 1917년 5월 30일부터 6월 22일까지인데[24] 독도에는 가지 않았던 것으로 보인다. 그는 조사 후 〈울릉도 식물조사 보고서鬱陵島植物調査報告書〉[25]를 제출했고, 조선총독부는 위 보고서를 《울릉도 식물조사서鬱陵島植物調査書》(1919년 12월)로 출간했다. 나카이는 1910년에 《Flora of Korea》을 낸 적이 있다. 그는 여러 저술에서 '鬱陵島'를 한국어로는 울릉도, 영어로는 Ulreung-do와 Ooryongto or Dagelet island 등으로 표기했으며, 제주도는 Quelpaert로, 한국은 Corea로 표기했다. 《울릉도 식물조사서》에 첨부된 지도에는 울릉도 외에 관음도觀音島, 竹島가 표기되어 있다. 이때의 竹島는 죽도를 말하지만, 나카이는 음독을 달지 않았다. '다케시마'[26]로 읽었기 때문이다.

한 이래 네덜란드 식물학자 미켈이 최초로 보고했고 일제 강점기 때 나카이 다케노신이 총 1118분류군으로 발표했다고 한다.

22) 나카이 다케노신(1882~1952)은 식물분류학자로 조선총독부 촉탁으로 한국에 와서 전국의 식물 표본을 채집했다.

23) 오수영, 〈울릉도 관속식물상에 관한 연구〉, 《경북대논문집》 25호, 1978. 《동아일보》에는 이시도야 쓰토무와 하스미蓮見 기사技師의 조사가 1916년에 있었던 것으로 되어 있다. 《동아일보》① 1937년 9월 3일 '鬱陵島植物相'.

24) 루트는 대략 道洞-芋洞-羅里洞峯-도동-옥천동 형제암/사동/도동 면유림-도동/망루대-羅里洞-미륵봉-도동-통구미-남양동-台霞洞/馬岩峙-玄圃-竹岩-錐山-도동-竹島이다.

25) 영어 타이틀은 〈Report on the Vegetation of The Island Ooryongto or Dagelet Island, Corea, February〉이다.

26) 나카이가 죽도를 竹島로 표기하고 음독音讀을 달지 않은 것은 통상 '다케시마'로 읽었기 때문으로 볼 수 있다. 다른 지명 이를테면 錐山은 송곳산, 芋洞은 모시개, 黃土

《울릉도 식물조사서》에 따르면, 울릉도는 조선 최동단의 섬으로, 경위도는 동경 130도 47분 40초에서 130도 55분이며, '부속한 竹島'의 동단은 130도 56분 10초, 북위 37도 27분 44초에서 37도 33분 31초로 되어 있다. 울릉도 최고봉인 '상봉'은 해발 920미터[27]이며, 날씨가 맑은 날 서쪽지방 강원도의 산자락을 볼 수 있다고 했다. 나카이에 따르면, "비가 내리기 전 날씨가 맑을 때는 동남방 바다 멀리 희미하게 다마고시마卵島가 보인다"고 했다. 여기서 '卵島'는 그 정황으로 보아 독도를 가리킨다. 죽도가 아닌 섬으로 날씨가 맑을 때 동남방에 멀리 희미하게 보이는 섬은 독도밖에는 없기 때문이다. 그런데 나카이는 왜 독도를 '卵島'로 호칭했을까? 그렇다면 그에게 학명 '다케시마'는 어떤 섬을 가리키는가?

나카이는 《울릉도 식물조사서》를 출간하기 전후 3회에 걸쳐 쓰보이 구메조坪井九馬三와 도명島名에 관한 정보를 주고받았다. 울릉도에 관한 나카이의 인식은 아래의 진술에 보인다.

오키 이즈모 주변 주민은 조류潮流를 이용하여 일찍부터 왕래했듯이, 섬을 이름하여 武島[28]라고 칭했고 그 토산인 武島百合, 오동나무 등을 내지로 옮겼다. 현재 주민은 소속도서 가운데 하나인 竹島와 함께 한편으로는 松島라고도 부른다. 이는 松이 번무하고 竹이 번무하기 때문이 아니라 松竹이라고 병칭하여 축하의 의미로 사용하는 것이다. 일로전쟁 당시 해군 보고서에

末은 한도기미, 南陽洞은 고리켄, 羅里洞峯은 라리골봉 등으로 위에 음독을 함께 적었는데 竹島는 卵島와 마찬가지로 그렇게 하지 않았다. 그가 표기한 竹島가 죽도임은 첨부 지도와 사진으로도 확인된다.

27) 나리동 봉우리는 900미터, 미륵봉은 800미터라고 적어 상봉(성인봉)과 구분했다. 그러나 《동아일보》 1933년 9월 17일자에는 성인봉은 983미터, 미륵봉은 900미터로 되어 있다.

28) 오키의 기록인 《隱州視聽合記》나 《隱岐古記集》에는 竹島로 되어 있다.

松島라고 한 이유이다.[29]

위에서 말한 '竹島'는 위에서 첨부된 지도와 마찬가지로 죽도인데, 松島 병칭을 언급한 정황으로 보아 '다케시마'로 음독했음을 알 수 있다. 그가 '松島'라고 한 것은 맥락상 울릉도를 가리키는데 울릉도를 武島로, 토산을 '武島百合'[30]라고 하고 있어, 과거 오키 주민들이 울릉도를 '다케시마竹島'로 호칭해온 역사적 사실과 松島의 유래가 배치된다. 수로지와 지리지에서 '松島'는 울릉도를, 그 대對인 '竹島'는 리앙코루도 열암을 가리켜 왔는데, 나카이가 지적하듯이 위의 기술방식대로 松竹의 일부인 '松島'가 울릉도를 가리키는 것이라면 '竹島'는 독도를 가리켜야 한다. 그러나 '소속 도서 가운데 하나인 竹島'라고 했으므로 竹島는 독도로 보기 어렵다. '竹島'를 '다케시마'로 음독했지만 실은 '죽도'를 가리킨다. 그러나 나카이는 고문헌에 보인 '다케시마(울릉도-필자 주)'의 존재를 무시할 수도 없었다. 그가 울릉도를 '武島'로 표기한 것은 이런 고민에서 나온 궁여지책으로 보인다. 둘 다 '다케시마'로 음독하되 표기를 달리함으로써 구분하고자 한 것이다.

1918년 2월 27일자 서신에서 쓰보이는 나카이에게 아래 사실을 밝힌 적이 있다.

다케시마タケシマ는 에도막부 시대에 대나무와 전복을 찾아 방인邦人이 많이 왕래했기 때문에 조선정부로부터 엄담嚴談을 받은 일이 두세 번 있다. ……신라시대에는 于山이라고 쓴 것이 가장 오래 되지만 후에 문자를 고쳐

---

29) 나카이 다케노신, 《울릉도 식물조사서》, 1919, 3~4쪽.
30) 통상 '다케시마유리'라고 읽는다.

무릉 또는 우릉이라고 썼다. 鬱陵이라고 쓰는 것은 고려 이후의 일이다. 于와 羽는 조선음 우ヶ, 武음은 무ㅅ, 鬱은 同音 울ウル로서 어느 것도 음흡을 전하기까지 자의字意와 관계없다.……이는 도명은 본래 우ヶ 또는 무ㅅ인데, 오키인이 지금도 武島라고 하는 것은 신라시대의 옛 이름 그대로 했기 때문이니, '무시마ㅅㇱ マ'로 칭해야 하고 '무타우ㅅㇰウ'라고 해서는 안 된다.[31]

즉 쓰보이는 '武島'를 '다케시마'가 아니라 '무시마'로 읽었다. 그는 나카이에게 아래의 내용을 들은 사실도 밝혔다(1918년 8월 3일).[32]

소생은 작년(1917) 울릉도로 건너가 竹島인지 武島인지 어느 것이 맞는지를 확실히 하기 위해 이 섬의 개척자로서 거의 도장 격인 가타오카 기치베(도동 거주)와 남양동의 야마나카山中, 태하의 富輩(원문대로-필자 주)에게 반복해서 물은 결과는 다음과 같습니다.

즉 질문하신 Liancourt는 卵島로서, 일로전쟁 당시는 해군 저탄소였지만 지금은 랏쓰코(아시카를 잘못 쓴 것은 아닌지) 사냥장이며 수목은 결코 무성하지 않다는 점, 그리고 울릉도의 본도를 松島 하고 그 동쪽의 부속도서 가운데 가장 큰 섬을 竹島라 하는 것은 소나무가 나서 그렇게 부르는 것이 아니라 '송죽松竹'이라는, 축하의 의미로 사용했다는 것은 고로古老로부터 전해지는 바라고 합니다.

위에서 '질문하신 Liancourt'라고 한 것으로 보아 쓰보이가 독도를 'Liancourt'로 칭했음을 알 수 있다. "울릉도의 본도를 松島라 하고 그 동쪽의 부속도서 가운데 가장 큰 섬을 竹島라 하는 것은"이라고 하여 '松竹'

31) 나카이 다케노신(1919), 앞의 책, 4쪽.

32) 쓰보이 구메조坪井九馬三, 〈鬱陵島〉, 《歷史地理》38권 3호, 1921, 167쪽.

과 연계시켰으므로 '竹'은 '다케'로 음독했지만 '죽도'를 가리킨다. 그러
나 고래로 '松島'의 대로서의 '竹島'는 '다케시마'로 음독한다. 이 '다케시
마'는 1905년 이후 독도에 대한 일본 공식 명칭이 되었고 1918년 당시도
마찬가지였다. 이런 사실을 쓰보이와 나카이, 울릉도의 가타오카 기치베片
岡吉兵衛는 몰랐을까? 민간에서는 독도를 '량코 도'라고 불렀지만 그것이
공식 명칭은 아니었다. 나카이는 울릉도 현지에서 '竹島'를 '다케시마'로
읽는다는 사실을 확인했지만 이 '다케시마'가 독도를 가리키는 것은 아니
었다. 나카이가 독도의 공식 호칭 '다케시마'를 버리고 '다마고시마卵島'를
거론하게 된 원인을 여기에서 찾을 수 있지 않을까 한다. 즉 나카이는
'竹島'와 '武島' 중 어느 것을 '다케시마'로 읽어야 하는지 의문이었는데 현
지에서 댓섬인 '竹島'를 '다케시마'로 읽는다는 것을 확인했고 쓰보이로부
터도 '武島'를 '무시마'로 읽어야 한다는 가르침을 받았으므로 독도의 호칭
으로 '다케시마' 대신 '卵島'를 고안해낸 것이다. 그렇다면 나카이가 붙인
학명 '다케시마'도 '죽도'를 가리키는 것인가? 이에 대해서는 후술한다.

　나카이는 쓰보이에게서 도명의 유래에 대해 들었다. 쓰보이는 우룽도,
우루마, 울섬, 磯竹島, 竹島를 같은 맥락에서 설명하고 '竹島事件' 및 《竹
島紀事》,《竹島文談》 등에 대해서도 소개했다. 또한 에도 막부시대에는
'다케시마'가 울릉도의 칭호였다는 점도 알고 있었다. 따라서 오키사람만
이 이 섬을 '무시마武島'로 호칭한다는 것은 이상하다고 했다. 또한 쓰보
이는 아래와 같은 사실을 나카이에게 알려 주었다.

　　武島는 武陵과 같은 것이며 한인韓人이 보통으로 사용하는 울도蔚島는 마
　찬가지로 우루마 또는 울섬의 대음對音 또는 대역對譯이다. 오키인이 이를
　다케시마タケシマ라고 훈독하는 것은 쓰시마인의 영향을 받아서는 아닌지,

다케시마라는 것은 쓰시마인에게서 나왔다 해도 이미 공용, 외교용 호칭으로 성립했음은 부인할 수 없고 이를 쓰는 것은 지당하다.……주도를 松島, 속도를 竹島라고 구별하여 소명小名을 정함과 동시에 축하의 뜻을 나타낸 것은 아름답고 깊은 배려가 있는 것이다.……요컨대 이 섬의 대명大名 즉 총명을 竹島라 하든, 武島라 하든, 蔚島라 하든……33)

즉 쓰보이에게 '武島'를 '다케시마'로 읽어야 할 필연성은 없었다. 그는 '다케'라는 훈이 '竹'에 해당되지 '武'에 해당되는 것이 아니라고 보면서도 애매한 입장을 보였다. 그는 오히려 울릉도를 '武島'로 칭하든, '竹島'로 칭하든 竹島와 松島를 다 보존해 주도와 속도 관계를 분명히 했다는 사실을 더 중시했다. 그런데 그가 말하는 주도·속도 개념을 보면, 울릉도와 죽도만 포함되고 독도는 포함되지 않는다. 나카이 다케노신은 '죽도'를 '竹島'로 표기했고, 쓰보이는 나카이에게 '다케시마'의 '다케'가 '武'인지 '竹'인지를 확인받았다. 이에 쓰보이는 '다케시마'라는 도명은 '武島'의 왜훈倭訓임이 명백하므로, 여기에 '竹島'를 비정하는 것은 두찬杜撰이며 '이소타케시마'에 비정하는 것은 더욱더 두찬이라고 보았다.34)

이런 쓰보이의 논증은 나카이의 확인에 근거하여 억지로 꿰어 맞춘 느낌이 든다. 쓰보이는 오키 군도의 이도인 '卵島'가 《일본지지제요日本地誌提要》에 실려 있지 않은 사실에 이의를 제기했다. 《일본지지제요》에는 '竹島松島'만이 실려 있어 '卵島' 즉 '독도'의 존재가 문제되므로 쓰보이는 '卵島'를 거론한 것이다. 쓰보이는 "이 섬(독도–필자 주)을 '竹島'로 개칭한 것은 너무 타당하지 않습니다. 함부로 구명舊名을 폐지하고 신명新名을 붙

---

33) 나카이 다케노신(1919), 앞의 책, 6쪽, 쓰보이의 1918년 8월 3일자 서신.

34) 쓰보이 구메조(1921), 앞의 글, 168쪽.

이는 것은 근년의 유행과도 비슷하지만 더욱이 이 경우는 근거리 사이에 동명인 이도離島가 두 개 있는 것이 되어 자못 맞지 않습니다. 빨리 원래대로 돌아가기를 바랍니다."고 하여 '卵島'여야 할 호칭이 '竹島'로 된 것을 비판했다. 그렇다면 그는 죽도인 '竹島'를 독도인 '竹島'와 동명으로 본 것이다. 이런 논리는 쓰보이가 울릉도와 죽도, 卵島 명칭을 천착하는 저의를 의심케 한다. 그는 '卵島'가 일본에 의해 편입된 상태에서 일본 서남쪽 세 개의 이도 즉 울릉도와 죽도, 卵島를 일괄해서 그 호칭을 문제삼았는데, 이것은 이 섬들을 모두 일본의 부속도서로 간주하려는 저의가 엿보이기 때문이다.

2) 卵島와 죽도

《일본지지제요》권50 '오키'조 '도서'항의 '마쓰시마'와 '다케시마' 가운데 독도를 가리키는 것은 '마쓰시마'였다. 일본 후쿠우라에서 "해로로 약 100리 4정 남짓"[35] 떨어진 곳에 있는 '다케시마'는 울릉도를 가리키기 때문이다. 쓰보이는 독도 호칭인 '卵島'를 해군에게 '다케시마竹島'로 잘못 가르쳐준 데서 '다케시마'가 되었고 이를 시마네현청이 잘못 공인하여 1905년에 卵島가 '다케시마'로 명명되었다고 보았다. 그런데 그는 위의 두 섬을 울릉도와 독도에 비정하지 않았다. 쓰보이는 위의 두 섬을 "외국 제도製圖에서 검토하면 Is. Dagelet(Matsou Sima) (Jap.) Is. Liancourt on Hornet (Jap.)이라고 한 것이 이것인가 상상할 수 있지만 오키의 이른바 전설에서 말하는 위치와는 맞지 않는다"고 했다. 그는 두 섬의 거리관계를 언급한 지지의 기술[36]보다 나카이의 현지 조사를 더 신뢰했다. 이런

---

35) 《日本地誌提要》권50 오키.

36) "서북 방향으로 마쓰시마松島와 다케시마竹島 두 섬이 있다. 전해지는 말에 따르면,

쓰보이와 다른 견해를 취한 자가 있다. 히바타 셋코樋畑雪湖이다. 그는 "竹島(리앙코루도島)는 울릉도와 함께 모두 지금은 조선 강원도37)에 속한 것으로 조선의 영분領分으로서 일본해에서 가장 동부에 속해 있다. 매우 협소한 도서이다"38)라고 하여 '竹島(리앙코루도島)'를 울릉도의 부속도서로서 조선 영토라고 보았다. 다만 호칭은 '다케시마竹島'와 '리앙코루도島' 두 가지를 병칭하고 있다. 이에 쓰보이는 히바타 셋코의 설을 비판할 의도였는지는 모르지만 관심을 〈鬱陵島〉에서 〈竹島〉39)로 바꾸었다.

《일본지지제요》에 없는 오키 제삼 부속도附屬島는 卵島라는 무애無碍의 암서로 수목이 나지 않고 해려(아시카)의 산지로 알려져 있다. 37~38년 전쟁 중 해군은 저탄소로 이용했다. 외국 제도의 Liancourt 또는 Hornet이 이 암도이다. 울릉은 마쓰시마로 현재 사용되는 한명韓名이다.……산이라 쓰든 능이라 쓰든 모두 섬이라는 뜻으로……울은 우ウ를 빌려 쓰고 있지만 자의字意와는 관계없다, 게이초 연간에는 조선인은 모두 이 섬을 오로지 울릉 또는 다케시마라고 했듯이 다케시마라는 도명의 인연은 명확하지 않다.……울릉의 동쪽 바다에 작은 초승달 모양의 암서가 있다, 울릉의 부속도서로 竹島라고 한다. 이 竹島라는 것은 한명40)이 아니다, 오키에서 온 이민

오치군 후쿠우라항에서 마쓰시마에 이르는 해로는 약 69리里 35정町 다케시마에 이르는 해로는 약 100리 4정, 조선에 이르는 해로는 약 136리 30정이라고 한다"(《일본지지제요》).

37) 다무라 세이자부로田村清三郎는 이를 다음과 같이 비판했다. "히바타 셋코씨의 《역사와 지리》의 기술은 메이지 이전에 다케시마가 울릉도를 가리킨 것을 전혀 알지 못한 것으로, 개인의 무지에 지나지 않는다. 이 논문이 발표된 1930년에 '다케시마'는 시마네현에 속했지, 결코 강원도에 속하지 않았다. 울릉도 자체도 강원도가 아니라 경상북도에 속하고 있었다. 이렇게 오류로 가득 찬 논저는 어떤 증거도 되지 않는다"(다무라 세이자부로, 《島根縣竹島の新研究》, 195쪽).

38) 히바타 셋코樋畑雪湖, 〈日本海に於ける竹島の日鮮關係に就いて〉, 《歷史地理》 55-6, 1930.

39) 쓰보이 구메조, 〈竹島について〉, 《歷史地理》 56-1, 1931.

이 본도를 松島라고 하므로 부속도서를 竹島라고 하여 축하의 의미로 부르
는 것이라고 가타오카는 명명命名의 인연을 확실히 기억했다고 나카이 박
사는 말했다.[41]

이어 쓰보이는 "卵島를 함부로 竹島라 부르는 것은 누군가가 해군 당사
자에게 가르쳐 주었는지 소생은 모르지만, 또는 《일본지지제요》의 불확실
한 기사를 제멋대로 짐작하여 응용한 것은 아닌지……무릇 지명과 같은
것은 소속 지방의 고로古老에게 물어봐야 할 것이다. 일개 무인武人 또는
무학無學의 지방 관원 등이 마음대로 명명할 문제가 아니란 것은 누구나
알고 있을 것이라 소생은 생각한다"라고 했다. 이는 쓰보이가 지명의 명
명에 현지인이 중요하다는 것을 역설한 것으로, 나카이가 가타오카 기치
베의 증언을 신뢰한 것과 일맥상통한다. 그렇다면 가타오카의 증언은 믿
을 만한가?

가타오카 기치베는 1899년 4월 울릉도 도감 역할을 하던 오성일(오상
일)이 일본 상인들에게 세금 납부를 약속받으면서 받아낸 약조문 서명자
가운데 한사람이다.[42] 그는 후에 1902년 울릉도에서 조직된 일상조합의
부조합장을 지냈으며,[43] 1906년 시마네현 시찰단이 울릉도에서 돌아갈 때
전송하기도 했다. 시찰단에는 오쿠하라 헤키운이 있었는데 오쿠하라는 저
술을 목적으로 시찰에 참가했으므로 가타오카에게 정보를 들었을 것이다.

40) 竹島의 한명韓名은 '댓섬'이고 이를 훈독한 것이 '竹島'인데 쓰보이는 이를 한명이 아
니라고 했으므로 '죽도'가 아니라 '다케시마'로 음독했음이 다시 한번 확인된다.

41) 쓰보이 구메조(1931), 앞의 글, 34쪽.

42) 〈受命調査事項 報告書〉 가운데 '輸出稅の件' (외무성 기록 문서분류 3.5.3.2., 1900, 《鬱
陵島における伐木關係雜件》에 수록).

43) 1900년 우용정이 울릉도를 조사할 때 가타오카 히로치카片岡廣親가 나오는데 동일인
인지는 알 수 없다.

1917년 나카이 다케노신이 식물 채집을 위해 울릉도에서 가타오카를 만났을 때 그는 우편국원 신분이었다. 이는 그가 오랜 울릉도 거주자였음을 말해 준다. 그렇다면 가타오카는 독도 편입 사실이나 '다케시마' 명칭의 유래도 알고 있었을 것이다. 그럼에도 가타오카를 비롯한 울릉도의 일본인들이 댓섬인 '죽도'를 '다케시마'로 칭하고 '리앙코루 도'를 '다마고시마 卵島'로 칭했다는 것은 납득하기 어렵다. 더구나 쓰보이는 '卵島' 호칭이 1905년 이전부터 있었던 것으로 보았다. 그렇다면 이 '卵島'는 '랑코 도ラ ンコ島'에서 음차한 것일 가능성이 크므로 '다마고시마'가 아니라 '란토'[44] 로 음독되어야 한다.

3) 학명 '다케시마'

나카이 다케노신은 '다케시마 유리'라는 '참나리〔鬼百合〕'류의 표기가 '武島百合' '竹島百合' 가운데 어느 것인지를 울릉도에서 조사했다. 즉 '다케시마'의 '다케'가 '武'인지 '竹'인지를 조사한 것인데, 그는 위에서 언급했듯이 가타오카 기치베의 증언을 통해 '다케'가 '竹'임을 확인했다. 그리하여 나카이는 '다케시마' 즉 竹島란 울릉도 옆의 댓섬 '죽도'인 것으로 인식했다. 나카이는 1917년에 조사하고 1918년 2월에 보고서를 제출했다. 조선총독부는 1919년 12월에 위 보고서를 책자로 출간했다. 나카이가 쓰보이와 서신을 주고받은 것은 1918년 2월 27일과 8월 3일 등 모두 세 차례[45]이다. 따라서 나카이는 출간을 위해 수정하는 과정에서 쓰보이의 견해를 수용했을 가능성이 크다.

---

44) 나카이가 가타오카의 말을 인용할 때는 '卵島'로만 표기했는데 쓰보이는 이를 '다마고시마'로 음독했다. 다가와 고조는 1953년 "우산도에 대해서"라는 논문에서 '卵島(리양쿠르 島)'라고 쓰고 있다. 다가와는 '卵島'를 '리양코루 도'의 음차로 본 것이다.

45) 1회 서신은 날짜가 나와 있지 않다.

쓰보이의 견해대로라면 '다케시마武島'는 '무시마'로 읽어야 하지만, '무시마武島'는 울릉도를 가리키는 호칭이다. 나카이는 1916년에 울릉도 식물을 조사한 조선총독부 기수들의 표본에 대해 식물 명칭의 개정을 요구했는데, 이때 울릉도 식물명에 '다케시마'를 붙일 것을 제안했다.[46] 또한 그는 섬의 자생식물 가운데 특산품에는 *표시를 했다.[47] 나카이는 "부나, 이누부나, 홋카이도부나라고 하는 것은 모두 다케시마부나이다"[48]라고 하여 '다케시마부나'로 개정할 것을 제안했는데 이는 현재도 울릉도 특산종의 하나로 알려져 있다. '부나ブナ'란 너도밤나무 종류인데, '다케시마부나'는 일본너도밤나무와 다른 종이므로 고의로 '다케시마'를 붙여 울릉도 고유종임을 나타낸 것이다. 나카이는 《울릉도 식물조사서》에서 학명을 '다케시마たけしま'라고 표기했으나 《조선삼림식물편朝鮮森林植物編》에서는 takeshimense, takeshimana 등의 영어로 표기했다. 나카이는 울릉도와 죽도竹島를 구분해서 인지했지만 '죽도'는 '다케시마'로 음독했고, '독도'는 '다마고시마卵島'로 표기·음독했다. 그런 그가 '다케시마'가 과거 울릉도 호칭이었으며 현재는 '죽도' 호칭이라는 사실을 알면서도 학명 '다케시마'를 붙인 것은 무엇을 의미하는가? 나카이는 1917년 당시 '다케시마'가 '리앙코루 도'에서 바뀐 독도 호칭이라는 사실을 몰랐던 것인가? 아니면 알면서도 학명에 '다케시마'를 붙인 것인가?

나카이는 《울릉도 식물조사서》라고 했듯이 조사 대상이 '울릉도' 식물임을 나타내고 있으므로 식물명에 붙인 학명 '다케시마'는 울릉도를 가

---

46) '야마자쿠라'를 '다케시마자쿠라'로 '미야마쿠마이치고'를 '다케시마이치고'로, '데우센 야마부도우'를 '다케시마야먀부도우'로 고칠 것을 제안했다. 또한 개정한 것 중에는 다케시마야나기, 다케시마부나, 다케시마시나노키 등의 명칭이 보인다.

47) '*athyrium acutipinnulum, kodama 다케시마메시다(신종)'라고 한 것이 그것이다.

48) 나카이 다케노신(1919), 앞의 글, 11쪽.

리킨다. '武島'도 '다케시마'로 읽을 수 있지만 쓰보이로부터 '무시마'라는 가르침을 받았으므로 나카이는 '다케시마'가 '武島'가 아니라 '竹島'를 가리키는 것으로 이해했다. 그런데 그는 '죽도'에 대해 '竹島'라고만 썼을 뿐 'チュクト'[49]라는 음독을 달지 않았다. 해도에서는 '竹島' 대신 '竹嶼'로 쓰고 있었는데도 나카이는 이 표기도 따르지 않았다.

이런 정황을 종합해볼 때 나카이는 학명 '다케시마'를 울릉도와 죽도를 둘 다 포함하는 호칭으로 사용했을 가능성이 있다. 그는 울릉도를 '鬱陵島'로 호칭하고 영어로는 '다줄레 섬'으로 표기했으면서도 학명으로는 '다케시마'를 사용했다. 그는 독도에 간 적이 없으므로 '다케시마'가 독도식물에 붙여진 학명이 아님도 분명하다. 다만 그에게 '다케시마'의 표기가 어떠하든 그것이 과거 울릉도 호칭임을 인지한 상태에서 붙였다면, 그가 지칭하는 '다케시마'는 1905년 이후 이른바 일본령 '다케시마'를 의미하는 것이 아닌 점도 분명하다. 이렇게 본다면 그에게 '다케시마'가 일본령이라는 인식이 있었는지도 의심스럽다. 나카이와 쓰보이의 인식은 서로의 정보 교환으로 말미암아 오히려 인식 혼란이 가중되었을 뿐 해결되지 않은 듯하다. 후에 다보하시가 이 점을 지적한다.

나카이의 조사 결과는 1937년에 《동아일보》[50]에도 연재되었다. 나카이가 조사한 372종의 자생종 가운데 32여 종이 특산식물로 특기되었다. 이 특산식물 가운데도 학명에 '다케시마'가 붙은 것들이 있다.[51] 신문에서 "本島은 總面積 四, 七方里에 不過하나 野生植物數 四百五十種이나 되며

---

49) '죽도'로 읽는다.

50) 都逢涉(1937. 9. 3~9. 9), 科學 鬱陵島植物相1- 4, 《동아일보》.

51) 섬개야광나무〔タケシマシヤリンタウ〕, 섬댕강나무〔タケシマシクバネウシギ〕, 섬말나리〔タケシマユリ〕, 섬버들〔タケシマヤナギ〕, 섬괴불나무〔タケシマヘウタンボク〕, 너도밤나무〔タケシマブナ〕, 황경피나무〔タケシマキハタ〕 등으로 나온다.

더욱 特産植物이 豊富하다는 點, 植物名의 學名으로 Takesimeusis, Takesimense, Takesimana 或은 insularis insulare 日本名으로 'タケシマ'라는 植物은 本島 特産植物種이라는 것을 表示하거나 或은 그 植物의 原産地가 本島라는 것을 暗示하는 것이다"라고 하여 학명 '다케시마'가 울릉도에서 유래한 것임을 밝히고 있다. 또한 기사에는 "竹島와 鬱陵本島間 僅 五里 밖에 못되는데 水深 二百尋與라 하니 本島가 海底에서 急急 峻出된 火山 이란 것은 可히 推測할 수 잇을 것이다"라고도 했다. 여기서 竹島는 '죽도'를 말한다. 이 기사를 보건대, 1930년대 후반 한국의 신문은 죽도를 竹島로 표기하면서도 독도의 일본명도 竹島라는 것에 대해서는 주의를 기울이지 않았던 듯하다.

1921년 쓰보이의 글이 발표된 후에 출간된 《시마네현지島根縣誌》(1923)는 "조선에서는 獨島라고 쓴다.……竹島는 일본해 항로에 있어 1849년 불선佛船 리앙쿠르 호가 발견한 이래 리앙코토 암이라는 이름으로 불렸다. 본현에서는 이를 리얀코 암岩으로 속칭한다. 우리나라에서는 도쿠가와 시대에는 울릉도를 竹島라고 하고 리얀코 암을 松島라고 지칭했다……52)"라고 했다. 1920년대에도 여전히 독도 호칭으로 '리얀코 암'이 통용되고 있었음을 알 수 있다. 또한 《시마네현지島根縣誌》는 시마네현 해안지방에서는 여전히 울릉도를 '다케시마'라고 불러 '다케시마'가 동명이도인 것처럼 혼란을 야기한다는 사실도 덧붙였다.

4) 卵島와 竹島: 죽도와 竹嶼

일본에서 울릉도와 독도 호칭으로 전래된 것은 '다케시마竹島'와 '마쓰시마松島'였지만, 이것이 나카이와 쓰보이에게 부정되자, 반향이 있었다.

---

52) 島根縣教育會, 《島根縣誌》, 1923, 690~691쪽.

다보하시 기요시田保橋潔는 울릉도는 본래 산인지방 어민이 도항하면서
이소타케시마磯竹島로, 후에는 다케시마竹島 또는 마쓰시마松島로 알려졌
는데, 울릉도 동남 해중에 우뚝 솟은 거암(현행 해도상의 리양쿠르 島,
Liancourt)이 알려지면서 '마쓰시마'와 '다케시마'라는 명칭이 울릉도와 리
양쿠르 島 사이에 혼동되는 경향이 생겼다고 했다.53) 그는 울릉도의 별명
을 마쓰시마로, 리양쿠르 島의 별명을 다케시마竹島로 하는 것은 영국 해
군의 관용을 따른 것이지만, 영국 해군 수로지에는 다줄레 섬의 본명을
'Matu Sima'로 했다는 사실을 밝혔다. 또한 수로지에서는 '리양쿠르 도'에
대한 일본명을 언급하지 않았으나 울릉도의 별명이 '마쓰시마'로 규정된
이상 '다케시마'가 '리양쿠르 도'의 별명이 되는 것도 자연스럽다고 했다.
즉 울릉도의 별명이 '마쓰시마'로 확정됨에 따라 본래의 별명 '다케시마'가
소도小島 리양쿠르 도로 옮겨진 것을 자연스럽다고 본 것이다. 다보하시
에게는 '다케시마'와 '마쓰시마' 두 호칭이 역사성을 무시하고 도치된 것이
문제가 아니라 호칭이 잔존해 있다는 사실이 중요했던 것이다.

　1931년 5월 다보하시는 〈울릉도 명칭에 대해〉라는 글을 발표했다.
부제를 "쓰보이 박사의 가르침에 답하다"라고 했으므로 쓰보이와의 논란
에서 나온 것임을 알 수 있다. 쓰보이는 다보하시에게 3월 22일자 서신
으로 자신의 의견을 밝혔는데, 나카이의 설에 기초한 것이었다. 쓰보이의
논리는, 나카이가 울릉도에서 竹島와 松島의 유래를 조사한 데 근거하고
있다. 즉 오키에서 온 사람들이 식민지의 전도前途를 축하하여 본도를 마
쓰시마松島로, 그리고 그 동쪽바다 앞에 있는 부속 암서를 竹島로 불렀고,
또한 오키의 동북쪽 바다에 있으며 강치 번식지로 알려져 있으며 보통
해도에 Liancourt라고 한 것은 오키인이 모두 다마고島-卵島-에서 유래한

53) 다보하시 기요시田保橋潔, 〈鬱陵島その發見と領有〉, 《靑丘學叢》제3호, 1931, 2쪽.

것으로 이를 다케시마라고 한 것은 '자연의 이치'는 아니라는 것이었다. 쓰보이는 나카이 설에 근거하여 일본해의 섬 세 개를 일본 쪽에 가까운 것으로부터 차례로 卵島, 鬱陵島(松島), 竹島로 들었는데, 이에 대해 다보하시는 세 섬을 해도에 비정한다면 竹島, 鬱陵島(松島), 竹嶼(Tei Somu:댓섬-역자 주)에 해당된다고 보고, 이를 증명하기 위해 서양이름, 조선명, 현행 해도, 그리고 쓰보이와 나카이 설을 대비시켰다. 다보하시는 Liancourt, 즉 해도에 '다케시마竹島'로 되어 있는 것을 나카이가 '卵島'라고 하고 쓰보이도 이를 따랐으니 이 명칭이 보이는 문헌을 밝혀줄 것을 요구했다.[54] 다보하시가 보기에 '다마고시마卵島'라는 명칭은 나카이 보고서에 처음 등장할 뿐 고기록에는 보이지 않기 때문이다.

다보하시는 울릉도 호칭에 대해서는 누구도 이의를 제기하지 않는다고 보았다. 문제는 Boussole 즉 댓섬이다. 해도에 '竹嶼'라고 한 것을 나카이와 쓰보이는 竹島로 보았지만, 다보하시는 '竹島(댓섬-필자 주)'의 훈독으로 보았고, 이를 음독하면 '죽도'가 된다고 보았다. 다보하시는 쓰보이와 나카이가 竹島가 일본명 다케시마인지, 조선명 댓섬(訓)인지, 아니면 죽도(音)인지조차 판명하지 못하고 있다고 비판했다. 또한 다보하시는 나카이가 가타오카의 질정을 받아 '다케시마'를 '竹島'로 봤지만, 松島와 竹島 명명의 유래를 松竹을 병칭하는 관습을 따른 것으로 본 것은 《동국여지승람》, 《지봉유설》 등의 기사를 무시하는 것이라고 비판했다. 다보하시는 쓰보이와 나카이가 竹島(タケシマ)에 武島(タケシマ)라는 한자를 쓰는 일이 오키이즈모 주민의 관용이라고 했는데 이것도 문헌으로 증거를 제시해줄 것을 요청했다. 다보하시는 여러 문헌에 보이는 이소타케시마磯竹島 또는 다케시마竹島는 울릉도를 가리키는 것이고 부속 암초인 '죽도'를 가리키는 것

54) 다보하시 기요시, 〈鬱陵島の名稱に就て〉, 《靑丘學叢》제4호, 1931, 105쪽.

이 아님을 분명히 했다.[55]

다보하시는 리앙쿠르와 부솔 암의 명칭은 문헌에서 확인할 수 없고 울릉도에 대해서만 竹島·松島 두 이름이 있었음을 논증할 수 있다고 했다. 이 때문에 결과적으로 리앙쿠르 암과 다줄레 섬의 혼동이 초래되었고, 본래는 울릉도 명칭이던 다케시마와 마쓰시마가 두 섬으로 나뉘었다가 울릉도의 일본 명칭을 '마쓰시마'로 확정하면서 다른 일명인 '다케시마'가 독도의 이름으로 옮겨 붙게 되었다는 것이다. 다보하시의 논리는 1905년 영토 편입 때 독도 호칭인 '마쓰시마'가 '다케시마'로 바뀌게 된 배경을 수로지에서 구한 오쿠하라 헤키운의 논리와 비슷하다. 즉 오쿠하라는 "《수로지》와 해도에 이미 울릉도를 松島라고 명명한 이상, 竹島에 해당되는 섬은 리앙코 도 이외에는 찾을 수 없었기 때문에 그대로 竹島라고 명명하게 된 것"[56]으로 보았지만 그렇게 된 배경에 대해서는 의문을 품었다.

이런 논증과정에 따라 다보하시는 松島·竹島를 두고 울릉도와 다케시마 사이에 혼동하는 일은 있을 수 있지만 이들 명칭을 '竹嶼'와 혼용할 수는 없다고 보았다. 다보하시의 논리대로라면, 쓰보이와 나카이가 설명하듯이 울릉도 명칭이던 '다케시마'가 댓섬의 명칭인 '죽도'의 명칭으로 전화되는 일은 있을 수 없는 것이다. 그 이후 '武島(タケシマ)'나 '卵島' 명칭이 더 이상 보이지 않는 것으로 보아 나카이와 쓰보이의 명명은 일시적인 것이었음을 알 수 있다. 나카이와 쓰보이의 명명이 이후 지속적으로 영향력을 행사하지 못한 것은 역사성을 무시한 명명이었기 때문이다. 이런 혼란이 독도 도해 또는 울릉도 거주 경험자들과 어떤 차이가 있는지는 아래에서 살펴보기로 한다.

---

55) 다보하시 기요시(1931), 위의 글, 106쪽.

56) 유미림(2009), 앞의 책, 108쪽.

4. 거주 지역과 '독도' 호칭

1) 어업인의 호칭: 다케시마와 랑코 도島

일제 강점기 어업자를 비롯한 일본인의 울릉도·독도 인식을 엿볼 수 있는 자료는 1951년에서 1953년에 걸쳐 일본 외무성이 조사한 면접자료이다. 일본은 대일 평화조약이 발효되면 한국이 교섭해올 것으로 보고 이에 대비하여 외무성의 가와카미 겐조川上健三를 중심으로 하여 시마네현에 조사를 요청하고 시마네현이 다시 오키지청에 자료를 요청하는 방식으로 수집했다. 외무성은 이때 다케시마어업회사의 경영현황과 '獨島'와 '破浪島'에 대한 한국의 주장과 명칭의 연원 등을 비밀리에 조사하게 했다.[57] 면접대상에는 독도 어로자뿐만 아니라 울릉도 거주자도 포함되어 있었다.

1905년 6월 초 시마네현 지사로부터 강치어업 허가를 받은 자는 다케시마어렵합자회사원 나카이 요자부로, 이구치 류타井口龍太, 하시오카 도모지로橋岡友次郎, 가토 주조加藤重藏, 重造 4명이었다. 이 가운데 1950년대 생존자는 나카이 요자부로의 아들 나카이 요이치中井養一(55세), 하시오카 도모지로의 아들 하시오카 다다시게橋岡忠重였다. 이들은 아버지와 본인의 경험담을 이야기했다. 하시오카 다다시게는 하시오카 도모지로가 백부 이케다 요시타로池田吉太郎 및 고카五箇의 유지들과 함께 1903년 이전부터 '다케시마'로 출어하여 강치와 해산물을 채취했다는 사실을 밝혔다.[58] 하시오카는 비슷한 내용의 진술을 1953년에도 했는데, 면접은 1953년 7월 6

---

57) 〈竹島の調査依賴について〉, 《涉外關係綴》 (昭和 26年) 008; 〈竹島の調査依賴に對する回答を受けて 更に敎示を依賴〉, 《涉外關係綴》(昭和 26年) (009).

58) 〈竹島の調査について〉, 《涉外關係綴》 (昭和 26年) (010).

일부터 11일 사이에 집중적으로 이뤄졌고 하시오카 외에 나카이 요이치, 오쿠무라 료奥村亮, 하마다 쇼타로浜田正太郎 등이 참여했다.[59] 이때의 진술에서 하시오카는 "기노시타 서커스와 나카다 다다이치仲田忠一(츄이치)씨의 말에 따르면, 랑코 島의 강치는 세계에서 두 곳(한 곳은 미합중국)밖에 없을 정도의 우수한 강치로서, 재주를 잘 부렸다. 당시 재주를 부리는 미국산 강치는 2만 5천 엔 정도였다고 하는데, 내가 포획한 것은 140~200엔 정도에 불과하다"고 했다. 나카다 다다이치는 '랑코 島'로 호칭했고, 하시오카는 '다케시마'로 호칭했음을 알 수 있다.

하시오카 다다시게의 진술과는 달리 나카이 요이치는 하시오카 다다시게가 실제로 다케시마에 거주하지도 않았고 어로만 끝나면 바로 돌아갔으며 서커스단에게 강치를 파는 과오를 저질렀다고 비판했다. 또한 그는 하시오카가 어업권을 매각했기 때문에 "울릉도 어민(특히 조선인)에게 다케시마에서 독점적 어업을 원하는 대로 하게 함으로써 오늘날 한국 측의 어업실적을 만들어내기에 이르렀다고 할 수 있다"고 비판했다. 이때 나카이 요이치는 울릉도를 '우츠료 도ウツリョ一島'로, 독도를 '다케시마'로 호칭했다. 나카이 요이치는 나카이 요자부로의 장남으로 "다케시마라는 명칭은 메이지 38년에 개명되어 붙여졌다. 오키섬 사람은 현재 이 섬을 랑코 도ランコ島로 부르고 있다. 당시 다케시마라는 것은 울릉도였는데, 오래된 해도海圖에는 다른 이름으로 마쓰시마松島라고도 되어 있다"라고 하여 도명의 유래를 알고 있었다. 나카이 요이치는 1917년부터 1929년까지 해마다 강치를 잡으러 '다케시마'에 갔다고 증언했다. 이를 보아 면접에 응하던 1953년에도 오키의 어업인들은 여전히 독도를 '랑코 도'로 호칭하고 있었음을 알 수 있다.

---

59)《涉外關係綴(竹島關係綴)》(昭和 28年).

하마다 쇼타로는 1953년 당시 42세로, 1933년 4월 18일부터 5월 2일 사이에 다케시마에 도항한 적이 있다. 또한 1951년 5월 중순에 5톤 배로 4명의 친구와 함께 다케시마에 도항한 적이 있는데, 동력 14척, 약 50명의 한국인이 있었다고 한다. 한국인들은 미역을 채집 중이었고 하마다 일행은 상륙하여 한국인과 대화를 했다. 그리고 밤에는 좌담회를 열어 "다케시마는 일본땅이므로 빨리 섬에서 나가달라"고 항의했는데, 한국인들은 "우리들은 다케시마가 일본과 한국 어느 나라에 속하는지는 모르지만 매년 미역을 따러 온다"고 하며 거부했다고 한다. 하마다는 '다케시마'를 일본 영토로 인식하고 있었으며 호칭도 '다케시마'로만 칭했다. 나카토세 니스케中渡瀬仁助(73세)도 "1905년 6월 나카이 요자부로와 동행한 이래 1941년에 이르기까지 다케시마 출렵에 동행했다"고 하여 '다케시마'로 호칭했다.

2) 울릉도 재주인의 호칭: 다케시마, 랑코 도島, 독섬

위에 언급된 사람들이 독도 출어자라면 오쿠무라 헤이타로와 그의 아들 오쿠무라 료奧村亮(43세)는 울릉도 재주인이었다. 오쿠무라 료는 아버지 이야기를 인용하여, (1916년 이후-필자 주) 울릉도 어선이 난파되어 랑코 도ランコ島 부근에 표류했었는데 오키 섬 어민에게 이 섬에서 강치 어획이 크다는 말을 듣고 랑코 도에서 경영을 기도했다. 그 무렵, 1921년경부터 조선인을 주력으로 하여 출어해서 랑코 도에서 전복과 소라 밀렵을 했다[60]고 했다. 1920년대 전후 울릉도 재주인은 주로 '랑코 도'로 칭했음을 알 수 있다.

---

60) 〈竹島漁業の變遷〉, 《涉外關係綴(竹島關係綴)》 (昭和 28年) (001-02), 참고자료-奧村亮口述書.

오쿠무라 료는 1933년 아버지가 죽자 사업을 이어받아 야하타 초시로 八幡長四郎와 1942년까지 1년 단위로 계약을 갱신하여 어로했다. 그 후 1945년까지는 계약 없이 출어하여 전복을 채집했다. 오쿠무라 료의 어로에 참가한 자는 감독자를 제외하면 대부분 조선인 그리고 제주도 해녀들이었다. 1953년 7월 11일자 면접 기록에는 오쿠무라 료가 "당시 조선인은 랑코 도(竹島)를 獨島(トクソン)라고 했는데, 내지인과 대화할 때는 '랑코'島라고 했다"[61]고 말한 것으로 되어 있다. 그런데 이 오쿠무라 료의 말에 근거하여 면접자가 도명을 보충한 기록에는 "울릉도의 한국인은 다이쇼·쇼와 연간에 걸쳐 다케시마를 獨島(トクソン)라고 불렀지만, 이것은 한국인들끼리 부른 것이고 일본인과의 대화에서는 다케시마라고 부르고 있었다. 이 섬이 일본 영토인 것은 인식하고 있었다"[62]고 되어 있어 호칭이 약간 다르다.

위 기록을 보면, 호칭이 다케시마, 랑코 도, 랑코 島(竹島), 獨島(トクソン) 등으로 나온다. 모두 독도에 대한 호칭이지만 오쿠무라의 호칭인지 기록자의 호칭인지 분명하지 않지만, 괄호 안의 호칭이 오쿠무라가 부른 호칭인 듯하다. '독송トクソン' 즉 '독섬'은 문서상의 호칭으로 보기 어렵기 때문이다. 오쿠무라가 '독섬'이라고 말한 것을 기록자가 '獨島'라는 문서상의 표기로 바꾼 듯하다. 이는 일본 역시 지명 표기에서 차자借字 표기방식을 취하고 있었음을 보여 준다.

당시는 오쿠무라 료가 어렵합자회사로부터 어업권을 사서 울릉도의 한인들을 데리고 독도로 가서 전복 등의 어로를 하던 때였다. 일본의 식민

---

61) 〈竹島漁業の變遷〉, 《涉外關係綴(竹島關係綴)》 (昭和 28年) (001-02), 참고자료-奧村亮口述書.

62) 〈竹島漁業の變遷〉, 《涉外關係綴(竹島關係綴)》 (昭和 28年) (001-02), 참고자료-竹島島名について補足.

지 지배 아래 있었으므로 편입 여부를 떠나 독도를 포함한 전 영토가 일본 땅으로 인식되던 시기였다. 그런데 오쿠무라는 "울릉도의 조선인은 다케시마竹島가 일본 영토라는 것은 인식하고 있었고"라고 했다. 이 말은 한국이 일본에 병합되었기 때문이 아니라 편입으로 독도가 일본 영토로 된 것으로 받아들이고 있다는 듯한 뉘앙스를 풍긴다. 또한 위의 구술은 한인들이 독도를 '독섬'으로 부르고 있다는 사실을 일본인들이 알고 있었음을 보여 준다. 이로써 일제 강점기 한인들은 '독도'보다 '독섬'이라는 호칭을 더 많이 사용했음을 알 수 있다. '독도'보다 '독섬'을 더 많이 호칭하는 일은 1950년대까지도 이어졌던 것으로 보인다.[63] 그리고 한인들이 일본인과 대화할 때 '랑코 도'라고 했다는 사실은 울릉도 재주 일본인사이에는 '랑코 도' 호칭이 더 보편화되어 있었음을 시사한다. 이는 1930년대와 1940년대 일본에서의 출어자들이 대부분 독도를 '다케시마'로 칭한 것과는 대조를 이룬다.

오쿠무라 료는 "울릉도 도동에서 10리 정도 떨어진 곳에 竹島라고 하는 둘레 약 20정町의 섬이 있고 밭도 상당히 있는데, 이것은 울릉도의 속도屬島이다. 이 섬의 존재도 한국 측이 이용하는 원인이 아닐까"라고 했다. 이 '竹島'는 '죽도'를 말한다. 오쿠무라가 이를 어떻게 음독했는지는 알 수 없지만, 독도를 '랑코 도'와 '다케시마'로 호칭했음에 비춰볼 때 '죽도'로 읽었을 가능성이 더 크다. 이로써 보면, 오쿠무라 부자는 독도의 호칭 내력을 가장 잘 알고 있던 자들이다. 이들 부자는 '다케시마'와 '랑코 도'를 자연스레 병칭하는 경향이 있는데, 그것이 울릉도의 속도 죽도竹島를 의식해서인지는 알 수 없다. 1930년대 울릉도 재주인이 '죽도'를 올바로

---

63) 박병섭, 《한말 울릉도 독도어업》, 한국해양수산개발원, 2009과 이 책의 〈차자借字표기방식과 '석도=독도'설 입증〉 참조.

인지하고 있던 점에 비춰 볼 때, 1917년에 가타오카 기치베가 '죽도'를 '다케시마'로 호칭하고 있었다고 본 나카이의 인식은 착오가 있었다고 보지 않을 수 없다.

3) 시마네현 이외 지역민의 독도 인식: 울릉도와 다케시마, 랑코島

면접조사는 시마네현 이외 지역에서도 이뤄졌다.[64] 하마다시浜田市의 요시나카 슈이치吉中周市(70세)와 가지메 쓰치마쓰梶目槌松(61세)의 진술은 아래와 같다.

> 메이지 45년(1912) 5월 다케시마竹島의 오징어가 좋다는 말에 나가보자고 하여……다케시마까지 길안내를 받게 되었다. 오후 5~6시경 우라고浦鄉를 출항하여 하루밤낮을 노를 저어 다음 날 8~9시 무렵 다케시마에 도착했다. 도중에 랑코 도라는 작은 섬을 보았다. 가서 보니 다케시마는 울릉도라는 것을 알았다.……조선 본토에는 가지 않았다. 산에 땔감을 찾으러 갔는데, 주의해서 보지는 않았지만 랑코 도는 본 기억이 없다. 고기를 잡을 때도 랑코 도는 보이지 않았다.……마쓰바라우라松原浦에서 정북쪽으로 가서 다케시마에 닿은 후 그곳에서 울릉도로 가는 항로를 선택하는 것은 당시의 자석만 가지고는 불가능했다.

위의 진술은 다음과 같은 사실을 말해 준다. 두 사람은 1912년 시점에 다케시마는 울릉도로, 독도는 랑코 도로 인식하고 있었다. 이들이 도착해서야 다케시마가 울릉도임을 알게 되었다는 것은 다케시마가 어디인지 인

---

64) 시마네현의 다무라 주사는 11월 10일과 11일 하마다시와 마스다시에서 조사한 내용을 외무성 조약국 제1과 가와카미 사무관 앞으로 보냈다. 다무라는 당시 하마다 도서관의 자료를 조사하는 임무도 맡았다.

지하지 못한 상태에서 출발했음을 의미한다. 따라서 당시에는 특히 시마네현 이외 지역에서는 '다케시마'가 독도 호칭으로 정착하지 못했음을 말해 준다. 그런데 "다케시마에 닿은 후 그곳에서 울릉도로 가는 항로를 선택하는 것은……"이라고 한 것은 '다케시마'를 울릉도와 별개의 섬으로 인식하고 있었음을 의미하므로 이때의 '다케시마'는 독도를 가리킬 수 있다. 하지만 울릉도의 산에 오르거나 고기를 잡았는데 거기서도 "랑코 도는 본 기억이 없다"고 했으므로 두 사람 모두 울릉도에서는 독도를 목격하지 못했다. 따라서 1910년대 시마네현 이외의 지역민은 울릉도를 '다케시마'로 칭하면서 한편으로는 울릉도와 다케시마, 랑코 도에 대해 혼동을 겪고 있었음을 알 수 있다.

하마다시 마쓰바라우라의 이타야板谷(74세)는 "다이쇼 9년(1920)부터 11년(1922)까지 경상북도 호우교ホウギョ진[65]을 근거지로 운반업을 하면서 여러 번(14~15회 항해) 울릉도에 다녔던" 자이다. 그는 "랑코 도에 관해서는 들은 바가 없다. 나는 경상북도에 갈 때 부산을 통해 갔다. 본토에서는 울릉도가 보였는데 ⌒ 형태로 보였다. 울릉도에서 일본으로 갈 때는 오키나 부산을 경유해서 갔다"고 했다. 이타야는 울릉도만 거론할 뿐 '랑코 도'는 거론하지 않았다. 그가 '랑코 도'에 대해 들은 바가 없다고 한 사실로 미뤄 볼 때, 조사자가 독도를 '랑코 도'로 지칭했음을 알 수 있다.

수산시험장의 기수 오가타 히데토시尾方秀敏는 "일본배로 정북향을 향해 다케시마竹島로 가는 것은 거의 불가능하지만, 봄여름은 순풍을 이용하고, 조류의 흐름만 잘 알고 있다면 자석 하나로 갈 수 있다.……그러나 다케시마가 하마다의 정북쪽에 위치하고 있는 점, 거리가 135리浬라는 것을 알고 있는 어부에게는 직접 다케시마로 가는 것도 불가능하지 않다.

─────────

65) 포항인지 확실하지 않아 원문대로 썼다.

나는 시험선 야소시마마루八十島丸(18톤)로 물통의 자석만 가지고 다케시마에 갈 자신이 있다"고 했다. 히데토시는 '다케시마'를 독도로 인지한 상태에서 진술하고 있음을 알 수 있다.

마스다시의 야스다安田중학교 교사인 마노 시게미쓰真野重光는 울릉도에서 성장한 사람이다. 그는 메이지 시대 말기에 3세경이었는데, 당시 아버지가 울릉도의 소학교 교장이었으며, 그 이후 경성사범 6년, 대구에서 소학교 교사 10년을 마치고, 다시 울릉도에서 교사를 하다가 종전 후 일본으로 철수했다고 한 것으로 보건대, 유소년기와 장년기를 울릉도에서 보낸 듯하다. 그 때문에 그는 울릉도와 독도의 관계를 정확히 인식하고 있었다. 그는 "소년시대에 현지의 일본인은 울릉도를 다케시마竹島라고 불렀다. 리앙코 도는 '랑코'라고 불렀다. 소학생인 나는 해도海圖에서 울릉도가 마쓰시마松島가 된 것을 알고 있었다. 울진이나 다케시마 주변 해안에서 울릉도는 보이지 않는다. 높은 산에 오르면 울릉도가 보인다. 해상에서는 절반 정도 나가지 않으면 울릉도가 보이지 않는다. 울릉도는 △로 보인다"[66]라고 했다. 메이지 시대 말기라면 1910년경을 말한다. 그는 당시 울릉도의 일본인들이 울릉도를 '다케시마'로, 독도를 '랑코' 또는 '리앙코 도'로 부르고 있었음을 증언했다. 그 자신이 해도에서 울릉도를 '마쓰시마'로 호칭한다는 사실을 알고 있었고, "다케시마 주변 해안에서 울릉도는 보이지 않는다"고 하여 독도를 '다케시마'로 칭하고 있다. 그는 "울릉도에서는 랑코가 잘 보인다. 높은 산에 오르지 않아도 나즈막한 언덕에서도 잘 보였다. 날씨가 좋고 구름이 없는 날에는 확실히 보였다. 삼각형이 두개 보였다"고 하여 울릉도에서 독도가 잘 보이며 울진의 높은 산에서 울릉도가 보인다는 사실을 증언했다.

---

66) 〈竹島に關する調査結果の送付について〉, 《涉外關係綴(竹島關係綴)》(昭和 28年) (18-00).

한편 그는 "해녀 세가와 기요코瀨川淸子의 기록에, 메이지 초기에 이세 伊勢의 해녀가 다케시마에 갔다고 적혀 있는데 울릉도를 가리킨다고 생각 한다. 랑코의 큰 전복을 가지고 있었다"고 하여 1880년대의 다케시마가 울 릉도를 가리킨다는 사실도 인지하고 있었다. 이세지역에서 온 해녀들이 독도로 전복을 채취하러 갔었다는 사실도 이로써 알 수 있다. 그가 "어업 권 관계로 일반 어민은 울릉도에서 랑코로 가지 않았다. 오쿠무라가 매년 잠수기로 전복을 채취하러 가는 것과, 마쓰다가 미역을 따러 메이지부터 쇼와까지 가끔 다녀왔다"고 한 사실은 독도의 어업상황을 진술한 것이다. 이는 오쿠무라 헤이타로가 야하타 초시로에게 강치 이외의 어업권을 3년 간 1,600엔에 매입한 1925년경을 말한다. 마노 시게미쓰는 1925년의 독도 를 '랑코'로 호칭했다. 마노 시게미쓰는 오쿠무라가 어업권을 가지고 있었 기 때문에 일반 어민은 독도에서 어로를 할 수 없었다고 했다. 이는 어업 권 매입 이전에는 울릉도민들이 독도로 출어하고 있었음을 시사한다.

4) '고카무라 다케시마'와 '고카무라 독도'

일본은 1926년 7월 1일 지방제도를 개혁하여 도청島廳을 폐지하고 다 케시마 소관처를 지청으로 바꾸었다. 이에 하시오카 다다시게는 다케시마 사용료를 1935년부터 1941년까지 오키지청에 납부했지만, 외무성은 이런 재정상의 사무위임이 반드시 소속의 이관을 의미하지는 않는다고 보았다. 1937년 고카무라 촌장村長은 다케시마가 고카무라五箇村 주민이 어업권을 가지고 출어하고 있는 지역이므로 고카무라 구역에 편입하고 싶다는 요청 을 했다. 이에 시마네현 지사는 고카무라 편입을 촌장의 요망대로 처리하 기 어렵다고 판단하여 촌회의 의결을 거쳐 현회 참사회에 자문하여 통과

시킨 뒤, 내무성에 신청하려 했다. 이때 업무 담당자였던 요시노吉野[67]는 "그 지역에 있다는 이유에 대해서도, 수 십리나 떨어져 있는 곳을 해당 지역이라고 할 수 있을지 의문이라는 의견도 나왔는데, 이것도 문서로 내무성에 문의하는 것도 이상하기 때문에 구두로 물어본 뒤에 처리해야 할 것으로 결론이 났다"[68]고 했다. 그 후 요시노는 신문을 통해 '고카무라 다케시마五箇村竹島'라고 쓰여 있는 것을 보고 편입 사실[69]을 알게 되었다고 토로했다.

다무라 세이자부로田村淸三郎는 고카무라의회의 의결만으로 소속 미정지의 정촌구역 편입 절차가 이루어진 것은 아니며, 따라서 '다케시마'를 고카무라 소속으로 할 근거는 없다고 했지만, '다케시마'는 1939년에 고카무라에 편입되었다. 그 후 다시 '다케시마'는 1940년 8월 17일에 공용을 폐지하고, 해군재산이 되어 현県에서 마이즈루 진수부舞鶴鎭守府로 인계되었다. 다무라는 이때 '고카무라 다케시마'로서 인계된 것은 아니었던 것 같다고 보았다. 1941년 11월 28일 마이즈루 진수부 장관은 야하타 초시로에게 해군용지 '다케시마'의 사용을 허가했다. 이후 다케시마는 1945년 11월 1일 국유재산법시행령 제2조에 따라 대장성 소관 국유재산이 되었다. 그런데 이때 해군에서 인계받은 국유지 대장의 비고란을 주목할 필요가 있다. 거기에는 '오치군 고카무라 독도穩地郡五箇村獨島'라고 쓰여 있기 때문이다. 이에 대해 다무라는 "본인이 알고 있는 한, 마쓰에재무부의 국유

---

67) 1937년 7월부터 1942년 2월까지 시마네현 지방과에 주임속主任属으로 근무했다. 이 자를 면회한 일시는 1945년 9월 30일 오전 10시 30분부터 11시까지 면회, 면회자는 우와테上手 주사, 다무라田村 주사였다(《(極秘) 竹島について》, 《涉外關係綴(竹島關係綴)》(昭和 28年) (013-00)).

68) 《(極秘) 竹島について》《涉外關係綴(竹島關係綴)》(昭和 28年) (013-00).

69) 고카무라의회는 1939년 4월 24일 다케시마의 고카무라 편입을 결정했다.

지 대장에는 20년(1945) 11월 1일 해군에서 인계받았던 다케시마방어구에 관해 비고란에 시마네현 오치군 고카무라 독도島根縣穩地郡五箇村獨島라고 되어 있는 것이 유일한 공문서인데, 비고란의 기입이 20년(1945) 11월 이전의 해군 기록에 근거하는 것인지 명확하지 않다"[70]고 했다.

해군은 왜 '獨島'라는 호칭을 쓰고 있을까? 1945년 11월 1일 대장성이 해군에서 인수받은 토지명은 '다케시마방어구竹島防禦區'였고, 이 토지의 가격은 1947년 3월 31일 개정되었다. 두 경우에 해당되는 비고란에는 '시마네현 오치군 고카무라 독도獨島'라고 적혀 있다. 시마네현청 직원인 다무라 자신도 이런 불일치를 '하자있는 행정행위'[71]로 인정했다. 그렇다면 이는 1946년 1월 29일 SCAPIN-677로 연합국이 '다케시마'를 일본의 행정 관할권이 미치지 않는 곳으로 지정한 것과는 어떤 관계가 있는 것인가? 1946년 7월 26일 일본이 현령縣令 제49호로 '다케시마'에서의 강치어업을 삭제한다고 한 것과는 어떤 관계가 있는가? 1945년 '다케시마방어구', '고카무라 독도', 1946년 현령의 '다케시마' 등에서 보이듯, 일관되지 못한 호칭의 혼동을 일본은 어떻게 설명할 것인가? 1945년 11월 대장성이 인수받은 뒤로부터 1951년 2월 대장성령 제4호와 6월 총리부령 제24호로 일본의 부속도서에서 제외되었을 때 독도 호칭은 '竹の島'였다. 이들 국내법적 조치가 1952년 평화조약의 발효 전 연합국 총사령부가 독도에 대한 관할권을 배제 또는 제한한[72] 것과는 어떤 관계가 있는가. 이런 제반 문

70) 〈(極秘) 竹島について〉,《涉外關係綴(竹島關係綴)》(昭和 28年) (013-00). 면회자는 우와테上手 주사, 다무라田村 주사로 되어 있으나 다무라의 견해로 보인다. 아시아국이 작성한 원문 비고란의 '독도' 두 글자에 먹칠이 되어 있다. 시마네현이 이 자료를 2007년에 공개하면서 먹칠한 듯하다. 〈竹島漁業の變遷〉,《涉外關係綴(竹島關係綴)》(昭和 28年) (001-02).

71) 〈(極秘) 竹島について〉,《涉外關係綴(竹島關係綴)》(昭和 28年) (013-00).

72) 홍성근, 〈일본의 독도영토 배제조치의 성격과 의미〉,《독도와 한일관계》, 2009, 119쪽.

제를 국내법과 국제법 양 측면에서 검토할 필요가 있다고 생각하지만, 법적 검토는 필자의 능력 밖이다. 다만 지적할 수 있는 것은 위에서처럼 일본이 자국령이라고 주장하는 독도에 대한 표기가 제각각인 점 '시마네현 오치군 고카무라'라고 관할지를 밝히고 그 뒤에다 '獨島'라고 표기한 사실, 그리고 군정 시기의 법령에서 '竹の島'라고 표기한 사실들은 적어도 독도에 대한 고유영토 인식이 미약했음을 보여 주는 방증 자료가 될 수 있다는 점이다.

1951년 8월 시마네현 지사 쓰네마쓰 야스오恒松安夫는 외무대신 요시다 시게루吉田茂에게 보낸 문서 제목에서 '시마네현 영토 다케시마レェインコート島의 재확인에 대하여'73)라고 했고, 내용에서는 'リヤンコール列岩(LIANCOURT ISLANDS)'74)이라고 썼다. 당시 문서에 '다케시마(レェインコート島)', '리양코루 열암', 'LIANCOURT ISLANDS' 등이 혼재되어 있을 뿐만 아니라 통상 'リヤンコール島'로 표기되던 것이 이때 'レェインコート島'로 변해 있다. 이는 시마네현 관리조차 '리앙쿠르'의 유래를 정확히 파악하지 못하고 있었음을 의미한다. 이전에는 주로 방언으로 '량코'로 칭해지던 것이 '랑코'로 미묘하게 바뀌었다. 시마네현 지사가 표기했던 'レェインコート島'가 오키지청장에게 보내질 때는 다시 '竹島' 형태로 바뀌었다.75) 이런 인식은 1953년에도 이어져 시마네현 관리가 "오키 도민은 울릉도를 옛날에는 다케시마로 불렀고, 신 다케시마를 지금도 랑코 도(리앙코 도의 사투리)라고 부른다"76)고 했다. 또한 다무라는 오쿠무라 료의 말을

---

73) 〈島根縣領土竹島(レェインコート島)の再確認について〉, 《涉外關係綴》 (昭和 26年) (002-00).

74) 위의 글.

75) 〈竹島(レェインコート島)の調査依賴について〉, 《涉外關係綴》 (昭和 26年) (003-00).

76) 〈竹島漁業の變遷〉, 《涉外關係綴(竹島關係綴)》(昭和 28年) (04-02).

인용하여, "울릉도의 한국인은 다이쇼와 쇼와 연간에 걸쳐 다케시마를 獨島라고 불렀지만, 이것은 한국인들끼리 부른 것이고 일본인과의 대화에서는 다케시마라고 부르고 있었다"[77]고 했다. 여전히 다케시마, 신 다케시마, 독도, 랑코 도가 뒤섞여 있는 것이다.

5. 맺음말

독도에 대한 일본 호칭은 에도 시대에는 '마쓰시마'였지만, 근대로 접어들면서 이 호칭은 울릉도의 호칭으로 바뀌었고 울릉도 호칭이던 '다케시마'는 독도 호칭이 되었다. 이런 도치는 수로지에서 울릉도를 '울릉도 일명 마쓰시마' 또는 '鬱陵島 一名松島〔Dagelet island〕', 독도를 '리앙코루토 열암' 또는 '竹島(Liancourt rocks)'로 호칭한 데서 연유한다. 여기에 '죽도'의 존재가 알려져 '죽도'를 '竹島' 또는 '竹嶼(Boussole rock)'로 표기하면서 호칭 혼란은 심화되었다. 1905년에 독도가 '다케시마'로 명명된 뒤에도 '다케시마'와 '리앙코루도 열암', 또는 '다케시마'와 '양코 도'가 병기되었고, '양코 도'로만 표기되는 경우도 있었다. 'Liancourt rocks'의 경우 외국어였으므로 통일성이 없이 다양하게 표기되었다. 또한 'Liancourt Rocks'가 문헌상으로는 주로 '리양코루도 섬', '리양코 섬'으로 표기된 반면, 구술조사에는 주로 '랑코 도'로 약칭되고 있었다.

1910년대 후반 울릉도 식물조사를 한 나카이 다케노신은 역사학자 쓰보이와 도명島名에 관해 의견을 주고받았고 '독도'를 '다마고시마卵島'로 호칭했다. 나카이는 '다케시마'가 '竹島'인가 '武島'인가를 둘러싼 논란에서 울릉도 거주자 가타오카 기치베의 말을 신뢰하여 '竹島'를 '다케시마'로 음

_____
77) 위의 글.

독하고 이를 울릉도 동쪽의 부속도서에 비정하여 결국 '죽도'를 '다케시마'로 읽는 오류를 범했다. 한편 나카이는 울릉도 특산종에 '다케시마'라는 학명을 붙였는데 이때의 '다케시마'는 울릉도를 가리키므로 다보하시로부터는 '竹島'가 '다케시마'인지 '죽도'인지 혼동하고 있다는 비판을 받았다.

이렇듯 편입 이후에도 일본이 명명한 '다케시마'는 정착되지 않은 채 혼동이 계속되었지만 직접 독도에 가보거나 울릉도 거주 경험이 있는 일본인들의 호칭은 문헌상의 표기와는 차이를 보였다. 대체로 다케시마어렵합자회사원을 포함한 어업인은 '다케시마'로 호칭하는 경향이 있었으나 '랑코 도'라는 호칭도 사용했으며, 오키 현지인들은 주로 '랑코 도'로 호칭했다. 울릉도에서 오래 거주한 오쿠무라 부자는 주로 '랑코 도'로 호칭했지만 '다케시마'를 병칭했으며, '죽도'에 대해서도 인지하고 있었다. 특히 오쿠무라 료는 한인들이 일본인에게는 '랑코 도'로, 자신들끼리는 '독도(독섬)'로 호칭한다는 사실을 증언했는데, 이는 한인들이 '랑코 도' 호칭을 인지하고 있었음을 시사한다. 울릉도에서 성장한 일본인은 울릉도에서 '랑코'가 잘 보여 날씨가 좋은 날에는 낮은 언덕에서도 잘 보인다는 사실을 증언했으며, 1910년을 전후한 시기까지도 일본인들이 울릉도를 '다케시마'로, 독도를 '랑코 도'로 불렀음을 증언했다.

오키 이외의 지역에서 울릉도로 간 일본인은 '다케시마'를 울릉도로 인식하는 경향이 있었고, 독도 호칭인 '다케시마'와 '랑코 도'가 다른 섬인 듯 혼동하기도 했다. 부산을 통해 경상북도로 가거나 울릉도에서 일본으로 간 사람은 울릉도만 거론하고 '랑코 도'는 거론하지 않아 독도에 관한 경험도 없고 인식도 없었음을 보여 준다. 대체적으로 1930년대와 1940년대가 되면 일본에서 울릉도와 독도로 온 사람들은 독도를 '다케시마'로 칭한 반면, 울릉도의 일본인은 '랑코 도'로, 울릉도의 한인은 '독섬'으로 칭하는 경향을 보인다. 울릉도와 독도 왕래의 경험이 없는 관료들은 독도 왕래 또는 울릉도 거주 경험자들을 면접하는 동안 자신들이 문헌으로 습득한 호칭과 다른 데서 혼동을 겪었다. 그리하여 기록자에 따라 호칭이 각각 다르게 기술되었다. 1939년 '고카무라 다케시마五箇村竹島'로 적혀 있던 행정지명이 1945년에는 '다케시마방어구竹島防禦區' 비고란에 '시마네현 오치군 고카무라 독도獨島'로 적히는 상황이 발생했다. 호칭의 변화는 단순히 표기의 변화로만 머물지 않는다. 그것은 바로 인식의 변화를 반영하는 것이라는 데 문제가 있다. 이 때문에 다무라 자신도 '고카무라 독도獨島'로 적히게 된 행정상의 실수에 의문을 품었다. 일본 시마네현은 2007년에 한국 학자들에게 문서를 넘겨주면서 '獨島'라는 두 글자에 먹칠을 했다. 이는 일본이 지명의 혼동으로 인해 '고유영토' 주장이 훼손될 수 있음을 스스로 인정한 셈이다.

1905년부터 1950년대 초까지 일본 기록에 보인 '독도' 호칭은 아래와 같이 다양하다(원문에 괄호형태로 된 것이 있으므로 원문대로 입력한다. リヤンコ는 리양코, リヤンコール는 리양코루, リヤンコールト島는 리양코루토 도, リヤンコールド島는 리양코루도 도, レェインコート島는 레잉코토 도, 竹島는 다케시마, 松島는 마쓰시마로 음독하기로 한다).

  竹島, 竹島(舊松島), 松島(新竹島), 新竹島, 竹島(リヤンコール島), 松島(リヤンコール 卽 現在の 竹島), リヤンコ島, リヤンコールト岩(一名 竹島), 松島(リヤンコール島 列岩), リヤンコールト島(松島), リヤンコール列岩(LIANCOURT ISLANDS), リヤンコールド列岩, リヤンコールト列岩(Lian Court), 松島(リアンコールト列岩), 竹島(レェインコート島), 竹島(リヤンコールト列岩), 竹の島

일본에서 '독도' 호칭은 '다케시마'로 정착되기 전까지는 대체로 일련의 변전과정 즉 마쓰시마松島→리앙코루토 열암→리앙코루도 열암→竹島 (Liancourt rocks)→다케시마竹島로 변전하는 가운데서도 위와 같은 다양한 변용이 있는 것이다. 'Liancourt rocks' 표기만 보더라도 '리양코루토 열암'에서 '리양코루도 열암', '리양코루 열암', '리양코 島', '리양쿠르 島', '양코 (량코) 도', '량코 도' 등으로 다양한 데다 점차 '바위'의 의미는 퇴색하고 '도서'의 의미를 띠어 갔다. 또한 'リヤンコールト列岩(Lian Court)'78)에서 보듯이, 외국어 표기가 초기의 'LIANCOURT ISLANDS'에서 'Lian Court'로 바뀌고 있어 어원에 대한 정보조차 희박해졌다.

일제 강점기 일본인의 '독도' 호칭 가운데 특기할 만한 것은 '다케시마'와 '량코 도(량코 도)'가 오랜 동안 병존했지만 실제로 더 많이 사용된 것은 '다케시마'가 아니라 '량코 도'이며, 이런 현상은 울릉도 재주 일본인에게 더 많이 보인다는 사실이다. 이는 역으로 울릉도를 '다케시마'로 부르던 전통이 오래도록 잔존했음을 의미한다. 또한 일본은 '죽도'와 '다케시마'를 혼동하여 '죽도'를 '다케시마'로 호칭한 적도 있다. '다케시마竹島'는 주로 문헌으로 전래된 호칭이고 '죽도竹島'79)는 실견에 따른 호칭이므로 착오가 있기 어려운데도 이런 괴리가 있었다. 이렇듯 일본인의 '독도' 호칭은 1905년 '다케시마' 명명 이후에도 외무성과 해군성 관리, 시마네현 관리, 식물학자와 역사학자, 울릉도 현지 일본인, 울릉도 현지 어업인, 일본 재류 독도 출어인, 시마네현 향토사학자가 저마다 다르게 호칭하고 있었다. 따라서 일본이 공식적으로 명명한 '다케시마'는 직업과 지역에 따라

---

78) 〈竹島の日本領土として編入された經緯等〉,《涉外關係綴》(昭和 26年) (11-00).

79) 한국은 문헌상 호칭인 '우산도'에 대해서는 혼동을 겪었지만, 댓섬인 '죽도'에 대해서는 혼동 없이 줄곧 '죽도竹島'로 표기해 왔다. 1794년 한창국의 보고에는 '죽도', 1882년 이규원의 지도에도 '죽도', 그리고 1900년 칙령 제41호에도 '죽도'로 칭하고 있다.

다르게 나타나고 시기적으로도 분절되고 간극이 보여 연속성을 찾아보기가 어렵다. 더욱이 '량코 도'는 다른 호칭보다 오래도록 사용되었으며, '다케시마' 호칭과 병칭된 경우가 많았다. 에도 시대 울릉도 호칭이던 '다케시마'가 1905년 편입을 계기로 '독도' 호칭으로 도치되었고, 한편으로 '량코 도' 호칭이 오래 상존했다는 것은 '다케시마' 호칭의 정통성과 지속성에 문제가 있었음을 보여 준다. 그뿐만 아니라 이런 현상은 매우 이질적인 두 호칭, '량코 도'와 '다케시마' 사이의 괴리가 그만큼 오래도록 메꿔질 수 없었음을 의미하는 것이기도 하다. 이는 한국의 독도 호칭이 우산도, 석도, 독도로 변전하는 과정에서 석도'의 우리말 호칭 '독섬'과 '독도' 호칭이 병칭되다가 '독도'로 귀착되어간 것과는 다른 양상이다.

중국의 대한對韓 영토인식

1. 머리말

독도 영유권을 둘러싼 한일 양국 사이의 논란은 주로 독도에 대한 역사적 권원과 1905년 일본의 편입조치의 효력에 대한 국제법적 근거, 그리고 대일對日 평화조약[1])으로 결착된 강화조약 해석을 둘러싼 문제로 모아진다. 이 가운데 대일 평화조약은 '독도'에 대한 법적 지위를 명문화하고 있지 않기 때문에 양국이 서로 유리하게 해석하고 있다. 즉 대일 평화조약 제2장 제2조 (a)항에 "일본은 한국의 독립을 승인하며, 제주도, 거문도 및 울릉도를 포함하는 한국에 대한 모든 권리·권원 및 청구권을 포기한다"[2])고 규정한 것을 두고 한국 측은 (일본이) 포기한 조선 영역에 '독도'가 포함된다고 해석하는 반면, 일본 측은 '포기한 조선'에 독도가 포함되지 않는다고 해석한다.

좀 더 부연하면, 일본은 평화조약에서 조선의 독립을 승인한다는 것은 일한병합 전의 조선이 일본으로부터 독립한 것을 인정한다는 것을 의미하

---

1) 'Treaty of Peace with Japan'(1951. 9. 8) 즉 '대일 평화조약'이 정식 명칭인데 '샌프란시스코 강화조약'이라고도 하므로 혼용한다.

2) "Japan recognizing the independence of Korea, renounces all right, title and claim to Korea, including the islands of Quelpart, Port Hamilton and Dagelet"

며 '다케시마'는 병합 이전부터 일본 시마네현의 관리 아래 있었으므로 일본 영토의 일부임에 의논의 여지가 없다고 주장한다.[3] 이에 대해 한국 측은 제2조 (a)항이 일본에서 분리되는 모든 도서를 열거한 것이 아님은 한국의 도서가 제주도와 거문도, 울릉도만이 아니라는 사실에 비추어 보더라도 명백하다고 주장한다. 따라서 대일 평화조약에 대한 양국의 연구를 보면,[4] 조약으로 귀결된 결과에 초점을 맞출 뿐 그 과정에 개재된 연합국의 의도에 대해서는 별로 관심을 보이지 않았다. 평화조약의 성립과정에 관한 연구의 경우 주로 미국과 영국 및 영연방 국가들의 활동에 대해서만 밝혀져 있을 뿐, 동아시아의 중요한 일익을 담당하던 중국의 활동에 대해서는 밝혀져 있지 않다. 그 이유는 중화인민공화국과 중화민국 둘다 강화회의에서 배제되어 이들에 대한 관심이 상대적으로 미약했기 때문이며, 그동안 중화인민공화국 자료에 대한 접근 자체가 쉽지 않았던 것도 한 원인으로 작용했다. 이 글은 제2차 세계대전 이후 강화조약을 준비했던 나라 가운데 중화인민공화국(이하 중국으로 약칭함)에 초점을 맞춰 대한 對韓영토인식을 고찰하려는 것이다.[5]

---

3) 〈1953년 7월 13일자 다케시마에 관한 일본정부의 견해〉(외교통상부, 《독도문제 개론》, 92쪽, 2012).

4) 대일 평화조약과 독도와의 관계를 다룬 연구로는 아래 논문들이 있다. 이석우, 〈독도 분쟁과 샌프란시스코 평화조약의 해석에 관한 소고〉, 《서울국제법연구》, VOL 9-1, 2002; 김채형, 〈샌프란시스코평화조약상의 독도 영유권〉, 《국제법학회논총》, 52-3, 2007; 정성화, 〈샌프란시스코 평화조약과 한국 미국 일본의 외교정책의 고찰〉, 《인문 과학연구논총》, 7, 1990; 정갑용, 〈쓰카모토 다카시의 〈샌프란시스코 평화조약에서 나타난 다케시마에 대한 취급〉에 대한 비판적 연구〉, 《인문 연구》 55, 2008; 조성훈, 〈제2차 세계대전 후 미국의 대일 전략과 독도 귀속문제〉, 《지역연구》17권 2호, 2008.

5) 필자는 한국해양수산개발원 재직 중인 2007년 중국 남경의 제2역사당안관 자료를 조사한 바 있다. 당안관의 외교부 목록에는 약 3,500건의 문건이 실려 있는데, 이 가운데 대일 평화조약 및 영토 관련 문건은 10여 건이다. 문서형태는 필사와 타이핑 두 가지인데, 대부분 복사를 허용하지 않았고, 필사도 일부만을 허락했다.

종전 후 연합국은 일본 영토를 처리하기 위한 일련의 방침을 발표했다. 1945년 9월 22일의 〈항복 후 미국의 초기 대일방침〉, 11월 1일의 〈일본점령 및 관리를 위한 연합국군 최고사령관에 대한 항복 후의 초기의 기본 지령〉, 12월 19일의 〈맥아더 원수의 관하 부대에 대한 훈련〉, 1946년 1월 29일 및 3월 22일의 지령 〈일본으로부터 일정 주변지역의 통치 및 행정상의 분리〉(이하 SCAPIN-677로 약칭함), 1947년 6월 19일의 극동위원회 결정의 〈항복 후의 대일 기본정책〉 등이 그것이다. 이러한 일련의 처리 방침에서 장래 일본의 영역결정에서 문제가 되어야 할 구역이 대체로 표시되었다.[6] 이 가운데 샌프란시스코 강화조약 이전 '독도'에 관해 가장 먼저 규정한 것은 SCAPIN-677인데, 이 지령은 1946년 당시 연합국의 대한 영토인식을 잘 보여 주고 있다. 이 지령은 연합국의 일원인 중국의 강화조약 준비과정에도 영향을 미쳤다. 중국은 일본의 항복 문제를 처리하면서 과거 일본에 약취당한 영토 회복에 관심을 두었으나 그 처리 방침은 SCAPIN-677에 근거하여 준비했다.

2. 대일對日 평화조약의 성립과 영토처리 문제

1) 전후 처리문제와 일본 영토 조항

대일對日 강화문제는 1945년 2차 세계대전이 끝나기 전부터 논의되기 시작하여 카이로 선언과 얄타 선언, 포츠담 선언으로 이어져 논의되었고, 1951년 9월 샌프란시스코 강화조약으로 마무리되었다. 1943년 11월 27일, 미·영·중 3개국 수뇌가 서명한 카이로 선언은 "폭력 및 탐욕으로 일본이

---

6) 玄大松, 《領土ナショナリズムの誕生》, ミネルヴァ書房, 2006, 65~66쪽.

약취한 일체의 지역으로부터 구축되어야 한다"고 했고, 또한 "조선 시민이 노예상태임에 유의하여 조선을 자유, 독립 국가로 할 결의를 다진다"고 했다. 1945년의 포츠담 선언은 제8항에서 "카이로 선언의 조항은 이행되어야 하며, 또한 일본의 주권은 혼슈本州, 홋카이도北海道, 규슈九州 및 시코쿠四國와 연합국이 결정하는 작은 섬들에 국한된다"고 하여 카이로 선언을 재확인했다. 연합국의 결정을 수락한 일본은 포츠담 선언 수락을 법적으로 확정한 9월 2일의 항복문서에 서명함으로써 연합국의 판단에 맡겨졌다. 그런데 이후 일본의 영토문제 처리는 연합국 사이의 대립과 결합되어, 동서 대립에 놓이는 숙명을 안게 되었다.[7]

이 과정을 좀 더 살펴보면, 일본 영토에 대한 연합국의 논의는 1943년 11월 22일 카이로에서, 루즈벨트 대통령, 처칠 수상, 장개석 주석 세 사람의 수뇌회담이 열리면서 본격화되었다. 11월 23일, 처칠을 제외한, 루즈벨트와 장개석 사이에서 일본 문제가 토의될 때 두 사람은 "일본이 무력으로 중국에서 탈취한 중국의 동북서성, 대만, 팽호도澎湖島를 전후 중국이 회복한다"는 데 합의했다. 이 합의는 만주, 대만, 팽호도라는 표현 그대로 카이로 선언에 실리게 되었다. 또한 한국의 독립은 중국정부 관계자가 1942년 이래 수시로 표명해온 의향으로 이 회담에서도 확인되었다.[8] 이어 얄타와 포츠담 두 회담 사이에 독일은 항복했고 일본은 포츠담 선언을 수락하고 항복함으로써 바야흐로 미국 내의 대일 정책에 관한 여러 가지 대립과 상극이 해소되었고 주요 연합국 사이의 대일 점령정책의 통합도 이루어졌다. 그리하여 미국의 전후 초기의 대일방침은 결국 1945년 7월 26일, '포츠담 선언'으로 수렴됨으로써 대일 최후통고가 되었다.[9]

---

7) 현대송(2006), 앞의 책, 52쪽.

8) 위의 책, 55쪽.

일본이 포츠담 선언을 수락하자마자, 맥아더 사령관이 정식으로 연합국 일본 점령군 최고사령관에 임명되었다. 이어 트루먼에 의해 1945년 8월 13일 승인된 '일본의 항복에 대해 연합국 최고사령관에게 부여하는 미국 대통령의 명령'과 '일반명령 제1호'가 맥아더에게 전해졌다. 이 사본은 바로 어트리, 스탈린, 장개석에게도 전해졌다. 미국의 명령을 전해 받은 영국과 소련, 중국 수뇌들은 이로써 대일 처리 문제를 둘러싸고 자국의 국익을 저울질해야 하는 형세로 들어갔다.10)

조선 문제에 관한 모든 토의에서 소련의 입장은 조선은 독립을 얻기 전에 신탁통치 단계를 거쳐야 한다는 것이었고, 이 부분에 관해서는 미국과 소련의 의견이 일치하고 있었다. 트루먼은 청일 전쟁 전의 조선은 중국 지배 아래 있었다고 생각하고 있었으므로 중국이 다시 그 권리를 요구할까 우려했다. 그러나 장개석 정부는 본국 쪽에서 중공군과 일본의 항복처리 문제에 애를 먹고 있었기 때문에 이에 대해 반대가 없었고, 오히려 이때 중국은 조선에 대한 권리를 요구하기보다는 일본의 항복 문제를 처리하면서 일본의 옛 영토를 어느 정도 확보하는가에 관심이 더 쏠려 있었다. 그런데 마침 이 시기에, 중국이 전후 일본의 영토처리를 손쉽게 할 수 있도록 미국에서 지침이 제공되었다. 그것은 바로 연합국 최고사령관 총사령부(GHQ)가 〈일본점령 및 관리를 위한 연합국 최고사령관에 대한 항복 후 초기의 기본 지령〉을 시행하기 위해 1946년 1월 29일 일본 정부에 낸 지령, 이른바 SCAPIN-677이었다. 이후 한국 영토에 대한 중국의 처리 방침도 이에 준해 이뤄졌다.

---

9) 위의 책, 62쪽.

10) 현대송(2006), 앞의 책, 64쪽.

2) SCAPIN-677과 일본 영토 처리방침

전후 일본 영역에 관한 연합국의 기본방침은 일련의 처리 방침을 통해 표시되어, 남양 군도 위임통치지역, 관동주 조차지, 대만 및 팽호 제도, 조선 등이 일본에서 분리되는 것으로 확정되어 갔다. 일본 영토로 남겨지는 지역으로는 혼슈, 홋카이도, 규슈, 시코쿠 네 개 섬 이외에 쓰시마를 포함한 약 1천 개의 인접 제 소도가 포함되었다. 그러나 그 이외에 남겨져야 할 '인접 제 소도'의 범위는 베일에 싸여 있었다. 그런데 종전 후 연합국은 SCAPIN-677을 내어 일본 외무성으로 하여금 장래의 일본 영역을 검토하는 데 단서를 제공했을 뿐만 아니라 중국 측에도 중요한 근거를 제공했다. SCAPIN-677[11]은 일본 패망 직후인 1945년 9월부터 1952년 대일 평화조약이 발효되기 전까지 점령군 당국으로서 일본에 대해 잠정적인 통치권을 행사하기 위해 일본 주둔 연합국 최고사령관이 내린 지령 중의 하나이다. SCAP 문서 가운데 제677호는 제1033호와 더불어 독도 영유권 문제와 관련해 중요성을 갖는 문건으로 분류된다.

SCAPIN-677의 골자는 독도를 일본의 통치와 행정상의 관할권에서 분리한 것이며, SCAPIN-1033은 일본 선박들의 독도 12해리 이내로의 진입

---

11) 연합국 최고사령관 지령(SCAP Directives, 또는 SCAPIN)은 1945년 9월 2일부터 1952년 4월 28일 대일 평화조약(샌프란시스코 강화조약)이 발효할 때까지 일본을 점령 통치했던 연합국 최고사령관(Supreme Commander for the Allied Powers, 약칭 SCAP) 및 연합국 최고사령관 총사령부(General Headquarters Supreme Commander for the Allied Powers, 약칭 GHQ/SCAP)가 일본정부에 대해 내린 포고, 명령 및 지령(Supreme Commander for the Allied Powers Directives to the Japanese Government)을 말한다. 스캐핀(SCAPIN)은 원래는 연합국 최고사령관 지령에 부여된 일련번호인 '연합국 최고사령관 지령 색인번호(Supreme Commander for the Allied Powers Index Number)'의 약칭이지만, '연합국 최고사령관 지령 제677호(SCAPIN-677)'의 경우처럼 스캐핀을 '연합국 최고사령관 지령' '연합국 총사령부 지령' '연합국 총사령부 훈령(SCAP instruction)' 혹은 '연합국 최고사령관 각서' 등으로 번역해서 사용하는 경우가 많다(《독도 사전》 참조). SCAPIN 번호에 대한 올바른 표기는 '연합국 최고사령관 지령 제677호' 또는 'SCAPIN-677'이다.

을 금지한 것이다. 특히 SCAPIN-677의 제1항은 일본 정부로 하여금 일본 이외 어떤 지역에서도 통치권 또는 행정권을 행사하지 못하도록 규정했으며, 3항은 일본의 범위를 4개의 주도 즉 홋카이도, 혼슈, 규슈, 시코쿠와 쓰시마 및 류큐(난세이)를 포함한 북위 30도 이상의 약 1천 개의 인접 제소도를 포함하는 것으로 정의했다. 그리고 인접 제 소도에 포함되지 않는 지역으로 '울릉도와 리앙쿠르 락스,12) 제주도'13) 및 기타 지역을 들었다.14) SCAPIN-677의 제4항은 일본 정부의 통치권과 행정적 관할에서 특별히 배제되는 지역15)을 규정하여 일본 국외의 모든 지역에 대해 또는 당해 지역 내의 모든 것에 대해 정치와 행정상의 권한을 행사하는 것을 정지하도록 일본 정부에 지시하고 있다. 이에 대해 쓰카모토 다카시塚本孝는 "조선이 4항 (c)에서 별도로 제시되었기 때문에 다케시마(독도)의 게재에 대해 외곽지(도서) 이상의 의미가 있었는지 의심스럽다"16)고 했다. 또한 쓰카모토는 행정권 분리 각서가 '다케시마'(독도)를 일본의 영역 주권에서도 분리했다고는 볼 수 없다고 했다. SCAPIN-677은 제6항에서 "이

---

12) 중국이나 연합국 문서의 '독도' 표기는 가능하면 원문대로 표기했다. 중국문서에는 '竹島'로 되어 있으므로 '다케시마'로 음독하지 않고 한자대로 입력했다. 중국의 지명과 인명은 1950년 이전 문서이므로 외래어 표기법을 따르지 않았다.

13) 원문은 'Utsuryo(Ullung) Island, Liancourt Rocks(Take Island) and Quelpart(Saishu or Cheju) Island'로 되어 있다.

14) 기타 지역은 (b) 북위 30° 이남의 류큐(난세이) 열도(쿠시노시마 섬 포함) / 이즈, 난포, 보닌(오가사와라) 및 화산(가잔 또는 이와) 열도 / 모든 태평양상의 제도(다이토 제도, 파레스 빌러(오키노토리), 마커스(미나미토리), 갠지스(나카노토리) 섬 포함) (c) 쿠릴(치시마) 열도, 하보마이 열도(슈이쇼, 유리, 아키유리, 시보쓰, 다라쿠 군도 포함) 및 시코탄 섬이다.

15) (a) 제1차 세계대전 발발 이후 일본에 의해 위임 또는 기타의 방식으로 탈취되거나 점령된 태평양상의 모든 도서들 (b) 만주와 대만 및 팽호 열도(패스카도어 섬) (c) 한국 (d) 카라후토樺太

16) 쓰카모토 다카시塚本孝, 〈샌프란시스코 평화조약시 독도 누락과정 전말〉,《한국군사》 3호, 1996년 8월, 41쪽.

지령 가운데 어떠한 규정도, 포츠담 선언의 제8항에 기술되어 있는 제 소도의 최종적 결정에 관한 연합국의 정책을 나타낸다고 해석되어서는 안 된다"고 밝혔기 때문이다. 이는 SCAPIN-677이 연합국의 관리 아래 일본 정부의 권능이 미치는 지리적 범위를 나타낸 것에 지나지 않는다고 본 것이다. 쓰카모토는 1952년 4월 28일 대일 평화조약이 발효됨으로써 일본은 주권을 회복했고 그에 앞서 행정권 분리를 포함한 연합국 최고사령관 지령은 맥아더 라인과 함께 그 효력이 끝났다고 보았다.[17] 따라서 평화조약에 독도의 지위에 변경이 있었는지의 여부는 조약문에 독도에 관한 언급이 없다는 사실 때문에 독도가 일본에 잔류하는 것으로 해석되어야 한다고 보았다.

한국은 SCAPIN-677을 우리 측에 유리하게 해석하려는 견해가 있다.[18] SCAPIN-677에 명시한 세 섬 가운데 하나라도 다시 일본 영토로 하려면 그렇게 한다는 명시적인 별도의 지령이 있어야 한다는 의견도 그 가운데 하나이다. 그런 별도의 지령을 연합국 총사령부가 내린 적이 없는 한, SCAPIN-677에 따라 독도는 한국에 반환된 것이라고 보는 것이다. 또한 SCAPIN-677을 대일 평화조약과 연계시켜 유리하게 해석하려는 견해도 있다. "이 조약의 어느 곳에도 독도를 일본령으로 한다는 적극적 규정이 없

---

17) 위의 글, 42~43쪽.

18) 이에 대해서는 김석현·최태현, 《독도 영유권과 SCAPIN 문서의 효력관계》, 한국해양수산개발원, 2006에서 검토하고 있다. 이 보고서는 SCAPIN 문서를 우리에게 유리하게 해석하려는 선행연구를 소개한 뒤에 "국제법상 전시점령군 사령부는 피점령국의 영토를 처분할 권한이 없으며 그 영토의 최종적 처분은 별도의 합의 즉 평화조약에 의해 결정되는 것임에도, 선행연구들은 이러한 국제법적 원칙의 적용을 애써 외면하고 있다"고 비판했다(8~10쪽 참조). 이에 비해 SCAPIN-677의 단서조항을 기계적으로 해석하기보다는 SCAP의 역할과 지위가 극동지역위원회의 결정을 집행하는 실질적인 집행관인 점을 고려하는 것이 바람직하다는 의견도 있다(김태기, 《전후 SCAP의 역할과 법적 지위》, 동북아역사재단 보고서, 2008).

다. 따라서 SCAPIN-677에 의해 일본으로부터 분리된 독도가 대일 평화조약에 의해 또 다시 일본령으로 귀속되었다고 믿을 만한 증거는 아무것도 없다"[19]고 하는 주장도 마찬가지다. 한국 측은 SCAPIN-677에서 독도가 일본 영토에서 제외된 사실로 미루어 평화조약에서도 이와 모순된 주장이 없는 이상 독도가 그대로 한국령임이 확인되었다고 보고 있다. 즉 SCAPIN-677의 '독도' 분리조항이 대일 평화조약에서 그 취지가 흡수되었다고 보는 것이다.[20]

1946년 6월 22일 GHQ는 '일본의 어업 및 포경업 허가구역[Area Authorized for Japanese Fishing and Whaling]'에 관한 지령, 이른바 'SCAPIN-1033'을 발했다. 이 지령은 일본 선박으로 하여금 독도의 근해에 접근하지 못하게 함으로써 일본의 어업 관할권에서 독도를 명시적으로 배제한 것이다. 이 문서는 SCAPIN-677을 보충하는 지위에 있다.[21] 이에 따라 소위 '맥아더 라인'이 설정되었다. 여기서도 독도는 조업허가구역의 바깥에 두어졌고, 일본의 선박과 국민은 독도 주변 12해리 이내에 접근하거나 독도에 접촉하는 것이 금지되었다. SCAPIN-1033은 제5항에 "이 허가가 해당 구역 또는 그 밖의 어떠한 수역에서의 국가 관할권, 국경선 또는 어업권의 최종적 결정에 관한 연합국 정책을 표명하는 것은 아니다"라고 했다.

요컨대 SCAPIN-677과 SCAPIN-1033은 모두 독도를 일본의 통치 및 행정상의 관할권과 어업허가구역에서 배제한 것이지만, 이런 조치가 일본

---

19) 이한기, 《한국의 영토》, 서울대학교 출판부, 1969, 268쪽.

20) 이상면, 〈독도 영유권의 증명〉, 《법학》42권 4호, 서울대 법과대학, 2001, 235쪽[김석현·최태현(2006), 앞의 글, 11쪽에서 재인용].

21) 김석현·최태현(2006), 앞의 책, 20쪽.

영토 범위의 획정, 국가관할권, 국경선 등에 대한 연합국의 결정과는 무관한 것임을 밝히고 있는 것이다. 단지 GHQ는 점령의 초기 단계부터 일본의 쓰시마[22] 영유권을 명확히 하는 한편, 독도에 대해서는 일본의 어업수역에서 배제시키는 방침을 취했다. GHQ의 이런 정책은 미국이 일본을 점령한 전 기간에 걸쳐 계속되었다.[23] '독도' 문제에 한정해 볼 때, 일련의 조치과정에서 보듯이 미국을 비롯한 연합국의 방침은 적어도 이 시점에는 일본 영토에 해당하는 인접 제 소도에 '독도'를 포함하고 있지 않았던 것은 분명하다. 이런 방침은 당시 강대국의 일원으로서 영향력을 행사하던 중국에도 그대로 전해져 중국의 대일 강화조약 준비작업에 반영되었다. 그렇다면 일본 영토에 대한 중국의 처리 방침과 영토인식은 어떠했는가?

3. 외교문서의 효력과 중국 문서

1) 외교문서의 증거력 문제

앞에서 언급했듯이 일본은 대일 평화조약이 영토에 관한 연합국의 최종 결정이라고 주장한다. 그런데 평화조약에 앞서 연합국이 제시한 대일 對日 영토처리 방침과 관련되는 문서들, 그 가운데서도 한국 영토와 관련된 부분을 보면 대부분 평화조약의 최종 문안과 일치하지 않는다. 이는 인식과 이행의 불일치를 보여 준다. 대일 평화조약 제2장 제2조 (a)항에는

---

22) 중국 문서에는 對馬島로 되어 있으므로 그대로 표기하되, 일본 지명과 함께 나오거나 연합국 문서에서 나올 때는 '쓰시마'로 표기하기로 한다.

23) 현대송(2006), 앞의 책, 67쪽.

'독도'와 그에 상응하는 어떤 용어에 대해서도 언급이 없다. 이 때문에 일본은 대일 평화조약에서 일본이 포기하는 영토에 '독도'가 누락되었기 때문에 일본 영토로 남게 되었다고 주장한다. 대일 평화조약에 독도에 관한 명문이 없으므로24) 조약의 해석에 관한 문제가 제기되는데, 이러한 경우 일반적으로 비엔나협약 32조를25) 적용한다. 독도의 영토 처분과 관련한 연합국의 의사를 분명히 알기 위해서는 조약의 초안 및 관련 문건과 같은 준비작업에 근거하여 해석할 수 있다고 보기 때문이다. 이는 영토에 관한 최종 결정은 평화조약을 따르는 것이 정설이라 할지라도, 명문이 없을 경우 해석을 둘러싼 문제에서는 조약 체결에 관계된 당사국들의 영토인식을 담고 있는 준비 문서에 대한 해석도 중요한 고려사항이 된다는 것을 의미한다. 이 때문에 당시 당사국들이 준비한 내부문서[internal memorandum]와 외교문건[diplomatic memorandum]을 고찰하는 것이 의미가 있는데, 여기에는 조약의 초안과 관련 문건 해석에 중요한 기능을 하는 내부문서와 외교문서가 어느 정도의 증거력을 지니는가의 문제도 있다.26) 더구나 중국이 강화회의에서 배제되는 바람에 연합국 측에도 제출되지 못한 채 내부 문건으로만 존재하던 문서가 어느 정도 가치를 지니는가의 문제가 있다. 이에 대해서는 내부 문건이 "해당 정부의 특정 사안에 대한 견해나 정책을 대변하는 것은 아니며 해당 공무원의 개인적인 견해를 그

---

24) 명문이 없으므로 조약문 이외의 요소로부터 당사자들의 의도를 파악하여 영유권 귀속문제에 대한 답을 찾으려는 것 자체가 구속력이 없으므로 의미가 없다는 의견도 있다.

25) 비엔나협약 32조는 조약의 해석에서 "(a) 의미가 모호해지거나 애매하게 되는 경우 또는 (b) 명백히 불투명하거나 불합리한 결과를 초래하는 경우 보조적인 수단에 의해 의존할 수 있음"을 규정하고 있다(이석우, 《일본의 영토분쟁과 샌프란시스코 평화조약》, 인하대학교 출판부, 2003, 44쪽).

26) 위의 책, 44쪽.

당시 또 다른 공무원에게 전달한 것에 불과할 수도 있다"[27]는 견해가 있다. 또한 "공개되지 않은 순수하게 내부 문건인 경우 국가의 법적 확신의 표현이나 관습법의 형성을 위한 입장 표현으로 간주하지 않을 수도 있다"는 규정도 있다.[28] 그러나 내부 문건이 일정 기간을 경과한 후 국립문서보관소를 통해 공개가 되었거나 사후 공개가 된 경우는 해당 사안에 대한 '객관적인 요소'의 경우로서는 아니지만 국가의 주관 견해의 증거는 될 수 있다고 보는 견해도 있다.[29] 여기서 말하는 '사안에 대한 객관적 요소'와 '국가의 주관 견해의 증거' 사이의 경계가 모호한 측면이 있긴 하지만, 외교부가 작성한 문서라는 점에서 준비 중인 외교 문서로서의 가치를 지닌다고 해석해도 무방할 것이다.

이 글에서 소개하는 중국의 외교문서는 당시 국민당 정부의 견해가 반영되어 있다. "내부/외교문서의 증거로서의 가치는 그 자료가 해당 국가나 이해 당사국들의 동기를 파악하는 데 얼마만큼 중요한 지의 여부에 있다고 봐야 한다"[30]는 관점에서 본다면, 중국 외교문서는 당시 영토문제를 비롯한 일본 처리문제에 관한 중국의 인식을 담고 있으므로 중국의 동기와 인식을 파악하는 데 유용한 자료라고 할 수 있다. 증거로서의 가치를 매기는 데 비중의 차이는 있을지 몰라도 이들 문서가 작성 당사국의 정치사상적 요소를 포함하고 있는 것만은 틀림없다. 평화조약의 법률적 효력과는 별개로 관련 국가의 영토인식을 구명하는 것도 그 자체로 정치사상적 측면에서 의미가 있기 때문이다. 이 글은 이런 문제인식 아래 샌프

---

27) 위의 책, 45쪽.

28) 위의 책, 46쪽.

29) 위의 책, 46쪽.

30) 위의 책, 46쪽.

란시스코 강화조약의 성립에 미친 연합국들의 인식 추이를 간단히 살펴본 뒤 중국의 영토인식을 고찰하고자 한다.

2) 대일 평화조약 초안의 작성과정과 중국 배제

대일 평화조약의 작성과정에 관련 국가들의 입장이 어떤 영향을 미쳤으며 각각의 초안이 의미하는 바가 무엇인지를 '독도' 문제에 한정시켜 살펴보자. 대일 평화조약 초안은 미국 국립문서보관소에 19개[31]가 소장되어 있으며, 미 국무성 담당자에 의해 1945년 3월부터 1949년 12월까지 수차례에 걸쳐 작성된 초안에는 일본에 남게 되는 섬 이름이 열거되어 있고 부속 지도에는 일본 영토의 범위가 표시되어 있다. 이 가운데 가장 먼저 나온 1947년 3월 20일자 초안[32]은 제1장 〈영토 조항〉의 제1조에서 "일본에 남는 영토의 범위를 1894년 1월 1일 현재의 그것으로 한다"고 했고, 제4조에서는 조선 방기에 관하여 "일본은 조선과 제주도, 거문도, 울릉도 및 리앙쿠르 암(다케시마)을 포함한 조선의 모든 근해 소 도서에 대한 모든 권리 및 권원을 방기한다"고 규정했다. 즉 이 초안에는 독도가 일본 영토에서 제외되어 있는데, 그 후 1947년 8월 5일의 초안, 1948년 1월 8일의 초안, 1949년 10월 13일의 초안 및 1949년 11월 2일의 초안에 이르기까지 '리앙쿠르 암' 즉 독도를 조선 영토로 포함하는 데 변경은 없었다.

1947년 3월 초안이 나오는 시점은 동서 냉전이 시작되던 무렵이었고 10월에는 냉전 분위기가 무르익어 미국의 정책 방향이 중국에서 일본으로 이동해 갔다.[33] 이에 따라 1949년 12월의 초안부터 독도의 지위에 변화가

---

31) 1947년 3/19(20): 8/5; 1948년 1/8; 1949년 10/13; 1949년 11/2: 12/8 : 12/19: 12/29; 1950년 1/3: 8/7: 9/11; 1951년 3/12: 3/17: 4/7: 5/3: 6/14 : 7/3: 7/20 (이석우, 2003, 앞의 글, 50~51쪽). 논자에 따라 초안의 숫자가 다르기도 하다.

32) 각주 59참조.

생겼다. 1949년 11월 2일자 초안에 대해 의견을 요청받은 주일 미 정치고문 윌리엄 시볼드William J. Sebald는 독도 문제에 대해 재고를 요청하는 서한을 국무성에 보냈다. 이어 1949년 12월의 초안에서는 일본이 보지保持하는 영역에 '독도'가 추가되었다. 1950년 봄부터는 덜레스가 각국의 의견을 조정하는 실질적인 역할을 하게 되었고, 일본에 남게 되는 섬의 이름을 열거하거나 지도에 일본 영역을 표시하는 방식 대신에 초안을 간결하게 작성하기로 방침을 정했다. 그리고 1951년 7월 한국은 독도를 한국령으로 평화조약에 명기할 것을 제의했으나 미국은 이를 거부했다.

1951년 5월에 영·미 협의가 워싱턴에서 이루어졌지만 일본 범위를 특정하는 영국의 초안방식은 채택되지 않았다. 그 후 1951년 6월에 런던에서 영·미 2차 협의가 이루어졌고, 그 결과 6월 14일 개정된 영·미 초안이 성립되었는데, 거기에는 "일본국은 조선의 독립을 승인하여 제주도, 거문도 및 울릉도를 포함하는 조선에 대한 모든 권리, 권원 및 청구권을 방기한다"고 규정되었다. 이 조선 방기 조항에는 제주도와 거문도, 울릉도만이 언급되었는데 이는 1951년 9월 8일의 대일 평화조약 제2장 제2조 (a)항이 되었다. 이는 한일 양국의 영토분쟁에 휘말리고 싶지 않다는 미국의 본래 의도와는 달리, 결과적으로는 독도가 평화조약상 일본으로부터 분리되지 않고 보지되었다고 해석하는 결과를 초래했다.[34] 이에 일본은 평화조약의 조선방기 조항에 '독도'를 추가하도록 한국 정부가 요구했으나, 미국은 독도를 일본 영토라고 하여 한국의 요구를 거부했다고 주장하였으며, 지금까지도 일본은 이를 일본 영유권 주장의 논거로 이용하고 있다.

미국은 강화회의에서 중국을 배제하기 위해 일본의 요시다 총리와 만

---

33) 조성훈(2008), 앞의 글, 55~56쪽.
34) 위의 글.

나 "일본이 중화인민공화국과 강화하지 않는다"는 것에 의견 일치를 이루는 한편, 1951년 6월에는 모리슨 영국 외무장관과 회동하여 중국을 강화회의에서 배제하기로 합의했다. 미국이 중국을 배제한 이유는 국공國共 내전에서 공산당 군대가 승리함에 따라 미국이 중국 대륙에 영향력을 행사할 가능성이 없음이 분명히 드러났기 때문이다. 그러나 이런 상황이 현실적으로 전개되기 전까지 중국은 강대국의 일원으로서 샌프란시스코 강화회의에 대한 준비를 만반으로 하고 있었으며, 강화회의를 남경이나 장춘에서 열 계획까지 세우고 있었다. 국민당 정부는 향후 전개될 강화과정에서 유리한 입지를 확보하기 위해 여러 가지 문건을 준비하고 있었던 것이다.

4. 중국의 대한對韓 영토인식: 울릉도, 독도, 제주도, 대마도

1) 영토처리 관련 문서들

대일 강화조약 초안 준비과정과 관련하여 중국의 입장을 엿볼 수 있는 외교문서는 여러 문건이 있다. 필자가 확인한 바로는 《유관 일본강역문제 자료》, 《구 일본 영토》,[35] 《일본 영토처리 변법연구》, 《기밀 일본 영토처리 변법연구》, 《기밀 일본 영토처리 변법 초안》, 《한국강역문제의견-주일 대표단》, 《대일 화약국 각방의견집요》, 《외교부 대일화약 초안》, 《유관 대일화약 자료》 등의 문서집이 있다. 이외에 영문과 중문으로 된 《대일화약 초안》과 첨부지도 〈일본 영토 강계도〉가 있다.[36] 다만 이들 문서는 날

---

35) 《구 일본 영토》는 남경 외교부 아동사亞東司 과장 장정쟁張廷錚이 작성한 것임이 밝혀져 있다.

짜와 작성자가 나와 있지 않고 같은 내용이 중복되어 실려 있는 것이 많
다. 따라서 이 가운데 어떤 부분이 어떻게 조약 초안에 반영되었는지, 그
성격과 추이를 정확히 파악하기는 어렵지만 대략 중국의 영토인식은 파악
할 수 있을 것이다. 문서들이 대부분 SCAPIN-677(1946년 1월), 캔버라 회
의(1947년 6~9월), 'Draft Peace Treaty with Japan'(1947년 3월) 등과 관계되
어 있는 것으로 보아 1947년 10월 이전, 그리고 한국의 신탁통치방안이
논의되던 시기에 작성된 것으로 추정된다.

이들 문서의 특징은 우선 중국의 대일對日영토처리 방침에 대한 연구
가 1946년 1월 29일의 SCAPIN-677 연구에서 시작되었으며 또 그에 근거
하고 있음을 밝히고 있다는 점이다. 이는 당시 미국을 비롯한 연합국의
대일 처리 방침이 SCAPIN-677로 제시되어 있었기 때문이며, 따라서 중
국도 그 영향 아래 있었음을 말해 준다. 알려진 바와 같이, '일본으로부
터 일정 주변 지역의 통치 및 행정상의 분리[Governmental and
Administrative Separation of Certain Outlying Areas from Japan]'를 규정한 이른
바 'SCAPIN-677'은 일본의 통치권과 행정권이 행사되지 못하는 지역을
명시한 것인데, 중국도 이를 따르고 있었다. 중국은 '연합국 최고사령관
지령'을 '맹총 지령盟總指令'이라고 칭했다. 평화조약에 대한 해석 문제는
이 글의 주제를 벗어나므로 여기서는 중국이 평화조약 준비문서에
SCAPIN-677을 어떻게 반영하고 있는지, 그리고 한국 영토를 어떻게 인
식하고 있었는지를 살펴보고자 한다.

---

36) 《有關日本疆域問題的資料》, 《舊日本領土》, 《日本領土處理辨法研究》, 《機密 日本領土處理辨法
研究》, 《機密 日本領土處理辨法草案》, 《韓國疆域問題意見-駐日代表團》, 《對日和約國各方意見
輯要》, 《對日和約草案》, 《有關對日和約資料》. 위 문서 가운데 일부는 복사가 허용되지 않
아 필사를 했다. 여건상 다 필사하지 못해 다시 방문했지만, 중국은 입관을 허락하
지 않았다.

2) 울릉도와 울릉도 속도로서의 독도

1947년 당시 중국은 대일對日영토처리 방침을 1946년 1월 29일의 SCAPIN-677에 근거하여 구상하고 있었다. 중국은 SCAPIN-677이 조약에 대해 어떠한 구속력도 없지만 당시로서는 가장 중요한 참고지침이 된다는 사실을 분명히 인식하고 있었다.[37] 중국은 연합국 지령에 근거하여 각 소도를 획정하고 지도를 만들었다. 그리고 이를 협약의 부속문서로 했다. 중국은 반드시 연구해야 할 구역으로, 연합국 최고사령관 지령의 제3항에 언급된, 일본 영토에서 제외되어야 할 지역 가운데 '인접 제 소도에 포함되지 않는 지역'인 '울릉도와 竹島[38] 제주도'를 거론했다. 이는 SCAPIN-677에서 언급한 '울릉도와 리앙쿠르 락스, 제주도'를 의미한다. 울릉도와 독도에 대한 중국의 인식은 아래 초안에 드러난다.

> 울릉도는 원래 신라에 속한다. 임진왜란 때 일본군에 점거되었다가 도쿠가와 막부 때 다시 한국이 되찾았다. 일본이 한국을 병합한 후에는 그대로 조선 경상북도 관할로 소속되었다. 울릉도의 면적은 약 7,225평방미터이며, 竹島는 바로 속도屬島가 된다. 인구는 1928년 조사에 따르면 10,466명이고, 이 가운데 일본인은 겨우 600명을 차지한다. 그렇다면 울릉도와 竹島가 일본에 귀속되어서는 안 된다.[39]

---

37) "此項小島 究應如何劃定 盟軍摠部於1946年1月29日曾頒發指令 詳細規定 以爲佔領期間 日本之 行政區域 盟摠指令 對和約自無任何拘束力 惟此爲最重要之參考文獻"(《舊日本領土》).

38) 《有關日本疆域問題的資料》안의 〈일문, 영문 지명 대조표〉에는 울릉도를 Ullung-to 鬱林島로, 독도를 Take-Shima 竹島로, 제주도를 Saishu-to(Quelpart 1) 濟州道로 표기하고 있다.

39) "鬱陵島 原屬新羅 慶長之役時 爲日軍所占據 德川幕府時 復歸還韓國 日本倂合朝鮮後 仍屬朝鮮慶尙北道管轄, 其本島 爲7255平方公里 竹島卽爲屬島 人口據1928年調査 爲10466人 日本人僅佔600名 則鬱陵島竹島 不應劃歸日本"(《日本領土處理辨法草案》).

중국이 파악한 울릉도 관련 내력은 아래와 같다.

울릉도는 일본해 가운데 위치해 있는데 북위 37도 27분에서 34분, 동경東
經 130도 47분에서 56분에 걸쳐 있다. 면적은 73평방킬로미터며 해안선의
길이는 45킬로미터이다. 한국 강원도 죽변과의 거리는 66해리, 부산과는
173해리, 일본 돗토리현의 사카이 미나토와는 172해리 떨어져 있다. 인구는
17,664명인데 이 가운데 일본인은 겨우 642명(1943년)이다. 농산물로는 감자,
옥수수, 대두, 보리 등이 있어 도민의 일상 식량이 된다. 해산물 역시 상당
히 풍부한데 매년 어획 가치가 일본 돈 30만 엔 이상이 된다.[40]

또한 아래와 같은 기술도 있다.

울릉도의 소속 문제는 과거에 한일 양국이 한두 번 (서로-역자 주) 양탈攘
奪했는데 1884년 이후부터 이 섬에 이주한 한국인이 점차 증가하고 세력이
날로 커져 분쟁이 비로소 가라앉았다. 처음에는 강원도에 속했다가 1907년
에는 경상남도에 편입되었고 한일합병 후인 1914년에 다시 경상북도에 속했
다. 그 다음 해에 도제島制를 반포하여 도사島司와 면장 등의 관직을 만들어
통치했다. 일본인이 통치할 때에는 아직 감히 일본에 귀속시키지 못했는데
해도該島가 한국 영토임을 인정하는 데는 추호도 의심하지 않는다.

독도에 대해서는 간결하여 "竹島는 이 울릉도의 동북부에 있는데 면적
은 크지 않으나 울릉도의 속도가 된다"[41]고 했다. 이때의 '竹島'가 울릉도
인근의 '죽도'가 아님은 이 내용이 "맹군 총부가 1946년 1월 29일에 발표

---

40) 《韓國疆域問題意見-駐日代表團》에서 〈5. 鬱陵竹島濟州 3島問題〉.

41) "竹島 在該島之東北部 面積不大 爲鬱陵島之屬島"(《韓國疆域問題意見-駐日代表團》).

한 日本領土劃分之指令"에 나온 것인 데다 "참으로 이 세 섬은 모두 군사적 가치가 있는데"라고 한 데서 알 수 있다. 중국은 울릉도의 역사적 내력, 인구 분포를 보더라도 한국 영토이며 독도는 울릉도의 속도라고 보았다. 또한 이 세 섬은 법리와 도의, 어느 면으로 보더라도 한국 땅이라고 하였다. 따라서 어떤 경우라도 울릉도와 독도, 제주도가 일본이나 소련에 귀속되어서는 안 된다고 주장했다. 더욱이 중국은 울릉도와 독도의 귀속에 대해서는 "울릉도와 竹島는 그대로 조선에 돌려주어야 한다"는 식으로 짧게 건의하는 데 그치고 있다.[42] 이렇듯 독도에 대한 기술이 많지 않은 것은 독도가 울릉도의 속도로서, 재고의 여지없는 분명한 조선 영토라고 보았기 때문이다. 독도를 울릉도의 속도로 인식하고 있는 것은 중국 문서의 특징이다.

3) 제주도

중국은 "울릉도는 가장 좋은 잠수정 근거지이며 제주도에는 양호한 비행장이 있는 데다 군수함 기지도 될 수 있다"고 하여 울릉도뿐만 아니라 제주도에 대해서도 군사기지로서의 관심을 보이고 있다. 중국은 제주도가 조선에서 가장 큰 섬으로 과거 전라남도에 속했고 인구도 조선인이 절대 다수를 점하므로 일본에 귀속되어서는 안 된다는 점을 분명히 했다.[43] 그런데 중국은 조선의 울릉도와 독도, 제주도를 한 묶음으로 다루면서도 제

---

42) （八） 濟州 對馬 二島 鬱陵島 竹島
   甲. 建議
   "濟州道元屬於朝鮮, 對馬島每朝鮮關係最深, 應主張歸屬朝鮮 濟州對我國防 甚關重要 我可爲朝鮮政府高酌使問題, 鬱陵島竹島 仍應歸朝鮮"(《機密 日本領土處理辨法》).

43) "爲朝鮮第一大島 戰前或全羅南道 面積爲1846平方公里 人口195218人 內日本人僅1125人 濟州道在歷史上旣屬朝鮮 人口又系朝鮮人佔絕對多數 自不應屬於日本"(《舊日本領土》).

주도에 대해서는 울릉도·독도 인식과는 약간 다른 인식을 보이고 있다.

> 이 세 섬은 원래 한국에 속하는 땅이다. 법리와 도의로 말하자면, 우리는
> 당연히 이들 영토가 한국에 속한다고 주장해야 한다. 한국을 신탁통치하는
> 기간에 이 세 섬은 미국이나 중국에 의해 탁치되어야 한다. 아니면 울릉도
> 와 竹島는 미국이, 제주도는 우리 중국이 맡아 관할해야 한다. 그러나 탁관
> 托管 기간이 끝나면 당연히 한국이 관할하도록 되돌려주어야 한다는 사실을
> 밝혀야 한다. 다만 어떤 경우라도 위 세 섬은 일본이나 소련에 귀속되지 않
> 아야 할 것이다.[44]

위의 언급으로 알 수 있는 것은 중국은 울릉도와 독도, 제주도 세 섬
이 한국령이라는 사실을 당위적으로 인정하되 탁치의 경우에 대비하고 있
다는 점이다. 중국은 이들 지역이 한국 영토임이 분명하지만 신탁 통치를
받게 될 경우를 상정하여 세 섬에 대한 일정 기간의 탁치를 주장하고 있
는 것이다. 탁치방안은 두 가지이다. 하나는 세 섬을 모두 미국이나 중국
의 탁치를 거친 뒤에 돌려주자는 방안이다. 또 다른 방안은 울릉도와 독
도는 미국이, 제주도는 중국이 탁치하는, 일종의 분리 탁치이다. 또한 아
래와 같은 내용도 보인다.

> 만일 강성한 한국이 있다면 제주와 울림, 竹島는 당연히 한국에 귀속되
> 어야 한다. 그러하지 아니한 경우에도 소련에 귀속되거나 소련이 탁치할 수
> 없으며 미국 또는 중국이 탁치해야 한다.[45]

---

44) "元屬韓國 就法理道義言 我均應主張以之屬韓國 在韓國托治期間 此三島應由美國或中國托治
或者鬱陵 竹島由美托管 濟州由我托管 但應聲明 一候韓國托管滿 仍應劃歸韓國管轄 不過無論
如何 不應歸此三島諸日本或舊諸蘇聯"(《日本領土處理辨法研究》).

이 역시 탁치할 경우 미국과 중국의 탁치는 용인하되 소련의 탁치는 용인하지 않겠다는 입장을 보인 것이다. 중국은 이들 도서의 귀속 가능성에 대해서도 소련이나 일본에 의한 귀속은 용인하지 않았다. 또한 이들 도서 가운데서도 제주도 귀속에 대한 중국의 태도와 울릉도·독도 귀속에 대한 중국의 태도는 같지 않다.

중국은 "제주도는 원래 조선에 속하며, 쓰시마는 매 조선마다 관계가 가장 깊었으므로 조선으로 귀속시킬 것을 주장해야 한다. 제주도는 우리 중국의 국방과도 매우 중요한 관계를 지니므로 우리는 조선 정부가 제주도를 사용하는 문제를 깊이 생각해볼 수 있다. 울릉도와 竹島는 당연히 조선에 귀속되어야 한다"[46]고 했다. 쓰시마의 조선 귀속을 언급하고 있는 점이 흥미롭다. 그런데 제주도에 대해서는 조선 영토임을 인정하되 조선이 사용하는 문제를 고려해야 한다고 언급하고 있다. 이는 중국이 제주도를 지정학적 차원에서 중시하고 있었음을 의미한다. 이 때문에 중국은 울릉도와 독도에 대해서는 탁치 후 조선 귀속에 이의를 달지 않고 있으나 제주도의 귀속에 대해서는 유보적인 입장을 보이고 있다.

중국은 제주도가 역사적으로 조선에 속해 왔으며, 제주도에 조선인 인구가 다수인 점을 들어 조선 귀속을 인정하고 일본 귀속의 부당성을 언급했다. 하지만 일본 귀속의 부당성을 언급했다고 해서 그것이 바로 조선 귀속의 정당성으로 귀결되는 것은 아니었다. 연합국 총사령부가 제주도의 조선 귀속을 명백히 했음에도 중국은 바다를 통제하기 위해 제주도를 중

---

45) "如有一强盛之韓國 則濟州鬱林竹島 當以之屬韓國 否則 至所不能屬蘇, 或由蘇 托治應由美國 或中國托治 或者鬱林竹島 由美國托治 濟州由我國托治, 但亦不應再以此等島嶼 還歸日本"(《機密 日本領土處理辨法研究》).

46) "濟州道 元屬於朝鮮 對馬島 每朝鮮關係最深 應主張歸屬朝鮮 濟州對我國防 甚關重要 我可爲 朝鮮政府高酌使用問題 鬱陵島竹島 仍應歸朝鮮"(《機密 日本領土處理辨法草案》).

국에 귀속시키고 싶어했다. 그것이 불가능할 경우 한국에 귀속시키고 다음은 미국에 귀속시키고 싶어했다. 다만 어느 경우에도 일본에 귀속되어서는 안 된다는 입장만은 확고했다. 중국은 제주도를 소련이 차지할 경우의 위험성에 대해서도 경고했다. 이런 태도는 제주도에 관한 중국의 관심이 지대하지만 자국에 귀속시키는 것이 쉽지 않으리라는 것을 스스로 예견하고 있었음을 보여 주는 것이기도 하다.

한국이 강성할 때 제주도와 울릉도, 독도를 되돌려 받을 수 있다는 중국의 입장은 영토 반환에 일정한 단서조항을 붙인 것으로 볼 수 있다. 이는 한국이 강성해지지 못할 경우 미국이나 중국의 탁치가 장기화되거나 귀속처가 바뀔 수도 있다는 것을 내포한 논리이다. 그러면서도 중국은 세섬에 대한 소련의 탁치나 일본에 귀속되는 것은 반대하고 있다. 이는 국공 내전이 아직 종식되지 않아 소련보다는 미국과의 협조관계에 더 낙관적이던 국민당 정부의 대소對蘇, 대일對日 인식을 보여 주는 부분이기도 하다. 그러나 중국은 "미국이 중국은 세 섬에 다른 의도를 품고 조차租借를 요구하거나 구실을 만들어 탁치를 요구할 경우 한국은 반드시 (이 섬들을) 방기하기를 원하지 않을 것이다. 우리는 마땅히 공도公道를 가지고 한국을 동정해야 한다"[47]고 했다. 이처럼 중국은 세 섬에 대한 미국의 전략적 이용을 경계하면서 한국을 지지한다는 입장을 취하고 있다. 중국은 한국이 이들 섬에 대해 쉽게 포기하지 않으리라는 것을 예상한 것이다. 이렇듯 중국은 울릉도와 독도에 대해서는 조선 귀속을 당연시하고 있지만, 제주도에 대해서는 자국과의 이해관계 속에서 이중적인 태도를 보여 주고 있음을 알 수 있다.

---

47)《韓國疆域問題意見-駐日代表團》

4) 대마도(쓰시마)

중국 외교부의 관리 장정쟁張廷錚은 〈일본 강역문제〉에서 대마도를 일본관할에서 이탈시킬 것을 건의했다.[48] 중국은 "일본군이 그대로 대마도를 지닌다면 조선해협의 정세는 일본이 보유하게 된다"[49]고 하여 일본이 제해권을 지니게 될까를 염려했다. 중국은 대마도가 한국에 귀속되거나 미국과 중국이 신탁할 가능성을 열어두었지만, 소련의 취득에 대해서는 용납하지 않았다. 중국은 대마도가 일본의 국력을 좌우하는 요소로 보았다. 그리하여 대마도의 일본 귀속이 불확실한 당시가 중국이 대마도를 획득할 수 있는 좋은 기회라고 보았다. 이 때문에 중국이나 미국이 신탁통치를 하거나, 양국이 공동 신탁통치를 하게 되기를 원했고,[50] 그렇게 되지 않으면 한국에 귀속될 수도 있다고 보았다. 다만 한국이 신탁통치를 받는 동안에는 미국이 관할할 것을 제안했다. 중국은 울릉도와 독도에 대해서는 한국 영토로 단정하되, 대마도에 대해서는 한국에의 귀속 가능성을 열어놓은 것이다.

당시 중국은 "맹군 총부가 쓰시마對馬島는 일본에 속한다고 밝힌 것 이외에는……"이라고 하여 연합국 총사령부가 대마도를 일본 영토로 인정한 사실을 인지하고 있었다. 그런데 왜 중국은 대마도의 탁치 또는 조선 귀속을 희망했을까? 그것은 일본의 대마도 영유가 조선 해협의 정세를 일본

---

48) "建議 將對馬島 脫離日本管轄"(《舊日本領土》).

49) 朝鮮 屬島
"盟軍摠部 指明除對馬屬日外 鬱林竹島濟州 各島應脫離日本 琉球應歸還韓國 或-作其他 外置 尙未明白規定 日軍如仍控有對馬島 則朝鮮海峽之形勢 仍爲日本所保有 如有一强盛之韓國 則濟州鬱林竹島 當以之屬韓國 否則 至所不能屬蘇 或由蘇 托治應由美國 或中國托治 或者鬱林竹島 由美國托治 濟州由我國托治 但亦不應再以此等島嶼 還歸日本"(《機密 日本領土處理辨法研究》).

50) (乙) 對馬島
"日本常因此島之得失而盛衰 最好由我國 或美國 或中美共同托管 不然可歸韓 而在韓國托治期間 由美托管"(《日本領土處理辨法研究》).

에게 유리하게 만들 것으로 판단했기 때문이다. 따라서 중국 입장에서는 일본에 귀속되기 보다는 차라리 조선에 귀속되는 것이 낫다고 판단한 듯 하다. 중국이 제주도 이용을 건의한 사실도 이런 전략적 고려에서 나온 것으로 볼 수 있다. 제주도를 탁치하려는 중국의 의도도 대마도의 일본 귀속에 대비해 제주도에 대한 영향력을 행사하기 위해서인 것이다. 이런 고려가 중국으로 하여금 제주도에 대해 이중적 태도를 지니게 한 것으로 보인다.

　중국은 울릉도와 독도 이외에도 일본에 속하지 않는 섬을 열거하고[51] 그 타당성을 연구할 것을 제의했다.[52] 또한 중국은 연합국 총사령부가 이 미 지정한 지역을 일본 영토로 한다 할지라도 다네가 제도種子諸島, 쓰시 마, 이즈 제도伊豆諸島, 제주도에 대해 문제가 발생할 가능성이 있다고 보 았다.[53] 다네가 제도에 대해서는 류큐 군도에 귀속시켜 처리될 가능성을, 쓰시마에 대해서는 미국과 중국이 신탁하거나 일본에 예속될 가능성을, 이즈 제도에 대해서는 일본의 고유영토 주장에 대해 미국이 포기할 가능 성을, 제주도에 대해서는 중국에 귀속시키는 것이 상책임을 언급했다.[54] 더욱이 제주도는 중국에 귀속시키는 것이 상책이지만 그렇게 되지 않을 경우에는 한국에 귀속시키고 그 다음에 미국에 귀속시키는 것이 좋다고

---

51) "乙. 北緯30度以南之琉球群島伊豆南方小笠原火山群島　及其他所有在太平洋上之島嶼
　　丙. 千島群島哈火馬澁群島伊豆島"(《舊日本領土》). 이 내용은 SCAPIN-677의 3항(b)의 내
　　용과 유사하다.

52) "丙. 千島群島哈火馬澁群島伊豆島關於盟摠指令　不屬日本之各島　是否妥當及有無根據　自分別硏
　　究如何……"(《舊日本領土》).

53) "關於日本應保存之領土　除盟軍摠部已指定　當脫離日本之各地　其明定　仍屬日本之領土　爲北海
　　本州　四國九州四大島　及其附近之一千餘小島　惟可能發生問題　而當加以特別主意者　有下列各處
　　處"(《日本領土處理辨法硏究》).

54) 《機密 日本領土處理辨法硏究》 가운데 '五. 日本領土'

했다. 그러나 어떤 경우라도 제주도를 일본이나 소련에 귀속되게 해서는 안 된다는 입장을 분명히했다.[55]

대마도에 대해서는 한국의 관심도 중국에 뒤지지 않았다. 한국은 1948년 8월 5일, '우국노인회'가 독도, 울릉도, 파랑도, 대마도 등 조선반도의 근해에 있는 제도諸島에 대하여 영유권을 주장한 적이 있다. 또한 이 단체는 이들의 반환을 요구하는 청원서(〈Request for Arrangement of Lands Between Korea and Japan〉)를 맥아더 사령관에 제출하고 '호의적인 고려'를 요청한 적이 있다.[56] 중국의 대對대마도 인식이 이런 한국인의 인식 및 후일 이승만 정권의 대마도 영유권 주장 등과 어떤 연관성이 있는지를 단정하기는 어렵다. 다만 '우국노인회'는 대마도를 한국에 할양해야 하는 이유로서 첫째, 한국인에 대한 위협을 완전히 제거하기 위해, 둘째 일본의 대륙 침략을 봉쇄하기 위해, 셋째 침략자가 다시 동양을 짓밟는 것을 방지하기 위해서라고 했다. 우국노인회는 대마도가 지리적으로도 한국에 가까우며, 역사적으로도 1396년과 1419년에 대마도를 종속시킨 사실을 들어 영유권을 주장했다.[57] 그러나 대마도에 대한 한국인과 이승만 대통령의 요구는 대일 배상 요구를 위한 역공의 일환으로 제기된 것이라는 시각이

---

55) "甲. 種子諸島 爲琉球群島之最北部 依盟軍摠部指示 留舊日本 惟亦可歸入琉球群島 同作處置
　乙. 對馬島−對馬島介間日本群島與朝鮮半島之間 控日本海之南口 乃形勝之地 可以之歸韓 可交由美國與我國托管 但 絕對不可爲蘇聯所得 無已則仍使之隸屬日本
　丙. 伊豆諸島−伊豆諸島 已明定不歸日本 惟實際過于逼近東京 日本可能要求舊日本 美國亦可能放棄其地 可作折衝之對象
　丁. 濟州島−元屬韓國屬島 盟軍摠部 已明定脫離日本 惟未確定何屬其地 控黃海 東海 與日本海之形勢 我當主意 力爭能歸我 爲上策 其次歸韓 再次歸美國 盛我國托治 切不可再歸日本 或界子蘇聯 因其可與旅大靑島成掎角之勢也"(《日本領土處理辨法硏究》).

56) 현대송(2006), 앞의 책, 69쪽.

57) 또한 '우국노인회'는 제3으로 파랑도의 영유권에 관해 명확한 견해를 표명하도록 GHQ에 요청했다 (현대송, 앞의 책, 69~70쪽).

지배적이다.[58]

5) SCAPIN-677과 중국의 영토처리 방침

이미 언급했듯이, 1947년 당시 중국의 대일 영토처리 방침은 SCAPIN-677에 근거해서 준비되고 있었다. 그런데 SCAPIN-677이 한국이 독도 영유권을 주장하는 데 결정적인 국제법적 권원이 되는 것은 아니다. SCAPIN-677에서 독도를 한국령으로 규정했던 사실이 대일 평화조약으로 귀결된 것이 아니기 때문이다. SCAPIN-677은 1951년 대일 평화조약 제2조 (a)항에서 일본이 포기해야 할 지역을 규정하기에 앞서 한국 영토에 대해 규정한 지령이다. 그러나 일본 영토를 최종적으로 확정한 조약은 평화조약이고, 이 평화조약에 '독도'는 한국령으로 명시되지 않았다. 평화조약 초안이 통상 1차에서 5차에 걸치는 동안에는 독도를 한국령으로 규정했으나 6차 초안에서는 독도를 일본 영토에 포함시켰고, 다시 최종안에서는 독도가 한국령이라고 명시되지 않았다. 이 때문에 대일 평화조약이 양국 사이의 영유권 다툼의 실마리가 되고 있는 것이다.

SCAPIN-677이 연합국의 대한對韓 영토인식을 보여 주고 있음에는 틀림없지만 그렇다고 해서 이를 대일 평화조약 최종안과 동일시하기는 어렵다. SCAPIN-677이 통치권과 행정권의 성격을 밝힌 지령이라면, 평화조약은 영토에 관한 법적 성격을 밝힌 것이다. 따라서 SCAPIN-677의 규정에 따르면, 점령군은 영토에 대해 어떤 권한도 지니지 못하며 단지 피점령국 정부를 대신하여 피점령지를 관리하고 통치할 권한만을 지니는, 잠정적인 권한을 지닌 것에 지나지 않는다. 다만 SCAPIN-677이 영유권에 대한 최종 결정은 아니지만 적어도 그것이 당시 연합국의 영토인식을 드러내준다

---

58) 정병준, 《독도 1947》, 돌베개, 2011, 174쪽; 조성훈, 앞의 글, 67쪽.

는 사실에 대해서는 이의를 달기가 어려울 것이다. 그러므로 중국 외교문서가 SCAPIN-677을 원용하고 이를 평화조약 초안의 준비근거로 삼았다는 사실도 이런 영토인식의 연장선에서 파악할 수 있을 것이다.

중국은 1947년 평화조약 준비의 시작단계에서 SCAPIN-677을 준거로 삼았고, 준비문서의 많은 부분이 SCAPIN-677의 내용과 일치된다. 이는 중국의 영토인식이 SCAPIN-677과 같은 맥락에 기반하고 있었음을 말해준다. 1947년에 미국을 중심으로 작성된 평화조약 초안도 SCAPIN-677에서 규정한 영토 조항을 대부분 원용하고 있는데, 이 역시 SCAPIN-677과 대일 평화조약 초안과의 관계를 말해 주는 것이다. 이를 볼 때, 1947년 중국의 행보가 미국의 행보와 전혀 무관하게 진행된 것이 아니었음은 분명하다. 1947년 1월(3월)에 대일 평화조약 1차 초안[59]이 나왔는데 중국측의 자료는 대체로 1947년 3월에서 10월 사이에 집중적으로 만들어졌다. 영국 외무성이 작성한 초안이 1951년 4월에 나온 점을 감안한다면, 중국의 초안 준비 시기는 미국과 큰 차이가 나지 않는다. 영국의 1차 초안이 독도와 울릉도, 제주도를 일본령으로 표기하고 지명을 잘못 표기하는 등의 오류를 범하고 있는 데 비하면, 중국 초안에서의 울릉도·독도 관련 기술은 비교적 정확한 정보에 근거하고 있었다. 중국은 미국이나 영국과는 달리 한국 및 일본과 같은 동아시아권에 있으면서 밀접한 관계를 맺어온 당사국이다. 그런 만큼 중국은 한국과 일본 역사에 대한 인식이나 정보 수집 면에서 구미권에 비해 유리하고 우월한 지위에 있었다고 할수 있다. SCAPIN-677뿐만 아니라 대일 평화조약 초안도 1949년 11월 월

---

59) 그동안 국내학계는 미 국무부가 작성한 1차 초안 작성일을 1947년 3월 19일로 보아 왔는데 최근 3월 초안은 부분 초안이며 이보다 앞서 1월에 나온 초안이 최초의 영토 조항 초안인 것으로 보는 견해가 있다(정병준, 앞의 책, 401~402쪽). 중국이 강화조약 초안 중 검토 근거로 한 것이 어느 시기의 초안인지는 알 수 없다.

리엄 시볼드가 독도를 일본령으로 바꾸려 하기 전까지는 한국령으로 되어 있었는데, 이런 인식이 1947년 중국의 영토처리 방침에 그대로 적용되고 있었던 것이다.

6) 여론 수렴과정

중국이 평화조약 초안을 준비할 때 연합국의 영토인식과 그 법적 근거에만 의존하고 있었던 것은 아닌 듯하다. 중국은 평화조약 체결에 대비하여 1947년 7월부터 10월까지 각 방면의 의견을 수렴했다. 그 자료가 《對日和約國 各方意見輯要》[60]로 남아 있는데, 여기에는 중국민의 영토인식이 잘 드러나 있다. 이 자료는 군사류, 정치류, 경제류, 영토조, 배상조, 종합조로 구성되어 있는데 각 조마다 출처, 의견, 이유, 비고가 들어가 있다. 또한 여기서는 중국 국내의 유수한 언론사나 유지들이 독도 및 영토에 관해 밝힌 의견도 싣고 있다. 이 가운데 '독도' 부분을 보면, 호칭이 '竹島'와 '獨島'가 함께 기록되어 있음을 알 수 있다. 강화조약 초안 준비 문서에서는 '竹島'로만 표기되었는데, 여론 관련 문서에 '독도'가 보인 것은 중국인들이 '다케시마'가 독도라는 사실을 알고 있었으며 '독도'로 호칭하고 있었음을 의미한다. 그런데도 평화조약 준비문서에서 '독도'대신 '竹島'로 표기한 것은 SCAPIN-677에 'Liancourt Rocks(Take Island)'로 되어 있었기 때문으로 보인다. 중국은 'Take Island'가 '竹島'이며 한국명으로는 '독도獨島'라는 사실을 알고 있었던 것이다. 이는 당시 미 국무부가 '리앙쿠르 락스'와 '독도'가 동일한 섬이라는 사실을 알지 못했던[61] 것과는 대

---

60) 陳光輝·王桂生·王建民 합편, 심의회 비서처 자료조資料組 휘편彙編 제1호, 민국 36년 7월~10월로 되어 있다.

61) 정병준(2011), 앞의 책, 405쪽.

조적이다. 중국은 '리앙쿠르 락스'가 일본명 '다케시마', 한국명 '독도'라는 사실을 인지하고 있었던 것이다.

반세헌潘世憲[62]이 분규 가능성이 있는 도서로 들고 있는 것은 치시마 千島 군도, 류큐 군도, 竹島와 대마도이다. 이 가운데 竹島는 한국에 귀속되어야 한다고 했는데[63] 그 근거는 이 섬이 원래 한국 강원도에 속한다는 사실에서 구했다. 일본의 독도 편입 사실을 모를 리 없는 중국이 이런 의견을 개진했다는 것은 1905년 시마네현 고시 제40호를 불법으로 인식하고 있었음을 의미한다. 저보성褚輔成[64] 등 18인도 '독도'는 당연히 한국에 돌아가야 한다[65]는 의견을 개진했다. 감위監委 우수덕于樹德[66] 등 13인은 '竹島'는 조선에, '대마도'는 연합국 주둔을 거친 후에 조선에 귀속되어야 한다는 입장을 취했다.[67] 《화하일보華夏日報》는 "중국과 한국에 귀속해야 할 독도와 류큐는 마땅히 중국과 한국에 반환되어야 한다"[68]고 했으며, 《중앙일보》는 "竹島와 울림도鬱林島는 조선에 돌아가야 하는데 한국이 독립하기 전에는 미국의 점령을 거쳐야 하며, 대마도도 조선에 귀속되어야 하지만 한국이 독립하기 전에는 중국의 점령을 거쳐야 한

---

62) 潘世憲(1910.12~1990.4): 원래 내몽고 대학 몽고사연구소 교수인데 1947년 당시에는 상해의 大夏大學 법률계 부교수였던 것으로 알려져 있다.

63) "竹島應歸還朝鮮"(《對日和約國 各方意見輯要》).

64) 褚輔成(1873~1948): 항일 전장 시기에는 국민 참정회 참정원이었고, 1946년 5월 九三学社가 성립한 시기에는 중앙 이사를 지냈으며 후에 상해 법학원 원장을 지냈다고 되어 있다.

65) "獨島應歸還朝鮮"(《對日和約國 各方意見輯要》).

66) 于樹德(1894~1982): 하북 사람으로 일찍이 중국동맹회에 가입한 적이 있으며 해방 후에는 애국민주운동에 참가한 것으로 되어 있다.

67) "竹島歸屬朝鮮 對馬島 歸屬朝鮮 由聯合國駐軍"(《對日和約國 各方意見輯要》).

68) "屬中韓者(獨島琉球) 應歸還中韓"(《對日和約國 各方意見輯要》).

다"[69]고 했다. 당시 중국의 여론은 대마도에 대해서는 일정하지 않으나 독도에 대해서만은 한국에 귀속되어야 한다는 일관된 입장을 보였다.[70] 중국인들은 일본 영토가 혼슈, 홋카이도, 시코쿠, 규슈 네 섬에 한정되어야 한다는 의견과 함께 오가사와라 군도, 제주도 그리고 독도와 류큐에 대한 종합적인 의견을 내놓았다. 즉 오가사와라 제도와 제주도는 탁관託管제도를 적용해야 하며, 류큐流球는 중국에 돌려주어야 한다는 것이다.[71] 중국은 한국이 독립하기 전까지는 연합국이나 미국, 중국이 한국을 관할해야 한다는 의견을 펼쳤지만, 울릉도가 독도와 한국 영토임을 의심하는 중국인은 없었다.

중국은 대일對日화약 회의장소로 남경 내지 장춘을 거론하며 중국이 반드시 거부권을 지녀야 한다는 주장도 덧붙였다. 이는 중국이 강화회의에서 자국이 배제되리라고 예상하지 못했음을 말해 주는 대목이다. 중국의 강화조약 준비는 정치, 경제, 군사, 영토, 배상 모든 부분을 포함하고 있지만 특히 영토문제에 집중적인 관심을 보였다. 그리고 이 관심은 한국의 영토 전반에 대한 연구로 확산되었다. 중국이 울릉도와 독도에 관해 건의하기에 앞서 이들 두 섬과 제주도에 관해 자세한 자료를 준비했음을 알 수 있다. 중국의 자료는 울릉도의 역사와 연혁, 위치와 면적, 일본과의 거리, 조선인과 일본인 인구, 농산물, 해산물, 울릉도와 독도의 관계 등에 대한 설명[72]으로 현재 우리나라의 울릉도에 관한 것[73]과 유사하다. 독도에

---

69) "竹島和鬱林島 應劃歸朝鮮 在韓國未獨立前 由美國占領 對馬島 應歸朝鮮 韓國未獨立前 應由中國占領"(《對日和約國 各方意見輯要》).

70) "獨島應歸還朝鮮"(《對日和約國 各方意見輯要》).

71) "1. 日本領土 限於原來 4島 2. 小笠原 群島, 濟州道 應適用托管制度 3. 獨島 應歸還朝鮮 4. 琉球應還中國"(《對日和約國 各方意見輯要》).

72) "鬱陵島 卽古于山國 又名羽陵島 武陵島 鬱陵島位於日本海中 北緯37度27分至34分 東經130度

관한 설명이 간략한 것은 울릉도의 속도로 보고 있었기 때문이다.

중국 문서에서 울릉도·독도 인식과 관련하여 특기할 만한 것은 SCAPIN-677에서 울릉도와 독도, 제주도를 '한국 영토'로 명기하지 않은 점에 관한 설명을 덧붙이고 있는 점이다. 중국은 "맹군 총부는 1946년 1월 29일에 발표한 일본 영토 획분 지령日本領土劃分之指令 제3항에서 울릉, 竹島, 제주, 세 섬에 관해 특별히 제시했는데, 아울러 여기서 앞에 '한국'이라는 단어를 붙이지 않았으나, 그렇다고 해서 이를 생각 없이 누락했다거나 아니면 다른 의도가 있는 것으로 간주해서는 안 된다"74)라고 부기했다. 이는 SCAPIN-677에서 일본에 인접하지 않는 세 섬을 한국령이라고 명시하지는 않았지만, 이들 세 섬이 한국 영토라는 사실이 전제되기 때문에 밝히지 않았음을 설명해 주고 있는 것이다.

7) 부속 지도

《대일화약 초안》에는 〈일본 영토 강계도〉75)가 첨부되어 있는데, 여기에

47分至56分 面積73平方公里, 海岸線延長45公里, 離韓國江原道 竹辺66海里 釜山173海里 日本鳥取縣境港172海里 人口 17664名 日本人僅642名(1943年), 農産有馬鈴薯玉蜀黍大豆麥等 爲島民常食 海産亦相當豊富 每年漁獲價額 在30萬日圓以上 該島所屬問題 在昔日韓兩國 一再擴奪 自1884年以後韓人移住該島者 浸假愈增 勢力日大 爭論始平 初屬江原道 1907年(韓 隆熙 元年) 編入慶尙南道 日韓合併後 1914年(大正 3年) 改屬慶尙北道 翌年頒布島制 設島司面長等官 以治理之 在日人統治時 尙不敢劃歸日本 公認該島爲韓國領土 毫無疑義 竹島在該島之東北部 面積不大 爲鬱陵島之屬島"(《韓國疆域問題意見》).

73) "울릉도는 죽변에서 동쪽으로 140킬로미터, 포항에서 217킬로미터, 동해에서 161킬로미터 지점에 있으며, 독도와는 92km 떨어져 있다. 동경 131°52′, 북위 37°30′에 위치하며, 면적 73.15평방킬로미터, 인구 1만 730명(1998년 현재)이다"(《한국민족문화대백과사전》에 의거).

74) "惟盟軍摠部 於1946年1月29日所發 日本領土劃分之指令第3項 特別提出 鬱陵竹島濟州三島 並未冠以 '韓國'字樣 不應爲無意遺漏 抑或有其他企圖"(《韓國疆域問題意見-駐日代表團》).

75) 《對日和約草案》의 부건附件으로 첨부된 지도이다.

한국 강역이 표시되어 있고 독도도 포함되어 있다. 1947년 8월, 외교부가 작성한 이 지도에는 다음과 같은 섬들이 포함되어 있는데 일본 영토뿐만 아니라 조선 영토도 표시되어 있다.[76] "이들 섬 가운데서 '竹島〔TAKE SHIMA〕' '鬱陵島〔UTSURYOTO〕'가 조선 영토이다. 중국은 이 지도를 맹군총부가 1946년 1월 29일과 3월 22일 일본 정부에 전달한 지령에 근거하여 만든 것임을 밝혔다"[77] 또한 "본 지도는 일본 영토 경계의 4개 범위를 획정하는 데 참고로 활용될 수 있으나, 경계 내 작은 섬의 위치와 개수는 정확한 상세 지도를 기준으로 한다"[78]고 했다. 지금까지 대일 평화조약과 관련하여 첨부된 지도로는 1946년 SCAPIN-677의 부속지도와 1951년 4월 7일자 영국 초안에 첨부된 지도가 알려져 있다.[79] 중국 문서에 첨부된 지도는 1947년 8월에 나온 것이므로 SCAPIN-677 부속지도 이후이다.

대일 평화조약에 지도가 첨부되지 않고 조항에도 '독도'가 언급되지 않은 것을 두고 일본은 일본 영토로 간주되었기 때문이라고 주장하는 반면, 한국은 조약에서는 한국의 대표적인 섬들만 예시한 것이라고 반박하고 있다. 즉 제주도만 언급하고 제주도보다 더 남쪽에 있는 마라도를 언급하지 않았다고 해서 마라도가 일본 땅으로 볼 수 없는 것과 마찬가지로 독도가 언급되지 않았다고 해서 울릉도의 부속도서인 독도를 일본 땅으로 볼

---

76) 樺太 色丹島(SHIKUTAN) 多樂島(TARAKU) 志發島(SHIBOTSU) 勇留島(YURI) 秋勇留島(AKIYURI) 水晶島(SUISHO) 小笠原 群島(OGASAWRA) 智島(MUKO JIMA) 父島 群島(CHICHI JIMA) 母島 群島(HAHA JIMA) 口之島(KUCHINO SHIMA) 竹島(TAKE SHIMA) 鬱陵島(UTSURYOTO)

77) "本図 根據盟軍摠部 1946年1月29日曁3月22日致日本政府指令而製"(《對日和約草案》).

78) "本図 係供日本領土疆界四箇範圍之參考 至於劃界內之小島位置與數目次 以正確之詳細圖 爲準"(《對日和約草案》).

79) 정병준, 〈영국 외무성의 對日평화조약 草案 부속지도의 성립(1951.3)과 한국 독도 영유권의 재확인〉, 《한국독립운동사연구》24집, 2005; 정병준(2011), 앞의 책, 553~557쪽.

수는 없다는 것이다. 중국 문서에 첨부된 지도는 1946년 연합국이 독도를 한국 영토로 보고 이를 지도에 명기한 것을 따라 그리고 있었으므로 적어도 1947년의 시점에는 연합국과 중국이 모두 독도를 한국 영토로 인식하고 있었음을 보여 준다.

5. 맺음말

제2차 세계대전 후 미국은 동북아시아의 대소對蘇 전진기지 역할을 중국에 기대했으나 동서 냉전이 격화되고 중국이 공산화하자 그 기대는 일본으로 옮겨갔다. 이에 미국은 강화조약 작성과정에서 초기의 징벌적 성격을 후퇴시켜 관대한 방침으로 전환해 갔다. 그런데 종전 이전부터 미국을 비롯한 연합국은 카이로 선언과 포츠담 선언을 계승하여 일련의 대일 영토처리 방침을 만들어가고 있었다. 그 가운데 하나가 SCAPIN-677이다. SCAPIN-677을 포함한 일련의 영토처리 방침은 장래 일본의 영역결정에서 문제가 되는 구역에 대해 표시한 것인데, 이들 방침은 강화조약 초안으로 수렴되어 갔다.

중국의 영토처리 방침은 초기에는 1946년 1월 29일의 SCAPIN-677에 근거하고 있다. SCAPIN-677의 3항에서는 일본의 인접 제 소도에 포함되지 않는 지역으로, 한국 영토 'Utsuryo(Ullung) Island, Liancourt Rocks(Take Island) and Quelpart (Saishu or Cheju) Island'를 들었는데, 1947년 1월과 3월의 강화조약 초안에는 이들 도서명이 'Quelpart Island, Port Hamilton, Dagelet(Utsuryo) Island and Liancourt Rock(Takeshima)'로 바뀌어 있다. SCAPIN-677에 'Liancourt Rocks(Take Island)'로 되어 있던 것이 강화조약 초안에서는 거문도(Port Hamilton)가 추가되었고 '독도' 명칭이 'Liancourt

Rock(Takeshima)'으로 바뀌었다. 따라서 1951년 9월 8일의 대일 평화조약 제2조 (a)항 조선 방기조항에 제주도와 거문도, 울릉도가 언급되기 전까지는 적어도 중국은 SCAPIN-677에 드러난 영토인식을 그대로 계승하고 있었으며, 따라서 독도를 울릉도의 속도로 인식하고 있었음을 알 수 있다.

중국은 일련의 강화조약 준비문서에서 울릉도와 독도를 법리로 보나 도의로 보나 한국 영토임이 분명하다고 기술했으며, 일본에 귀속되어서는 안 된다는 점을 분명히 했다. 제주도에 대해서도 마찬가지였다. 제주도 역시 법리로 보나 도의로 보나 한국 영토임이 분명하다는 입장에는 변함이 없었다. 다만 신탁통치를 가정하여 제주도의 귀속 문제를 안보상의 견지에서 논한 바가 있다. 그리하여 울릉도와 독도는 미국이, 제주도는 중국이 관할할 것을 제안하기도 했다. 그러나 어느 경우에도 소련의 탁치 가능성이나 소련 또는 일본에 귀속될 가능성에 대해서는 단호히 거부하고 있었다. 중국이 제주도를 지정학적으로 고려하고 있던 사실로 말미암아 대한對韓 영토 인식이 왜곡될 위험이 있었지만, 이런 우려는 신탁통치가 무산됨에 따라 해소되었다. 종전 후 드러난 중국의 영토 인식은 울릉도·독도와는 달리 제주도와 대마도에 대해서는 이중적인 태도를 보이고 있었다. 중국은 영토문제 처리방법을 연구하면서 대마도를 함께 연구했다. 그리하여 한국의 영토문제를 언급하는 문서에서 울릉도, 독도, 제주도 외에 대마도를 함께 언급하고 있다. 일본이 대마도를 영유하면 조선해협에서 중국의 영향력이 약화될 것으로 예상하고 중국이 그 대안을 구상한 것이다. SCAPIN-677에서 이미 일본 영토로 인정한 대마도에 대해 중국이 큰 관심을 보이고 있었다는 점은 흥미로운 사실이다.

이 글에서 다룬 중국 외교부 문서는 주로 대일 강화조약 초안을 준비하던 초기와 한국에 대한 신탁통치가 논의되던 시기의 문서들이다. 따라서 이후 강화조약 초안 변화과정에서의 중국의 인식을 추적하기에는 어려움이 있다. 강화조약 초안에 대한 중국 측 의견을 담은 문서를 전부 입수한 상태도 아니고 시기적으로도 한정되므로 이 부분을 분석하기에는 한계가 있기 때문이다. 이에 대해서는 문서를 전부 입수하게 될 때의 향후 과제로 남기고자 한다. 다만 그동안 대일 평화조약 작성과정에 대한 중국의 의견이나 영토인식에 대해 전혀 알려진 바가 없었는데, 이 글이 그 일단을 보여 주고 있다는 데 연구의 의의를 찾을 수 있겠다.

중국 외교 문서로 확인할 수 있었던 것은 중국이 SCAPIN-677에 명기된 독도에 대한 한국의 영유권을 인정하고 있었으며 이를 강화조약 초안에 반영하려 했다는 사실이다. 또한 이런 인식은 중국뿐만 아니라 미국도 공유하고 있었다는 것이다. 이는 미국의 실무단이 만든 강화조약 초안 가운데 1947년 1월에서 1949년 11월까지의 초안에 독도가 한국령으로 되어 있던 사실로도 확인할 수 있다. 한편 영국 초안에서 '독도'가 일본에서 제외된 이유를 연합국 최고사령관의 행정권 분리각서의 영향으로 보는 것도[80] 연합국의 평화조약 준비과정에 SCAPIN-677이 영향을 미쳤음을 방증한다.

중국이 독도를 한국 영토로 인정했음에도 중국의 의견은 샌프란시스코 강화회담에 반영되지 못했다. 중국이 내전에 휩쓸려 외교전에 뛰어들 여력이 없었고, 연합국으로서도 당시 냉전 구도의 영향을 강하게 받았기 때문이다. 1951년 9월 8일에 종결된 평화조약은 협상 주체가 명목상 52개 연합국과 패전국 일본으로 되어 있었으나, 실제는 미국과 영국이 주도했다. 강화회담에서 연합국 가운데 인도와 유고슬라비아, 버마, 중국은 대표

80) 쓰카모토 다카시(1996), 앞의 글, 57쪽.

를 보내지 않았고 평화조약에는 체코슬로바키아와 소련, 폴란드 3개국을 제외한 49개국이 서명했다. 중국은 1949년 10월에 중화인민공화국을 선포했다. 그 여파로 1951년 7월 3일의 최종안은 13개국에 송부되었으나 중국과 한국에는 송부되지 않았다.[81] 대일 평화조약에서 일본 영토를 제한하려던 중국의 계획은 강화조약 서명국에도 포함되지 못함으로써 철저히 거부되었다. 따라서 중국의 대일 평화조약 준비과정과 문서 내용은 역사 속에 사장되고 말았다. 이번에 분석한 중국 문서를 통해 우리는 종전 후 영토처리에 대한 중국의 관심이 울릉도와 독도, 제주도 등의 우리나라 영토는 물론이고 대마도까지 확대되고 있었음을 알 수 있었다. 이는 종전 후 중국의 대한對韓영토정책의 방향이 일본에게 탈취당한 영토를 한국에 귀속시키는 데 놓여 있던 것만은 아니었음을 의미한다. 최근 해양 영토에 대한 중국의 적극적인 행보를 볼 때 종전 후 중국의 여러 제안이 신탁통치를 가정한 경우에만 해당되는 것이었는지를 되짚어 보게 된다.

---

81) 현대송(2006), 앞의 책, 79쪽.

〈그림〉《대일화약 초안》 첨부지도 〈일본 영토 강계도〉

4장

사료 속의 울릉도와 독도

장한상의 〈울릉도 사적蔚陵島事蹟〉(1694)

1. 〈울릉도 사적〉 번역문

갑술년[1] 9월 모일, 강원도 삼척영장 장한상張漢相은 치보로, 지난 9월 19일 사시巳時[2]쯤 삼척부의 남면 장오리진莊五里津[3] 대풍소待風所에서 배를 출발시킨 연유를 이미 보고한 바 있습니다.

첨사[4]는 별견역관別遺譯官 안신휘와 원역員役[5] 여러 사람 및 사격沙格[6] 모두 150명을 거느리고 와, 기선騎船[7]과 복선卜船[8] 각 1척, 급수선汲水船 4척에 (사람들을-역자 주) 배의 크기에 따라 나눠 태우고는, 같은 날

---

1) 1694년 숙종 20년을 가리킨다. 박세당의 〈울릉도〉를 참조하여 번역했다.

2) 오전 9시에서 11시 사이를 말한다.

3) 장오리포藏吾里浦에 있는데, 장오리포는 삼척부 남쪽 62리에 있다. 장오리는 내·외 장오리가 있는데 동해 방면의 선박이 정박하는 곳으로 척후斥候가 있다(《신증 동국여지승람》44권 〈강원도-삼척도호부〉; 《만기요람》〈군정편〉4, '해방 동해' 참조).

4) 장한상 자신을 가리킨다.

5) 관아에 속한 구실아치〔吏胥〕를 통틀어 말한다.

6) 사공과 그 격군을 말한다.

7) 사람을 싣기 위한 배를 말한다.

8) 짐을 싣는 배를 말한다.

사시巳時쯤 서풍을 타고 바다로 나아갔습니다. 술시戌時쯤9) 바다 한복판
에 이르렀는데 파도의 기세가 험한 곳이 5리쯤 두어 군데 있었습니다.
(이는-역자 주) 필시 수종水宗10)때문인데 (이로 말미암아-역자 주) 배들이 물
결에 휩쓸려 흩어져버려 어디로 가는지 알 수가 없었습니다.

　같은 달 20일 자시子時쯤11) 점점 깊은 바다로 들어가는데 검은 구름이
북쪽에서부터 하늘을 가리우고, 번개가 번쩍이며 그 섬광이 파도 속까지
뚫고 들어가더니, 갑자기 광풍이 일고 바로 소나기가 쏟아지기 시작했습
니다. 성난 파도가 공중으로 솟구치고 구름낀 바다는 어지러이 일렁이자,
타고 있던 배가 뜰 듯 가라앉을 듯하여 위험하기 그지없었습니다. 배 안
사람들이 어쩔 줄 모르고 당황하지 않는 이가 없었습니다. 모두들 정신을
잃고 쓰러질 즈음 기선騎船의 키마저 부려져 배를 제어할 방법이 더더욱
없었습니다. 억지로 노목櫓木12)을 선미船尾와 좌우에 똑바로 꽂아 그 힘에
의지해 버텨보려 했지만 금세라도 배가 전복될 것 같았습니다. 비바람이
점차 잦아들고 동이 트려 하는데, 섬은 북쪽에 있고 물살은 동쪽으로 흐
르고 있어, 배안의 사람들이 정신을 차리고 힘껏 노를 저어 이리저리 흔
들리면서 섬을 향해 갔습니다. 사시쯤 간신히 섬의 남쪽 해안에 도달해
바위모서리에 밧줄을 묶었습니다. 잠시 뭍에 내려 밥을 지을 때 급수선 4
척은 하나둘 도착했지만 복선卜船은 어디로 갔는지 알 수 없었는데, 유시
酉時13)쯤 또다시 (복선이-역자 주) 남쪽바다에서 왔으니, 배들이 모두 화를

───────────

9) 오후 7시에서 9시 사이를 말한다.

10) 물마름이라고 하는데 '수지水旨'라고도 한다. 〈울릉도〉에는 '수지'로 되어 있다.

11) 오후 11시에서 1시 사이를 말한다.

12) 배 젓는 나무를 말한다.

면했습니다. 남쪽 해안에는 배를 정박할 곳이 없어 동쪽과 남쪽 사이 동구에 배를 대고는 유숙했습니다.

9월 20일[14])부터 10월 3일까지 머무는 동안 늘 비가 오고 맑은 날은 별로 없었습니다. 9월에[15]) 눈이 내리는데 중봉의 산허리에는 눈이 한 자 남짓 쌓였습니다. 섬의 사방을 배를 타고 돌면서 살펴보니, 깎아지른 절벽이 공중에 우뚝하고 바위들은 층층이 벽립壁立해 있는데, 간혹 돌사이로 틈이 있으면 거기서 새어 나오는 물이 물줄기를 이뤄 큰 가뭄에도 마르지 않을 것 같았고, 그 사이의 작은 물줄기나 마른 계곡은 이루다 기록할 수 없을 정도입니다.

섬 주위를 이틀 만에 다 돌아보니, 그 리 수里數는 150~160리에 불과했습니다.[16]) 남쪽 해안에는 황죽篁竹밭이 있었습니다.[17]) 동쪽으로 5리쯤 되는 곳에 작은 섬[18])이 하나 있는데, 그다지 높고 크지는 않으나 해장죽海長竹이 한쪽에서 무더기로 자라고 있었습니다. 비 개이고 구름 걷힌 날, 산에 들어가 중봉中峰[19])에 올라 보니, 남쪽과 북쪽의 두 봉우리가 우뚝 서로 마주하고 있는데 이것이 이른바 삼봉입니다. 서쪽으로는 구불구불한

---

13) 오후 5시에서 7시 사이를 말한다.

14) 〈울릉도〉에는 21일로 되어 있다.

15) 〈울릉도〉에는 9월 28일과 29일로 되어 있다.

16) 150~160리로 보는 것은 이규원의 기록과 일치한다. 현재 둘레는 56.5킬로미터로 되어 있으며, 〈울릉도〉에는 불과 100여 리라고 되어 있다.

17) 〈울릉도〉에는 '황죽밭이 세 군데'라고 기록되어 있다.

18) 울릉도 옆의 죽도를 가리킨다.

19) 성인봉을 가리킨다.

대관령의 모습이 보이고, 동쪽으로 바다를 바라보니 동남쪽에 섬 하나가 희미하게 있는데 크기는 울도蔚島의 3분의 1이 안 되고 거리는 300여 리에 지나지 않았습니다. (중봉에서-역자 주) 북쪽으로는 20여 리[20]에 이르고 남쪽으로는 40여 리에 가깝습니다. 빙 돌아 왕래하면서 사방[21]을 바라보며 원근을 헤아려 보니 이와 같았습니다.

서쪽의 큰 골짜기를 바라보면 사람이 살던 터가 세 군데, 또 (북쪽으로는-역자 주)[22] 사람이 살던 터가 두 군데, 동남쪽[23] 긴 골짜기에도 사람이 살던 터가 일곱 군데[24] 돌무덤 19개가 있었습니다. 배를 댈 곳으로는 동쪽과 남쪽 사이의 동구에 겨우 4~5척 정도 댈 수는 있지만 동남쪽 해안[25] 역시 배를 댈 만한 곳은 아닙니다. 이곳에 부釜 3개와 정鼎 3개[26]가 있는데, 부 2개와 정 1개는 파손되었으며 모양이 우리나라 양식이 아니었습니다. 정鼎에는 발도 없고 뚜껑도 없으며 두 말 쌀을 밥 지을 수 있을 정도였고, 부釜는 너비와 지름이 한 자 남짓에 깊이는 두 자 정도로 물 4~5통[27]을 담을 수 있을 정도였습니다. 서쪽 큰 골짜기는 계곡물이 내를 이루고 있고 연변沿邊이 트여 있기로는 이곳이 제일입니다. 하지만 배를

---

20) 〈울릉도〉에는 30여 리로 되어 있고, 또한 '동쪽으로는 20여 리'라는 구절이 더 들어가 있다.

21) 원문에는 '西方'으로 되어 있으나 〈울릉도〉에 근거하여 '四方'으로 해석했다.

22) 〈울릉도〉에 근거하여 보충했다.

23) 〈울릉도〉에는 서남쪽으로 되어 있다.

24) 〈울릉도〉에는 두 군데로 되어 있다.

25) 〈울릉도〉에는 '동남풍이 불면'으로 되어 있다.

26) 〈울릉도〉에는 2개로 되어 있다.

27) 〈울릉도〉에는 5~6통으로 되어 있다.

대는 곳이 동풍과 남풍은 피할 수 있지만 서풍은 피하기가 어려우니 원래 전에 배를 대던 곳은 아닙니다. 또 쌀 한 말을 밥 지을 수 있을 정도의 정 하나가 있는데 이 역시 저들의 물건입니다. 북쪽 포구에 있는 도르래 역시 우리나라에서 만든 것이 아닙니다.

섬 안에는 산봉우리가 첩첩이 있는데 산 중턱 이상은 다 돌산이고 그 아래쪽은 흙산입니다. 산세가 매우 험하고 골짜기가 깊으며, 하늘에 닿아 해를 가릴 정도의 아름드리 수목들이 부지기수입니다. 몇 년째 비워둔 땅에 인적이 닿지 않아, 칡덩굴이 엉겨 있고 초목이 더해 있어 헤집고 올라가기 어려우니, 사람의 힘으로 뚫고 지나갈 수 있는 길이 아닙니다. 소소한 계곡은 이루 다 조사할 겨를이 없었습니다. 이른바 수목이라는 것은 모두 동백冬栢, 자단紫檀, 측백나무, 황벽黃蘗, 금목金木[28], 엄나무, 홰나무, 느릅나무, 닥나무, 산초나무, 단풍나무, 계수나무, 잣나무 따위인데, 그 가운데서도 동백과 자단이 가장 많고, 소나무, 참나무[29], 개암나무, 상수리나무 등은 한 그루도 없었습니다. 조류로는 까마귀와 갈매기, 동물로는 고양이와 쥐뿐이고[30] 이밖에 다른 날짐승과 길짐승 따위는 없었습니다. 이는 사람이 살고 있지 않은 데다 먹을 만한 나무열매도 없어서 그런 듯합니다. 어류로는 가지어可支魚[31]만 있는데, 해변의 돌무더기에 열 마리 또는 백 마리씩 무리 지어 혈거穴居하고 있으며, 큰 것은 망아지나 송아지만하고 작은 것은 개나 돼지만합니다. 간간이 생전복이 물속 바위에 붙어 있

---

28) 〈울릉도〉에는 '금오동(金桐木)'으로 되어 있다.

29) 원문에는 '直木'으로 되어 있는데 '眞木'의 오자인 듯하다.

30) 원문에는 '猫兒'로 되어 있으나 〈울릉도〉에는 '猫鼠'로 되어 있어 참조했다.

31) 원문에는 '鮫魚'로 되어 있으나 〈울릉도〉에는 '가지어'로 되어 있어 바로잡았다.

는데 몸체는 작고 맛은 없었습니다.

사방 포구에는 표류해온 파선된 배의 판목 조각이 도처에 있었는데 어떤 것에는 쇠못이, 어떤 것에는 나무못이 박혀 있고 더러는 썩은 것도 있었습니다. 초목梢木의 제도32)를 살펴보니 저들 것인지 우리 것인지 분별할 수 없을 정도로 부서져 있었는데, 동남쪽 해안에 많이 떠다녔습니다. 대나무밭은 동남쪽 산기슭의 세 곳이 가장 많은데33) 어디든 겉보리 30섬〔石〕남짓 뿌릴 정도는 되었습니다. 그리고 그 가운데 두 곳에 베어둔 대나무가 상당히 많았는데, 한 옆으로 베어둔 대나무가 무려 수천 간竿이나 되며 그 가운데는 오래 말린 것도 있고 간혹 덜 마른 것도 있었습니다. 동남쪽에서부터 골짜기를 따라 대밭 쪽으로 15리쯤 되는 곳에 작은 길이 나있는데, 이는 필시 대나무를 가지러 다니던 사람들이 왕래하던 길일 것입니다.

대체로 온 섬이 모두 돌산34)입니다. 사면이 절벽처럼 깎아지른 듯 서 있고 조금 끊어진 곳이 있으면 양 골짜기 사이로 물줄기를 이뤄 물이 졸졸 흐르고 있을 뿐입니다. 한쪽 서편 산기슭만 터져 있어 동문洞門을 이뤄 큰 내가 흐르고 있는데, 모래와 자갈이 쌓여 있어 포구가 되지 못하는지라 배를 대기가 몹시 어렵습니다. 섬 안에는 산봉우리들이 삐죽삐죽 서 있고 골짜기와 구렁이 감아 돌고 있어, 넓게 탁 트인 곳이 없긴 하지만

32) 초목의 제도가 무엇인지는 의미가 불명확하다. 배를 만드는 데 쓰인 나무 종류를 의미하는 듯하다.

33) 〈울릉도〉에는 '넓은데'로 되어 있다.

34) 원문에는 '名山'으로 되어 있으나 〈울릉도〉에 '石山'으로 되어 있어 이에 근거해 해석했다.

그나마 개간할 수는 있습니다. 낮은 산의 평평한 곳에는 사람이 살던 집 터와 돌무덤이 더러 있는데 무덤가의 나무들은 아름드리나 되었습니다.[35]

대체로 섬이 삼천리 우리 강토의 바다 속에 있는데도 배로 마음대로 왕래할 수 없으니, 저 나라[36]가 함부로 차지할 움직임을 보인다 해도 방비할 대책이 없습니다. 섬에 보루堡壘를 설치하려 해도 백성이 가서 살 방도가 없습니다. 보루를 만들 만하다는 곳은 수목이 무성하여 칡덩굴이 우거져 있으며, 9월에도 눈이 쌓여 있어 추위가 겨울보다 갑절이나 더합니다. 밤에 바람이 잔잔할 때면 아련히 어린애가 울고 아녀자가 곡하는 소리, 가늘게 이어지는 소란스런 소리가 귓가에 쟁쟁하더니, 뱃머리에 가까이 올 즈음이면 도깨비나 바다귀신이 요괴짓을 하는가 싶기도 하고 갑자기 침범당할까 염려도 되어, 나발 불고 포를 쏘며 북을 쳐서 소리를 내면 순식간에 들리지 않았습니다.

섬을 돌다 한 군데에 이르자, 날이 저물어 배를 바위 밑에 묶어 두었습니다. 밥을 지으려 배에 있는데, 밟혀 닳은 자갈밭 사이로 길이 나있는 듯해 안신휘와 함께 3리쯤 걸어가 보니, 중봉에서부터 구불구불 이어진 한줄기 산기슭이 모두 층암절벽인데, 길에 이르자 확 트여 있었습니다. 이 길을 따라가며 멀리 바라보니 산허리까지 이어져 있었고 그곳에 겹겹이 쌓인 돌이 굴을 이루고 있었습니다. 안신휘와 의논하기를, "이 굴에 사람을 해치는 독이 있으니 배를 다른 곳으로 옮겨야겠다"고 말했습니다.

자정이 지나 갑자기 비가 내리고 풍랑이 크게 일며 천둥 번개가 산해

---

35) 여기까지가 박세당의 〈울릉도〉에도 나오는 부분이다.

36) 일본을 가리킨다.

山海를 진동시키더니, 이윽고 비가 그치고 안개가 섬에 자욱했습니다. 멀리 석굴에서 사람들의 말소리가 들리기에 뱃머리에 서서 바라보니, 등잔불이 빛나고 있었습니다. 다음날 밥을 먹은 뒤 간밤에 들리던 이상한 현상이 궁금해서 다시 그 곳에 배를 대고는, 군관 박충정朴忠貞과 포수 20여 명을 탐지 차 석굴로 들여보냈는데 오래도록 나오지 않았습니다. 구덩이에 빠졌는가 싶어 사람을 시켜 나오라고 부르니, 충정이 먼저 나와 말하기를, "굴 안으로 30여 보쯤 가자, 넓고 툭 트인 곳에 4층으로 섬돌을 쌓아 놓았는데, 포개진 돌은 모두 연마되어 있었고 옥색에 무늬가 있었습니다. 십여 칸의 기와집37)은 매우 화려한데, 단청과 창호 양식이 우리나라의 집짓는 방식과는 크게 달랐습니다. 그밖에 달리 보이는 것은 없었지만, 처마 밑으로 다가가자 유황과 살 썩는 냄새가 코에 가득 차고 숨을 못 쉬게 하는지라 더 이상 갈 수가 없었습니다"라고 분명히 말하기에, 제가 선졸船卒38) 60여 명을 이끌고 직접 들어가 보니, 과연 충정이 보고한 그대로였습니다. 칡덩굴이 엉켜 있는 지붕 위와 섬돌, 그리고 뜰에는 티끌한 점 없이 말끔해서 사람 사는 곳이 아니었습니다. 그러니 억지로 들어갈 필요가 없었을 뿐만 아니라, 정신도 혼미해서 차마 처마 밑으로 다가갈 수 없었습니다.

배를 돌려 돌아오던 날, 중봉中峰에서부터 안개가 점차 퍼지더니 바다 가운데 이르러서는 동산만한 크기의 알 수 없는 어떤 물체가 여러 번 떴다 가라앉았다 하더니, 허공으로 뛰어올랐다가 산중을 향해 들어갔는데

---

37) 이규원의 〈울릉도 검찰일기 계초본〉에는 일본인 '판자집[有倭人板幕]'이 있었던 것으로 기록되어 있다.

38) 수군을 가리킨다.

비바람이 크게 몰아쳤습니다. 천둥벼락 치는 소리는 아니었지만 산이 무너지는 듯한 진동이었으니, 이것이 아마 다른 섬과의 차이인 듯합니다.

대나무밭이라고 하는 곳이 도처에 있었는데 윗목에 있는 4천39) 군데는 작은 곳은 20여 섬지기의 땅, 큰 곳은 30여 섬지기정도인데 모두 물을 대어 논으로 만들 수 있는 곳입니다. 수목 가운데 자단이 널의 판목이 될 만한데, 모두 산허리 깎아지른 바위틈에 있습니다. 옛날에 사람들이 살던 터가 전부 없어지지 않고 완연하니, 이 울릉도가 빈 섬이 된 지는 백여 년이 안 됩니다. 산골짜기에는 동구洞口가 있습니다. 만일 왜구를 막을 방책이 염려된다면, 이곳은 한 사람이 백 사람을 당해낼 수 있는 곳입니다. 저들이 배를 오래도록 묶어 두고 싶어하더라도, 풍랑이 일면 배는 필시 보존되지 못할 것입니다.

섬의 산봉우리에 올라 저 나라 강역을 자세히 살펴보니, 아득할 뿐 눈에 들어오는 섬이 없어 그 거리가 얼마나 되는지 모르겠지만, 지형은 아마 저 나라와 우리나라 사이에 있는 듯합니다. 부釜와 정鼎, 대나무를 가져가는 길은 저 나라 사람들이 만든 것입니다. 이상과 같이 연유를 치보하는 장계를 올립니다.

임인년(1722)40) 봄 외가 후손 영양 신광박 씀

---

39) 40군데의 오류인 듯하다.

40) 장한상이 조사한 시기는 1694년이므로 원문 작성시기는 1694년으로 했다.

2. 〈蔚陵島事蹟〉[41] 원문

甲戌九月日　江原道三陟營將[42]張漢相馳報內[43]

蔚陵島被[44]討事　去九月十九日巳時量　自三陟府南面莊五里津[45]待風所發船緣由　曾已馳報爲有在果[46]

僉使與別遣譯官安愼徽　領來諸役[47]各人及沙格幷一百五十名　騎船[48]各一隻汲水船四隻良中　從其大小分載　同日巳時量　回[49]西風　開洋是如乎　戌時[50]到大洋中　波濤險巘之勢　五里許二處是乎所　必是水宗而　諸波浪所觸[51]渙散[52]　無適

---

41) 이 글은 서계 박세당의 〈울릉도鬱陵島〉와 중복된다. 장한상의 원문대로 번역하는 것을 원칙으로 했지만, 의미가 통하지 않는 경우에는 박세당의 글을 참조하여 교감, 번역했다.

42) 三陟營將: 〈울릉도〉에는 '三陟鎭 右營將'으로 되어 있다.

43) 張漢相馳報內: 〈울릉도〉에는 '爲馳報事'로 되어 있다.

44) 被: 〈울릉도〉에는 '搜'로 되어 있다.

45) 自三陟府南面莊五里津: 〈울릉도〉에는 '自三陟府南面莊五里津頭'로 되어 있다.

46) 爲有在果: 〈울릉도 사적〉에는 이런 이두가 많이 나오는데, 여기서는 번역을 순하게 하기 위해 적당한 현대문으로 고쳤다.

47) 領來諸役: 〈울릉도〉에는 '領率員役'으로 되어 있다.

48) 騎船: 〈울릉도〉에는 '騎卜船'으로 되어 있다. 번역은 이를 참조하여 기선과 복선으로 했다.

49) 回: 〈울릉도〉에는 '因'으로 되어 있다. 번역은 '因'으로 했다.

50) 戌時: 〈울릉도〉에는 '戌時量'으로 되어 있다.

51) 諸波浪所觸: 〈울릉도〉에는 '諸船爲波浪所觸'으로 되어 있다.

52) 渙散: 〈울릉도〉에는 '一時渙散'으로 되어 있다.

所向是如乎

　同月二十日子時　漸入深洋　黑雲自北蔽天　而電光閃爍　影徹波心　狂風猝起
驟雨隨至　怒濤翻空　雲海相盪[53]　所乘船隻　若浮若沒　危險罔狀　船中之人　莫不
失措擧　皆惛[54]倒之際　騎船柁木又從而折破　尤無制船之策[55]　難而櫓木直揷於
尾及左右[56]　借以爲力是乎乃　覆敗之患　迫在須臾是如乎　風雨漸息　天又向曙[57]
島在北方　水勢東走[58]　船中之人　因此甦醒　盡力櫓役　轉展向島　巳時[59]　艱到島
之南[60]　繫纜石角　暫時下陸　炊飯之際　汲水船四隻　稍稍來到[61]　而卜船段　不知
所向是如乎　　酉時[62]又自南洋而到[63]　　各船俱得免蝬[64]　而南岸無船泊處[65]　東
南間洞口內止宿[66]

---

53) 雲海相盪: 〈울릉도〉에는 이 부분이 없다.

54) 惛: 〈울릉도〉에는 '昏'으로 되어 있다.

55) 策: 〈울릉도〉에는 '望'으로 되어 있다.

56) 難而櫓木直揷於尾及左右難: 〈울릉도〉에는 '强以櫓木直揷於船尾及左右'로 되어 있다.

57) 曙: 〈울릉도〉에는 '曙'자 다음에 '而'자가 더 있다.

58) 走: 〈울릉도〉에는 '注'로 되어 있고, '走'자 다음에 '故'자가 더 있다.

59) 時: 〈울릉도〉에는 '巳時量'으로 되어 있다.

60) 南: 〈울릉도〉에는 '南岸'으로 되어 있다.

61) 稍稍來到: 〈울릉도〉에는 '自南洋稍稍來到'로 되어 있다.

62) 酉時: 〈울릉도〉에는 '酉時量'으로 되어 있다.

63) 到: 〈울릉도〉에는 '至'로 되어 있다.

64) 蝬: '恙'의 오자인 듯하다. 〈울릉도〉에는 '恙'으로 되어 있다.

65) 而南岸無船泊處: 〈울릉도〉에는 '南岸無可船泊處'로 되어 있고, 이 뒤에 '乙仍乎　同日初昏
　回泊于' 10자가 더 있다.

66) 止宿: 〈울릉도〉에는 '後'자가 더 있다.

自二十日⁶⁷⁾至十月初三日　留住之間　恒雨少日　九月雪積交下⁶⁸⁾中峰腰上雪積尺餘⁶⁹⁾是齊　島之四方　乘船環審　則懸崖撑空　層立壁岸⁷⁰⁾　或有空缺⁷¹⁾　澗水成流　似是大旱不渴　而其間細流乾溪　不可殫記是齊

其周回二日方窮⁷²⁾　則其間道里不過百五六十里乎旀⁷³⁾　南濱海邊　有篁竹田土處是遣⁷⁴⁾　東方五里許　有一小島　不甚高大　海長竹叢生於一面⁷⁵⁾　霽雨罵捲 ⁷⁶⁾之日　入山登中峰　則南北兩峯　岌崇相面⁷⁷⁾　此所謂三峰也　西望大關嶺逶迤之狀東望海中有一島杳在辰方　而其大未滿蔚島三分之一　不過三百餘里⁷⁸⁾　北至二⁷⁹⁾十餘里⁸⁰⁾　南近四十餘里⁸¹⁾回互往來⁸²⁾西⁸³⁾望遠近臆度如斯是齊

---

67) 二十日: 〈울릉도〉에는 '二十一日'로 되어 있다.

68) 九月雪積交下: 〈울릉도〉에는 '九月二十八九日 雨雪交下'로 되어 있다.

69) 餘: 〈울릉도〉에는 '許'로 되어 있다.

70) 層立壁崖: 〈울릉도〉에는 '層巖壁立'으로 되어 있다.

71) 或有空缺: 〈울릉도〉에는 이 뒤로 '處'자가 더 있다.

72) 其周回二日方窮: 〈울릉도〉에는 '盖其周回二日方窮'으로 되어 있다.

73) 不過百五六十里乎旀: 〈울릉도〉에는 '不過百五六十里之地是乎旀'로 되어 있다.

74) 有篁竹田土處是遣: 〈울릉도〉에는 '有篁竹田三處　東西北三方　亦有篁竹田　十一處是遣'으로 되어 있다.

75) 海長竹叢生於一面: 〈울릉도〉에는 '而海長竹叢生於一面是齊'로 되어 있다.

76) 霽雨罵捲: '霽雨罵捲'에서 罵자는 '雲'의 오류인 듯하다. 〈울릉도〉에는 '雲'으로 되어 있어 해석에 참조했다.

77) 岌崇相面: 〈울릉도〉에는 '岌嶪相向'으로 되어 있다.

78) 不過三百餘里: 〈울릉도〉에는 '遠不過三百餘里'로 되어 있다. 그리고 이 뒤로 '而南北兩方 則杳茫無際 水天一色是齊 自中峰 西至海濱 三十餘里 東至二十餘里'33자가 더 있다.

79) 二: 〈울릉도〉에는 '三'으로 되어 있다.

80) 北至二十餘里: 〈울릉도〉에는 순서가 '南近四十里 北至二十餘里'로 되어 있다.

81) 南近四十餘里: 〈울릉도〉에는 '南近四十里'로 '餘'자가 없다.

西望大谷中[84] 有一人居基地三所[85] 又有人居基地[86]二所 東南長谷 亦有人
居基地七所[87] 石葬十九所[88] 船泊處 則東南間洞口 僅容四五隻之處[89] 而東南
岸[90] 則亦非可藏處是遣 此處有三釜三[91]鼎 而二釜一鼎 則破傷體樣 非我國之
制也[92] 鼎則無足無盖 可炊二斗米[93] 釜則廣經[94]尺許 深可二尺 容盛四五桶[95]
西方[96]大谷 溪澗成川沿邊開豁 此處爲最 而所泊處[97] 船隻可避東南風[98] 而西
風難避[99] 無非在前泊船之所[100] 又有一鼎 可炊米斗[101] 亦是彼物[102] 北邊岸

---

82) 回互往來: 〈울릉도〉에는 '互回往來'로 되어 있다.

83) 西: 〈울릉도〉에는 '四'로 되어 있다.

84) 西望大谷中: 〈울릉도〉에는 '西邊大谷間'으로 되어 있다.

85) 有一人居基地三所: 〈울릉도〉에는 '有人居基址三所'로 되어 있고 그 아래 '北邊長谷' 4자
가 더 있다. 그리고 〈울릉도〉에는 '基地'의 '地'자가 '址'로 되어 있는데, 이하도 마찬
가지다.

86) 地: 〈울릉도〉에는 '址'로 되어 있다.

87) 東南長谷 亦有人居基地七所: 〈울릉도〉에는 '西南間大谷 有基址七所'로 되어 있다.

88) 所: 〈울릉도〉에는 이 아래 '是齊'가 더 있다.

89) 東南間洞口僅容四五隻之處: '東南間口僅容四五隻之處'로 되어 있는데, 〈울릉도〉에 의거
하여 '洞'자를 보충했다. 〈울릉도〉에는 '處'자가 '地'로 되어 있다.

90) 岸: 〈울릉도〉에는 '風'으로 되어 있다.

91) 三: 〈울릉도〉에는 '二'로 되어 있다.

92) 則破傷體樣非我國之制也: 〈울릉도〉에는 '則破釜鼎傷體樣 非我國之制也'로 되어 있다.

93) 可炊二斗米: 〈울릉도〉에는 이 앞에 '其大' 2글자가 더 있다.

94) 經: 〈울릉도〉에는 '徑'으로 되어 있다.

95) 容盛四五桶: 〈울릉도〉에는 '容盛水五六桶是齊'로 되어 있다.

96) 方: 〈울릉도〉에는 '邊'으로 되어 있다.

97) 而所泊處: 〈울릉도〉에는 '而所泊船處'로 되어 있다.

98) 船隻可避東南風: 〈울릉도〉에는 '可避東南北風'으로 되어 있다.

99) 而西風難避: 〈울릉도〉에는 '而西風 則難避'로 되어 있다.

100) 無非在前泊船之所: 〈울릉도〉에는 '元非船泊之所而'로 되어 있는데, '元'이 맞는 듯하여

上[103] 有轆轤 亦非我國所造[104]

島中崗巒重疊 而山腰以上 則皆是石角 以下則土山 而山勢絕險 洞壑深邃
樹木連抱[105]參天而蔽日者 不知其幾許[106] 積年空棄之地 人跡不到 故藤葛盤結
朽草木添阜 排擠錯絕[107] 卒非人所可通逕[108] 小小澗谷不可窮探[109] 所謂樹木
盡是冬栢紫檀側柏黃薜·金木[110]嚴木槐木榆木楮椒楓桂樹栢之類[111] 而其中冬
紫檀最多[112] 松木眞木[113]榛木橡等木段[114] 終無一株 而羽則烏鷗 毛則猫
兒[115]而已 此外 別無飛走之屬[116] 旣無人居 又無木實可食 而[117]水族則只有

이에 근거하여 해석했다.

101) 可炊米斗:〈울릉도〉에는 '可容斗米之炊'로 되어 있다.

102) 亦是彼物:〈울릉도〉에는 '亦是彼物是乎㫆'로 되어 있다.

103) 北邊岸上:〈울릉도〉에는 '北邊浦岸上'으로 되어 있다.

104) 亦非我國之所造:〈울릉도〉에는 '亦非我人所造是齊'로 되어 있다.

105) 樹木連抱:〈울릉도〉에는 '連抱樹木'으로 되어 있다.

106) 不知其幾許:〈울릉도〉에는 이 아래 '哛不喩' 세 자가 더 있다.

107) 藤葛盤結 朽草木添阜 排擠錯絕:〈울릉도〉에는 '藤葛盤結 有難排躋'로 되어 있으므로 이
를 참조하여 해석했다.

108) 卒非人所可通逕:〈울릉도〉에는 '卒非人力之所可通逕'으로 되어 있다.

109) 小小澗谷不可窮探:〈울릉도〉에는 '小小澗谷 不暇窮探是齊'로 되어 있다.

110) 金木:〈울릉도〉에는 '金桐木'으로 되어 있다.

111) 嚴木槐木榆木楮椒楓桂樹栢之類:〈울릉도〉에는 '嚴木槐木椴木桑榆楮椒楓檜樹栢之類'로 되
어 있다.

112) 而其中冬紫檀最多:〈울릉도〉에는 이 뒤로 '是乎㫆' 세 자가 더 있다.

113) 眞木: 원문은 '直木'으로 되어 있는데,〈울릉도〉에는 眞木으로 되어 있다.

114) 榛木橡等木段:〈울릉도〉에는 '榛橡木木段'으로 되어 있다.

115) 猫兒:〈울릉도〉에 '猫鼠'로 되어 있다. '猫鼠'가 맞는 듯하다.

116) 此外別無飛走之屬:〈울릉도〉에는 '此外 他無飛走之屬是乎所'로 되어 있다.

鮫魚[118] 而沿邊石堆處 或十或百 成群穴居 大如駒犢 少如犬豕[119] 間有生鰒
付諸岸磧者[120] 體小味薄[121]

　四方浦邊 破船板木片片飄着者 　處處有之 　而或鐵釘[122]或木釘[123]或腐傷
者[124] 而審其稍木[125]之制 則彼我無別 已爲裂破 而東南崖岸 漂散最多[126] 竹
田東南麓三處[127]最多[128] 而每處可落皮牟三十餘石[129] 且兩田斫竹尤多 其傍斫
置數千竿[130] 而或有陳枯者 或有未乾者[131] 自東南間 從谷中向竹田十五里許
有小路處 此必取竹者往來逕[132]

---

117) 而: 〈울릉도〉에는 '而'자 아래로 '然是乎喻 亦甚可怪是齊' 10자가 더 있다.

118) 鮫魚: 〈울릉도〉에는 '可支魚'로 되어 있다.

119) 少如犬豕: 〈울릉도〉에는 이 뒤로 '是乎旀' 세 글자가 더 있다.

120) 間有生鰒付諸岸磧者: 〈울릉도〉에는 '間有生鰒之付諸岩磧者'로 되어 있는데, '岩磧'이 맞
　　는 듯하여 이에 근거하여 번역했다.

121) 體小味薄: 〈울릉도〉에는 '體小而味薄'으로 되어 있다.

122) 而或鐵釘: 〈울릉도〉에는 '而或着鐵釘'으로 되어 있다.

123) 或木釘: 〈울릉도〉에는 '或着木釘'으로 되어 있다.

124) 或腐傷者: 〈울릉도〉에는 '或有腐傷者'로 되어 있으며, 그 아래 '而審其稍木之制 則彼我
　　無別 已爲裂破' 16글자는 없다.

125) 稍木: '稍木'으로는 의미가 통하지 않는다. '梢木'의 오류인 듯하다.

126) 漂散最多: 〈울릉도〉에는 '漂散最多是齊'로 되어 있다.

127) 竹田東南麓三處: 〈울릉도〉에는 '竹田中東南麓三處'로 되어 있다.

128) 多: 〈울릉도〉에는 '大'로 되어 있다.

129) 而每處可落皮牟三十餘石: 〈울릉도〉에는 '而每處可落皮牟三十餘石乎旀'로 되어 있다.

130) 其傍斫置數千竿: 〈울릉도〉에는 '其傍斫置者 無慮數千竿'으로 되어 있다.

131) 或有未乾者: 〈울릉도〉에는 이 아래 '是齊 自東南間溪谷中 向南至竹田 有十五里許小路 此
　　必取竹往來之逕是齊' 총 31글자가 더 있다.

132) 此必取竹者往來逕: 〈울릉도〉에는 '此必取竹往來之逕是齊'으로 되어 있다.

大抵環一島皆名[133]山 四面壁立 又斷缺處[134] 則兩峽成間 流水潺湲而已 只一西方山麓 開成洞門[135] 大川流出 而沙礫堆積 不能成浦 船泊甚難[136] 中有峰巒嵯峨 洞壑回互 雖無寬豁處 猶可開疊[137] 至於殘山平峽[138]處 或有人居基地[139]石葬 而墓木連抱[140] 大槪島在三千里海洋之中 船隻不得任意往來 則雖有彼國橫占之擧 除防無策 欲設堡鈇[141] 則人民無止接之策 所謂開疊處 樹木陰翳[142] 藤葛成藪 九月積雪 寒氣倍冬

夜半風殘之時 依然如兒啼女哭之聲 喧嘩碎長之聲 錚錚耳邊 漸近船頭 擬其魍魎海毒之擧妖 或慮率備[143]犯之患 吹囉[144]放砲擊鼓作聲 則瞬息不聞

環島之時 至一處 日暮 繫船巖下 炊飯次船 則沙磧履磨中有遝之狀 與安愼徽 同步行三里許 則自中峰 逶迤一脉山麓 都是層巖高壁 而至逶開豁 由此路望見 則連及山腰 疊石成穴 與愼徽相議曰 此穴不無害人毒物 移船於他處矣

---

133) 名: 〈울릉도〉에는 '石'으로 되어 있다. '石'이 맞는 듯하다.

134) 又斷缺處: 〈울릉도〉에는 '而少有罅缺處'로 되어 있다.

135) 只一西山方麓開成洞門: 〈울릉도〉에는 '只一西方山麓 開成洞門'으로 되어 있다.

136) 難: 〈울릉도〉에는 '艱是乎旀'로 되어 있다.

137) 疊: '疊'의 오자인 듯하다. 〈울릉도〉에는 '開疊'이 '開墾是乎旀'로 되어 있다.

138) 峽: 〈울릉도〉에는 '夷'로 되어 있다.

139) 地: 〈울릉도〉에는 '址'로 되어 있다.

140) 而墓木連抱: 여기까지가 〈울릉도〉와 같다. 이하는 〈울릉도 사적〉에만 보인다.

141) 鈇: 전후 맥락을 따져볼 때 '壘'가 맞는 듯하다.

142) 翳: 원문에는 '翳'로 되어 있는데, 오자이므로 바로잡았다.

143) 備: '侵'의 오류인 듯하다.

144) 吹囉: '吹囉'로는 의미가 통하지 않는데, '吹螺'의 오류인지 불명확하다.

到三更後 天雨猝下 風浪大作 震雷電光 動山掀海 俄以雨止 煙霞滿島 遙聞
巖穴中衆人之聲 立於船頭望見 則燈燭煒煌 明日食後 欲知其夜聞異狀 更泊其
處 使軍官朴忠貞及砲手二十餘名 探知次入送巖穴 則久而不出 疑其陷坎 使人
呼出 則忠貞先出曰 穴內三十餘步 豁然開敞 四層築砌 累石皆鍊磨 玉色有文彩
也 十餘間瓦家 甚極奢麗 丹靑及戸牖之制 非泛然我國構屋之規 則模樣大異 無
他見物 而近入簷下 則如硫黃腐肉之嗅 滿鼻敝口 不能遠行 亦分明說道是去乙
僉使多率船卒六十餘名 親自入見 果如忠貞所告 屋上藤葛盤結之中 階砌庭域之
內 蕭灑無一累之塵 非人所居處 則强入非關弥不喩 心迷宜不忍近入簷下

回船之日 自中峰霞氣漸廣 及於海中 大如東山 不知何物 浮沈數度 超出半
空 向入山中 風雨大作 非電震之聲 而動如崩山之狀 此其他島有異者也

所謂竹田處處有之 而上項四千處段 小處二十餘石落只之地 大處三十餘石落
只 而皆可引水作畓處是齊 樹木中紫檀 可作棺板 皆在於山腰落巖之間 古昔人
民居基地 宛然未泯 則其爲空棄 不過百餘年之前 溪有洞口 若慮備寇之策 則一
夫當百夫之地 彼船雖欲久爲結船 而風浪若開 則船必不保之勢
登島山峰 審望彼國之域 則杳茫無眼杓之島 其遠近未知幾許 而地形似在於
彼我間 鼎釜取竹之路 彼人所爲 緣由馳報狀

壬寅[145]春 外後裔 永陽 申光璞 書

145) 1722년 경종 2년을 말한다.

蔚陵島事蹟

甲戌九月日江原道三陟營將張漢相馳
報內蔚陵島被討事去九月十九日巳時
量自三陟府南面莊五里津待風所發船
緣由曾已馳報爲有在果僉使與別遣譯
官安愼微領來諸役人及沙格幷一百
五十名騎船各一隻汲水船四隻良中
其大小分載同日巳時量四西風開洋是

如乎戌時到大洋中波濤險巇之勢五里
許二處是乎所必是水宗而諸波浪所觸
潑散無適所向是如乎同月二十日子時
漸入深洋黑雲自北蔽天而電光閃爍影
激波心狂風猝起怒濤翻空而雲
海相盪而衆船若浮若沒危險罔狀舡
中之人莫不失措舉倒之際騎船舵木
又從而折破無制船之策難以櫓木

真揷於尾及左右㪁以爲力是乎乃慮敗
之患迫在須臾是如乎風雨漸息天又向
曙島在北方水勢東走船中之人因此甦
醒盡力櫓役轉展向島巳時艱到島之南
繫纜石角暫時下陸炊飯之際汲水船四
隻稍後來到而卜船段不知所向是如乎
酉時又自南洋而到各船俱得免蕩而南
岸無船泊處東南間澗口內止宿自二十

日至十月初三日留住之間恒雨少日九
月雪積交下中峯腰上雪積尺餘是齊島
之四方乘船審度則巉巖撑空層立壁岸
或有空缺澗水成川流似是大旱不渴而其
間細流乾涸不可殫記是齊其周回二日
方窮則其間道里不過百五六十里字旅
南濱海邊有篁竹田庭是遣東方五里
許有一小島不甚高大海長竹叢生於一

面霽而嵐捲之日入山登中峯則南北兩
峯岌崇相面此謂三峯也西望大關嶺
逶迤之狀東望海中有一島杳在辰方而
其大未滿蔚島三分之一不過三百餘里
北至二十餘里南近四十餘里回互往來
西望遠近臆度如斯是齊西望大谷中有
一人居基地三處又有人居基地二所東
南長谷亦有人居基地七所石葬十九所

北邊巖上有轆轤亦非我國所造島中崗巒
嶺重疊而山腰以上則皆是石角以下則
土山而山勢絶險洞壑深邃樹木連抱參
天而蔽日者不知其幾許積年空棄之地
人跡不到故藤葛盤結草木添阜枝柯擁
腫錯絶卒非人所可通逕小二澗谷不可窮
探而謂樹木盡是冬栢紫檀側栢黃蘗金
木嚴木梶木槠木擠桑榴桂樹栢之類而

其中冬柏紫檀最多松木直木榛木楓等木
段終無一枺而羽則烏鵲猫兒而已
此外別無飛走之屬鳧鷗無人居又無尤寶
可食而水族則只有魰魚而沿邊石堆處
或十或百成群穴居大如駒犢小如犬豕
間有生鰒付諸巖磧者體小味薄四方浦
邊破船板木片或鐵釘或裝著而審其稍木
段鐵釘或木釘或傷着而審其稍木之制

船泊處則東南間口僅容四五隻之處而
東南巖則亦非可蔵處是遣此處有三釜
三鼎而二釜一鼎則破傷體樣非我國
制也鼎則無足無盖可炊二斗米釜則廣
經尺許深可二尺容盛四五桶西方大谷
溪澗成川沿邊開闊此處最爲盛而舡泊
船隻可避東南風而西風難避無非是在前
泊船之所又有一㪁可炊米斗亦是俊物

則彼我無別已爲梨破而東
最多竹田東南麓三處最多每麓可落
交年三十餘石且兩田所竹无多其傍斫
置數千莖而或有跰枯者或有未乾者自
東南間從谷中向竹田十五里許有小路
慶此必取竹者往來大逕琛一島皆以名
山四面皆壁立只一西方山麓開成洞門大川
溪邊石已只一西方山麓開成洞門大川

流出而沙磧唯積不能成浦船泊甚難中
有峯巒嶐峨城洞堅四互雖無寬豁處猶可
開疊至於殘山平峽或我有人居基地石
葵而墓不連抱大槩島在三千里海洋之
中船隻不得任意往來則雖有依國橫占
之弊除防無策欲設堡鐵則人民無止接
之策所謂開墾屋樹水陰醫藤萬成蕢九
月積雪寒氣倍冬夜半風殘之時依然如

見歸女哭之聲喧嘩碎長之聲錚錚耳邊
漸近船頭擬其魍魅海毒之翠妖或慮率
僧犯之患吹罷放砲擊敲作聲則瞬息不
開環島之時至一處有著繁船嚴下炊飯
次船則沙磧複磨中有連之狀與安慎微
同步行三里許則自中峯逶迤一脈山麓
都是層巖高壁而至連開路田此路望見
則連及山腰置石成穴與慎徹相議曰此

穴不無舂人毒物移船於他處夫到三更
後天雨釋下風浪大作震雷電光動山嶽
海滅以而止烟霞滿島遠巖灾中衆人
之聲立於船頭望見燈燭熀煌明日食
後欲知其夜開異狀史泊其處使軍官科
忠貞及砲手二十餘名探如次八送農灾
先出日穴丙三十餘尖瑳然開敞四層條

砌累石皆鍊磨玉色有文彩也十餘間瓦
家甚挻奢麗丹青及戶牖之剖非泛泥我
國搆屋之規則樸樣大異無他見場而延
入簷下則如硫黃馬囱之蕢滿臭敢口不
能逐行市分明說道是去乙無使多牢船
卒六十餘名親自八見果如忠貞所苦屋
上藤葛盤結之中階砌庭城之內蕭瀟無
一累之塵非八所居處則強八非關仝不

喻心逶宜不忍近八簷下回船之日自中
峯霞氣漸廣於海中大如束山不知何
物浮沉毀度超出羊空向八山中風雨大
作非電震之聲而動如崩山之狀此其他
島有異者也所謂竹田處處有之而上項
四十慶段小處二十餘石落只之地大處
三十餘段石落只而晉可引水作當慶是
樹木中紮禮可作棺板皆在於山腰落巖

之間古昔人民居基地宛然未泯則其為
空橐不過百年之前滾有洞口若慮備
罠之築則一夫當百夫之地彼船難欲久
為結船石風浪若開則船必不保之磐登
島山峯寨聖彼國之域則杳茫無眼物之
後欲知未知衆許而地形似在於彼我
閒靠釜取竹之路彼人游為綠山馳報狀
壬寅春外後裔永陽申先璞書

박쉐당의 〈울릉도鬱陵島〉(1696 이후)

1. 〈울릉도〉 번역문

울릉도 -신라사新羅史[1]에 이르기를, "우산국于山國이니, 도명島名은 울릉이다. 땅은 사방 백리이다"라고 했다.-

어떤 이는 울릉鬱陵을 '무릉武陵'이라 하고 '우릉羽陵'이라고도 한다. (육지의-역자 주) 높은 곳에 올라가 바라보면 (울릉도의-역자 주) 세 봉우리가 우뚝 솟아 있는데, 남쪽 봉우리가 약간 낮다. 해가 떠오를 무렵 풍랑 없이 고요하면, 봉우리들이 짙푸르고 바윗골이 드러나 모래톱의 수목樹木을 또렷이 볼 수 있다. 신라 지증왕智證王은 우산국이 험한 지세를 믿고 복종하지 않는다는 말을 듣고, 이찬伊飡 이사부異斯夫를 아슬라주 군주阿瑟羅州軍主 -아슬라는 강릉-로 삼아 토벌하러 보냈다. 이사부가 이르기를, "우산국 사람들은 어리석고 완악한 데다 험한 지세를 믿고 있으니, 힘으로 복종시키기는 어렵고 계책으로 항복시키기는 쉽습니다"라고 했다. 그리고는 나무로 된 사자獅子를 많이 만들어 전함戰艦에 나누어 싣고 가서 그들을 속여 말하기를, "너희들이 빨리 항복하지 않으면 이 짐승들을 풀어놓

---

1) 《삼국사기》권4, 〈신라본기〉 제4, 지증마립간을 말한다.

아 밟혀 죽게 하겠다"고 하자, 우산국 사람들이 두려워 항복했다.

　고려 태조 13년에 섬사람이 백길白吉과 토두土豆를 보내 토산물을 바쳤
다. 고려 의종毅宗2)이 우릉도가 땅이 비옥하고 넓어 고을을 세울 만하다
는 얘기를 듣고, 명주도 감창溟州道監倉 김유립金柔立을 보내 가서 살펴보
게 했는데, 김유립이 돌아와 아뢰기를, "섬 가운데 큰 산이 있는데, 산마
루에서 동쪽으로 바닷가까지는 1만 1천3)여 보步요, 서쪽으로는 1만 3천여
보4), 남쪽으로는 1만 5천여 보, 북쪽으로는 8천여 보입니다. 촌락이 있던
터가 일곱 군데 있고 석불石佛과 철종鐵鍾, 석탑石塔이 더러 있었습니다.
시호柴胡5)와 고본藁本6), 석남초石南草가 많이 자라고 있으나 토질은 대부
분 암석이라 백성들이 살 수 없습니다"고 하여, 결국 의논이 중지되었다.
그 후 최충헌崔忠獻7)이 헌의하기를, "무릉武陵은 토양이 비옥하고 진귀한
나무와 해산물이 많다고 하므로 사신을 보내 조사시켰는데, 촌락과 가옥
이 있던 터가 완연하므로 동군東郡의 백성들을 옮겨 살게 했습니다. 사신
이 돌아오면서 바다의 진귀하고 특이한 물건들을 많이 가져와 바쳤습니
다. 그 뒤 여러 번 풍랑에 배가 전복되어 많은 사람들이 죽었습니다"라고

---

2) 《신증 동국여지승람》에는 의종 13년(1159), 《고려사절요》에는 11년(1157)으로 되어
　있다.

3) 《신증 동국여지승람》에는 '일만 여 보'로 되어 있다. 개리 레드야드는 10,800보를 30
　리, 1息(12.9km)으로 보고 있다(개리 레드야드 저, 장상훈 옮김, 《한국고지도의 역사》,
　176쪽), 경국대전에는 1步는 6尺(1.386m), 1丈은 10척(2.31m), 180장이 1리(415.8m),
　30里가 1息(12.474km)로 되어 있다(이기봉, 《조선의 지도천재들》, 새문사, 2011, 44쪽).

4) 원문에는 없는데, 《신증 동국여지승람》에 의거하여 번역했다.

5) 참나물의 뿌리를 말하는데, 주로 외감外感·학질瘧疾 등에 쓰인다.

6) 잎은 백지白芷 같고 향기는 궁궁이 같으나 잎이 가늘고 뿌리 위와 싹 아래가 짚[藁]
　과 비슷한 것이 특징이다(《증류본초》).

7) 《고려사》에는 최이로 되어 있다.

하여 결국 백성들을 쇄환시켰다.

　본조本朝의 태종대왕 때, 도망해 들어가는 유민流民들이 매우 많다는 얘기를 듣고는, 삼척사람 김인우金麟雨를 안무사按撫使[8]로 삼아 백성들을 쇄출刷出하고 그 땅을 비워두게 했다. 김인우가 말하기를, "섬의 토지가 비옥하여, 대나무는 다리기둥처럼 굵고, 쥐는 고양이 만하며, 복숭아씨는 됫박보다 큰데, 모든 것들이 다 그렇게 큽니다"고 했다. 세종대왕 20년에, 울진현사람 남호南顥로 하여금 수백 명을 거느리고 가서 도망간 백성들을 찾아 잡아오게 하니, 김환金丸 등 70여 명을 사로잡은 채로 모두 데리고 나왔다. 성종대왕 2년에는 (울릉도 외에-역자 주) 따로 삼봉도三峯島가 있다고 고하는 자가 있어 박종원朴宗元을 보내 찾아보게 했으나 풍랑 때문에 정박하지 못하고 돌아왔다. 같이 갔던 배 한 척이 우릉도羽陵島에 정박했다가 큰 대나무와 큰 전복을 가지고 돌아와 아뢰기를, "섬 안에는 사는 사람이 없습니다"라고 했다.

　승려를 만난 적이 있는데, 그가 직접 이런 말을 했다. "임진년의 난리[9]에 일본에 포로로 잡혀 들어갔다가 병오년[10]에 왜선倭船을 따라 울릉도에 갔었는데, 섬에는 큰 산들이 있고 봉우리 세 개가 더 우뚝 솟아 있었다. 섬은 삼면이 모두 만 길 높이로 우뚝 서있는데 남쪽만 조금 넓게 트여 있었다. 수많은 산들이 마치 개의 이빨처럼 짱짱하게 물밑으로 늘어서 있고, 뱃길은 매우 험하고도 비좁아 들어가기가 어려웠다. 해안으로 가보니

---

8) 지방에 변란이나 재난이 있을 때, 왕명으로 파견되어 백성을 안무安撫하는 임시직을 말한다.

9) 1592년의 임진왜란을 말한다.

10) 1606년(선조 39년)을 말한다.

백사장이 평평하게 펴져 있고 커다란 소나무들이 줄지어 자라고 있었으며 산은 앞이 트여 멀리까지 바라보였다. 강물이 흐르고 있어 강을 따라 십여 리를 가보니 운당資簹(왕대)이 숲을 이뤄 하늘이 보이지 않을 정도였다. 대나무가 큰 것은 들보 만했고 작은 것도 서까래나 깃대보다 작지 않았다. 다시 숲을 뚫고 십여 리를 가니 대숲이 있는데 그 높이와 크기가 운당처럼 컸다. 대숲을 뚫고 나가자 들판이 넓게 뻗어 있고 마을터가 있던 흔적이 있었다. 산에는 진기한 나무와 약초가 많아 왜인(倭人)이 한창 대나무를 베고 약초를 캐고 있었다. 배에 남아 지키고 있었는데, 옆 배에 마침 같이 포로가 된 사람들 일곱 명이 있기에 밤에 함께 이야기하다가 날이 밝을 무렵 배를 띄워 나왔다. 해가 신시申時[11]밖에 안 되었는데 벌써 영해寧海땅에 이르렀다."

(승려의 말이 사실이라면-역자 주) 두 섬[12]이 여기[13]에서 그다지 멀지 않아 한번 큰 바람이 불면 이를 수 있는 듯하다. 우산도于山島[14]는 지세가 낮아 해기海氣가 아주 맑지 않거나 정상에 오르지 않으면 보이지 않는다. 울릉이 (우산도보다-역자 주) 조금 더 높아 풍랑이 잦아들면, 이따금 사슴과 노루들이 바다건너 (육지로-역자 주) 오는 것을 예사로 볼 수 있다. 아침 해가 세 길 높이로 떠오를 즈음이면, 섬 안의 누런 참새들이 죽변곶竹邊串[15]으로 무리지어 날아온다. -섬 안의 죽실竹實이 때때로 떠내려 오는데 큰

---

11) 오후 3시에서 5시 사이를 말한다.

12) 여기서 두 섬은 울릉도와 우산도라는 것을 뒤의 문장으로 미루어 알 수 있다.

13) 위에서 영해를 이야기하고 있었으므로 영해 일대를 가리키는 것으로 추정된다.

14) 울릉도와 구분하여 말하고 있으므로 독도를 가리킨다.

15) 울진 근처 죽변을 말한다.

바둑돌 만하여 해녀들이 주워 잡패雜佩로 만들어 찬다. 운당16)과 대나무도 간혹 떠내려 오는데 마디 하나가 몇 자나 되는 것이 있어 전통箭筒(화살통)으로 쓰기에 적당한 것이 많다.-

강원도 삼척진 영장營將17)이 치보한 내용은 다음과 같다.

영동과 영남에 이미 바다의 선척船隻이 - 원문 빠짐 - 것으로 말미암아 부득이 배를 새로 건조建造해야 하는데, 물자와 인력이 부족하여 일을 마치기가 쉽지 않습니다. 8월도 이미 반이 지났고 바람도 거세져 염려스러울 뿐만 아니라, 배를 건조하는 동안 해로의 거리가 얼마나 되는지 정탐해 보겠다는 내용으로 일찍이 여쭌 적이 있습니다. 그리하여 이곳의 가볍고 빠른 작은 배 두 척을 골라 사격沙格18)과 식량을 지급하고 토착 군관軍官 중에 한 사람을 차정差定하여 바다를 건너가게 했습니다.

군관 최세철崔世哲이 돌아와서 말한 내용 가운데,19)

---

16) 죽竹과 구분되는 것으로 왕대를 말한다.

17) 조선조 때 각 진영의 으뜸 장관將官을 말한다. 총융청摠戎廳·수어영守禦營·진무영鎭撫營과 팔도의 감영監營·병영兵營에 소속되는 두 가지 계통이 있으나 그 대상은 지방 군대의 관리에 있다.

18) 사공沙工과 격군格軍을 이른다. 격군은 수부의 하나로 사공의 일을 돕는 사람이다. 선격船格이라고도 한다.

19) 이와 관련된 기록이 《비변사등록》에 보이는데 아래와 같다.
"비변사에서 아뢰기를, "삼척첨사 장한상張漢相이 지난달(9월) 19일 배를 띄워 울릉도에 도착했고 이달(10월) 6일 삼척에 돌아왔습니다. 9일에 군관을 시켜 비변사에 치보할 문서와 지도를 갖고 와서 바쳤습니다. 바람이 센 계절을 맞이하여 일행 원역員役이 모두 무사히 돌아왔으니 참으로 다행한 일입니다. 장한상이 올려 보낸 보고서 및 지도를 아울러 봉하여 올려 예람睿覽에 대비함을 감히 아룁니다"고 하니, 알

　"제가 분부대로 지난 달(8월-역자 주) 16일에 배에 올랐는데 두 척의 배
에 사격沙格을 모두 태우고 영하營下에서 바람을 기다리다가, 18일에 본진
本鎭 앞바다 80리 쯤되는 장오리진莊五里津[20) 어귀에서 하루를 머물렀습니
다. 그 후 20일 유시酉時쯤 다행히 순풍을 만나 두 척의 배에 돛을 동시
에 달고 바다로 나아가 밤새 배를 몰았더니, 다음날 일출 전에 섬 같은
것 하나가 구름 사이로 완연히 보였습니다. 해가 뜬 뒤엔 물안개가 아득
해 섬의 형체를 볼 수 없었는데, 동쪽으로 배를 몰 때 유시酉時쯤 큰 파
도가 배를 흔들어대는 바람에 거의 10여 리도 나아가지 못했습니다. 수지
水旨(물마루)[21)때문에 그런가 보다, 생각했습니다. 술시戌時쯤에 또다시 허
공을 때리는 사나운 파도를 만났는데 이것도 물마루 종류의 하나였습니
다. 또 하루를 보내고 22일 묘시쯤卯時[22) 큰 산 하나가 뱃머리를 가로막
고 임해 있기에 잠깐이면 도달할 수 있을 것으로 생각했습니다. 그러나
풍랑이 너무 거세 돛대가 아무 소용이 없어 출입과 진퇴를 하는 동안 자
연 지체되었습니다.

　미시未時[23)쯤에 겨우 그 섬의 북쪽 해안에 도달할 수 있었습니다. 지세
가 몹시 험해 정박할 곳을 찾기가 매우 어려웠으므로 바람이 약한 곳으
로 나아가 잠시 하선下船했는데, 산에 바위들이 우뚝 솟아 있고 아름드리
나무가 빽빽이 우거져 있어 위로는 하늘을 볼 수 없고 아래로는 발을 붙
일 수가 없었습니다. 정박한 뒤에는 바람이 순조롭지 않아 항해하기가 어

────────────

　　았다고 답했다"(《비변사등록》숙종 20년 10월 15일).

20) 《신증 동국여지승람》에는 "장오리포藏吾里浦가 삼척도호부 남쪽 62리에 있다"고 되
　　어 있다.

21) 수종水宗이라고도 하는데, 물마루 물이 높이 솟은 고비를 말한다.

22) 오전 5시부터 7시 사이를 말한다.

23) 오후 1시부터 3시 사이를 말한다.

려웠습니다. 섬의 동북쪽에 작은 산길이 있었는데, 표석을 세워놓은 곳이 아홉 군데 있었고 서로의 거리가 100여 보쯤 되었습니다.

다음 날(23일-역자 주) 바람이 가라앉은 뒤 남쪽 해안으로 돌아 정박하니 - 원문 빠짐 - 죽전竹田이 세 군데 있는데, 나무를 베어 취한 흔적이 제법 있고, 또한 몇 개의 - 원문 빠짐 - 벤 것과 내버린 것들이 있었습니다. 그 가운데 10여 개를 배에 실었습니다. - 원문 빠짐 - 또한 큰 가마솥 2개와 밥 짓는 솥 2개가 있었는데 그 모양새가 우리나라에서[24] 만든 것이 아니며, 배를 끄는 도르래 같은 기구도 있었는데 - 원문 빠짐 - 우리나라 사람이 만든 것이 아닙니다.[25] 바위틈에서 가지어可支魚가 졸고 있기도 하고 - 원문 빠짐 - 하고 있으므로 사람들이 두 마리를 몽둥이로 때려 죽여 가지고 왔습니다.

7~8일을 머물러 있는 동안 섬을 돌면서 두루 살펴보니, 100여 리의 땅에 불과하여 그 사이 걸어 다닐 만한 평탄한 곳이 있었으나 큰 나무가 삼대처럼 빽빽이 하늘을 찌르고 있어 결국 발을 디디지 못했습니다. 몸을 숨기고 들어갈 만한 몇 마장馬場의 땅도 있었으나, 몇몇 인정人丁들이 의구심을 품고 감히 들어가지 못해 결국 산을 오르지 못했습니다.

30일 축시丑時[26]에 마침 동풍을 만나 다시 배를 띄워 하루 종일 무사히 항해했습니다. 술시戌時쯤에 잠깐 번개가 치더니 광풍이 비를 몰고 와서 갑자기 파도가 거세졌으므로 배 한가운데서 돛대가 꺾여버렸고 후면의 판목板木이 쪼개져 버렸습니다. 배가 전복될 근심이 잠깐사이에 닥쳤기에 배안의 사람들은 분명 죽게 되리라 여겼었는데, 마침 숙마熟麻로 만든 큰

---

24) 원문에는 없으나, 〈울릉도 사적〉의 '又有一鼎 可炊米斗 亦是彼物'에 근거해 추정했다.
25) 이 부분도 원문에는 없으나, 〈울릉도 사적〉의 '有轆轤 亦非我國所造'에 근거해 추정했다.
26) 오전 1시부터 3시 사이를 말한다.

동아줄과 쇠못을 미리 준비했기 때문에 동아줄로 묶기도 하고 쇠못으로 고정시키기도 해서 간신히 위험한 상황을 벗어날 수 있었습니다. '광풍'이라는 것이 본디 동풍이기에 배는 나는 듯 나아갈 수 있었습니다.

9월 1일 술시쯤에 다행히 돌아와 정박했습니다. 왕복 거리를 통틀어 계산해 보니 주야로 모두 7일이 걸렸는데, 바다에는 배를 댈 만한 작은 섬 하나가 없으며, 이외에 달리 고할 만한 일이 없습니다."

라는 내용의 공초를 올렸습니다.

(군관 최세철이-역자 주) 왕복에 주야로 7일이 걸렸다고 했는데, 배가 작은 데다 돛의 폭도 좁아 풍력風力을 받는 것이 많지 않기 때문에 파도와 씨름하느라 자연 지체된 것입니다. 큰 배에 쌍범을 달면 작은 배보다는 분명 빠를 것입니다만, 7주야를 반으로 나누더라도 3일 남짓이 되므로 하루 만에 도달하기는 어려울 듯하니, 이것이 염려됩니다. 그리고 이미 갔다 온 사람들의 말을 들으니, 매번 여름에 바람이 순조로울 때 왕래하면 하루 낮과 하루 밤이면 도달할 수 있다고 하니, 《지리지》와 《여지승람》에 '순풍이 불면 이틀이면 도달할 수 있다'는 말이 참으로 근거가 있습니다. – 2~3자 원문 빠짐 – 이렇듯[27] 해가 짧은 때에는 결코 낮 동안에 도달할 수 없는데, 밤에 배를 몰고 가다 – 2~3자 원문 빠짐– 도착할 곳을 지나치기라도 하면 표류하게 될까 염려스럽습니다. 이미 베어져 있었다던 큰 대나무 – 2~3자 원문 빠짐 –가 왔다고 하기에 가져다가 살펴보니, 양남兩南에서 진상하는 – 2~3자 원문 빠짐 – 모양과 다름이 없었습니다. 그리고 때려 죽여 가지고 왔다는 가지어는 – 1~2자 원문 빠짐 – 발이 달려 있으

___
27) 원문은 'ㅁㅁㅁ此短髥'인데, 문맥을 살펴 '如'자를 보충하여 번역했다.

니, 이는 해구海狗(물개)나 점박이 물범과 같은 종류로 이름만 다른 것입니다. 평해平海와 통천通川 등지에 이런 종류가 많이 있다고 하니, 원래 희귀한 동물이 아닙니다. 모시풀과 미나리가 들판과 습지 사이에서 빽빽이 자라고 있다고 하니, 과거에 사람들이 살던 터였음을 알 수 있습니다. 여기저기 걸려 있는 부釜와 정鼎은 왜인들이 가지어를 잡아와 삶아 기름을 내고는 버리고 간 물건인 듯합니다. 또한 그것들이 녹슬고 이끼가 껴서 표면이 떨어져나갈 정도로 부식되었다고 하니 최근에 걸어 둔 것이 아닌 듯합니다. 이로써 그들이 늘 오갔던 게 아니라는 것을 알 수 있습니다. 저의 염려가 이와 같아 황공한 마음으로 감히 진달합니다. 배를 만드는 일은 하루 이틀사이에 다 마칠 수 있으니, 바람을 기다렸다가 배를 띄울 계획입니다. 연유를 아울러 치보합니다.

갑술년[28] 9월 2일 영장 장한상張漢相이 비국備局에 치보하다.

강원도 삼척진 우영장右營將은 다음과 같이 치보합니다.

울릉도를 수토하는 일로 지난 9월 19일 사시쯤 삼척부 남면南面장오리진莊五里津 어귀 대풍소待風所에서 배를 출발시킨 연유에 대해 일찍이 보고한 바 있습니다.

첨사僉使[29]는 별견역관別遣譯官[30] 안신휘安愼徽와 원역員役 여러 사람

---

28) 1694년(숙종 20)이다.

29) 병마兵馬 또는 수군 첨절제사水軍僉節制使의 약칭이며, 서반 종3품인 무관으로서 각

및 사격沙格, 모두 150명을 거느리고 와, 배의 크기에 따라 기선騎船과 복선卜船 각 1척, 급수선汲水船 4척에 나누어 태우고는 같은 날 사시巳時쯤 서풍을 타고 바다로 나아갔습니다. 술시戌時쯤 바다 한복판에 이르렀는데, 파도의 기세가 험한 곳이 5리 쯤되는 곳에 두어 군데 있었습니다. 필시 물마루[水旨]여서 (이로 말미암아-역자 주) 배들이 물결에 휩쓸려 일시에 흩어져버려 어디로 가는 지 알 수 없었습니다.

같은 달 20일 자시子時쯤 점차 깊은 바다로 들어가는데, 검은 구름이 북쪽에서부터 하늘을 가리고 번개가 번쩍이며 그 섬광이 파도 속까지 뚫고 들어가더니, 갑자기 광풍이 일고 바로 소나기가 쏟아지기 시작했습니다. 성난 파도가 공중으로 솟구치자 타고 있던 배가 뜰 듯 가라앉을 듯하여 위험하기 그지없었습니다. 배에 탄 사람들이 어쩔 줄 몰라하며 모두 정신을 잃고 쓰러질 즈음 기선의 키마저 부러져 배를 제어할 가망31)이 더더욱 없어졌습니다. 억지로 노목櫓木을 선미船尾와 좌우에 똑바로 꽂아 그 힘에 의지하여 버텨보려 했지만 금세라도 전복될 것 같았습니다. 비바람이 점차 잦아들고 동이 트려 하는데 섬은 북쪽에 있고 물살은 동쪽으로 흐르고 있어 이로 인해 배 안에 있는 사람들이 정신을 차리고는 있는 힘껏 노를 저어 이리저리 흔들리면서 섬을 향해 갔습니다. 사시쯤 어렵사리 섬의 남쪽 해안에 이르러 바위 모서리에 밧줄을 묶었습니다. 잠시 뭍에 내려 밥을 지을 때 급수선 4척이 남쪽에서 하나하나 도착했지만 복선卜船은 어디로 갔는지 알 수 없었는데, 유시쯤 또다시 남쪽 바다에서 (복선이-역자 주) 이르러 배들이 모두 화를 면할 수 있었습니다. 남쪽 해안에

지방 거진巨鎭의 진장鎭將을 말한다. 영장으로도 나오는데 장한상 자신을 가리킨다.

30) 특지에 의해 따로 파견한 왜어倭語역관을 말한다.

31) 〈울릉도 사적〉에는 '방법[策]'으로 되어 있다.

는 배를 정박할 곳이 없어 같은 날 초저녁에 배를 돌려 동남간 동구洞口에 배를 대고는 유숙했습니다.

그 후 21일[32]부터 10월 3일까지 머무는 동안 늘 비가 오고 맑은 날은 별로 없었습니다. 9월 28일과 29일에는 눈과 비가 번갈아 내렸는데, 중봉中峰[33]의 산허리에는 눈이 한 자 남짓 쌓였습니다. 섬의 사방을 배를 타고 돌면서 살펴보니, 깎아지른 절벽이 허공에 우뚝하고 바위들이 층층이 우뚝 서 있는데, 간혹 돌 사이로 빈틈이 있으면 거기서 새어 나오는 물이 물줄기를 이뤄 큰 가뭄에도 마르지 않을 것 같았습니다. 그 사이의 작은 물줄기나 계곡은 이루 다 기록할 수 없을 정도입니다.

대체로 섬은 이틀이면 다 돌아볼 수 있으니, 그 사이의 거리는 150~160리에 불과합니다. 남쪽 해안에는 황죽篁竹밭이 세 군데 있고, 동쪽과 서쪽, 북쪽 세 곳에도 황죽밭이 11군데 있었습니다. 그리고 동쪽으로 5리쯤 되는 곳에 작은 섬[34]이 하나 있는데 그다지 높고 크지는 않으나 해장죽海長竹이 한 쪽에 무더기로 자라고 있었습니다. 비 개이고 구름 걷힌 날, 산에 들어가 중봉에 올라 보니 남쪽과 북쪽의 두 봉우리가 우뚝 서로 마주하고 있었는데, 이것이 이른바 삼봉三峯입니다. 서쪽으로는 구불구불한 대관령大關嶺의 모습이 보이고, 동쪽으로 바다를 바라보니 동남쪽에 섬하나가 희미하게 있는데 크기는 울도蔚島의 3분의 1이 안 되고, 거리는 300여 리에 지나지 않았습니다. 남쪽과 북쪽 두 방향은 아득하여 물빛과

---

32) 〈울릉도 사적〉에는 20일로 되어 있다.

33) 성인봉을 말한다.

34) 울릉도 옆의 죽도를 가리킨다.

하늘빛이 같았습니다.

중봉에서 서쪽으로 바닷가까지는 30여 리, 동쪽으로는 20여 리, 남쪽으로는 거의 40리, 북쪽으로는 30여 리[35]이니, 섬을 돌며 왕래하면서 사방을 바라보니 원근이 이와 같았습니다. 서쪽의 큰 골짜기에는 사람이 살던 터가 세 군데, 북쪽의 긴 골짜기에도 사람이 살던 터가 두 군데, 동남쪽의 긴 골짜기에도 사람이 살던 터가 두 군데, 서남쪽의 큰 골짜기에도 사람이 살던 터가 일곱 군데, 돌무덤 터가 열아홉 군데 있었습니다. 배를 댈 곳으로는, 동남간의 동구洞口에 겨우 4~5척 정도 댈 수 있는 곳이 있지만, 동남풍이 불면 그곳도 배를 댈 만한 곳은 못 됩니다. 이곳에 부釜 3개와 정鼎 2개[36]가 있는데, 부 2개와 정 1개는 파손되었으며, 부와 정의 모양이 우리나라 양식이 아니었습니다. 정鼎에는 발도 없고 뚜껑도 없으며 두 말 쌀로 밥 지을 수 있을 정도의 크기이고, 부釜는 너비와 지름이 한 자 남짓에 깊이는 두 자 정도로, 물 5~6통桶[37]을 담을 수 있을 정도였습니다. 서쪽 큰 골짜기는 계곡물이 내를 이루고 있고 연변沿邊이 트여 있기로는 이곳이 제일입니다. 하지만 배를 대는 곳으로는 동풍, 남풍, 북풍은 피할 수 있지만 서풍은 피하기 어려우니 원래 배를 대던 곳은 아닙니다. 또 한 말의 쌀로 밥을 지을 만한 정鼎 하나가 있는데, 이 역시 저들[38]의 물건입니다. 북쪽 포구에 있는 도르래 역시 우리나라 사람이 만든 것이 아닙니다. 섬 안에는 산봉우리가 첩첩이 있는데 산 중턱 이상은 다 돌산이고 그 아래쪽은 흙산입니다. 산세가 매우 험하고 골짜기가 깊으며,

---

35) 〈울릉도 사적〉에는 20여 리로 되어 있다.

36) 〈울릉도 사적〉에는 3개로 되어 있다.

37) 〈울릉도 사적〉에는 4~5통으로 되어 있다.

38) 일본을 가리킨다.

하늘로 뻗쳐 해를 가릴 정도의 아름드리 수목이 부지기수일 뿐만 아니라 몇 년째 비워둔 땅에 인적이 닿지 않았기 때문에 칡덩굴이 엉켜 있어 헤집고 올라가기 어려우니, 사람의 힘으로 뚫고 지나갈 수 있는 길이 아닙니다.

소소한 계곡은 다 조사할 겨를이 없었습니다. 이른바 수목이라는 것은 모두 동백冬栢, 자단紫檀, 측백나무, 황벽黃蘗, 금오동나무, 엄나무, 홰나무, 자작나무, 뽕나무, 느릅나무, 닥나무, 산초나무, 단풍나무, 노송나무, 팽나무, 잣나무 따위인데, 그 가운데서도 동백과 자단이 가장 많고, 소나무, 참나무, 개암나무, 상수리나무 등은 한 그루도 없었습니다. 조류로는 까마귀와 갈매기, 동물로는 고양이와 쥐뿐이고, 이 밖에 다른 날짐승과 길짐승 따위는 없었습니다. 이는 사람이 살고 있지 않은 데다 먹을 만한 열매도 없어서 그런 듯한데, 이 또한 매우 괴이합니다. 어류로는 가지어可支魚만 있는데 해변가 돌무더기에 열 마리 또는 백 마리씩 무리 지어 혈거하고 있으며, 큰 것은 망아지나 송아지만하고 작은 것은 개나 돼지만합니다. 간간이 생전복이 물속 바위에 붙어 있는데 몸체는 작고 맛은 없었습니다.

사방의 포구에는 표류해 온 파선된 배의 판목 조각이 도처에 있었는데 어떤 것에는 쇠못이, 어떤 것에는 나무못이 박혀 있고 더러는 썩은 것도 있었으며, 동남쪽 해안에 제일 많이 떠다녔습니다. 대나무밭 중에는 동남쪽 산기슭의 세 곳이 가장 넓은데 어디든 겉보리 30섬〔石〕남짓 뿌릴 정도는 되었습니다. 그리고 그 가운데 두 곳에 베어놓은 대나무가 상당히

많았는데, 한 옆으로 베어둔 대나무가 무려 수천 간竿이나 되며 그 가운
데는 오래 말린 것도 있고 간혹 덜 마른 것도 있었습니다. 동남쪽에서부
터 골짜기를 따라 대밭 쪽으로 15리쯤 되는 곳에 작은 길이 나 있는데,
이는 필시 대나무를 가지러 사람들이 왕래하던 길일 것입니다.

　대체로 온 섬이 모두 돌산입니다. 사면이 절벽처럼 깎아지른 듯 서있
고, 조금 끊어진 곳이 있으면 양 골짜기 사이로 물줄기를 이뤄 물이 졸졸
흐르고 있을 뿐입니다. 다만 서쪽 한편의 산기슭이 터져 동문洞門을 이뤄
큰 내가 흐르고 있는데, 모래와 자갈이 쌓여 포구가 되지 못하는지라 배
를 대기가 몹시 어렵습니다. 섬 가운데에는 산봉우리들이 삐쭉삐쭉 서있
고 골짜기와 구렁이 감아 돌고 있어 넓게 탁 트인 곳이 없기는 하지만
그나마 개간을 할 수는 있습니다. 낮은 산의 평평한 곳에는 더러 사람이
살던 집터와 돌무덤이 있었습니다. 무덤가의 나무들은 아름드리나 되고[39]
무너진 담장에는 돌이 쌓여 있을 뿐이니 어느 시대에 거주한 것인지 알
수 없고, 낙엽이 흙이 되어버렸을 정도이니 인적이 끊어진 지가 몇 백년
인지도 알 수 없습니다.

　동남쪽 동구洞口, 배가 정박한 곳에서 대밭에 이르는 길에는 큰 나무의
껍질에 칼로 글자를 새겨놓은 흔적이 있습니다. 주병위住兵衛, 우사랑又四
郎, 미길彌吉 등 세 사람의 이름을 일본 글씨로 새겨놓았는데, 성과 본관
이 없는 걸로 보아 일본인 가운데 신분이 낮은 자의 소행인 듯합니다. 그
리고 새긴 흔적들이 완전히 아물어 자연스레 글자를 이룬 듯한 모습이니

---

39) '울릉도를 수토하는 일'부터 '아름드리나 되고'까지가 〈울릉도〉에 나오는 내용이며,
　　이하의 내용부터는 박세당의 글과 장한상의 글이 다르다. 장한상의 글에는 일본인
　　이름 언급이 없는 대신 동굴 속의 모습이 추가 되어 있다.

오래전에 새긴 것으로 생각됩니다. 또한 부서지거나 혹여 온전한 솥단지라도 녹이 슬고 이끼가 끼었으니, 근래에 설치한 것은 아닌 듯합니다.

이달 초 4일 미시쯤에 순풍이 부는 듯했습니다. 그러므로 배를 출발하여 서쪽 동구에 이르니 비가 부슬부슬 내리고 날도 어두워졌습니다. 그러나 10월의 동풍은 쉬 얻을 수 있는 바람이 아니므로 바다로 나아가 6척의 배가 일제히 출발했습니다. 자시 이전에는 횃불을 들어 서로 신호로 삼고 따라가다가 축시 이후에는 큰 배 1척과 작은 배 2척은 앞쪽에 있고 나머지 3척은 뒤쳐졌는데, 일출 후에도 가는 방향을 알지 못했으나 동풍은 그치지 않았습니다.

초 5일 해시亥時40) 끝 무렵에 곧바로 삼척 포구三陟浦口에 도착했고 뒤쳐졌던 작은 배 2척도 장오리莊五里의 대풍처待風處로 돌아왔으며, 큰 배 - 원문 빠짐 - 초 6일 묘시쯤 다시 삼척 포구로 돌아와 정박했거니와 - 원문 빠짐 - 높은 곳에 올라가 멀리 바라보면, 청명한 날에는 섬41)의 모습이 물위로 보일락 말락하고 - 원문 빠짐 - 멀어도 700~800리에 불과하다고 했는데42) 이번에 왕복 - 원문 빠짐 - 도달할 수 있었으니, 제주濟州와 비교하면 오히려 배나 멀었으니 - 원문 빠짐 - 그러나 배의 빠름과 더딤, 바람의 순조로움과 거셈은 - 원문 빠짐 - 또한 확정할 수 없습니다.

---

40) 오후 9시부터 11시 사이를 말한다.
41) 울릉도를 가리킨다.
42) 육지에서 울릉도간 거리를 700~800리로 보는 내용은 《성호사설》〈천지문〉'울릉도'에 나온다.

겨울에 바람 부는 날, 험한 바다를 건너 150명이 목숨을 보전할 수 있었던 것은 모두 나라의 음덕陰德이기에 왕복하는 동안의 어렵고 괴로운 정상은 한두 가지가 아니었지만 번거롭게 감히 세세히 진달하지 않겠습니다. 안신휘安愼徽는 본래 늙어 기력이 약한 사람인데 소갈병을 겪은 끝에 창병瘡病이 온 몸에 퍼진지라, 배에 오른 후 20여 일간 습종濕腫이 두 넓적다리에 번갈아 생겨 길에 오르기가 어려운 형편입니다. 그러나 복명復命에는 기한이 있는지라 억지로 수레에 태워 조금씩 가라는 뜻으로 분부하여 보냈습니다. 가지어는 때려잡아 가죽을 취해 대·중·소 3령領과 5자쯤 되는 황죽篁竹 4개, 자단향 2토막을 본도本道의 감영監營에 감봉監封하여 올려보내 비국備局에 전달하게 했습니다. 수토한 생목栍木의 좌척左隻 1편과 본도의 도형圖形 1본 및 《여지승람》 1권은 모두 군관이 가져가 올려보내게 했습니다.

저는 사흘 밤낮을 시달린 나머지 정신이 혼매하여 수습할 수 없을 뿐만 아니라 도형 1본을 그려내고자 했으나 이곳에는 도무지 화사畵師가 없습니다. 그러므로 부득이 일행 한 사람이 초본에 의거하여 여러 날을 그렸으나 결국 화호畵虎[43]에 이르러 이처럼 지체되고 말았으니, 황공함을 금할 길 없습니다. 연유를 아울러 치보馳報합니다.

---

43) 도형을 제대로 그려내지 못했다는 뜻이다. 후한後漢의 명장 마원馬援이 호협豪俠한 사람들과 교제하는 조카들에게 경계의 글을 보내 훈계하기를, "용백고龍伯高는 신중하고 위엄이 있는 사람이므로 그를 본받다가 되지 못하더라도 오히려 삼가고 조심하는 선비는 될 수 있으니, 이른바 '고니를 조각하다 이루지 못하면 그래도 고니와 비슷하게는 된다[刻鵠不成 尙類鶩]'는 것이다. 그리고 두계량杜季良은 호협한 사람이므로 그를 본받다가 되지 못하면 천하의 경박한 사람이 되고 말 것이니, 이른바 '호랑이를 그리다가 이루지 못하면 도리어 개를 닮는다[畵虎不成 反類狗]'는 것이다"고 말한 데서 유래했다(《後漢書》권24 〈馬援列傳〉).

2. 〈鬱陵島〉44) 원문

鬱陵島 – 新羅史曰45) 于山國島名鬱陵 地名46)百里 –

鬱陵47)或曰武陵亦曰羽陵48) 登高望之 三峯岌嶪撐空 而南峯稍低49) 日初出時 風恬浪靜50) 則衆峯攢靑 岩壑呈露 沙汀51)樹木 歷歷可指52) 新羅智證王 聞于山國負53)險不服 命伊飡異斯夫 爲阿54)瑟羅州軍主–阿瑟羅江陵– 往討之 斯夫以爲于山愚頑負險55) 難以力56)服易以計下57) 乃多造木獅子58) 分載戰艦誑

---

44) 서계 박세당(1629~1703)의 미간행 문집 안에 있는 글로서 장서각에 소장되어 있다. 미분류 자료이므로 장서각 목록에는 나와 있지 않다. 다만 장서각 디지털 아카이브의 《臥遊錄》에 같은 제목의 글이 들어가 있는데, 저자 미상으로 되어 있다. 《臥遊錄》 내용은 일부가 박세당의 〈울릉도〉와 동일하지만 장한상 기록은 들어 있지 않다. 여기서는 《臥遊錄》을 참고하여 교감했다. 원문은 본래 붙어 있으나 번역문에 맞춰 띄어쓰기를 해주었다.

45) '新羅史曰'부터 '地名百里'까지는 《삼국사기》〈신라본기〉 '지증마립간'조에 있는 내용인데, 약간의 글자 출입이 있다. 참고로 밝히면 다음과 같다. '于山國歸服 歲以土宜爲貢 于山國在溟州正東海島 或名鬱陵島 地方百里'

46) 名: 《삼국사기》 및 제 사서史書에는 '地方百里'로 되어 있다. '名'은 '方'의 오류인 듯하다.

47) '鬱陵'부터 '島中無人矣'까지는 약간의 글자 출입은 있으나, 《신증 동국여지승람》의 내용과 거의 같다.

48) 鬱陵或曰武陵 亦曰羽陵: 이 부분은 《신증 동국여지승람》과 《동국여지지》, 《지봉유설》에 있다. '一云武陵, 一云羽陵, 二島在縣正東海中……'으로 글자의 출입이 있으나, 의미가 크게 다르지 않은 부분은 그대로 두었다.

49) 低: 《신증 동국여지승람》에는 '卑'로 되어 있다.

50) 風恬浪靜: 《신증 동국여지승람》에는 '風日淸明'으로 되어 있다.

51) 汀: 《신증 동국여지승람》에는 '渚'로 되어 있다.

52) 指: 《신증 동국여지승람》에는 '見'으로 되어 있다.

53) 負: 《신증 동국여지승람》에는 '恃'로 되어 있다.

54) 阿: 《신증 동국여지승람》에는 '何'로 되어 있다.

之日 爾不急下[59] 當放此獸搏噬之[60] 國人恐懼來降

及高麗太祖十三年 島人使白吉土豆 獻方物 毅宗[61]聞羽陵地肥廣[62]可立州縣[63] 遣溟州道監倉金柔立往視 回啓[64]曰 島中有大[65]山 從山頂向東行至海濱一萬千餘步[66] (向西行一萬三千餘步[67]) 向南行一萬五千步 向北行八千餘步 有村落[68]基址七所 或有石佛鐵鍾石塔 多生柴胡藁[69]本石南草[70] 土多岩石[71] 民不可居 遂寢其議[72] 厥後崔忠獻獻議[73] 以武陵土壤膏沃[74]多珍木海錯 遣使視

---

55) 負險:《신증 동국여지승람》에는 '于山國人愚頑'으로 되어 있고 '負險' 두 글자가 안 보인다.

56) 力:《신증 동국여지승람》에는 '威'로 되어 있다.

57) 易以計下:《신증 동국여지승람》에는 '可以計服'으로 되어 있다.

58) 乃多造木獅子:《신증 동국여지승람》에는 '乃多以木造獅子'로 되어 있다.

59) 爾不急下:《신증 동국여지승람》에는 '汝若不服'으로 되어 있다.

60) 搏噬之:《신증 동국여지승람》에는 '踏殺之'로 되어 있다.

61) 毅宗:《신증 동국여지승람》에는 '毅宗十三年'으로 되어 있다.

62) 羽陵地肥廣:《신증 동국여지승람》에는 '鬱陵地廣土肥'로 되어 있다.

63) 可立州縣:《신증 동국여지승람》에는 '可以居民'으로 되어 있다.

64) 回啓:《신증 동국여지승람》에는 '柔立回奏云'으로 되어 있다.

65) 大:《세종실록》〈지리지〉에는 '泰'로 되어 있다.

66) 至海濱一萬千餘步:《신증 동국여지승람》에는 '至海一萬餘步'로 되어 있다.

67) 向西行一萬三千餘步: 원문에는 없으나《신증 동국여지승람》에는 9글자가 더 보이므로 보충했다.

68) 有村落: 결자缺字인데,《신증 동국여지승람》에 근거하여 보충했다.

69) 藁: 藁의 오자이다.

70) 南草: 결자인데,《신증 동국여지승람》에 근거하여 보충했다.

71) 土多岩石:《신증 동국여지승람》에는 이 앞에 '然'자가 더 있다.

72) 遂寢其議: 원문에는 '遂寢'으로 되어 있는데,《신증 동국여지승람》에 근거하여 '其議' 두 글자를 보충했다.

之　有村墟屋址宛然　□……□[75] 東郡民實之[76]　使還[77] 多以海中珍怪之物來獻

其後屢爲[78] 風濤所蕩覆舟人多物故　乃[79] 還其民[80]

　　及我朝　太宗大王時[81]　聞流民逃入者甚多　命[82] 三陟人金麟雨[83]　爲按撫使　刷

出空其地　麟雨言　島中土地沃腴　竹大如杠　鼠大如猫　桃核大於升　凡物稱是云

世宗大王[84] 二十年　遣縣人南顥[85]　率數百人　往搜連民　盡俘金丸等七十餘人出

來[86]　成宗大王[87] 二年　有告別有三峯島者　乃遣朴宗元往覓之　因風濤不得泊而

還　同行一船[88] 泊羽陵島[89]　只取大竹大鰒魚以歸[90]　啓曰[91] 島中無人[92] 矣

---

73) 厥後崔忠獻獻議: 원문에는 '厥後崔忠獻議'로 되어 있는데,《신증 동국여지승람》에 근거
하여 '獻'자를 보충했다.

74) 以武陵土壤膏沃: 원문에는 '陵土壤' 세 글자가 결자인데,《신증 동국여지승람》에 근거하
여 보충했다.

75) □……□: 결자를 표시하는데, □ 하나가 글자 한자를 나타낸다. 단 결자 수가 명확
하지 않은 경우에는 □……□로 표시하기로 한다.

76) □……□東郡民實之: 결자가 무엇인지 모르겠으나,《신증 동국여지승람》에는 '不知何
代人居也 於是 移東郡民 以實之'로 되어 있다.

77) 使還:《신증 동국여지승람》에는 '及使還'으로 되어 있다.

78) 屢爲: 결자인데,《신증 동국여지승람》에 근거하여 보충했다.

79) 乃:《신증 동국여지승람》에는 '因'으로 되어 있다.

80) 民:《신증 동국여지승람》에는 '居民'으로 되어 있다.

81) 太宗大王時:《신증 동국여지승람》에는 '太宗時'로 되어 있다.

82) 命:《신증 동국여지승람》에는 '再命'으로 되어 있다.

83) 雨: 원문에는 '兩'으로 되어 있는데 여러 사료에 근거하여 바로잡았다.

84) 世宗大王:《신증 동국여지승람》에는 '世宗'으로 되어 있다.

85) 遣縣人南顥:《신증 동국여지승람》에는 '遣縣人萬戶南顥'로 되어 있어 고쳤다. 원문에는
'金灉'로 되어 있고《세종실록》에는 '南薈'로 되어 있다.

86) 出來:《신증 동국여지승람》에는 '出來' 대신 '而還 其地遂空'으로 되어 있다.

87) 成宗大王:《신증 동국여지승람》에는 '成宗'으로 되어 있다.

嘗遇一僧 自稱壬辰之亂俘入日本 丙午隨倭船 至鬱陵島 島有大山 三峰

尤峻發 島三面皆壁立 萬仞 南邊稍開豁然 亂山若犬牙撐列水底 舟道極險

狹難入 登岸則白沙平鋪 長松列植 山開望濶 而江水流出 緣江行十餘里 則

篔簹作藪 不見天日 大若梁柱 小不減椽杠 又穿藪行十餘里 則有竹林 其脩

大若篔簹 竹林旣窮 而原野夷曠 有村居墟落 山多珍木藥草 倭方伐竹採藥

留渠守船 鄰船適有同俘七人 夜與相語 天將曉 發船以來 日纔晡 已到寧海

地面云 盖二島去此不甚遠 一飄風可至 于山島勢卑 不因海氣極淸朗 不登

最[93]高頂 則不可見 鬱陵稍峻 風浪息 則尋常可[94]見麋鹿熊獐往往越海出

來 朝日纔高三丈 則[95]島中黃雀群飛來投竹邊串 −島中竹實 時時漂出 形如大

博棊 海女拾之 爲雜佩 篔簹及竹 亦或漂出 一節有數尺者 宜箭筒比多有之−

江原道三陟鎭營將 爲馳報事

嶺東嶺南旣□□海船隻乙仍于[96] 不得已新造爲乎矣 物力不齊 畢役未易 而

八月已半 風高可慮敎不喩 船造間海路遠近偵探之意 曾已面稟爲有等以 擇取此

---

88) 船: 원문은 '舡'으로 되어 있는데 '船'의 속자이므로 '船'으로 고쳤다. 《신증 동국여지
승람》에도 '船'으로 되어 있다.

89) 羽陵島: 《신증 동국여지승람》에는 '鬱陵島'로 되어 있다.

90) 以歸: 《신증 동국여지승람》에는 보이지 않는다.

91) 啓曰: 《신증 동국여지승람》에는 '回啓云'으로 되어 있다.

92) 人: 《신증 동국여지승람》에는 '居民'으로 되어 있다.

93) 最: 결자인데, 장서각 아카이브자료에 근거하여 보충했다.

94) 尋常可: 결자인데, 장서각 아카이브자료에 근거하여 보충했다.

95) 三丈 則: 결자인데, 장서각 아카이브자료에 근거하여 보충했다.

96) 乙仍于: 이두인데, 현대문으로 고쳤다. 본문에 나오는 이두를 대략 예시하면 아래와
같다.

矣身, 敎不喩, 良中, 乙仍于, 爲乎矣, 段, 段置, 是齊, 是遣, 是如可, 是乎所, 是乎矣, 是白在果,
是白乎乃, 是白乎等以, 是白在, 是白乎旀, 爲白有在果, 爲白有臥乎所, 爲有等以, 爲臥乎事, 爲
臥乎味

處輕快漁小船二隻 給其格粮 而土着軍官中一人差定 渡海爲有如乎

軍官崔世哲 回還言內

　　矣身依分付 去月十六日乘船 而二隻具沙格 營下待風爲如可 十八日 本
鎭前洋八十里許 莊五里津頭 止宿一日後 二十日酉時量 幸得順風 二隻一
時 掛帆開洋 經夜行船 翌日日未出時 一點島形 宛然於雲際矣 日出後 雲
水微茫 不見其形 而向東行船之際 酉時量 驚濤蕩舟 十餘里間 幾不能渡
意謂水旨[97]而然是如乎 戌時量 又値怒濤排空 此亦水旨之一派是齊 又經一
宿 二十二日卯時量 有一泰山壓臨船頭 意謂頃刻可到 而波浪汹湧 帆檣無
力 出入進退之間 自致遲延 未時量 菫菫[98]得到其島北岸 則地勢絕險 船泊
處極難乙仍于 就其風殘處 暫時下陸 而山石巉岩 連抱之木 簇立掩翳 上不
能見天 下不着足 止泊後 風勢不順 有難行船是齊

　　島之東北 有小岐立石九所 而相距百餘步許是齊 翌日風殘後 回泊於南岸
則□有竹田三處 頗有斫取之跡 而亦有數□……□伐者抛棄者是乎 其中十
餘箇 載□……□爲有旀 又有大釜二坐 食鼎二坐 而體制非□□[99]之産是
乎旀 又有轆轤引船之機 而難□……□[100]人之所爲是齊 巖穴之間 可支魚
或睡或□□ 故諸人持杖搏殺二口以來爲有旀 淹留七八日間 環其島而周視
則不過百餘里之地 其間不無平坦可行之地 而大木如麻撑天 終不得着足 或
有數馬場竄身可入之地 而數少人丁 疑懼在心 不敢突入 終不得登山是齊
三十日丑時 適逢東風 還爲發船 而終日無事行船矣 戌時量 微有電光 狂風

---

97) 水旨: 〈울릉도 사적〉에는 '水宗'으로 되어 있다.

98) 菫菫: '僅僅'과 통용된다.

99) □□: '我國' 또는 '我邦'으로 추정된다.

100) □……□: '非我'로 추정된다.

驅雨 驚濤猝惡 帆竹折倒於船中 船後板木裂缺 傾覆之患 迫在斯須 船中諸
人 自分必死是如乎 熟麻大索及鐵釘 適有豫備 故或結或着 艱以得濟爲有
在果 所謂狂風 本來東風 故船隻如飛 九月初一日戌時量 幸得還泊是乎旀
往還道里 通計則晝夜並七日是乎矣 海中無他一點小島止泊是乎旀 此外別
無所告之事是如爲臥乎味

納招爲有臥乎所

往返之間晝夜七日是如爲有矣 以其小船 而帆幅亦少 所受風力不多 故與波
濤出沒 而自致遲延是在果 大船雙帆 必有愈於小船是乎矣 七晝夜雖半之 三日
有餘 則一日之間 似難得達 是則可慮是乎旀 且聞已行人之言 則每於夏月風和
時往來 而一晝一夜之間 方可得達是如爲臥乎所 地理誌輿地勝覽中 二日風便可
到之說101) 誠有所據是□……□102) 如此短晷 決不可白日可到 而黑夜行船 越
其□……□所着 則漂流可慮是齊 所謂已斫之大竹 □……□來爲有去乙 取而視
之 則無異於兩南進□……□大小是乎旀 且見所謂殺得以來之可支魚 則□有足
與海狗斑獺同類而異名者也 平海通川等地多有其種云 元非稀貴之物是齊 芋枝
芹莖叢蔿於原濕之間云 可想曩時人居之舊址是乎旀 釜鼎之排置者 似是倭人捉
得可支魚煮取其油而抛棄之物也 且聞鈸生苔蝕 已至剝落云 似非近年之所置 而
彼人之不常來往 據此可想是去乎 淺慮如是 惶恐敢陳是齊 船役則一兩日間 可
以畢役是乎所 待風發船計料 緣由並以馳報爲臥乎事

甲戌 九月 初二日　營將張漢相 馳報備局

───────────
101) 二日風便可到之說: 《신증 동국여지승람》에는 '風便 則二日可到'로 되어 있다.
102) □……□: 결자인데, '乎矣' 또는 '乎旀'로 추정된다.

江原道三陟鎭右營將 爲馳報事[103]

鬱陵島搜討事 去九月十九日巳時量 自三陟府南面莊五里津頭[104]待風所發船
緣由 曾已馳報爲有在果

僉使與別遣譯官安愼徽 領率員役各人及沙格幷一百五十名 騎卜[105]船各一隻
汲水船四隻良中 從其大小分載 同日巳時量 因西風開洋是如乎 戌時量到大洋中
波濤險巘之勢 五里許二處是乎所 必是水旨 而諸船爲波浪所觸 一時渙散 莫適
所向是如乎 同月二十日子時量 漸入深洋 黑雲自北蔽天 而電光閃爍 影澈波心
狂風猝起 驟雨隨至 怒濤翻空 所乘船隻若浮若沒 危險罔狀 船中之人莫不失
措[106] 擧皆昏倒之際 騎船柁木又從而折破 尤無制船[107]之望[108] 而强以櫓木
直揷於船尾及左右 借以爲力[109]是乎乃 覆沒[110]之患迫在斯須[111]是如乎 風雨漸
息[112] 天又向曙[113] 而島在北方 水勢東注 故船中之人因此[114]甦醒 盡力櫓役

---

103) 이 내용은 장한상의 〈울릉도 사적〉과 동일한 내용이 일부 들어가 있으나 약간의
 글자 출입이 있고, 〈울릉도 사적〉에만 있는 내용이 있다.

104) 頭: 〈울릉도 사적〉에는 보이지 않는다.

105) 卜: 〈울릉도 사적〉에는 보이지 않는다.

106) 不失措: 결자인데, 〈울릉도 사적〉에 근거하여 보충했다.

107) 無制船: 결자인데, 〈울릉도 사적〉에 근거하여 보충했다.

108) 望: 〈울릉도 사적〉에는 '策'으로 되어 있다.

109) 以爲力: 결자인데, 〈울릉도 사적〉에 근거하여 보충했다.

110) 沒: 〈울릉도 사적〉에는 '敗'로 되어 있다.

111) 斯須: 〈울릉도 사적〉에는 '須臾'로 되어 있다.

112) 雨漸息: 결자인데, 〈울릉도 사적〉에 근거하여 보충했다.

113) 曙: 〈울릉도 사적〉에는 '曙'자 다음에 '而'자가 더 있다.

114) 因此: 결자인데, 〈울릉도 사적〉에 근거하여 보충했다.

輾轉[115]向島 巳時量 艱到島之南岸 繫纜石角 暫時下陸 炊飯之際 汲水船四隻
自南洋稍稍來到 而卜船段 不知所向是如乎 酉時量 又自南洋而至 各船俱得免
恙 南岸無可船泊處乙仍乎 同日初昏 回泊于東南間洞口內止宿

後自二十一日 至十月初三日 留住之間 恒雨少日 九月二十八九日 雨雪交下
中峰腰上 積雪尺許是齊 島之四方 乘船環審 則懸崖撑空 層巖壁立 或有空缺處
澗水成流 似是大旱不渴 而其間細流乾溪 不可殫記是齊

盖其周回二日方窮 則其間道里不過百五六十里之地是乎旀 南邊海濱 有篁竹
田三處 東西北三方 亦有篁竹田十一處是遣[116] 東方五里許 有一小島 不甚高大
而海長竹叢生於一面是齊 雨霽雲捲之日 入山登中峰 則南北兩峯岌嶪相向 此所
謂三峰也 西望大關嶺逶迤之狀 東望海中 有一島杳在辰方 而其大未滿蔚島三分
之一 遠不過三百餘里 而南北兩方 則杳茫無際 水天一色是齊

自中峯西至海濱三十餘里 東至二十餘里 南近四十里 北至三十餘里 互回往
來 四望遠近臆度如斯[117]是齊 西邊大谷間 有人居基址三所 又有人居基址二[118]
所 北邊長谷 又有人居基址二所 東南長谷 亦有人[119]居基址二所 西南間大谷
有基址七所 石葬十九所[120]是齊 船泊處 則東南間洞口 僅容四五隻之□□地

---

115) 輾轉: 〈울릉도 사적〉에는 '轉展'으로 되어 있다.

116) 是遣是遣: '是遣' 두 글자는 연문衍文인 듯하다.

117) 如斯: 결자인데, 〈울릉도 사적〉에 근거하여 보충했다.

118) 人居基址二: 결자인데, 〈울릉도 사적〉에 근거하여 보충했다. 이 위에 '有一人居基址三
所' 8자가 더 있는데 둘 중 하나는 연문인 듯하다.

119) 亦有人: 결자인데, 〈울릉도 사적〉에 근거하여 보충했다.

120) 十九所: 결자인데, 〈울릉도 사적〉에 근거하여 보충했다.

而東南風[121) 則亦非可藏處是遣 此處有三[122)釜二鼎 而二釜一鼎則破傷 釜鼎體
樣 非我國之制也 鼎則無足無盖 其大可炊二斗米 釜則廣徑尺許 深可二尺 容盛
水五六桶是齊 西邊大谷 溪澗成川 沿邊開豁 此處爲最 而所泊船處 可避東南北
風[123) 而西風則難避 元非船泊之所 而又有一鼎可容斗米之炊 而亦是彼物是乎
旀 北邊浦岸上有轆轤 亦非我人所造是齊 島中崗巒重疊 而山腰以上 則皆是石
角 腰下則土山 而山勢絕險 洞壑深邃 連抱樹木參天而蔽日者 不知其幾許呆不
喻 積年空棄之地 人迹不到 故藤葛盤結 有難排躋[124) 卒非人力之所可通逕

小小澗谷 不暇窮探是齊 所謂樹木 盡是冬栢紫檀側栢黃蘗金桐木嚴木槐木椵
木 桑 榆 楮 椒 楓 樠檜[125)栢之類 而其中冬栢紫檀最多是乎旀 松木眞木榛橡等
木段 終無一株 而羽則烏鷗 毛則猫鼠而已 此外他無飛走之屬是乎所 旣無人居
又無木實可食而然是乎喩 亦甚可怪是齊 水族則只有可支魚 而沿邊石堆處 或十
或百成群穴居 大如駒犢 小如犬豕是乎旀 間有生鰒之附諸岩磧者 體小而味薄
是齊

四方浦邊 破船板木片片漂[126)着者 處處有之 而或着鐵釘[127) 或着木釘 或有
腐傷者 而東南崖岸 漂散[128)最多是齊 竹田中東南麓三處最大 而每處可[129)落皮

---

121) 風: 〈울릉도 사적〉에는 '岸'으로 되어 있다.

122) 有三: 결자인데, 〈울릉도 사적〉에 근거하여 보충했다.

123) 可避東南北風: '동남북풍'이 〈울릉도 사적〉에는 '동남풍'으로 되어 있다.

124) 有難排躋: 〈울릉도 사적〉에는 '朽草木添阜 排擠錯絕'로 되어 있다.

125) 樠: '彭'의 오류인 듯하다.

126) 漂: 〈울릉도 사적〉에는 '飄'로 되어 있다.

127) 鐵釘: 결자인데, 〈울릉도 사적〉에 근거하여 보충했다.

128) 漂散: 결자인데, 〈울릉도 사적〉에 근거하여 보충했다.

牟三十餘石是乎㫆　且兩田斫竹尤多130)　其傍斫131)置者　無慮數千竿　而或有陳
枯者　或有未乾者132)是齊　自東南間從谷中向南至竹田　有十五里許小路　此必取
竹往來之逕是齊

大抵環一島皆石山　四面壁立　而少有罅缺處　則兩峽成澗　流水潺湲而已　只一
西山方麓　開成洞門　大川流出　而沙礫堆積　不能成浦　船泊甚艱133)是乎㫆　中有
峯巒嵯峨　洞壑回互　雖無寬豁處　猶可開墾是乎㫆　至於殘山平夷處　或有人居基
址石葬　而墓木連抱134)　廢垣石堆而已　則不知何代所居　而落葉成土　人迹不到者
又不知其幾百年是乎㫆　東南洞口自船泊處至竹田　路次大樹皮上　有刀刻字迹　而
住兵衛又四朗彌吉等三人之名　以倭書刻之　而無姓本　似是下倭之所爲　且其刻痕
完合有若自然成字之狀　則可想其年久是乎㫆　且釜鼎之或破或完者　綉135)生苔
蝕　意非近年之所置是齊

本月初四日未時量　似有風便　故發船到西邊洞口　則雨勢霏微　日又昏黑　而十
月東風　誠不可易得是乎等以　仍爲開洋　六船齊發　子夜以前　則擧火相準是如可
丑時以後　大船一隻小船二隻在先　而餘三隻落後　日出後亦不知所向是乎矣　東風
不止

---

129) 而每處可: 결자인데, 〈울릉도 사적〉에 근거하여 보충했다.

130) 多: 결자인데, 〈울릉도 사적〉에 근거하여 보충했다.

131) 其傍斫: 결자인데, 〈울릉도 사적〉에 근거하여 보충했다.

132) 未乾者: 결자인데, 〈울릉도 사적〉에 근거하여 보충했다.

133) 艱: 〈울릉도 사적〉에는 '難'으로 되어 있다.

134) 墓木連抱: 〈울릉도 사적〉은 여기까지이고, 이하의 내용은 〈울릉도 사적〉에는 보이
　　지 않는다.

135) 綉: 앞의 '鈹生苔蝕'에는 '鈹'로 되어 있다.

初五日亥末　直抵三陟浦口　而落後小船二隻　回泊於莊五里待風處爲乎㫆　大船□□　初六日卯時量　亦爲回泊於三陟浦口爲有果　□……□風時　登高瞭望則晴明之日　島形隱見於水□……□　謂遠不過七八百里是如乎　今番往返　□……□可得達　則比諸濟州　猶有一倍之遠是乎所□……□度計較是乎矣　船之疾鈍　風之順逆　遠者□……□遠　則又不可以膠定爲證是齊

冬天風高之日　險海跋涉　一百五十人得保性命者　莫非　國家之陰佑是乎等以往返艱苦之狀　不一而足　而煩不敢細陳是齊　安愼徽本以衰敗之人　渴病之餘　瘡疾滿身　乘船後二十餘日　濕腫迭出於兩股間　勢難登程是乎矣　復命有限　黽勉擔載　寸寸前進之意　分付以送爲乎㫆　所謂可支魚　搏殺取皮　大中小三領　篁竹五尺許四箇　紫檀香二土莫[136]　監封上送於本道監營　以爲轉達備局之地爲乎㫆　搜討樺木左隻一片　本島圖形一本及輿地勝覽一卷　并以軍官賫持上送爲齊

僉使段置　三晝夜簸蕩之餘　精神昏憒　不能收拾哛不喩　圖形一本欲爲寫出　而此處畫師絶無　故不得已一行之人　依草本　費日經營　而終至畫虎　遲延至此　不勝惶恐　緣由并以馳報事

---

136) 土莫: 《정조실록》18년 6월 3일 기사에는 '吐莫'으로 되어 있다. 둘 다 음차표기이다.

鬱陵島 新羅史曰于山國鬱陵島名蔚陵地名百里

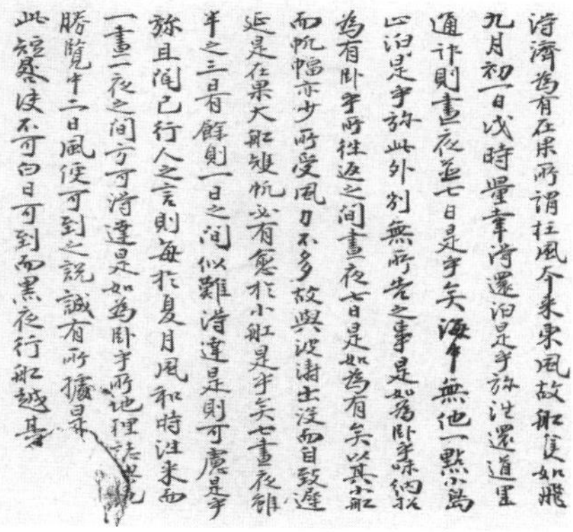

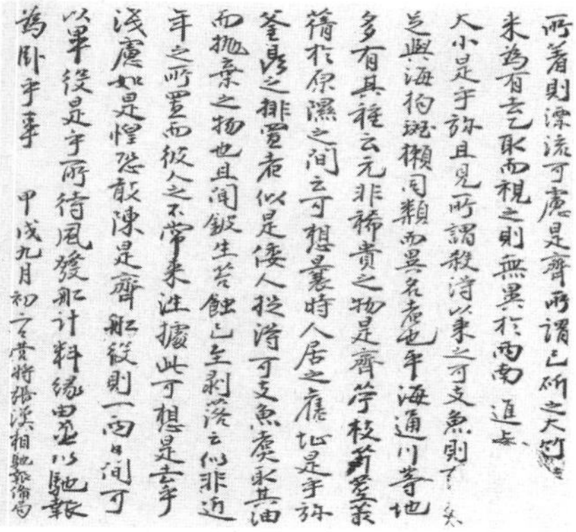

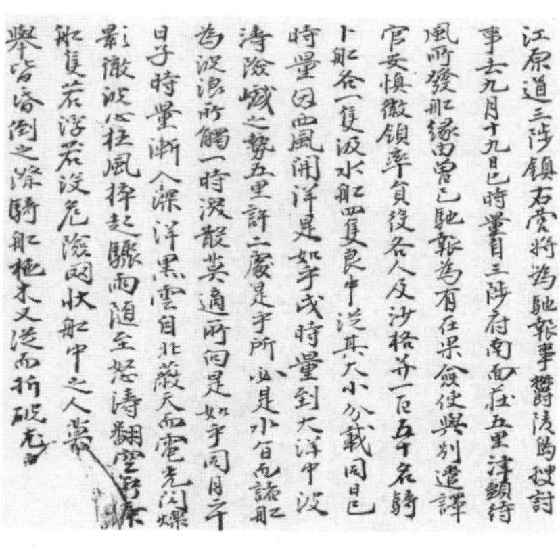

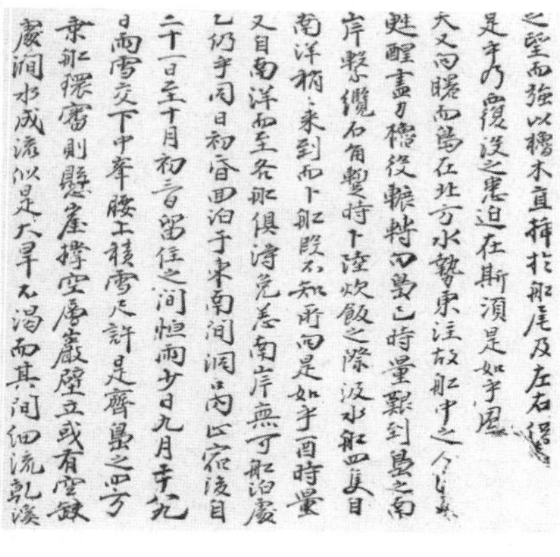

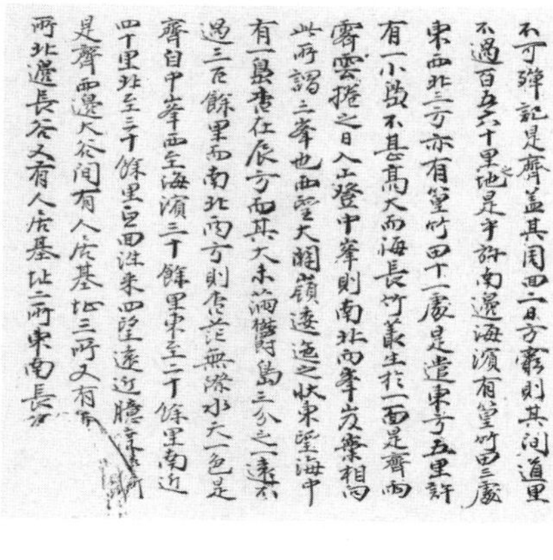

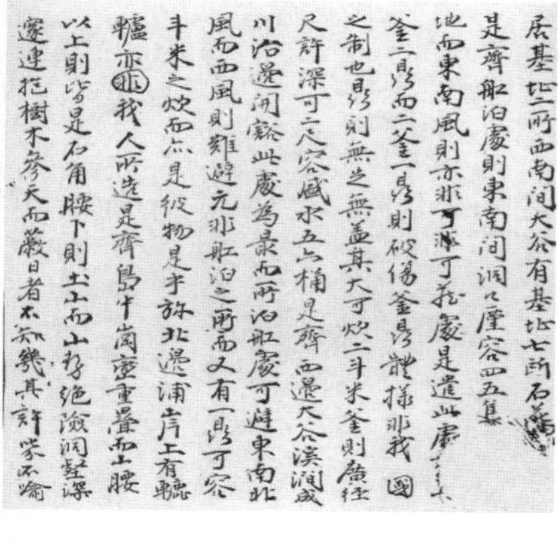

橫年空棄之地人迹不到故藤蔓盤結有難以
躋攀非人力之所可通逕小小澗谷不暇窮探是齊
所謂樹木盡是冬柏紫檀側柏黃蘗金桐木嚴
木槐木椵木桑榆楮椒楓檜樹柘之類而其中
冬柏紫檀最多是乎旀松木真木榛橡等木段
終無一株而羽則烏鷗毛則貓鼠而已此外他無飛走
之屬是乎所既無人居又無禾穀可食而然是乎喻
亦甚可怪是齊水族則只有可支魚而沿邊石堆處
或十或百成群穴居大如駒犢小如犬豕是乎旀間有
生鰒之附諸岩石者體小而味薄是齊四方[illegible]
破船板木片片漂着者處處有之而或着
或着木釘或有觸傷者而東南崖岸

最多是齊竹田中東南麓三處最大[illegible]
落皮牟三千餘石是乎旀且兩田所竹尤緊
置者無慮數千竿而或有陳枯者或有新[illegible]
是齊自東南間洞谷中西南至竹田有十五里許小
路此必取竹往來之逕是齊大抵環一島皆石山四面壁
立而少有罅隙處則兩峽成洞洞流水濺濺而已只一
西山方麓間成洞門大川流出而沙礫堆積不能成浦
船泊甚艱是乎旀中有峯巒嵯峨洞壑回旦雖無
寬敞處猶可溯蹊是乎旀至於殘山平衍處或有人
居基址石葬墓不連托廢垣石堆而已則不知何代所
居而荒廢成土人迹不到者又不知其幾百年是乎旀
東南洞口自船泊處至竹田路次大樹皮上有刀刻字

迹而往兵衛又四郎彌吉等三人之名以倭書刻之而無
姓年似是下倭之所為且其刻痕完然有若目[illegible]
字之狀則可想其年條是乎旀且釜鼎之或破或完者
鐵生苔蝕意非近年之所置是齊本月初四日未時
量似有風便故發船到西邊間則西勢稍微是又
昏黑而十月東風誠不可易得是乎乃仍為開洋
六船齊發子夜以前則擧火相準是如可丑時以後
大船一隻小船二隻在先而餘三隻落後日出後亦不知
向是乎矣東風不必初五日亥末直抵三陟浦口而落
後小船一隻回泊於莊五里待風處為乎旀大船
初六日卯時量亦為回泊於三陟浦口為有在果
風時登高瞭望則晴明之日島形隱見[illegible]

路遠不過七八百里是如乎今番往返[illegible]
可得達則比諸濟州猶有一倍之遠是乎所[illegible]
度許較是乎矣船之疾駛風之順逆遠近[illegible]
速則又不可以臆定為證是齊冬天風高之日涉海
跋涉一百五十人得保性命者莫非 國家之洪[illegible]
乎等以往返艱苦之狀不一而足而煩不敢細陳是齊
安慎徽本以衰敗之人渴病之餘癘疾滿身乘船渡
海二千餘日濕腫迭出於兩股間艱難踰越是乎矣
復命有限庵勉強載甘前進之意分付以送
為乎旀所謂可支魚捕殺取皮大中小三領望可五
尺許四間紫檀香二土與監封上送於本道監營
以為轉達備局之地為乎旀搜討柱木左隻一斤本

島圖形一本及與他[illegible]以軍官賫持上
送為齊僉使段置三晝夜跋涉之餘精神昏憒
不能收拾於不諭圖形一本於為寫出而此處畫師
絶無故不得已一行之人依草本費日經營而終至
畫師遲延至此不勝惶恐緣由並以馳報事

孝廟御札 下宋時烈

昨於封內得小封書辭意備悉若非卿之至誠何以至此予
心欣悅不知所謂末端卿之不安恐懼之至又何以至此無乃不知
寡昧之心乎君臣之間貴相知心今後勿為外待之言務盡
忠宗是所望也密札賜救之言允合予意予久欲
不知卿之意下情趑趄未果今得此言實愜予[illegible]
以往論啓國事庶及其至誠所在不勝幸甚

책문과 대책(1696 이후)

1. 사료 발굴경위와 저자 소개

숙종이 1693년에 일어난 '울릉도 쟁계(안용복 사건)'를 과거시험에 출제하여 대책對策을 구한 적이 있었음을 밝혀주는 문서가 발굴되었다. 경상북도 의성지역 선비였던 신덕함申德函(1656~1730)의 문집 안에 실려 있는 대책이 그것이다. 이 글은 숙종 연간 최대의 외교 현안이었던 '울릉도 쟁계'를 가지고 출제한 시험 문제와 그에 대한 답안지이다. 문제 1면 반, 답안 11면 남짓, 모두 13면으로 된 필사본형태의 이 대책은 숙종이 '울릉도 쟁계'의 대처방안을 모색하고자 조정대신들의 의견을 제시해준 뒤 이에 대한 응시자들의 의견을 구하는 형식으로 되어 있다. '책문策問'과 '대책對策'이라는 전형적인 책문策文형식으로 되어 있으므로 과거시험에 출제된 것임을 알 수 있다. 이 문서는 2011년 8월 중순 경상북도 대구지방변호사회 독도분과위원회 소속의 방문일 변호사가 (사단법인)국학연구소에서 독도 관련 문서를 발굴하다가 입수한 것인데, 위원장인 최봉태 변호사가 필자에게 검토를 의뢰함으로써 그 내용이 밝혀졌다.

이 글을 지은 신덕함[1]에 대해 살펴보면, 자는 중유仲游, 호는 농음聾

---

1) 신덕함이 지은 만사가 《항재집恒齋集》(李嵩逸, 1631~1698)에 실려 있는 것으로 보아

瘂, 아버지 신휴석과 어머니 풍산 홍씨 사이의 장남으로 경상도 의성현 수정리에서 태어났다. 1730년 75세의 나이로 졸했으며, 본관은 아주鵝洲 (거제현-역자 주)이다.2) 28세인 1684년에 생원시와 진사시 양시에 합격했으나 문과에 실패하여 관직에는 나아가지 못한 것으로 되어 있다. 그의 가계家系의 인물 가운데 효자가 많아 읍지(경상도 읍지)에 많이 등장했으며, 의성 지방에서는 명족으로 알려져 있다. 저술로는 《우열녀전禹烈女傳》이 있고, 《처변권형處變權衡》(1695, 필사본, 4권 2책)3)이 성균관 존경각에 소장되어 있다.

2. 문서의 형식과 시대적 배경

이 문서는 '임금은 말하노라〔王若曰〕'(策問)로 시작하고 있고, '신은 답합니다〔臣對〕'(對策)로 끝맺고 있다.

책문策問은 아래와 같다.

임금은 말하노라.

울릉도가 아득히 동해東海에 있는데 《여지승람》에는 강원도에 속해 있다. 우리나라 땅이라고는 하나 수로가 멀고 험해 사람들이 계속 살고 있지 않았었다. 조종 조에는 (살고 있던-역자 주) 섬사람들을 데리고 돌아와 그 땅을

신덕함은 이숭일, 이휘일, 이현일 집안과 교유가 있었던 것으로 보인다.

2) 〈아주 申氏世系〉,《불망기》(필사본, 연대미상)〔박주,〈17세기 후반 경상도 의성현의 우씨 열녀의 삶과 생활〉,《史學硏究》제83호(2006. 9), 163쪽에서 재인용〕.

3) 이 저술에는 自序와 跋, 기타 君臣內篇, 君臣外篇, 父子內篇, 父子外篇, 夫婦內篇, 夫婦外篇, 兄弟內篇, 兄弟外篇, 師友內篇, 師友外篇, 變禮 등이 실려 있다.

비워두게 했다. 근래 일본인이 대나무와 전복 등의 이익을 탐해 '竹島'라 가칭하고 그 땅에 우리 백성들이 경계를 넘어가 어채漁採하는 것을 금지시켜 줄 것을 요청했다. (이에 우리나라가-역자 주) 근시近侍를 자주 파견하여 죽울竹鬱[4]의 허실과 경계에 구분 있음을 효유曉諭했으나 끝내 따를 생각이 없어서 (양국 사이에-역자 주) 자못 불화의 단서가 있게 되었다.

내가 이를 염려하여 널리 조정(대신들-역자 주)의 생각을 물으니, 혹자는 말하기를, "조종의 강토는 남에게 줄 수 없는 것인데,[5] 한번 그들의 소유가 되면 동쪽 경계를 보호할 방법이 없습니다. (그들이-역자 주) 바람을 기다렸다가 출몰할지 여부를 예측하기 어려우니, 변수邊帥를 뽑아 보내 우리 쪽에서 먼저 거수據守하는 것이 낫습니다"고 했고, 혹자는 말하기를, "바다 밖 조그만 섬은 본래 빈 땅이니 (일본과의-역자 주) 백년 동안의 인호隣好[6]를 잃어서는 안 됩니다. 이로 인해 이웃나라와 틈이 벌어지는 것은 좋은 계책이 아니니, 그들이 왕래하도록 내버려두고 (우리 군사들에게는-역자 주) 변방 방비를 잘하도록 수칙修勅하는 것이 낫습니다"고 했다.

이 두 가지 설 가운데 어느 것이 나은가? 아니면 이 밖에 따로 만전萬全의 양책良策이 있는가? 자대부子大夫들은 글 읽고 도를 이야기하는 여가에 반드시 '변방을 안정시키고 나라를 평안히 할 방책'을 강구하여 각자 편에 짓도록 하라.(謄)[7]

---

4) 竹島와 울릉도를 말한다. 원문인 경우는 竹島로 표기하고, 현대문에서는 '다케시마'로 표기한다.

5) 《숙종실록》 1694년 2월 23일자 기사에는 남구만의 말로 나온다.

6) 《숙종실록》 1695년 6월 20일자 기사에 따르면, 남구만이 일본의 개작 서계를 거절하자 차왜 다치바나가 한 말로 나온다.

7) '책문' 뒤에 '등謄'이라고 적혀 있어 다른 사람이 가지고 있던 기출문제를 신덕함이 베낀 것으로 볼 수 있다. 신덕함이 예상한 문제를 적은 것일 가능성도 배제할 수 없지만 당시에 실제로 전시가 있었고 시험문제가 매우 구체적인 사안을 다루고 있는 것으로 보아 기출문제로 보는 것이 타당할 듯하다.

신덕함의 대책對策은 아래 문장으로 시작한다.

> 신은 답합니다.
> 신은 듣건대, 보국保國의 도는 심세審勢에 있고, 집사集事의 기틀은 득인得
> 人에 달려 있다고 합니다. 형세를 잘 살핀다면 보존하지 못할 나라가 없고,
> 적임자를 얻는다면 이루지 못할 일이 없습니다. (후략)

신덕함은 '보국의 도'와 '집사의 기틀'로 대책을 시작하고, 해결방안은
'심세 득인審勢得人'으로 제시하고 있다. 그는 본격적인 답변에 앞서 이런
문제가 과거시험에 나오게 된 배경을 먼저 언급했다. 왕이 이 문제로 깊
이 근심하고 필사拂士들에게 널리 자문을 구했으나 아직도 빠뜨리거나 실
의失宜한 점이 있을까 염려하여 이 문제를 시험에까지 내게 되었다는 것
이다. 이는 숙종이 조정대신들의 대책이 미진하다고 여겨서이다. 문장 안
에 "(왕이) 친히 대정大庭에 임하여 많은 선비들에게 두 가지 질문을 내어
만전의 계책을 듣고 싶어했다"는 표현이 있다. 이는 왕이 직접 전시殿試에
참여했다는 사실을 말해 주고 있다. 전시란 임금이 친림親臨하여 행하던
과거의 마지막 시험으로, 여기서 그 결과에 따라 급제자의 등급이 정해졌
다. 보통 식년시로 3년에 한 번 치르게 되어 있으나 증광전시와 같이 나
라에 경사가 있을 때는 특별히 시행되기도 했다.

이 글로만 보면 시험이 언제 출제된 것인지를 알 수 없다. 그러나 숙
종 연간의 전시 기록을 보면 대략 추정할 수 있다. 실록에서 '울릉도 쟁
계'를 전후한 시기에 등장하는 전시를 보면 모두 3건이 나온다. 숙종 21
년(1695) 9월 19일 별시別試 전시로 11인을 뽑았고, 숙종 22년(1696)
11월 21일 식년 전시에서 35인을 뽑은 적이 있으며, 숙종 25년 즉 1699

년 4월 22일 문과 식년 전시에서 40인을 뽑은 사실이 보인다. 그렇다면
이 책문이 나온 시기는 1695년, 1696년, 1699년 가운데 하나일 것이다.
그런데 책문에서 조종의 강토를 남에게 줄 수 없다고 한 말이 인용된 점,
백년 동안의 인호隣好를 잃어서는 안 된다고 말한 점, 그리고 실제로 조
정에서 이 문제로 숙종과 대신 사이의 회동이 잦았던 시기가 1695년 10월
경이었던 점 등으로 미루어 보면 1695년 9월의 전시였을 가능성은 낮다.
책문에 임금이 근시近侍를 자주 파견했다고 했고, 1696년 10월 13일자 사
료 기사8)가 언급된 점으로 보면, 1696년과 1699년 전시에서도 1696년 11
월 전시일 가능성이 높지만 확실한 것은 알기 어렵다.9)

그렇다면 어떻게 해서 이런 문제가 과거시험에 등장하게 되었을까? 책
문이 나오게 된 시대적 배경을 알아보자. 1693년 봄에 울산과 동래 어부
약 40여 명이 울릉도에서 어로작업을 하다 일본 어부와 만나 충돌이 빚
어졌다. 이때 일본 어부들은 안용복과 박어둔 두 사람을 일본으로 납치해
갔고 요나고의 관리는 이들을 조사했다. 돗토리 성하城下를 거쳐 나가사
키봉행소로 보내진 이들은 에도막부의 지시로 쓰시마를 통해 송환했다.
쓰시마번은 이들을 40여 일 감금했다가 11월 초에 부산으로 보내면서 조
선 어민의 울릉도 출어를 금지하는 서계를 함께 보냈다. 이로부터 양국
사이에는 울릉도와 독도를 둘러싸고 영유권 분규가 일어났다.

1693년 11월 일본이 조선인의 울릉도 출어금지를 요청하는 서계를 함

---

8) 《숙종실록》과 《승정원일기》에 '쓰시마가 울릉도를 죽도竹島라 거짓 칭하고, 에도의 명
   이라 핑계대어 우리나라 사람들이 울도에 왕래하는 것을 금지하게 하려는' 내용이
   실려 있다.

9) 다만 1699년 4월의 전시일 가능성이 낮은 이유는 이때는 일본의 도해금지령이 조선
   에 공식적으로 전해진 뒤이고, 《숙종실록》1697년 4월 13일자 기사에도 유상운이
   "울릉도에 대한 일은 이미 명백하게 한 곳으로 귀착되었다"고 하고 있어 더 이상 이
   문제를 전시에 낼 필요가 없어진 상황이라고 보기 때문이다.

게 보내옴으로써 시작된 양국의 분규는 1694년 1월 15일 권해의 회답서계 사본이 쓰시마 정관 다치바나 마사시게橘眞重에게 전해지면서 본격화되었 다. 다치바나는 권해의 회답서계에 나온 문구의 수정을 요청하다가 2월 중순 쓰시마로 돌아갔으나 1694년 중반에 다시 오면서 이 문제는 새로운 국면에 접어들었다. 1694년 윤5월 부산왜관에 도착한 다치바나는 앞서 조 선 정부의 답서에 등장한 '귀계 죽도貴界竹島, 폐경 울릉도〔弊境之鬱陵島〕' 부분의 삭제를 다시 요청해 왔고, 그 사이에 조선은 집권세력이 남인에서 소론10)으로 바뀌어 일본의 요구에 응하지 않고 강경책으로 대치하는 상황 이 전개되었다. 1694년 8월 접위관 유집일은 '일본인의 왕래를 금지한다' 고 고쳐 쓴, 예조참판 이여의 '개작 서계'를 지참하고 동래로 내려갔다. 그리고 초기의 회답 서계(1693년 10월의 서계)를 회수하고 다시 개작한 서 계(1694년 9월)를 왜관에 전했다. 이때 동래에서 유집일은 안용복을 심문 하여 안용복이 나가사키에서 침책당한 사실과 쓰시마의 농간을 폭로한 정 상을 알아내어 일본 왜차를 나무라기도 했다. 남구만의 건의로 숙종은 9 월에 무신 장한상을 파견하여 울릉도를 조사하게 했다.

다치바나 마사시게는 회답서계의 수정을 요구하며 왜관에 머물러 있다 가 쓰시마 번주의 병사와 그로 말미암은 쓰시마번의 상황 변화에 따른 귀국조치로 인해 1695년 6월 부득이 왜관을 떠나게 되었다. 이에 앞서 1695년 5월 다치바나는 4개조의 힐문詰問을 동래부사 앞으로 보냈는데, 조 선 정부의 답서가 6월에 동래로 내려왔다. 다치바나는 조선의 답서를 두 고 돌아가면서, "양국의 화호和好는 답서를 화관和館에 남겨 두는 데 있었 습니다. 답서가 한 번 바다를 건너가게 되면 두 나라는 백년의 우호를 상 실할 듯합니다"11)고 했다. 다치바나가 절영도에 이르렀을 무렵 조선의 답

---

10) 영의정에 남구만, 좌의정에 박세채, 우의정에 윤지완이 기용되었다.

서를 전달했지만, 다치바나는 이에 불만을 품고 서신을 보내 욕설을 퍼부었다.[12] 이를 두고 조선 조정에서는 제2의 임진왜란이 다시 일어날까 염려할 정도로 분위기가 심상치 않았다고 한다.

안용복 일행이 1차 피랍에서 돌아온 뒤 비변사의 취조를 받은 시기는 1695년 9월이고, 쓰시마번의 섭정 번주 소 요시자네宗義眞가 에도로 가서 노중 아베 분고노카미阿部豊後守에게 '안용복 사건'을 보고한 시기는 1695년 10월경이다. 그리고 에도 막부가 돗토리번으로 하여금 울릉도와 독도에 관한 조사를 지시한 시기는 1695년 12월 하순이었다. 이때 막부의 문의에 대해 돗토리번은 "다케시마는 이나바와 호키에 속하지 않으며, 다케시마와 마쓰시마 그 외에 두 지역(이나바와 호키)에 부속된 섬은 없다"는 취지로 답변했고, 이것이 1696년 1월, 이른바 '다케시마 도해금지령'을 내게 한 직접적인 원인이 되었다. 다케시마도해금지령을 내기에 앞서 노중 아베 분고노카미는 쓰시마번 가로 히라타 나오에몬平田直右衛門을 불러 다케시마(울릉도)에 일본인이 거주한 사실이 없다는 사실을 직접 언급하기도 했다. 다케시마도해금지령은 1696년 1월 28일 쓰시마번에 전해졌지만 조선에는 그해 10월에 쓰시마에 도해한 역관에게 구상서로 전달했을 뿐 정식 서한을 보낸 것은 아니었다. 도해했던 역관이 조선으로 귀국하게 되는 것은 1697년 1월이다. 그러나 이후로도 일본의 도해금지령에 대한 조선 서장의 문언을 문제삼아 일본이 개정을 요구하다 막부의 답신을 조선 측에 전달함으로써 정식으로 외교적인 결착을 보게 되는 것은 1699년 3월에 이르러서이다.

《숙종실록》과 《승정원일기》, 《비변사등록》에는 숙종이 '울릉도 쟁계'

---

11) 《숙종실록》 21년(1695) 6월 20일(경술).

12) 《숙종실록》 21년(1695) 6월 20일.

로 말미암아 냉각된 대일對日 관계와 안용복의 처리를 둘러싸고 조정 대
신들과 논의한 사실들이 1694년 2월부터 1696년 10월에 걸쳐 여러 건 실
려 있다. 조선 조정에서 '울릉도 쟁계'에 대한 논의가 가장 활발한 시기
는 1695년 가을부터였고 일본의 분위기가 조선에 전해진 시기도 1695년
가을경이다. 책문과 대책 안에 안용복에 관한 언급은 없지만 숙종이 이
사건에 대해 숙지하고 있었음은 책문의 행간을 통해 알 수 있다. 안용복
사건에 대한 이해 없이 이와 관련된 내용을 구체적으로 출제한다는 것은
사실상 불가능하기 때문이다.

3. 문제와 답안 내용

문제와 답안을 보면 당시 조선이 이 문제를 어떻게 인식하고 있었는지
를 알 수 있다. 우선, 시험문제[策問]를 통해 숙종의 '울릉도' 인식을
살펴보자.

숙종은 울릉도를 동해상에 있는, 강원도 소속의 우리 땅으로 보고 있
다. 다만 수로가 험하고 먼 까닭에 사람들을 데리고 돌아오는, 이른바 '쇄
환정책[刷還洲民]'을 취한 것이며 그 결과 섬이 비게된 것[遂虛其地]
일 뿐이지 우리 땅이 분명하다는 입장이다. 숙종이 '쇄환'을 언급하고 '수
토搜討'를 언급하지 않은 것으로 보아 출제 시기는 1697년 수토제 건의가
이뤄지기 전일 가능성이 크다. 일본은 울릉도가 빈 사이를 틈타 섬의 자
원을 탐내 울릉도에 '竹島'라는 이름을 붙이고 우리 백성의 어채를 금해줄
것을 청했다. 이에 숙종은 '죽울竹鬱'의 허실과 경계에 구분 있음을 일본
인에게 자주 효유했으나 그들은 듣지 않았다. 이를 보면 당시 숙종이 울
릉도를 竹島로 가칭하여 취하려던 쓰시마번의 농간을 간파하고 있었음을

알 수 있다. 이와 관련된 사실들이 《숙종실록》과 《승정원일기》에 남아 있어 책문策問과도 부합된다.

그런데 이런 상황에 대한 조정의 의견이 크게 두 가지로 갈리고 있었다. 하나는 우리 쪽에서 변수邊帥를 보내 먼저 점거하여 지키자는 것이고, 다른 하나는 일본과의 우호를 지키기 위해 그들의 울릉도 왕래를 허용하고 우리는 우리대로 변방의 방비를 잘하자는 것이었다. 그러나 숙종은 두 가지 방안 가운데 결단을 내리지 못하고 과거시험에 출제하여 사대부들의 의견을 구하게 된 것이다. 조정에서 일본의 울릉도 왕래를 허용하는 방안을 언급한 것으로 보건대, 일본의 '다케시마 도해금지령'이 조선에 전달되기 전임을 알 수 있다.

신덕함은 책문에 제시된 두 가지 의견을 모두 비판하고 자신의 견해를 밝혔다. 책문에 제시된 두 가지 방안 가운데 하나는 '거수據守'설이고, 다른 하나는 '변비邊備'설이라고 할 수 있다. 신덕함은 두 가지 방안 대신 이른바 '심세 득인審勢得人'의 방책을 자설로 내세웠다. 그가 개진한 '심세 득인'의 방책이란 '형세를 잘 살피고 사람을 제대로 얻는 것'을 말한다. 그는 자신의 견해를 개진하기에 앞서 현 상황을 진단했다. 먼저, 그가 취한 입장은 조종조가 울릉도 쇄환정책을 편 것은 형세상 어쩔 수 없어서이지 우리 땅을 포기해서가 아니라는 것이었다. 그는 백성들의 왕래가 끊어져도 울릉도에 초목과 물고기류가 풍부해서 일본이 물산과 땅을 넘보고 있다고 보았다. 신덕함은 일본이 울릉도를 '竹島'라 가칭하며 조선인의 어채 금지를 요청하여 우리를 시험해 보려는 계책은 그 정상이 매우 교활하고 방자하다고 보았다. 이런 사람들에게 덕으로 대하고 사신을 보내 허실을 분변해도 결정하기가 어려울 뿐만 아니라 저들의 탐욕 또한 끝이 없어 양국 사이의 갈등이 그치지 않으리라고 보았다. 상황이 이럴진대 조정 대신들이 제시한 두 가지 방책은 충분한 대책이 되지 못한다는 것이 신덕함의 입장이었다.

신덕함에 따르면 첫 번째 대책인 "변수를 보내 점거하여 지키자는" 방안은 울릉도가 생활에 필요한 수요를 충족시키기 어려운 쓸모없는 섬인 데다 군사들이 수로에 익숙하지 않아 가다가 표류하거나 역병에 걸려 죽을 가능성이 높으므로 실패하기 쉽다고 하였다. 두 번째 대책, 즉 "그들의 왕래를 허용하고 우리가 변방 방비를 잘하자는" 방안은 국가간 성약成約을 잘 지키지 않고 끝없이 남의 땅을 넘보는 탐욕스런 일본에게는 통하지 않을 방책이라는 것이었다. 오히려 이 방책을 쓴다면 일본은 기탄하는 바가 없어서 작게는 공갈하여 요구하는 폐단이 있을 것이고, 크게는 분에 넘치게 바랄 염려가 있을 것으로 보았다. 이처럼 신덕함의 대일관은 기본적으로 불신과 교활한 대상이라는 인식 위에 있었고, 이 때문에 그는 조정 신하들이 제시한 두 가지 방책이 모두 근본적인 대책이 되지 못한다고 진단했다. 그가 보기에 일본의 울릉도 점거 책략에 맞설 수 있는 근본적인 대책은 "형세를 잘 살피고[審勢] 적임자를 얻어 처리하는[得人] 방법"뿐 이었다. 이에 그는 '심세' '득인'의 요체에 대해 구체적으로 부연했다.

신덕함은 '형세를 잘 살피는 방법'에는 세 가지 요체가 있다고 했다. 바로 지세地勢, 시세時勢, 병세兵勢를 살피는 것이다. 바닷길이 험한 지역에 보낼 때는 뱃길과 노 젓는 일에 익숙한 사람을 보내는 것이 지세를 잘 살핀 것이며, 기근이 거듭되어 백성이 죽어갈 때는 땅을 개척하는 데 백성을 부리지 않는 것이 시세를 잘 살핀 것이며, 병력이 약할 때는 군사에 익숙하지 않은 백성을 오랑캐와 겨루게 하지 않는 것이 병세를 잘 살핀 것이라는 것이다. 또한 '적임자를 얻어 처리하는 방법'에도 세 가지 요체가 있는데, 바로 상신相臣, 수신帥臣, 사신使臣을 얻는 것이다. 오랑캐가 조정을 가벼이 여기지 않도록 재상의 임무를 제대로 하는 것이 올바른 상신이며, 국경의 범위가 줄지 않도록 장수가 제대로 대적하는 것이 올바른 수신帥臣의 역할이며, 일본의 요구를 잘 물리치는 것이 올바른 사신의 역할이라는 것이다.

신덕함은 '안변의 대책'은 '심세 득인'보다 시급한 것이 없다고 했다. 이 심세 득인의 여섯 조목만 잘 실행된다면 일본이 울릉도를 노릴 이치가 없는, 이른바 '만전의 양책'이 될 것이라고 했다. 그러나 신덕함은 이것은 어디까지나 '외양外攘'을 위한 대책이고, '외양'에 선행되어야 하는 것이 바로 '내수'라고 하며, "안을 닦는 것은 본本이고 밖을 물리치는 것은 말末인지라" "내수가 다한 뒤에 외우外憂는 자연히 소멸되는" 것이니, 임금은 내수에 힘써야 한다고 결론 내렸다. 이러한 문제의식에 의거한다면, 울릉도를 두고 일본과 다투는 문제는 "탄환만한 조그만 땅을 다투는" 형상에 지나지 않는 것이 된다. 신덕함의 방책 역시 당시의 시대적 한계 즉 유학적 사고의 틀을 벗어나지 못한 것이다. 그가 '거수'설을 지지하고 좀 더 발전시켰더라면 울릉도 '개척'설로 이어졌을지도 모른다. 그런데 그는 울릉도를 먼저 차지하여 지키자는 논의에 대해, "자갈밭 같아 쓸모가 없"는 섬을 어찌 육지처럼 동등하게 취급할 수 있겠느냐며 반대했다. "땅을 넓히려 힘쓰는 자는 황폐해지고, 덕을 넓히려 애쓰는 자는 강彊해진다고 했으니, 아! 전하께서는 힘쓰십시오"라는 진언으로 마무리된 그의 답안은 이 점에서 아쉬움이 남는다.

4. 사료의 역사적 의미

신덕함은 대과大科에 급제하지 못했다. 그런데 그의 답안에 "친히 대정大庭에 임하시어 우리 선비들에게 책문으로 이 두 가지 질문을 내어 만전의 방책을 듣고자 하십니다"는 말이 나오는데, 이는 시험이 전책殿策[13]형식이었음을 의미한다. 신덕함은 대정에 나아간 적이 없으므로 전시에 임할 경우를 가정하여 작성한 것이거나, 아니면 다른 사람의 대책을 베낀것 가운데 하나일 것이다. 만에 하나 답안 작성자가 신덕함이 아니라 할지라도 대책이 당시 '울릉도 쟁계'에 대한 사대부의 인식을 보여 주고 있다는 점에서는 의미가 훼손되지 않는다. 동 시대 다른 응시자(또는 급제자)의 답안지가 현재 알려져 있는 것이 없으므로 위의 대책을 다른 대책과비교해 보는 것은 불가능하다. 신덕함의 대책이라고 가정하고 이 사료의의미를 생각해 본다면, 두 가지로 생각해볼 수 있다. 하나는 '울릉도 쟁계'가 과거시험에 출제되었다는 사실이 지니는 역사적 의미이고, 다른 하나는 답안 내용이 지니는 의미이다.

우선 첫 번째 의미와 관련해서는, 이 책문은 '울릉도 쟁계'가 얼마나 중대한 국가적 현안이었는지를 단적으로 말해 준다. 보통 과거시험의 책문은 국가경영의 방도로 개혁의 방책 내지 현안문제를 묻는 경우가 많았다. 이 범주에는 정치와 경제, 외교, 국방, 교육 등의 모든 분야가 망라되었고응시자의 대책 역시 국왕에게 절실한 답변을 제공하는 것을 목표로 하고있으나 대체로 유학적 사고에 의거한 원칙론을 개진한 것이 많았다. 그런가운데 숙종 연간의 전시殿試에는 '울릉도 쟁계'라는 구체적 사안을 다룬것이 시제로 나온 것이다. 이는 당시 숙종을 비롯한 조정 대신들이 일본

---

13) 임금이 직접 책문策問하고 자대부가 대책對策하는 형식의 과거형태를 말한다.

의 울릉도 침탈 의도를 간파하고 있었으며 따라서 이에 국왕을 비롯한
통치층이 적극 대응하려 했음을 보여 준다.

두 번째 의미와 관련해서는, 신덕함(답안 작성자)이 울릉도로 말미암아
빚어진 외교사안의 중대성을 인식하고 있었던 데 비해, 제시한 답안은 그
다지 현실적인 방책이 못되었다는 점이다. 그리하여 이런 원칙론은 결국
울릉도 개척 논의로 이어지기 어려웠다. 일본은 '울릉도 쟁계'를 처리하는
과정에서 다케시마(울릉도)뿐만 아니라 마쓰시마 즉 독도에 대해서도 인지
하게 되었고 언제나 이를 한 세트로 다루고 있었다. 그리고 두 섬이 모두
일본 이나바국에 속하지 않는다는 사실을 밝히고, 이어 '도해금지령'을 냈
다. 이에 견준다면 우리나라는 동해의 울릉도 범주에 '독도'를 포함하여
인식하고 있었으면서도 그 존재를 명시적으로 언급하지 않아 후에 독도문
제의 빌미를 남겼다.

그럼에도 이 문서가 지닌 사료적 가치와 의미는 크다.《조선왕조실록》
을 비롯한 여러 관찬서에 보였던 '울릉도 쟁계' 관련 기술이 책문 형태로
도 남아 있음이 알려짐으로써 '울릉도 쟁계'의 공적인 성격이 다시 한번
드러났기 때문이다. 그리하여 당시 울릉도를 둘러싼 분규가 얼마나 국가
적으로 중대한 사안이었는지를 알 수 있게 해주고 있기 때문이다. '울릉도
쟁계'와 관련해 관찬서 외에 개인 저술로 알려진 것으로는 1977년에 알려
진 장한상(1656~1724)의 〈울릉도 사적〉과 2001년에 알려진 박세당
(1629~1703)의 필사본 〈울릉도〉가 있었다. 장한상은 '울릉도 쟁계'가 발단
이 되어 1694년 가을에 어명으로 울릉도를 수토한 장본인이며, 박세당은
이 사건에 직접 관여했던 영중추부사 남구만이 그의 처남이라는 점에서
모두 이 사건과 직접 또는 간접적으로 연관이 있다. 장한상의 글은 경상

북도 의성에서 발견되었는데, 책문 역시 의성에서 발견되었다. 17세기 사료가 경상도 지역에서 발굴되었다는 사실은 기록을 남기는 자들이 관리였던 사실에 비춰보면 수긍이 간다. 앞으로도 이 지역에서 새로운 사료가 발굴되기를 기대해 본다.

5. 〈책문〉 번역문

임금은 말하노라.

울릉도가 동해東海 가운데 있는데 《여지승람輿地勝覽》에는 강원도에 속해 있다. 비록 우리나라 땅이라고는 해도 수로가 멀고 험해 사람들이 계속 살고 있지 않았다. 조종조에 (살고 있던-역자 주) 섬사람들을 데리고 돌아와[刷還] 그 땅을 비워두게 했다. 근래 일본인이 대나무와 전복 등의 이익을 탐하여 '竹島'라 가칭하고 그 땅에 우리 백성들이 경계를 넘어가 어채漁採하는 것을 금지시켜 줄 것을 요청했다. (이에 우리나라가-역자 주) 근시近侍를 자주 파견하여 죽울竹鬱의 허실14)과 경계에 구분 있음을 효유曉諭했으나 끝내 따를 생각이 없어 (양국 사이에-역자 주) 자못 불화의 단서가 있게 되었다.

내가 이를 염려하여 널리 조정(대신들-역자 주)의 생각을 물으니, 혹자는 말하기를, "조종의 강토는 남에게 줄 수 없는 것인데, 한번 그들의 소유가 되면 동쪽 경계를 보호할 방법이 없습니다. (그들이-역자 주) 바람을 기다렸다가 출몰할지 진위를 예측하기 어려우니, 변수邊帥를 뽑아 보내

---

14) 일본이 竹島라 호칭한 것이 사실은 우리나라의 울릉도임을 알고 있었다는 말이다.

우리 쪽에서 먼저 거수據守하는 것이 낫습니다"고 했고, 혹자는 말하기를, "바다 밖 조그만 섬은 본래 빈 땅이니 (일본과의-역자 주) 백년 동안의 우호[15]를 잃어서는 안 됩니다. 이로 말미암아 이웃나라와 틈이 벌어지는 것은 좋은 계책이 아니니, 그들이 왕래하도록 내버려두고 (우리 군사들에게-역자 주) 변방 방비를 잘하도록 수칙修勅하는 것이 낫습니다"고 했다.

이 두 가지 설 가운데 어느 것이 더 나은가? 아니면 이외에 따로 만전의 양책良策이 있는가? 자대부子大夫들은 글 읽고 도를 이야기하는 여가에 반드시 '변방을 안정시키고 나라를 평안히 할 방책'을 강구하여 각자 편篇에 짓도록 하라.

신은 답합니다.

신은 듣건대, 보국保國의 도는 심세審勢에 있고, 집사集事의 기틀은 득인得人에 달려 있다고 합니다. 형세를 잘 살핀다면 보존하지 못할 나라가 없고, 적임자를 잘 얻는다면 이루지 못할 일이 없습니다. 이 때문에 한漢 원제元帝가 주애珠崖를 포기한 일[16]이 영토가 줄어들고 위엄이 손상된 데 가까우나 중국이 근심이 없을 수 있었던 것은 형세를 잘 살펴 처리했기 때문입니다. 제齊 위왕威王이 등용한 전반田盼은[17] 변방을 지키는 하나의

---

15) 숙종 21년 을해(1695) 6월 20일(경술).
   '차왜 굴진중이 제2서의 회답을 요구하니 남구만이 거절하다'에 백년 동안의 우호를 일본이 말한다.

16) 옛날 한漢나라 무제武帝가 남월南越을 쳐서 멸망시키고 주애군珠崖郡을 설치했는데, 한번 전수轉輸하는 사이에 죽은 자가 수만 명이 되니, 원제元帝 때에 이르러 가연賈捐이 옳지 못한 일이라고 극언極言하여 조칙詔勅을 내려 파했다.

17) 《史記》, 威王 七年; 《資治通鑑》 周紀 28년.

관리에 불과했으나 조趙나라 사람들이 감히 동쪽으로 가서 고기잡이하지 못하게 된 것은 적임자를 얻어 맡겼기 때문입니다. 이는 지난 일의 분명한 증거로서 후왕들이 본받을 만한 것입니다.

지금 우리 주상전하께서는 동극東郡(울릉도)을 깊이 염려하시고 조정에서 근심이 깊어, 성심聖心에 꾀하신 지가 오래되었고 선비들에게 물으신 것은 넓었습니다. 그런데도 오히려 실제로 빠트린 계책이 있을까, 일에 혹 마땅함을 잃었을까 염려하시어, 친히 대정大庭에 임하시어 우리 선비들에게 책문으로 이 두 가지 질문을 내어 만전의 방책을 듣고자 하십니다.

신이 주상의 뜻을 받들고 생각해 보니, 이 모책謀策은 신이 미칠 수 있는 바가 아닙니다. 비록 그러하나 오이五餌로 적을 무너뜨리는 것 같은 가의賈誼의 술법은 쓰지 않으며,[18] 긴 밧줄로 적을 사로잡는 일은 종군終軍의 바람이 절실할 뿐입니다.[19] 그런데 다행히 전사前使가 진심을 말한 바에 격동된 바가 있으니 백면서생이 무엇을 꺼리겠습니까. '심세 득인審勢得人의 설說'로 시종 고하고자 합니다.

신이 성상께서 내리신 책문策問을 읽어 보니, "울릉도가……그 땅을 비워두게 했다"고 하셨는데, 신은 두 번 세 번 거듭 읽어 보고는 어찌할 바

---

18) 가의賈誼의 오이지책五餌之策이란 진수성찬과 화려한 의복으로 미끼를 주어 흉노를 배반하고 한漢 나라에 돌아오게 하는 졸렬한 계책임을 말한다(《漢書》 卷48 〈賈誼傳〉).

19) 왜적의 대장을 포박해 올 계책을 올려도 조정에서 받아들이지 않는다는 말이다. 한漢나라 간의대부諫議大夫 종군終軍이 긴 밧줄(長纓) 하나만 주면 남월南越의 왕을 묶어서 궐하闕下에 바치겠다고 말했다는 고사가 있다(《漢書》 卷64下 〈終軍傳〉).

를 몰랐습니다.

신이 삼가 생각하건대, 해내海內에 나라를 세울 때는 들판을 그어 경계를 구분하는데, 저 울도鬱島(울릉도)에 대해서도 서책에 실려 있습니다. 땅은 관동에 속해 있고 길은 일본으로 통해 있으며 큰 바다가 하늘에 닿아 있으나 인가가 이어지지 않았기에, 멀리 조종조 때부터 이역異域처럼 여겨 그곳 백성을 육지로 옮기고 그 지역을 도외시한 것은 형세상 어쩔 수 없는 바가 있어서였습니다. 비록 그러나 취사取捨에는 전후의 다름이 있고, 득실의 요체는 처치處置를 어떻게 하는가에 달려 있습니다. 진실로 형세를 잘 살펴 처치하고 적임자를 얻어 맡기되, 경중과 이해를 권도에 맞게 주관하며 진복鎭服과 제어를 각각 시의에 맞게 한다면, 끝내 일을 그르칠 근심이 없어 보국保國의 도를 다할 수 있을 것입니다. 전하께서는 이 점을 명심하옵소서.

신이 성상께서 내리신 책문을 읽어 보니, "근래 일본인이⋯⋯만전의 양책良策이 있는가?"라고 하셨는데, 신이 두 번 세 번 거듭 읽어 보고는 어찌할 바를 몰랐습니다.

섬이 외딴 바다에 있어 물산으로는 예나 지금이나 초목이 자라고 있고 어별魚鼈이 자라고 있습니다. 울릉도의 나무는 큰 대나무요, 물고기는 큰 전복인지라, 저 왜인들이 이익을 탐해 우리 물산까지 침 흘리고 우리 토지까지 넘보아, 저 竹島라는 이름을 가칭하여 우리 울릉의 실상을 현혹시켜, 시험해볼 계책을 몰래 드러내 어채魚採하는 백성을 금해줄 것을 요청하니, 그 마음이 교활하고 그 말이 방자합니다. 그런데 전하께서는 먼 곳 사람을 편안히 해주는 덕으로 선왕이 오랑캐를 대하던 도를 행하시어 시

비곡직을 따지지 않고 (그들에게―역자 주) 분명히 (보여 주고 밝게―역자 주) 일깨워 주셨습니다. 근시近侍가 명을 받고 사신들이 잇달아 가서 그 허실을 분변했는데도 바로 결정하기가 어려웠을 뿐만 아니라, 우리 경계를 정하는 데 바다 밖으로 의거할 바 없음을 면하지 못했습니다. (저들은―역자 주) 흑심을 고치지 않고 끝내 우리 명을 들을 생각이 없습니다. 끝없는 욕심은 만족할 줄 모르고 탐욕스런 마음을 마구 부려 자못 불손한 태도가 있는 데다 불화를 만들어낼 단서도 많은지라, 변방이 소동하고 인심이 위구하기에 이르렀습니다.

이에 전하께서는 이를 근심하시어 조정 대신들에게 차례로 물어보셨으나, 주모周謀가 너무 많아 마치 한나라가 조정에서 왕박王朴[20]의 기책奇策을 빌리기를 다투지만 두여회杜如晦같이 결단을 내려 주는 재상이 없는 것과 같으니, 전하께서 어느 것을 따라야 할지 몰라 신 등에게 물으시는 것이 당연합니다. 신같이 식견이 천박하고 평소 병법兵法에 어두운 자가 감히 입을 열어 편부便否를 함부로 논한다면 이 또한 당세의 선비들에게 부끄러울 것입니다. 그러나 제가 근심되는 시사時事를 헤아려 본 바는 있으니, 성상의 책문策問에 응해 몇 가지 말씀드리겠습니다.

(성상께서―역자 주) 말씀하시기를, "조종의 강토는 남에게 줄 수 없으니, 변수邊帥를 가려 보내 우리 쪽에서 먼저 거수據守해야 한다"고 하신 것은 정도를 지킨 바른[守經持正] 논의라 하겠으나, 신은 그것이 쓸 수 없는

---

20) 오대五代 시대 후주後周 사람으로 총명하고 재주와 지혜가 많아 흠천력欽天曆과 아악雅樂을 만들었으며 세종世宗을 도와 변경을 평정하고 추밀원 사樞密院使에 이른 인물이다.

방책임을 압니다. 왜 그런가 하면, 왕자王者가 토지를 보배로 여기는 것은 토지때문에 인축人畜과 재곡財穀이 있게 되어 나라를 위해 쓰이기 때문입니다. 지금 울도는 그렇지 않아 비워두어 인축人畜이 없고, 버려두어 농사 짓지 못하니, 이는 바로 옛사람이 말한 '자갈밭 같아 쓸모가 없다'는 것입니다. 이를 어찌 유용한 육지와 대등히 여겨 외이外夷와 전쟁을 하겠습니까. 지금 만약 변수를 들여보내 거수할 곳으로 삼는다면 우리 군사는 배 조종에 익숙하지 않고 수로에 어두워서 가다가 역병에 걸리거나 표류할 우려가 있고, (울릉도를-역자 주) 지키다가 의지할 곳 없이 외롭게 지낼 염려가 있습니다. 적은 오는데 구원해줄 만한 세력이 없고 사태는 급한데 돌아올 길이 없을 것이니, 진실로 이 계책을 쓰신다면 반드시 전하의 일을 그르칠 것입니다.

또한 말씀하시기를, "(이웃나라와의-역자 주) 백년 동안의 우호를 잃어서는 안 되니, 그들의 왕래를 내버려 두고 우리의 변방 방비를 잘하도록 수칙해야 한다"고 하신 것은 형세를 살펴 권도에 맞게 한[審勢權宜] 논의라 하겠으나, 신은 그것이 진선盡善하지 못한 방책임을 압니다. 왜 그런가 하면, 왕자王者가 화친을 일삼는 것은 각 나라가 경계를 지켜 서로 침탈하는 일이 없기 때문입니다. 지금 왜인倭人은 그렇지 않아 성약成約을 염두에 두지 않고 연유 없이 땅을 요구하니, 이는 바로 옛사람이 말한 "땅은 한량이 있는데 진秦의 요구는 끝이 없다"[21)는 것이니 어찌하여 인호隣好를 잃을까는 염려하면서 그 침모侵侮는 가만히 앉아서 받을 수 있겠습

---

21) 전국 시대 조趙 나라 혜문왕惠文王이 화씨벽和氏璧을 얻었는데, 진 소왕秦昭王이 조왕趙王에게 편지를 보내어 15성城과 바꾸기를 원했다. 그래서 인상여藺相如가 화씨벽을 가지고 진秦에 갔더니, 진왕이 약속을 지키지 않으려 하자 인상여는 화씨벽을 되찾아 왔는데, 진 시황秦始皇 때에 와서 결국 진秦의 옥새玉璽가 되었음을 말한 것이다.

니까. 지금 만약 왜인들의 왕래를 내버려 두고 우리는 퇴보退保하려 한다면, 저들은 반드시 그들이 원하는 바를 얻은 것을 기뻐하여 더욱더 꺼리는 바가 없게 될 것입니다. 그리하여 작게는 공갈하여 취하는 폐단이 있을 것이고, 크게는 분에 넘치는 것을 바랄 염려가 있어, 이는 적을 교만하게 하고 상대를 두려워한다는 비난을 불러들여 유약함을 보여 자강의 방책을 잃는 것입니다. 진실로 이 계책을 쓰신다면 대조大朝(조정)에 수치를 초래할까 두렵습니다.

아! 변방의 일을 처리하기 어려움이 이와 같은데, 조의朝議가 이처럼 통일되지 않으니 양단을 잡아 중도를 쓰는 일〔執端用中〕이 어느 계책이 낫겠습니까마는, 어리석은 신의 생각에 이와는 다르다고 생각합니다. 송나라 신하 소순蘇洵의 말에, "천하의 형세를 살피지 않고 천하의 일을 이루기는 어렵다"고 했습니다. 선유先儒도 말하기를, "하늘이 일세의 재주를 낸 것은 일세의 일을 이루기에 족하다"고 했습니다. 이 때문에 형세에는 순역順逆이 있으니 그 기미를 잘 살펴 행한다면 이루지 못할 것이 없고, 일에는 난이가 있으니 그 재주에 맡겨 책임지게 한다면 어려움을 보지 못할 것입니다.

신은 모르겠으나, 전하께서는 이 두 가지 방법을 다하여 변방을 안정시키는 근본으로 삼으셨는지요. 실로 형세를 잘 살피고 실로 사람을 제대로 얻었다면, 오늘날의 일이 필시 이 지경에 이르지는 않았을 것입니다.

신은 이에 대해 말할 것이 있습니다. 아, 형세를 살피는 도에는 그 요체가 세 가지가 있으니, 지세地勢, 시세時勢, 병세兵勢입니다. 적임자를 얻는 도에는 그 대체가 세 가지가 있으니 상신相臣, 수신帥臣, 사신使臣입니다.

신은 청컨대 이 여섯 조목을 들어 오늘날의 과실過失을 증험하겠습니다.

신이 삼가 병서兵書를 살펴보니, 지세를 익히지 않으면 적에게 사로잡힌다고 했으니, 이 말은 지세地勢를 살피지 않아서는 안 된다는 말입니다. 그런데 지난번에 해도海島가 험하고 멀어 뱃길이 막혔는데도 (뱃길에-역자 주) 익숙하지 못한 사람들을 갑자기 내몰아 예측하기 어려운 곳으로 보내려 했으니, 이를 일러 지세地勢를 살폈다고 할 수 있겠습니까.

신이 또한 《맹자》를 살펴보니, 호미가 있다 한들 때를 기다리는 것만 못하다고 했으니, 이 말은 시세時勢를 살피지 않아서는 안 된다는 말입니다. 그런데 지난번에 기근이 거듭되어 노약자들이 죽어갔는데도 겨우 살아남아 있는 백성들을 데려다 쓸모없는 땅을 개척하려 했으니, 이를 일러 시세時勢를 살폈다고 할 수 있겠습니까.

신이 또한 손무孫武[22]를 살펴보니, '지피지기知彼知己면 백전불태'[23]라고 했으니, 이 말은 병세兵勢를 살피지 않아서는 안 된다는 말입니다. 그런데 지난번에 병력이 단약單弱하고 게을러진 지가 오래되었는데도 훈련받지 못한 백성들을 써서 힘을 헤아릴 수 없는 오랑캐들과 겨루게 했으니, 이를 일러 병세兵勢를 살폈다고 할 수 있겠습니까. 이는 신이 말하는, "보국의 도는 심세審勢에 있는데 세勢를 살피지 못한다"는 것이니, 이와 같아서야 어떻게 그 나라를 보존하겠습니까.

신이 듣건대, 사마司馬[24]가 재상이 되자 북쪽오랑캐들이 "신중히 하고

22) 춘추 시대의 병법가 손무의 병서 《손자》를 가리킨다.

23) 《손자》의 〈모공편〉에 '백전백승'에 대해 기록하고 있다.

24) 북송의 재상 사마광司馬光을 말한다.

일을 만들지 말자"는 경계를 했다고 하니, 상신相臣을 얻지 않아서는 안 됩니다. 그런데 지난번에 묘당의 계책이 마땅함을 잃어 오랑캐가 조정을 가벼이 여겼으니, 어찌 상신相臣을 얻었다고 하겠습니까. 신은 듣건대, 중엄仲淹[25]이 변수邊帥가 되자 서쪽오랑캐들이 놀라서 간담이 서늘해졌다는 노래를 불렀다고 하니, 수신帥臣을 얻지 않아서는 안 됩니다. 그런데 지난번에 매우 수치스럽게 국경이 줄어들었는데 적을 위압할 힘이 부족했으니, 어찌 수신帥臣을 얻었다고 하겠습니까.

신이 듣건대, 송나라 부필富弼이 거란에 사신 가서 대의大義로 할지割地의 요구를 잘 물리쳤다고 하니, 사신使臣을 얻지 않아서는 안 됩니다. 그런데 지난번에 우리 사신들이 계속 이어졌는데도 저들의 요구가 그치지 않았으니, 어찌 사신을 얻었다고 하겠습니까. 이는 신이 말하는, '집사集事의 기틀은 득인得人에 달려 있는데 사람을 얻지 못한다'는 것이니, 이와 같아서야 어떻게 그 일을 이루겠습니까.

아! 전하께서는 이 세 가지 형세에 대하여 이미 제대로 살펴 대처하지 못하셨고, 세 가지 임무에 대해서도 적임자를 얻지 못했습니다. 그런데 한갓 조종조에 개척하지 않은 땅을 개척하고 조종조에 제압하지 못한 적을 제압하고자, 이러한 행위로 바라는 바를 구하신다면,[26] (이는-역자 주)

---

25) 송의 범중엄范仲淹을 말한다.

26) 전국 시대 제 선왕齊宣王이 일찍이 전쟁을 벌여 토지를 넓히고 진초秦楚를 호령하려는 야욕을 가진 데 대해, 맹자孟子가 이르기를, "이런 행위로써 이런 욕망을 구하신다면 나무에 올라가서 물고기를 구하는 것과 같습니다(以若所爲 求若所欲 猶緣木而求魚也)"라고 했다. 이것이 후에 아주 불가능한 일을 무리하게 성취하려는 욕망을 비유하는 말을 가리키게 되었다(《孟子》, 〈梁惠王上〉).

무익할 뿐만 아니라 뒷날 반드시 재앙이 있을 것입니다. 구구하게 바다로 가서 섬을 차지하는 것보다는 먼저 그 형세를 살피는 것이 나으며, 급급하게 변수에게 방비를 신칙하는 것보다는 먼저 제대로 된 적임자를 얻는 것이 낫습니다. 그렇다면 오늘날 '변방을 안정시키는 대책'으로는 '심세득 인審勢得人'보다 급한 것이 없습니다.

바라건대, 전하께서는 왜인의 교활함을 근심하지 마시고, 그 형세를 제대로 살피지 못하는 것을 근심하십시오. 그리고 변방의 섬을 보존하기 어렵다는 것을 근심하지 마시고, 그 적임자가 제대로 지세와 시세를 살피지 못할까를 염려하십시오. 또한 왜인의 교활함을 이겨낼 방법을 다해 재상과 장수를 얻되, 전대專對[27]의 재주를 지닌 자까지 택하십시오. 그리하여 저들이 속임수로 하면 우리는 의義로 복종시키고, 저들이 탐욕으로 하면 우리는 위엄으로 다스려서, 교화가 외진 바닷가까지 감동시켜 천지를 운행하는 기틀이 있고, 위엄이 일본까지 떨쳐져 호표虎豹가 산에 있는 형세를 얻는다면, 여러 계책이 다 거행되어 변방의 방위가 굳건해질 것이니, (그렇게 되면-역자 주) 저들은 반드시 서로 경계하며 이렇게 말할 것입니다.

"저들의 수신帥臣이 완급의 형세를 잘 살피는 것을 보니, 쉽게 대적되던 전의 장수와는 다르다. 저들의 사신使臣이 허실의 형세를 잘 분변하는 것을 보니, 속일 수 있었던 전의 사신과는 다르다. 이는 반드시 조정에 적임자가 있어 제대로 사람들을 임용해서이니, 우리가 그만두지 않는다면 도리어 그 재앙을 우리가 받을 것이고, 우리가 삼가지 않는다면 우리에게 큰 환란이 있을 것이다."

---

27) 타국에 사신 가서 모든 질문에 독자적으로 응답할 수 있는 능력을 말한다.

(그리고는-역자 주) 감히 약속을 어겨 땅을 함부로 요구하지 않을 것이고, 신의를 버려 분쟁의 단서를 만들지 않을 것이며, 숨죽이며 자취를 감춰 자보自保할 수 없을까 불안해 할 것입니다. 그러니 어느 겨를에 울릉도를 노려 함부로 와서 청하겠습니까. 진실로 이와 같아진 후에야 큰 바다가 안정되고 변방의 근심이 영원히 사라져, 우리 영토 대관령이 모두 그대로 보존되어 백년 간 근심 없이 그 이로움을 후세에 미칠 수 있을 것입니다. 성상께서 내리신 책문에 이른바 '만전의 양책'이란 아마 이런 것인 듯합니다.

성상께서 내리신 책문을 읽어 보니, 자대부子大夫들은 모두 편篇을 지으라고 하셨는데, 신이 두 번 세 번 거듭 읽어 보고는 어찌할 바를 몰랐습니다.

신이 들으니, 안을 닦는 것〔內修〕은 본本이고, 외적을 물리치는 것〔外攘〕은 말末이라고 합니다. 지금 나라의 형세는 파선破船을 파도에 띄워놓았는데 지탱할 만한 노가 없는 것과 같으니, 내치內治가 닦이지 않은 것이 너무 심합니다. 아! 위로는 하늘이 노하여 재이災異가 자주 보이며, 아래로는 백성들이 원망하여 나라의 근본이 날로 흔들리고 윤기倫紀가 무너져 인류가 거의 금수에 가까운데, 당의黨議는 분열되어 조정이 전쟁터로 변해 심복들이 병이 들었으니, 어떻게 그 사체四體를 보존하겠으며, 뿌리가 이미 좀먹었는데 어떻게 그 가지를 자라게 할 수 있겠습니까. 이는 작은 변고가 아닌지라 매우 두려워해야 하거늘, 군신 상하가 모두 편안히 있고 근심하지 않아 안으로는 제대로 분변하지 못하고 밖으로는 강한 이웃나라를 배척하여 멀리 창해滄海 속에 있는 탄환만한 조그만 땅을 다투

고 있으니, 공자가 이른바 "계손季孫의 근심이 전유顓臾에게 있지 않고 담
장 안에 있다"[28]고 한 것에 가깝습니다.

　엎드려 바라건대, 전하께서는 순舜임금이 문덕을 널리 펼치신 것을 본
받고 주 선왕周宣王이 측신側身[29]하신 것을 본받아, 엄공인외嚴恭寅畏[30]하
여 날로 그 덕을 새롭게 하시어 그 은택이 널리 베풀어지지 않는 곳이
없게 하신다면, 내수內修가 다한 후에 외우外憂는 자연 없어져 사이四夷가
복종하는 정치를[31] 이루기가 어렵지 않을 것이며, 회이淮夷가 조공하는
교화를[32] 다시 볼 수 있을 것입니다. 그러므로 전해지는 말에 "땅을 넓히
려 힘쓰는 자는 황폐해지고, 덕을 넓히려 애쓰는 자는 강해진다"고 했으
니, 아! 전하께서는 힘쓰십시오. 힘쓰십시오. 신은 삼가 답합니다.

---

28) 《論語》〈季孫〉, "吾恐季孫之憂 不在顓臾而在蕭墻之內也"

29) 측신수도側身修道의 준말이다. 재앙을 당했을 때 백성을 걱정하며 두려워하는 마음
　으로 자신을 반성하고 닦아 나가는 제왕의 자세를 가리키는 말이다(《詩經》〈大雅〉雲
　漢 序).

30) 엄숙하고 공경하고 삼가고 두려워한다는 뜻으로, 주공周公이 은 고종殷高宗의 덕을
　칭송한 말이다(《書經》〈無逸〉).

31) 《書經》〈周書〉旅獒에 나온다.

32) 《詩經》〈노송魯頌〉반수泮水에 "고요처럼 신문을 잘 하는 이가 반궁에서 오랑캐 포로
　들을 철저하게 조사를 하여 바친다[淑問如皐陶 在泮獻囚]"는 말과 "은혜를 깨달은 오
　랑캐들이……남방의 좋은 황금을 조공으로 많이 바쳤다[憬彼淮夷……大賂南金]"는 말이
　나온다.

6. 〈책문〉 원문

王若曰

鬱陵島迫在東海中 輿地勝覽屬之江原道 雖云我國地 而水路險遠 人烟不通
祖宗朝刷還洲民 遂虛其地矣 近來倭人貪其篠簜鰒魚之利 假名竹島 指爲厥
土 請禁我民越境漁採 屢遣近侍 曉諭竹鬱之虛實境界之有別 而終無聽順之意
頗有生梗之端

予用是盧 廣詢朝議 則或以爲祖宗疆土 不可與人 而一爲彼有 則東界無蔽
候風出沒 情僞難測 莫如擇送邊帥 先自據守 或以爲海外小島 自是空地 而百年
隣好 不可相失 因此搆釁 非計之得 莫如任其往來 修勑邊備而已

惟此二說 何者爲得 而抑此外 別有萬全之良策歟 子大夫讀書談道之餘 必講
安邊靖國之猷 其各悉著于篇 (膽)

臣對

臣聞保國之道 在於審勢 集事之機 係於得人 能審其勢 則國無不保 苟得其
人 則事亡不集 是以漢元之棄珠厓 近於蹙土損威 而中國得以無慮者 以其審勢
而處之也 齊威之用田盼 不過守邊一吏 而趙人不敢東漁者 以其得人而任之也
此豈非前事之明驗 而後王之可監者乎

今我主上殿下 念軫東郵 憂深中朝 謨諸聖心者熟矣 詢于拂士者廣矣 而尙慮

夫實有遺策 事或失宜 親臨大庭 策我多士 發此兩端之問 欲聞萬全之策

臣承命主[33] 臣伏而思之 是謀非臣所能及也 雖然五餌壞敵 莫試賈誼之術 長
纓係虜 徒切終軍之願 而今幸至前使有所道丹衷所激 白面何嫌 請以審勢得人之
說 終始申告焉

臣伏讀聖策曰 鬱陵島 止 虛其地矣[34] 圭復再三 隕越于下

臣竊伏惟環海立國 畫野分界 而迫彼鬱島 亦載版籍 地屬關東 路通日本 漲
海連天 人煙不接 則奧自祖宗 視同異域 移其民於邦內 置此地於度外者 豈非勢
有所不能也 雖然 或取或舍 時有前後之不同 一得一失 要在處置之如何 苟能審
勢而處之 得人而任之 輕重利害 自主其權 鎭服控制 各得其宜 則終無償事之患
而能盡保國之道矣 伏願殿下留心焉

臣伏讀聖策曰 近來倭人 止 萬全之良策歟[35] 臣圭復再三 隕越于下

島在絕海 物自今古 草木長焉 魚鼈養焉 厥木巨竹 其魚大鰒 惟彼倭人 惟利
是貪 垂涎我物産 生心我土地 假彼竹島之名 眩我鬱陵之實 陰逞嘗試之計 請禁
漁採之民 其心巧矣 其言肆矣 而以殿下綏遠之德 行先王待夷之道 不較曲直 明
示曉諭 近侍御命 冠蓋徹路 而卜其虛實 不啻日中之難決 定我境界 未免海外之
無憑 黑心不悛 終無聽命之意 壑慾無厭 惟肆貪得之心 頗有不遜之狀 而亦多生
梗之端 以至邊鄙繹騷 人心危懼

---

33) 主命의 오류인 듯하다.

34) "鬱陵島迫在東海中"부터 "祖宗朝刷還洲民 遂虛其地矣"까지를 생략하여 말한 것이다.

35) "近來倭人貪其篠簜鰒魚之利"부터 "而抑此外 別有萬全之良策歟"까지를 생략하여 말한 것이다.

肆我殿下隱憂於中 歷問于朝 而周謀孔多 漢若爭借朝之王朴之奇策 人無如
晦之善斷 宜殿下莫適所從而降問於臣等也 如臣膚淺 素昧韜略 乃敢發口 妄論
便否 則不亦羞當世之士乎 然而揣摩時事所憂則有之 請就聖問 熟數之於前

其曰 祖宗疆土 不可與人 擇送邊帥 先自據守者 可謂守經持正之論 而臣知
其不可用也 何以言之 王者以土地爲寶者 以其有人蓄財穀而爲國所需也 今鬱島
則不然 虛無人畜 辟不耕種 此正古人所謂比如石田 豈可等此於有用之內地 而
從事於外夷也 今若入送邊帥 以爲據守之地 則我軍不習操舟 未諳水路 行有疾
疫飄沒之憂 守有浮寄孤懸之患 敵來而無可援之勢 事急而無可歸之路矣 誠用此
計 必敗殿下之事矣

其曰 百年隣好不可相失 任其往來 修飭邊備者 可謂審勢權宜之論 而臣知其
未盡善也 何以言之 王者以和親爲事者 以其各守境界而無相侵奪也 今倭人則不
然 不念成約 無故索地 此正古人所謂地有盡而秦之求無已者也 豈慮其隣好之有
失而坐受其侵侮也 今若任之往來而只爲退保之計 則彼必喜得所欲而益無所忌
小則有恐喝徵索之弊 大則有覬覦吞噓之患 驕敵而招畏人之譏 示弱而失自强之
策矣 誠用此計 恐貽大朝之羞矣

嗚呼 邊事之難處如此 而朝議之不一如此 執端用中 何策爲得 而臣愚一得有
異於是 宋臣蘇洵之言曰 不審天下之勢 而能成天下之務難矣 先儒又曰 天生一
世之才 足了一世之事 是故勢有順逆 而審其機而行之 則無不順成 事有難易 而
任其才而責之 則不見其難 臣未知殿下能盡二者之道 以爲安邊之本乎 勢苟審矣
人苟得矣 今日之事 必不至此

臣於此有可言者矣 嗚呼 審勢之道 其要有三 地勢也時勢也兵勢也 得人之道
其大有三 相臣也帥臣也使臣也 臣請擧此六者之目 以證今日之失

臣謹按兵書曰 不習地勢 爲敵所禽 此言地勢不可不審也 而迺者海島險遠 舟
輯路窮 而遽欲驅不習之人 試不測之地 是可謂審地勢乎 臣又按孟子曰 雖有鎡
基 不如待時 此言時勢不可不審也 而迺者饑饉相仍 老弱塡壑 而將欲擧孑遺之
氓 拓無用之地 是可謂審時勢乎 臣又按孫武曰 知彼知己 百戰不殆 此言兵勢不
可不審也 而迺者兵力單弱 恬憘日久 而直欲用不敎之民 角菲茹茹筐筎[36]之虜
是可謂審兵勢乎 此臣所謂保國之道 在於審勢 而勢之不審也 如此何以保其國也

臣聞司馬作宰相 而北虜有愼勿生事之戒 則相臣不可不得也 而迺者廟謀失宜
夷虜輕朝 則其可謂得相臣乎 臣聞仲淹爲邊帥 而西賊有驚破膽之謠 則帥臣不可
不得也 而迺者恥甚蹙境 而武乏威敵 則其可謂得帥臣乎

臣聞富弼使契丹 而能以大義拒割地之請 則使臣不可不得也 而迺者我使相望
而彼求無已 則其可謂得使臣乎 此臣所謂集事之機 係於得人 而人之不得也 如
此何以集其事也

嗚呼 殿下於三者之勢 旣不能審處 三者之任 又不得其人 而徒欲拓祖宗不拓
之地 制祖宗未制之敵 以若所爲 求若所欲 徒無益 後必有灾矣 與其區區於入海
據島 曷若先審其勢也 與其屑屑於勅邊帥備 曷若先得其人也 然則今日安邊之策
莫急於審勢得人

---

36) 匪茹의 오자인 듯하다.

伏願殿下毋患倭人之巧詰[37] 而患其勢之不審 勿憂邊島之難保 而憂其人之不
得審地審時 而又盡克詰之方 得相得將 而且擇專對之才 彼以其謠 我以義服之
彼以其貪 我以威攝之 風動海隅 有天地幹旋之機 威震日域 得虎豹在山之勢 群
策畢擧 邊圉克壯 則彼必相戒而言曰 觀其帥臣 能審緩急之勢 非若前帥之易敵
也 觀其使臣 能卜虛實之勢 非若前使之可欺也 此必朝廷有人而任用得宜也 我
之不戢 反受其殃 我之不謹 將有大患 不敢違約而妄求 棄信而攝釁 惕息斂迹
揣揣焉恐不得自保矣 奚暇正視鬱陵而肆然來請也 允若玆後 恬鯨海 邊患永息
坤維關嶺 提封自如 可保百年無虞而利及後世矣 聖策所謂萬全良策 其在斯歟

伏讀聖策曰 子大夫止悉著于篇 臣圭復再三 隕越于下

臣聞修內本也 外攘末也 方今國勢有若泛破舡於風濤 而無棹楫之可恃 內治
之不修甚矣 噫 天怒於上 而災異疊見 民怨於下 而邦本日搖 倫紀斁絶而人類
幾於禽獸 黨議分裂 而朝廷變作戰場 心腹受病 何以保其四體 根株已蠹 何以養
其枝葉乎 此非小變可畏之甚 而君臣上下 恬不爲憂 內不能辨 而外排强隣 爭彈
丸黑子之地於滄海渺茫之中 殆孔子所謂季孫之憂 不在顓臾 而在蕭墻之內也

伏願殿下師虞帝之誕敷 法周宣之側身 嚴恭寅畏 日新其德 無遠不屆 厥施斯
普 則內修旣盡 外虞自消 四夷咸賓之治 不難致矣 淮夷獻琛之化 可復見矣 故
傳曰 務廣地者荒 務廣德者彊 嗚呼 殿下懋哉懋哉 臣謹對

---

37) 원문에는 '巧譖'로 되어 있는데 오류인 듯하다.

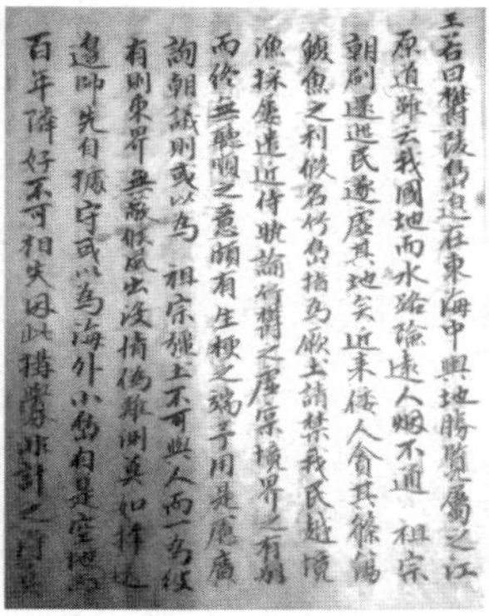

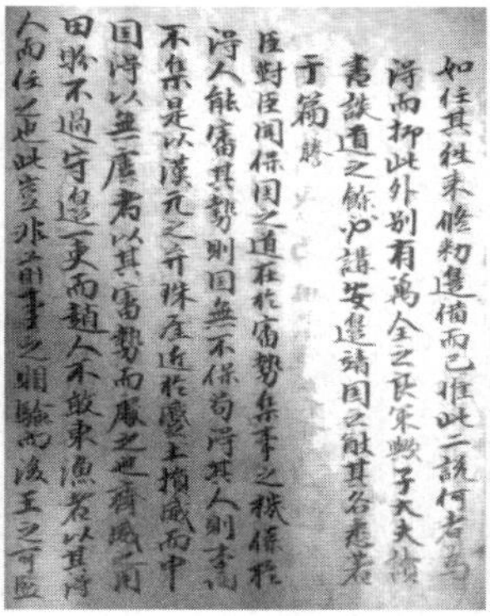

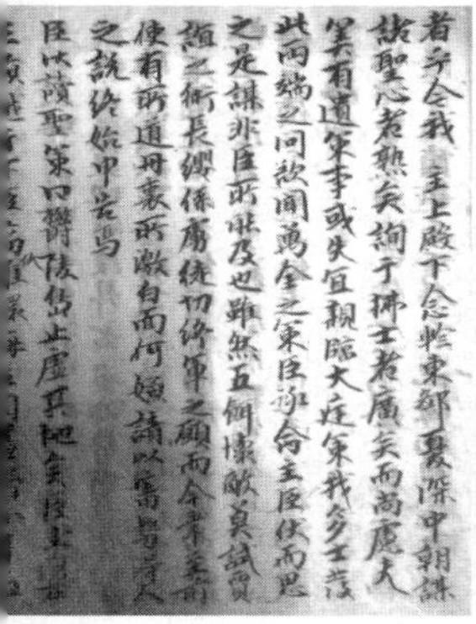

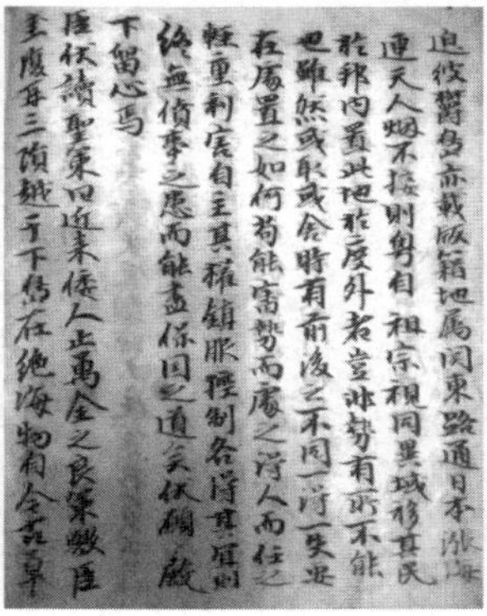

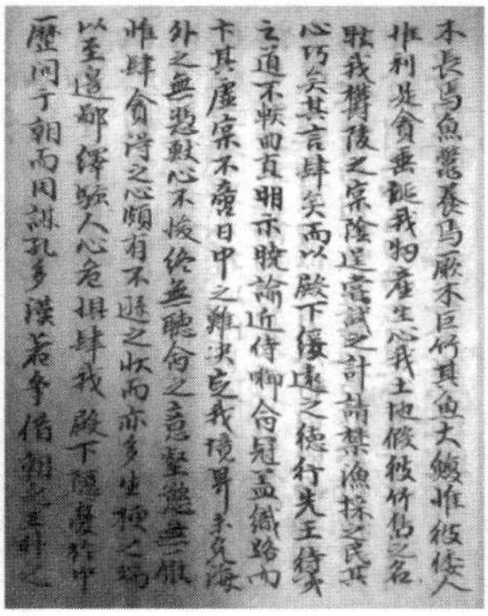

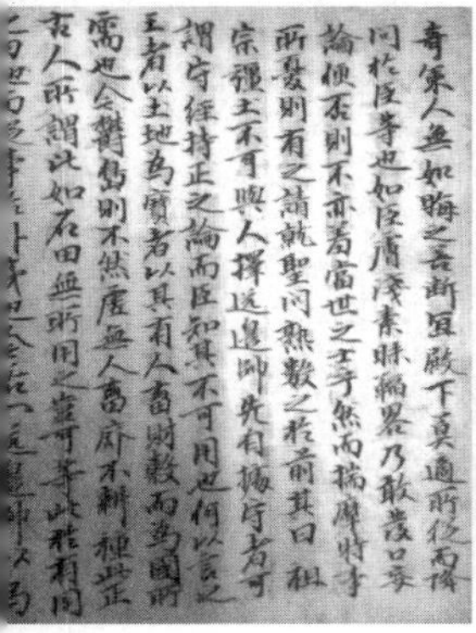

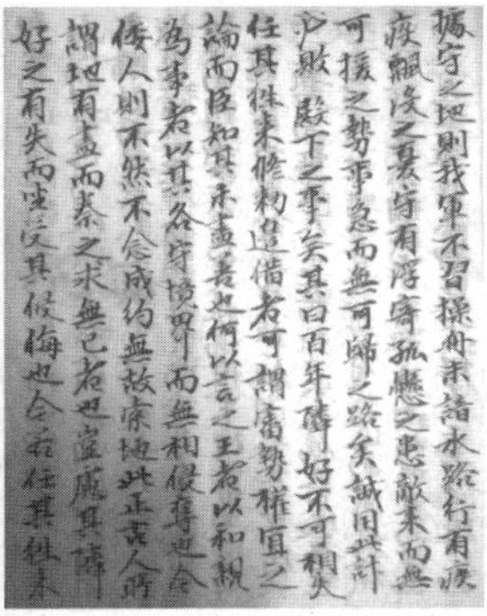

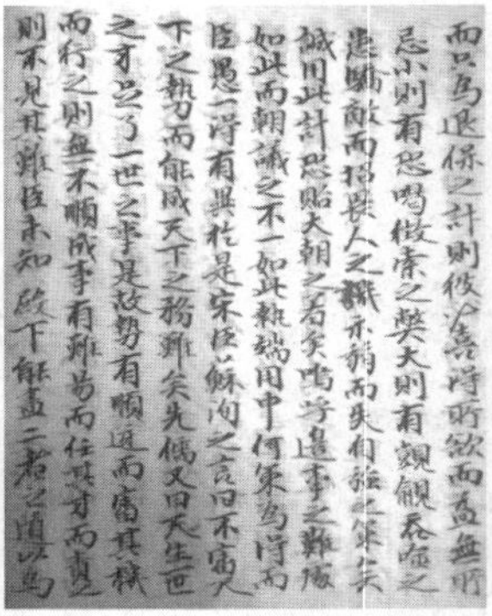

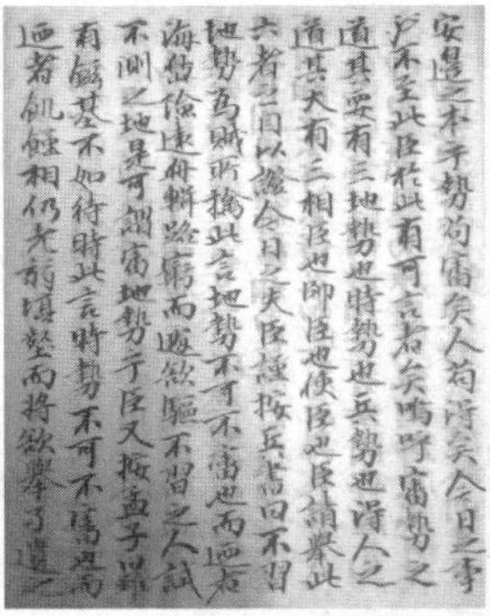

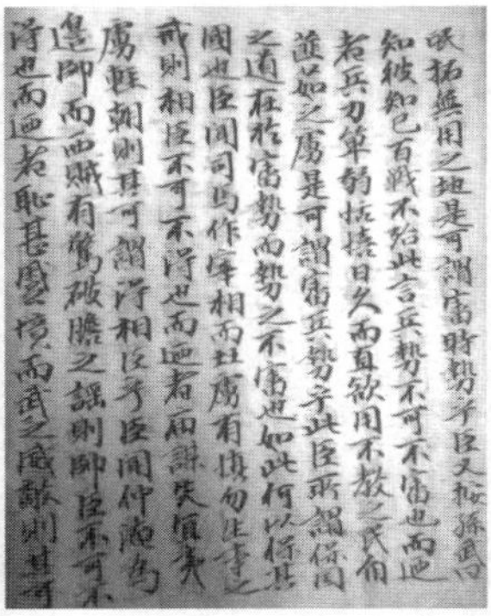

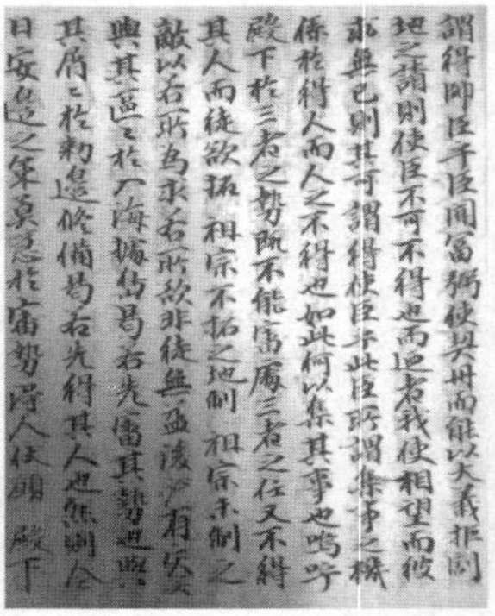

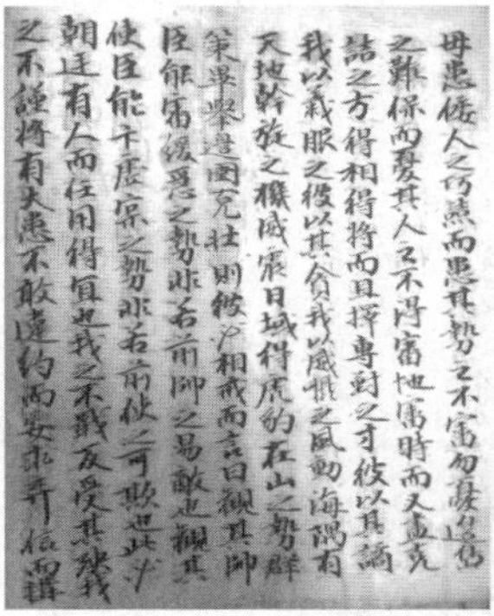

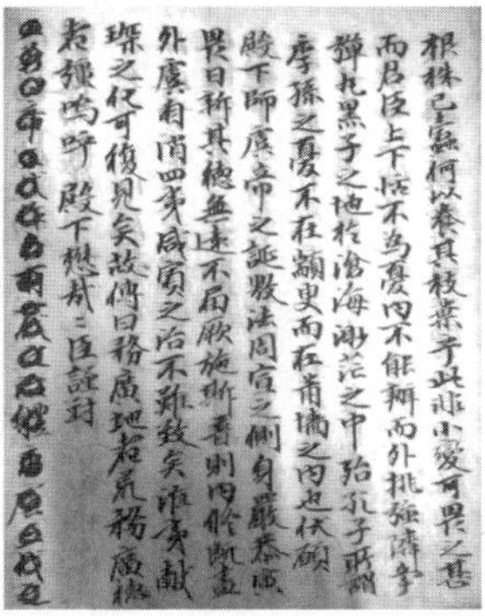

〈울도군 절목〉(1902)

1. 절목節目이 나오게 된 배경

1882년에 울릉도 개척령이 내려진 이후 1883년에 약 50여 명이 입도했으나 일본인들은 그 이전부터 울릉도에 몰래 들어와 벌목과 어로활동을 하고 있었다. 1880년대 후반이 되자 러시아와 영국인까지 가세하여 울릉도의 벌목을 무단으로 반출하고 있었으며, 일본은 전복과 수산물까지 채취해 가고 있었다. 이에 따라 1888년 이전에는 지방관의 보고사항이 벌목이 주를 이뤘다면 그 후부터는 수산물에 대한 보고가 주를 이루고 있다. 그러나 이런 상황에 대한 울릉도 도장의 대처는 민첩하지 못했고 상부로의 보고도 신속하지 못해, 강원감영은 도장의 파출을 건의하기도 했다. 한때 월송포 만호가 울릉도 첨사를 겸직하면서 도장의 역할을 대신했지만, 고종이 강원도 관찰사에게 울릉도 검찰을 특별히 당부하고 선전관 윤시병을 검찰관으로 파견하는 일을 계기로 정부가 적극 개입하기 시작했다.

1895년 8월 울릉도 도장은 도감으로 직함이 바뀌었고, 배계주가 도감에 임명되었다. 1889년에 체결한 〈조일통어장정〉으로 말미암아 일본 선박의 울릉도 연안 출입이 빈번해지고 선박의 숫자도 크게 늘어나 일본인의 행패와 폐해는 더욱 커졌다. 자연히 외교적 마찰이 생겨났다. 청일전쟁 이후 일본의 울릉도 침탈이 가열되는 틈을 타 울릉도민들이 일본인과 결탁하거나 지방관들의 기강이 해이해지는 상황이 빚어지기에 이르렀다. 울릉도 도민으로서 선전관의 검찰에 동행했던 경험이 있는 배계주는 일본인의 울릉도 침탈을 막기 위해 소송도 불사하는 등 적극적인 행보를 펼쳤다.

1896년이 되면서 울릉도에서 일본과 러시아가 벌목을 두고 각축하는 상황이 되었으나 도감 배계주에게는 이를 저지할 만한 힘이 미약했다. 그에게는 직원과 월급도 없었으므로 도감의 지위를 격상시키기 위해 1898년에 도감을 판임관으로 대우해줄 것을 정부에 요청하기도 했다. 1898년에 배계주는 밀반출된 목재를 찾아오기 위해 일본 오키隱岐와 도쿄東京 등지에서 소송을 했고 1899년 4월에는 마쓰에松江에서 소송을 제기하여 승소했다. 그는 일본인에게서 되찾아온 나무 값으로 소송 비용을 대고, 남은 돈을 국가에 상납했는데 이런 그의 행적은 《황성신문》(1899년 5월 16일 잡보)에 보도되기도 했다. 이 때문에 그는 1899년 5월 부산에 있다가 도감에 재임명되어, 부산해관 세무사 서리 라포테와 함께 울릉도의 진상을 조사하라는 명을 받았다.

배계주와 라포테의 울릉도 조사가 이루어진 뒤, 러시아와 일본은 각기 상대 국가가 울릉도에서 벌목하는 것에 대해 조선에 항의했다. 이에 외부대신 박제순은 일본 공사에게 울릉도에 머물고 있는 일본인의 철수를 요구했고 일본 공사 하야시 곤스케林權助는 1899년 11월말까지 철수를 약속했다. 그러나 곧 일본은 일본인의 철수는 그들의 주거권과는 관계가 없다는 식으로 태도를 바꾸었다. 조선 정부는 배계주와 라포테의 보고서를 접하고, 일본인 수백 가구의 행패와 침탈 현황을 보고서야 사태의 심각성을

인식하기 시작했다. 배계주는 1899년 6월에서 9월에 걸쳐 울릉도의 상황
을 자주 상부에 보고하였고, 결국 한일 양국은 울릉도에 사람을 파견하여
조사하기로 합의했다. 1900년 5월 말 중앙에서 파견한 내부의 관리가 울
릉도에 가게 된 데는 이런 배경이 있다.

내부의 시찰위원 우용정은 1900년 6월에 울릉도에 다녀와 그 결과를
상부에 보고했다. 이어 10월 22일의 '鬱陵島를 鬱島로 改稱ᄒᆞ고 島監을 郡
守로 改正에 關ᄒᆞᆫ 請議書'가 나왔다. 이는 "울릉도 도감 배계주의 보첩報
牒과 본부 시찰관 우용정과 동래 세무사의 시찰록視察錄을 대조하여 조사"
한 데 근거하여 나온 것이다. 이어 사흘 뒤에 나온 대한제국 칙령 제41호
는 울릉도를 더 이상 방치하기 어렵다고 판단한 정부 차원의 적극적인
조치의 결과물이었다.

그러나 우용정이 울릉도를 시찰하고 돌아간 후에도 일본인의 무단 벌
목은 더욱 심해져 500여 명이 온 산에 들어가 재목을 벌목함은 물론이고
울릉도민의 출입까지 저지했다. 심지어 울릉도민의 재물을 빼앗기도 했
다.[1] 배계주가 군수가 되었지만 그 권력으로 일본인의 침탈을 저지하는
데는 한계가 있었다. 1901년 8월 울릉도에 머물고 있던 일본인은 대략
550명이었다. 벌목을 하거나 조선造船에 종사하던 자들, 상업에 종사하는
자들이 주를 이루었고 이들 가운데 300~400명은 3월과 6월 사이에 왔다
가 일이 끝나면 돌아가는 자들이었다. 그러나 7~8년을 머물면서 영구 거
주를 꾀하는 자도 있었다. 당시 울릉도에는 개운환을 잃은 뒤로 선박이
없어 운수에 애를 먹고 있었으며 이 때문에 일본에 상권을 빼앗기고 있
던 상태였다. 또한 배계주가 개운환 값을 도민에게 전가하는 바람에 도민
과 갈등을 빚기도 했다. 배계주에 앙심을 품은 전재항이 정부에 이런 사

---

1) 《강원도 래거안江原道來去案》1901년 9월 일 보고서 제1호.

실을 알리자, 정부는 주사主事 강영우를 사검관査檢官으로 파견했다. 이처럼 1901년 중반부터 1902년 초반은 일본인의 벌목과 탈세脫稅, 선가船價 부담에 대한 울릉도민의 비협조 때문에 배계주가 강영우 및 도민들과 갈등을 빚던 시기였다. 배계주는 그 과정에서 도민의 고소를 당해 군수직에서 파면당한 적도 있다. 절목은 이런 와중에 나왔다. 대한제국은 칙령 제41호를 낸 뒤에도 근절되지 않는 일본인의 탈세와 울릉도민의 불법행위를 엄단하고자 칙령을 강화하여 다시 절목을 낸 것이다.

2. 배계주에 관한 사항

배계주는 통정대부 행 돈녕부 도정都正 배현구[2]의 아들인데, 생몰 연대는 미상이다. 배계주는 1895년 9월에 초대 도감에 차정되어 울릉도를 관리하다 일본인과의 소송에 연루되어 잠시 도감직에서 물러났다가 1899년 5월 다시 도감에 임명되었다. 1900년 10월 25일 칙령 제41호에 따라 울릉도가 울도군으로 승격되면서 도감 대신 군수를 두게 되었는데, 11월 29일자 《관보》는 9품 배계주를 주임관 6등에 서용하여 울도 군수에 임명한다는 사실을 실었다. 배계주는 도민의 고소로 군수직을 박탈당해 1901년 겨울 울릉도 사검관이던 강영우가 1901년 12월 30일 군수에 임명되었으나 장기 포구에서 기다리다가 타군으로 이직했다. 기록에는 강영우가 1902년 1월 11일 면직된 것으로 되어 있다.[3] 그런데 1902년 10월 의정부 외부대신 박제순은 울도 군수 강영우 앞으로 훈령을 보냈고 훈령의 날짜는 1902년 3월 13일로 되어 있다. 1902년 3월 4일자 《황성신문》은 울

---

2) 1893년 1월의 교지.

3) 《울릉도지》; 《일성록》광무 6년 "免 鬱島郡守 姜泳禹 懷德郡守 閔丙星 鼇川郡守 金永基 官"

도 군수가 강영우에서 다시 배계주로 바뀐 것을 보도하고 있지만, "전 군수 배계주를 울도 군수에 임任하고 주임관 6등에 서叙함"을 밝힌 칙명의 날짜는 광무 6년(1902년) 3월 7일로 되어 있다. 배계주와 강영우의 재직, 면직 기간이 기록에 따라 다르므로 두 사람의 임관과 면관 날짜를 정확히 단정하기는 어렵다.

울도 군수 배계주는 1902년 4월 5일 나포되었고,[4] 평리원은 1902년 5월 10일 군수 배계주를 군민 김찬수의 고소로 구금했다고 법부에 보고했다. 5월 17일 평리원은 울도 군수 재임 시 선박 배상금 징수과정에서 백성을 위협한 피고 배계주에 대한 처벌을 보고했다.[5] 그러나 배계주의 행동이 공적인 비용을 마련하기 위한 의도에서 나왔음이 참작되어 다시 선처받았다. 따라서 일본의 아래와 같은 평가는 적절하지 않은 것으로 보인다.

> "배裵 도감은 일본에 세 번 온 일이 있어 일본어를 조금은 이해하므로 일본인을 위해서는 매우 편리하지만 일본에서의 규목재槻木材의 가치를 알기 때문에 항상 직접 벌채하여 일본인 한 사람과 결탁하여 이익을 독점하려 한다. 작년 이후로 그가 한국 조정에다 일본인 규목 도벌 운운하여 보고하고 또 도민이 규목을 지키는 것을 생명과 같이 한다고 한 말 등은 모두 이런 배짱에서 나온 말이다"(〈울릉도 산림조사 개황〉)

배계주가 1902년 4월 5일 나포되었다면 절목이 내려진 4월 이후 배계주가 울도 군수가 아니었을 가능성이 크다. 《울릉도지》에는 배계주가 도민으로부터 소송당해[6] 군수직에서 파면된 시기가 1902년 9월로 되어 있

---

4) 《일성록》광무 6년 "拿長淵郡守 朴來勳 鬱島郡守 裵季周"
5) 《각사등록》 사법품보 (奎 17279).

지만, 강원도 관찰사는 1902년 9월 울도군에 강영우가 아직 부임하지 않은 것으로 보고하고 있다. 따라서 1902년대 중반 절목 시행을 전후한 울도군의 상황은 매우 복잡한 상태였다. 심흥택이 울도 군수에 서임된 것은 1903년 1월 26일이다. 배계주가 다시 수감된 시기가 1902년 6월 13일이라면 절목의 시행자는 사실상 배계주가 아니라 심흥택이었을 가능성이 크다. 다만 〈울도군 절목〉에 전사능, 이동신7) 등이 언급된 것을 보면, 절목 작성에 배계주가 개입했다는 사실을 알 수 있다. 심흥택이 절목을 어떻게 시행했는지 구체적으로 밝혀줄 만한 사료는 아직 발견되지 않았다.

4. 절목의 구성과 의미

배계주의 외증손녀 이유미 씨가 소장해 오던(2010년 10월 2일 울릉군 입수) 〈울도군 절목〉은 절목의 목적과 조목, 기타 사항 그리고 후록으로 구성되어 있다. 원문은 한문 초서체로 되어 있으며 본문은 모두 10면이다. 문서에 내부대신의 인장이 간인間印 형태로 찍혀 있고 마지막장에도 내부대신의 인장이 찍혀 있다. 내부가 작성하여 내려 보냈다는 내용이 서두에 나온다. 대체적인 내용은 (1) 일본인의 불법 벌목 및 반출에 대한 엄금 (2) 외국인에게 가옥과 전토 매매 금지 (3) 개척민 세금 면제, 단 육지로

---

6) 배계주는 개운환 선박 구입가를 목재로 치르기로 하고 구입했는데 이 선박이 판자를 싣고 일본으로 가다 침몰했다. 배계주가 애초 약속한 대로 배값을 도민들에게 분배시키자 도민들이 이에 반발해 전재항과 박성원을 중심으로 소송했고 이들은 석방 후 이 사실을 정부에 보고했다. 이에 정부는 강영우를 울릉도 사검관으로 파견해 조사한 후 배계주를 파면하고 강영우를 대신 군수에 임명했다(손순섭 소장, 이종열 필사, 《울릉도지》).

7) 《울릉도지》에는 김자유, 홍재찬, 손병찬, 전재항, 김문수(김찬수), 이동신 6인이 배계주에 맞서 배값 부담에 반대한 경위가 기록되어 있다.

돌아가는 자의 전답 환수 (4) 관청 신축에 따른 민폐 금지 (5) 군수 및
관리에 대한 급료 규정 (6) 상선 및 화물에 대한 징세 (7) 관선官船 마련
을 위한 대책 (8) 기타 사항으로 되어 있다.

우선 절목의 서두를 보면, 절목을 낸 목적이 언급되어 있다. 울도군이
군으로 승격된 지 2년이 지났으나 유언비어가 횡행하여 백성들이 교화되
지 않고 기강이 잡히지 않기 때문에 절목을 낸다는 것이다. 정부는 절목
을 거행하되 명령을 어기는 자가 있으면 엄벌에 처할 것을 지시했다. 또
한 절목을 언문으로도 번역, 각 마을에 게시하여 한 사람도 모르는 일이
없게 했다.

조목 가운데 가장 먼저 나오는 것은 일본인의 불법 벌목을 엄금하라는
내용이다. 이어 울릉도 도민 가운데 가옥과 전토를 외국인에게 몰래 매매
하는 자는 일률一律 즉 사형에 처하게 했다. 이는 일본인의 침탈이 얼마
나 심각한지를 알 수 있게 해주는 대목이다. 또한 도민들의 세금을 면제
해주고 경작지 매매를 금지했으며, 관청을 신축하는 대신 개수하여 쓰게
했다. 이는 개척민의 정착을 돕기 위한 조처들로 볼 수 있다. 또한 군수
를 두었으나 사실상 급료가 없었으므로 봄에는 보리 3말, 가을에는 콩 4
말씩을 집집마다 내게 하여 군수와 그 밑의 향장 1명, 서기 1명, 사령 3
명의 급료로 지급하도록 규정했으며, 당시 울릉도 가호를 대략 500호로
추산했다.

또한 각도의 상선商船으로 울릉도에 와서 고기를 잡거나 미역을 채취하
는 사람에게는 10분의 1세, 출입하는 화물에 대해서는 물건값에 따라
100분의 1세를 거둬 경비에 보태게 했다. 이는 울릉도의 산물에 세금을
부과하게 한 것으로 울릉도에 집하된 화물에는 독도에서 채취한 미역이나

전복, 물고기 등이 포함되어 있다. 나무를 몰래 베어 파는 사람에게도 세금을 물려 그 비용으로 선박을 구입하도록 했다. 이런 조처는 모두 일본인의 침탈을 막고 울릉도민의 생활을 안정시키기 위한 것이다. 부록으로 향나무 200근을 1년 간격으로 진상하고, 호포전戶布錢 500냥을 매년 탁지부에 납입할 것을 규정한 것은 중앙정부의 재정에도 도움이 되게 할 목적으로 보인다.

이렇듯 〈울도군 절목〉은 중앙정부가 울릉도의 현황과 문제점을 파악하여 대책을 내려준, 일종의 시행세칙이다. 절목에 제시된 세칙을 보면 우용정이 1900년 6월 3일 발표한 조목8)과 일부 상통한다. 우용정이 정부의 명을 받아 울릉도에 내린 조목은 아래와 같다.

- 관민 사이에 체통을 엄히 세우고 금령을 잘 준수하여 어기는 일이 없을 것
- 삼림은 국가에서 벌채를 금하는 산이니 각 동이 힘을 다해 지키고 가꾸되, 농작農作을 위해 밭에 불을 놓을지라도 아름드리나무는 태우지 말 것
- 법을 지키지 않는 백성이 일본인과 결탁하여 규목을 몰래 베는 자가 있으면 목재는 모두 관官에 귀속시키고 그 백성은 바로 축출할 것
- 이미 개간한 밭에서 나오는 수확량과 실제 가구 수와 인구를 일일이 조사하여 매년 본부에 보고할 것
- 돛단배를 사두어 뱃길에 편리하게 하고 토산물을 운반하여 무역할 것
- 울릉도에 배를 사둔 뒤에는 섬의 물산을 울릉도의 배로 드나들며 무역하되, 만일 외국 선박에 적재할 경우 그 물화物貨는 모두 울릉도 회사

---

8) 우용정 《보고서》 안의 〈告示〉.

의 것으로 속하게 할 것

-. 염전 장비를 준비하여 소금 만드는 것을 급선무로 할 것

-. 본국인과 외국인을 막론하고 나무를 베어 배를 만드는 것은 일체 엄금
할 것

-. 학교를 세워 백성을 교육할 것

-. 혹 무도한 백성이 어른을 업신여기거나 음주잡기로 동규洞規를 어지럽
히는 자가 있으면 법률을 정하여 엄히 금지할 것

우용정이 1900년에 제시한 조목도 벌목 단속과 울릉도 기강 수립을 골
자로 한다. 1902년의 절목도 이 범주를 크게 벗어난 것은 아니지만 1900
년 조목과 견주어 보면 시행방법이 구체적이며 징벌적 성격이 강화되었
다. 울릉도민과 일본인의 결탁을 엄금하여 사형까지 언급하고 있는 것이
그 예라고 할 수 있다.

〈울도군 절목〉에 '독도'에 관한 직접적인 언급은 없지만, 울도 군수의
징세권을 규정했고 군수의 징세 범위에는 울릉도 해산물뿐만 아니라 독도
해산물도 포함된다. 절목이 독도에 대한 실효지배와 연관될 수 있는 근거
가 여기에 있다. 또한 칙령은 이미 울도군의 관할지역에 '석도' 즉 독도를
포함시켰었다. 칙령 이후 울도군의 관할구역의 하나인 석도를 어떻게 통
치해 왔는지 그 양상을 알 수 없었는데 이 절목이 그 후속조치였음을 말
해 주고 있다. 따라서 〈울도군 절목〉은 일본이 독도가 무주지라고 주장하
며 자국 영토로 편입한 1905년 이전부터 대한제국이 실질적인 통치권을
행사해 왔음을 보여 주는 입증자료라고 할 수 있다.

5. 〈울도군 절목〉 번역문

본 군(울도군-역자 주)이 승설陞設된 지 두 해가 지났는데도 전도全島의 서무庶務가 아직 초창草創함이 많은 가운데 몇몇 패민悖民들이 교화되지 않으면서 유언비어를 만들어내 백성들을 선동하니, 본부(내부-역자 주)에서 방략을 강구하고 군규郡規를 확립하지 않을 수 없다. 그러므로 따로 절목을 만들어 보내니 이대로 거행하고 어기지 마라. 도민島民 가운데 여전히 갈팡질팡하고 명령을 따르지 않는 자가 있으면, 낱낱이 적발하여 속히 치보馳報하라. 그리하면 마땅히 별단의 엄한 조처가 있을 것이다. 유념하여 거행하라. 절목의 뜻은 언문諺文으로도 번역하여 각 마을에 게시하여 한 사람도 듣지 못해 알지 못하는 폐단이 없게 하라.

- 일본에서 넘어와 나무를 몰래 베어가는 자들을 특별히 엄금할 것
- 본도의 인민 중에 가옥과 전토를 외국인에게 몰래 매매하는 자가 있으면 마땅히 일률一律(사형)을 시행할 것
- 본도의 개척이 아직 미진하여 백성들이 가정을 이루는 것이 염려가 되기에 아직은 정세定稅하지 않는다. 무릇 도민들은 경작을 하면서 먹고 살아가는데, 내륙으로 이거移居할 경우에는 사적으로 매매하지 못하고 관유官有로 반환하게 할 것
- 현재 있는 관청이 일곱 칸이 되면 그대로 쓰되 지붕을 보수하고, 4~5칸 정도로 좁다면 약간의 증축만 하고 민폐를 끼치지 말 것
- 향장 1명, 서기 1명, 사령 3명을 우선 먼저 두어 일을 하게 할 것
- 군수 이하 향장과 서기, 사령의 급료는 군郡에서 대략 산정하지 않으면 안 된다. 울릉도의 호수가 500호가 된다면 가호당 봄에 내는 세금으로

　　보리 3말, 가을에 내는 세금으로 콩 4말씩을 거둬 봉급으로 나눠줄 것

-. 500호에서 각호마다 보리 3말을 거둔다면 모두 1500말이 된다. 섬〔石〕
　으로는 모두 100섬 이내이다. 군수 한 명의 급료는 60섬, 향장 1명의
　봉급은 12섬, 서기 한 명은 10섬, 사령 3명은 한 명당 6섬으로 합이 18
　섬, 합계 100섬을 정식定式으로 할 것

-. 각도의 상선商船으로 울릉도에 와서 물고기를 잡거나 미역을 채취하는
　사람에게는 사람마다 10분의 1세를 거두고, 그 밖에 출입하는 화물은
　물건 값에 따라 물건마다 100분의 1세를 거둬 경비에 보탤 것

-. 관선官船 한 척을 먼저 마련해야만 왕래하는 길이 편해지는데, 내왕하
　는 본부의 조사위원이 섬에 들어갔을 때, 전사능과 이동신이 몰래 베
　어낸 나무를 관아에 소속시킨 일에 대해서는 낱낱이 조사·징세하여
　선척船隻의 구매 비용으로 할 것

-. 미진한 조건은 본군本郡이 충분히 의논하여 다시 마련할 것

후록

향나무 200근은 1년 간격으로 진상할 것

호포전戶布錢 500냥은 매년 탁지부에 납입할 것

군수의 연봉 및 향장, 서기, 사령의 급료는 총산總算한다.

군수는 봄에는 보리 60섬, 가을에는 콩 40섬으로 합이 100섬

향장은 봄에는 보리 12섬, 가을에는 콩 12섬으로 합이 24섬

서기 1명은 봄에는 보리 10섬, 가을에는 콩 12섬으로 합이 22섬

사령은 각기 봄에는 보리 6섬, 가을에는 콩 12섬, 3명의 합이 보리 18섬,
콩 36섬으로 총계 보리 100섬, 콩 100섬

　　　　　　　　광무 6년(1902)　4월　일　내부內部

6. 〈鬱島郡節目〉 원문

本郡陞設 今旣兩年 全島庶務 尙多草創之中 數三悖民 興訛梗化 煽動居民
則不可不自本部 講究方略確立郡規 故別成節目以送 依此擧行 無或違越 島民
中 若有如前執迷不遵令飭者 這這摘發 卽速馳報 則當有別般嚴處矣 惕念擧行
節目辭意亦爲眞諺飜謄 揭付各洞 俾無一民不聞不知之弊事

一. 日本潛越人等 偸斫木料 別般嚴禁事

一. 本島人民中 家屋田土或有暗賣外國人者 當一律施行事

一. 本島開拓 尙未盡墾 爲念民人成家 姑未定稅 凡於島民 耕食居生 若移居
　　內陸 不得私相賣買 還爲官有事

一. 現存公廨 爲七間 則仍舊修葺 若果狹窄四五間 略加建築 俾無民弊事

一. 鄕長一員 書記一名 使令三名 姑先略施 以爲供役事

一. 郡守以下 鄕長書記使令 餼料不得不自郡略略算定 而本島戶數 足爲五百
　　戶 則每戶春等麥三斗 秋等黃豆四斗式 收斂分排廩料事

一. 五百戶 每戶收麥爲三斗 則共計一千五百斗 凡石則爲一百石內 郡守一員
　　廩況六十石 鄕長一員餼料十二石 書記一名十石 使令三名每名六石式 合
　　十八石 總計一百石 以爲定式事

一. 各道商船 來泊本島 捕採魚藿人等處 每十分抽一收稅 外他出入貨物 從
　　價金每百抽一 以補經費事

一. 官船一隻 不可不急先辦備 然後以便航路 而來往本部調査委員入島時 田
　　士能李東信處 偸斫木料之屬公者 這這査徵 以爲購買船隻事

一. 未盡條件 自本郡爛商會議 更爲磨鍊事

後錄

香木貳百斤　間一年　進上事

戶布錢　五百兩　每年輸納于度支部事

郡守年俸　及鄉長書記使令饌料　總算

郡守　春等麥六十石　秋等黃豆四十石　合一百石

鄉長　春等麥十二石　秋等黃豆十二石　合二十四石

書記一名　春等麥十石　秋等黃豆十二石　合二十二石

使令每名　春等麥六石　秋等黃豆十二石　三名合麥十八石　合黃豆三十六石

總計　麥一百石　黃豆一百石

光武六年　四月　日　內部

鬱陵島節目

一. 本島開拓이 于今十年에 全島康
　熙와 探討慰勞의 來에 數三佳事라
　興況探討煩勤이어늘 別로 不而己
　亦有潘寃으로 男丁으로 統以別
　威節月에 連徃此擧에 聲勢達
　越嘉辛中若有外前軌迹而達
　全餉者運之信待即速地報事

男加達達等이 無未興事⋯⋯
一. 鄕長一員을 書記一名使令三
　名으로 先男施에 自性役⋯⋯
一. 鄕長之下에 鄕長書記使令錄
　神不得弄目的男君真名⋯⋯
而本島戶數三百五百元島
　五元書記三員社出貨
豆四百武伊錢伍統府神

一. 郷長一員을 書記一名使令三⋯⋯
　各北先男施에四性役⋯⋯
一. 各驛保伴自有物烱商会
　議事之辭係事
湯餘
　書兀統五百元間一事
進上事
戶布錢書内每年納于度

一. 現在公廨当七間이며仍當
　房屋者有事
一. 本島開拓南余垈出居
　尤人車旅始末花稅居
　慈式神會在住者移居
　門達不得他相賣實還
一. 本島潛越人出保碑本科
　一日本潛越人出保碑本科
架事
一. 本島人口中家屋里土書で
　壹廿國戶書壹一律施
暗壹廿國戶書壹一律施

行事

一. 現在公廨当七間仍當
　修葺若墨使賃四百間

三石餘半者運之査收四名
　係買紅逢事
一. 五百元五元如參三斗則
　其計一千五百斗四石則為一
　西石内郷字一員摩況六年
　石郷長一員錄物十二員五
　記石十石使个三石每名以
　定石武元六十名總計六百石以
唐守武元申

一. 名道音艇守泊本島浦
　探果蕭人出夾五十分抽
一. 妝稅가地坐入貨物陸価
　金毎百抽一以補佐賃事
一. 名如一隻石可以無先州浦
　照涉一便航路亦來注車
　高調查委員入島時田
　土牧李東信更儀神本科

郡守事
　郡守年爲及鄕長書記使令
　物總計事

使令
　書記一名喜等參十二名
郷長喜等參十二名
郡守喜等小二名
杜等黃直四十名

杜等黃直参少名
唐記名喜等參少名
杜等黃直十二名
使令壹名喜等參少名
杜等黃直十二名
三名合參十八名
合参正三十少名

總計壹壹壹石
黄直壹壹壹石
光武六年四月　[印]
内部

출 전

1장　우산도는 독도다.

1. 지리지 기술방식과 울릉·우산 2도설

〈일본의 울릉·우산 '이도二島'설 부정과 지리지 규식〉

(《영토해양연구》 통권 1호, 동북아역사재단, 2011. 6)

2. '우산도＝독도'설 입증

〈'우산도＝독도'설 입증을 위한 논고〉

(《한국정치외교사논총》 29집 2호, 한국정치외교사학회, 2008. 2.)

3. 울릉도 수토와 수토제의 추이에 관한 고찰

〈장한상의 울릉도 수토와 수토제의 추이에 관한 고찰〉

(《한국정치외교사논총》 31집 1호, 한국정치외교사학회, 2009. 8.)

4. '울릉·우산'기술과 '신경준 개찬'설의 허구

〈한국 문헌의 '울릉·우산' 기술에 관한 고찰〉

(《동양정치사상사》 8권 1호, 한국·동양정치사상사학회, 2009. 3)

2장　석도도 독도다

1. 일본의 '석도＝독도'설 부정에 대한 비판

〈일본의 '석도＝독도'설 부정에 대한 비판적 고찰〉

(《해양정책연구》 23-1, 한국해양수산개발원, 2008. 6.)

2. 차자借字표기방식과 '석도＝독도'설 입증

〈차자借字표기방식에 의한 '석도=독도'설 입증〉

(《한국정치외교사논총》 34집 1호, 한국정치외교사학회, 2012. 8. 〉

3장 독도는 대한민국 영토다

1. 수세관행과 독도에 대한 실효지배

〈수세收稅관행과 독도에 대한 실효지배 –1902년 〈울도군 절목〉을 중심으로〉

(《영토해양연구》 통권 4호, 동북아역사재단, 2012. 12.)

2. 조선 지리지의 울릉도·독도 인식

〈근대기 조선 지리지에 보이는 일본의 울릉도·독도 인식〉

(《영토해양연구》 통권 2호, 동북아역사재단, 2011. 12.)

3. 일제 강점기 일본인의 '독도' 호칭

〈일제 강점기 일본인의 '독도' 호칭〉

(《영토해양연구》 통권 5호, 동북아역사재단, 2013. 6.)

4. 중국의 대한對韓 영토인식 (미발표 원고)

4장. 사료 속의 울릉도와 독도

1. 장한상의 〈울릉도 사적〉

(《〈울릉도〉와 〈울릉도 사적〉 역주 및 관련 기록의 비교연구》, 한국해양수산개발원, 2007)

2. 박세당의 〈울릉도〉

(《〈울릉도〉와 〈울릉도 사적〉 역주 및 관련 기록의 비교연구》, 한국해양수산개발원, 2007)

3. 책문策問과 대책對策

〈안용복 사건, 과거시험에 출제되다〉

(《영토해양연구》 통권 2호, 동북아역사재단, 2011. 12.)

4. 〈울도군 절목〉(1902)

〈1902년 〈울도군 절목〉의 의미〉

(《경상북도 독도사료연구회 연구보고서》, 2010)

원문 소장처

1. 〈울릉도 사적〉 –국사편찬위원회

2. 〈울릉도〉 –한국학중앙연구원 장서각

3. 〈책문〉 –(사단법인) 국학연구소 대구경북지부

4. 〈울도군 절목〉 –배계주 후손 이유미

참고문헌

* 국내와 일본자료 구분은 발행지를 기준으로 함

1. 국내자료 (가나다순)

《各觀察道案》

《各部請議書存案》

《各司謄錄》

《江原道關草》

《江原道來去案》

《慶尙道邑誌》

《高麗史》

《舊韓國官報》

《舊韓國外交關係附屬文書》 第2卷, 海關案 2 (고려대학교 아세아문제연구소)

《舊韓國外交關係附屬文書》 第5卷, 統署日記 3 (고려대학교 아세아문제연구소)

《紀年便攷》

《內部來去案》

《大東野乘》

《大東地志》

〈大韓每日申報〉

《독립신문》

《東國文獻備考》

《東國輿地誌》

《동아일보》

《萬機要覽》

《西厓先生文集》

《星湖先生全集》

《順菴先生文集》

《承政院日記》

《新增東國輿地勝覽》

《旅庵全書》

《五洲衍文長箋散稿》

〈鬱島郡節目〉

〈欝島記〉 (우용정)

〈鬱陵島檢察日記 啓草本〉 (이규원)

〈鬱陵島檢察日記〉 (이규원)

〈蔚陵島事蹟〉 (장한상)

《島誌(鬱陵島史)》 (《鬱陵島誌로 약칭함》, 손순섭 소장, 이종열 필사)

《日省錄》

《朝鮮말地名》

《朝鮮王朝實錄》

《朝鮮地誌資料》

《駐韓日本公使館記錄》 (국사편찬위원회)

《增補文獻備考》

《靑城雜記》 (성대중)

《春官志》

《한국방언자료집》 I~IX (1987~1995) (한국정신문화연구원)

《韓國水産誌》 (1908~1910)

《韓國水産行政及經濟》 (1905)

《한국지명총람》 1~16 (1966~2004) (한글학회)

《皇城新聞》

2. 국내 저서 (저자명 순)

김기혁·윤용출, 《울릉도·독도 역사지리 사료연구》, 한국해양수산개발원, 2006.

김기혁·오상학·이기봉, 《울릉도 독도 고지도첩 발간을 위한 기초연구》, 한국해
　　　　　　　　양수산개발원, 2007.

김병렬, 《독도냐, 다케시마냐》, 다다미디어, 1996.

_____, 《독도논쟁》, 다다미디어, 2001.

_____, 《독도연구 60년 평가와 향후 연구방향》, 한국해양수산개발원. 2009.

김석현·최태현, 《독도 영유권과 SCAPIN 문서의 효력관계》, 한국해양수산개발
　　　　　　원, 2006.

김선희, 《다무라 세이자브로의 〈시마네현 다케시마의 신연구〉 번역 및 해제》,
　　　　한국해양수산개발원. 2010.

김수희, 《울릉도·독도 어장 이용과 어민들의 어업활동》, 동북아역사재단 연구
　　　　보고서, 2009.

김태기, 《전후 SCAP의 역할과 법적 지위》, 동북아역사재단 보고서, 2008.

김호동, 《독도 울릉도의 역사》, 경인문화사, 2007.

김화경, 《독도의 역사》, 영남대출판부, 2011.

나이토 세이츄 저, 권오엽·권정 옮김, 《独島와 竹島》, 제이앤씨, 2005.

동북아역사재단 편, 《독도와 한일관계》, 2009.

_____ 편, 《근대 이행기의 한일경계와 인식에 대한 연구》, 2012.

바른역사정립기획단, 《독도논문번역선》1, 동북아의 평화를 위한 바른역사정립
　　　　　　　　　기획단, 2005.

박구병, 《韓國水産業史》, 태화출판사, 1966.

_____, 《한국어업사》, 정음사, 1975.

박배근·이창위, 《독도 영유권에 관한 일본 국제법학자의 주장 분석》, 한국해양
　　　　　　수산개발원, 2007.

박병섭, 《안용복 사건에 대한 검증》, 한국해양수산개발원, 2007.

_____, 《한말 울릉도·독도 어업》, 한국해양수산개발원, 2009.

박인호, 〈조선 후기 역사지리학 연구—문헌비고 여지고를 중심으로〉, 한국정신
　　　　문화연구원 박사학위논문, 1995.

송병기, 《울릉도와 독도》, 단국대출판부, 1999.

_____, 《고쳐 쓴 울릉도와 독도》, 단국대출판부, 2005.

_____, 《재정판 울릉도와 독도》, 단국대출판부, 2007.

_____, 《울릉도와 독도 그 역사적 검증》, 역사공간, 2010.

신용하, 《독도의 민족영토사 연구》, 지식산업사, 1996.

_____, 《독도 영유권 자료의 탐구 2권》, 독도연구보전협회, 1999.

오오니시 도시테루大西俊輝, 권오엽·권정 옮김, 《独島》, 제이앤씨, 2004.

외무부 편, 《독도문제개론》, 1955.

_____, 《독도관계자료집》, (1)—왕복외교문서(1952-76), 1977.

울릉군, 《울릉군지》, 울릉군청, 2007.

유미림·조은희, 《개화기 울릉도·독도 관련사료연구》, 한국해양수산개발원,
　　　　2008.

유미림, 《〈울릉도〉와 〈울릉도 사적〉 역주 및 관련 기록의 비교연구》. 한국해양
　　　　수산개발원. 2007.

_____, 《〈독도와 울릉도〉 번역 및 해제》, 한국해양수산개발원, 2009.

유미림·최은석, 《근대 일본의 지리지에 나타난 울릉도 독도 인식》, 한국해양수
　　　　산개발원. 2010.

윤광운·김재승, 《근대 조선 해관연구》, 부경대출판부, 2007.

이기봉, 《조선의 지도 천재들》, 새문사, 2011.

이석우, 《일본의 영토분쟁과 샌프란시스코 평화조약》, 인하대출판부, 2003.

이종학, 《한일어업관계조사자료》 사운연구소, 2000.

이한기, 《한국의 영토》, 서울대학교 출판부, 1969.

이혜은·이형근, 《만은 이규원의 〈울릉도 검찰일기〉》, 한국해양수산개발원,
　　　　2006.

장수호, 《조선시대 말 일본의 어업침탈사》, 블루엔노트, 2011.

정병준, 《독도 1947》, 돌베개, 2011.

한국근대사자료연구협의회, 《독도연구》, 1985.

한국사학회, 《울릉도독도 학술조사연구》, 1978.

한국수산사 편찬위원회, 《한국수산사》, 수산청, 1968.

한국해양수산개발원, 《독도 사전》, 한국해양수산개발원, 2012.

한우근, 《한국개항기의 상업연구》, 일조각, 1970.

3. 국내 논문 (저자명 순)

강재순, 〈《韓國水産誌》 편찬단계(1908년)의 전통어업과 일본인어업〉, 《동북아
　　　　문화연구》27집, 2010.

고동환, 〈旅菴 申景濬의 학문과 사상〉, 《지방사와 지방문화》제6권 제2호, 역
　　　　사문화학회, 2003.

김기혁, 〈일제 강점기 울릉도 지명의 생성과 변화〉, 《문화역사지리》제18권 1
　　　　호, 한국문화역사지리학회, 2006,

김수희, 〈개척령기 울릉도와 독도로 건너간 거문도 사람들〉, 《한일관계사연구》
　　　　38집, 2011.

김순덕, 〈1876~1905년 관세정책과 관세의 운용〉, 《한국사론》15, 1986.

김채형, 〈샌프란시스코평화조약상의 독도 영유권〉, 《국제법학회논총》, 52-3,
　　　　2007.

남영우, 〈日本 明治期의 韓國地理 關聯文獻〉, 《지리학》28권 1호, 대한지리학
　　　　회, 1993.

박광용, 〈《東國文獻備考》 편찬의 역사적 배경〉, 《震檀學報》제104호, 진단학회,
　　　　2007.

박구병, 〈한·일 근대어업관계연구〉, 《부산수대 연구보고》7-1, 1967.

＿＿＿, 〈어업권제도와 연안어장 소유·이용형태의 변천에 관한 연구〉, 《부산
　　　　수대 논문집》30, 1983.

박찬식, 〈개항 이후(1876~1910) 일본 어업의 제주도 진출〉, 《역사와 경계》
　　　　68, 2008.

박한민, 〈1878년 두모진 수세를 둘러싼 조일 양국의 인식과 대응〉, 《한일관계
　　　사연구》39집, 2011.

방종현, 〈독도의 하루〉, 《경성대학 예과신문》13호, 1947.

배재홍, 〈조선 후기 울릉도 수토제 운용의 실상〉, 《대구사학》103집, 대구사학
　　　회, 2011.

서종학, 〈'독도'·'석도'의 지명 표기에 관한 연구〉, 《어문연구》36-3, 한국어문
　　　교육연구회, 2008.

_____, 〈방언으로 본 '독도' 지명고〉, 《어문연구》37-4, 한국어문교육연구회,
　　　2009.

송병기, 〈일본의 '량고도(독도)' 영토편입과 울도군수 심흥택 보고서〉, 《윤병석
　　　교수화갑기념 한국근대사논총》, 지식사업사, 1990.

_____, 〈조선 후기 고종기의 울릉도 수토와 개척〉, 《한국사학논총》, 탐구당,
　　　1987.

시모조 마사오下條正男, 〈죽도문제의 문제점〉, 《한국논단》108호, 한국논단, 1998.

신명호, 〈조선시대 지리지 항목과 부산이미지〉, 《동북아문화연구》25집, 동북아
　　　시아문화학회, 2010.

신석호, 〈독도 소속에 대하여〉, 《史海》 창간호, 1948.

_____, 〈독도의 내력〉, 《독도》, 대한공론사, 1965.

쓰카모토 다카시塚本孝, 〈샌프란시스코' 평화조약 시 독도 누락과정 전말〉, 《한
　　　국군사》3, 1996.8.

양보경, 〈여암 신경준의 지리사상〉, 《국토》211, 국토연구원, 1999.

여박동, 〈근대 한일관계와 거문도 어업이민〉, 《경영경제》26집 2호, 계명대 산
　　　업경영연구소, 1993.

오수영, 〈울릉도 관속식물상에 관한 연구〉, 《경북대논문집》25호, 1978.

유미림, 〈'우산도=독도'설 입증을 위한 논고〉, 《한국정치외교사논총》29호,
　　　2008.

_____, 〈일본의 '석도=독도'설 부정에 대한 비판적 고찰〉, 《해양정책연구》
　　　23-1, 한국해양수산개발원, 2008.

_____, 〈장한상의 울릉도 수토와 수토제의 추이에 관한 고찰〉, 《한국정치외교

사논총》 31집 1호, 2009.

_____, 〈한국 문헌의 '울릉·우산' 기술에 관한 고찰〉, 《동양정치사상사》8권 1 호, 한국·동양정치사상사학회, 2009.

_____, 〈근대기 조선 지리지에 보이는 일본의 울릉도·독도 인식〉, 《영토해양연구》통권2호, 동북아역사재단, 2011.

_____, 〈차자借字표기방식에 의한 '석도=독도'설 입증〉, 《한국정치외교사논총》34집 1호, 2012.

_____, 〈수세收稅관행과 독도에 대한 실효지배 −1902년 〈울도군 절목〉을 중심으로〉, 《영토해양연구》통권 4호, 동북아역사재단, 2012.

_____, 〈일제 강점기 일본인의 '독도' 호칭〉, 《영토해양연구》통권 5호, 동북아역사재단, 2013.

윤광운, 〈근대 부산해관 운영에 관한 사적 고찰〉, 《국제지역연구》제10권 제1 호. 2006.

윤소영, 〈1900년대 초 일본 측 조선어업 조사 자료에 보이는 독도〉, 《한국독립운동사연구》제41집, 독립기념관 한국독립운동사연구소, 2012.

이상태, 〈신경준의 역사지리 인식〉, 《사학연구》38, 한국사학회, 1984.

이석우, 〈독도분쟁과 샌프란시스코 평화조약의 해석에 관한 소고〉, 《서울국제법연구》, VOL 9−1, 2002.

이영학, 〈조선 후기 어세정책의 추이〉, 《외대사학》12, 외대 역사문화연구소, 2000.

_____, 〈조선 후기 어업에 대한 연구〉, 《역사와 현실》35, 한국역사연구회, 2000.

이종범, 〈신경준: 국토와 도로의 개념을 발견한 실학자〉, 《역사비평》통권 62 호, 역사비평사, 2003.

정갑용, 〈쓰카모토 다카시의 〈샌프란시스코 평화조약에서 나타난 다케시마에 대한 취급〉에 대한 비판적 연구〉, 《인문 연구》55, 2008.

정병준, 〈영국 외무성의 對日평화조약 草案 부속지도의 성립(1951.3)과 한국 독도 영유권의 재확인〉, 《한국독립운동사연구》24집, 2005.

_____, 〈한일 독도 영유권 논쟁과 미국의 역할〉, 《역사와 현실》, 60호, 2006.

정성화, 〈샌프란시스코 평화조약과 한국 미국 일본의 외교정책의 고찰〉, 《인문
　　과학연구논총》7, 1990.

조성훈, 〈제2차 세계대전 후 미국의 대일 전략과 독도 귀속문제〉, 《지역연구》
　　17권 2호, 2008.

최남선, 〈울릉도와 독도〉, 《신석호 전집》, 1996.

한우근, 〈개항 후 일본 어민의 침투(1860~1894)〉, 《동양학》1, 단국대 동양학
　　연구소, 1971.

허영란, 〈19세기 말 20세기 초 일본인의 울릉도 도항과 독도 영유권 문제〉,
　　《동북아역사논총》13호, 2006.

현대송, 〈일본 고지도로 본 일본의 독도인식〉, 《지해해양학술상 논문수상집》
　　한국해양수산개발원, 2010.

홍정원, 〈러·일의 울도군 침탈과 대한제국의 대응연구〉, 《군사》제80호, 국방부
　　군사편찬연구소, 2011.

4. 일본 자료 (연도순)

西村捨三, 《南島紀事 外篇乾卷》, 1886.

關澤明淸· 竹中邦香 공편, 《朝鮮通漁事情》, 團團社書店, 1893.

葛生修亮, 《韓海通漁指針》, 黑龍會出版部, 1903.

岩永重華, 《最新 韓國實業指針》, 寶文館, 1904.

奧原碧雲, 《竹島及鬱陵島》, 報光社, 1907.

足立栗園 편저, 《朝鮮新地誌》, 大阪:積善館本店, 1910.

中井猛之進, 《鬱陵島植物調査書》, 1919.

島根縣敎育會, 《島根縣誌》, 1923.

日高友四郎, 《新編 朝鮮地誌》, 1924.

《日本地誌提要》권50.

《縣治要領》 (시마네현)

《竹島一件書類》(明治 38~39年)(시마네현)

《竹島貸下·海驢漁業書類》(明治 38~41年)(시마네현)

《〈秘〉竹島》(明治 38~41年)(시마네현)

《昭和 26年度 涉外關係綴》(시마네현)

5. 일본 저서 (연도순)

小倉進平, 《朝鮮語方言の研究》(上), 岩波書店, 1944.

吉田敬市, 《朝鮮水産開發史》, 朝水會, 1954.

川上健三, 《竹島の歷史地理學的研究》, 古今書院, 1966.

下條正男, 《竹島は日韓どちらのものか》, 文藝春秋, 2006.

玄大松, 《領土ナショナリズムの誕生》, ミネルヴァ書房, 2006.

內藤正中·金柄烈, 〈史的檢証:竹島·独島》, 岩波書店, 2007.

島根縣 竹島問題研究會, 《竹島問題研究會 最終報告書》, 2007.

島根縣 Web竹島問題研所, 《竹島問題研究會 最終報告書》(2기), 2012.

池內敏, 《竹島問題とは何か》, 名古屋大學出版會, 2012.

6. 일본 논문 (연도순)

田中阿歌麻呂, 〈竹島の位置新測〉, 《地學雜誌》239號, 1908.

坪井九馬三, 〈鬱陵島〉, 《歷史地理》38卷3号, 1921.

樋畑雪湖, 〈日本海に於ける竹島の日鮮關係に就いて〉, 《歷史地理》55-6, 1930.

田保橋潔, 〈鬱陵島その發見と領有〉, 《靑丘學叢》제3号-2, 1931.

坪井九馬三, 〈竹島について〉, 《歷史地理》56-1, 1931.

田川孝三, 〈于山島について〉, 《竹島問題研究資料》10, 島根縣圖書館所藏, 1953.

堀和生, 〈1905年日本の竹島領土編入〉, 《朝鮮史研究会文集》24, 朝鮮史研究会論, 1987.

田川孝三, 〈竹島領有に関する歴史的考察〉, 《東洋文庫書報》20, 1988.

下條正男, 〈竹島問題の問題點〉, 《日韓歷史克服への道》, 展轉社, 1999.

下條正男, 〈《竹島紀事》と《春官志》 覺書〉, 《國際開發學研究》2卷4号, 勁草書
　　　　房, 2004.

下條正男, 〈日本の領土'竹島'の歷史を改竄せし者たちよ〉, 《諸君》, 文芸春秋, 2007.

池內敏, 〈竹島/獨島と石島の比定問題·ノート〉, 《HERSETEC》 4卷2号, 名古屋大
　　　　學, 2010.

찾아보기

초연결사회와
보통사람의 시대

초연결사회와 보통사람의 시대

대량실업을 넘어 완전실업으로

2019년 11월 30일 초판 1쇄 발행

지은이 ㅣ 이정전
펴낸곳 ㅣ 여문책
펴낸이 ㅣ 소은주
등록 ㅣ 제406-251002014000042호
주소 ㅣ (10911) 경기도 파주시 운정역길 116-3, 101동 401호
전화 ㅣ (070) 8808-0750
팩스 ㅣ (031) 946-0750
전자우편 ㅣ yeomoonchaek@gmail.com
페이스북 ㅣ www.facebook.com/yeomoonchaek

ISBN 979-11-87700-34-0 (03300)

이 도서의 국립중앙도서관 출판시도서목록(cip)은 e-CIP 홈페이지
(http://www.nl.go.kr/ecip)에서 이용하실 수 있습니다(CIP 제어번호: 2019045627).

여문책은 잘 익은 가을벼처럼 속이 알찬 책을 만듭니다.

초연결사회와
보통사람의 시대

대량실업을 넘어 완전실업으로

이정전 지음

여문책

누구나 느끼듯이 세상이 참 빠르게 변하고 있다. 앞으로는 더욱더 빠르게 변하면서 지금과는 판이한 새로운 세상이 올 것이다. 새로운 시대는 새로운 사고방식과 사회 제도를 요구한다. 고대 그리스 시대의 직접민주주의가 이상적이라고 해서 그것을 오늘날에도 고집할 수는 없다. 그래서 오늘날 거의 대부분의 민주주의 국가가 국회의원과 정치 엘리트를 중개자로 하는 대의민주주의를 택하고 있다. 그러나 요즈음 젊은 정치학자들은 직접민주주의의 가능성을 조심스럽게 타진하고 있다. 정보통신 기술(디지털 기술)이 눈부시게 발달하면서 그것이 가능해지고 있다고 보기 때문이다. 더욱이 오늘날 국회나 정치 엘리트에 대한 국민의 신뢰가 바닥을 치고 있지 않은가? 머지않은 장래에 직접민주주의나 이에 아주 근접한 민주주의가 도입된다면 국회의원이나 정치 엘리트는 쓸모없는 정치 중개자로 전락하면서 사라지게 될 것이다. 설령 사라지지 않는다고 해도 최소한 그들의 역할은 새로운 자리매김을 해야 한다. 그럼에도 이들은 디지털 기술의 발달이 가져올 정치 분야의 변혁에 대해 매우 어둡다. 위기의식을 가지고 각성하기는커녕 기득권 지키기에 몰두하느라 새로운 변화를 감지할 틈도 없어 보인다. 그래서 신세대 정치학자들은 우리 정치권을 한심하게 생각하며 개탄한다.[1] 이들은 오늘날 디지털 기술의 엄청난 파괴력을 잘 알고 있기 때문이다.

신세대 정치학자들의 이런 개탄에 대한 전폭적 공감과 우리 현실에 대한 답답함이 이 책을 쓰게 된 동기다. 세상이 빠르게 변하다 보니 우리 사회에는 시대착오적 사고방식이 만연하고 있고, 이것이 사회갈등의 원인이 되고 있으며, 새로운 시대에 대비하기 위한 개혁에 큰 걸림돌이 되고 있다. 특히 노동에 대한 시대착오적인 생각이 우리 사회에 깊이 뿌리박고 있다.

오늘날 전 세계적으로 일자리와 실업 문제가 국민의 최대 관심사임에도 일자리는 좀처럼 늘어나지 않는 답답한 형국이다. 지난 10여 년간 우리 정부가 일자리 창출을 위해 온갖 노력을 경주해왔음에도 일자리가 늘어나지 않고 있다. 늘어나는 일자리라고 해봐야 비정규직과 같은 나쁜(?) 일자리가 대부분이다. 왜 그럴까? 그럴 만한 여러 가지 이유가 있다. 이 책의 주된 목적 중 하나는 그 이유를 소상히 살펴보고 설명하는 것이다. 그 한 가지 이유는, 시대에 따라 그 시대가 요구하는 적합한 일자리 형태가 있기 마련인데, 비정규직이 디지털 시대에 적합한 일자리 형태이기 때문이다. 달리 말하면 지금까지 일자리의 주종이었던 정규직이라는 것은 디지털 시대에 부합하지 않는 일자리 형태다. 따라서 시간이 흐름에 따라 줄어들 수밖에 없다. 이 책의 핵심 주장은 지금의 기술진보와 자본주의 시장의 원리가 대세를 이루는 한 장기적으로 일자리 창출 정책은 실패할 수밖에 없으며, 머지않은 장래에 대량실업의 사태가 온다는 것이다. 근래 비정규직의 양산이 그 한 징후다. 물론 이런 주장에 반대하는 전문가들이 적지 않다. 그들에게 해주고 싶은 말은, 부분만 보지 말고 전체를 보고 대세를 읽으라는 것이다. 지난 수년간 경제 전체에 걸쳐 기술진보로 늘어나는 일자리 수보다 없어지는 일자리의 수가 더 많았다는 사실이 여러 통계조사에서 드러나고 있다. 그렇다고 미래에는 일자리 총량이 늘어난다는 보장도 없다. 따라서 이제는 일자리 창출에 너무 집착하지 말고 좀더 근원적으로 생각해야 한다.

왜 실업을 나쁘게만 생각하는가? 발상의 전환이 필요하다. 노동에 대한 시대착오적 사고방식부터 걷어내야 한다. 이 책에서 특히 강조하고 싶은 것은, 대비책을 잘 마련하기만 하면 대량실업이 재앙이 아니라 오히려 축복이 된다는 점이다. 다시 말해 누구나 생계 걱정 없이 '노동'이 아닌 '일'을 하면서 자유롭게 살 수 있게 된다는 것이다. 또한 그렇게 되어야 한다. '노동으로부터 해방'(탈노동), 이것은 오랜 '인류의 꿈'이기도 하기 때문이다. 여기에서 '탈노동'이란 모든 사람이 자신의 활동을 스스로 선택하고 그 활동을 자신이 원하는 방식으로 수행하는 상태를 가리킨다. 이런 탈노동의 꿈을 이루기 위해서는 우선 그 꿈이 실현 가능하다는 믿음을 가져야 한다. 이 책은 그런 믿음을 심어주기 위한 것이다.

대량실업을 축복으로 바꾸자고 말하면 우습게 들릴지 모르지만 결코 그렇지 않다. 10여 년 전 필자가 '기본소득'의 필요성을 역설했을 때 대부분의 사람이 코웃음 쳤다. 그러나 오늘날에는 기본소득의 필요성을 인정하는 사람들이 많아졌고 이를 위한 시민단체도 형성되었다. 미국 민주당의 한 차기 대선주자가 기본소득을 주장하고 나오면서 큰 돌풍을 일으키고 있다는 보도가 있었다. 기본소득은 대량실업을 축복으로 만들기 위한 한 가지 효과적인 대책이다. 다시 말하면 탈노동을 구현하기 위한 수단이라는 것이다. 그렇다고 이 책이 기본소득을 해설하려는 것은 아니다. 기본소득의 개념은 이미 많이 알려져 있고 연구도 많이 되어 있으므로 이 책에서는 상세히 다루지 않는다. 다만, 기본소득은 흔히 생각하듯이 단순히 생계를 보전하기 위한 대책이 아니라 이보다 더 깊은 뜻을 담고 있다는 점만은 분명히 밝히고 싶다.

이 책은 크게 세 부분으로 구성되어 있다. 대량실업을 주제로 하는 제1부는 노동의 개념에 대한 근원적 성찰을 바탕으로 대량실업의 사태가 왜, 어떻게 오게 되는지를 설명한다. 기술진보의 성격, 시장의 원리, 노동시장의 역사적 변천 과정, 일자리에 관한 각종 징후 등을 종합적으로 살펴보고 대량실업이 불가피하다는 결론을 이끌어낸다. 이 과정에서 디지털 기술, 특히 인공지능과 빅데이터에 대한 과학적 기초지식, 그리고 이것이 전문가의 일자리에 미치는 영향, 미래 이들의 위상 등을 구체적으로 살펴본다. 제1부에서 독자들에게 전달하려는 핵심 메시지는 '탈노동'을 사회적 목표로 삼고 대량실업이 재앙이 아니라 축복이 되도록 우리 모두가 노력해야 한다는 것이다.

제2부는 디지털 기술이 초래할 우리 미래 사회의 모습을 그려 보인다. 미래 디지털 시대가 지금과 약간 달라지는 정도가 아니라 획기적으로 달라지기 때문이다. 『제4차 산업혁명』이라는 책을 쓴 클라우스 슈바브Klause Schwab는 "우리 인류는 살아가는 방식, 일하는 방식, 그리고 다른 사람들과 교류하는 방식을 근본적으로 바꾸는 혁명의 초기에 와 있다"라고 주장하고 있다.[2] 그런 시대에 제대로 대처하기 위해서는 현재와 구체적으로 어떻게 다른지를 잘 알아야 한다. 그래야 각 개인도 그 시대에 대비할 수 있고, 각 개인의 노력이 합쳐져서 미래 디지털 시대에 적합한 사회 제도를 만들 수 있을 것이다. 그래서 앞으로 닥칠 변혁의 폭과 정도가 의외로 무척 크다는 것을 독자들이 실감할 수 있도록 이 책의 곳곳에 그 구체적인 사례들을 열거했다.

이 책을 구상하기 시작한 2년여 전에 우리 사회에 제4차 산업혁명에 대한 얘기가 무성했고, 이에 대한 언론보도 또한 빈번했으며, 서점에는 제4차 산업혁명을 다루는 저서들이 즐비했다. 그러나 그 대부분이 제4차 산업혁명의 내용을 기술적으로 다루는 것들이었다. 슈바브는 제4차 산업혁명이 가져올 우리 사회의 변화나 자유·평등·민주주의 등 우리의 기본 가치에 미치는 영향에 관해 일관되면서 대다수가 수긍할 수 있는 뚜렷한 설명이 아직 나오고 있지 않음을 크게 우려했다. 이런 문제의식에 동감하면서 이 책은 예상되는 제4차 산업혁명의 영향을 좀더 근원적으로 또 다각도로 살펴본다.

미래 사회에 나타날 획기적인 변화 중에서 특히 주목되는 것은 바야흐로 '일반 대중의 시대'가 온다는 것이다. 좀더 구체적으로 말하면 보통사람의 시대가 온다는 것, 그리고 이들의 협동이 대폭 활성화되는 '시민사회의 시대'가 오면서 기업 부문과 정부의 영향력이 상대적으로 줄어들게 된다는 것이다. 우리 사회의 곳곳에서 볼 수 있듯이 디지털 기술은 보통사람들을 아주 유식하고 유능하게 만든다. 지난 수천 년 동안 사실상 엘리트가 인간 사회를 지배해왔지만, 디지털 시대에는 지식의 측면에서나 역량의 측면에서 보통사람들과 엘리트 사이의 격차가 획기적으로 줄어든다. 인류의 긴 역사에 비추어보면, 이것은 매우 놀라운 일이기도 하다.

또 하나 획기적인 것은 실로 오랫동안 우리 사회 구석구석을 지배해온 상하 위계질서와 집중화 현상이 약화되고 그 대신 디지털 기술과 궁합이 잘 맞는 수평적 관계와 분산화 현상이 자리 잡게 된다는 점이다. 이런 새로운 질서의 시대에 보통사람들이 수행하게 될 다양한 활동이 제2부의 주요 내용이다. 종래에는 일반 대중은 기업이나 공공기관이 창출하는 가치를 수동적으로 소비하는 존재였지만, 앞으로는 다양한 가치의 창출에 적극 참여하게 된다.

보통사람들의 역할 증대와 병행해서 기업의 변모도 주의 깊게 살펴볼 필요가 있다. 디지털 시대에 부응해서 기업은 종래와 달리 이윤만을 추구하지 않고 다양한 가치를 추구하게 될 것이다. 1인 기업을 비롯한 중소기업이 크게 늘어나게 될 것이며, 전반적으로 기업의 규모는 하향 조정될 것이다. 한마디로 요약하면 '대중 기반 자본주의 시대'가 온다는 것이다.

디지털 기술이 초래하게 될 이런 보통사람의 시대, 시민사회의 시대, 대중 기반 자본주의 시대가 매우 바람직해 보이지만, 그런 시대가 우리의 목표인 참된 탈노동의 시대라는 보장은 없어 보인다. 설령 대량실업을 초래하지 않는다고 해도 디지털 기술의 발달이 비정규직만 대량 발생시키면서 수많은 노동자가 노동에서 해방되지 못할 수도 있다. 따라서 참된 탈노동의 시대를 확실하게 구가하려면 기본소득이나 기타의 제도로 생계 걱정을 없애주어야 한다. 그래야 일반 대중이 수행하는 활동의 대부분이 '노동'이 아닌 '일'이 될 수 있다.

제3부는 그런 참된 보통사람의 시대, 시민사회의 시대, 대중 기반 자본주의 시대에 각 개인이 제대로 활동하고 성공하기 위해서 갖추어야 할 자질과 역량이 어떤 것인지를 체계적으로 짚어본다. 사실 이에 관해서는 여러 학자의 단편적 견해나 제안이 이미 많이 나와 있다. 그럼에도 세계은행은 오늘날 우리나라를 비롯한 세계 여러 나라가 '학습위기'에 처해 있다고 진단한다. '학습위기'란 우리 학생들이 미래 시대가 요구하는 자질과 역량을 학습하지 못한 채 미래에 존재하지도 않을 직업을 위해서 매일 열다섯 시간을 허비하고 있는 비참한 상황을 가리킨다. 요즈음 젊은 세대는 디지털 문화에서 자라고 디지털 문화가 몸에 밴 세대다. 그래서 이들을 '디지털 원주민'이라고 부르고 기성세대를 '디지털 이주민'이라고 부르기도 한다. 아이러니하게도 디지털 이주민이 디지털 시대를 맞아 디지털 원주민이 뻗어나가도록 도와주기는커녕 방해하는 현상이 연출되고 있다.

실로 답답한 것은 대부분의 학부모 스스로가 자신들의 자녀를 학습위기로 몰아가고 있다는 사실조차 잘 모른다는 것이다. 과거에는 공부 잘하고 좋은 학교를 나와야 출세하고 성공할 수 있었다. 너무나 많은 사람이 과거에도 그랬으니 미래에도 그럴 것이라고 안이하게 생각한다. 그러나 수많은 미래학자가 이구동성으로 미래에는 절대 그렇지 않다고 주장한다. 설령 자기 자녀를 학습위기로 몰아간다는 것을 안다고 한들 어쩌겠느냐는 태도를 보이는 학부모도 있다. 남들이 자기 자녀를 이 학원 저 학원으로 뺑뺑 돌리는데 우리 아이만 빠지게 할 수는 없지 않느냐는 것이다. 그러므로 우선 시급한 과제는, 지금과 같은 입시 위주의 교육으로는 우리 자녀들이 미래가 요구하는 자질과 역량을 갖출 수 없다는 사실에 사회적 공감대를 형성하는 것이다. 그런 공감대가 형성되어야만 교육개혁을 이룰 수 있다. 제3부는 미래 디지털 시대에 우리 자녀들을 대비시키기 위해서 우리의 교육이 지향해야 할 개혁의 방향을 살펴본다.

이 책은 디지털 기술의 발달에 관해 비교적 낙관적인 측면을 많이 다루고 있다. 그러나 세상만사가 다 그렇듯이 긍정적인 측면이 있으면 부정적인 측면도 있는 법이다. 이 책에서는 디지털 기술의 악영향에 대한 측면은 간략하게 소개하고 이것에 대한 구체적인 논의나 해결책은 앞으로 활성화될 시민사회의 과제로 남겨두었다. 왜냐하면 긍정적인 측면을 주장하는 낙관론과 부정적인 측면을 주장하는 비관론이 팽팽하게 맞서 있어서 아직 정리되고 있지 않기 때문이다.

이 책이 나오기까지 여러 분의 도움이 있었다. 우선 이 책의 출간을 흔쾌히 맡아주신 소은주 대표님께 감사드린다. 그리고 예전처럼 제자들의 도움을 많이 받았다. 제자들과의 즐거운 대화가 이 책의 내용을 가다듬는 데 큰 도움이 되었다. 이 책의 원고를 읽고 조언을 준 김미숙 박사, 김성욱 박사, 김윤성 박사, 이계원 박사에게도 감사드린다. 과거 필자가 쓴 책들에 큰 관심을 보이지 않던 아내가 이 책의 초고를 읽고 특별한 관심을 보여주었다. 아내의 격려에 고마움의 뜻을 전하고 싶다.

2019년 가을에

이정전

1부

대량실업의
시대가
온다

1장

대량실업의 시대가 온다

—

고대 그리스 시대에는 노예, 우리의 미래에는 로봇

인공지능 로봇, 자동화 기계, 자율주행 자동차, 사물인터넷, 무인공장, 3D 인쇄기 등 첨단 디지털 기술이 본격적으로 활용되는 우리 미래의 삶이 고대 사회와 비슷해진다고 하면 누구나 그럴 리가 없다고 말할 것이다. 예컨대 첨단 과학 기술이 꽃피는 우리의 미래가 서양 문명의 발상지로 꼽히는 고대 그리스 시대와 비슷해진다고 하면 망발처럼 들릴 것이다. 하지만 망발이 아니다. 고대 그리스 시대에는 노예가 노동을 전담했으므로 시민은 노동을 하지 않았다.[1] 우리의 미래에는 인공지능 로봇과 기계가 사람을 대신해서 노동을 떠맡아주기 때문에 사람이 노동을 할 필요가 없어진다. 고대 그리스 시민들에게 노예가 있었다면, 미래의 우리에게는 인공지능 로봇과 기계가 있다. 그 덕분에 우리 인류 역사상 처음으로 인간이 노동을 하지 않아도 얼마든지 먹고살 수 있는 시대가 온다. 이것은 실로 인류 역사상 획기적인 일이다. 좀 학술적으로 표현하면 인간이 노동으로부터 해방되는 '탈노동'의 시대가 온다는 것이다.

고대 그리스 시대에는 노예가 먹고사는 문제를 해결해주었으므로 시민들은 생계 걱정 없이 각자 자신들이 하고 싶은 일에 전념할 수 있었다. 그래서 그 시대에 철학, 예술, 스포츠가 그토록 융성할 수 있었다. 그때 시작된 올림픽을 지금은 전 세계가 기리고 있다. 미래 탈노동의 시대에는 인공지능 로봇과 기계가 먹고사는 문제를 해결해주기 때문에 모든 사람이 각자 자신이 하고 싶은 일에 전념할 수 있게 된다. 다만, 한 가지 다른 점은 로봇과 기계의 생산성이 노예와 비교할 수 없을 정도로 높다는 것, 따라서 고대 그리스 시대와 비교할 수 없을 정도로 미래 탈노동의 시대는 엄청난 '풍요의 시대'가 된다는 것이다. 어떻든 모든 시민이 생계 걱정 없이 각자 자신이 하고 싶은 일에 전념할 수 있다는 점에서는 우리의 미래가 고대 그리스 시대와 비슷해진다. 말하자면 제2의 고대 그리스 시대가 더 풍요로운 모습으로 우리에게 다가온다는 것이다.

여러 미래학자의 얘기를 종합해보면, 미래의 세상에는 고대 시대의 모습뿐만 아니라 중세 시대의 모습, 심지어 원시 시대의 모습도 부활하는, '과거를 닮은 미래'가 나타난다. '비정규직' 노동자만 해도 그렇다. 사실 자본주의 이전, 그러니까 중세 시대까지는 거의 모든 일자리

초연결사회와 보통사람의 시대

가 비정규직이었다. 긴 인류의 역사에서 보면 정규직이라는 것이 오히려 이상한 현상이다. 오늘날 노동자의 3분의 1에서 절반을 차지하는 비정규직 노동자가 사회 문제로 떠오르면서 한편으로는 노동자들이 '정규직'을 얻고 싶어서 안달이고, 다른 한편으로는 정부가 비정규직을 줄이기 위해서 안간힘을 쓰고 있다. 하지만 장기적으로는 비정규직이 늘어나지 않을 수 없다. 오늘날의 대세인 기술진보가 비정규직을 양산할 것이기 때문이다. 다시 말해 비정규직의 양산은 시대적 큰 흐름이 낳은 한 결과라는 것이다. 각 시대에는 그 시대에 알맞은 일자리 형태가 있기 마련이다. 뒤에서 자세히 살펴보겠지만, 좋든 싫든 비정규직은 첨단 정보통신 기술이 꽃 피는 시대(디지털 시대)에 매우 적합한 일자리 형태이기도 하다.

탈노동 시대의 깊은 의미를 좀더 정확하게 이해하기 위해서는 먼저 노동의 개념부터 명확하게 이해해야 한다. 금세기의 천재 철학자로 꼽히는 한나 아렌트Hannah Arendt는 노동을 생존과 생식을 위해서 어쩔 수 없이 수행해야 하는 활동이라고 보았다.[2] 선택의 여지가 없는 주어진 활동이요, 따라서 자유롭지 못한 활동이라는 것이다. 아렌트는 자신의 저서 『인간의 조건』에서 고대 그리스 시민들이 노동을 노예에게 맡김으로써 스스로 자유로운 존재가 되는 과정을 상세히 설명하고 있다. 그리스 시대 사람들은 노예를 인간으로 취급하지 않았다. 사실상 인간이 아니었다. 아리스토텔레스는 노예가 선천적으로 인간보다 열등한 존재라고 보았다. 그들이 열등하지 않다면 왜 노예가 되었겠는가? 소크라테스는 모든 인간이 평등하다고 말했다는데 그의 제자인 플라톤과 아리스토텔레스는 전혀 다르게 생각했고, 이들의 생각이 고대 그리스 사회를 지배했다. 19세기 중반 미국의 링컨 대통령이 노예해방을 공식적으로 선언하기 전까지만 해도 서구에서 노예는 사람 취급을 받지 못했다. 그래서 예를 들면 항해를 하다가 큰 풍랑을 만나 배가 가라앉을 위험에 처하면 배를 가볍게 하기 위해서 화물을 바다에 내던지지 않고 노예부터 바다에 버렸다. 노동이란 인간이 아닌, 바로 그런 노예가 하는 활동이었다.

오늘날 우리가 통상 말하는 노동은 마르크스가 정의한 노동에 가깝다. 마르크스가 말하는 노동이란 순전히 금전적인 목적을 위해서 수행하는 활동을 말한다. 마르크스는 이를 특별히 '임금노동'이라고 부르면서 이것이 자본주의의 주된 특징이라고 보았다. 오늘날 국민 대부분이 임금노동에 종사하면서 먹고산다. 일단 노동자로 고용되면 구체적으로 어떤 노동을 어떻게 수행할 것인지는 거의 대부분 자본가가 결정하고 노동자는 이에 따를 뿐이다. 회사에서 어느 부서에서 근무할지, 어떤 과업을 수행할지, 어디에서 어떤 시간에 근무할지 등은 모두 위에서 결정한다. 노동자가 마음대로 할 수 있는 사항이 아니다.

노동의 개념을 좀더 명확하게 정의하기 위해서 철학자들은 오래전부터 '노동'과 '일'을 구분했다. '노동'과는 달리 '일'이란 각자가 스스로 선택한 목적에 따라 각자가 원하는 방식으로 수행하는 활동을 말한다. '일'의 특징은 자유다. 낮에 일하고 싶으면 낮에 하고, 밤에 일하고 싶으면 밤에 하고, 집에서 일하고 싶으면 집에서 한다. 이런 식으로 각자가 원하는 활동을 원하는 때와 방식으로 수행할 때 사람들은 진정한 자유

초연결사회와 보통사람의 시대

를 느낀다. 각자 스스로 설정한 목적에 따라 활동하므로 보람도 느낀다. 마르크스는 이와 같이 '일'을 할 때 느끼는 자유가 진정한 자유라고 주장했다. 비록 자본주의 사회가 물질적으로는 풍요로운 사회라고 하지만, 시장에서 상품을 마음대로 선택할 때 느끼는 자유는 피상적 자유라고 보았다. 달리 말하면 자본주의 사회는 진정한 자유를 외면한 채 피상적 자유만 누리게 한다는 것이다. 어떻든 고대 그리스 시대 노예의 노동이나 자본주의 시대 노동자의 노동 모두 '일'이 아니라는 공통점을 가진다.

기업에서 노동자가 수행하는 노동은 거의 대부분 따분한 고역이요, 임금을 받는 것 이외에는 큰 의미를 느끼지 못하는 것들이다. 하루 종일 공장의 컨베이어벨트 앞에서 수행하는 단순 반복 작업, 하루 종일 옷에 단추 달기, 똑같은 것을 반복하는 현금출납원의 작업 등을 평생의 꿈으로 여기는 사람은 아마도 없을 것이다. 거의 대부분의 사람은 노동을 지겨워하고 싫어한다. 수많은 조사가 이를 뒷받침한다. 예를 들면 2013년에 갤럽Gallop이 수행한 전 세계 여론조사 결과를 보면, 오직 13퍼센트만이 자신이 하는 노동을 좋아했다.[3] 노동을 하는 직장인들에게 하루 중 기분이 가장 언짢은 때는 출근시간이고, 기분이 가장 좋은 때는 퇴근시간이다. OECD 국가들 중에서 노동시간이 가장 긴 편에 속하는 우리나라에서는 일어나면 출근시간이고 퇴근하면 잠잘 시간이다. 근래 소득수준이 높아지면서 '삶의 질'에 대한 관심 또한 높아지고 있는데, '삶의 질'이라고 하면 거의 대부분의 사람은 여가나 자기만의 시간을 연상하지 노동을 연상하지는 않는다. 삶의 질이 점점 더 중요해지면서 요즈음 많은 직장인이 고민에 빠져 있다. 직장생활을 계속할 것인가, 아니면 때려치울 것인가. 이른바 '퇴사'의 고민이다. 한국경영자총연합회의 조사에 따르면 대졸 신입사원의 약 28퍼센트가 1년 안에 퇴사한다.[4] 한쪽에서는 취업하려고 안달인데, 다른 한쪽에서는 퇴사하려고 안달이다. 그러다 보니 '취준생'이라는 말과 함께 '퇴준생'이란 말이 나돌고 있고, 『월간퇴사』라는 이름의 잡지까지 나왔다.[5] 갤럽 조사에서 노동을 좋아한다고 표명한 13퍼센트는 어떤 사람들일까? 현실에서는 노동과 일이 두부모 자르듯 확연히 구분되지 않는다. 대부분의 월급쟁이 교수는 아마도 자신을 노동자라고 생각하지 않을 것이다. 병원에 고용된 의사나 법률사무소에 고용된 변호사도 마찬가지일 것이다. 이들은 형식적으로 돈을 받고 활동한다는 점에서 노동을 하고 있지만, 내용으로는 일에 가까운 활동을 한다고 볼 수 있다. 갤럽 조사에서 노동을 좋아한다고 표명한 그 13퍼센트의 대부분은 아마도 '노동'과 '일'이 뒤섞인 활동에 종사하는 사람들일 것이다.

노동을 하지 않아도 먹고살 수 있게

탈노동의 시대에는 굳이 노동을 하지 않아도 먹고살 수 있기 때문에 모두가 '일'에 전념할 수 있는 시대다. '일'을 하면 진정한 자유와 보람을 느낄 수 있기 때문이다. 보람과 자유는 행복의 직접적 원천이다. 대부분의 경우, 노동은 간접적으로만 행복을 가져다준다. 노동을 해서

번 소득으로 일단 상품과 서비스를 구매하고 소비할 때 비로소 사람들이 즐거움을 느끼기 때문이다. 그러나 '일'을 할 때는 그 과정에서 행복을 느낀다. 다시 말해 '일'은 직접적으로 행복을 가져다준다는 것이다. 그러므로 앞으로는 국민의 행복을 증진시키기 위해서라도 점차 임금노동은 최대한 인공지능 로봇에 맡기고 인간은 '일'만 열심히 할 수 있게 해야 한다. 기본소득을 단순히 노동자들의 생계를 유지시켜주기 위한 수단으로만 생각해서는 안 된다. 기본소득의 개념에 담긴 큰 의미는 인간 활동의 범위를 넓힘으로써 '일'로 간주되는 활동을 많이 하게 만들자는 것이다."[6] 이렇게 되면 어떤 직장에 다니고 있느냐, 어떤 노동을 하고 있느냐가 더는 정체성이나 신분 파악의 기준이 되지 못하는 미래가 열리게 된다.

탈노동의 시대가 온다고 하더라도 아마도 상당히 오랫동안 '노동'과 '일'이 공존하게 될 것이다. 다만, '노동'이나 '노동에 가까운 활동'이 크게 줄어들고 '일'이나 '일에 가까운 활동'이 더 많아진다고 말할 수 있을 것이다. 사람들은 점점 더 노동을 기피하게 된다. 이미 그런 징조가 나타나고 있다. 근래 '워라밸work-life balance'이라는 말이 우리 사회에서 크게 유행하고 있는데, '노동'과 '삶의 질' 사이의 균형을 의미하는 신조어다. 하지만 누구나 워라밸을 추구할 수 있는 것은 아니다. 어느 정도 여유가 있어야 한다. 당장 먹고살기도 힘든 보통사람들이 워라밸을 추구하기에는 현실이 그리 녹록하지 않다. 그러나 기본소득과 같은 제도가 잘 정비되면, 보통사람들도 노동에서 해방되어 저마다 '일'에 종사함으로써 보통사람들의 역할이 대폭 커지는 획기적인 시대가 온다.

이렇게 보면 우리 모두는 탈노동의 시대를 두 팔 벌려 환영해야만한다. 탈노동을 사회적 목표로 삼고 이것이 빨리 실현되도록 우리 모두가 떨쳐 일어나야 한다. 달리 말하면 최대한 많은 노동을 기계에 맡기고 사람들 모두가 '일'을 즐기는 사회를 만들어야 한다는 것이다. 탈노동의 시대를 구현하기 위한 경제적·기술적 여건도 충분히 조성되어있다. 이제 남은 것은 우리의 결단뿐이다.

이런 말을 하면 으레 나오는 질문이 있다. 바로 노동을 하지 않으면무엇을 해서 먹고사느냐는 것이다. 자본주의 사회에서는 당장 노동을하지 않으면 먹고살 수 없다는 현실적 문제가 걸려 있다. 그러나 마음만 먹으면 이 문제는 어렵지 않게 해결할 수 있다. 뒤에서 다시 자세히살펴보겠지만, 이 문제를 해결하는 방법에는 여러 가지가 있을 수 있다. 여기에서는 원론적인 것만 얘기하기로 하자. 한 가지 간단한 방법은 인간 노동자 대신 인공지능 로봇이 생산현장에 들어가서 올린 수익의 일부를 그 노동자에게 할애하는 것이다. 예를 들어 로봇 없이 노동자가 현장에서 일할 때는 10만큼의 수익을 올리고 이 중 3만큼을 임금으로 받았다고 하자. 그런데 인공지능 로봇이 노동자 대신 들어가서일한 결과 20만큼의 수익이 발생했다고 하자. 그리고 이 중 5만큼을 떼어서 노동자에게 준다고 하자. 그러면 자본가의 소득도 늘어나고 노동자의 소득도 늘어난다. 엄밀히 말하면 이들은 더는 노동자가 아니다. 이들은 노동 대신 보람 있는 활동을 하면서도 종전보다 더 많은 소득을 얻게 되니 이는 분명 축복이다.

이런 식의 해결책을 제시하면 으레 또 다른 반응이 나오기 마련이

초연결사회와 보통사람의 시대

다. 왜 노동을 하지 않는 사람에게 '공돈'을 주느냐는 것이다. "일하지 않는 자, 먹지도 말라"는 구시대 규범에서 나오는 반응이다. 그러나 '공돈'을 주지 않으면 우리 모두가 소중하게 생각하는 자본주의 체제 자체가 붕괴될 수 있다는 점을 깨달아야 한다. 탈노동 시대에 가장 심각한 경제 문제는, 놀라울 정도로 생산성이 높은 인공지능 로봇과 기계가 쏟아내는 그 엄청난 물량의 상품을 어떻게 팔리도록 하느냐다. 달리 말하면 미래 탈노동의 시대가 당면할 가장 심각한 경제 문제는 '수요 부족'이라는 것이다.

과거에는 생산된 상품과 서비스의 대부분을 노동자가 월급으로 사주었다. 그러나 노동자 대신 생산에 투입된 인공지능 로봇과 기계는 월급을 받지도 않고 소비도 하지 않는다. 인간과 달리 커피도 마시지 않고, 낮잠도 자지 않고, 술도 마시지 않으면서 밤낮으로 생산만 한다. 그렇다면 누가 이들이 생산한 그 많은 상품을 사줄 것인가? 한 가지 방법은 로봇한테 일자리를 물려준 노동자들에게 '공돈'을 쥐어주어서 그것을 사게 만드는 것이다. 실업자에게 쥐어주는 그 '공돈'은 말 그대로 공돈이 아니라 사실은 체제 유지를 위해서 매우 유용하게 쓰이는 돈이다. 이 '공돈'은 바로 수요 부족의 문제를 해결하기 위한 가장 효과적인 방법이다.

앞으로 기술진보의 속도가 기하급수적으로 빨라진다는 과학자들의 말이 옳다면, 머지않아 탈노동의 시대가 온다. "아침에는 사냥을 하고, 오후엔 물고기를 잡고, 저녁에는 가축을 기르고, 저녁식사 후에는 비평을 하고 싶다"는 마르크스의 바람이 실현되는 시대가 온다는 것이다.

다만, 그런 시대가 오는 과정에서 얼마나 많은 사회적 진통을 겪을 것인지가 문제다. 탈노동의 시대를 구현하려면 이에 맞는 새로운 제도와 질서가 갖추어져야 하는데, 그러자면 우선 우리 사회에 만연한 시대착오적 사고방식부터 걷어내야 한다.

그러나 이것이 그리 쉬운 일은 아니다. 시대착오적 사고방식, 특히 노동에 대한 시대착오적 사고방식이 우리 사회에 워낙 뿌리 깊게 박혀 있기 때문이다. 노동이 신성화되어 있고, 노동을 하지 않으면 먹지도 말라는 규범이 우리 사회에 너무나 깊이 뿌리박고 있다. 그래서 노동을 하지 않는 사람들에게 공돈을 준다는 것은 도저히 용납할 수 없는 일로 간주된다. 자본주의 사회에서는 노동을 하지 않는다는 것은 시민으로서 결격 사유로 간주된다. 직업이 없는 사람이나 실업자는 제대로 사람대접을 받지 못한다.

인공지능 로봇과 기계가 없었던 과거에는 그런 식의 사고방식이 옳았다. 모든 것이 인간의 손으로 생산되던 시대에는 어느 한 사람이라도 노동을 하지 않으면 그만큼 생산량이 줄어든다. 노동을 하지 않는 사람은 다른 사람들이 피땀 흘려 생산해놓은 것을 축내면서 살아야 한다. 그것은 남에게 피해를 주는 짓이니 노동을 하지 않는 것은 사회적으로 용납될 수 없었다. 자본주의 사회에서 실업자는 기생충에 비유되곤 한다. 일하지 않는 자, 먹지도 말라는 규범이 그래서 나왔다.

그러나 우리의 미래는 과거와는 판이하게 달라질 것이다. 사람 대신 인공지능 로봇과 기계가 생산에 투입되는 세상이 펼쳐질 것이기 때문이다. 이런 세상에서는 설령 할 일 없이 빈둥대더라도 남에게 피해를 줄 일은 없다. 기계의 높은 생산성 덕분에 모두가 할 일 없이 빈둥대더라도 얼마든지 먹고살 수 있을 만큼 풍족해지는데, 왜 사람이 굳이 그지겹고 고된 노동을 해야만 하는가. 과학 기술 분야의 전문가들에 따르면 현재 이용 가능한 기술을 최대한 활용하더라도 상당한 수준의 탈노동이 가능하다고 한다. 그렇다면 현재 이용 가능한 기술을 최대한 활용하는 한편 새로운 기술의 개발을 촉진함으로써 최대한 많은 노동자를 노동에서 해방시켜야 한다. 달리 표현하면 실업자가 최대한 많이 발생하도록 해야 한다는 것이다.

그러나 현실은 정반대의 방향으로 가고 있다. 정부는 일자리 창출을 위해 안간힘을 쓰면서 실업자 줄이기에 급급하고 있다. 허구한 날 정쟁만 일삼는 여당과 야당이 일자리를 창출해야 한다는 데는 같은 목소리를 내고 있다. 다만, 한쪽에서는 소득주도 성장을 통해 일자리를 창출하자고 주장하고 있고, 다른 한쪽은 기업하기 좋은 여건을 만들어서 일자리를 창출해야 한다고 주장하는 점에서만 다를 뿐이다. 자기들은 '일'을 즐기면서 국민에게는 노동을 강요하고 있는 셈이다.

사실, 일자리 창출 정책은 날이 갈수록 약발이 떨어질 수밖에 없는 정책이다. 이제까지 일자리를 만들어내기 위해 공들인 노력 또한 효과가 신통치 않았다. 문재인 정부가 이른바 소득주도 성장을 통해 일자리를 창출하려고 안간힘을 쓰고 있지만, 일자리가 좀처럼 늘어나지 않고 있다. 문재인 정부 이전에는 보수 정권이 10년 가까이 기업하기 좋은 여건을 끊임없이 조성했지만 결과는 "고용 없는 성장"이었다. 청년 실업 문제는 이미 10여 년 전부터 심각한 사회 문제가 되었다. 뒤에서 자세히 살펴보겠지만, 기술진보가 대세이고 자본주의 시장의 힘 또한 대세라면 일자리 창출을 위한 노력은 대세를 거스르는 것이다.

인공지능 로봇은 바로 인간이 싫어하는 것들이나 인간이 할 수 없는 것들을 수행한다. 인공지능 로봇은 인간으로 하여금 자기 자신을 위한 일거리를 찾게 함으로써 자기 발전 노력에 도움을 준다. 다시 말해 이들은 우리 인간으로 하여금 좀더 인간다운 삶을 추구하도록 도와준다는 것이다. 탈노동의 시대에는 우리 인간이 본질적으로 더 인간다운 존재가 된다.

물론 일자리 창출 정책을 당장 전면 폐기할 수는 없을 것이다. 다만, 소득주도 성장을 통하든 기업하기 좋은 여건을 조성하든 일자리 창출을 위한 노력은 단기적 처방임을 분명히 인식해야 한다. 기술진보의 대세는 그런 단기적 처방을 오래 허용하지 않는다. 너무 단기적 처방에만 몰두하다가 자칫 미래를 대비하지 못하는 어리석음을 저지르게 된다. 이제까지와는 판이하게 다른 세상에 대비하기 위해서는 전면적 개혁과 제도개선이 요구되는데, 우선 개혁의 방향부터 확고하게 잡아야 한다. 탈노동을 사회적 목표로 삼는다면, 인공지능 로봇의 개발, 기계화, 무인화 등을 적극 촉진하고 도입함으로써 사람이 노동하는 일자리를 최대한 줄여나가는 방향으로 개혁을 추진해야 한다. 이것은 현재의 일자리 창출 정책의 기조와 정면으로 충돌한다. 한 가지 현실적 대안은 일자리 창출 정책을 점진적으로 축소하면서 지금부터 탈노동 시대에 맞는 제도와 질서를 착착 준비하는 것이다.

시대착오적 사고방식의 만연

문제는 우리 사회에 만연한 시대착오적 사고방식, 특히 노동에 대한 구닥다리 사고방식이 탈노동 사회를 위한 개혁이나 제도개선에 큰 걸림돌이 되고 있다는 것이다. 세상이 빠르게 변할 때는 시대착오적 사고방식이나 고정관념이 특히 성행하게 된다. 대체로 사람들은 과거를 바탕으로 미래를 생각한다. 과거에 그랬으니 미래에도 그럴 것이라는 식이다. 세상이 서서히 변할 때는 그런 식으로 생각해도 별 문제가 되지 않는다. 과거에 옳았던 것 대부분이 미래에도 옳기 때문이다. 하지만 세상이 빠르게 변할 때는 과거에 옳았던 많은 것이 미래에는 통하지 않게 된다. 따라서 과거에 그랬으니 미래에도 그럴 것이라는 식으로 생각했다가는 시대착오적 망발을 일삼게 될 뿐만 아니라 자칫 큰 봉변을 당할 수도 있다.

예를 들어보자. 근래 성희롱, 성폭력, '갑질' 등과 결부된 스캔들이 언론 매체에 뻔질나게 보도되면서 여론이 들끓지만, 사실 그런 일들이 옛날에는 더 많았으면 많았지 결코 덜하지 않았다. 그런데도 그때는 별 탈 없이 지나갔다. 대수롭지 않은 일로 여겨졌기 때문이다. 그렇다고 여전히 옛날 생각에 사로잡혀서 성희롱, 성폭력, 갑질을 일삼다가는 패가망신은 물론 자칫 감옥에 갈 수도 있다. 세상이 그만큼 달라졌다. 문재인 정부가 들어서면서 한국의 보수 진영이 궤멸했다는 말이 나돌았다. 가장 중요한 원인 중 하나로 시대착오적 사고방식에 대한 집착이 꼽혔다. 시효가 한참 지난 구닥다리 명분에 지나치게 매달리다가 망했다는 자탄의 목소리가 보수 진영에서도 나왔다. 정치권에서는 명분이 생명과도 같다고 하는데, 시대착오적 사고방식을 훌훌 털어버리지 않는 한 보수 진영은 새로운 명분을 찾지도 못하면서 딜레마에서 헤어 나오지 못할 것이다.

과학자나 최고 지성인이라고 해서 시대착오적 사고방식이나 고정관념에서 자유로운 것은 절대 아니다. 지금은 전 세계에 걸쳐 수많은 사람이 인터넷을 이용하고 있지만, 20~30년 전만 해도 이것을 조롱하는 최고 지성인들이 즐비했다. 예를 들면 세계적으로 유명한 시사지인 『타임』이 1994년에 내보낸 기사는 인터넷이 돈벌이에 적합한 기술이 아니라는 내용을 담고 있다. 이어서 1995년에는 또 다른 세계적 유명 시사지인 『뉴스위크』가 "인터넷이라고? 흥!Internet? Bah!"이라는 큰 제목을 단 기사를 내보냈다. 이 기사는 한 저명 과학자가 쓴 것인데, 그는 온라인 쇼핑이 상식에 어긋나는 웃기는 발상이라는 주장을 폈다. 인터넷을 이용해서 돈을 벌려면 우선 알찬 내용(콘텐츠)을 제작해서 올려야 하는데, 일반 서민이 하기에는 돈이 너무 많이 든다는 것이다.[7] 당시로서는 충분히 일리가 있는 주장이었지만, 지금 시점에서 보면 20년도 내다보지 못한 짧은 생각이었다.

어떻든 그런 조롱이 나오기 무섭게 기술진보가 놀라운 속도로 이루어진 결과, 오늘날 인터넷에 뜨는 콘텐츠의 상당 부분은 인터넷 이용자들이 다른 이용자들을 위해 만들어낸 것들이다. 수많은 보통사람이 다른 수많은 보통사람을 위해 콘텐츠를 만들고 공짜로 인터넷에 올린다는 것은 20~30년 전에는 상상도 할 수 없는 일이었다. 그러나 오늘날 기존의 소매상들이 타격을 받을 정도로 온라인 상거래가 번성하고 있고, 저마다 휴대전화를 들고 다니다 보니 집전화를 쓰거나 집으로 전화 거는 일이 뜸해지는 게 현실이다.

2004년 어느 과학자는 아무리 컴퓨터와 인공지능이 발달해도 감히 범접하지 못할 영역도 있다는 말을 하면서 그런 영역 중 하나로 자동차 운전을 꼽았다. 컴퓨터가 트럭운전사를 대체한다는 것은 상상하기 힘들다는 것이다. 이 말이 나온 지 불과 10년밖에 지나지 않아 구글이 인공지능을 이용한 자율주행 자동차를 개발했다. 10년 만에 로봇은 자동차를 만드는 수준에서 자동차를 운전하는 수준까지 발전했다. 구글 자동차가 2014년까지 100만 킬로미터가 넘는 거리를 주행하는 동안 낸 사고는 단 한 건이라고 한다. 그 사고도 사람이 몰던 자동차 때문에 발생한 것이다. 미국 네 개의 주와 워싱턴 D. C.에서는 무인자동차 운행을 허가하는 법안이 통과됐다고 한다. 이르면 앞으로 5년 이내에 자율주행 자동차가 상용화된다고 하는데, 그렇게 되면 당장 버스운전사, 택시운전사, 대리운전기사, 탁송기사, 택배기사 등 자동차 운전으로 생계를 유지하는 많은 사람이 일자리를 잃게 될 것이다. 현재 우리나라에 100만 명이 넘는 자동차 운전사가 있다고 하는데, 이들 대부분이 일자리를 잃게 될 것이다.

1997년 IBM이 개발한 기계가 세계 체스 챔피언을 꺾자 수많은 세계인이 놀라움을 감추지 못했다. 불과 15년 전인 1980년대 초만 해도 이런 기계가 나타나리라고는 생각하지도 못했다. 2011년에는 미국인들을 깜짝 놀라게 한 또 하나의 사건이 발생했다. 인공지능을 장착한 로봇인 왓슨Watson이 텔레비전 인기 퀴즈쇼인 〈제퍼디!〉 생방송에 홀연히 나타나서 인간 퀴즈왕들을 모조리 꺾은 일이다. 2016년에는 인공지능 알파고가 우리나라의 바둑 최강자였던 이세돌 9단을 격파하자 많은 사람이 경악을 금치 못했고, 이것이 제4차 산업혁명에 대한 우리 국민의 관심을 고조시킨 한 계기가 되었다. 바둑계에도 큰 변화가 왔다. 종전에는 당연하게 여겼던 많은 수법이 이제는 당연하지 않게 되었고, 반대로 종전에는 금기시되었던 수법들이 이제는 당연시되고 있다. 예를 들면 옛날에는 초반에 상대방의 진영에 깊숙이 쳐들어가면(바둑 용어로 3·3에 두면) 야단을 맞았다. 그런데 알파고가 이 수법을 쓰자 이제는 바둑 고수들도 태연히 이 수법을 즐겨 쓴다.

이렇게 세상이 급변하면서 낡은 생활방식이나 구닥다리 사고방식들이 통하지 않는 시대가 오고 있다. 과거에는 기술진보가 장기적으로 일자리 총량을 감소시킨 적이 없었다고 하지만, 미래에도 그럴 것이라는 보장은 전혀 없다. 과거에는 기술진보가 노동자들의 임금수준을 전반적으로 높여왔으니 미래에도 그럴 것이라고 하지만, 앞으로도 그렇게 된다고 확언하기는 어렵다. 과거에는 생산이 늘어나면(경제가 성장하면) 늘 일자리가 창출되었다. 그러니 미래에도 그럴 것이라고 하지만, 앞으로도 그렇게 되리라고 장담할 수는 없다. 과거에는 가격 경쟁력으로 승부를 했으니 미래에도 그럴 것이라고 하지만, 앞으로도 그렇게 된다고 보장할 수는 없다. 과거에는 생산이 늘어나면 이에 비례해서 소비도 늘어났지만, 미래에는 그렇지 않을 것이다. 일일이 열거하자면 끝도 없다. 이와 같이 낡은 사고방식들이 더는 통하지 않는다는 징후는 이미 도처에서 넘쳐나고 있다. 이제 '옛날에 그랬으니 앞으로도 그럴 것이다'라는 안이한 사고방식을 버리고, 열린 마음으로 현실을 직시하고 길게 내다보면서 차근차근 미래를 준비해야 한다.

산산조각 나는 뒤죽박죽 인생

수많은 석학이 우리의 미래에 대해 각기 다른 여러 가지 얘기를 하고 있지만, 이들이 공통적으로 주장하는 것은 미래의 세상이 지금과 판이하게 달라진다는 것이다. 경영학의 세계적 권위자인 피터 드러커Peter Drucker는 "우리가 미래에 대해 아는 유일한 사실은 현재와 엄청 다르리라는 것뿐이다"라고 말했다.

우선, 우리의 인생살이 모습부터 크게 달라질 것이다. 이미 달라지고 있다. 이제까지의 사회에서는 학교에서 받은 교육을 바탕으로 사회에 나가 일을 하다가 은퇴했지만, 앞으로는 이런 인생 드라마가 사라질 수도 있다. 우리나라를 비롯한 대부분의 나라에서 인생은 3막극이다. 제1막은 배움의 기간이다. 동물과 달리 인간은 사회에 나가기 전에 긴 배움의 과정을 거친다. 학교에서 배우든 부모의 일을 도우면서 배우든 10여 년에서 20여 년의 긴 세월을 배우면서 보낸다. 제2막은 사회에 나가 그동안 연마한 기량을 발휘하면서 경제활동과 사회활동을 하는 기간이다. 이 기간에 돈을 벌어 가정을 일구고 노후를 대비한다. 제3막은 은퇴해서 생을 마감하기까지의 기간이다. 원래 제3막은 모든 경제활동에서 손을 떼고 제2막 때 벌어놓은 것에 의지해 인생을 음미하며 조용히 사는 기간이다.

사실, 옛날에는 은퇴하고 나면 대부분의 사람이 몇 년 살지 못하고 생을 마감했다. 1950~1960년대에는 은퇴하고 나서 고작 평균 2~3년 살다가 세상을 떠났다. 그래서 제3막이 있는 둥 없는 둥 끝났다. 그러나 수명이 길어지면서 인생의 제3막이 제2막 만큼이나 길어졌다. 지금은 은퇴하고 나서도 장장 20~30년은 더 살아야 한다. 앞으로는 더 길어질 것이다. 그러니 옛날처럼 대충대충 끝낼 수가 없게 되었다. 어떻든 아주 옛날부터 거의 대부분의 사람이 이런 인생의 3단계를 거치다 보니, 이것이 전형적인 인생 드라마로 굳어졌다. 누구나 인생 3막 드라마를 당연하게 생각한다. 대부분의 경우, 제1막을 만족스럽게 끝내면 성공적인 제2막을 거치게 되고, 그다음에는 안정되고 편안한 제3막을 맞게 된다.

하지만 그 인생 3막 드라마의 틀이 서서히 무너지기 시작했다. 우선, 제1막부터 삐걱거리게 된다. 인공지능 컴퓨터가 급속히 발달하고 확산되면서 제1막에서 배운 많은 것이 빠른 속도로 무용지물이 되고 있다. 그럼에도 우리 학교에서는 곧 무용지물이 될 지식을 학생들의 머리에 계속 구겨 넣고 있다. "저는 한국 사람들이 도저히 이해가 안 됩니다. 한국 학생들은 미래에 필요하지 않은 지식과 존재하지 않을 직업을 위해 매일 열다섯 시간이나 낭비하고 있습니다. 이것은 학생들의 잘못이 아닙니다. 한 치 앞도 못 보는 부모들을 포함한 어른들의 잘못입니다."[8]『제3의 물결』로 우리나라에도 잘 알려진 세계적 미래학자 앨

빈 토플러^{Alvin Toffler}가 2008년 우리나라의 한 강연에서 던진 경고다.

인생 제1막에서 습득한 지식과 경험이 쓸모없는 것들이 되면, 그것을 바탕으로 제2막에서 사회에 나가본들 기량을 발휘할 수 없다. 유난히 높은 청년 실업률이 보여주듯 취직하는 것부터가 어렵다. 정규 교육은 더는 이전처럼 경제적 안정을 보장해주지 못한다. 다행히 직장을 얻는다고 해도 자동화와 무인화 기술에 곧 밀려나기 십상이다. 실직을 피하거나 재취업하기 위해서는 재교육과 재훈련을 받아야 한다. 재교육과 재훈련은 일자리 창출 정책의 일환으로 전문가들이 늘 제안하는 아이디어이기도 하고 정부가 강력하게 권장하는 것이기도 하다. 설령 공식적인 재교육이나 재훈련을 받지 않는다고 해도 끊임없이 공부해야 한다. 재교육과 재훈련을 거쳐 재취업에 성공해도 그 기간이 길지 못하다. 워낙 기술진보가 빠르게 진행되는 까닭에 이것을 따라가지 못하는 사람들은 곧 다시 직장에서 떨려나기 때문이다. 재교육과 재취업이 반복되면서 인생 제1막과 제2막이 뒤섞이게 된다. 재교육이나 재훈련을 받지 않는 사람들은 끊임없이 이리저리 일자리를 찾아다니게 된다. 제2막은 뜨내기 인생이 되고 있다. 그러다 보니 제3막을 위한 준비를 제대로 할 수 없게 된다. 자연히 많은 사람이 별 소득 없이 긴 은퇴 생활을 해야만 한다.

통계청이 발표한 '한국의 사회동향 2018'에 따르면, 은퇴가구의 월 평균 소득은 152만 원으로 경제활동 가구 소득(413만 원)의 37퍼센트에 불과했다. 그나마 은퇴가구 소득의 64퍼센트는 정부나 가족이 보조하는 이전소득이다. 불과 20~30년 전만 하더라도 직장에 들어가 30~

40년 동안 돈을 벌어서 은퇴 후 10년, 길어야 20년을 살았다. 앞으로는 은퇴가 빨라져서 돈을 버는 기간은 더 짧아지는 반면, 은퇴 후 그 돈으로 30~40년을 살아야 한다. 자칫 경제활동을 하는 기간보다 은퇴해서 빌빌하는 기간이 더 길어지게 된다. 이미 일각에서는 수명 연장으로 은퇴시기를 늦춰야 한다는 주장이 터져 나오고 있다. 그러다 보니 은퇴한 노인들이 푼돈이라도 벌기 위해 심지어 막노동을 하는 경우가 많아지고 있다. 2019년 통계청이 발표한 자료에 따르면 65세부터 79세 사이 고령층의 고용률이 40.1퍼센트로 2018년보다 1.8퍼센트포인트 증가했다. 장래에도 취업하기를 원하는 고령층 비율은 65.9퍼센트로 10년 전인 2009년에 비해 7.3퍼센트포인트 늘었는데, 이들의 60퍼센트는 생활비에 보태기 위해 일하고 싶다고 말한다.[9] 은퇴한 이후에도 이렇게 노동을 해야 하니 인생 제2막과 제3막이 잘 구분되지 않는다. 그야말로 인생 대부분이 조각조각 나면서 뒤죽박죽이 된다. 인생 전반에 걸쳐 끊임없이 공부하고 교육을 받아야 하며, 부지런히 새 직장을 찾아다녀야 하고, 계속해서 새로운 삶을 개척해야 한다. 그러니 노상 스트레스를 머리에 이고 살아가게 된다.

이런 인생이 바람직하지 않다면 지금부터 대비책을 마련해야 한다. 물론 그 대비책 마련은 어느 개인 혼자서 할 수 있는 일이 아니다. 예를 들어 우리의 자녀들을 미래 시대에 적합한 인재로 만들기 위해서는 교육 제도부터 크게 뜯어고쳐야 한다. 학교는 지식을 주입하는 곳이 아니라 마음껏 뛰놀고 서로 어울리면서 배우는 곳이 되어야 할 것이다. 그러나 이런 교육개혁부터가 어느 개인 혼자서 할 수 있는 일이 아니다. 탈노동의 시대에 대비하기 위해서는 사회적 합의와 사회적 공동노력이 필요하다. 시대착오적 사고방식과 고정관념에서 탈피하는 게 시급함을 강조하는 이유가 여기에 있다.

대량실업의 징후들

과학자들도 놀라는 일이 빈번히 터지고 있는데도 미래학자들은 상상하기 어려운 미래 얘기를 계속 쏟아내고 있다. 오늘 태어난 아이가 어른이 될 무렵이면 이들은 진단을 받기 위해 의사를 직접 만나는 일은 거의 없어지며, 도로를 달리는 택시나 트럭에는 운전사가 없을 거라고 하는데, 많은 사람이 설마 그럴까 하면서 믿기 어려워한다. 설령 그렇다고 해도 그것은 먼 미래의 일이니 나와 상관없다는 태도를 취하기도 한다. 자동화와 무인화가 급속히 퍼지면서 이미 곳곳에서 일자리가 없어지고 있다.

  사실, 인공지능 로봇과 기계의 본격적 활용이 머지않아 대량실업의 시대를 초래하게 될 것이라고 전망하는 학자들이 근래 유난히 많아지고 있다. 『사피엔스』의 저자 유발 하라리Yuval N. Harari는 '무용無用 계급'이라는 말을 썼다.[10] 그에 따르면 기업에 쓸모없는 사람들이 한 계급을 형성하게 된다는 것이다. 어떤 학자는 '실업자 계급'이라는 말을 쓴다. 대량실업의 시대가 온다는 것은 탈노동의 시대가 온다는 뜻이다. 사실, 과거에도 수많은 석학이 탈노동의 시대가 올 것임을 감지했다. 아렌트는 이미 1958년에 "우리는 노동이 없는 노동자의 사회를 생각해야 할 사태에 직면해 있다"라는 말을 남겼다.[11] 경제학자인 케인스도 비슷한 예언을 했다. 달리 말하면 '노동'은 사라지고 자율적이고 보람 있는 활동을 많이 하는 사회가 온다는 것이다.

기술진보 때문에 일자리가 줄어드는 사례들이 신문을 비롯한 언론 매체에 거의 매일 등장하다 보니 기술진보가 대량실업을 초래한다는 주장이 그리 신기해 보이지 않을 수도 있다. 중요한 것은 분야별 일자리의 증감이 아니라 경제 전반에 걸친 일자리의 총량이다. 여기에서 말하는 대량실업은 일자리 총량의 대폭 감소를 의미한다. 만일 기술진보가 이런 대량실업을 초래한다는 것이 명명백백하고 모두가 이에 동의한다면 굳이 대량실업을 얘기할 필요도 없다. 그저 우리 모두가 대비책 마련에 총력을 기울이는 일만 남을 뿐이다.

그러나 문제는 기술진보가 일자리 총량을 줄일 가능성, 나아가서 대량실업을 초래할 가능성을 강하게 부인하는 전문가들이 적지 않다는 점이다. 이들은 각자 나름대로 정연한 논리와 구체적인 증거를 제시하고 있다. 이들에 따르면 산업혁명 이래 지난 200여 년 동안 기술진보가 장기적으로 일자리 총량을 감소시킨 적이 한 번도 없었다. 한쪽에서 일자리가 없어지면 다른 쪽에서 늘 일자리가 생겨났다. 과거에도 그랬으니 미래에도 그럴 것이라는 논리다.

"하지만 이번에는 사정이 다르다고 생각할 이유는 충분하다"고 하라리는 단정한다.[12] 10년이나 20년 후의 사회는 지금까지와는 아주 판이하게 다른 조건에 놓일 것이기 때문이다. 우선, 인류 역사상 처음으로 우리 인간보다 머리가 더 좋은 녀석들이 줄지어 나타났다는 것부터가 심상치 않다. 지능 면에서 인간을 능가하는 인공지능 로봇의 출현은 첨단 과학자들도 미처 예상치 못했을 정도로 놀라운 일이다. 그동안 놀랄 일이 너무 많았지만, 이번에는 그저 놀라는 정도가 아니라 인간의 자존심부터 심하게 구겨졌다. 지난 수천 년의 장구한 인류 역사를 통해 우리 인류는 인간이 지구에서 가장 지능이 높은 존재임을 추호도 의심치 않았기 때문이다. 인공지능 로봇의 판단과 예측이 전문경영인을 포함한 프로들보다 더 탁월하고 정확함을 보이는 사례는 무수히 많다. 이런 깜짝 놀랄 일이 앞으로 계속 나타날 것이다.

『제4차 산업혁명』의 저자 클라우스 슈바브는 서두에서 "우리 인류는 살아가는 방식, 일하는 방식, 그리고 다른 사람들과 교류하는 방식을 근본적으로 바꾸는 혁명의 초기에 와 있다"라고 주장한다.[13] 미래 사회에서는 여러 분야에서 패러다임의 전환이 일어난다는 것이다. 인공지능 로봇이 여러 면에서 인간보다 탁월해지는 미래에는 우리 인간이 인공지능 로봇보다 더 잘할 수 있는 것이 무엇이며, 나아가서 우리 인간이 도대체 어떤 존재인지를 근원적으로 묻고 고심하지 않을 수 없게 될 것이다. 슈바브는 지금 패러다임이 이렇듯 근본적으로 바뀌고 있는데도 우리는 이 새로운 변화에 관한 이해가 아직 부족하고, 이것이 가져올 기회와 도전에 관해 일관되면서 대다수가 수긍할 수 있는 뚜렷한 설명이 아직 나오고 있지 않다고 크게 우려하고 있다. 어떻든 우리의 미래가 과거와는 판이하게 다른 세상이 될 것이라는 점에 관해서는 대부분의 학자나 과학 전문가가 동의한다. 그렇다면 과거에도 그랬으니 미래에도 그럴 것이라는 논리가 설득력을 잃게 된다.

대량실업의 문제만 해도 그렇다. 과연 기술진보가 대량실업을 초래할 것인지 아닌지에 따라 우리의 미래는 엄청나게 달라질 것이다. 그럼에도 아직까지도 대량실업의 가능성을 놓고 많은 설왕설래가 있다. 크게 두 가지 상반된 견해가 맞서고 있다. 대체로 보면 그 어느 쪽 주장이든 단편적인 근거와 논리만 제시하고 있을 뿐이어서 우리를 더욱더 혼란스럽게 만들고 있다. 따라서 양쪽의 주장을 좀더 깊이 살펴본 다음 과연 어느 쪽이 옳은지를 판단하기 위한 확고한 근거와 논리를 모색해볼 필요성이 절실해진다. 노동시장의 역사적 맥락을 살펴볼 필요도 있다. 이에 관한 자세한 얘기는 잠깐 뒤로 미루고, 여기에서는 기술진보는 거스를 수 없는 대세이며 자본주의 시장의 원리 역시 대세라는 점을 지적해둔다. 이 두 가지 힘이 합세하면 앞으로 일자리가 사라지는 추세는 더욱더 탄력을 받을 것이다. 이 결과는 대량실업이다.

만일 조만간 대량실업의 시대가 온다면, 실업자가 계속 늘어나고 실업률이 지속적으로 높아지는 등 가시적인 징조가 있어야 하는데, 사실은 그렇지 않은 걸 보면 과연 대량실업의 시대가 올지 의심스럽다는 반문이 제기될 수도 있다. 우리나라의 경우, 2013년 3.1퍼센트였던 실업률이 2018년에는 3.8퍼센트로 올랐다가 2019년 2월에는 4.7퍼센트를 기록했지만, 그 이후 계속 떨어져서 2019년 5월에는 4.0퍼센트까지 하락했다. 그러나 실업률은 노동시장의 현실을 제대로 반영하지 못하는 왜곡된 지표라는 비판을 받고 있는 것도 사실이다. 예를 들면 일주일에 한 시간 이상 노동을 하는 반半실업자도 취업자로 간주되어 실업률 통계에서 빠진다. 실업률은 경기에 따라 오르락내리락하는 경향이 있다. 따라서 실업률은 기술진보에 따른 대량실업의 가능성을 타진하는 데 별로 도움이 되지 않는 지표다.

실업률보다는 취업계수나 취업유발계수가 일자리에 미치는 기술진보의 영향을 훨씬 더 잘 반영하는 지표라고 할 수 있다. 취업계수란 10억 원어치를 생산하는 데 필요한 취업자의 수를 말한다. 최근 한국은행의 발표에 따르면 이 취업계수가 2000년에 13.7명, 2005년에 10.1명, 2010년에 6.8명, 2015년에 6.2명으로 해마다 빠르게 하락하고 있다. 또 다른 지표인 취업유발계수를 봐도 하락추세는 역력하다. 취업유발계수란 10억 원어치의 생산이 경제 전반에 걸쳐 직간접적으로 유발하는 취업자의 수를 말한다.[14] 이 취업유발계수 역시 2000년에 25.7명, 2005년 20.3명, 2010년 13.8명, 2015년 11.8명으로 해마다 빠른 속도로 하락하고 있다. 이 두 지표가 장기적으로 하락한다는 것은 생산에 필요한 노동력이 감소함을 의미한다. 달리 말하면 노동력이 점점 더 필요 없어진다는 뜻이다. 왜 그럴까? 그 주된 이유는 로봇이나 기계가 노동을 대체하기 때문이다.

이와 같이 생산에 필요한 노동이 감소하다 보니 취직률도 낮아지고 있다. 취직률이란 실업자가 구직활동 한 달 뒤에 다시 취업할 확률을 말한다. 한국은행이 발표한 자료에 따르면 2000년대 들어와서 첫 10년 동안(2000~2009년)에는 취직률이 28.2퍼센트였으나 그 이후 최근까지 9년 동안(2010~2018년)에는 25.6퍼센트로 하락했다.[15] 이는 일단 실직을 하면 다시 취직할 가능성이 낮아졌음을 의미한다. 왜 그럴까? 일자리에서 이탈해서 얼마 동안 놀다 보면 기술환경이 크게 변하면서 설령 경기가 좋아지더라도 다시 취직하기 어려워지기 때문이다.

취업계수나 취업유발계수와 함께 눈여겨볼 또 하나의 지표는 노동소득분배율이다. 노동소득분배율이란 쉽게 말해 GDP에서 임금이 차지하는 비중이다. 우리나라 노동소득분배율은 1995년 63.5퍼센트에서 2015년 55.7퍼센트로 크게 낮아졌다.[16] 장기에 걸쳐 이렇게 큰 폭으로 낮아진 원인으로는 임금수준이 낮은 비정규직 노동자가 크게 늘어난 데에도 그 원인이 있겠지만, 기업이 정규직 노동자의 고용을 기피하는 경향도 한 원인으로 꼽힌다. 대체로 보면 기계보다는 인간의 노동력에 더 많이 의지해 생산하는 개발도상국의 경우에는 노동소득분배율이 매우 높다. 선진국의 경우에는 노동소득분배율이 낮을 뿐만 아니라 장기에 걸쳐 꾸준히 하락하고 있는데, 빠른 기계화와 자동화가 한 원인으로 꼽는다. 여기에서 말하는 '선진국'이란 OECD와 IMF가 선진국으로 공식 인정한 나라들을 말한다. 어떤 나라가 선진국인지를 판별하는 데는 소득수준, 문맹률, 해외원조, 국민건강 등 여러 가지 기준이 있다. 가장 가시적인 기준은 1인당 국민소득인데, 이것이 3만 달러가 넘으면 선진국으로 간주된다.

우리나라는 2018년에 1인당 국민소득이 3만 달러 수준을 넘었으므로 명실상부한 선진국이다. 사실, 이미 수년 전부터 OECD와 IMF가 우리나라를 선진국으로 간주했지만, 우리 스스로가 선진국임을 자처하지 못했다. 선진국으로 공식 인정되는 순간 개발도상국에 주어지는 각종 무역상의 혜택을 받지 못할 것을 우려했기 때문이다(2019년

10월 25일 정부는 미래 WTO 협상에 한해 개도국 특혜를 주장하지 않기로 했다고 발표한 바 있다). 이제 우리나라는 명실상부한 선진국이 되었지만, 선진국답지 못한 부분도 많다. 근로시간, 사회복지 지출, 소득불평등 같은 면에서 우리나라는 OECD 36개 회원국들 중 최하위권에 속한다. 통계청의 '2018년 사망원인통계'에 따르면, 2018년 자살률은 OECD 회원국들 중에서 최고로 높았는데, 하루 평균 37.5명이 자살하는 것으로 나타났다. 빈곤 계층(의료급여 대상자)의 자살률은 우리 국민 평균 자살률의 2.73배에 달했다.

대량실업이 필연적이라면 이를 축복으로 만들자

기술진보가 일자리 총량을 줄이지 않는다는 일부 과학자들의 낙관론이 있지만 요즈음에는 보통사람들도 어렴풋이나마 대량실업의 시대가 오고 있음을 감지하는 듯한 반응을 보인다. 다만, 아직은 먼 미래의 일이라며 애써 외면하거나, 그렇다고 지금 당장 어쩌겠느냐는 체념 투의 반응을 보인다. 어떻든 많은 사람이 미래의 일자리에 대해 큰 불안을 느끼는 것만은 분명하다. 오늘날 세계 어느 나라에서나 국민의 가장 큰 관심사는 단연 일자리다. 제4차 산업혁명에 대한 얘기가 무성한 우리나라도 예외는 아니다.

　과거 우리나라 사람들의 경우, 30대까지는 취업이 가장 큰 고민거리였고, 40대까지는 결혼을, 50~60대부터는 자녀 문제를 고민했다. 가장 큰 고민거리가 세대별로 달랐다. 그러나 요즈음에는 그 틀이 깨졌다. 일자리가 모든 세대의 큰 고민거리로 떠올랐다. 문화체육관광부가 분석해서 발표한 바에 따르면 구직활동이 활발한 20~30대뿐만 아니라 30~40대도 가장 큰 고민거리로 일자리를 꼽았으며, 50~60대도 '의료·보건'에 이어 일자리가 두 번째 큰 고민거리였다.[17] 평균수명이 길어짐에 따라 은퇴 후에도 일자리를 고민해야만 하는 현실이 반영된 것으로 보인다.

근래 상상 밖의 일이 너무 많이 발생하다 보니 미래를 논하는 것은 어리석은 짓이라고 꼬집는 학자들도 있다. 하지만 우리는 이들의 말을 너무 믿어서는 안 된다. 아무리 미래를 예측하기 어렵다고 해도 몇 가지 큰 흐름은 분명히 있고 도처에 흔적을 남기고 있기 때문이다. 기술진보의 도도한 추세도 그런 큰 흐름 중 하나다. 제4차 산업혁명의 이름으로 진행되는 기술진보에 관해 과학자들이 이구동성으로 말하는 핵심은 그것이 피할 수 없는 대세이며, 미세조정은 가능하겠지만 큰 틀에서는 이를 인정하고 적응할 수밖에 없다는 것이다. 물론 우리나라에서는 제4차 산업혁명이라는 용어를 놓고 논란이 있는 것이 사실이다. 『4차 산업혁명이라는 거짓말』이라는 책도 있고, 『4차 산업혁명이라는 유령』이라는 책도 있다. 요컨대 제4차 산업혁명이라는 말은 외국에서 쓰지 않는 허구요, 업계와 정치권이 너무 호들갑을 떨고 있다는 것이다. 하지만 용어야 어떻든 인공지능 알파고가 세계 최고의 바둑 고수들을 모조리 격파한 것은 분명한 사실이며, 이에 버금가는 충격파를 초래할 기술진보가 도도하게 진행되고 있다는 사실만은 아무도 부정하지 못한다. 그 기술진보의 내용에 관한 큰 그림도 나와 있다. 예를 들면 특히 의료·보건 분야에서 기술진보가 가장 빠르게 진행될 것이라고 한다.

기술진보가 불가피한 대세라고 하지만, 그렇다고 그냥 가만히 앉아서 당하기만 하라는 것은 아니다. 세상만사가 다 그렇듯이 기술진보에도 분명히 좋은 면과 나쁜 면이 있다. 그렇다면 좋은 면은 최대한 살리고 나쁜 면은 최대한 억제하는 미세조정이 필요하다. 그러나 좋은 것인지 나쁜 것인지 헷갈릴 수도 있다. 누구나 대량실업은 재앙이라고 생각한다. 과연 그럴까? 발상의 전환이 필요하다. 노동에 관한 고정관념에서 벗어나 좀더 솔직해질 필요가 있다. 대량실업이란 뒤집어 말하면 많은 사람이 지긋지긋한 노동에서 해방됨을 의미한다.

정책과 제도의 뒷받침만 마련된다면 대량실업은 실업자들을 포함한 우리 모두에게 축복이 될 수 있다. 아니, 축복이 되도록 만들어야 한다. 자동화와 무인화가 도도하게 진행되는 마당에 실업 자체를 막는 것은 매력적이지 않을뿐더러 현실적으로 가능성이 낮은 전략이다. 대세에 거스를 뿐만 아니라 인공지능 로봇에서 얻을 수 있는 막대한 긍정적 효과를 포기할 수는 없기 때문이다. 기술진보를 거역하는 것은 마치 마차를 몰던 마부가 대량으로 일자리를 잃게 되니 자동차 개발을 막자는 것과 같다. 하라리는 다음과 같이 말한다. "우리의 모든 노력에도 불구하고 인류의 상당한 비중이 고용시장에서 밀려난다면, (……) 새로운 모델을 탐구해야 한다. 그 첫걸음은 우리가 과거로부터 물려받은 경제적·정치적 모델이 앞으로 직면할 새로운 과제를 해결하기에는 맞지 않는다는 사실을 솔직히 인정하는 것이다."[18]

　노동을 하지 않아도 먹고살 수 있도록 제도가 마련되면, 사람들이 할 일 없이 빈둥대면서 소일하지 않겠느냐는 반문이 나온다. 이런 반문은 인간을 너무 우습게 보고 있다는 반박을 받게 된다. 생계 걱정이 없다고 해서 사람들이 마냥 빈둥대기만 하는 것은 아니다. 부지런히 무언가 보람 있는 일을 찾는다는 사실이 수많은 실험에서 증명되었다. 사실, 할 일 없이 빈둥대는 사람들은 어느 시대 어느 사회에나 있는 법이다. 우리의 미래가 '백수의 시대'가 된다는 말도 있다. 하지만 여기서 한 가지 강조해둘 점은, 탈노동의 시대가 된다고 해서 사람이 할 일이 없어지는 것은 절대 아니라는 사실이다. 다만, 노동이 아닌 다른 활동, 예컨대 여가활동이나 취미활동을 비롯해서 좀더 보람 있고 자유로운 활동을 더 많이 하게 된다. 다시 말해 철학자들이 흔히 말하는 '일'을 더 많이 하게 된다는 것이다.

곧 국민 대다수가 대량실업의 시대를 겪게 된다

물론 우리 사회에서 노동이 완전히 없어지지는 않을 것이다. 아무리 인공지능 로봇과 기계가 발달하더라도 생산현장에서 사람이 해야 할 몫은 존재할 것이다. 다만 노동의 대부분이 기계로 대체되고 남은 노동의 상당 부분도 해체되어 '일'과 비슷한 것으로 바뀔 것이다. 예를 들어 기업이 하던 과업의 일부를 외부의 프리랜서들에게 넘긴다고 해보

　　　　　　　　　　　　　초연결사회와 보통사람의 시대

자. 생계 걱정이 없는 이 프리랜서들은 기업의 지시에 따라 그 과업을 수행하는 것이 아니라 자신들이 스스로 선택해서 수행하는 것이며, 그 과업을 언제 어떻게 수행할 것인지도 스스로 결정한다. 이렇게 기업이 외부로 넘긴 과업은 노동이 아닌 '일'에 가까운 것으로 전환된다. 뒤에서 자세히 살펴보겠지만, 앞으로는 기업이나 기관들이 자신들의 과업을 쪼개서 외부로 넘기는 일이 빈번해질 것이다. 어떻든 대량실업의 시대에는 많은 사람이 노동에서 해방되어 '일'에 종사하게 되므로 하라리가 말하는 '무용 계급'은 사실상 존재하지 않을 것이다. 이런 점에서 보면 '무용 계급'이라는 말은 과장된 표현이다.

근래 인공지능 로봇의 눈부신 발달은 인간이라는 존재를 다시금 성찰하는 계기를 만들었다. 인공지능 로봇이 기업 경영, 법률 서비스, 의료 서비스, 심지어 예술 분야에 이르기까지 실로 여러 분야에서 프로들보다 더 좋은 판단을 내리고 더 정확한 예측을 한다는 사실이 밝혀지면서 가능하면 최대한 많은 일을 인공지능 기계에 일임해야 한다는 주장이 강력하게 제기되고 있다. 그러자 이제 인간이 해야 할 일이 무엇인지, 인간에게 남은 일이 과연 무엇인지 심각하게 고민하게 되었다. 하지만 비록 지능의 면에서는 인간이 인공지능 로봇에 비해 뒤떨어지지만, 다른 한편으로는 인공지능 로봇이 잘하지 못하는 인간만의 자질이나 능력도 많이 있다는 점이 이미 밝혀졌다. 그동안 자본주의 시장의 힘에 억눌려서 제대로 발휘되지 못한 인간의 잠재력도 있다. 그렇다면 대량실업의 시대에는 바로 이 과소평가된 인간의 능력이나 억제된 잠재력을 최대한 살리는 시대가 될 것이다. 이에 대해서는 뒤에서 다시 자세히 살펴보겠다.

많은 사람이 설령 대량실업의 시대가 온다고 해도 그것은 먼 미래의 일이라고 생각한다. 그러나 기술진보에 관련된 과학자들은 인공지능과 로봇의 활용에 따른 영향이 본격적으로 나타나는 시기를 대략 2030년 전후로 보고 있다. 그래 봐야 앞으로 10여 년밖에 남지 않았다. 아득한 미래의 일이라고 생각되었던 자율주행 자동차의 상용화가 미국에서는 이미 시작되었다. 그리고 앞으로 이 이상의 기술진보가 없다고 하더라도 이미 이루어놓은 기술을 좀더 깊이 이해하고 더 잘 활용하기만 해도 우리는 매우 다른 세상을 맞이하게 될 것이라고 말하는 과학자들도 있다. 과학자들의 이런 견해가 옳다면 80세 이상의 노인을 제외한 오늘날의 우리 국민 거의 대부분이 대량실업의 시대를 살아가야 한다. 그럼에도 정부나 국민은 일자리 창출에만 관심을 집중시키는 가운데 대량실업의 시대에 대한 대비는 뒷전으로 밀리고 있다.

아직도 많은 사람이 기술진보의 속도에 의구심을 가지고 있다. 기술진보에 관해 과학자들이 공통적으로 내세우는 또 하나의 주장은 그 속도가 '기하급수적'으로 빨라진다는 것이다. 그런데 우리 인간의 두뇌는 기하급수적인 것을 잘 이해하지 못한다고 한다. 예를 들어 지금 당장 1억 원을 받을 것인지, 아니면 오늘 100원, 내일 200원, 모레 400원, 글피 800원, 이런 식으로 두 배씩 올려서 한 달간 받을 것인지, 두 가지 중에서 하나를 선택하라는 제안을 받았다고 하자. 아마도 거의 대부분의 사람이 지금 당장 1억 원을 받겠다고 말할 것이다. 당연해 보인다. 사실, 두 번째 선택은 대수롭지 않아 보인다. 100원, 200원, 400원……,

이런 식으로 두 배씩 올려 받아봐야 보름째가 되어도 164만 원밖에 되지 않는다. 1억 원의 절반은커녕 100분의 2도 안 되는 턱없이 적은 금액이다. 그러나 놀라운 일은 그다음부터 벌어진다. 보름을 불과 일주일만 지나면 받아야 할 금액이 단숨에 1억 원에 이른다. 그다음부터는 받아야 할 금액이 급격히 불어나면서 한 달째 되는 날에는 물경 1,000억 원으로 치솟는다. 개인에게는 상상을 초월하는 천문학적 금액이다. 이와 같이 처음 한참 동안에는 느낄 수 없을 정도로 소리 없이 진행되다가 어느 날 갑자기 거대한 모습으로 홀연히 나타나서 우리를 뒤로 나자빠지게 하는 것이 기하급수적 변화의 특징이다. 그야말로 '서서히, 그러다가 어느 날 갑자기'다. 왜 우리 인간은 기하급수적인 것을 잘 느끼지 못할까? 진화 과정에서 인간은 당장 눈앞에 보이는 위험에 잘 대처하도록 최적화되었기 때문이라고 한다. 게다가 과거에는 기하급수적 변화를 우리 주위에서 보기 힘들었다. 과학자들에 따르면 우리 인간의 지능은 이미 4만 년 전에 굳어졌다고 한다.

어떻든 우리가 해야 할 일은 놀라서 뒤로 나자빠지기 전에 미리 대비하는 것이다. 어느 날 대량실업이 느닷없이 터져서 일단 우리가 뒤로 나자빠지면 다시 일어나기조차 힘들 것이다.

2장

대량실업의 시대는
왜, 어떻게 오는가

—

국민의 가장 큰 고민거리, 일자리

국내 최대 포털사이트인 네이버는 2019년 4월부터 인공지능에 뉴스 편집을 100퍼센트 맡겼다. 최근 행정안전부와 공정거래위원회, 일부 지자체와 시·군 의회에는 인공지능 속기사가 속속 배치되고 있다. LG 경제연구원이 국내 423개 업종에 걸쳐 인공지능이 인간의 일자리를 대체할 확률을 조사한 결과에 따르면 관세사, 회계사, 세무사, 손해사정인, 감정평가 전문가 등의 경우 그 확률이 95퍼센트를 넘고 있고, 공무원의 경우 61.5퍼센트에 이르며, 요리사의 경우에는 약 55퍼센트인 것으로 나타났다.[1]

한국고용정보원의 2016년 보고서에 따르면 10년 후에는 전체 취업자의 70퍼센트 이상이 고성능 컴퓨터와 로봇의 발달로 직장을 잃을 위험에 처한다.[2] 또 다른 연구보고서에 따르면 기계로 대체될 확률이 70퍼센트를 넘는 '고위험' 일자리가 전체 일자리의 52퍼센트에 달하는 것으로 조사되었다. 이 52퍼센트라는 수치는 미국에서 조사된 것보다 더 높은 값이다. 이런 고위험 일자리에 종사하는 사람들은 머지않은 장래에 실업자가 될 확률이 70퍼센트가 넘는다는 것이다.[3] 대체로 보면 여성보다는 남성이, 젊은이들보다는 고령층이, 고학력층보다는 저학력층이 일자리 잃을 가능성이 더 높은 것으로 나타났다.

우리나라 산업현장의 자동화율이나 무인화율이 다른 나라에 비해 매우 빠르고 굉장히 높다고 하는데, 기술진보에 따른 대량실업의 위협은 우리나라에서만 나타나는 현상이 아니다. 선진국들이 모두 그렇다. 가장 빈번히 인용되는 한 연구보고서는 미국에서 2016년에 태어난 아이가 대학에 들어갈 무렵이면 오늘날 존재하는 일자리의 47퍼센트가 컴퓨터와 기계화로 사라질 것으로 전망하고 있다.[4] 예를 들면 시계수리공, 모델, 보험회사 손해사정인, 법률 서비스 종사자, 비서 등이 대폭 사라진다는 것이다. 700여 가지 직종을 대상으로 조사한 최근의 한 연구에 따르면 판매 종사자, 장치기계 조작과 조립 종사자, 단순노무 종사자 등이 일자리를 잃은 가능성이 매우 높은 것으로 나타났다.

미국의 저명한 연구자문회사인 맥킨지McKinsey & Co.의 2015년 연구보고서는 현재의 기술을 활용하는 것만으로도 임금노동의 45퍼센트를 기계로 대체할 수 있다고 주장한다. 2016년 미국 오바마 정부가 의회에 제출한 '대통령 경제교서' 역시 머지않은 장래에 전체적으로 미국 일자리의 62퍼센트가 자동화될 위험에 처해 있으며, 저임금 노동자의 대부분이 자동화에 밀려 일자리를 잃을 것으로 보고하고 있다.[5]

첨단 기술의 발달이 앞으로 대량실업을 낳을 것이라는 전문가들의 조사보고서들이 줄줄이 나타나고 있는데, 굳이 전문가들의 말을 인용할 필요도 없다. 이미 수많은 일반인도 일자리 불안을 피부로 느끼고 있다. 2016년의 한 여론조사 결과를 보면, 우리나라 직업인의 44.7퍼센트가 "인공지능과 첨단 기술 때문에 자신이 종사하는 직업에서 일자리가 줄어들 것"이라고 생각하고 있었다. 그렇다고 이에 대처할 준비가 되어 있는 것도 아니다. 겨우 15.4퍼센트만이 대처할 준비가 되어 있다고 답했다.[6] 2017년 언론진흥재단 미디어연구센터가 일반 국민을 대상으로 실시한 여론조사에서도 응답자의 75퍼센트가 앞으로 일자리가 줄어들 것이라고 대답했고, 85.3퍼센트가 빈부격차가 더 심해질 것이라고 우려했다.

그런데 한 가지 재미있는 것은 대다수의 과학자나 기술 관련 전문가들은 일반인들과 정반대로 생각한다는 점이다. 2017년 과학기술단체총연합회 주관으로 과학 기술계 전문가 2,350명을 대상으로 설문조사를 실시해본 결과, 이들의 90퍼센트 가까이가 현재 제4차 산업혁명이 진행 중이라고 답하면서 그것의 사회적 영향에 관해 대체로 긍정적인 평가를 하고 있었다. 예를 들면 제4차 산업혁명 때문에 일자리가 줄어드는 일은 없다는 식이다. 물론 이런 낙관론을 펴는 과학자들도 앞으로 자동화와 컴퓨터 탓으로 특정 부문에서 일자리들이 대거 사라지거나 감소할 것임을 부정하지 않는다. 다만, 새로운 일자리들이 생기면서

장기적으로는 일자리의 총량이 늘어나면 늘어나지 줄어들지는 않는
다고 자신 있게 주장한다. 그러면서 기술진보 덕분에 우리 주변에 새
로 생겨나는 일자리의 사례들을 줄줄이 열거한다.

과연 기술진보가 일자리 총량을 늘릴 것인가, 아니면 줄일 것인가?
사실, 이는 어제오늘의 문제가 아니다. 지난 200여 년 동안 이 문제를
놓고 치열한 논쟁이 주기적으로 벌어져왔다. 그래서 이 해묵은 논쟁에
어떤 학자는 '대논쟁'이라는 말을 붙였다. 이 대논쟁은 19세기 초 영국
에서 벌어진 이른바 '러다이트Luddite' 운동 시기까지 거슬러 올라간다.
흔히 이 운동을 기계파괴 운동이라고도 하는데, 자본가들이 새로 개발
된 직조기를 생산현장에 대량 도입했기 때문에 일자리를 잃었다고 생
각한 노동자들이 집단적 항거의 표시로 직조기를 불태우고 부수는 사
태가 벌어졌다. 러다이트 운동이라고 하면 영국에서만 일어난 사건이
라고 생각하지만 사실은 그렇지 않다. 예컨대 1801년에는 프랑스 리
옹에서도 노동자들이 직조기를 파괴하는 사건이 있었다.

기계파괴 운동이 극성을 부리자 드디어 1812년 기계파괴자들을 극
형에 처하자는 법안이 영국 의회에 제출되었고 이어서 의회 청문회가
열렸다. 이때 청문회에서 이 법안에 강력하게 반대한 인물은 과학자도
아니요, 사회학자나 경제학자도 아닌 저명한 시인 바이런G. G. Byron 경
이었다. 나폴레옹의 대륙봉쇄령으로 수출이 극히 부진한 상황에서 기
계화는 대량실업을 초래함으로써 경제를 더욱더 어렵게 하고 나아가
국민에게 고통을 가중시킬 뿐이라는 것이 그의 발언 요지였다. 기술진
보에 따른 대량실업을 우려하는 다수의 학자가 바이런의 주장에 동조

하거나 비슷한 주장을 폈다. 그러나 이런 우려를 반박하는 학자들도 있었는데, 당시 저명한 수학자였던 에이다 러브레이스$^{Ada\ Lovelace}$도 그 중 한 명이었다. 러브레이스는 컴퓨터의 토대를 놓은 학자 또는 최초로 컴퓨터 프로그램을 만든 학자로 꼽힌다. 러브레이스의 주장은 설령 기계가 인간의 노동을 대체한다고 해도 여기에는 엄연한 한계가 존재하므로 기술진보가 빠르게 이루어지더라도 인간이 할 일은 여전히 많이 남아 있다는 것이다. 어떻든 결과적으로 바이런과 러브레이스는 상반된 주장을 펴는 두 진영의 선두에 서게 되었는데, 재미있는 것은 러브레이스가 바이런의 딸이었다는 사실이다.

기술진보가 노동자들의 생활수준을 전반적으로 높인다고 하지만, 그렇게 되기까지는 긴 세월이 필요했다. 『거인국^{Leviathan}』이라는 저서로 유명한 토머스 홉스는 17세기 유럽 사람들 대부분의 삶이 "형편없고, 야만적이고, 짧았다"고 묘사했다는데, 기록에 따르면 제1차 산업혁명으로 일련의 획기적인 기술진보가 이루어졌음에도 18세기 말부터 19세기 초반까지 유럽 노동자들의 생활은 여전히 참혹했다. 이런 분위기 속에서 기술진보가 결과적으로 대량실업을 낳고 이것이 노동자 계급의 빈곤을 초래한다는 주장이 힘을 받으면서 퍼져나갔다. 반세기 이상 훌쩍 지난 19세기 후반에 이르러서야 노동자들의 생산성이 비약적으로 높아짐에 따라 임금수준이 전반적으로 상승하기 시작했다. 그리고 일자리도 꾸준히 늘어났다. 그러자 일자리 낙관론이 고개를 들기 시작했고, 기계파괴 운동은 광기에 휩싸인 노동자들의 일과성 운동이라는 비판을 받게 되었다. 그 이래 이 기계파괴 운동은 일자리 낙관론자들이 즐겨 인용하는 역사적 사례가 되었다. 기술진보가 일자리에 미치는 영향은 장기적 안목에서 보아야 한다고 강조하면서 이들은 기계 파괴 운동 이후 200여 년 동안 기술진보가 일자리의 총량을 꾸준히 늘렸을 뿐만 아니라 지속적 경제성장과 실질임금의 향상을 초래했다는 증거를 제시했다. 그러니 앞으로도 계속 그럴 것이라고 주장한다.

일자리에 대한 대논쟁에서 핵심은 기술진보의 성격이다. 기술에도 크게 두 가지가 있다. 노동의 생산성을 높여주는 보완적 기술이 있고 노동을 아예 필요 없게 만드는 대체기술이 있다. 예를 들면 자율주행 자동차는 운전사를 아예 필요 없게 만든다. 무인공장도 마찬가지다. 이런 기술은 노동을 아예 기계로 대체하는 기술이다. 반면에 많은 경우 컴퓨터는 일을 손쉽고 빠르게 처리해줌으로써 노동의 생산성을 높여준다. 긴 작업 과정 중에서 위험한 부분을 로봇이 담당해주면 나머지 작업 과정을 담당하는 노동자들은 안심하고 일을 할 수 있으니 전반적으로 노동의 생산성이 올라간다. 이럴 경우 기계는 노동을 보완한다고 말할 수 있다.

그렇다면 전반적으로 보았을 때 과연 기계가 인간의 노동을 대체하는 경향이 강한가, 아니면 인간의 노동을 보완해서 생산성을 높이는 경향이 강한가. 이에 관해서는 크게 두 가지 견해가 엇갈리고 있다.

낙관론
① 기술진보가 기하급수적으로 빨라지고 있다.
② 기술은 인간의 능력을 거의 완벽하게 보완한다.

③ 따라서 인간 능력의 영향력도 기하급수적으로 커질 것이다.

반론
① 기술진보가 기하급수적으로 빨라지고 있다.
② 기술은 인간의 능력을 거의 완벽하게 대체한다.
③ 따라서 인간 능력의 영향력도 기하급수적으로 줄어들 것이다.

만일 낙관론이 옳다면, 기계가 도입됨에 따라 생산성이 높아지므로 생산량이 증가하고 일자리도 많이 생기고 소득도 늘어날 것이다. 결국 기술진보는 일자리의 총량을 줄이기보다는 늘리는 결과를 낳을 것이다. 이것이 일자리에 대한 낙관론자들의 기본 입장이다. 그러나 만일 반론이 옳다면, 장기적으로 기술진보는 생산현장에서 노동자들을 밀어내면서 대량실업을 낳게 될 것이다. 이것이 일자리 낙관론을 비판하는 진영의 주장이다. 이런 반론에 대한 낙관론자들의 반박은 설령 기계가 인간의 노동을 대체한다고 하더라도 대량실업이 초래되지는 않는다는 것이다.

예를 들어보자. 계산기가 나오기 전에는 교육수준이 높고 수학을 잘하는 사람들이 회계업무를 주로 맡았다. 그러나 계산기가 널리 보급되자 교육수준이 훨씬 낮고 계산이 서투른 사람들도 회계업무를 맡게 되었다. 다시 말해 계산기의 보급이 한편으로는 회계업무 전문가들을 일자리에서 밀어내는 반면, 그보다 훨씬 더 많은 보통사람들에게 고용의 기회를 제공했다는 것이다. 이와 함께 계산기를 만들거나 조작하는 사람들이 필요하게 됨에 따라 기술자들의 일자리도 늘어나게 되면서 이들의 임금이 상승했다. 근래에 와서는 은행자동인출기ATM: Automated Teller Machine 혹은 현금인출기가 개발되고 보급되자 은행원의 일자리가 크게 줄어들 것이라는 우려가 나왔다. 그러나 미국에서 1985년부터 2010년 사이에 ATM의 수가 8배 이상 늘었지만, 은행 창구 직원의 수는 줄기는커녕 오히려 더 늘어났다. 그 이유는 ATM이 단순하고 반복적인 업무를 대신해주게 되자 창구 직원들이 그런 단순·반복 노동에서 해방되어 좀더 복잡한 업무, 예컨대 머리를 많이 써야 하는 전략업무에 종사할 수 있게 되었기 때문이다. 은행 지점들의 수도 더 늘었다. 지점을 운영하는 비용이 줄었기 때문이다. 앞으로 의료용 로봇이 많이 쓰이게 되면, 이것들을 소독하고 관리하는 별도의 인력이 필요하다. 농업에 로봇이 대량 이용되면 이것들을 관리하는 별도의 인력이 필요하다. 이런 식으로 새로운 일거리가 끊임없이 나타날 것이라고 낙관론자들은 주장한다.

핫도그 논쟁

일자리 낙관론자들은 이와 같이 기술진보가 일자리를 창출하는 일상생활의 수많은 사례를 열거하는 데 그치지 않고 각자 나름대로의 경제논리도 폈다. 이른바 '핫도그 논쟁'이 그 한 예다. 핫도그 빵을 생산하는 과정이 크게 세 부분, 즉 소시지를 조리하는 작업, 빵을 굽는 작업, 소

시지와 빵을 조합해서 핫도그 빵을 만드는 작업으로 나누어진다고 해보자. 기계가 없다면 이 세 가지 작업을 모두 사람이 해야 한다. 그러나 소시지를 만드는 기계가 개발되어서 모든 핫도그 가게가 이 기계를 도입한다고 해보자. 그러면 소시지 만드는 작업에 종사하던 노동자들은 일자리를 잃게 된다. 실업을 피하기 위해 이들은 두 번째 작업이나 세 번째 작업으로 옮겨가게 될 것이다. 결과적으로 이 두 작업에서 노동력이 넘쳐나게 된다. 이렇게 되면 이 작업에 종사하는 노동자들의 임금이 전반적으로 떨어진다. 결과적으로 핫도그의 생산비는 이중으로 절감된다. 임금이 하락하는 데다 소시지 만드는 기계가 사람보다 생산성이 더 높기 때문이다. 핫도그의 가격이 하락하고, 핫도그에 대한 수요가 늘어날 것이다. 그러면 핫도그를 더 많이 생산해야 하므로 일자리도 많아질 것이다. 요컨대 소시지 만드는 기계의 개발과 보급이 결과적으로 일자리를 더 늘리게 된다는 것이다.

그러나 이런 낙관론자들의 경제논리는 몇 가지 의문점을 남긴다. 만일 소시지 만드는 기계뿐만 아니라 빵 굽는 기계, 핫도그와 빵을 조합하는 기계도 개발된다고 해보자. 그리고 이 기계들이 노동자들보다 더 유능하기 때문에 널리 보급된다면 과연 어떤 일이 벌어질 것인가? 핫도그 생산업계에 종사하던 노동자들은 거의 대부분 일자리에서 쫓겨나게 된다. 한두 업소의 노동자들이 아니라 업계 전체의 노동자들이 실업자가 된다는 것이다. 이들이 실업을 피하기 위해서는 다른 직종으로 옮겨가야 한다. 많은 경우 한 직장 안에서 자리를 바꾸기는 쉬워도 직종을 바꾸는 것은 무척 어렵다. 한 통계조사에 따르면 핫도그 논쟁이 벌어진 미국의 경우 2000년에 존재하지 않았던 새로운 산업으로 옮겨간 노동자는 전체 노동자의 극히 일부인 0.5퍼센트에 불과하다.[7] 설령 핫도그 업계에서 밀려난 노동자들이 다른 직종의 일자리를 얻는다고 하더라도 대개 종전보다 더 낮은 임금수준과 더 열악한 작업환경을 감수해야 한다. 많은 경우 반실업자가 된다.

더욱더 심각한 문제는 핫도그 업계에서 밀려난 노동자들이 옮겨가야 할 다른 직종이 사실상 없을 수도 있다는 점이다. 핫도그 업계만 기계를 도입한다는 보장이 없기 때문이다. 생산원가를 낮추기 위해 다른 업종들도 저마다 기계를 도입할 것이다. 모든 업종이 노동을 대체하는 기계를 도입한다고 해보자. 그러면 모든 업종에서 노동자들이 쫓겨나는 판이니, 핫도그 업계에서 밀려난 노동자들이 옮겨갈 곳이 없어진다. 그러므로 핫도그 업계 하나만 보고 기술진보가 일자리의 총량을 증가시킨다고 낙관할 수는 없다. 일자리 낙관론자들은 ATM의 보급이 오히려 은행창구 직원의 수를 늘렸다고 주장했지만, 미국의 경우 은행업무의 자동화가 급속히 이루어지면서 근래에는 전체 은행원의 수가 크게 줄어들고 있다는 통계자료가 나왔다.[8] 단순히 은행창구 직원의 수만 보고 ATM 보급에 따른 영향을 파악할 수는 없다. 부분만 볼 것이 아니라 전체를 보아야 한다. 최근의 한 보고서에 따르면 새로운 산업 분야에서 생겨나는 일자리 수는 절대 사라진 일자리 수를 대체할 만큼 크지 않다고 단언한다.[9]

기술진보가 비교적 더디게 진행되었던 과거에는 그런 일자리 낙관론이 현실적으로 옳을 가능성이 높다. 옛날에는 일자리에서 쫓겨나더

초연결사회와 보통사람의 시대

라도 새로 생기는 일자리로 옮겨갈 수 있었다. 하지만 기술진보가 매우 빠르게 진행되는 미래에는 새로운 일자리가 창출되더라도 대부분 고도의 전문성을 필요로 할 가능성이 높다. 따라서 일자리에서 쫓겨난 사람들이 재취업하기는 쉽지 않다. 새로운 일자리가 요구하는 기술이나 지식을 갖추기가 어렵기 때문이다. 예를 들어 드론 때문에 일자리를 잃은 택배 노동자들이 고도의 숙련을 필요로 하는 드론 제작에 재취업한다든가 은행업무의 기계화·자동화로 일자리를 잃은 은행원이 인간과 인공지능의 유기적 결합을 요구하는 일자리에 재취업하기는 매우 어려울 것이다. 결국 기술진보에 관한 낙관론은 나무만 보고 숲을 보지 못하는 실수를 범하고 있다는 비판을 받게 된다. 게다가 낙관론은 자본주의 시장의 힘이나 기업의 이윤 추구 동기를 너무 과소평가하고 있다는 비판도 받고 있다. 우리에게 걱정 말라고 말하는 낙관론자들은 실은 과거에 통했던 사실들과 연결 지어 자신들의 희망 섞인 생각을 표명하고 있을 뿐이라고 혹평하는 학자도 있다. 가장 뛰어나고 영향력 있는 낙관론자들의 각종 논문이나 보고서들의 상당수가 너무도 얄팍한 논리와 희망 섞인 생각에 근거하고 있다는 것이다.

시장의 힘

정보통신 관련 첨단 과학 분야의 전문가들이 이구동성으로 주장하듯이 기계가 빠른 속도로 더 유능해지고 그래서 인간보다 기계가 더 잘

할 수 있는 영역이 빠른 속도로 늘어나면, 시장의 힘이 한층 더 탄력을 받으면서 낙관론이 옳을 가능성이 점점 더 낮아진다. 기계의 가격이 급속도로 저렴해지고 기업들 사이의 경쟁은 더욱더 치열해진다. 이런 상황에서는 어느 특정 업종뿐만 아니라 업종들 전반에 걸쳐 새로운 기계를 도입하려는 욕구가 강해진다고 보아야 한다. 그렇다면 결과적으로 경제 전체에 대량실업이 발생할 가능성은 점점 더 높아진다. 그리고 이미 수많은 학자가 통계자료와 경제논리를 바탕으로 이럴 가능성을 뒷받침하고 있다. 핫도그의 생산량이 증가하기 때문에 일자리도 늘어난다는 낙관론자들의 논리는 현실에 비추어봐도 그리 설득력이 높아 보이지 않는다. 우리나라를 비롯한 세계 여러 나라가 지난 10여 년간 "고용 없는 성장"을 겪고 있다. 우리는 이미 생산량이 증가해도 일자리가 늘어나지 않는 시대로 서서히 빠져들어가고 있다.

경제가 지속적으로 성장하는데도 고용이 늘어나지 않는 이런 이상한 현상이 경제학자들의 눈길을 끌었다. 그래서 미국의 저명한 경제학자이자 고위 관료이기도 했던 서머스Summers가 그의 동료들과 함께 방대한 자료를 바탕으로 연구를 수행해보았다. 그 결과에 따르면 지난 10여 년간 일자리가 줄어드는 속도가 일자리가 늘어나는 속도보다 더 빨랐던 것으로 나타났다. 여러 자료와 연구들을 종합한 서머스의 결론은 자본이 노동을 대체하는 방향으로 기술진보가 이루어지고 있다는 것이다.

2016년 프레이C. B. Frey와 오스본M. A. Osborne의 조사연구에서도 같은 결과가 나왔다.[10] 앞으로 이런 현상이 가속화되면서 장기적으로 일자리의 총량이 크게 줄어들 것이라고 전망하는 저서나 연구 논문들이 근래 들어 부쩍 많아졌다. 일자리 낙관론은 통계적 근거나 논리적 근거를 결여하고 있다는 비판을 받으면서 낙관론에 반론을 펴는 회의론이 강세를 타는 분위기다. 이 회의론의 핵심 요지는 두 가지다. 첫째, 기계는 노동을 대체하는 경향이 강하며, 기업들은 바로 이런 기계를 원한다. 둘째, 과거에 기술진보가 늘 일자리 총량을 증가시켜왔다고 해서 미래에도 그렇다는 보장은 없다. 앞으로는 그렇지 않을 것이다.

그렇다면 왜 일자리가 창출되는 속도보다 줄어드는 속도가 더 빠를까? 자본주의 경제에서는 그 주된 이유로 시장의 원리와 기업의 경제적인 인센티브를 꼽지 않을 수 없다. 이 두 가지는 자본주의 경제를 움직이는 작동원리다. 노동을 보완해서 생산성을 높이는 기술이 개발된다고 해도 업계가 이를 외면한다면 널리 보급될 수 없다. 그런데 생산현장에서 업계가 단연 선호하는 기술은 노동을 보완하는 기술이 아니라 대체하는 기술이다. 노동을 대체하는 기술은 생산비에서 큰 비중을 차지하는 인건비를 대폭 줄일 수 있게 해줄 뿐만 아니라 골치 아픈 노사관계를 피할 수 있게 해주기 때문이다. 생산비는 경쟁력을 좌우한다. 인간보다 월등히 유능한 기계가 개발될 경우 이를 외면하다가는 경쟁에서 도태된다. 단순히 돈만의 문제가 아니다. 대부분의 경우 기업 경영진에게 인간 노동자는 껄끄럽기 짝이 없는 골치 아픈 존재다.

아직까지는 비교적 저렴한 노동력이 풍부하다는 중국에서도 생산현장의 자동화가 빠르게 진행되고 있다고 하는데, 이에 관해 중국 대기업의 한 최고경영자가 다음과 같은 말을 했다고 한다. "인간도 동물인지라 100만 마리의 동물을 다루는 것은 나에게 큰 골칫거리입니다."[11] 이들은 100만 명의 노동자보다는 100만 개의 로봇을 원한다. 로봇은 임금인상을 요구하지 않으며 낮잠도 자지 않으면서 아무런 불평 없이 묵묵히 주어진 작업을 24시간 수행한다. 생산성은 인간 노동자보다 월등히 높다. 설령 돈이 좀더 들더라도 장기적으로 보면 노동을 완전히 대체하는 기술을 업계가 선호할 수밖에 없다. 어느 저명한 벤처투자가는 다음과 같이 말한다. "우리는 노동을 줄이는 기업에만 투자합니다. 기존의 기업들보다 훨씬 더 효율적인 것이 아니라면 투자하지 않습니다."[12] 그러므로 노동자보다 더 유능한 기계가 개발된다고 하면, 나라별 혹은 산업별 차이에 크게 구애됨이 없이 장기적으로 이것이 보편적으로 수용될 것임을 부정하기는 어렵고, 그 결과는 노동자들의 대량실업이다.

노동시장의 변화: 네 차례의 큰 굴곡

물론 지난 10여 년의 추세만 봐서는 기술진보가 미래의 일자리 총량에 미치는 영향을 단적으로 말하기는 어렵다. 그래서 일자리 낙관론자들이 강조했듯이 장기적인 추세를 살펴볼 필요가 있다. 그러나 지난 200여 년을 돌이켜보면, 일자리 낙관론이 주장하듯이 노동시장에 한 가지 추세만 뚜렷하게 나타나는 것이 아니었다. 여러 차례의 큰 굴곡이 있었다. 이것들이 우연히 나타난 것이 아니라 기술진보에 시장의 원리가 작용하는 과정에서 나타났다는 점을 이해하는 것이 중요하다. 일자리 낙관론과 이에 대한 비판론 중에서 어느 쪽이 더 옳은지는 자본주의 시장이 상황에 따라 어떤 기술진보에 더 큰 힘을 실어주느냐에 달려 있다. 주목되는 것은 그런 굴곡들을 포함하는 변천 과정이 최종적으로 가리키는 방향이 대량실업 쪽이라는 점이다. 즉, 자본주의 시장이 일자리 총량을 줄이는 기술진보에 더 큰 힘을 실어주는 경향이 큰 추세를 형성하기 시작했고, 앞으로 이 추세가 더 강해질 것으로 전망된다는 것이다.

그 200여 년 동안 노동시장에 대략 네 번의 큰 굴곡이 있었다. 그 첫 번째는 제1차 산업혁명이 무르익으면서 중세의 주된 생산주체였던 '장인'들이 생산현장에서 사라지고 임금 노동자가 대거 등장한 시기다. 장인은 주로 수작업을 통해 생산의 전 과정을 혼자서 담당했는데, 분업에 유리한 새로운 기계와 생산기술이 도입되면서 이런 장인들이 필요 없어졌다. 대략 18세기 후반부터 시작된 제1차 산업혁명 시기의 기계는 비교적 간단했기 때문에 저학력 노동자들도 사용법을 쉽게 익힐수 있었다. 기계의 도입이 확산되면서 19세기 후반부터 노동자들의 생산성이 전반적으로 상승했고 임금수준도 높아졌다. 전체적으로 이 시기는 노동과 기계의 보완관계가 주도했던 시기라고 할 수 있다.

두 번째 큰 전환점은 20세기 초에 나타났는데, 고학력 노동자에 대한 수요의 대폭 증가가 두드러진 특징으로 부각되던 시기다. 19세기 말에 시작된 제2차 산업혁명은 전기의 이용과 대량생산을 특징으로 한다. 전기의 이용은 기계를 복잡하게 만들었고 대량생산 체계는 공장과 기업의 규모를 대폭 확장시켰다. 복잡해진 기계를 다루기 위해서는 고학력 노동자들이 필요했고, 부쩍 커진 공장과 기업을 관리하기 위해서는 수준 높은 경영지식이 필요했다. 결과적으로 고학력 노동자에 대한 수요가 크게 늘어났다. 이에 부응해서 국민의 교육열이 크게 높아졌고 고등교육에 대한 정부의 적극적 지원이 있었다. 20세기 대부분에 걸쳐 이런 추세가 선진국에서 지속되었다.

우리나라에서도 이런 현상이 있었다. 우리나라의 교육 제도와 우리 국민의 높은 교육열이 인류 역사에서 드물게 보는 '한강의 기적'을 이룬 밑거름이 되었다고 설명하는 학자들이 매우 많다. 이 두 번째 시기 역시 노동자의 자질 향상과 기술진보가 보조를 맞추면서 노동과 기계의 보완관계가 산업을 주도하던 시기라고 할 수 있다. 그래서 이 시기에 노동자들의 생활수준이 전반적으로 크게 높아질 수 있었다.

그러나 1980년대에 노동시장에 세 번째 큰 전환점이 찾아오면서 그런 보완관계가 산업을 주도하던 시대가 서서히 막을 내리게 되었다. 기계가 노동을 보완하기보다는 대체하는 경향이 확산되면서 노동시장에서 이른바 '양극화'가 두드러지게 나타나기 시작했다. 즉, 정보통신 기술의 발달과 함께 학력 면에서나 경험 면에서 아주 높지도 낮지도 않은 어중간한 노동자들이 노동시장에서 대거 밀려나기 시작한 것이다. 예를 들면 단순한 작업을 반복적으로 하는 공장 노동자들, 사무실 업무 뒤처리나 각종 잡일을 수행하는 노동자들이 대폭 기계와 컴퓨터로 대체되기 시작했다. 그 많던 타자수나 전화교환수도 이 시기에 없어졌다. 이 범주의 일자리 수는 크게 줄어들었으며 떨려나지 않은 노동자들의 임금은 정체되었다.

　그러나 이 시기의 정보통신 기술도 어중간한 것이었다. 한편으로는 고급 두뇌활동을 대신할 만큼 고도화되지도 못했고, 다른 한편으로는 어린애도 할 수 있는 정교한 동작을 수행할 만큼 세련되지도 못했다. 인공지능 로봇이 세계 최고의 바둑 고수를 물리쳤지만 바둑판에 바둑알 하나를 올려놓지 못했다. 무거운 짐을 나르거나 땅을 파는 로봇은 있었어도 수건을 빠르고 정확하게 접어서 개는 로봇은 아직 개발되지 않았다. 어린애에게도 쉬운 일이 로봇에게는 매우 어려운 반면, 어른에게 매우 어려운 일이 로봇에게는 쉬운 이 이상한 현상을 흔히 '모라벡Moravec의 역설'이라고 한다. 어찌 보면 이런 이상한 현상이 나타나는 이유는 간단해 보인다. 인류의 긴 역사에 비추어보면, 어린애도 할 수 있는 기능은 수백만 년에 걸쳐 진화된 것인 반면 어른들이 할 수 있는 계산이나 논리 같은 고급 두뇌활동이 발달하기 시작한 지는 겨우 지난 수천 년에 불과하다. 짧은 기간에 발달한 기능은 인공지능 컴퓨터가 쉽게 따라잡겠지만, 아무래도 수백만 년에 걸쳐 발달한 기능은 쉽게 따라갈 수 없을 것이다.

　이와 같이 정보통신 기술이 아직은 어중간했기 때문에 한편으로는 높은 수준의 정신노동을 접수하기에는 미흡했다. 따라서 최고경영자, 변호사, 금융 전문가financiers, 기타 자문역 등이 수행하는 고급 활동들은 여전히 의심할 바 없는 인간의 몫으로 인식되었다. 이런 상태에서 한 차원 높아진 정보통신 기술을 이용하고 관리할 수 있는 능력을 갖춘 사람들은 손쉽게 정보를 대량 수집하고 처리할 수 있게 되면서 이들의 생산성은 한층 더 높아지고 결과적으로 이들은 더 높은 수준의 소득을 누릴 수 있게 되었다. 다른 한편으로는 인공지능 로봇이 고도로 섬세한 육체적 솜씨를 요구하는 기능에 있어서는 아주 미숙했기 때문에 정원사, 건강관리사, 요리사, 미용사 등은 정보통신 기술이 발달함에도 불구하고 일자리를 유지할 수 있었다. 오히려 서비스 산업이 신장함에 따라 이들에 대한 수요가 늘어나면서 이들의 임금수준이 높아지는 현상도 나타났다.

결과적으로 한편으로는 높은 수준의 지적 활동을 요구하는 고학력 일자리와 다른 한편으로는 정교한 손재주를 요구하는 저학력 육체노동 일자리가 온존하거나 심지어 더 잘나가는 현상이 2000년대까지 지속되었다. 그러다 보니 일자리 위계에 있어서 최상층과 최하층만 남기고 허리층이라고 할 수 있는 중간층이 대거 사라지는 사태가 노동시장에서 나타나게 되었다. 경제학자들은 이런 현상을 노동시장의 '양극화'라고 부르는데, 학자에 따라서는 '공동화空洞化'라고 표현하기도 한다. 말하자면 노동시장 일자리의 위계에서 가운데가 뻥 뚫리는 현상이 나타났다는 것이다. 이런 양극화 혹은 공동화 현상이 우리나라에서도 진행되고 있다.[13] 기술진보가 우리에게 물질적 풍요를 가져다주고 있지만, 이는 중산층의 희생으로 이루어진 것이다.

미래의 공장에는 사람 한 명과 개 한 마리만 근무한다

양극화는 기계가 노동을 대체하는 경향이 강하기 때문에 나타나는 현상이라고 할 수 있는데, 양극화가 점점 더 심해질 조짐이 보인다. 과거에는 아주 단순하고 반복적인 육체노동이 주로 컴퓨터와 기계로 대체되었다. 얼마 전에 어느 아파트단지에서 방범시설을 설치한 다음 경비원들을 쫓아냈다고 해서 말썽이 된 적이 있다. 아파트 입주민들은 관리비 부담을 줄이기 위해 어쩔 수 없었다고 변명한다. 어느 대학교에서도 경비원을 줄였다가 물의를 일으키기도 했다. 그러나 이제는 점점 더 복잡한 육체노동도 컴퓨터와 기계로 대체되고 있다. 복잡한 서류의 분석이나 정리라든가 자질구레한 집안일을 수행하는 사람 대신 성능이 뛰어난 컴퓨터나 로봇을 활용한다. 무인 자동판매기가 점점 더 늘어나면서 우려하는 목소리도 나오고 있다. 요새는 많은 사람이 인터넷을 통해 물건을 구입한다. 직접 가게를 찾아가서 물건을 사는 일이 줄어드니까 그런 가게들이 줄어들게 되고, 자연히 그런 곳에서 일하던 사람들도 일자리를 잃게 된다. 심지어 가게나 마트에 직접 가서 둘러보며 마음에 드는 상품을 찜해두었다가 온라인으로 구매하는 사람들이 늘어나고 있다.

미국에서도 인터넷을 이용한 상거래, 이른바 온라인 상거래의 확산이 일자리를 대량 파괴한다는 우려를 낳으면서 '아마존드amazoned'라는 신조어까지 나왔다.[14] 이 말은 '아마존에 의해 파괴되다'라는 뜻인데, 세계 최대의 온라인 상거래 업체인 아마존이 시장을 장악하면서 동네

서점과 소매상뿐만 아니라 전국 규모의 유통업체들까지 문을 닫거나 파산위기에 처한 현상을 가리키는 말이다. 온라인 상거래의 증가 탓에 오프라인 유통업체들이 문을 닫는 효과를 '아마존 효과'라고 부르기도 한다. 이와 같이 오프라인 소·도매업체들이 문을 닫으면 직원들도 일자리를 잃게 된다. 아마존은 로봇, 드론 등 새로운 첨단 기술을 적극 도입할 계획이기 때문에 일자리는 더욱더 줄어들 전망이다. 로봇과 기계가 사람의 일자리를 빼앗을 것이라는 공포의 최전선에 아마존이 있는 셈이다.

우리나라에서도 아마존 효과가 관측되었다. 통상 소비가 증가하면 고용이 늘어난다. 그러나 최근에는 소비가 증가하는데도 고용이 늘어나지 않는 현상이 목격되었다. 왜 이런 현상이 나타났을까? 한국은행이 최근에 발표한 논문에 따르면 2014년 이후 국내 온라인 상거래 확대가 도소매업 취업자의 수를 연평균 약 1만 6,000명씩 감소시킨 것으로 추산되었다.[15] 우리나라는 중국, 영국 등과 함께 온라인 상거래의 비중이 세계적으로 매우 높은 나라로 꼽힌다. 총 소매판매액 대비 온라인 판매 비중이 2017년 18.2퍼센트였는데, 이 비율은 미국의 두 배이고 영국과 비슷하다. 한국은행은 앞으로 정보통신 기술이 빠르게 발전함에 따라 온라인 상거래의 확대가 우리나라 경제에 미치는 파급효과가 더욱 커질 것으로 내다보고 있다.

제조업 현장에서도 노동을 대체하는 기술이 급속하게 퍼지고 있다. 유능한 직원 한두 명과 컴퓨터 한 대만 있으면 과거 수백 명의 노동자가 하던 몫을 거뜬히 해치운다. 세계적으로 유명한 운동화 제조업체인

초연결사회와 보통사람의 시대

아디다스는 무인 로봇 공정을 개발하면서 해외에 나가 있던 공장을 독일 본국으로 불러들인다는 계획을 발표했다. 이 무인 자동화 공정을 이용하면 단 10명이 연간 50만 켤레의 운동화를 생산할 수 있는데, 종전에는 이만한 물량을 생산하려면 600명이 필요했다고 한다.[16] 아디다스뿐만 아니라 나이키도 무인 공장을 서두르고 있다. 세계적으로 유명한 햄버거 회사인 맥도날드는 2017년에 '빅맥 자동판매기'를 보스턴에 도입했다. 요즈음 우리나라에서도 웬만한 햄버거 가게에는 자동판매기가 설치되어 있어서 이것에 익숙지 않은 사람들에게는 오히려 불편을 주고 있다. 앞으로 노인들은 햄버거조차 마음 편히 사먹지 못하게 될 것이다.

일본에는 로봇이 커피콩을 간 뒤 커피를 뽑아 3분 안에 고객에게 내놓는 카페도 있으며, 중국에는 로봇이 40여 가지의 요리를 만드는 식당이 곧 문을 열 예정이라고 한다.[17] 무인 자동화 공정은 앞으로 더욱더 빠른 속도로 퍼져나갈 것이다. 이 결과 미래의 공장에는 직원이 둘뿐일 거라고 한다.[18] 사람 한 명과 개 한 마리다. 사람이 하는 일은 개에게 먹이를 주는 것이고, 개가 하는 일은 사람이 기계를 절대로 건드리지 못하게 하는 것이다. 이런 농담이 나올 정도로 무인화·자동화가 빠르게 진행되고 있고, 이 결과는 대량실업이다.

과거에는 우리나라를 비롯한 선진국의 많은 기업이 중국, 인도네시아, 베트남 등 저임금 국가를 찾아 해외로 진출하거나 해외에 투자하는 일이 다반사였다. 그러나 앞으로는 그런 일이 점점 줄어들 것이다. 자동화 기계나 로봇을 이용해 값싸게 생산하는 길이 활짝 열리면서 인건비의 비중이 급격하게 감소하기 때문에 굳이 저임금을 찾아 해외로 나갈 필요가 없다. 그만큼 공장입지도 자유로워진다. 미국을 비롯한 선진국에서 해외에 나가 있는 공장을 본국으로 귀환시키는 사례가 늘어나고 있다. 그래서 '리쇼어링reshoring'이라는 말도 나왔다. 이런 추세가 계속되면 저임금으로 경쟁하는 시대는 서서히 저물어갈 것이다. 저임금 노동자의 보고로 알려졌던 중국도 기계화·자동화에 매진하고 있는 판이다. 그렇다고 해서 기업의 해외 진출이 없어진다는 것은 아니다. 판로를 개척하기 위해 해외에 진출하는 기업은 많이 있을 것이다.

기계가 인간의 노동을 대체하는 영역이 빠르게 증가한다는 것은 정보통신 관련 첨단 과학 분야의 전문가들이 이구동성으로 하는 말이다. 이 말은 앞으로 기술진보가 대량실업을 초래할 가능성이 매우 높음을 의미한다. 실제로 그 가능성을 확인하는 연구 결과들이 줄을 잇고 있다. 세계경제포럼WEF이 2016년에 펴낸 「미래고용보고서」에 따르면 기술혁신과 사회경제적 변화로 2020년까지 전 세계에서 710만 개의 일자리가 사라지고 200만 개의 일자리가 새로 생기면서 결과적으로 총 510만 개의 일자리가 감소할 것으로 전망된다.[19] 과거 200여 년간 기술진보가 일자리에 미치는 영향을 조감해보더라도 기계가 인간의 노동을 보완해서 생산성을 높이는 경향이 강한 단계에서 기계가 인간의 노동을 대체하는 경향이 강한 단계로 서서히 옮겨가는 추세를 읽을 수 있다. 이제 "지난 수백 년 동안 기술진보는 항상 일자리를 늘려왔으니 앞으로도 그럴 것이다"라는 단순논리는 버려야 할 것이다.

3장

중세 신분사회 시대로 회귀?

비정규직 노동과 실업률—임금 수수께끼

설령 일자리가 많이 창출된 결과 일자리의 총량이 줄어들지 않는다고 해도 문제는 있다. 좋은 일자리는 줄어들고 나쁜 일자리만 늘어난다는 것이다. 이 점에 대해서는 일자리 낙관론자들도 인정한다. 여기에서 '좋은 일자리'란 대체로 임금수준이 높고 안정적이며 작업환경이 좋은 정규직을 의미하고 '나쁜 일자리'란 반대로 임금수준이 매우 낮고 안정적이지 못하며 작업환경도 열악한 '비정규직'을 의미한다.

기술이 발달함에 따라 기업들은 점점 더 사람 쓰기를 꺼린다고는 하지만, 기계화나 자동화를 하자면 돈이 많이 든다. 기계화나 자동화가 어려울 경우 기업들, 특히 대기업들이 자주 쓰는 수법은 핵심 업무가 아닌 업무들, 예컨대 잔심부름이나 청소, 전화 받기, 경비 등 허드렛일들을 다른 기업들에 넘긴 다음 파견 형식으로 노동자들을 다시 불러서 일을 시키는 것이다. 다시 말해 하청을 준다는 것이다. 이런 일이 다반사가 되면서 자연히 하청업체들이 우후죽순처럼 늘어났다. 하청업체들은 값싼 임금으로 허드렛일을 할 사람들을 끌어모은 다음 이들을 대기업에서 근무하게 한다. 이렇게 하청업체에 속하면서 다른 기업에서 근무하는 노동자들을 흔히 '비정규직' 노동자라고 했다. 그러나 근래에는 비정규직이라는 말이 시간제, 계약직, 임시직, 계절직, 재택근무 등 매우 다양한 일자리를 포함한 넓은 의미로 쓰인다.

우리나라 노동자들의 3분의 1 이상이 비정규직 노동자인 것으로 알려져 있다. 실제로는 46퍼센트라는 말도 있다. 가이 스탠딩은 선진국들 중에서 비정규직이 특히 많은 나라로 우리나라를 꼽고 있는데, 그는 한국 전체 노동자의 절반 이상이 일시적 비정규직 일자리에 있다고 보았다.[1] 특히 청년들이 비정규직에 많이 종사하고 있다. 이렇게 비정규직 노동자가 크게 늘어나는 현상은 선진국에서도 관찰된다. 2013년 전체 OECD 회원국들의 근로자 중에서 약 3분의 1이 비정규직에 종사하고 있었고 그 40퍼센트가 청년들이었다.[2]

비정규직의 증가는 세계적 추세다. 이렇게 비정규직이 크게 증가한 데는 1980년대 이후 선진국을 휩쓸어온 신자유주의 경제정책이 큰 역할을 했다. 신자유주의자들은 '노동시장의 유연화'를 끈질기게 요구해왔다. 간단히 말해 기업이 노동자의 고용과 해고를 좀더 자유롭게 행사할 수 있게 하자는 것이다. 비정규직 노동자는 고용하기도 쉽고 해고하기도 쉽다. 따라서 기업들은 이런 노동자들을 훨씬 더 좋아한다. 비정규직이 늘어난다는 것은 노동시장이 더 유연해짐을 의미한다. 비정규직 노동자들의 임금은 정규직 노동자들 임금의 거의 절반밖에 되지 않을 정도로 매우 낮으며, 상여금이나 수당도 거의 받지 못할 뿐만 아니라 언제 일자리에서 떨려날지 모르는 불안한 상태다. 따라서 이들은 사실상 반실업자라고 할 수 있다. 앞으로 기술진보가 가속화되면 반실업자들은 더욱더 증가할 것이다. 반실업자의 대량 발생은 대량실업의 시대로 이행하는 전 단계라고 보아야 할 것이다.

근래에는 고급 인력도 비정규직으로 충당하는 일이 잦아지고 있다. 그러다 보니 대학교 졸업장 하나 달랑 들고 있는 젊은이들이 비집고 들어갈 틈이 없을 만큼 고급 정규직이 계속 줄어들고 있다. 따라서 청년실업자들이 늘어나는 것은 당연하다. 그래서 대학원에 진학하거나 다른 대학에 들어가서 졸업장을 하나 더 따거나 각종 자격증을 따거나, 아니면 이른바 '스펙'을 쌓기 위해 애쓰는 청년들이 점점 더 많아지고 있다. 마치 물가가 오르듯이 사람들의 학력도 높아진다고 해서 '학력 인플레'라는 말까지 생겼다. 고급 일자리가 저렴한 비정규직 노동자로 채우는 일이 빈번해지다 보니 정규직 노동자와 똑같은 업무를 수행하면서 월급은 절반밖에 받지 못하는 비정규직 노동자가 대거 발생한다. 결과적으로 '동일 노동, 동일 임금'의 경제원칙이 무너지면서 노동자들의 사기도 떨어진다. 이 여파로 우리 경제와 사회도 활기를 잃고 있다. 그러니 큰 문제가 아닐 수 없다.

중·저소득 계층은 거의 대부분 임금소득에 의존해서 살아가고 있기 때문에 정규직과 비정규직의 임금격차는 곧 노동자들 사이의 소득격차로 이어진다. 그래서 많은 학자가 비정규직을 포함한 나쁜 일자리의 양산을 우리나라 노동시장의 가장 핵심적인 문제요, 소득불평등의 주된 요인으로 꼽는다. OECD 역시 전 세계적으로 가속화되는 소득불평등의 주된 요인으로 비정규직의 양산을 지목하면서 그 배경에 신자유주의 경제정책이 있다고 주장하고 있다. 이는 OECD뿐만 아니라 국내외 많은 학자가 주장하는 바이기도 하다. 그럼에도 우리 업계는 근래 경기침체에 대한 대책으로 노동시장의 유연화를 요구하고 있다. 하지만 우리나라 노동자들 중에서 노동조합에 가입한 노동자의 비중은 10퍼센트 안팎에 불과하고 비정규직이 40퍼센트에 육박한다는 점을 고려하면, 이미 우리나라 노동시장은 충분히 유연화되어 있다는 비판이 나오고 있다.

비정규직 노동자가 크게 늘어나면서 경제학자들을 당황하게 만드는 이상한 현상이 나타났다. 비정규직도 엄연히 취업자이므로 비정규직이 크게 늘어난다고 해서 실업률이 높아지는 것은 아니다. 비정규직이 크게 늘어나더라도 실업률이 낮은 수준을 유지할 수도 있다. 경제학 이론은 실업률이 낮으면 임금상승률이 높아진다고 가르친다. 실업률이 낮다는 것은 일손을 구하기 어렵다는 뜻이니 고용을 늘리자면 더 높은 임금을 주어야 한다. 반대로 실업률이 높을 때는 낮은 임금으로도 쉽게 일손을 구할 수 있다. 즉, 임금수준과 실업률 사이에는 반비례 관계가 있다는 것이다. 경제학 교수들은 '필립스 곡선Philips curve'이라는 것을 칠판에 그려가면서 이런 임금상승률과 실업률 사이의 역의 상관관계를 열심히 설명했다. 대학교 학기말 시험에 필립스 곡선에 관한 문제가 뻔질나게 등장했다. 그런데 실업률이 낮은데도 노동자들의 임금수준이 올라가지 않거나 오히려 떨어지는 현상이 현실에서 관찰되었으니 경제학자들이 놀랄 수밖에 없다. 그래서 '임금상승의 수수께끼wage growth conundrum'라는 말도 나왔다.

왜 이런 현상이 나타났을까? 비정규직 임금이 정규직에 비해 턱없이 낮은 수준이기 때문이다. 그래서 설령 일자리 총량이 줄지 않는다고 해도 비정규직의 비중이 커지면 노동자 전체의 평균임금은 떨어지게 된다. 심지어 일자리의 총량이 증가하더라도, 다시 말해 실업률이 떨어지더라도 평균임금수준은 올라가지 않을 수도 있다. 요컨대 비정규직 근로자의 양산이 전체 노동자들의 평균임금수준을 끌어내리는 요인이라는 것이다. 어떻든 여기에서도 '과거에 그랬으니 미래에도 그럴 것'이라는 말이 통하지 않는 또 하나의 사례를 보게 된다. 과거에는 기술진보가 노동의 생산성을 높임으로써 전반적으로 임금수준을 높이는 데 기여했다. 그러나 앞으로도 이렇게 된다는 보장은 전혀 없다.

뜨내기의 세상

비정규직 종사자들이 크게 늘어나면서 '프레카리아트precariat'라고 불리는 새로운 계급이 형성되고 있다고 보는 학자들이 많아지고 있다. 『제4차 산업혁명』의 저자 슈바브 역시 그중 하나다. 프레카리아트란

'불안한precarious'이라는 단어와 '무산계급proletariat'이라는 단어를 합친 용어로 불안정한 고용상태에 놓여 있는 사람들을 총칭한다. 쉽게 말하면 밥벌이가 불안정하고 신통치 못한 사람들이다. 가이 스탠딩은 오늘날의 사회에 다섯 개의 계층이 있다고 보았다. 사회 최상층에 엘리트 집단이 있고, 그 아래 고급 월급쟁이인 셀러리아트가 있으며, 이어서 전문가와 기술자를 합친 프로피시언이 있고, 그 아래 정규직 노동자들이 있으며, 이 네 집단 아래에 프레카리아트가 있다. 다수의 국가에서 성인 인구의 최소한 약 25퍼센트가 이 집단에 속해 있다. 그리고 프레카리아트 옆에 실업자군이 있다고 했는데, 이는 프레카리아트 집단과 실업자군을 명확하게 가르기가 어려움을 시사한다. 프레카리아트 집단에 속한 많은 사람이 직장생활을 하다가 쫓겨나 실업자가 되었다가 다시 일자리를 얻어서 직장생활에 복귀하기를 반복하기 때문이다.

프레카리아트라는 말은 임시직 노동자나 계절 노동자를 설명하기 위해 1980년대 프랑스 사회학자들이 최초로 사용했다고 한다. 프레카리아트는 기업의 자의적 해고로부터 보호받는 고용 보장, 직장 내에서 적절한 임무와 승진 기회를 보장받는 직무 보장, 안전한 근로환경을 보장받는 근로안전 보장 등 여러 가지 노동 보장을 받지 못하는 사람들이다. 대체로 보면 프레카리아트는 직장 소속감도 없고 직업 정체성도 결여되어 있다. 『이코노미스트The Economist』지가 고상하게 풍자한 바에 따르면 프레카리아트가 늘어나면서 나타나는 현상 중 하나는 '직함 뻥튀기'다. 안정된 소득도 없고 같이 일하는 사람도 없는데, '회장'이니 '사장'이니 '이사'니 '임원' 등으로 불리는 사람들이 많아진다. 예를 들면 미국에는 '재활용 담당 이사'(쓰레기 청소부), '위생 컨설턴트'(공중 화장실 청소부), '매체 배포 담당 이사'(소식지 배달원) 등의 직함들이 나돈다. 가이 스탠딩은 이와 같이 무의미한 직함이 많아지는 현상이 프레카리아트가 늘어나고 있음을 반영한다고 말한다.[3]

가이 스탠딩은 프레카리아트를 '새로운 위험 계급'이라고 묘사한다. 그는 프레카리아트가 네 가지 A를 경험한다고 보았는데, 분노anger, 무력감anomie, 걱정anxiety, 소외alienation가 그것이다. 프레카리아트의 분노는 의미 있는 삶의 길이 막혀 있다는 느낌에서 비롯된 좌절감과 상대적 박탈감에서 나온다. 계속된 실패는 무력감을 낳는다. 프레카리아트는 언제 노숙자 신세로 전락할지 모른다는 불안감과 걱정을 안고 산다. 소외는 마르크스가 무산계급의 특징으로 강조한 것으로 노동자들이 자신이 하고 있는 일에 아무런 보람을 느끼지 못할 때 느끼는 감정이다. 이런 네 가지를 경험하는 사람들이 늘어나면 자연히 갈등, 폭력, 마약중독, 범죄 등 각종 사회적 병폐들이 성행하면서 교도소가 넘쳐나게 된다. 프레카리아트의 증가는 곧 사회에 어둠의 세력이 확산됨을 의미한다고 가이 스탠딩은 결론짓는다. 프레카리아트가 늘어난다는 것은 우리 사회가 점점 더 불안한 사회가 됨을 의미한다는 것이다.

프레카리아트와 비슷하지만 약간 다른 근로자 집단이 있다. 이른바 '긱gig' 근로자다. '긱'이란 기업들이 필요에 따라 단기 계약직이나 임시직으로 인력을 충원하고 그때그때 대가를 지불하는 것을 의미한다. '긱 경제'는 그런 행태가 지배하는 경제다. 시간제, 계약직, 임시직, 계절직, 재택근무 등 다양한 형태의 비정규직이 증가함에 따라 앞으로 '긱 경제gig economy'가 온다는 주장도 있다. '긱'이라는 단어는 1920년대 미국 재즈공연에서 나온 말이다. 예를 들어 지방의 도시에서 주말에 음악공연을 한다고 할 때, 서울의 악단 멤버들 전원을 항상 데리고 다닐 수는 없다. 자연히 현지에서 피아노 반주자, 색소폰 연주자 등 임시로 단역을 맡을 연주자들을 섭외하고 임시고용 계약을 맺게 된다. 주말 공연이 끝나면 이들은 다시 뿔뿔이 흩어진다. 원래 긱이란 단기 또는 하룻밤 계약으로 연주한다는 뜻을 담고 있지만, 오늘날에는 음악 공연뿐만 아니라 다른 분야에서도 단기간 활동을 위한 계약을 가리키는 말이 되었다.

　이런 작업 형태는 우리 주위에서 흔히 볼 수 있다. 예를 들어 방송국에서 특정 드라마를 방송하기로 결정했을 때, 이 드라마를 직접 제작하지 않고 외부업체에 하청을 주는 경우가 많다. 수주를 받은 하청업체는 그 드라마 제작에 알맞은 작가, 배우, 촬영기사, 디자이너 등을 섭외해서 팀을 꾸리고 수개월에 걸쳐 작업에 들어간다. 이렇게 동원되는 사람들은 방송국이나 하청업체에 소속한 직원도 아니다. 그렇다고 이들을 단순히 비정규직이라고 부르기에는 너무 전문적인 사람들이다. 아마도 이들 자신은 '프리랜서'라고 자처할 것이다. 이들 대부분은 해당 드라마 제작뿐만 아니라 다른 드라마 제작이나 행사에도 동시에 참여한다. 이들 대부분은 같은 시간에 출근해서 함께 일하기도 힘들 뿐 아니라 한자리에 모여서 일할 필요가 없는 경우도 많다. 해당 드라마 제작이 끝나서 방송국에 납품한 다음에는 제작에 참여했던 사람들의 계좌에 약속한 돈을 입금하면 모든 일이 종료되고 모두들 뿔뿔이 흩어

　　　　　　　　　　　　　　초연결사회와 보통사람의 시대

진다. 이들이 다시 모여서 함께 일한다는 보장도 없다. 이것이 긱의 전형적인 형태다.

세계 여러 나라에서 성업 중인 '우버Uber'의 운전사들도 긱 근로자의 일종이라고 할 수 있다. 우버 운전사들은 자신의 자동차로 손님을 목적지까지 데려다주고 돈을 받는 근로자다. 우버라는 회사는 그런 운전사와 손님을 연결해주고 그 대가로 수수료를 받는다. 우버 운전사들은 우버라는 회사에 소속된 직원도 아니지만, 회사에 큰 이익을 가져다준다. 따라서 이들도 비정규직 노동자라고 할 수 있지만, 이들 대부분은 자신이 노동자가 아니라 개인 사업가라고 말한다. 이런 점에서 긱 근로자를 비정규직 노동자라고 부르기에도 어색한 면이 있다.

정보통신 기술의 발달은 긱을 더욱더 활성화할 것이다. 한편으로는 정규직이 감소함에 따라 긱으로 내몰리는 사람들이 늘어나고, 다른 한편으로는 정보통신 기술을 이용하면 긱 근로자를 검색하고 모집하기 쉬워지기 때문이다. 앞으로는 기업도 긱 근로자를 많이 활용하게 될 것이다. 창업도 아주 쉬워진다. 사업 아이디어만 좋으면 인터넷을 이용해서 필요한 자금을 조달할 수도 있고 필요한 사람들을 모집할 수도 있다. 사업이 종료되면 사업에 참여했던 사람들은 다시 흩어지므로 사람 쓰는 것에 큰 부담을 느낄 필요도 없다. 긱을 잘 활용하면 경쟁력이 높아지는 까닭에 정규직 위주의 기존 기업들을 무너뜨릴 수 있다.

긱을 즐기는 사람들도 있을 것이다. 잘나가는 프리랜서들이 그런 사람들일 것이다. 그러나 아마도 아직은 압도적 다수가 정규직을 선호할 것이다. 정규직은 안정적 소득, 연금 혜택, 각종 사회복지 혜택, 노동조합의 보호 등을 받을 수 있다. 회사가 울타리 역할을 해준다. 프리랜서는 이런 혜택을 받을 수 없다. 물론 정규직과 같은 구속된 존재는 아니지만, 아무런 울타리 없이 모든 것을 혼자 해결해야 하는 존재다. 어떤 사람의 표현대로 허허벌판에 노트북을 무기로 홀로 서서 다음 번 긱을 찾아 스마트폰 메시지를 애타게 기다리는 존재다. 좋게 말하면 프리랜서지만, 사실은 뜨내기다. 긱 근로자는 뜨내기 근로자들이요, 긱 경제가 온다는 것은 뜨내기의 세상이 온다는 뜻이다. 다수의 뜨내기 일자리들은 암시장에서 형성된다. 따라서 정부는 세금 징수에 있어서 어려움을 겪게 된다. 많은 거래가 인터넷을 통해서 개인들 사이에 이루어지는데, 이는 정부의 세금 징수를 그만큼 더 어렵게 만든다.

평생직장, 평생직업은 없어진다

과거에는 한번 직장에 들어가면 은퇴할 때까지 그곳에서 근무했다. 취직한다는 것은 평생직장을 얻는다는 뜻이고 평생직업을 가진다는 뜻이었다. 평생이 걸려 있기 때문에 저마다 좋은 직장을 얻으려 하고 그러자면 좋은 대학교를 나와야 했다. 하지만 앞으로는 사정이 크게 달라질 것이다. 계약직, 시간제, 임시직, 재택근무 등의 형태로 일을 하는 고급 비정규직 노동자들 혹은 긱 근로자들이 많아질 것이다. 그만큼 평생직장이라는 것이 줄어든다. 정보통신 기술의 발달 덕분에 값싼 해외 인력을 이용하기도 쉬워졌다. 예를 들면 국내 전문가들보다 훨씬 저렴한 가격에 설계도를 그려주는 아프리카의 건축가를 고용할 수도 있고, 저개발국의 방사선 전문의에게 사진을 판독시킬 수도 있으며, 영국의 학생들이 인도에 거주하는 교사로부터 특별 과외수업을 받을 수도 있다. 정보통신 기술의 발달은 신자유주의가 강조해온 노동시장의 유연화를 더욱더 부추기게 될 것이다.

앞으로는 시장의 요구에 따라 이리저리 일자리를 옮겨 다니는 일이 더욱더 빈번해지면서 평생직장은 말할 것도 없고 평생직업이라는 것도 점점 없어질 것이다. 20년 후에는 평생직장이나 평생직업은 호랑이 담배 피던 시절 얘기로 치부될 것이다. 『직장이 없는 시대가 온다』라는 책도 나왔다.[4] 이 책은 긱 근로자들의 삶을 자세히 다루고 있다. 심지어 전문가도 한 가지 일만 해서는 먹고살기 힘들어진다. 한 지방공기업이 기록물 관리 직원을 채용하면서 담당 업무에 사장의 수행비서 일과 운전까지 포함시킨 공고를 게재해 기록 전문가들의 항의를 받았다. 기록물 관리 전문요원은 공공기관, 정부부처, 연구기관 등에서 생산되는 기록물을 체계적으로 분류하고 영구보존 또는 폐기를 결정하는 인력인데, 이에 관련된 학사 이상의 학위를 받은 이들이 정부가 지정한 기관에서 1년간 교육을 받아야만 시험 응시 자격이 부여되는 전문직이라고 한다. 이런 전문가에게 운전까지 시키려고 했으니 기록 전문가들의 자존심이 상할 수밖에 없고, 그래서 한국기록전문가협회가 그 지방공사에 항의공문을 보냈다고 한다.[5] 그러나 지금 추세로 봐서는 머지않아 전문가도 사장 수행비서 노릇을 해야 하고 운전사 노릇도 해야 하는 시대가 올 것이다.

사실, 산업혁명 이전에는 거의 대부분의 일자리가 오늘날 말로 하면 비정규직이요, 긱 근로자였다. 그때는 정시 출퇴근이나 실업, 은퇴라는 개념이 별 의미가 없었다. 산업혁명과 더불어 자본주의가 본궤도에 오르면서 공장과 회사가 생기게 되었고, 이와 함께 정시에 출퇴근하는 일자리, 이른바 정규직이 보편화되었다. 20세기까지만 해도 그랬다. 그러다가 비정규직과 긱이 크게 늘어나기 시작한 것은 21세기에 들어와서부터라는 것이 정설이다. 선진국의 빈부격차가 중세 봉건 시대의 수준으로 되돌아가는 징후가 나타나고 있다고 토마 피케티Thomas Piketty 가 경고했는데, 비정규직이나 긱 근로자가 크게 늘어나면서 일자리의 양상마저도 중세 봉건 시대로 되돌아가는 징후가 뚜렷해지고 있다.[6]

2014년 노벨경제학 수상자인 앵거스 디튼Angus Deaton은 이런 징후를 더욱 구체적으로 분명하게 짚어내고 있다.[7] 보통 일자리 위계의 최하위층이 수행하는 작업들은 고도의 두뇌 작업보다는 육체노동의 성격이 더 강하다. 바로 이런 작업들이 지난 수십 년 동안 인공지능 컴퓨터가 가장 잘하지 못하는 것들이었다. 부잣집 마나님의 까다로운 취향을 충족시켜주는 미용술, 고급 정원관리, 애완견 돌봄이, 집안일을 총괄하는 집사의 역할 등 주로 대면 서비스가 대표적인 예다. 따라서 이런 일에 종사하는 사람들의 일자리는 앞으로도 비교적 안전한 것으로 알려지고 있다. 그러나 디튼은 그런 직종에 대해 색다르면서도 음울한 전망을 제시한다. 그 역시 컴퓨터가 쉽게 할 수 있는 기계적 사무직 직종들이나 다른 회사에 하청을 주기 쉬운 직종들은 앞으로 사라질 가능성이 매우 높다는 데 동의한다. 사라지지 않는다고 해도 가장 열악한 고용조건에 놓이게 된다. 그러나 과거 저임금 직종 중에서도 앞으로 임금수준이 높아지고 고용이 늘어나는 직종도 있을 것이라고 디튼은 주장한다. 소매업, 음식점, 건강관리 등의 서비스 업종 중에서 특히 직접 얼굴을 보고 봉사하는 업종(대면 서비스 업종)은 높은 수준의 학력이나 기능이 필요하지는 않지만 컴퓨터화하기 좀 어려운 부분들이 많다. 이런 대면 서비스 업종들은 부유층의 수요가 많은 것들이다. 요리사, 집사, 애완동물 관리, 물건 대신 구입하기, 운전사 등이 부유층이 많이 필요로 하는 서비스 직종들이다. 최고 부자들은 핸드폰과 지갑을 가지고 다닐 필요가 없다. 수행원들이 전화를 받아주고 대신 연락을 해주며, 비서나 집사들이 대신 물건을 사오고 계산해준다.

인간 사회에서는 많은 사람을 거느리면서 떵떵거리는 것처럼 기분 좋은 일은 별로 없다. 앞으로 빈부격차가 점점 더 벌어지면, 한편으로는 대면 서비스나 시중들기에 대한 부유층의 수요가 늘어나면서 다른 한편으로는 그런 것들을 공급해주는 가난뱅이들이 늘어난다. 과거 중세 시대에 왕족이나 귀족들이 수많은 종을 거느렸는데, 빈부격차와 기술진보를 방치하면 앞으로 자본주의 사회의 부유층들도 수많은 종을 거느리고 사는 시대가 오게 된다. 이것이 디튼 교수의 경고성 예측이다. 이렇게 되면 자본주의 사회가 중세 유럽의 신분사회와 비슷한 사회로 퇴보하게 된다. 역설적이게도 기술진보가 그 퇴보의 원인이 된다. 그러니 불평등과 기술진보에 각별한 경계심을 가지지 않을 수 없다고 디튼은 강조한다.

"로봇이 우리를 돌봐줄 것이다"

디튼의 경고성 예측은 모라벡의 역설이 옳음을 전제하는 것으로 보인다. 그러나 최근 이 역설이 흔들리는 징조가 나타나고 있다. 체조선수의 고난도 기술을 뽐내는 로봇이 개발되었고, 물건을 포장해서 상자 안에 넣기도 하고 상자를 뜯고 그 안에 들어 있는 물건을 컨베이어벨트 위에 올려놓는 로봇이 개발되었으며, 옷을 개는 로봇도 나왔다. 이 로봇들은 사람을 피해 다니면서 작업하므로 사람에게 안전하다. 환자와 노인 돌보기조차 로봇이 해낼 수 있게 되었다. 고령화 탓에 생산 가능 인구가 줄고 노인을 부양하고 돌볼 인구가 절대적으로 감소하고 있는 일본에서 한 공무원은 태연하게 다음과 같이 말했다고 한다. "로봇이 우리를 돌봐줄 것이다."[8] 전투 로봇도 개발되어 이라크전쟁 때 투입되었다. 앞으로 군인을 점차 로봇으로 대체하게 될 것이라는 군사 전문가의 발표도 있었다.

물론 그렇다고 사람이 하던 모든 일을 로봇이 할 수 있는 것은 아니다. 예를 들어 로봇은 딱딱한 물건은 잘 다루지만, 아직까지는 말랑말랑한 물건은 잘 다루지 못한다. 감자를 네모반듯하게 자르는 로봇은 있어도 토마토를 네모반듯하게 써는 로봇은 아직 개발되지 않았다. 따라서 물컹물컹한 식재료를 많이 사용해야 하는 고급 요리는 인간 요리사가 담당해야 한다. 하지만 기술진보가 워낙 빠르게 진행되기 때문에 아마도 머지않은 장래에 물컹물컹한 물건도 다루는 로봇이 개발될 것이다. 그렇게 되면 인간 요리사들도 직장을 잃게 될 것이다. 인간 요리사만의 얘기가 아니다. 모라벡의 역설이 흔들린다면 기술진보로부터 비교적 안전하다고 여겨졌던 대면 서비스 노동자도 앞으로 실직의 위험에 직면하게 된다. 일자리 위계에서 최하층에 속한 사람들이 주로 담당하던 복잡 미묘한 육체노동의 기능도 인공지능 로봇이나 기계가 서서히 접수하기 시작할 것이다.

우리나라를 비롯한 선진국은 노동시장의 네 번째 전환기로 접어들었다. 대략 21세기가 시작되면서부터 정보통신 기술의 발달이 일자리 위계의 최하층을 잠식할 뿐만 아니라 최상층까지 잠식하면서 일자리 수를 감소시키는 현상이 나타나기 시작했다. 위로는 인간의 고급 두뇌활동을 접수하고 아래로는 복잡 미묘한 인간의 육체노동을 대체할 수 있을 만큼 정보통신 기술이 고도화되었기 때문이다. 그러면서 이제까지 걱정할 필요가 없다고 여겨졌던 안전한(?) 일자리들이 위협받기 시작했다. 노동시장의 공동화 현상은 오래전부터 관찰되었기 때문에 크게 놀랄 일이 아니지만, 양쪽 끝에 미치는 영향, 그중에서도 고급 두뇌활동을 컴퓨터 시스템이 접수하기 시작하는 현상은 큰 충격을 주고 있다. 그럴 수밖에 없는 것이 그동안 고급 두뇌활동은 인간만이 가진 고유한 것이요, 인간을 인간답게 만드는 가장 중요한 요소로 인식되어왔기 때문이다.

문명사회가 도래한 이후 지난 수천 년 동안 동서양을 막론하고 인간 사회는 사실상 머리 좋은 사람들이 지배해왔다. 특히 자본주의 시대에 들어와서는 많이 배우고 아는 것이 많으며 머리가 잘 돌아가는 사람들이 성공하고 출세하고 큰소리치는 세상이 되었고, 일류대학 졸업장은 성공과 출세의 보증서가 되었다. 그러니 자연히 부모들은 자녀들을 좋은 학교에 보내려고 안달이고 자녀들에게 공부를 닦달한다. 모든 것이 공부 잘하고 학교 성적 올리기에 집중되어 있고, 학교 교육은 입시 위주로 짜여 있다. 심지어 국회에서 무식한 발언을 하는 국회의원에게 "의원님, 공부 좀 하십시오"라는 질책이 쏟아진다.

그러나 인간보다 지능이 높은 컴퓨터 시스템과 기계가 개발되고 보급되면 머리 좋고 아는 것이 많은 사람들이 큰소리치기는커녕 일자리를 얻기도 힘들어진다. 과거에는 상상도 할 수 없었던 고급 두뇌활동을 인공지능과 기계가 척척 해내면서 이미 인공지능 로봇이 병원, 법률사무소, 기업경영에 투입되기 시작했다. 그러니 자녀들을 이 학원 저 학원으로 뺑뺑 돌리는 오늘날 우리 학부모들의 노력이 우습게 될 뿐만 아니라 자녀들의 장래를 그르칠 가능성이 매우 높다. 이런 점에서 앞에서 인용한 앨빈 토플러의 말을 다시금 새겨들을 필요가 있다.

이미 살펴본 대로 2016년 우리나라 최고의 바둑 고수인 이세돌 9단을 꺾어서 온 국민을 크게 놀라게 한 알파고는 초보 단계의 인공지능('약인공지능')이다. 인공지능을 장착한 로봇인 왓슨이 인간 퀴즈왕들을 모조리 꺾어서 미국인들을 놀라게 했는데, 이런 퀴즈쇼에서 우승하려면 풍부한 상식과 깊고 넓은 지식이 필수적이다. 이것은 오직 인간만이 갖출 수 있음을 아무도 믿어 의심치 않았다. 1980년대 일부 과학자들은 그런 경지는 컴퓨터가 도달할 수 있는 범위를 벗어난다고 말했다. IBM이 개발한 왓슨은 이런 믿음을 뒤엎고 인간 지능을 능가하는 인공지능 시스템의 등장을 세상에 알렸다. 이 로봇은 하늘 아래 모든 주제

초연결사회와 보통사람의 시대

에 관한 질문에 인간보다 훨씬 더 빠르고 정확하게 답할 수 있음을 입증했다. 그 어떤 것이든 인공지능을 붙이면 똑똑해진다. 장난감에 인공지능을 붙이면 애완동물처럼 똑똑한 로봇이 된다. 사진기에 인공지능을 활용하면 언제 어디서라도 고품격 사진을 찍을 수 있다. 자동차에 인공지능을 붙이면 자율주행 자동차가 된다. 뒤에서 자세히 살펴보겠지만, 사람들이 인공지능을 많이 이용할수록 인공지능은 더 똑똑해진다. 그러면 사람들은 인공지능을 더 많이 이용하게 된다. 이런 순환고리 때문에 아마존의 인공지능은 다른 기업의 인공지능보다 더 똑똑할 수밖에 없다.

인간의 뇌는 좌뇌와 우뇌의 두 부분으로 나뉘어 진화해왔다고 하는데, 지금까지의 결과를 보면 인공지능이 잘하는 것은 주로 좌뇌에 관련된 기능들이었다. 단어나 사람의 이름 기억하기, 논리적 사고를 통한 문제해결, 추리 및 이를 바탕으로 한 학습, 문제의 파악과 개선 등은 주로 좌뇌의 활동이라고 한다. 반면에 정서emotion에 관련된 것은 주로 우뇌의 기능으로 알려져 있다. 음악 감상, 미술 감상, 이미지 떠올리기, 얼굴 기억, 감정의 발산, 창조력 등은 우뇌의 활동이라고 한다. 그래서 논리적인 사람을 좌뇌형, 감성적인 사람을 우뇌형이라고 말하기도 하는데, 이런 구분이 정확한 것은 아니다. 다만 좌뇌 우세형과 우뇌 우세형으로 나누어볼 수는 있다고 한다.

그렇다면 지금까지 인공지능은 대체로 좌뇌형에 가까웠다. 우뇌에 관련된 것들, 특히 정서에 관련된 것들은 비합리적이고 신비로운 것으로 여겨졌고, 따라서 컴퓨터가 할 수 있는 영역 밖에 있는 것으로 치부되었다. 인생살이에서 정서 관련 능력은 지능 못지않게 매우 중요하다. 수많은 직장에서 지위 고하를 막론하고 바로 이 정서 관련 능력이 성공의 열쇠가 되는 경우가 많았다. 예컨대 경영자는 고객, 피고용자, 규제 당국자, 수많은 거래처 사람의 기분을 파악하고 제대로 대처해야 성공할 수 있다. 우리는 단어, 목소리의 크기와 높낮이, 몸의 움직임 등 여러 가지 방법으로 정서를 표현하지만, 사람들의 기분을 알기 위해 가장 많이 주목하는 것은 아무래도 얼굴 표정이다. 얼마 전까지만 해도 인공지능 컴퓨터가 사람의 표정을 읽는다는 것은 거의 불가능한 것으로 여겨졌다.

그러나 폴 에크만Paul Ekman이라는 학자의 연구 덕분에 그것이 가능해졌다. 그는 우리가 어떤 감정을 느낄 때는 아무리 숨기려고 노력해도 거의 대부분의 경우 얼굴 표정에 아주 순간적으로나마 나타난다는 것을 발견했다. 얼굴에는 약 40개의 근육이 있으며, 이 근육의 움직임을 보면 그 사람이 어떤 기분을 느끼고 있는지를 알 수 있다는 것도 에크만이 알아냈다. 드디어 그의 연구 결과를 이용해서 사람의 표정을 읽는 인공지능 컴퓨터가 개발되었다. 단순히 감정을 읽을 뿐만 아니라 인간보다 더 정확하게 읽는다. 가짜로 아픈 표정을 짓는 사람의 얼굴 사진과 진짜 아픈 표정을 짓는 사람의 얼굴 표정을 찍은 사진을 보여주고 설문조사를 한 결과에 따르면, 사람들의 경우에는 55퍼센트가 가짜와 진짜를 정확하게 구별한 데 비해 인공지능 컴퓨터의 경우에는 정확도가 무려 85퍼센트에 이르렀다. 종전에는 신비롭게 여겨졌던 인간의 감정 읽기가 이제 더는 신비로운 것이 아니다.

인공지능 컴퓨터는 단순히 인간의 표정을 읽을 뿐만 아니라 이에 더해 이미지를 인식하고 그것을 자연어로 묘사할 수도 있다. 과거에는 꼬마 아이가 칫솔을 들고 있는 그림을 인공지능 컴퓨터에 보여주면 "꼬마 아이가 야구 방망이를 들고 있다"는 엉뚱한 문장을 만들어내기도 했지만, 오늘날에는 그런 실수를 잘 하지 않을 정도로 수준이 높아졌다고 한다.[9] 인공지능은 충분히 학습시키면 새로운 이미지를 만들어내는 능력을 발휘하기도 한다. 예를 들면 수많은 특정 그림을 보여주면서 학습시킨 다음 다른 그림을 입력하면 이미 학습시킨 그림과 비슷한 스타일로 그것을 변환시켜주기도 한다. 이제 인공지능은 인간의 좌뇌활동뿐만 아니라 우뇌활동도 접수하기 시작했다. 앞으로 그 속도는 더욱더 빨라질 것이다.

인공지능에 관한 연구 결과들이 던지는 메시지는 분명하다. 장기적으로 보면 인공지능 컴퓨터를 이기려는 인간의 노력은 거의 대부분 실패한다는 것이다. 물론 이에 대한 반론도 있다. 기계는 인간과 함께 일할 때 가장 생산적이며, 기계는 인간을 대체하지 못한다는 것이다. 그러나 이런 반론은 그리 설득력이 높지 못하다는 것이 드러났다. 예를 들어 체스의 경우 인간과 인공지능 컴퓨터를 묶은 혼성팀이 과거에는 인공지능 컴퓨터 단독팀을 여러 번 꺾었지만, 요즈음에는 인공지능이 워낙 고도화되다 보니 혼성팀이 인공지능 컴퓨터 단독팀을 이길 가능성이 점점 더 낮아지고 있음이 밝혀졌다. 그러니 굳이 돈을 더 들여가면서 혼성팀을 만들 필요가 없다. 아마도 다른 분야에서도 그럴 것이다. 이렇게 보면 인공지능을 장착한 컴퓨터 시스템이 앞으로 변호사,

의사, 경영자, 교수 등 일자리 위계의 꼭대기 층의 일을 접수하게 된다는 것은 그리 놀랄 일이 아닌 듯 보인다. 뒤에서 자세히 살펴보겠지만, 이들이 하는 일의 대부분은 고급 두뇌활동인데, 이 중 상당 부분은 인공지능 컴퓨터가 가장 잘할 수 있기 때문이다.

요컨대 과거에 하지 못했던 일들을 갑자기 인공지능 로봇과 기계가 수행하는 현상이 도처에서 나타나고 있을 뿐만 아니라 이것만은 절대 하지 못할 것으로 생각되었던 일까지 하게 되었으며, 그 결과 인공지능 로봇과 기계의 발달이 일자리 위계에서 허리층만 아니라 최상층과 최하층을 동시에 본격적으로 잠식하기에 이르렀다는 것이다. 지표상으로 보면 과거 20세기 말까지는 생산성이 높아지면 고용도 늘어났다. 즉, 생산성과 고용이 같은 방향으로 움직였다. 생산성이 높아지면 생산원가가 떨어지면서 상품 가격이 하락한다. 그러면 수요가 늘어나면서 생산이 증가하고 고용도 늘어난다. 그러나 노동시장의 네 번째 전환기에 들어와서부터는 생산성과 고용이 분리되기 시작했다. 생산성이 높아짐에도 고용은 늘어나지 않는 현상이 나타났다. 노동을 보완하는 기술보다는 노동을 대체하는 기술이 더 광범위하게 이용됨에 따라 나타나는 현상이다.

초연결사회와 보통사람의 시대

4장

전문가의 시대는 저물고 있다

무식한 지식인

기술진보에 따른 실업이라고 하면 단순 육체 노동자, 저학력 노동자, 어중간한 숙련 노동자 등을 연상하기 쉽다. 이들이 기계에 밀려나는 것은 어쩔 수 없다고 생각하는 사람들이 적지 않다. 하지만 고급 두뇌 활동에 종사하는 사람들, 예컨대 전문가들이 대량실업에 몰린다는 것은 생각하기 어렵다. 일자리의 미래에 관한 최근의 여러 보고서에 따르면 전문직은 기술진보의 위협에서 비교적 안전한 것으로 나타났다.

의사, 변호사, 회계사, 건축가, 세무사, 경영 컨설턴트, 언론인, 성직자, 교수 등 우리가 통상 말하는 전문가는 일반인들이 가지지 않는 특수한 지식, 이른바 전문지식을 가지고 있는 사람들이다. 일반적으로 전문가라고 하면 소정의 고등교육 과정을 마치고 일정 기간의 수련을 거친 다음 공인된 자격증을 취득한 사람들을 말한다. 대부분의 나라에서 이들은 가장 머리 좋은 사람들로 꼽히며 고소득 계층에 속한다. 대체로 학창 시절 공부를 잘하고 좋은 학교를 나와야 전문가가 될 수 있다. 오늘날 전문가는 '지식인'을 대표하는 존재 혹은 엘리트로 인식되고 있다.

그러나 지식인의 대명사로 '전문가'라는 용어가 광범위하게 쓰인 것은 근대 이후라고 할 수 있다. 고대 그리스 시대 이후 르네상스 시대까지 실로 오랫동안 서양에서 지식인이라고 하면 자연의 세계와 인간의 세계, 나아가 신의 세계를 두루 깊이 아는 사람들이었다. 그야말로 '모든 것에 대해 모든 것을 아는 사람'이었다.[1] 예를 들어 근대 서양 학문에 독보적인 영향을 끼친 아리스토텔레스는 탁월한 자연과학자요, 철학자이면서 정치학자요, 윤리학자요, 사회학자였다. 15세기의 레오나르도 다 빈치Leonardo da Vinci라고 하면 우리는 흔히 〈모나리자〉를 그린 화가로만 알고 있지만, 그는 건축학에서부터 해부학에 이르기까지, '동물에서 천사'에 이르기까지 거의 모든 주제를 다룬 천재 중의 천재였다. 그는 비행기도 설계했다고 한다. 흔히 철학자로 알려진 프랜시스 베이컨Francis Bacon도 자연과학에서부터 철학에 이르기까지 거의 모든 주제를 다룬 학자이자 정치가였다. 그는 영하의 온도가 육류의 부패에 미치는 영향을 알아보기 위해 추운 날에 실험하다가 감기에 걸려 사망한 것으로 알려져 있다.

이와 같이 모든 것에 대해 모든 것을 알려고 노력한 르네상스 시대의 지식인을 흔히 '르네상스 인간'이라고 부르기도 한다. 그야말로 자연현상에서부터 사회현상, 나아가서 신의 세계까지 두루 알아야만 제대로 교육받은 인간이요, 진짜 지식인으로 대접받았다. 대학 교과 과정도 르네상스 인간을 만드는 방향으로 짜여 있었다. 그래서 대부분의 대학이 철학, 논리학, 수사학을 비롯해서 수학, 해부학, 음악 등에 이르기까지 다양한 분야를 모든 학생에게 골고루 가르쳤다. 물론 그 시대에는 지식의 양이 지금과 같이 방대하지 않았기 때문에 모든 것에 대해 모든 것을 아는 것이 가능했다고 말할 수도 있다. 그러나 지금 우리가 잘 모르는 것들 중에서 당시 사람들이 우리보다 훨씬 더 많이 알았던 분야도 적지 않다. 신학이나 신의 세계에 관한 지식이 그 대표적인 것이다.

르네상스 시대 이후 사람들이 좀더 현실적으로 변하면서 '르네상스 인간'이 되려는 노력도 시들해지게 되었다. 모든 것에 대해 모든 것을 안다는 것은 사실상 불가능하다는 사실을 알았기 때문이리라. 그 대안은 뻔하다. 어느 한 특수 분야에 관해 모든 것(?)을 아는 것이다. 이 결과로 나타난 것이 특수 분야에 대한 전문지식을 가진 이른바 전문가들이다. 대학교도 전공 분야별 학과로 나뉘면서 학문 간에 칸막이가 쳐졌다. 이런 칸막이식 대학에서는 교수들 각각이 자기 전공 분야 이외의 것에 대해서는 무식하다. 경제학자가 보기에 전기공학과 교수들은 자본주의 시장을 모르는 무식쟁이고, 물리학자가 보기에 사회학자는 자연의 이치도 모르는 무식쟁이요, 신학자가 보기에 생물학자는 신의 세계를 모르는 무식쟁이다. 그럼에도 물리학자가 경제에 관해 이러쿵

저러쿵 말을 하면 경제학자는 왜 남의 전공 분야 문제에 대해 따따부따하느냐는 핀잔을 하게 되고, 반대로 경제학자가 물리학에 관해 이러쿵저러쿵 말을 하면 물리학자도 가만히 있지 않는다. 곧바로 당신 일이나 잘하라는 핀잔이 날아든다. 과거 르네상스 시대에는 대학교에서 교수들 사이의 학문적 대화가 활발했지만, 그런 무식쟁이들이 모인 오늘날의 대학에서는 이들 사이에 학문적 대화가 잘될 리가 없다.

르네상스 시대의 입장에서 보면 오늘날의 지식인은 '제대로 교육받지 못한 인간'이요, '무식한 지식인'들이다. 예컨대 "나는 곰팡이를 전공했기 때문에 개미에 대해서는 잘 모른다"라고 말하는 생물학자는 르네상스 시대의 사람들이 보기에 교육을 제대로 받지 못한 무식쟁이다. 하지만 오늘날에도 르네상스 시대 사고방식의 잔재가 여전히 남아 있어서 전문가라고 하면 마치 세상만사를 다 아는 사람으로 많은 사람이 착각하고 이들을 지식인으로 추켜세운다. 국회의사당에는 국민의 선택을 받은 무식한 지식인들이 수두룩하고, 이들은 마치 모든 것에 대해 모든 것을 아는 양 떠들어댄다.

그러나 아이러니하게도 오늘날 바로 이런 '무식한 지식인'들이 인공지능 로봇의 좋은 공격 대상이 되고 있다. 인공지능은 어느 한 특수 분야의 깊은 지식을 접수하는 데 탁월하기 때문이다. 하지만 제대로 배운 '르네상스 인간'을 그 인공지능이 대체하기까지는 아직 갈 길이 까마득해 보인다.

아는 것이 힘이라고? 기계가 더 많이 안다

일반인들은 일상생활을 하면서 건강, 법, 세금, 부동산, 정치, 종교 등에 관해 알고 싶은 것도 많고 조언이나 도움을 얻고 싶은 경우가 많지만, 이들이 원하는 것은 단순한 전문지식이 아니다. 단순한 전문지식은 대부분 책에 나와 있다. 일반인이 전문가를 찾아가서 자기 문제를 얘기했을 때 책을 건네며 읽어보라고 한다면 누구도 만족하지 않을 것이다. 이들이 전문가한테 원하는 것은 당장 눈앞에 떨어진 일상의 현안에 직결된 지식이다. 이론도 분명히 중요하지만, 전문가가 "이론상으로는 그렇지만 현실에서는……"이라고 말하면서 전해주는 실용적 조언도 매우 중요하다. 이런 실용적 조언은 전문가의 오랜 경험을 바탕으로 터득한 노하우에서 나온 것이며, 전문가를 전문가답게 만들면서 전문가의 권위를 높이는 요소다. 이론적 전문지식과 이런 실용적 노하우를 합친 '실용적 전문성'이 바로 일반인들이 전문가로부터 원하는 것이다.

그러나 많은 경우 일반 서민들은 전문가들을 쉽게 만날 수 없으며 이들의 서비스가 무척 비싸다는 문제가 있다. 일반 서민들은 권위 있는 의사나 변호사, 회계사, 세무사, 건축가 등을 만날 엄두도 못 낸다. 대기업들조차도 권위 있는 전문가들이 금전적으로 큰 부담이 된다고 불평한다. 대부분의 경우 전문가 집단은 독점권을 행사하고 있다. 원한다고 해서 누구나 전문가가 되는 것이 아니고 아무나 전문가 행세를 할 수도 없게 되어 있다. 전문가 집단이 행사하는 독점권은 실용적 전문성의 질을 높이고 유지하기 위해서 필요하다는 이유로 정당화된다. 전문가들이 남다른 직업윤리를 가지고 봉사하므로 믿을 만하다고 많은 사람이 생각하는 것도 사실이다. 그럼에도 전문가들의 실제 업무 수행 방식은 잘 알려져 있지 않다. 따라서 일반인들과 전문가 사이에 법적 분쟁이 발생하면 거의 대부분의 경우 일반인들은 절대적으로 불리한 입장에 처하게 된다.

하지만 10년 후에는 사정이 많이 달라질 것이다. 과거에는 많이 아는 것이 힘이었지만, 미래에는 이런 말을 하기 어렵다. 인공지능 기계가 사람보다 훨씬 더 많은 것을 알고 있으며, 컴퓨터에 접속만 하면 보통사람들도 얼마든지 많은 것을 알게 되면서 금방 매우 유식한 사람이 된다. 따라서 많이 안다는 것만으로는 큰소리칠 수도 없고 기계를 이길 수도 없다. 방대한 자료를 분석한 다음 패턴을 읽어내며, 확률과 득실을 계산하고, 이를 바탕으로 판단하고 예측하는 능력의 면에서 인간은 인공지능을 도저히 따라갈 수 없기 때문이다. 따라서 인공지능을 장착한 기계와 시스템이 머리를 많이 쓰는 고급 일자리에도 큰 영향을 미칠 것은 분명하다. 다만 그 정도가 얼마나 클 것인지가 관심거리다. 전문가 집단을 전문적으로 연구해온 또 다른 전문가에 따르면 그 영향이 예상외로 상당히 클 것이라고 한다. 앞으로 점점 더 유능해지는 기계와 정보통신 시스템이 고급 두뇌활동을 대신하게 되면서 전문직 일자리도 많이 줄어든다는 얘기다. 굳이 전문가들을 직접 만나지 않더라도 전문지식이 요구되는 문제를 해결할 수 있는 길이 열리게 되며, 정보통신 기술 덕분에 보통사람들도 전문적 지식에 한층 더 쉽게 접근

초연결사회와 보통사람의 시대

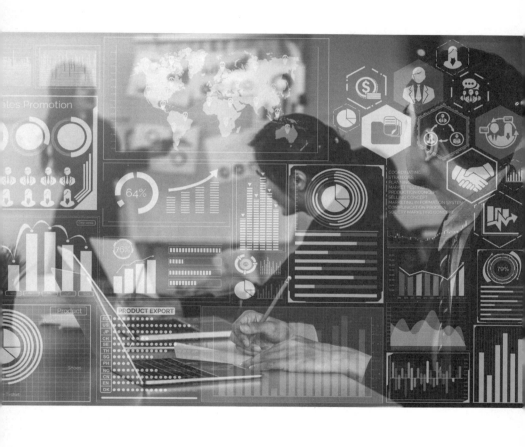

할 수 있게 된다. 따라서 전문가에 대한 수요가 크게 줄어들게 된다. 전문가들을 전문적으로 연구해온 전문가의 말이 옳다면, 지금의 중학교 학생들이 직업 전선에 뛰어들 때가 되면 전문직이 크게 줄어들 것이며 그 위상도 별 볼일 없어질 것이다.

전문직 종사자들이 곧 대량실업에 직면하게 된다는 말을 여전히 믿으려고 하지 않는 사람들도 적지 않다. 어느 학자는 인간 사회에서 최고의 두뇌 집단이 기계에 밀려 일자리에서 쫓겨난다는 것은 "우리가 받아들이기 가장 어려운 것"이라고 말한다.[2] 인간의 자존심이 걸려 있기 때문이다. 기계가 인간보다 계산을 월등히 잘한다는 것은 오래전부터 잘 알려져 있기도 하려니와 기계의 이런 능력에 대해서는 사람들의 거부감이 별로 없다. 오히려 환영한다. 그러나 창의력과 직관을 바탕으로 하는 인간의 고급 두뇌활동에서도 기계가 인간을 뛰어넘는 역량을 보인다면 사람들은 그런 기계의 존재를 우려하고 거부감을 느낀다. 그런 고급 두뇌활동은 인간만의 고유한 특성이요, 인간의 자존심을 지키는 최후의 보루라고 생각하기 때문이다.

이 점은 설문조사에서도 나타난다. 이세돌 9단과 알파고의 대국에 관한 많은 사람의 의견을 분석해본 결과, 바둑이 경우의 수를 빠르게 계산하는 논리의 게임이라고 생각하는 사람들은 인공지능의 승리를 예측했고, 승리하더라도 그것은 인류에게 별 위협이 되지 않는다고 생각하는 경향이 있었다. 하지만 인간의 창의력과 직관이 바둑의 핵심이라고 생각하는 사람들은 이세돌 9단이 이길 것으로 예측했으며, 만일 인공지능이 이긴다면 그것은 인류에게 큰 위협이 될 것으로 우려하는 경향이 있었다. 실제로 이세돌 9단 자신도 패배 후 큰 충격을 감추지 못했는데, 그 이유는 그가 "바둑에서 순간적인 직관력이 가장 중요한데 기계가 사람을 이긴 케이스"라고 생각했기 때문이다.[3] 직업에 관한 사람들의 의식조사 결과를 분석했을 때도 비슷한 결과가 나왔다. 비교적 전문성이 떨어지며 인적 교류가 적고 위험이 뒤따르는 직업일수록 인공지능으로 대체되는 것에 대한 심리적 저항이 약하다. 인공지능으로 대체되었으면 좋겠다고 생각하는 직업에 택배기사, 택시운전사와 버스운전사가 포함되었으며, 집안일하기나 출퇴근하기와 같이 지루하고 일상적인 일들에 대해서도 인공지능이 대신해주었으면 좋겠다는 응답이 나왔다. 하지만 밀접한 인적 교류와 고도의 전문성이 동시에 요구되는 직업들이 인공지능으로 대체되는 것에 대해서는 강한 거부감을 보일 뿐만 아니라 그것이 미래에 인류의 존재를 위협하는 요인으로 보는 경향이 있다. 그러나 우리가 어떻게 생각하든, 인공지능의 위협은 이미 시작되었다.

로봇 스님, 로봇 의사, 로봇 변호사, 로봇 아나운서……

지금도 인공지능 로봇이나 기계가 전문가의 역할을 수행하는 경우가 무척 많은데, 앞으로는 여러 분야에서 더욱더 급속도로 많아질 것이다. 종교계라고 해서 예외는 아니다. 일본에는 로봇이 설교를 하는 사찰이 있다. 2019년 2월 어느 날 이 로봇은 '인간이란 무엇인가'라는 화두로 25분간 법요를 진행했다. "로봇에게는 공감하는 마음이 없지만, 인간에게는 공감하는 능력이 있다"는 로봇 스님의 이날 가르침에 다수의 인간 승려들이 무릎을 꿇고 절을 하면서 경청했다.[4] 앞으로는 예배를 드리기 위해 굳이 교회를 갈 필요가 없어질 것이다. 이미 각종 종교 단체가 개설한 '가상교회'를 통해 많은 사람이 언제 어디서나 예배를 보며 성경 공부도 한다. 고해성사를 위해 신부님이나 목사님을 직접 만날 필요도 없다. 고해성사를 도와주는 인터넷 앱을 이용하면 자신이 어떤 죄를 지었으며 어떻게 회개해야 하는지 자세히 알 수 있다. 선교하기 위해 성직자들이 직접 나설 필요성도 점점 줄어든다. 인터넷 설교를 통해 수많은 사람에게 새로운 믿음을 가지게 만드는 사례들이 쌓이고 있다. 국제 테러를 사주하고 있다는 비난을 받았던 이슬람국가IS가 온라인을 통해 자신들의 종교적·정치적 신념을 널리 전파함으로써 많은 추종자를 규합했음은 잘 알려진 사실이다.

앞으로는 인간 약사가 아닌 로봇 약사가 손님을 맞아 처방전에 따라 조제해주는 약국이 많이 늘어날 것이다. 실제로 미국 캘리포니아 대학에 있는 한 약국에는 단 한 명의 직원이 있는데 로봇이다. 이 로봇은 이제까지 200만 건 이상의 처방전을 실수 없이 처리했다.[5] 로봇 약사가 대거 이용되면 인간 약사는 점점 필요 없어진다. 의료 분야에서는 특정 암을 찾아내는 로봇을 이용하면 오진율을 크게 줄일 수 있는 것으로 나타났다. 종양학에 관한 방대한 문헌에서 해답을 찾는 데는 그 어느 의사도 컴퓨터를 따라가지 못한다. 일부 병원에는 이미 로봇 의사가 배치되어 있다. 국내 한 대학병원은 2016년 12월 국내에서는 처음으로 암 진료용 인공지능 의사 '왓슨Watson'을 도입해서 2017년 1년 동안 총 560명에 달하는 환자의 각종 암을 진료했다고 한다.[6] 바야흐로 우리나라에서도 인공지능 의사의 시대가 열리는 셈이다. 종전에는 당뇨병 환자는 정기적으로 의사를 만나야 했지만 앞으로는 공인된 당뇨 관리 시스템에 인터넷으로 접속해서 치료 관련 조언을 들을 수 있으며, 신체나 옷에 부착된 센서를 통해 자신의 건강상태를 의사에게 실시간으로 보낼 수 있게 된다.

인공지능 로봇의 실력이 가장 두드러지게 나타나는 분야로 법률 분야가 첫 번째로 꼽힌다. 이제 변호사도 컴퓨터보다 더 똑똑하다고 장담할 수 없는 시대가 열리고 있다. 과거에는 소송이 걸렸을 때 이에 관련된 문서를 검색하고 분석하는 일은 대개 초보 법률가의 역할이었다. 그러나 이런 일은 인공지능 로봇이 인간보다 월등하다는 사실이 드러났다. 로봇은 지칠 줄 모르고 한 치의 흔들림도 없이 수백만 건의 서류를 읽고 정리하며, 그 많은 서류에서 그 어느 법률가도 찾아내기 어려운 패턴을 탐지하고 놀라운 속도로 편집한다. 그래서 실제로 선진국의 대형 법률사무소에는 이미 이런 로봇이 배치되어 있다. 어떤 사건이 발생했을 때 적절한 판례와 이에 관련된 법률 문헌을 탐색하는 데 로봇은 아주 능숙하다. 로봇은 그 어떤 유능한 변호사보다 더 정확하게 법원의 판결을 예측한다. 그 어떤 사건이든 이것을 법정으로 끌고 갈 것인지 혹은 타협을 볼 것인지에 관해 로봇이 그 어느 변호사보다 더 잘 자문할 수 있다. 우리나라에서도 인공지능이 법률 분야에 응용되기 시작하면서 '법률 AI'라는 말이 쓰이고 있고, 법률과 기술을 결합한 '리걸테크^{legal-tech}'라는 합성어도 나왔다. 한 실험에 따르면 사건을 소송으로 가야 할지 그렇게 하지 않을지를 판단함에 있어서 법률 AI가 인간 변호사보다 월등하게 높은 적중률을 보였다고 한다.[7]

대형 법률사무소들이 이용하고 있는 컴퓨터는 특정 사건이 발생했을 때 어떤 회사들이 소송보다는 타협을 보려고 할 가능성이 높은지를 예측해주며, 특정 사건에 관해 특정 판사가 어떤 판결을 내리는 경향이 있는지를 알려주고, 특정 판사 앞에서 어느 변호사가 가장 좋은 성과를 올렸는지도 알려준다. 이 결과 소송이 남발되는 사례를 줄일 수 있다. 물론 그렇다고 변호사가 아주 없어진다는 것은 아니다. 다만 변호사가 점점 더 필요 없어지는 세상이 온다고 말하는 것뿐이다. 이제 리걸테크는 기술향상 단계를 넘어서 점차 인간 법률가를 대체하는 단계로 접어들고 있다.

아마도 인터넷의 발달로 타격을 가장 많이 받게 될 분야는 언론계, 특히 신문일 것이다. 우리나라도 그렇지만 선진국에서는 이미 일간지 판매가 크게 감소했고, 따라서 신문사 소속 언론인도 크게 줄어들었다. 이런 타격을 완화하기 위해 기존의 언론사들은 인터넷을 활용하거나 새로운 언론 매체의 개발에 열을 올리고 있다. 지금은 방송국 아나운서가 인기 있는 직업이라고 하지만 로봇이 아나운서의 일을 할 때가 머지않았다고 한다. 인터넷을 이용하면 어떤 예술작품이나 문학작품이 크게 성공할 것인지를 전문가보다 훨씬 더 정확하게 짚어낼 수 있다. 컴퓨터는 글도 잘 쓴다. 금융시장에 관한 기사는 사람이 작성한 것인지 컴퓨터가 쓴 것인지 구별이 되지 않을 정도다. 기업수익에 관한 기사를 모두 컴퓨터에 맡기는 언론사도 있다. 심지어 컴퓨터는 글을 평가하기도 한다. 수필을 평가하는 실험에서 컴퓨터가 내린 평가가 사람들의 평가와 크게 다르지 않은 것으로 나타났다.[8] 은행의 대출업무도 로봇이 수행하게 될 가능성이 높아지고 있다. 아무리 대출심사가 복잡하고 까다로워도 규칙을 따르거나 반복적인 부분이 있기 마련이고, 이런 것은 컴퓨터가 제일 잘하기 때문이다.

이와 같이 인공지능 컴퓨터는 날로 발전하는데 인간은 그렇지 못하니 날이 갈수록 인간이 컴퓨터와 기계에 밀릴 수밖에 없다. 그러므로 이제 우리 인간은 인공지능 컴퓨터를 이기려고 애를 써서는 안 된다고 어느 학자는 따끔하게 조언한다. 어차피 우리 인간은 인공지능 컴퓨터에 지게 되어 있기 때문이다. 인공지능 컴퓨터가 잘하지 못하는 것이 무엇인지를 알아내려고 노력하는 것은 무모한 짓이다. 더 좋은 전략은 참된 인간성에 비추어볼 때 계속 인간이 수행해야 한다고 우길 수 있는 활동들이 무엇인지를 묻는 것이다. 다시 말해 오직 우리 인간만이 할 수 있는 일이나 반드시 인간이 해야 할 일이 무엇인지를 묻는 편이 훨씬 더 유용하다는 것이다.

굳이 전문가를 찾아갈 필요가 없다

대학 수준의 고급 지식과 자격을 얻기 위해서는 비싼 등록금을 내고 대학교에 입학해야 하는데, 앞으로는 온라인 공개강좌를 통해 세계적 석학이나 유명 전문가들의 강의를 들을 수 있게 될 것이다. 이미 온라인 공개강좌가 다수 개설되어 있다. 그중에서도 '무크MOOC'가 가장 많이 알려져 있다. 1년 동안 하버드 대학의 무크를 수강하는 학생의 수는 진짜 하버드 대학에 다니는 학생보다 많다고 한다. 앞으로는 학생들의 실력을 평가하고 인증하는 플랫폼이 나타날 것이다. 종전에는 전문가를 만나야 얻을 수 있었던 고급 지식을 이제는 위키피디아를 통해 얼마든지 얻을 수 있다. 한 통계에 따르면 위키피디아를 통해 매달 약 5억 명이 3,500만 건의 내용을 검색한다고 한다. 머리를 많이 쓰는 고급 일자리는 마치 대학 졸업생들을 위한 것으로 인식되고 있다. 하지만 이미 대학은 서서히 '실업자 양성소'로 전락하고 있다. 연령별 실업률을 보면 청년 실업률이 가장 높다.

앞으로 '원격진료' 기술이 발달하면 굳이 의사를 직접 만나서 진찰을 받을 필요가 없다. 자가 측정 기기에서 얻은 데이터를 의사에게 보내면 의사를 만나지 않고도 효과적인 원격진료를 받을 수 있다. 원격진료가 발달하면 원격수술도 가능하다. 미국의 한 외과의사가 첨단 로봇을 이용해서 6,000킬로미터 떨어진 프랑스 여인의 담낭을 적출한 사례도 있다.

이미 많은 사람이 세무사를 직접 만나지 않고 인터넷을 통해 세무서에 소득신고를 하고 있다. 인터넷으로 세무서에 접속하고 소정의 양식을 작성하기만 하면 된다. 물론 복잡한 세무업무에 관해서는 세무사와 직접 상담해야 하겠지만, 앞으로 수준 높은 세무업무 소프트웨어가 개발되고 이것을 세무당국이 제공하면 세무사를 거치지 않고 직접 세무신고를 할 수 있게 될 것이다. 금융자문 분야 역시 컴퓨터가 탁월한 분야다. 시시각각 변화하는 금융시장에 관해서는 엄청난 자료가 쏟아져 나오고 있고 이미 수많은 연구가 수행되고 있는데, 여기에 컴퓨터가 이용되고 있다. 따라서 금융시장을 분석한 결과를 컴퓨터로 접속할 수 있으면, 소비자들이 굳이 금융 전문가를 찾을 필요가 없는 시대가 올 것이다.

물론 다른 일반 노동의 경우와 마찬가지로 전문직의 분야에서도 첨단 기술이나 기기가 반드시 인간 전문가의 서비스를 대체하기만 하는 것은 아니다. 전문가의 작업을 보완해서 능률을 높여주기도 한다. 각종 첨단 기기를 이용하면 의사가 좀더 신속하고 정확하게 환자를 치료할 수 있다. 법적 분쟁이 발생했을 때 당사자들이 직접 법정에 가지 않고 동영상 중계를 통한 '가상 법정'을 이용한다면, 판·검사와 변호사들이 번거롭게 법정에 드나들지 않고도 분쟁을 효과적으로 해결할 수 있을 것이다. 기술이 진보함에 따라 앞으로 가상 법정이 많이 이용될 것으로 예상된다. 향후 첨단 기술과 기기의 이용이 확대되면 전문가 서비스가 저렴해지고, 따라서 이에 대한 수요가 늘어난다는 전망도 있다. 그러나 수요가 많아진다고 해서 일자리가 늘어나는 것은 아니다. 전문직 작업 수행의 효율이 높아진 결과 증가된 수요를 종전보다 훨씬 적은 수의 전문가가 충족시킨다면, 결과적으로 전문가가 덜 필요해진다. 달리 말하면 전문가의 일자리가 그만큼 줄어든다는 뜻이다.

이제는 기계에 맡기자?

약 20년 전만 해도 기계는 인간을 도와주기 위한 도구에 불과하다고 보았다. 계산과 수학, 기록 관리, 데이터 전송 등을 기계에 맡겨버리면, 이런 것들에서 해방된 인간은 한층 더 창조적인 일에 종사하고 자신의 직관과 사고력을 이용해서 좀더 나은 최종 판단과 결정을 내리는 데 집중할 수 있다는 것이다. 그러나 앞으로 기계가 점점 더 똑똑해져서 인간보다 더 정확하게 예측하고 더 올바른 판단을 내린다면 어떻게할 것인가? 한 가지 대답은 예측과 판단도 기계에 맡기라는 것이다. 인공지능 알파고가 인간보다 바둑을 더 잘 두므로 어떤 수가 가장 좋은지에 대한 최종 판단은 알파고에게 맡기자는 것이다. 이미 바둑계에는 이런 풍조가 조성되고 있다.

인간의 예측과 판단이 얼마나 부정확하며 때로는 얼마나 기분에 치우치는지를 보여주는 연구는 대단히 많다. 몇 가지 예를 들어보자. 부동산 전문가가 아닌 사람들이 주택 거래량과 가격을 예측하는 단순한 모형을 개발한 다음 수많은 자료를 입력해서 예측해본 결과, 전미부동산협회가 내놓은 예측치보다 무려 23.6퍼센트나 더 정확했다. 몇몇 정치학자가 미국 연방대법원 판결을 예측하는 모형을 만들었다. 아주 단순한 것이었지만, 수많은 자료를 바탕으로 이 모형이 내린 예측의 적중률은 무려 75퍼센트에 이르렀다. 참고로 83명의 법학 전문가가 내린 예측의 적중률은 60퍼센트에도 못 미쳤다. 제비뽑기 수준을 약간 넘는 정도다. 판사들의 선고가 기분의 영향을 많이 받는다는 사실을 밝힌 연구도 있다. 자신의 모교가 미식축구 경기에서 예상외로 패배를 한 직후에는 판사들이 상당히 더 혹독한 선고를 내렸다. 점심식사 직전에는 판사가 가석방을 기각할 가능성이 높고 점심식사를 한 뒤에는 허용할 가능성이 높아진다는 조사 결과도 있다.[9]

한 사회에서 가장 머리가 좋다고 하는 사람들의 예측이나 판단이 왜 이렇게 부정확할까? 그럴 만한 충분한 이유가 있다. 일상생활에서 보면 많은 사람이 깊이 생각해보지도 않고 언뜻 머리에 떠오르는 대로 즉흥적으로 행동하는 경우가 많다. 말하자면 직관에 따라 행동한다는 것이다. 그러다 보면 실수가 잦아진다. 전문가라고 해서 예외는 아니다. 이럴 경우 한 번 더 깊이 생각해보라고 권한다. 객관적 증거와 엄밀한 추론을 바탕으로 깊이 생각한 다음 행동하라는 뜻이다. 이 권고는 우리에게 두 가지 사고방식이 있음을 시사한다. 심리학자이면서 노벨경제학상을 수상한 다니엘 카네만Daniel Kahneman은 직관과 밀접한 관계가 있는 사고방식을 '시스템 1', 추론과 밀접한 관계가 있는 사고방식을 '시스템 2'라고 불렀다.[10] 시스템 2는 수학이나 논리학 공부를 함으로써 다듬어지는 반면, 시스템 1은 살아가면서 다양한 사례를 보는 것만으로 더 자연스럽고 폭넓게 향상된다. 다시 말해 시스템 1과 2는 시간이 흐름에 따라 개선될 수 있다.

직관에 따른 판단이나 결정은 매우 빠르고 자동적이며 노력이 거의 들지 않지만, 심사숙고 과정을 거치지 않으며 감정의 영향을 많이 받으므로 틀릴 가능성이 높다. 시스템 1이 때로는 경이롭지만, 사람들은 이것에 너무 의존하는 경향이 있다. 오랜 경험과 직관에서 얻은 예측이나 판단에 대해서는 특히 더 그렇다. 틀릴 가능성이 높은데도 전문가들 중에도 오직 시스템 1에 의거해서 예측을 하고 판단을 내릴 뿐만 아니라 그 예측과 판단에 지나친 애착을 가지는 경우가 적지 않다. 시스템 1에 의거한 사고방식은 습관적으로 이루어지는 경우가 많기 때문에 통제하거나 교정하기도 어렵다.

시스템 1에 의거한 사고방식과는 정반대로 시스템 2에 의거한 판단이나 결정은 검증과 심사숙고 과정을 거치며 의도적으로 통제된다. 따라서 시스템 2가 제대로 작동하면 시스템 1의 왜곡을 상당 부분 걷어낼 수 있다. 그럼에도 전문가들 중에도 시스템 2의 과정을 소홀히 하는 경우가 많다. 심지어 잘못된 판단을 내렸을 경우 그것을 교정하려 하지 않고 오히려 정당화하려고 애를 쓰기도 한다. 시스템 1이 어떤 결론을 내리면 시스템 2가 그 이유를 설명하고 정당화하기 위해 동원된다는 것이다. 시스템 1을 감시하고 교정해야 할 시스템 2가 오히려 시스템 1의 시녀가 된다. 정당화하기 위해 늘어놓은 변명들은 종종 다른 사람들뿐만 아니라 그 핑계를 떠올린 자기 자신까지도 속인다. 흔히 우리는 "자신이 알 수 있는 것보다 더 많이 말한다." 이 결과 시스템 1의 왜곡이 증폭되고 고착된다. 더욱더 심각한 문제는 우리 인간은 자신의 직관이 얼마나, 어떻게 왜곡되어 있는지를 잘 알지 못한다는 사실이다. 다시 말해 자신의 직관을 객관적으로 평가하는 능력이 형편없다는 것이다.

인간이 좀더 옳은 판단을 하고 정확하게 예측하기 위해서는 시스템 2가 시스템 1을 적절히 제어하고 보완할 수 있도록 이 두 시스템이 효과적으로 결합되어야 한다. 경영대학원, 법대, 의대 등 대부분의 전문가 교육 방식은 시스템 1과 시스템 2를 결합하는 것이다. 예를 들면 경영대학원 학생들은 회계, 금융, 미시경제학 강의를 통해 시스템 2의 실력을 갈고닦으며, 기업가 정신, 리더십, 윤리학 같은 분야의 아주 많은 사례를 연구함으로써 직관과 판단력, 즉 시스템 1을 가다듬는다. 사람에 따라서 이 두 가지 사고방식의 능력이 매우 다양하다는 것도 밝혀졌다. 방정식과 까다로운 두뇌퍼즐 같은 문제를 아주 잘 풀지만 직관력과 '현실세계'에서의 영리함이 부족한 사람들이 있는 반면, 계산이나 수학은 잘 못하지만 직관력이 아주 뛰어난 사람들도 있다.

어떻든 전문가들조차 시스템 1에 너무 의존하다 보니 점점 더 똑똑해지는 인공지능 기계가 전문가보다 더 정확하게 예측하고 올바른 판단을 내리는 경우가 크게 늘어나고 있다. 심지어 간단한 공식에 숫자만 끼워 넣어서 얻은 결과가 30~40년 실무 경험을 가진 노련한 전문가보다 더 탁월한 경우도 있다. 그야말로 인간의 자존심이 상하지 않을 수 없다. 그래서 많은 사람이 이를 믿지 않으려 한다. 하지만 그것이 현실임을 어찌하랴. 미국 통계국이 교수들과 공동으로 2만 개에 가까운 미국 공장들을 상대로 조사해보았더니 방대한 정보와 자료, 즉 빅데이터만을 이용해서 의사결정을 내리는 공장이 급속히 늘고 있으며, 이 접근법을 채택한 기업들이 인간 전문가에 의존하는 기업들보다 상당히 더 나은 성과를 올리고 있음을 발견했다. 대부분의 기업에서 쓰는 주된 의사결정 방식은 '히포'라는 약어로 표현된다. "보수를 가장 많이 받는 사람의 의견Highest-Paid Person's Opinion"이라는 뜻이다. 이제는 '히포'도 무조건 따를 것이 아니라 철저하게 검증해야 한다. 하지만 이것이 쉽지 않다. 그래서 기계가 인간보다 더 적절하게 판단하고 더 정확하게 예측하는 분야에서는 차라리 인간을 배제하고 기계에 맡기자는 주장이 나온다.

물론 그렇다고 인간의 예측과 판단을 전적으로 도외시하라는 뜻은 아니다. 빅데이터에 입각한 예측과 판단에도 오류가 있을 수 있다. 인공지능 로봇에 빅데이터를 입력하는 일은 인간이 해야 하기 때문이다. 예를 들어 빅데이터를 입력하는 인간이 인종주의자이거나 여성 혐오자라면 아무리 본인이 객관적인 입장을 견지하려고 노력해도 자신도 모르는 사이에 이상한 데이터를 입력하게 된다. 하지만 기계의 경우 이런 문제들은 차츰차츰 개선해나갈 여지가 있다. 예를 들어 로봇이 여성비하 발언을 한다면 데이터를 다시 입력해서 고칠 수 있다. 인간의 경우에는 이것이 매우 어렵다. 고집쟁이 노인들을 생각해보라. 일반적으로 사람들은 자신의 생각에 강한 애착심을 가지고 있다. 그러므로 인간의 예측과 판단은 기계의 그것과 비교하면서 참조는 하되 철저하게 검증할 필요성이 절실해진다.

초연결사회와 보통사람의 시대

2부

인류의
오랜 꿈,
'완전실업'

5장

인류의 오랜 꿈,
모두가 실업자가 되는 '완전실업'

일자리 창출을 위한 노력은 승산 없는 싸움

앞으로 빅데이터를 바탕으로 한 고도의 인공지능 그리고 이것을 장착한 로봇과 기계가 본격적으로 실용화되면 노동시장의 네 번째 전환기가 본궤도에 오르게 된다. 그러면 첨단 기술이 일자리 위계에 있어서 최상층, 중간층, 최하층 가리지 않고 잠식해 들어가면서 일자리가 빠르게 줄어들 것이다. 이윤극대화를 추구하는 기업들이 인공지능을 장착한 컴퓨터 시스템을 대환영할 것은 자명하기 때문이다. 새로운 일자리가 창출된다고 해도 없어지는 일자리를 메우기는 태부족일 것이다. 따라서 대량실업 사태는 불가피해 보인다. 대량실업에 따른 실업자 계급의 등장이 아직은 당장 눈앞의 현실은 아니라 하더라도 그 전조는 도처에서 나타나고 있다. 그럼에도 보수 진영은 틈만 나면 규제완화와 세금감면 등의 방법으로 고용증대를 역설한다. 그러나 이 제안은 기본적으로 두 가지 구시대 사고방식에 근거하고 있다. 즉, 생산이 늘어나면 고용도 늘어난다는 사고방식, 기업이 일자리 창출의 원천이라는 사고방식이 그것이다. 그러나 이런 제안은 현실을 직시하지도, 시대의 큰 흐름을 읽지도 못한 것이다.

우선 현실부터 살펴보자. 과거 10년에 걸친 보수 정권 시절 각종 규제완화와 조세감면 정책을 실시했고, 이 결과 기업들의 생산과 수출이 크게 늘어났다. 2018년 우리나라는 세계 6대 수출국이었다. 그럼에도 고용은 별로 증가하지 않는 '고용 없는 성장'이 오랫동안 지속되어왔다. 생산이 증가하는데도 고용이 늘어나지 않는 현상은 특히 대기업의 경우에 두드러진다. 2015년부터 2017년까지 3년간 우리나라 30대 대기업의 매출은 큰 폭으로 늘어났지만 전체 고용 인원은 오히려 줄어든 것으로 조사되었다. 고용 없는 성장이 대기업 부문에서 지난 10여 년간 지속되면서 이제 대기업 주도의 고용이 한계에 다다랐다는 결론이 나오고 있다.[1] 왜 그럴까? 기본적으로 기업들, 특히 대기업들은 되도록이면 사람을 안 쓰려고 하는 데다 이들은 기계화와 자동화의 도입에 필요한 자금을 갖추고 있어서 고용을 늘리지 않고도 얼마든지 생산을 늘릴 수 있기 때문이다. 보수 진영이 늘 강조하듯이 해고와 채용을 자유롭게 한다고 해서 해결될 문제가 아니다.

사실 우리나라 노동자 중 대기업에 고용된 노동자의 비중은 20퍼센트 정도에 불과하다. 나머지 80퍼센트 정도는 중소기업에 있다. 그러므로 중소기업이 고용 창출의 주된 원천이 될 수밖에 없다. 하지만 우리나라는 1970년대부터 실로 오랫동안 대기업 위주의 산업정책을 펴왔기 때문에 중소기업 부문이 매우 취약하고 대기업에 비해 임금수준도 매우 낮다. 게다가 많은 중소기업이 대기업에 종속되어 있다. 대기업의 '갑질'이나 '원가 후려치기' 등의 말이 잘 드러내듯이 우리나라 대기업 경쟁력의 상당 부분이 '협력업체 쥐어짜기'와 중소기업의 저임금 덕분이라는 평가가 나오고 있다. 이런 풍토를 개선하기 위해 대기업과 중소기업의 상생을 위한 각종 정책들이 추진되어왔지만, 아직 눈에 띄는 성과를 못 내고 있다. 요컨대 중소기업 진흥을 위한 획기적인 방안이 실시되지 않는 한 중소기업을 통한 고용증대는 기대하기 어렵다는 것이다. 설령 중소기업의 자생력이 높아지고 수익이 늘어난다고 해도 장기적으로는 그 늘어난 수익이 고용증가로 이어진다는 보장은 없다. 기계화와 자동화가 급속하게 저렴해지는 까닭에 중소기업들도 기계화와 자동화를 얼마든지 달성할 수 있기 때문이다.

이런 상황에서는 설령 일자리 창출이 가능하다고 해도 사라지는 일자리를 보충할 만큼 새로운 일자리가 생겨날 가능성은 낮다. 경쟁력을 유지하기 위해서라도 대기업, 중소기업을 가리지 않고 자동화·기계화를 서두를 것이다. 그러므로 앞으로는 기업하기 좋은 여건을 만들어서 고용을 늘린다거나 생산증대가 곧 일자리 증가라는 생각을 버려야 하며, 기업이 고용 창출의 원천이라는 생각도 버려야 한다. 그런 생각들은 시대착오적 망상이 될 것이다.

보수 진영은 기업들이 고용을 꺼리는 주된 이유로 노동조합의 무리한 요구와 노동시장의 경직성을 꼽는다. 기업이 고용과 해고를 마음대로 할 수 없게 되어 있다는 것이다. 따라서 일자리 창출을 위해서라도 노동시장의 유연화가 필요하다고 주장한다. 사실 우리나라 노동자들 중에서 노동조합에 가입한 노동자는 극소수에 불과하다. 노동조합에 가입한 노동자의 비율이 OECD 국가들 평균의 절반에도 미치지 못한다. 이런 상황에서 노동조합을 탓하는 것은 과장이다. 기업들이 노동자를 마음대로 해고하지 못하게 되어 있다지만, 이미 우리나라 노동자들의 40퍼센트 정도 혹은 그 이상이 비정규직 노동자들이고, 이들의 거의 대부분은 노동조합에 가입되어 있지도 않다. 비정규직의 임금수준은 정규직의 절반 정도도. 그러니 우리나라 노동시장은 이미 상당한 정도로 유연화되어 있는 셈이다.

노동시장의 유연화가 오히려 기업에는 더 큰 문제를 낳는 측면도 있다. 비정규직 저임금 노동자의 양산이 극심한 소득불평등을 초래하면서 우리 국민의 대다수를 차지하는 중·저소득 계층의 경제사정을 어렵게 만들고 이들의 소비를 위축시키고 있다. 이 결과 기업이 생산한 것이 시장에서 잘 팔리지 않는다. 그래서 소비 위축 → 생산활동 위축 → 고용부진 → 소득저조 → 소비 위축의 악순환이 형성된다. 소득불평등의 심화가 이 악순환에 기름을 붓고 있다. 21세기에 들어와서 우리나라의 소비 지출의 부진은 다른 나라들과 비교해서 매우 심각한 상황이다.[2] 그러므로 지금의 저성장 기조와 고용부진·내수부진의 악순환을 깨뜨리기 위해서는 저소득 계층의 소득을 늘려줌으로써 이들의 소비를 촉진해서 내수를 늘리고, 그럼으로써 생산과 일자리를 늘리는 것이 첩경이라는 주장이 끊임없이 제기되어왔다. 이런 문제의식을 바탕으로 '소득주도 경제성장' 얘기가 나왔고 문재인 정부가 이를 추진하기에 이르렀다. 이 정책은 우리나라의 고질적인 불평등을 완화하려는 뜻도 담고 있다.

그러나 이 정책의 약점은 그 효과가 신속하지 않다는 것이다. 한 다리 건너야 하기 때문이다. 중·저소득 계층의 소득증대가 소비 지출의 증가를 통해 생산증가와 고용증가로 이어지기까지는 상당한 시간이 필요하다. 보수 진영의 거센 반발도 큰 걸림돌이 되고 있다. 소득주도 성장 정책은 경제학 족보에도 없는 정책이요, 외국에서 성공한 사례도 없다는 주장이 심지어 주요 보수 언론에도 등장한다. 하지만 그런 주장들은 사실과 다르다. '소득주도 성장'이라는 말이 약간 생소하다고 해도 그 내용마저도 경제학자에게 생소한 것은 전혀 아니다.

소득주도 성장의 취지는 케인스 경제이론에서 비롯된다. 1930년대 세계 대공황 때 이를 벗어나기 위한 한 방안으로 케인스는 대규모 공공사업을 통한 임금살포와 과감한 사회복지 지출을 주문했다. 이런 정책들은 서민들의 지갑을 두둑하게 해줌으로써 국내 소비 지출(내수)을 늘린다. 실제로 이런 취지를 살려서 미국의 루스벨트 대통령이 추진한 정책이 바로 그 유명한 뉴딜 정책이다. 이 정책이 미국을 대공황에서 건져내는 데 크게 기여했다는 역사적 평가를 받고 있지만, 당시 보수 진영은 그 정책을 '빨갱이 정책'이라며 맹비난했다. 안정적 경제성장과 안정된 고용시장, 최고 수준의 국민행복지수를 자랑하는 북유럽 여러 나라의 사회주의적 경제정책도 취지 면에서 케인스 경제이론과 맥을 같이하고 있다. 케인스라는 이름은 일반 대중에게도 낯설지 않다. 일반 대중의 시각에서 보면 오히려 소득주도 성장 정책이야말로 경제학 족보의 큰 줄기로 비친다.

어차피 우리나라는 수출로 먹고사는 나라이므로 소득주도 성장으로 내수를 일으켜봐야 별 효과가 없다는 주장도 보수 진영에서 나온다. 그러나 이런 주장 역시 현실을 제대로 살피지 못한 것이다. 우리나라가 수출로 먹고사는 나라임에는 틀림없지만, 문제는 그 수출의 거의 대부분을 대기업이 담당하고 있다는 것이다. 유럽의 경제 최강국인 독일이나 북유럽 나라에서는 중소기업들도 수출의 상당 부분을 담당한다. 따라서 수출이 잘되면 그 돈이 서민들의 지갑으로 들어간다. 서민들은 이 돈으로 국내 중소기업들의 상품과 서비스에 지출하기 때문에 내수가 유지된다. 그러나 우리나라의 경우에는 중소기업이 수출을 많이 하지 못하기 때문에 대기업이 수출해서 번 돈이 내수의 주된 원천이 된다. 실제로 과거에는 그랬다. 대기업이 수출해서 번 돈이 저소득 계층에게까지 흘러내려갔다. 이른바 '낙수효과'가 있었다. 그래서 소득 불평등이 심하지 않았고 내수도 활발했다.

그러나 1980년대 말 IMF 경제위기를 거치면서부터 이 낙수효과가 서서히 소멸되기 시작했다. 외국에서 벌어온 그 막대한 돈이 국내 투자와 고용 창출로 이어지지 않았다. 간단히 말하면 외국에서 벌어온 그 돈이 아래로 내려가지 못하고 위에 고여 있다는 것이다. 이 결과 중소기업과 서민들의 경제사정이 날이 갈수록 어려워지면서 빈부격차가 크게 벌어지고 중소기업들이 생산한 상품과 서비스가 잘 팔리지 않게 되었다. 다시 말해 내수가 경제를 뒷받침해주지 못하는 경제구조가 되면서 소비 위축 → 생산활동 위축 → 고용부진 → 소득저조 → 소비 위축의 악순환이 정착되었다는 것이다. 소득주도 경제성장 정책은 바로 이런 악순환을 끊어보자는 의도에서 나왔다.

그러나 장기적으로 보면 소득주도 성장 정책의 효과 역시 의심스럽다. 이 정책도 기본적으로 생산증가가 곧 일자리 증가라는 사고방식에 입각해 있다. 소득주도 성장 정책 덕분에 내수가 증가하고 기업의 생산이 늘어난다고 해도 미래에는 이것이 곧바로 일자리 증가로 연결된다는 보장이 전혀 없다. 인공지능과 기계에 의한 인간 노동의 대량 대체가 대세를 이루는 상황에서 새로운 일자리를 창출하기 위한 노력은 장기적으로 승산 없는 싸움이기 때문이다.

물고기 잡는 법을 가르치지 말고 아예 물고기를 주자

이도저도 아니라면 어떻게 하자는 것인가? 발상의 전환이 필요하다. 되지도 않을 일자리 창출에 왜 굳이 매달려야 하는지에 대한 근본적 성찰이 필요하다. 날로 고도화되고 정교해지는 인공지능과 로봇의 엄청난 생산력 덕분에 미래에는 생산 문제가 대부분 사라진다. 남은 문제는 생산된 것을 내다파는 일이다. 생산된 물건이 잘 팔리기만 하면 기업의 수입도 크게 늘고 GDP도 크게 늘어난다. 이것을 마다할 이유는 전혀 없다. 단지 사람이 하던 일자리가 없어진다는 이유만으로 비

약적 생산증가와 고소득을 반대하기도 어렵다. 그렇다면 답은 뻔하다. 인간 노동자를 빼고 그 대신 고도화된 인공지능 로봇을 최대한 많이 생산현장에 투입하는 것이다. 억지로 일자리를 만들 것이 아니라 오히려 실업을 적극적으로 장려해야 한다. 이렇게 하는 것이 생산성과 기업의 수익을 크게 늘리며 나아가서 GDP를 대폭 증대시키는 길이다.

과거에는 국민 각자가 열심히 노동을 해야만 각 개인도 잘살 수 있고 국민경제도 번성할 수 있었다. 그래서 "물고기를 주지 말고 물고기 잡는 방법을 가르쳐라"라는 말이 통했다. 이 말은 물고기를 주면 하루를 먹고살 수 있지만, 물고기 잡는 법을 가르치면 일생을 먹고살 수 있다는 뜻이다. 그러나 앞으로는 이런 말이 통하지 않게 된다. 물고기를 귀신같이 잡는 로봇이 있는데, 사람에게 물고기 잡는 방법을 가르치는 것은 쓸데없는 짓이다. 앞으로는 더욱더 그럴 것이다.

대량실업의 시대에는 사람들에게 물고기를 직접 주어야 한다. 이 취지를 살리는 한 가지 유력한 방안은 근래 부쩍 큰 관심을 끌고 있는 '기본소득'이다.[3] 가장 순수한 형태의 기본소득은 재산과 소득의 많고 적음이나 노동활동 여부에 관계없이 모든 국민에게 정기적으로 지급되는 일정액의 소득을 말한다. 로봇이 올린 수익이 기본소득의 한 가지 재원이 된다. 그래서 마이크로소프트의 빌 게이츠는 일찍이 로봇에 세금을 부과하자고 제안했다. 이른바 '로봇세'다. 이미 유럽연합은 로봇에 '전자인electronic person'이라는 법적 지위를 부여함으로써 로봇에 소득세를 부여할 근거를 마련해두었다.[4] 노동자가 노동을 해서 번 소득에 소득세가 부과되듯이 인간 대신에 로봇이 들어가서 수익을 냈으면 여기에 당연히 세금을 부과해야 할 것이다.

보수 진영이나 업계는 로봇에 세금을 부과하면 로봇의 개발에 경제적 부담을 주게 되므로 기술진보 자체를 망치게 된다고 강하게 반발한다. 그러나 이것은 하나만 알고 둘은 모르는 소리다. 사태를 더 근원적으로 보아야 한다. 아무리 인공지능 로봇이나 첨단 기계의 생산성이 높다고 해도 이것들이 생산한 물건이 팔리지 않는다면, 아무도 그런 기계를 이용하려고 하지 않을 것이다. 그러면 그 로봇이나 첨단 기계는 무용지물이 되고, 인공지능 로봇과 첨단 기계 자체가 사라지게 된다. 종래에는 기업이 생산한 물건을 주로 노동자들이 구매했다. 그러나 인공지능 로봇과 기계는 생산만 할 뿐 소비를 하지 않는다. 따라서 자동화·무인화가 초래할 가장 심각한 문제는 생산된 상품의 판로를 확보하는 것이다. 이것이 '로봇의 역설'이다.

그러므로 기술진보가 이루어지고 인공지능 로봇이 존재하기 위해서도 이것이 생산한 상품들이 잘 팔리는 여건을 조성해야 한다. 그 한 가지 방법은, 인공지능 로봇과 기계에 일자리를 넘긴 노동자에게 일정 수준의 소득을 보장해줌으로써 이들로 하여금 그 상품들을 소비하게 해주는 것이다. 기본소득은 바로 그 일정 수준의 소득을 보장해주기 위한 것이며, 로봇세의 징수는 그 재원을 마련하는 한 가지 방안이다. 로봇세의 징수는 기술진보를 오히려 북돋우기 위한 방안이다.

물론 로봇세만이 기본소득의 재원이 되는 것은 아니다. 사실 기본소득에 대한 얘기가 나올 때 가장 먼저 나오는 질문은 기본소득의 재원을 어떻게 마련하느냐다. 하지만 재원을 마련하는 방안은 로봇세 이외에도 얼마든지 있다. 부동산 투기로 번 불로소득을 세금으로 환수해서 기본소득의 재원으로 삼자는 주장은 오래전부터 나온 것이다. 근래 기본소득에 대한 관심이 높아지고 부동산 투기가 다시 사회 문제로 등장하면서 이 둘을 연결시키려는 움직임이 나타나고 있다. 일부 정치가들도 이런 움직임에 가세하고 있다. 한 연구에 따르면 2016년 부동산 투기로 얻은 불로소득이 374.6조 원, 우리나라 GDP의 약 23퍼센트인 것으로 추산되었다.[5] 이것을 n분의 1로 나누어서 우리 국민 각자에게 돌려주자는 주장이 나온다. 하지만 이것이 현실적으로 쉽지 않기 때문에 '국토보유세'를 부과하자는 대안이 나왔다. 나아가서 환경세의 명목으로 화석연료에 대한 세금을 강화하는 방안도 제시되고 있다.[6]

기본소득 제도를 실시하면, 기존의 잡다한 사회복지 지출을 없애거나 정리할 수 있다. 예컨대 기존의 각종 연금, 실업급여, 사회부조금, 대학생 생활 보조금, 집세 보조금, 자녀양육 보조금 등의 상당 부분이 필요 없어지면서 거기에 지출되었던 예산을 기본소득의 재원으로 돌릴 수 있는데, 이것만 해도 적지 않은 금액이 될 것이다.

기본소득은 '거대 정부'를 막고 부정부패를 줄인다

기본소득 제도의 실시로 얻을 수 있는 또 하나의 큰 실익은 기존의 각종 사회복지 지출의 시행에 소요되는 행정력과 행정비용을 크게 절감할 수 있다는 것이다. 특히 우리나라 사회복지 제도는 '선별적 복지'에 입각하고 있어서 예산 절감의 여지가 매우 많다. '선별적 복지'란 사회복지 혜택을 받을 자격 요건을 사전에 정해놓고 이 요건을 충족하는 사람들에게만 혜택을 주는 방식이다. 예컨대 실업수당이나 빈곤가정에 대한 지원금을 받으려면 실업자임을 증명해야 하고 빈곤하다는 것을 입증해야 한다. 선별적 복지를 특히 강력하게 지지하는 보수 진영은 한 가지 중요한 사실을 간과하고 있다. 즉, 선별적 복지를 받을 자격 요건을 갖추었는지 아닌지를 일일이 파악하고 선별적으로 혜택을 제공하는 일이 무척 번거로운 일이요, 많은 정보를 필요로 하며, 방대한 행정력이 소요된다는 점이다. 실업급여의 경우에 진짜 실업자인지 아닌지도 검토 대상이지만, 일자리를 찾기 위한 노력을 했는지 안 했는지도 심사 대상이다. 이 심사 과정에 소요되는 예산과 행정력을 결코 무시할 수 없다.[7] 수많은 공무원이 이런 선별작업에 매달려 있다.

또 다른 예를 하나 들어보자. 아동수당의 지급 대상에서 소득 계층 상위 10퍼센트를 제외하고 선별적으로 지급할 것인가, 아니면 모든 아동에게 무차별 지급할 것인가? 진보 진영은 무차별 지급을 지지하고 보수 진영은 선별적 지급을 지지한다. 보건사회연구원이 추산한 바에 따르면 그 상위 10퍼센트를 선별하는 데 1년에 1,626억 원의 행정비용이 들어간다. 문제는 그 상위 10퍼센트를 추려내지 않고 무차별적으로 전 국민에게 아동수당을 줄 때 소요되는 예산이 연평균 1,588억 원이라는 것이다.[8] 선별적 복지 제도는 100원을 주기 위해 110원을 쓰는 격이니 배보다 배꼽이 더 큰 셈이다.

선별적 복지 제도의 또 한 가지 심각한 문제는 각종 비리와 부패의

온상이 되며, 선별에 소요되는 방대한 행정은 '큰 정부'의 한 원인이 된다는 사실이다. 선별적 복지 제도를 실시하는 대표적 국가인 미국의 경우에는 복지 혜택을 받으려는 가짜 실업자, 가짜 가난뱅이 등 가짜가 극성을 부리고 공무원과의 결탁이나 유착도 심해서 100원의 복지 예산을 잡아놓으면 정작 복지 혜택을 받아야 할 사람에게 떨어지는 금액은 10원에 불과하다는 말도 있다. 결국 선별적 복지 제도는 보수주의자들이 그토록 싫어하는 '큰 정부'를 조장하는 한 요인이 된다. 따라서 선별적 복지에 대한 보수 진영의 지지는 자가당착이다.

선별적 복지에 대립되는 개념이 '보편적 복지'인데 명백한 객관적 기준만 충족되면 부자든 가난한 사람이든 가리지 않고 누구에게나 무차별적으로 제공되는 사회복지다. 부모의 소득과 관계없이 일률적으로 모든 초등학교 학생에게 무상으로 점심을 제공하는 학교 의무급식이 보편적 복지의 한 예다. 기본소득 역시 보편적 복지의 개념에 입각한 것이다. 따라서 보수 진영이 반대할 가능성이 높다. 보수 진영이라고 해서 모두 기본소득을 반대하는 것은 아니라는 변명도 있다. 경제학자들 중에서도 보수 성향이 매우 강하다고 알려진 저명한 학자들, 예컨대 밀턴 프리드먼Milton Friedman이나 프리드리히 하이에크Friedrich Hayek 등도 기본소득의 취지에 찬성했다. 그러나 이들이 지지하는 기본소득은 순수한 것이 아니라 변형된 것이다. 예를 들면 역소득세나 근로장려제Earned Income Tax Credit 등은 엄밀히 말해서 기본소득이라고 보기 어렵다. 왜냐하면 이런 제도들은 대상자 각 개인의 소득수준을 파악해야만 실시될 수 있기 때문이다. 기본소득의 가장 기본적인 특징은 무차별적으로 지급된다는 점이다.

　물론 기본소득에 관해서는 논란이 많이 있다. 그러나 여기서 다시 한번 더 강조해둘 것은, 기본소득은 앞으로 선택사항이 아니라 필수사항이라는 사실이다. 대량실업을 그대로 방치하면 엄청난 사회적 혼란이 초래될 것은 명약관화하다. 자본주의 경제가 결딴나고 민주주의도 위태로워진다. 내버려두면 대량실업은 큰 재앙이 된다. 기본소득은 그런 재앙을 막기 위한 방책이다. 대량실업을 재앙이 아닌 축복으로 바꾸기 위해서는 기본소득이나 이와 비슷한 취지의 제도가 실시되어야 한다. 자본주의 경제가 유지되고 제4차 산업혁명이 성공하기 위해서라도 기본소득은 실시되어야 한다. 선택사항이 아니라 필수사항이다.

6장

노동에 대한 근원적 성찰

노동과 노동자에 대한 낡은 생각

경제학에서 노동은 재화의 생산에 종사하는 활동으로 정의된다. 경제학 교과서를 펴면, 생산함수라는 말이 나오고 생산의 3대 요소로 노동, 자본, 자연자원이 꼽힌다. 사람이 노동을 전담하는 경제에서는 한 사람이라도 더 열심히 노동을 해야만 상품이 더 많이 생산되고 그 결과 국민이 나누어 가질 파이가 더 커진다. 생산이 증가하면 고용이 늘어나고, 고용이 늘어나면 소비가 늘어난다. 소비가 늘어나면 생산도 증가한다. 반대로 생산이 감소하면 고용이 줄어들고, 소비도 줄어들며, 결국 생산도 감소한다. 자연히 생산 → 고용 → 소비 → 생산의 순환고리가 형성되고, 이 순환고리에서 기축은 생산이다. 생산의 문제가 첫 번째로 꼽히는 경제 문제다. 생산만 잘되면 고용과 소비는 자연스럽게 뒤따라오는 부수적인 것으로 인식되었다. 그래서 경제정책의 기조는 '선성장, 후분배'였다. 국가의 경제정책은 생산활동의 활성화에 초점이 맞추어졌다. '성장 제일주의'라는 말은 바로 이런 여건을 반영한 것이다. 기업이 잘돼야 나라가 잘된다는 말도 생산을 최우선적으로 보는 사고방식에서 나온 말이다.

노동자에 대한 사람들의 인식 역시 이런 틀에 맞추어져 있다. 지난 수백 년 동안 임금노동이 자본주의를 지탱해온 버팀목이 되다 보니 우리는 노동자라고 하면 노동을 하는 사람이요, 노동이라고 하면 생산활동만을 주로 연상한다. 20세기에 들어와서 노동자의 생산성이 크게 높아지면서 노동자 한 사람당 생산량도 크게 늘었다. 자연히 국민경제에 대한 노동자의 기여가 더욱더 중요해졌다. 그러다 보니 열심히 노동을 해야만 개인이나 국민이 잘살 수 있다는 생각이 자본주의 사회에 뿌리 깊이 박히게 되었다. 그래서 "노동은 인류 번영에 필수적이다"라는 말이 나왔다.

이렇듯 노동자를 그저 생산자로만 인식하다 보니 우리는 노동자가 노동만을 하는 존재가 아니라 월급을 받아서 소비도 하고, 세금도 내는 존재라는 것을 깜박한다. 노동자는 생산의 주체이면서 소비의 주체다. 노동자가 국민의 대다수를 차지하기 때문에 노동자의 소비가 곧 국민경제 전체 소비의 대부분을 차지한다. 기업이 생산한 것의 대부분을 노동자들이 구매해준다는 얘기다. 사람이 노동을 전담하는 경제에서는 노동자들이 이 이중의 역할, 즉 생산자 역할과 소비자 역할을 충실히 수행하면 생산 → 고용 → 소비 → 생산의 순환고리가 원활하게 작동하고, 이 결과 자본주의 경제가 원활하게 움직이게 된다. 노동자가 소비자의 역할을 충실히 해주지 못하면 기업이 생산한 물건이 잘 팔리지 않으므로 경제가 침체에 빠지게 된다.

그러나 인공지능 로봇과 기계의 이용이 확산되면서 생산 → 고용 → 소비 → 생산의 순환고리에 금이 가기 시작한다. 사람 대신 기계를 이용하면 생산이 증가해도 고용이 자동적으로 늘어나지는 않는다. 고용이 늘어나지 않으니 소비도 부진해진다. 앞으로 인공지능 로봇과 기계가 인간 노동을 본격적으로 대체하게 되면 생산 → 고용 → 소비의 순환고리는 완전히 깨지게 된다. 생산이 증가해도 고용은 오히려 감소한다. 그러면 특별한 조치가 없는 한 소비도 줄어든다. 인간 노동자는 생산도 하고 소비도 하지만, 인공지능 로봇은 생산만 하지 소비는 하지 않기 때문이다. 요컨대 인공지능 로봇과 기계의 보편적 이용 덕분에 생산의 문제는 해결되지만 소비의 문제는 여전히 남는다는 것이다. 아니, 소비의 문제가 과거보다 더 심각해진다. 소비를 위한 별도의 정책이 필요해지는 이유다.

한 단계 더 나아가 인공지능 로봇과 기계가 노동을 전담하게 되면, 노동자는 생산자가 아니게 된다. 달리 말하면, 생산의 주체가 노동자가 아니라 사실상 인공지능 로봇이 된다는 뜻이다. 로봇에 '전자인'이라는 법적 지위를 부여한 유럽연합의 조치는 이런 추세를 간파한 것이다. 문제는, 자본주의 체제에서는 노동자가 생산의 주체가 되지 못하면 소비의 주체도 되지 못한다는 것이다. 돈을 벌지 못하면 소비도 하지 못하고 세금도 낼 수 없다. 그래서 노동을 하지 않는 노동자는 그야말로 아무것도 아닌 존재가 된다. 그러나 국민의 대부분을 차지하는 노동자가 이와 같이 아무것도 아닌 존재가 되면 기업이 생산한 상품이 팔리지 않게 되므로 자본주의 경제 자체가 붕괴된다. 기본소득은 노동자로 하여금 소비자의 역할을 충실히 수행하게 함으로써 자본주의 체제를 유지하기 위한 하나의 방책이다.

앞서 살펴보았듯이 오랜 인류의 역사에서 보면 노동은 주로 노예가 하는 활동이었다. 고대 시대에도 그랬고, 중세 시대에 들어와서도 노동은 주로 농노라고 불리는 계층이 담당했다. 자본주의 시대에 들어와서 비로소 국민 대부분이 임금노동에 종사하는 현상이 본격적으로 나타나게 되었다. 좀 과장해서 말하면, 자본주의 시대에 들어와서 국민 대다수가 먹고살기 위해 어쩔 수 없이 과거 수천 년 동안 노예가 하던 노동을 할 수밖에 없는 상황으로 내몰리게 되었다는 것이다. 불과 300~400년 전부터다. 그렇다면 왜 자본주의 시대에 들어와서 국민의 일부도 아니고 대다수가 과거 수천 년 동안 노예들이나 하던 활동에 종사하게 되었을까? 여기에는 두 가지 결정적인 계기가 있었다. 그 하나는 경제적인 것이고 다른 하나는 윤리적인 것이다.

로마제국이 붕괴된 이후 오랜 침체기 끝에 봉건 시대 후기에 이르러 유럽에 신기술이 개발되기 시작했다. 풍력과 수력을 이용하는 기술과 갖가지 철제 도구가 개발되었으며 마차가 본격적으로 이용되었고 농업에 말이 이용되었다. 도시에서는 상업이 발달하면서 도시가 번창했다. 마르크스가 크게 주목한 부르주아 계급이 이때부터 도시 상공인을 중심으로 형성되었다. 농업기술의 발달이 농업의 생산성을 크게 끌어올리자 농촌에 잉여인구가 대거 발생하기 시작했는데 이들이 당시 번창하던 도시에 흡수되었다.

　그러다가 농촌 인구가 대거 도시로 유입되기 시작한 계기는 봉건 시대 말기에 일어난 이른바 '울타리치기 운동enclosure movement'이다. 보통 농사보다 돈벌이가 훨씬 더 잘되는 목축을 대규모로 추진하기 위해 지주들이 농지에 울타리를 치고 농민들을 내쫓자 이들이 도시로 몰려가 빈민이 되었다. 농민들이 경작하던 농지에 울타리를 쳐서 농지를 완전히 사유화하기 시작한 것이다. 자본주의의 근간은 사유재산 제도인데 울타리치기 운동이 그 단초가 되었다. 울타리치기 운동으로 농지로부터 쫓겨난 농민들은 대거 임금 노동자로 전락하게 되었다. 다시 말해 자본주의 시대에 들어와서 국민의 대다수가 노동을 하게 된 주된 이유는 임금노동이 먹고살기 위한 유일한 생계수단이 되었기 때문이라는 것이다.

노동의 신성화

그러나 울타리치기 운동은 자본주의 체제의 특징인 임금노동이 본격화되기 위한 필요조건이지 충분조건은 아니다. 단순히 경제적인 힘만으로는 그 많은 국민에게 노예가 하던 노동을 시킬 수는 없다. 그것이 사회적으로 정당화되어야 한다. 근대 사회학과 행정학의 토대를 마련했다는 평가를 받는 막스 베버Max Weber는 바로 이 점을 강조했다. 그는 인류 역사에서 이념이나 종교 등 정신적인 것의 영향에 크게 주목한 근대 최고의 석학이다. 인류 역사를 보면 사회적으로 큰 변혁이 일어날 때는 으레 이를 정당화하는 작업이 대규모로 전개되었다. 고대 사회가 등장할 때나 중세 사회가 등장할 때도 그랬으며, 자본주의의 발흥 때도 그랬다. 굳이 멀리 갈 필요도 없다. 우리나라에서 1960년대 박정희 군사정부가 등장했을 때나 유신정권이 들어섰을 때 이를 정당화하기 위한 작업이 대대적으로 벌어졌다. 그리고 그 정당화 작업에는 당시 우리나라 최고의 엘리트들이 동원되었다.

베버의 명저 『프로테스탄트 윤리와 자본주의 정신』에 따르면, 자본주의 태동기에는 종교 지도자들이 자본주의 정당화 작업에 앞장을 섰다. 임금노동에 국민 대다수를 순응시키기 위해서는 도덕적 강제가 필요했는데, 당시 종교개혁으로 등장한 신교의 노동윤리 혹은 직업윤리가 도덕적 강제의 뼈대가 되었다는 것이다. 구교Catholic는 하느님의 말씀을 믿고 충실히 따르는 것이 천당에 가는 길이라고 가르쳤지만, 신교는 각자 천직에 헌신하는 것이 천당 가는 길이라고 가르침으로써 노동을 신성화했다. 예를 들면 마르틴 루터Martin Luther는 각자 자신의 천직을 받아들이고 열심히, 또 부단히 정진하는 것이 곧 하느님의 부름을 받는 길이며, 이것이야말로 자연의 섭리라고 가르쳤다. 장 칼뱅John Calvin 역시 비슷한 취지의 말을 했다. 이들에 따르면 모두가 열심히 노동하는 사회가 곧 도덕적인 사회다.

갓 태동한 자본주의를 정당화하는 신교의 이런 논리는 당시 인쇄기

초연결사회와 보통사람의 시대

의 발명과 보급 덕분에 급속히 전파되었다. 구교에 따르면 신도들은 개별적으로 하느님과 직접 소통할 수 없다. 오직 사제를 통해서만 소통할 수 있을 뿐이다. 그러나 신교는 신도 각자가 하느님과 직접 소통할 수 있는 자율적 존재라고 가르쳤다. 예를 들면 기도를 하는 것은 하느님과 직접 대화를 하는 것이다. 각 개인은 하느님과 1대 1로 직접적 관계를 가지는 독자적 존재다. 이런 가르침은 시장에 참여하는 각 개인을 자율적 존재로 격상시켰다. 시장에 나가서 무엇을 얼마만큼 구매할 것인지는 전적으로 각자가 알아서 할 일이다. 이런 논리는 노동자에게도 적용된다. 예컨대 노동자는 자신의 노동을 상품으로 삼아 자본가와 1대 1로 자유롭게 거래하는 자율적 주체라는 것이다.

물론 종교 지도자들뿐만 아니라 철학자들도 자본주의와 노동의 정당화에 큰 몫을 했다. 17세기에 가장 저명한 계몽주의자였던 존 로크 John Locke는 내가 노동을 해서 얻은 것만이 진정한 나의 것이라고 주장함으로써 노동에 큰 의미를 부여함과 동시에 자본주의의 근간인 사유재산 제도를 정당화했다. 그는 노동자가 자신의 노동력을 상품처럼 자유롭게 거래하는 계약의 주체라는 주장도 폈다. 자본주의의 특징은 노동을 상품으로, 다시 말해 사고팔 수 있는 것으로 취급하되 마치 노동자 스스로가 상품이 되는 일을 자발적으로 받아들인 것처럼 착각하게한다. 결과적으로 자본주의 사회에서는 국민의 대부분이 임금노동에종사하게 되었는데, 이런 현상에 대해 아렌트는 다음과 같이 말했다."근대는 노동을 이론적으로 예찬하였으며 모든 사회를 노동하는 사회로 변형시켰다."[1]

이런 노동의 정당화 또는 신성화는 자본주의 사회에 깊이 뿌리박으면서 아직까지 굳건히 전해 내려오고 있다. 오늘날에도 "노동은 신성하다"는 말이나 노동이 인간다운 삶의 기초라는 말을 흔히 듣게 된다. 호주의 노동당 당수로서 총리를 지낸 줄리아 길러드Julia Gillard라는 정치가는 "노동은 우리 모두의 의무, 노동이 없으면 우리는 존엄성을 잃는다"고 말함으로써 노동을 심지어 인간의 존엄성과 연결 지었다.[2] 노동은 단순히 생계를 위한 것이 아니다. 노동자를 육체적으로나 정신적으로 건강하게 만들어주는 귀중한 것이다. 노동은 세 가지 사회악에서 벗어나게 하는데 권태, 방탕, 궁핍이 바로 그것이다. 이런 생각이 강력한 노동윤리를 낳았다.

이런 내용의 노동윤리는 자본주의 사회에서 좌파와 우파 모두가 공감하는 '황금의 실'이면서 사회적 안정을 다지는 기초가 되고 있다. 노동을 하지 않으면 사람 구실을 하지 못하는 존재라는 낙인이 찍힌다. 이런 이념적인 것이나 윤리적인 것을 떠나 현실적으로 보더라도 자본주의 사회에서 노동은 인간을 평가하는 척도가 되며 사회적 신분을 가르는 기준이 된다. 직업에 귀천이 없다는 말을 귀가 따갑게 듣지만, 많은 사람이 대기업의 이사를 부러워하고, 아파트의 청소부를 낮잡아 보는 것이 현실이다. 사람을 만났을 때 그가 무슨 일을 하는지를 알면 그의 정체를 알 수 있다. 그래서 사람을 처음 만났을 때 의례적인 인사 몇 마디를 주고받고 나서는 곧장 "무슨 일을 하십니까?" 혹은 "어디에 다니십니까?"라고 묻는다. 상대방이 무슨 일을 하는지 알고 나면 자연스럽게 여러 가지 대화를 나누게 되고 때로는 친밀한 관계를 형성할 수 있다. 그러나 "그냥 집에서 놉니다"라든가 "백수건달입니다"라고 대답하면 상대방은 당황하면서 슬쩍 자리를 피하기 십상이다. 집에서 노는 사람이나 백수건달에게 무슨 말을 할 것인가. 자본주의 사회에서 노동을 한다는 것은 곧 시민으로 행세할 수 있게 됨을 의미한다. 노동은 잘 훈련된 개인을 만들며, 책임감 있는 가족 구성원을 만든다. 이런 사람들은 통치하기도 쉽다. 반대로 실업자는 통치하기에도 아주 껄끄러운 존재가 된다. 다시 말해 노동은 사회 안정의 중요한 요소가 된다는 것이다.

노동하지 않는 자, 먹지도 말라고?

사회적으로 노동이 정당화되고 신성시되며 노동윤리 또한 강력하게 작동하는데도 앞에서 언급했듯이 노동자들의 90퍼센트에 가까운 사람들이 노동을 싫어한다. 먹고살기 위해 어쩔 수 없이 하루 종일 길거리에서 폐지를 줍는다든가, 공장 컨베이어벨트 앞에서 하루 종일 부품을 끼우는 등 고된 노동을 해야 하는 그 많은 사람에게 "노동은 신성하다", "노동은 참된 삶의 기초다", "노동은 인간을 존엄하게 만든다" 같은 말들은 뜬구름 잡는 소리일 뿐이다. 팀 던럽Tim Dunlop은 자본주의 사회에서 노동을 이와 같이 인간다운 삶의 기초 또는 인간의 존엄성에 관계된 것으로까지 끌어올린 것은 거의 정신병적 현상이라고 말하고 있는데, 이 말은 역설적으로 노동이 그만큼 지겹고 혐오스러운 것임을

반증한다.[3]

그러나 이제 인류는 그 지겹고 고되고 혐오스러운 노동의 질곡에서 벗어날 수 있는 시대가 오고 있다. 지금 태어난 아기가 성년이 되거나 사회에 진출할 무렵이면 거의 모든 면에서 인간의 지능과 맞먹는 인공지능이 개발된다고 많은 과학자가 말한다. 이렇게 되면 정말이지 노동자가 할 일의 거의 대부분을 기계가 수행할 수 있게 되며 실제로 그렇게 될 것이다. 우리나라에도 잘 알려진 제러미 리프킨Jeremy Rifkin은 이런 현상을 다음과 같이 잘 요약하고 있다. 즉, 과거의 기술진보가 주로 인간의 생산성을 높이는 것이었다면, 미래의 기술진보는 인간 자체를 대체함으로써 인간을 자본주의 노동시장으로부터 해방한다는 것이다.[4] 이것이야말로 우리 인류가 바라는 바이기도 하다.

인공지능과 로봇의 이용으로 단순히 생산만 크게 늘어나는 것이 아니다. 생산성이 높아진다는 것은 물건이 값싸게 생산된다는 뜻이다. 과학자들의 말대로 기술진보가 기하급수적으로 빨라진다면, 물건 값이 기하급수적으로 저렴해진다. 리프킨은 『한계비용 제로의 사회The Zero Marginal Cost Society』에서 너무나 많은 것이 공짜이거나 거의 공짜가 되는 사회가 온다고 주장하면서 수없이 많은 증거를 제시하고 있다. 이미 지금도 공짜이거나 공짜에 가까운 것이 굉장히 많다. 휴대폰에 앱만 깔아놓으면 각종 귀중한 정보와 지식, 음악, 동영상 등을 공짜로 혹은 거의 공짜로 즐길 수 있다. 어느 지역 어느 동네를 가든 그곳에서 가장 맛있는 삼겹살구이 집, 가장 맛있는 탕수육을 만드는 중국음식점, 두 번째로 맛있는 팥빙수 가게를 단박에 알아낼 수 있다. 리프킨의 표현대로 수많은 상품과 서비스가 값싸게 쏟아져 나오는 '풍요의 시대'가 시작되고 있다. 인터넷을 통해 세계적 석학의 명강의도 들을 수 있다. 요컨대 머지않은 미래에 인간이 노동을 하지 않아도 상품과 서비스가 지금보다도 훨씬 더 풍부하고 값싸게 공급되는 시대가 온다는 것이다. 한마디로 머지않아 인류의 오랜 꿈인 '완전실업'이 실현된다.

이와 같이 노동을 하지 않고도 얼마든지 먹고살 수 있는 시대가 서서히 다가오고 있는데도 "노동하지 않는 자, 먹지도 말라"는 규범 중의 규범이 아직도 우리 사회에 널리 퍼져 있다. 급격한 기술진보로 노동의 의미가 없어지고 있음에도 다른 한쪽에서는 여전히 노동윤리를 강요하는 모순이 계속되고 있다. 이런 모순이 기본소득 실시에 큰 걸림돌로 작용한다. 예를 들면 결국 기본소득은 불로소득이 아니냐고 반문한다. 우리 사회에서 불로소득은 부도덕한 것으로 간주된다. 그래서 부동산투기로 돈을 번 사람들에 대한 사회적 인식이 좋지 않다. 하지만 정작 투기꾼들은 자신들이 번 돈이 절대 불로소득이 아니라고 극구 변명한다. 그만큼 "노동하지 않는 자, 먹지도 말라"는 규범이 우리 사회에 깊이 뿌리박고 있다. 그러나 노동이 필요 없는 사회에서는 소득이 불로소득이냐 아니냐를 따지는 것은 의미가 없다. 탈노동의 시대에는 인공지능 로봇과 기계가 사람 대신 '노동'을 전담한다. 따라서 거의 모든 소득이 사실상 불로소득이라고 할 수 있다. 불로소득이 아닌 것이 거의 없다는 뜻이다. 기본소득 제도는 그 불로소득의 일부를 국민이 n분의 1로 나누어 갖기 위한 것이다.

'공돈 효과'

기본소득에 대해 강한 심리적 거부감을 불러일으키는 또 하나의 요인이 있다. 공돈은 게으름과 낭비를 조장한다는 생각이다. 경제학에는 '공돈 효과House-money effect'라는 말이 있다. 노동하지 않고 가욋돈을 받으면 사람들은 이를 공돈으로 여기는 까닭에 이 돈을 함부로 써버리는 효과를 말한다. 이런 말들을 믿는 사람들은 기본소득에 극력 반대한다. 그러나 아직까지 기본소득의 시행이 게으름이나 낭비를 조장한다는 확고한 과학적 증거는 없다. 기본소득이 근로의욕을 꺾는다는 주장이 근거가 없음을 이미 여러 학자가 지적했다.[5] 오히려 기본소득이 의외로 매우 생산적으로 쓰인다는 증거는 무척 많다. 기본소득 제도를 본격적으로 실시하고 있는 나라는 아직 없으나 지역별로는 여러 곳에서 실시되었고 실시되고 있다. 미국 알래스카 주가 그 대표적인 사례다.

알래스카 주는 풍부한 석유자원을 가지고 있다. 통상 다른 나라나 지역에서는 석유개발에서 나오는 이익을 석유회사가 가져간다. 그러나 알래스카 주는 석유에서 얻는 수익을 바탕으로 1976년 영구기금을 설립하고 이 기금으로부터 알래스카 주민에게 기본소득을 제공하고 있다. 알래스카 주는 이 기금을 주 헌법에 명시했다. 이로써 알래스카 주에 매장되어 있는 석유는 석유회사의 소유가 아니라 알래스카 주민 전체의 것임을 명백히 한 셈이다. 1982년 기본소득 제도의 본격적 시행 이후 1년 이상 공식적으로 알래스카 주에 거주한 주민은 매년 일정한 액수를 배당받아왔는데, 초기에는 매년 1인당 300달러 수준이었지

만 2008년에 이미 3,000달러를 넘어섰다. 미국은 선진국 중에서 최고로 불평등이 심한 나라지만, 기본소득 제도를 실시하고 있는 알래스카주는 미국에서 소득불평등도가 가장 낮은 주다.

소규모로 기본소득 제도를 실험해본 사례는 선진국과 저개발국을 포함해서 아주 많은데, 그 결과는 무척 만족스러웠다.[6] 실시 결과 나타나는 한 가지 신기한 현상은, 기본소득을 받은 사람들이 이것을 이용해 스스로 일거리를 만들어내면서 열심히 몸을 움직이며 무언가 잘 해보려고 애를 쓴다는 것이다. 선뜻 믿기 어렵지만 수많은 실험에서 확인된 사실이다. 영국 런던 대학의 가이 스탠딩은 인도에서 수행된 기본소득 실험을 세밀히 관찰한 후 알게 된 열한 가지 사실을 피력한 보고서를 냈는데, 그중 몇 가지만 소개하면 다음과 같다.[7] 많은 사람이 자기 집과 화장실 등 주거환경을 개선함으로써 질병을 예방하는 데 돈을 썼으며, 식생활을 크게 개선함으로써 어린아이들의 영양상태가 좋아졌고, 아동 노동을 시키지 않고 학교에 보냄으로써 학교 출석률과 성적이 향상되었으며, 영농자금에 보태거나 생산시설의 개선에 투자했고, 노동을 더 많이 하거나 일거리를 만들어냈다. 결과적으로 빈곤이 줄어들었고 인간관계도 더 좋아졌으며 건강도 증진되었다. 이와 같은 기본소득 실험이 남아공과 나미비아 등 아프리카 국가들에서 특히 더 성공적이었다고 하니 고무적이다. 기본소득과 비슷한 취지로 브라질에서 실시된 '가족 직불금'은 기본소득에 대한 우려를 불식시킬 만큼 성공적인 사례로 꼽힌다.

기본소득을 실시해본 수많은 사례는 노동에 대한 기존의 고정관념들, 예컨대 노동은 자존심, 건강, 근면, 사회참여 등의 원천이 된다는 생각, 노동은 권태, 방탕, 궁핍 등 세 가지 사회악에서 멀어지게 한다는 생각, 기본소득은 궁핍은 해결해주지만 다른 문제는 해결해주지 못한다는 생각 등이 틀렸음을 증명해주고 있다. 근래 기본소득의 필요성에 대한 주장이 분출하면서 이것을 실험적으로 시행해보려는 나라들이 늘어나고 있다. 스위스는 2016년 6월 '기본소득'안을 국민투표에 부쳤으나 부결되었다. 하지만 23.1퍼센트의 찬성률은 예상치를 훨씬 넘었다는 평가를 받았다. 반대표를 던진 사람들 중에는 기본소득의 취지에는 동감하지만 아직은 시기상조라고 생각하는 사람들이 많았다. 비록 부결되기는 했지만 스위스의 시도는 기본소득에 대한 세계인의 관심을 부쩍 높인 계기가 되었다. 핀란드는 2017년 1월부터 2019년 1월까지 실험적으로 기본소득 제도를 시행했는데, 기본소득을 중심으로 기존의 방만한 사회복지 체계를 통폐합함으로써 막대한 행정비용을 줄이려는 속내를 가지고 있었다. 네덜란드도 특정 지역을 대상으로 실험적으로 기본소득 제도를 실시할 계획이라는 발표가 있었다. 이 밖에도 여러 나라에서 기본소득 제도의 도입을 고려 중인 것으로 알려지고 있다.

기본소득은 인류의 오랜 꿈인 '완전실업'을 구현하는 한 가지 수단이며, 민주주의를 지키기 위한 필수조건이기도 하다. 그러나 기본소득을 실시하기 위해서는 노동에 관련된 여러 가지 시대착오적 편견을 털어버려야 하며 평상시의 경직된 사고의 틀에서도 벗어나야만 한다.

7장

디지털 시대

—

정보의 디지털화와 빅데이터의 형성

그렇다면 구체적으로 근래 정보통신 기술의 어떤 요인 때문에 고도의 인간 두뇌활동을 기계가 접수하게 되었는지를 살펴볼 필요가 있다. 크게 두 가지 요인을 꼽아볼 수 있다. 그 하나는 인공지능의 발달이고, 다른 하나는 '빅데이터'의 조성이다. '빅데이터'의 조성이란 정보통신 기술을 통해 상상을 초월하는 엄청난 양의 정보와 자료가 수집되고 축적되는 현상을 가리킨다. 근래 정보통신 기술의 놀라운 성과들은 대부분 인공지능과 '빅데이터'의 합작품이다.

사실 인공지능에 대한 본격적 연구는 60여 년 전부터였지만 상당히 오랫동안 지지부진했다. 그러던 인공지능 연구가 근래 갑자기 놀라운 성과를 올리게 된 데는 '빅데이터' 조성이라는 요인이 있었다. 빅데이터의 조성이 가능해진 한 가지 이유는 컴퓨터가 단순히 문서와 통계자료뿐만이 아니라 음성자료나 영상자료도 아주 간단한 두 가지 수, 즉 0과 1로 표현하는 이른바 이진법binary을 활용하기 때문이다. 이진법은 독일의 철학자인 라이프니츠Gottfried Wilhelm Leibniz가 중국의 『역경易經』을 읽고 큰 감명을 받아서 개발하게 되었다고 알려져 있다. 아주 옛날 우리나라와 중국에는 우주만물을 '음'과 '양'의 조화로 보는 음양설이 널리 퍼져 있었다. 음양설은 음과 양, 이 두 가지 요소로 세상만사를 설명한다. 그렇다면 음을 '0'으로, 양을 '1'로 나타내면 세상만사를 이 두 가지 숫자로 나타낼 수 있을 것이라고 라이프니츠는 생각했다. 결국 그의 생각은 옳았다. 예를 들면 모든 영어 문장이나 부호를 0과 1이라는 두 수로 표현할 수 있다. 어떻게 하면 될까? 간단하다. 한 가지 방법은 알파벳 각각에 다음과 같이 0과 1의 조합을 배정하는 것이다.

$$00001 = a, \quad 00010 = b, \quad 00011 = c, \cdots\cdots\cdots\cdots\cdots\cdots 11010 = z$$

이렇게 26개의 알파벳 각각에 숫자를 배정하면 우리가 전달하고자 하는 모든 영어 문장을 0과 1로 나타낼 수 있을 것이다. 숫자의 경우도 비슷하다. 십진법의 1은 이진법에서는 1, 십진법의 2는 이진법에서는 10, 십진법의 3은 이진법에서는 11이다.

이진법에서 이용되는 두 수를 '이진수binary digit'라고 하며, 이것을 간단하게 줄여서 '비트bit'라고 부른다. 이진수라는 영어 단어의 '디지트

digit'는 우리말로 '손가락'이다. '디지털'이라는 말은 이진법으로 의사를 표현하는 것이 마치 손가락을 하나씩 꼽아 수를 세는 것과 흡사하다고 해서 나온 말이다. 이와 같이 지극히 단순한 방법으로 의사를 표현하는 방법은 옛날부터 있었다. 예를 들면 19세기에 많이 쓰였던 전신기의 모르스 부호Morse code는 긴 전류와 짧은 전류의 조합이다. 더 옛날로 거슬러 올라가면 봉화 역시 이진법과 비슷한 취지를 가진 메시지 전달 방법이다. 현재 사용되는 대부분의 컴퓨터는 전류가 흐르거나(1) 흐르지 않는(0) 것을 기본 단위로 하는 이진법 방식, 즉 디지털 방식으로 정보와 자료를 저장하고 처리한다. 이런 컴퓨터를 디지털 컴퓨터라고 하며 모든 종류의 정보와 매체(문자, 소리, 사진, 영상 등)를 0과 1로 바꾸는 것을 '디지털화'라고 부른다. 오늘날 비트, 즉 0과 1은 컴퓨터 고유 언어가 되었고 이 디지털 컴퓨터가 보편적으로 쓰이는 현대를 '디지털 시대'라고 부르기도 한다. 이런 점에서 라이프니츠가 이진법을 발표한 1666년이 인류에게 아주 중요한 해였다고 할 수 있다. 탈노동의 시대는 우리의 바람이지만, 우리의 미래가 디지털 시대가 될 것임은 분명하다.

모든 종류의 정보와 매체를 디지털화하면 그것을 컴퓨터에 대량 저장할 수 있고, 대량 복사할 수 있다. 그리고 컴퓨터가 네트워크와 연결되어 있으면 그 정보와 매체를 대량 전송할 수 있다. 정보와 매체의 디지털화는 크게 세 가지 특징을 가진다. 일단 무언가가 디지털화되면, 그것의 추가 사본(복사본)을 공짜로 만들 수 있다. 즉, '무료'가 첫 번째 특징이다. 과거 복사기를 이용해서 그 수많은 서류를 복사하려면 돈도 많이 들고 시간도 많이 소요되었다. 이제는 그런 복사기를 이용할 필요성이 크게 줄어들었다. 일단 디지털 원본이 만들어지면, 사본은 어느 모로 봐도 원본과 똑같다. 이 '완전성'이 디지털화의 두 번째 특징이다. 컴퓨터가 네트워크에 연결되어 있으면 원본의 사본을 수많은 곳으로 순식간에 전송할 수 있다. 다시 말해 '즉시성'이라는 특징이 추가된다. 그러니 사람들이 일일이 자료를 들고 다닐 필요도 없고, 자료를 저장할 공간을 별도로 마련할 필요도 없다. 사실 1990년대 중반까지만 해도 기업이나 정부 부처에서 일하는 직원들은 끊임없는 서류작업에 치였다. 서류철들이 가득한 카트가 사람들과 부서들 사이에 뻔질나게 오갔다. 직원들은 서류에 파묻혀 지냈다. 비유적으로 말하면, 직원들은 '서류광산'에서 일하는 광부와 다름없었다. 그러나 디지털 기술이 보편적으로 이용되면서 직원들은 서류광산에서 해방되었다.

아무리 음식재료가 많아도 이것을 제대로 요리하지 않으면 소용없듯이 아무리 디지털 기술로 빅데이터를 조성해도 이것을 활용하지 못한다면 아무 소용이 없다. 인공지능이 바로 그 활용하는 일을 해준다. 인공지능은 디지털 컴퓨터가 저장하고 있는 빅데이터를 놀라운 속도로 빠르게 읽고 분석하고 패턴을 찾아내며 의미를 파악한다. 빅데이터와 인공지능 사이에는 상호 보완관계가 있다. 인공지능에 주입되는 데이터의 양이 많을수록 인공지능이 추론해내는 패턴이 많아지고 더 정확해진다. 달리 말해서 인공지능이 더 똑똑해진다. 인공지능이 똑똑해질수록 더 효과적으로 빅데이터를 구축하게 되며 그 유용성이 높아진다. 인공지능과 빅데이터를 제4차 산업혁명의 가장 큰 특징으로 보는데는 그만한 이유가 있다.

표본조사가 아닌 전수조사의 시대가 열리고 있다

정부 각 부처의 관료와 여러 분야의 전문가들은 자신들의 업무수행 과정에서 엄청나게 많은 자료를 만들어낸다. 각종 공문서, 진료기록, 법률 서류, 금융 계정, 세무신고서, 건축 도면, 컨설팅 보고서 등 다량의 자료가 쌓인다. 컴퓨터와 인터넷이 본격적으로 사용되기 전이나 초창기에는 그 방대한 자료들을 보관하기조차 어려웠다. 버릴 것은 버리고 보관할 것은 보관해야 하는데, 그 많은 자료 중에서 어떤 것이 얼마나 중요한지 일일이 분류하기도 무척 번거로웠다. 그렇다고 무작정 보관하자니 공간을 너무 많이 차지했다. 그래서 전문가들 대부분은 당면한 작업에만 집중했고, 일단 일이 마무리되면 업무 중 생성된 자료들은 대부분 버려도 되는 물건으로 취급했다. 다만 그중 일부분을 수집하고 연구하는 일은 대부분 학자들의 몫이었다. 그러나 디지털 기술이 발달함에 따라 그런 자료들이 컴퓨터에 저장되고 빅데이터가 형성되기 시작했다. 이 덕분에 자료와 정보를 보관하기 위한 공간과 이를 담당하던 인력을 크게 줄일 수 있게 되었다.

그러나 빅데이터의 조성이 주는 혜택이 여기에만 그치는 것은 아니다. 훨씬 더 많은 혜택을 베풀어준다. 예를 들면 인공지능이 빅데이터를 체계적으로 분석한 결과물들이 모이면 전문가들도 미처 생각하지 못했던 패턴이나 인과관계, 상관관계 등이 드러나면서 새로운 추세와 통찰을 얻을 수 있다. 이뿐만 아니라 빅데이터의 조성은 전문가들의 활동을 크게 보완하기도 한다. 회계감사 업무가 좋은 예다.

회계감사인의 책임은 감사 대상 기업의 각종 장부가 얼마나 정확하고 완전하며 회사의 실제 사업활동을 공정하게 반영하는지를 확인하는 것이다. 회계감사 결과는 투자가들의 투자 결정에 결정적인 역할을 한다. 회계감사인의 업무는 대부분 엄밀하게 짜여진 절차 중심으로 진행된다고는 하지만, 기업이 수행한 모든 거래를 일일이 다 검토할 수는 없다. 특히 대기업의 경우에는 더욱 그렇다. 그래서 감사인은 기업이 수행한 거래 중에서 중요하다고 생각되는 약간의 표본을 추출하고 이를 바탕으로 기업이 작성한 장부가 전반적으로 신뢰할 만한지 대략 결론을 내린다. 그 후 감사인은 현장을 직접 방문해 토론하고 점검하는 등의 방법으로 정보를 보충해서 감사 대상 기업에 대한 감을 잡는다. 그러나 회계감사인이 활용하는 이런 접근법에는 필연적으로 결점이 있다는 사실을 인정해야 한다. 비록 통계학적으로 유의미하더라도 한정된 표본을 바탕으로 추론하는 데는 위험이 따르기 마련이고, 주먹구구식으로 하면 잘못된 결론이 나오는 경우도 적지 않다. 설상가상으로 회계감사인이 처리해야 할 자료의 양은 세월이 흐를수록 엄청나게 늘어났다.

하지만 이제는 표본을 추출할 필요가 없어졌다. 기업이 수행한 모든 거래를 대상으로 빅데이터를 조성하고 이를 바탕으로 정교하게 감사할 수 있는 소프트웨어가 개발되었기 때문이다. 표본추출에서 벗어나 사용 가능한 자료를 모두 이용하는 쪽으로 이동하는 것이 바로 빅데이터의 일반적인 특징이다. 이른바 '전수조사'가 가능해졌다는 것이다. 여기에 더해서 앞으로는 '상시감사'라는 대변혁이 온다. 과거에는 사전에 정해진 기간에만 감사를 할 수 있었지만, 앞으로는 실시간으로 기업의 건전성에 관한 통찰을 얻을 수 있게 된다.

인공지능의 개발과 빅데이터의 조성 등 근래 첨단 과학 기술의 발전상은 실로 놀랍지만, 이에 못지않게 놀랄 일은 그토록 많은 과학자가 새로운 기술의 출현을 예상하지 못하고 사후에 놀라움을 표명하기 일쑤였다는 점이다. 이것은 일종의 미스터리다. 인공지능을 장착한 로봇 왓슨이 퀴즈왕이 된 사건을 과학자들은 근래 기술진보가 이룬 가장 놀라운 업적으로 꼽는다. 그렇다면 왜 인공지능의 출현을 그 많은 과학자가 제대로 예상하지 못하고 깜짝 놀랐을까? 여기에는 그럴 만한 사연이 있다. 인공지능에 대한 연구는 오래전부터 진행되어왔지만, 한동안 침체상태에 빠져 있었던 탓에 놀라운 성과를 예상하기 어려웠기 때문이기도 하고, 뒤늦게 빅데이터의 조성이 인공지능의 성능을 갑자기 높였던 탓도 있다. 사실 얼마 전까지만 해도 많은 학자가 인공지능의 개발에 극히 회의적이었다. 인공지능이 인간의 지능을 따라가려면 인간의 사고방식과 사고 과정을 그대로 모방해야 하는데, 그러려면 넘어야 할 산이 아직 너무 많다는 것이다. 우리 인간조차도 우리 자신의 두뇌가 구체적으로 어떻게 작동하는지에 관해서 잘 모르는 부분이 아직도 많다. 우리도 잘 모르는 것을 인공지능이 어떻게 모방한단 말인가? 따라서 그런 놀라운 일들이 쉽게 실현되기 어렵다는 것이다.

그러나 이런 주장은 소위 '인공지능의 오류'에 빠져 있다는 비판을 받고 있다. 인공지능이 그런 놀라운 일들을 이루어내기 위해서는 굳이 인간을 정확하게 그대로 모방할 필요가 없다. 구체적으로 말하면, 인간의 정보처리 방식이나 사고방식을 인공지능이 똑같이 그대로 복제할 필요가 없다는 것이다. 인공지능이 문제를 해결하는 방식은 인간의 지능이 문제를 해결하는 방식과 아주 다를 수 있기 때문이다. 이를테면 치타처럼 빨리 달리기 위해서 굳이 치타의 다리구조와 운동방식을 모방할 필요는 없다. 자동차는 치타의 다리와 전혀 다른 네 개의 바퀴로도 치타보다 더 빨리 달릴 수 있다. 비행기가 날기 위해서는 굳이 새의 날개를 가질 필요가 없다. 한 인공지능 전문가의 말을 빌리면, "똑똑해지는 방법은 사람처럼 똑똑해지는 것 말고도 매우 많다."[1] '인공지능의 오류'는 바로 이 점을 간과했다. 즉, 굳이 인간의 업무수행 방식을 모방하거나 참고하지 않고도 고성능 인공지능 시스템이 인간보다 업무를 더 잘 처리할 수 있다는 것이다.

구체적으로 외국어의 번역을 예로 들어보자. 우리말을 영어로 혹은 영어를 우리말로 번역하기 위해서는 양쪽 언어의 어휘와 문법을 충분히 이해할 수 있어야 할 뿐만 아니라 주변 세상의 돌아감을 넓게 알고 있어야 한다. 따라서 인공지능 번역기도 이런 요건을 갖추어야 한다고 생각하기 쉽다. 그러나 이런 생각은 틀린 것이다. 인간 번역가와는 달리 인공지능 번역기는 자신이 번역하는 언어의 단어나 문장의 뜻도 모르며 문법도 모르지만, 술술 잘 번역한다. IBM의 왓슨 역시 사람이 하는 방식으로 문제를 해결하도록 설계되지 않았다. 〈제퍼디!〉에 참가한 왓슨은 2억 장이 넘는 문서를 확보하고 자연언어 처리, 기계학습, 음성합성, 게임 수행, 정보 검색, 지식 처리와 추리 등 다양한 인공지능 도구나 기술을 활용해서 제기된 질문에 대답할 뿐이다. 마치 인공지능 번역기가 단어의 뜻도 모르고 문법도 모르면서 번역하듯이 왓슨은 자기가 무엇을 하고 있는지도 잘 모른다. 왓슨은 대승을 거둔 후에도 기뻐 날뛰거나 자기 기분을 떠벌리거나 대패한 상대방에게 위로의 말을 전하지도 않았다. 그래서 어떤 철학자는 "왓슨은 자기가 〈제퍼디!〉에서 우승한 줄 모른다"고 꼬집었다. 하지만 그는 인공지능과 인간 지능의 근본적 차이를 정확하게 짚어냈다고 할 수 있다.[2]

어린아이의 말 배우기와 어른의 말 배우기

일을 해내는 데는 여러 가지 방법이 있는데, 어떤 방법이 가장 효과적인지는 상황에 따라 달라질 수 있다. 예를 들어보자. 어린아이에게 어떤 동물이 고양이인지를 가르친다고 해보자. 언뜻 생각할 수 있는 한 가지 방법은 고양이가 어떻게 생겼는지를 자세히 설명해주는 것이다. 동그란 눈이 두 개, 뾰족한 귀가 두 개, 다리가 네 개, 부드러운 털 등. 그러나 이런 식으로 대충 설명하면 어린아이는 고양잇과의 다른 동물과 고양이를 구별하지 못한다. 따라서 고양이가 다른 동물들과 어떻게 다른지도 자세히 설명해주어야 한다. 요컨대 고양이에게만 규칙적으로 나타나는 특징을 모두 설명해주어야 하는데, 설명이 끝도 없이 이어지게 된다. 그러나 다른 방법도 있다. 어린아이에게 그냥 수십 마리의 고양이를 보여줌으로써 실제로 경험을 시키는 것이다. 그러면 어린아이는 저절로 고양이의 모습을 익히게 되고 그런 연후에는 다른 고양이를

초연결사회와 보통사람의 시대

보더라도 쉽게 고양이를 알아보게 된다. 실제로 어린아이들은 일상생활에서 수많은 고양이를 보면서 어떤 동물이 고양이인지를 척척 알아낸다.

이렇게 두 가지 방법, 즉 규칙을 가르쳐주는 방법과 경험을 가지게 하는 방법이 있을 수 있는데 어느 방법이 좋은지는 상황에 따라 다르다. 예를 들어 어린아이에게 더하기를 가르친다고 하자. 경험시키는 방법을 쓴다면, 1에 1을 더하면 2, 1에 2를 더하면 3, 1에 3을 더하면 4……, 이런 식으로 수없이 많은 더하기 사례를 열거해주어야 하는데 이는 좋은 방법이 아니다. 무한히 많은 사례를 열거해야 하기 때문이다. 그냥 공식을 가르쳐주면 된다. 예를 들어 1에 어떤 숫자를 더하면 결과는 항상 그 숫자보다 하나 더 큰 숫자가 된다는 것을 가르치고 나서 1 더하기 100은 101, 1 더하기 1,000은 1,001, 1 더하기 10,000은 10,001 등 몇 가지 사례만 보여주는 식이다.

인공지능 컴퓨터의 경우에도 마찬가지다. 인공지능 컴퓨터에 규칙을 가르치는 방법을 적용할 것인가, 아니면 수많은 사례를 경험하게 하는 방법을 적용할 것인가. 상당히 오래전인 1956년에 이미 인공지능에 관한 최초의 학술대회가 있었다고 하는데, 초창기 인공지능 학계가 이 두 방법을 놓고 두 진영으로 갈려 긴 논쟁을 벌였다. 비유적으로 말하면, 한쪽은 어린아이의 언어습득 방식을 활용해 인공지능을 개발하려고 시도했고, 다른 한쪽은 성인의 언어습득 방식을 활용해 인공지능을 구축하려고 노력했다. 어린아이가 말을 배우는 방식은 어른이 외국어를 배우는 방식과 판이하게 다르다. 어린아이는 기본적으로 주변에서 하는 말들을 수없이 많이 듣고 단어와 문법을 스스로 깨우친 다음 어느 시점에 이르면 말하기 시작한다. 달리 말하면 수많은 일상의 경험을 통해서 말을 배운다는 것이다. 엄마가 "밥 먹자"고 하면서 우유를 주는 일을 반복하면 이 말의 뜻과 함께 우유가 무엇인지를 알게 된다. 따로 단어교육이나 문법교육을 받을 필요가 없다. 어린아이의 뇌는 언어 학습에 특화되어 있어서 무의식중에 통계원리를 토대로 언어를 습득한다. 따라서 주변에서 하는 말들을 많이 들을수록 빨리 그리고 정확하게 말을 배울 수 있다. 어린아이의 이런 언어습득 방식을 고려해서 개발되는 인공지능을 통계 기반 인공지능이라고 하는데, 경험 기반 인공지능이라고 할 수도 있다.

똑같이 말을 배우는데도 어린아이와 달리 성인은 외국어를 무척 어렵게 습득한다. 수많은 단어를 외워야 할 뿐만 아니라 문법을 배워야 한다. 문법은 매우 복잡하고 때로는 일관성 없는 잡다한 규칙들의 집합이다. 이 문법을 숙지하지 않고는 외국어를 구사할 수 없다. 문법을 엉성하게 알아서도 안 된다. 예를 들어 "그 애는 밥을 먹었다"라는 문장과 "그 애는 밥을 먹었나"라는 문장은 마지막 글자 하나를 빼고는 똑같지만 뜻은 다르다. 토씨를 잘못 써도 뜻이 달라진다. "그는 강아지에게 생선을 먹였다"라는 문장과 "그는 강아지를 생선에게 먹였다"라는 문장을 비교해보면 토씨만 뒤바뀌어 있지만 뜻은 완전히 달라진다. 따라서 외국어를 제대로 하려면 문법을 거의 완벽하게 알아야 하는데, 이것이 결코 쉽지 않다. 어떻든 성인이 언어를 습득하듯이 규칙과 논리를 주입해서 인공지능을 구축할 수도 있는데, 이것을 규칙 기반 인공지능이라고도 한다.

초창기에는 규칙 기반 인공지능을 추구하는 쪽이 성공하는 듯했다. 실제로 논리와 규칙을 바탕으로 하는 인공지능이 개발되어 수많은 수학 문제를 풀었다. 그러나 수학이나 논리 분야에서는 성공을 거두었다고 해도 다른 분야, 예컨대 언어 분야나 영상 분류 등에 있어서는 오랜 기간 연구를 했는데도 인상적인 결과를 내놓지 못했다. 결국 정부와 업계에서 지원하던 연구비가 말라버리면서 1980년대 말부터 규칙 기반 인공지능 연구는 긴 겨울을 맞게 되었다. 규칙 기반 인공지능을 개발하려는 시도는 결국 두 가지 난관을 극복하지 못하고 주저앉았다. 어떻게 보면 그 두 가지 난관은 극복하기가 거의 불가능한 듯 보였다.

첫째, 이 세상에는 수없이 많은 규칙이 있는데, 예를 들어 언어 분야의 경우 그 많고 복잡하고 일관성 없는 문법의 전부를 명령어 집합으로 만들어서 컴퓨터 시스템에 짜 넣는 것은 사실상 거의 불가능한 일이다. 위에서 설명했듯이 그것도 80퍼센트만 옳은 문법이 아니라 거의 완벽한 문법이어야 한다.

둘째, 규칙으로 나타낼 수 없는 것들도 무척 많다. 알고 있지만 말로 표현할 수 없는 것들이 수없이 많기 때문이다. 예를 들어보자. 한 손으로 삶은 달걀의 껍데기를 벗기는 네 살짜리 어린아이가 있었다. 어른들이 두 손으로도 쉽지 않은 일을 한 손으로 척척 하는 그 신통한 아이에게 그 방법을 물었다. 물론 그 아이는 설명하지 못했다. 그냥 질문하는 사람을 멍하니 쳐다볼 뿐이었다. 그렇다고 그 아이가 달걀 껍데기 벗기는 방법을 모르는 것은 아니다. 우리는 자동차를 후진해서 좁은 주차장 공간에 넣는 일을 늘 하지만, 막상 그것을 말로 설명해보라고 하면 잘 하지 못한다. 감 혹은 느낌이 큰 역할을 하는데 이것은 말로 설명하기 힘들기 때문이다. 이런 사례들처럼 말로 표현할 수 있는 것보다 더 많은 것을 알고 있는 현상을 흔히 '폴라니의 역설'이라고 한다.

학습기계

경험 기반 인공지능을 추구하던 연구자들은 바로 이 폴라니의 역설을 극복하려고 노력해왔다. 마치 어린아이가 수많은 경험과 실수를 거쳐서 언어를 습득하듯이 수많은 경험과 이것의 반복 그리고 되먹임 feedback을 통해 스스로 학습하는 인공지능을 시도했다. 예를 들면 1만 장의 고양이 사진을 보여주고 "컴퓨터야, 이걸 보고 고양이가 알아내는 법을 연구해봐"라고 주문하는 것이다. 그러면 컴퓨터는 그 많은 사진을 분석하고 패턴을 찾아낸다. 그다음에는 다른 동물 사진을 보여주면 그 패턴에 입각해서 그것이 고양이인지 아닌지를 알아낸다.

2000년대에 들어와 빅데이터가 조성되면서 경험 기반 인공지능을 추구하던 연구자들의 노력이 단연 활기를 띠게 되었다. 마침 인간 두뇌의 신경망을 모사한 인공신경망이 개발되었다. 경험 기반 인공지능을 추구하던 연구자들은 빅데이터를 이용해서 인공신경망을 내장한 인공지능을 학습시켰다. 그 한 가지 방법은 질문과 정답을 짝 지은 조합을 수없이 많이 보여준 다음 새로운 질문에 답하라고 명령하는 것이다. 예를 들어 한글 문장과 이것을 영어로 번역한 문장을 짝 지은 다음 그런 짝을 수없이 많이 인공지능에 보여준다. 이렇게 인공지능을 충분히 학습시킨 다음 "나는 당신을 사랑한다"라는 문장을 입력한 뒤 번역하라고 명령하면 "I love you"라는 영어 문장이 튀어나온다. 언어의 번역뿐만 아니라 음성 인식도 이와 비슷한 방식으로 학습시킬 수 있다. 음성과 이것을 문자로 나타낸 것을 짝 지은 조합을 수없이 많이 입력하면, 인공지능의 신경망 안에서 연관관계가 구축된다. 그런 다음 새로운 음성을 들려주면 이것에 상응하는 문자가 찍혀 나온다. 이렇게 학습시키는 방법을 '지도학습supervised learning'이라고 하는데, 수많은 경험을 통해서 기계가 학습을 하는 셈이다. 그래서 '학습기계learning machine'라는 말도 나왔고, '머신러닝machine learning'이라는 연구 분야가 등장하기도 했다.

이 새로운 분야가 뜨면서 인공지능에 내장된 인공신경망이 적절히 배치되고 충분히 강력해지면 인간이 특별히 훈련시키거나 지도하지 않아도 인공지능이 스스로 학습할 수 있음이 밝혀졌다. 즉, 자율학습unsupervised learning이 가능해졌다는 것이다. 예를 들어 손으로 쓴 글자를 수없이 많이 입력하면, 인공지능이 스스로 그것을 분석하고 패턴을 찾아낸다. 그런 다음 새로운 글자를 입력하면, 그것이 어떤 패턴에 속하는 것인지를 정확하게 짚어낸다. 고도화된 인공지능 번역기의 경우에는, 과거의 수많은 실제 번역 사례들을 무차별로 입력하면 인공지능이 이것을 정리하고 통계적으로 분석해서 우리말의 특정 단어나 문장이 영어의 어떤 단어나 문장과 상응하는지를 확률적으로 계산해낸다. 그런 다음 확률이 최고로 높은 쌍을 찾아내고 그 확률에 따라 "당신을 사랑한다"는 문장이 들어오면 번역기는 "I love you"라고 번역하게 된다. 이와 같이 확률에 입각해서 번역하기 때문에 입력된 번역 사례가 많으면 많을수록 확률계산이 더 정확해지고 번역의 정확도도 높아진다.

그럼에도 번역의 오류가 발생할 수 있다. 특히 한 단어가 여러 가지 의미를 담고 있는 경우에 그랬다. 예를 들어 '배를 만지다'라고 하면 그것이 먹는 배일 수도 있고 사람의 배일 수도 있으며 타는 배일 수도 있다. 앞뒤 문맥을 고려하지 않으면 '맛있는 배'를 'delicious ship'으로 번역할 수도 있다. 그러나 근래에 개발된 인공지능 번역기는 이런 오류를 잘 범하지 않는다. 그 이유는 인간처럼 문장 앞뒤의 맥락을 이해하기 때문이 아니라 대규모 데이터베이스상의 통계를 분석해서 어떤 상황에서 '먹는 배'가 등장할 확률이 높으며 어떤 상황에서 '타는 배'가 등장할 가능성이 높은지를 확인하는 수단을 이용하기 때문이다. 방대한 자료를 빠르게 검색하고 수집해서 '빅데이터'가 조성되고 이것을 더욱더 효과적으로 정리하고 분석할 수 있게 되면 인공지능 번역기가 훨씬 더 정확해질 것이다. 앞으로 인간 통역가가 필요 없는 시대가 곧 올지도 모른다.

그러나 어떻든 여기에서 중요한 것은, 방대한 실제 사례들이 쌓여서 조성된 빅데이터가 인공지능 번역기나 왓슨의 업무 처리의 밑바탕을 이룬다는 것이다. 번역이나 퀴즈쇼뿐만 아니라 다른 분야의 인공지능도 마찬가지다. 의료 분야의 인공지능 시스템은 특정 환자의 증상과 100만 명(혹은 수백만 명)의 환자에 대한 과거의 진료기록을 비교해서 진단을 내린다. 인공지능 시스템의 진단방식은 보통 인간 의사의 그것과 다르며, 따라서 진단 결과도 달라질 수 있다. 법률 분야 인공지능 시스템 역시 한 사건에 관련된 사실을 과거에 발생한 수십만 건의 사건들과 비교해서 판결 결과를 예측하는 방식을 택한다. 따라서 보통 변호사와는 다른 방식으로 업무를 처리하며, 그 결과 역시 다를 것이다.

8장

보통사람의 시대

유식해지고 유능해진 보통사람

탈노동의 시대는 우리가 원하는 것이고 이것을 이루려면 사회적 노력이 필요하다. 탈노동의 시대가 실현되든 안 되든 우리 사회는 큰 변화를 겪게 되어 있다. 디지털 기술은 우리 사회를 획기적으로 바꿀 것이라고 한다. 사회가 약간만 바뀐다면 우리는 과거처럼 생각하고 행동해도 무방하다. 그러나 획기적으로 바뀐다면 그래서는 안 된다. 각 개인이 새로운 사회에 알맞은 능력과 자질을 갖추어야 하므로 개인적인 노력이 필요하다. 그렇다면 미래 디지털 시대는 구체적으로 어떤 모습으로 우리에게 다가올까? 여러 미래학자가 공통적으로 지적하는 미래 사회의 한 가지 두드러진 특징은 일반 대중의 역할과 영향력이 부쩍 커진다는 점이다. 흔히 디지털 기술이나 제4차 산업혁명의 큰 특징으로 인공지능, 빅데이터, 초연결사회Hyper-connectivity society 등을 꼽지만,『머신, 플랫폼, 크라우드』의 저자들은 인공지능의 출현, 각종 '플랫폼'의 등장과 함께 '일반 대중의 부상'을 꼽고 있다. '플랫폼'이란 쉽게 말해서 인터넷 중개업소다. 출판사와 독자를 연결해주는 아마존이 대표적인 플랫폼이고, 빈 방을 가진 사람과 여행객을 연결시켜주는 에어비앤비, 자가용 자동차를 가진 사람과 승객을 연결시켜주는 우버 등이 전 세계적으로 성업 중인 플랫폼이다. 중국의 알리바바도 세계적인 플랫폼이다.

디지털 시대를 'ABC의 시대'라고 말하는 학자도 있는데, 여기에서 ABC란 인공지능의 A, 빅데이터의 B, 일반 대중의 C를 합친 것이다.『머신, 플랫폼, 크라우드』의 저자들이나 ABC의 시대를 말하는 학자들 모두가 공통적으로 '일반 대중의 부상'을 미래 사회의 큰 변화로 꼽고 있다. 디지털 기술의 진보 덕분에 특히 보통사람들이 과거보다 더 많은 활동을 하게 되고 그 범위도 더 넓어지는 '일반 대중의 시대'가 온다는 것이다.

그렇다면 디지털 기술이 어떻게 일반 대중의 시대를 초래하는 것일까? 우선 디지털 기술이 보통사람들을 점점 더 유식하게 만들고 있음을 지적하지 않을 수 없다. 앞에서도 자세히 설명했듯이 디지털 기술의 발전은 정보의 재생산과 유포를 저렴하게 만드는 효과를 가져왔다. 이 결과 보통사람들도 빅데이터에 쉽게 접근할 수 있게 되었다. 컴퓨터에 물어보면 뭐든지 척척 대답해준다. 과거에는 학교에 가지 않으면 얻기 어려웠던 많은 고급 지식을 누구나 인터넷을 통해 습득할 수 있다. 인터넷에 뜨는 대학 공개강좌를 수강할 수도 있다. 따라서 충분한 시간이 주어지면 보통사람들도 누구나 전문가 못지않게 높은 수준의 지식을 갖출 수 있다. 지금까지는 적지 않은 사람들, 특히 엘리트들은 일반 대중을 우매하다며 깔봤다. 과거에는 그랬는지 모르지만 디지털 시대에는 이런 말을 할 수 없게 된다. 많은 경우 일반 대중은 우리가 생각하는 것보다 훨씬 더 똑똑하다. '국가기후환경회의' 위원장인 반기문 전 유엔사무총장은 미세먼지 문제에 대한 국민의 목소리를 듣기 위해 다수의 시민과 접촉했는데, 전문가 뺨칠 정도로 이 문제에 관해 높은 식견을 가진 일반 시민이 의외로 많아서 무척 놀랐다고 한다.[1]

사실 일반 대중의 지적 수준이 이렇게 극적으로 높아졌다는 것은 역사적으로도 무척 획기적인 일이다. 인류의 긴 역사에서 대부분 기간 동안 일반 대중은 글자조차 깨우치지 못할 정도로 무지몽매했고, 결과적으로 인류 사회는 엘리트가 지배하는 사회가 될 수밖에 없었다. 일반 대중의 무지몽매에 대해 오죽 답답했으면 세종대왕이 신하들의 극렬한 반대를 무릅쓰고 직접 나서서 한글을 창제했을까. 세종대왕의 명으로 집현전 학사들이 한글을 창제했다고 알려져 있지만, 사실은 신하들의 반대 때문에 세종대왕의 자식들과 소수의 최측근들이 비밀리에 임금을 도와 한글을 만들었다는 설도 있다.

서구에서도 실로 오랫동안 일반 대중은 매우 무지몽매했다. 오늘날의 학자들도 소크라테스, 플라톤, 아리스토텔레스 등 고대 그리스 학자들을 연구하고 자주 인용하는 것을 보면 당시 최고 엘리트들의 지

　　　　　　　　초연결사회와 보통사람의 시대

적 수준은 오늘날의 최고 엘리트와 비교해도 크게 뒤지지 않았다고 봐야 한다. 이런 점에 비추어보면, 고대 그리스 시대 최고 엘리트들의 지적 수준과 당시 일반 대중의 지적 수준 사이의 격차는 하늘과 땅 차이만큼 극단적으로 컸다고 할 수 있다. 중세까지도 그 격차는 어마어마하게 컸다. 대부분의 일반 대중은 성경을 제대로 읽을 수 없었다. 그래서 사제들이 성경을 읽고 공부해서 하느님의 뜻을 일반 대중에게 전달하는 역할을 했다. 일반 대중은 하느님과 일 대 일로 직접 소통할 수 없다는 주장이 충분히 설득력을 가질 수밖에 없었다. 그러다가 르네상스 이후 인쇄술이 발달하고 교육이 확산되면서 비로소 일반 대중의 지적 수준도 서서히, 조금씩 높아지기 시작했다. 인쇄술이 발달하면서 아주 특출한 인재가 아니더라도 아이디어만 좋으면 책을 만들 수 있게 되었고, 책을 통해 자신의 주장을 설득할 수도 있게 되었다. 하지만 최고 엘리트와 일반 대중의 격차는 여전히 비교할 수 없을 만큼 컸다. 불과 수십 년 전까지만 해도 그랬다. 이렇게 큰 격차가 실로 오랫동안 지속되다 보니 일반 대중은 무식한 존재라는 인식이 굳어졌다. 예를 들면 2017년 원자력 발전 의존도를 단계적으로 낮추는 방안을 놓고 전문가와 함께 일반 시민들도 참여하는 공론화위원회가 만들어졌을 때 일부 보수 언론은 일반 시민의 참여를 극렬하게, 지속적으로 반대했다. 일반 시민들이 참여하기에는 원자력 발전의 문제가 너무 어렵고 복잡하다는 이유를 내걸었지만, 이들이 전달하려는 메시지는 '일반 대중이 뭘 제대로 알겠느냐, 전문가에게 맡겨라'라는 것이다.

그러나 디지털 시대에 들어와서 엘리트와 일반 대중 사이의 격차가 급격하게 줄어들면서 이런 투의 생각은 이제 시대착오적인 것이 되고 있다. 일반 대중의 지적 수준만 높아진 것이 아니다. 그 역량도 상당히 커졌다. 다시 말해 일반 대중이 유식해졌을 뿐만 아니라 유능해졌다는 것이다. 일반 대중이 유능해진 데는 크게 두 가지 요인이 작용했다. 그 하나는 보통사람들도 고성능 컴퓨터를 비롯한 각종 첨단 도구들을 이용할 수 있게 됨으로써 높은 생산성을 갖추게 되었다는 점이고, 다른 하나는 디지털 기술 덕분에 다른 사람의 도움을 받거나 다른 사람들과 협동하기가 매우 쉬워진 결과, 과거보다 훨씬 더 많은 일을 효과적으로 수행할 수 있게 되었다는 점이다. 사실, 디지털 기술의 발전은 우리 사회에 놀라운 변화를 가져다주었다. 무수히 많은 사람을 연결시킴으로써 사회적 연결망social network을 형성했다는 점이 바로 그것이다. 세계 인구의 75퍼센트가 휴대전화를 보유하고 있으며, 중국 인구보다 더 많은 사람이 페이스북Facebook을 통해 서로 연결되어 있다. 구글과 아마존까지 합치면 연결된 사람들의 숫자는 이보다 훨씬 더 많아진다.

인터넷은 단순히 사람들만을 연결시키는 데 그치지 않는다. 무수히 많은 기계와 기계(사물과 사물)를 연결시킨다. 사물 인터넷이 바로 그것이다. 앞으로는 거의 모든 기계와 설비에 내장된 센서가 실시간으로 방대한 정보를 제공할 것이다. 예를 들어 과거에는 각종 기계와 설비들의 상태를 알려면 사람들이 달려가서 일일이 직접 점검해야 했다. 이제는 그럴 필요가 없다. 기계와 장비들의 상태뿐만 아니라 물류의 움직임, 생산의 흐름, 소비자의 행태 등에 관한 방대한 정보가 센서를 통해 수집된다. 이 정보는 네트워크를 거쳐 중앙 컴퓨터로 모인다. 그

초연결사회와 보통사람의 시대

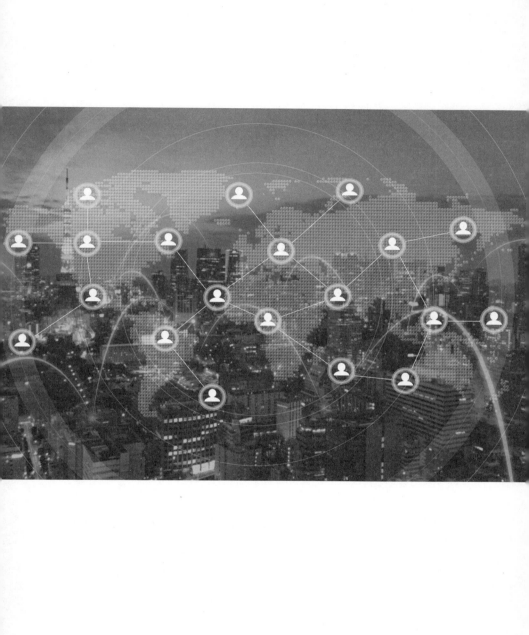

러면 인공지능이 고도의 분석기법을 이용해서 이것을 처리함으로써 자원 이용의 효율성을 비롯한 생산성을 획기적으로 높이게 된다. 이와 같이 사람과 사람, 사물과 사물, 사람과 사물이 연결되는 현상은 과거에 볼 수 없었던 놀라운 현상이다. 그래서 미래는 '꿈의 초연결사회의 시대'가 된다고 말한다.

이 꿈의 연결망 덕분에 수많은 낯선 사람들이 대화를 하고 협동할 수 있게 되었다. 서로 소통을 하다 보면 보통사람들도 우리 사회가 당면한 문제가 무엇인지를 더 잘 파악할 수 있고 효과적인 해결책을 강구할 수 있다. 그만큼 더 똑똑해진다. 따라서 미래에는 대화를 바탕으로 한 보통사람들의 활동이 훨씬 더 다양해지고 많아지게 될 것이며 이들 사이의 협동도 크게 늘어날 것이다. 단순히 활동의 양과 협동이 늘어나기만 하는 것이 아니다. 보통사람 각각의 영향력이 시간과 공간의 한계를 뛰어넘는다. 뒤에서 다시 살펴보겠지만, 아이디어만 좋으면 보통사람도 전 세계를 무대로 활동할 수 있다. 우리나라에 앉아서 중국 웹사이트를 통해 중국 사람들에게 물건을 판매할 수도 있고, 외국 회사의 직원으로 활동할 수도 있으며, 세계 여러 나라 사람들과 컴퓨터를 이용해 상대방의 얼굴을 보면서 화상회의를 할 수도 있다.

요컨대 빅데이터와 사회적 연결망, 이 두 가지가 합작해 일반 대중으로 하여금 과거 그 긴 세월에 걸친 수동적인 존재에서 벗어나 우리 사회를 주도하는 세력으로 부상할 수 있는 여건을 조성했다는 것이다. 결과적으로 엘리트가 지배하던 시대에서 일반 대중이 주도하는 시대로 접어들게 되었다.

엘리트를 밀어내는 보통사람의 힘

2016~2017년의 촛불시위는 일반 시민의 정치적 영향력이 얼마나 큰지를 여실히 보여준 사례로 꼽힌다. 오늘날 거의 대부분의 민주주의 국가는 대의민주주의 제도를 택하고 있다. 명분이야 어떻든 실제에 있어서 전통적인 대의민주주의 제도는 정치 엘리트와 일반 대중 사이의 수직적인 정치관계를 바탕으로 한다. 예컨대 국회의원은 사실상 특권화된 직업으로 인식되고 있고, 정부 각 부처에는 관료주의가 팽배해 있다. 우리나라에서뿐만 아니라 오늘날 대부분의 민주국가에서 의회, 정당, 정치가 등에 대한 국민의 신뢰가 급속히 낮아지고 있다. 정부나 국민의 대표자들은 국민의 이익과 요구를 대변하는 존재라는 것이 대의민주주의 제도의 기본 취지지만, 일반 대중은 이를 더는 믿지 않게 되었다.

정치 엘리트나 정치권에 대한 신뢰의 하락과는 대조적으로 보통사람들의 정치적 역량은 디지털 기술 덕분에 나날이 커지고 있다. 정보의 양에 있어서나 사회적 쟁점에 대한 이해와 판단력의 면에서도 일반 대중이 정치 엘리트에게 결코 뒤떨어지지 않게 되었다.[2] 정치권에 실망한 이들은 여론형성 과정과 정책결정 과정에 직접 참여하기를 원하게 되었고, 이러한 정치참여 과정을 통해서 진정한 민주주의를 구현하기를 원한다. 촛불시위에서 보듯이 네트워크를 통해서 결집된 일반 대중은 하나의 정치세력으로 부상하고 있다. 앞으로 이들이 정치 과정에 더 깊숙이 참여하면서 권력의 축이 점차 엘리트에서 일반 대중으로 이동하게 될 것으로 전망된다. 기성 정치 엘리트들이 차세대 민주주의 모델에서는 쓸모없는 '중개자'로 전락할 가능성마저 있다. 이미 정치학계에서는 '직접민주주의'에 근접한 새로운 형태의 민주주의에 대한 논의가 활발하다. 최소한 지방자치단체 수준에서만이라도 직접민주주의를 실현하는 방안에 대한 논의가 조심스럽게 진행되고 있다.

원래 디지털 시대의 초기부터 인터넷은 민주화를 촉진하는 기술로 인식되어왔다. 인터넷의 작동원리가 민주화에 기여할 수 있다고 보았기 때문이다. 지금까지 우리가 보아온 인터넷 네트워크는 몇 가지 특징을 가지고 있다. 우선, 누구에게나 열려 있다. 간단한 절차만 거치면 누구나 인터넷을 자유롭게 이용할 수 있다. 이런 '보편적 접근성'이 인터넷의 첫 번째 작동원리다. 인터넷을 이용하는 사람들 사이에는 상하관계가 없다. 일방적으로 지시하는 사람도 없고 복종하는 사람도 없다. 모두가 동등하다. 이런 '수평적 관계'가 인터넷의 두 번째 작동원리다. 거의 대부분의 경우 인터넷에 접속하는 사람이나 참여하는 사람의 수에 제한이 없다. 최대한 많은 사람이 인터넷에 접속하고 참여할 수 있다는 것, 다시 말해 '최대 참여'가 인터넷의 세 번째 작동원리다.

과거에는 소수의 전문가들이 정보를 제공하면 보통사람들은 이것을 받아들이기만 했다. 정부나 기업에서도 윗사람이 얘기하면 아랫사람은 듣기만 했다. 상하 위계질서 때문이기도 하지만 윗사람은 경험과 정보를 풍부하게 가지고 있다고 여겨졌기 때문이다. 그래서 과거에는 대화가 주로 한 방향으로만 진행되었다. 그러나 오늘날 인터넷에서는 대화가 양방향으로 진행된다. 보통사람이나 아랫사람도 얼마든지 자신의 의견을 제시하고 정보도 제공한다. 웬만한 전문 분야의 문제에 관해서는 보통사람도 한마디씩 거들 수 있게 되었다. 이와 같이 양방향 대화가 활발해지면 일반 대중이 과거보다 더 많이 정치적 과정에 참여해서 발언하게 된다. 그만큼 민주주의가 발전한다.

정치권뿐만 아니라 경제도 보통사람들이 주도하는 시대가 온다. 다보스포럼(세계경제위원회)은 세계 최고의 엘리트 모임으로 알려져 있는데, 2019년 모임은 '세계화 4.0'을 화두로 삼고 급부상하는 보통사람들의 역할을 강조했다고 한다. 세계화 4.0의 개념은 역사적으로 세계화가 여러 단계를 거쳐 진행되어왔다는 생각을 바탕으로 한다. 즉, 과거 제국주의가 주도하던 세계화 1.0에 이어서 국가가 주도하던 세계화 2.0, 그리고 기업이 주도하던 세계화 3.0에 이어서 앞으로는 보통사람 개인이 주도하는 세계화 4.0의 시대가 열린다는 것이다. 만일 이렇게 되면, 이것은 역사의 한 획을 긋는 현상이라고 할 수 있다.

그렇다면 보통사람이 어떻게 경제를 주도하게 될까? 우선 눈길을 끄는 점은 보통사람이 가치 창출에 적극 참여하게 된다는 것이다. 그 실제 사례들이 도처에서 관측되고 있다. 지금까지 자본주의 사회에서는 우리가 가치 있게 생각하는 많은 것, 이를테면 의식주에 관련된 것들뿐만 아니라 예술, 문화 등에 관련된 것들의 대부분을 기업이나 공공기관들이 주도적으로 생산하고 공급해왔다. 일반 대중은 기업이 생산하고 공급하는 상품과 서비스를 구매하고 소비하는 존재일 뿐이었다. 자본주의 시장경제에서 교환이란 주로 기업과 개인들 사이의 거래였으며, 생산자와 소비자가 확연히 구분되었다. 기업이 가치를 창출하고 일반 대중은 소비자로서 그저 그것을 즐길 뿐이다. 보통사람이 노동자로서 생산에 참여한다고는 하지만, 실제 노동자는 자신의 노동을 기업에 팔고 임금을 받기만 할 뿐이다. 어떤 가치를 어떻게 그리고 얼마나 많이 창출할 것인지는 거의 전적으로 고용자가 결정했다. 이 결정 과정에서 노동자는 배제되었다. 따라서 노동자 역시 수동적으로 움직이는 존재에 불과하다.

하지만 미래에는 디지털 기술 덕분에 보통사람과 시민사회가 가치 창출에 적극 가담함으로써 점차 기업을 밀어낼 것으로 전망된다. 결과적으로 가치 창출의 원천이 다양화된다. 수많은 사람이 연결되어 있으면 정보나 아이디어를 교환하기도 수월하고, 물건을 얻거나 팔기도 쉬워지며, 사람 구하기도 쉬워진다. 연결된 사람들이 많으면 많을수록 이런 이익들이 커진다. 이것이 이른바 네트워크 효과network effect다. 이 효과 덕분에 문화, 예술 분야에서 일반 대중의 창작활동이 한층 더 활기를 띠게 된다. 이들이 만든 창작물이 네트워크를 타고 순식간에 전 세계로 퍼질 수 있다. 수년 전 세계적으로 24억 명이 〈강남 스타일〉의 뮤직비디오를 시청했으며, 최근에는 '방탄소년단'이 전 세계적으로 선풍적인 인기몰이를 하고 있다. 이와 같이 한국인이 세계적으로 선풍적 인기를 끈다는 것은 과거에는 생각하기 힘든 일이었다.

이와 같이 디지털 기술의 진보는 비단 예술 분야뿐만 아니라 다른 여러 분야에서 일반 대중의 가치 창출을 활발하게 만든다. 그중에서도 지식의 창출, 제품과 서비스의 생산, 그리고 유휴자원의 활용 등을 통한 가치 창출이 주목을 받고 있다. 이런 일반 대중의 개별적 가치 창출

뿐만 아니라 다른 여러 가지 집단활동을 통한 가치 창출도 주목되는 부분이다.

일반 대중이 기업을 밀어내고 가치 창출을 주도한다는 전망은 매우 그럴 듯해 보이지만 과연 디지털 기술의 발달만으로 그런 시나리오가 실현될 수 있을지는 의심스럽다. 예를 들어 수많은 사람이 실직해서 먹고살 수 없는 지경에 이른다면 가치 창출 활동을 할 수도 없을 것이다. 따라서 촘촘한 사회안전망과 기본소득 등의 방법으로 누구나 먹고 사는데 걱정이 없는 여건이 조성되어야 일반 대중이 가치 창출 활동에 한층 더 적극 참여할 수 있게 될 것이다. 다시 말해서 노동을 하지 않아도 생계가 보장되는 탈노동의 시대와 디지털 시대가 동시에 이루어져야 한다는 것이다.

일반 대중이 주도하는 지식의 창출과 공유

21세기에 들어와서 많은 학자를 깜짝 놀라게 한 것은 수많은 사람이 공짜로 귀중한 지식을 인터넷에 올리고 그것을 수많은 사람과 공유한다는 것이다. 위키피디아Wikipedia가 대표적인 예다. 위키피디아는 다수의 사람이 자율적으로 참여해서 공동으로 만들어낸 백과사전이다. 이들은 아무런 금전적 대가를 받지 않고 무료로 봉사한다. 기존의 그 많은 방대한 백과사전을 무용지물로 만들어버린 위키피디아는 288개 언어로 번역되어 전 세계적으로 수천만 명이 이용하고 있다. 이에 따라

지식의 공유가 폭발적으로 늘어나게 되었다. 과거에는 "열심히 공부해라. 공부해서 남 주냐?"라고 말했다. 그리고 공부도 혼자 했다. 집에는 공부방이 있고, 도서관이나 독서실에는 칸막이가 있다. 그러나 이제는 공부해서 남 주는 시대가 되고 있으며, 혼자 공부하는 시대는 끝나가고 있다. 이 결과 너무나 많은 정보와 지식이 공짜가 되고 있다. 결과적으로 대성공을 거두었지만 출범 당시 위키피디아는 불가능한 과업으로 간주되었다. 비록 아이디어는 좋지만 결국 쓰레기더미가 될 것이라고 여겨졌다. 왜 그런 잘못된 믿음을 가지게 되었을까? 잘못된 고정관념에 빠져 있었기 때문이다. 사람들은 공짜로는 일하지 않으며, 감시하는 사람이 없으면 열심히 일하지 않는다는 고정관념이 그것이다. 위키피디아는 그런 통념을 깨뜨렸다. 우리 사회에 남을 위해 무료로 봉사할 용의를 가진 사람들이 의외로 많다는 사실에 다수의 학자가 놀라움을 표명한다.

이제 누구나 지식의 보고에 쉽게 접근할 수 있게 되었으므로 관심만 가지면 유식해진 보통사람들도 얼마든지 지식의 창출과 공유에 적극 참여할 수 있게 되었다. 위키피디아의 대성공을 포함해서 디지털 기술의 발달이 몰고 온 놀라운 결과는, 지식을 습득하는 새로운 방법들이 등장했으며 혁신의 속도가 빨라졌다는 것이다. 특정 책을 보고 싶거나 자료가 필요하면 그냥 자판이나 마우스를 두어 번 클릭하기만 하면 쉽게 얻을 수 있고, 사본을 만들어 저장해두면 누구에게나 손쉽게 전송할 수 있다. 음악이나 각종 오락물들도 마찬가지다. 책을 한 권 읽든 열 권 읽든, 음악을 한 곡 듣든 열 곡 듣든 추가 비용이 거의 들지 않는다.

인터넷은 세계 최대의 복사기계다. 음악, 영화, 아이디어 등이 끊임없이 복사되면서 사방으로 흘러 다닌다. 대부분의 경우 복사는 무료거나 무료에 가깝다. 자료를 보낼 때도 마찬가지다. 리프킨의 말대로 한계비용 제로의 시대가 열리고 있다.

지식의 창출과 공유에도 네트워크 효과가 작용한다. 인터넷을 통한 정보와 자료의 양과 종류가 많아질수록 점점 더 많은 사람이 몰리게 되고 그럴수록 정보와 자료의 양과 종류도 증가한다. 이에 따라 일반 대중이 자발적으로 주도하는 지식 공여나 공유가 비약적으로 증가할 뿐만 아니라 문제를 푸는 방식도 바뀌고 있다. 유명한 사례를 하나 들어보자. 태양의 표면에 일시적인 폭발이 일어나면 우주에 떠 있는 시설이나 사람은 방사선에 치명적인 수준으로 노출될 수 있다고 한다. 이런 현상을 전문가들은 태양 입자 사건이라고 부르는데, 그 폭발의 강도와 시간을 미리 예측하는 방법을 알아내지 못한 미국 항공우주국은 이 과학 문제를 인노센티브Innocentive라는 온라인 정보 교환소에 올렸다. 그래서 누구든지 이 문제를 파고들 수 있게 되었다. 놀랍게도 이 문제에 최종 해답을 준 사람은 천체물리학계의 전문가가 아닌, 어느 시골 소도시의 은퇴한 무선 주파수 기술자였다.[3]

이와 같이 대중에게 공개해서 문제를 해결하는 방법을 흔히 '크라우드 소싱crowd-sourcing'이라고 부르기도 한다. 종전에는 핵발전소 문제는 핵전문가, 경제 문제는 경제학자, 수질오염 문제는 환경공학자 등 전문 분야의 문제는 주로 전문가들만 참여해서 주도했고, 사람들은 이를 당연하게 여겼다. 그러나 디지털 시대에는 얘기가 사뭇 달라진다. 미국 항공우주국이 이용했다는 그 정보 교환소에는 골치 아픈 과학 문제들이 많이 올라오는데, 그중에서 약 30퍼센트가 해당 분야의 전문가가 아닌 '변두리' 사람들 덕에 해결되었다고 한다. 크라우드 소싱이 점점 더 많이 활용됨에 따라 '변두리' 사람들이 문제해결에 기여할 여지도 점점 더 커지고 있다.

기업들도 크라우드 소싱의 유용성을 알아채기 시작했다. 예를 들어 보자. 사탕처럼 생겨서 오도독오도독 씹어 먹을 수 있는 얼음조각이 큰 인기를 끌게 되었지만, 그 얼음조각을 만드는 제빙기의 부피가 너무 커서 회사만이 그것을 만들 수 있었다. 그래서 세계 최대의 가전제품 제조업체인 GE는 이것을 손쉽게 만드는 가정용 제빙기의 제작에 착안하고 그 설계를 온라인 공모에 붙였다. 이 공모의 최종 우승자는 미국인이 아닌 멕시코에 사는 인물이었다. 이 사건을 계기로 GE는 두 가지 효과를 달성했다. 하나는 직원이 아닌 일반 대중으로부터 아이디어를 얻는 방법을 알게 되었다는 것이고, 다른 하나는 광고 효과를 통해 가정용 제빙기 시장을 더 효율적으로 개척할 수 있었다는 것이다. 공모 과정에서 이 가정용 제빙기를 세상에 널리 알릴 수 있었기 때문이다.

인터넷을 통해 지식을 공유하는 모임도 크게 늘어나고 있다. 질병에 관한 지식과 정보의 공유가 그 한 예다. 질병을 경험한 사람들이 그 질병의 증상, 진단, 치료 등에 관한 자신들의 성공담이나 실패 경험 등을 인터넷에 올림으로써 다른 사람들과 이를 공유하고 서로 조언을 해주는 일들이 잦아지면서 선진국에서는 환자 주도patient-driven 건강관리 사이트들이 급속히 증가하고 있다. 이른바 온라인 환자 공동체다. 사실 보통사람들은 건강 악화를 감지하고 전문가를 만나려고 해도 어떤 전문가를 언제 만나야 할지 잘 모른다. 그래서 이 병원 저 병원으로 전전하다가 병을 키우기도 한다. 온라인 공동체를 통하면, 질병을 어떻게 예방하고, 일단 병에 걸렸을 때 어떻게 대처하며, 언제 어떤 의사를 찾아가야 하는지 등에 관해 구체적으로 많은 조언을 들을 수 있다. 불필요하게 병원을 전전할 필요가 없다.

이 온라인 환자 공동체 사이트에 올라오는 대중의 지혜가 상당히 정확하고 때로는 전문가들보다 더 포괄적이라는 사실이 밝혀지면서 젊은 의사들이 이를 주목하기 시작했다. 그런 대중의 지혜는 빅데이터를 형성하는데, 이를 정리하고 분석함으로써 전문가들이 새로운 의학지식을 얻는 연구방법이 퍼지고 있다. 기존의 전형적인 연구방법이 의사가 주도하고 환자들은 단순히 수동적인 역할만 하는 권위주의적 하향식 방법이라면, 이 새로운 연구방법은 대중의 지혜를 출발점으로 삼는 탈권위주의적 상향식 방법이라고 할 수 있다. 어떻든 이 새로운 연구방법은 기존의 연구방법에 비해 비용이 매우 저렴하고 무척 신속하다는 장점이 있다.

앞으로는 인공지능을 비롯한 첨단 기술이 의료 서비스 분야에서 가장 활발할 것으로 전문가들은 보고 있다. 10년 후에는 신체나 옷에 부착된 센서('자가 측정' 기기)를 이용하면 혈압, 맥박, 운동량, 소화운동, 수면 패턴, 감정 등에 관한 데이터를 대량 수집해서 분석할 수 있으므로 먼 곳에서도 건강상태를 실시간 상세하게 파악할 수 있게 된다. 꼭 의사를 만나야 하는 경우가 아니라면 온라인 진단 시스템을 활용해서 각자 스스로 어느 정도 건강 문제를 해결할 수 있다. 일반인을 대상으로 어느 언론사가 주최한 강연에서 의료 분야의 한 전문가가 "누구든지 의사가 될 수 있고 상담자가 될 수 있는 시대"가 온다고 말하자 관객들이 큰 박수를 보냈다고 한다.[4]

일반 대중이 지적 활동에 더 많이 참여하게 되면 그만큼 혁신도 많아질 것이다. 근래의 많은 혁신은 기존에 있던 것들의 재조합에서 나오는 경우가 대부분이었다. 예를 들면 근래의 최대 혁신으로 꼽히는 자율주행 자동차는 기존의 자동차에 첨단 정보통신 기술을 접합한 것이라고 할 수 있다. 일반 대중이 지적 활동에 많이 참여하면 그만큼 보는 눈이 많아지므로 기존에 있던 것의 오류나 미비점들이 더 많이, 쉽게 발견될 것이다. 따라서 일반 대중이 우수한 재조합을 발견할 가능성도 높아질 것이다. 달리 말하면 일반 대중에 의한 혁신의 기회가 많아진다는 것이다.

이런 여러 사례는 정보와 자료만 충분하면 보통사람들도 얼마든지 전문가 수준의 활동을 할 수 있고 큰 영향력을 행사할 수도 있음을 의미한다. 실제로 인터넷을 통해 유통되는 정보와 자료의 양은 상상을 초월할 정도로 많다. 옛날에는 정보를 얻기가 어렵거나 돈이 많이 들었고, 그래서 고급 정보를 얼마나 많이 가지고 있느냐가 개인이나 기업의 경쟁력을 좌우했다. 하지만 오늘날에는 오히려 정보와 자료가 너무 많아서 탈일 지경이다.

보통사람도 사업하기 좋은 시대

과거에는 돈과 재산을 많이 가지고 있거나 이것을 많이 동원할 수 있는 사람들이 주로 사업을 할 수 있었다. 사업을 하려면 돈이 많이 들었기 때문이다. 규모의 경제를 살리기 위해서는 통상 막대한 초기 투자비가 필요하다. 에너지 생산이 그 대표적인 예다. 그래서 막대한 자금 동원력을 가진 대기업들만이 석유나 전력을 생산할 수 있었다. 세계 어느 나라에서나 에너지를 생산하는 기업은 거의 대부분 대규모 독점 기업이다. 가난뱅이가 사업을 하려면, 우선 피땀 흘려 노동을 하면서 돈과 재산을 긁어모아야 했는데, 이는 결코 쉬운 일이 아니었다. 자본가 계급과 노동자 계급의 대립이라는 말이 보편화될 정도로 자본가와 노동자가 확연히 구분되었다.

그러나 인터넷의 발달 덕분에 보통사람도 사업하기가 한결 쉬워졌다. 아이디어만 좋으면 보통사람도 인터넷을 통해 얼마든지 자금을 끌어모을 수 있다. 근래에는 자금을 필요로 하는 사람들과 돈을 가진 사람들을 연결해주는 플랫폼, 이른바 금융 플랫폼 혹은 투자 플랫폼들이 크게 늘어나고 있다. 이런 금융 플랫폼들은 일반 대중에게 투자의 기회를 풍부하게 제공한다. 이와 같이 보통사람도 사업자금과 각종 생산수단에 쉽게 접근하는 현상이 빈번히 나타나면서 '생산수단의 민주화'라는 말이 나돌고 있다. 과거 전통적 자본주의 시대는 자본가가 생산수단을 독점하던 시대라면, 디지털 시대는 생산수단의 민주화가 이루어지는 시대이기도 하다.

인재들도 쉽게 모집할 수 있다. 굳이 국내의 인재만 고집할 필요가 없다. 아무리 저개발국이라도 고등교육을 받은 우수한 인재들이 곳곳에 박혀 있다. 인터넷 검색기술이 발달한 덕분에 세계 구석구석에 묻혀 있는 그런 우수하면서도 비용은 적게 드는 인재들과 접속하기가 한결 쉬워졌다. 따라서 서울에 앉아서 인도의 컴퓨터 전문가, 태국의 홍보 전문가, 베트남의 디자이너, 인도네시아의 천연자원 전문가 등을 섭외해서 같이 사업을 할 수 있다. 굳이 한곳에 모여서 같이 일할 필요도 없다. 화상회의를 통해 사업을 의논하고, 업무를 배당하며, 진행 상황을 보고받을 수 있다.

과거에는 일단 상품을 만들어놓더라도 이것을 판매하는 데 많은 어려움이 있었다. 그러나 인터넷의 발달은 상품의 유통을 용이하고 저렴하게 해주었다. 물건만 좋으면 인터넷을 통해 직접 판매할 수도 있고, 택배회사에 연락해서 판매할 수도 있다. 각종 플랫폼들의 출현이 일반 대중의 가치 창출 활동에 큰 도움이 된다. 예를 들면 이들이 생산한 물품의 판로를 알선해주는 플랫폼도 있고, 이들이 필요로 하는 각종 시설들을 알선해주는 플랫폼도 있다. 트럭을 비롯한 운송수단이 필요하면 관련 플랫폼에 연락해서 자동차 소유자들로부터 이것들을 빌려 쓸 수 있으며, 주차장이 필요하면 이것을 가진 사람을 소개시켜주는 플랫폼에 연락하면 된다. 이런 플랫폼들 덕분에 보통사람도 사업하기가 훨씬 더 쉬워졌다. 이제는 전통적 자본주의 기업처럼 굳이 한곳에 사람과 생산도구 및 시설들을 모아놓을 필요가 없다.

이와 같이 보통사람이 개별적으로 사업할 수 있는 기회가 늘어나

　　　　　　　　　　　초연결사회와 보통사람의 시대

면서 선진국에서는 1인 기업이나 영세기업들이 부쩍 증가했다. 우리나라에서는 1인 기업이나 영세기업이 대부분 실직이나 퇴직 후 먹고 살기 위해서 어쩔 수 없이 하는 '생계형 기업'들이다. 그러나 선진국에서 늘어나는 1인 기업이나 영세기업은 보통사람이 디지털 기술을 활용해서 일으킨 '사업형 기업'들이다. 이런 '사업형 기업'을 일으킨 보통사람을 '대중 기업가', 이들이 주도하는 경제를 '소호경제'라고도 한다. 여기에서 소호^{SOHO}는 'Small Office Home Office'의 약자로서 말 그대로 작은 사무실, 가정 사무실이라는 뜻이다. 즉, 소규모로 운영되는 1인 기업이나 자영업 또는 개인 기업 등을 총칭한다. 미국의 경우 2003년부터 2013년 사이에 1인 기업이 약 30퍼센트 가까이 증가한 것으로 나타났는데, 이 소호기업들 중의 상당수가 범지구적으로 활동하는 기업들이라고 한다.[5] 앞에서 언급한 2019년 세계경제포럼이 세계화 4.0을 강조한 것도 바로 이런 새로운 현상에 주목했기 때문이다. 첨단 기술이 매우 빠른 속도로 발달하고 있는 우리나라에서도 이런 소호기업이 앞으로 크게 늘어날 것이다.

소호기업의 경우에는 노동자와 자본가의 구분이 애매모호하다. 생산수단의 민주화가 진행되면서 노동자이면서 자본가이고, 자본가이면서 노동자인 사람들이 크게 늘어나고 있다. 달리 말하면 노동자와 자본가의 경계가 점점 더 모호해진다는 것이다.

대체로 전통적인 기업은 큰 조직을 갖추고 있다. 왜 그럴까? 대답은 간단하다. 혼자서나 소수의 사람만으로는 할 수 없는 일이 너무 많기 때문이다. 다시 말해 여러 사람이 조직적으로 일할 때 비용이 덜 들기 때문이다. 그러나 디지털 기술은 과거 조직만이 처리할 수 있었던 많은 일을 개인이나 소수의 사람들도 손쉽게 처리할 수 있게 해주었다. 막노동자로부터 고급 전문 인력에 이르기까지 일해줄 사람들을 구하기도, 이들에게 일을 시키기도 한결 쉬워졌다. 게다가 디지털 기술이 발달함에 따라 기업의 모든 업무를 분해해서 작은 작업으로 쪼갠 다음 자체 처리할 업무, 기계나 컴퓨터로 처리할 업무, 외부의 인력에 위임할 업무 등을 체계적으로 구분하는 공정분석 기법이 개발되고 있다. 이 기법을 잘 이용하는 기업은 자신의 몸집도 줄일 수 있고 동시에 비용도 크게 절감할 수 있다. 앞으로 고급 일거리들도 외부에 위임하는 일이 한층 더 빈번해질 것이다. 따라서 외부에 위임하는 과업을 맡아서 수행해줄 기업들도 크게 늘어날 것이다. 이런 기업을 '과업형 기업'이라고 부르기도 한다.

어떤 기업이 자신의 업무를 잘게 쪼개서 다수의 과업형 기업들에 위임하는 것은 사실상 그 기업이 다수의 소규모 기업으로 해체되는 것으로 볼 수도 있다. 앞으로 공정분석 기법이 더욱 발달하고 외부에 위임하는 부분이 많아짐에 따라 기업 및 산업의 해체가 빠른 속도로 진행될 것이라는 전망도 있다. 기업의 해체가 빠른 속도로 진행된다는 것은 한편으로는 기업의 규모가 전반적으로 하향 조정됨을 의미하고, 다른 한편으로는 과업형 기업의 수가 크게 증가함을 의미한다. 이렇게 되면 보통사람들도 사업을 할 수 있는 기회가 크게 늘어날 것이다.

디지털화 시대에는 연구전문기관들의 연구방법도 시대에 맞게 바뀌게 될 것이다. 이미 바뀌고 있다. 일단 연구과제가 정해지면 통상 이 과제를 수행하는 과정은 몇 가지 단계를 거친다. 우선 해당 과제에 관련된 자료와 문헌을 수집해서 검토하고, 해당 과제에 관한 시사점을 도출하고 정리한 다음 이를 바탕으로 보고서 내용을 작성하며, 보고서 내용에 오류가 있는지를 검증해서 수정하고, 최종 편집을 거친 뒤 보고서로 인쇄한다. 지금까지는 거의 대부분의 경우 이 모든 과정을 연구기관이 독자적으로 수행했다. 따라서 많은 인력이 필요했고 비용도 많이 들었다. 그러나 앞으로는 연구과제를 각 단계별 작업으로 쪼개서 외부에 하청을 주는 경우가 많아질 것이다. 그러는 편이 훨씬 더 능률적이고 비용도 크게 줄일 수 있기 때문이다. 외부에 하청을 주는 과정에서 전문가 수준의 지식을 가진 보통사람이 참여하는 기회도 크게 늘어날 것이다.

　연구기관뿐만 아니라 전문가가 수행할 일거리도 줄어든다. 전문가의 일을 분해해서 작은 작업으로 나눈 다음 그 일부를 기계로 처리하거나 혹은 준전문가나 비전문가들에게 위임할 수 있기 때문이다. 우리는 흔히 전문가들의 업무가 독창적이고 난해하며 복잡한 내용으로 구성되어 있으므로 전문가가 아닌 사람들은 감히 범접할 수 없다고 생각한다. 그러나 자세히 들여다보면 그런 부분은 의외로 적다고 한다. 전문가 서비스라는 이름으로 수행되는 작업의 상당한 부분이 규칙적으로 반복되는 일들로 구성되어 있다. 최소한도 이런 부분은 따로 떼어내 기계화하거나 보통사람들에게 맡길 수 있다. 컴퓨터 기술이 고도로 발달한 오늘날에는 전문가가 일일이 문서의 정리나 검색을 하지 않아도 된다. 외부에 위임할 수 있기 때문이다.

과거에는 기업 경영진이 정보와 자료를 수집하는 데 많은 시간을 보냈으나 오늘날에는 그럴 필요가 별로 없다. 인터넷을 통해 각종 정보가 홍수처럼 쏟아져 나오고 있기 때문이다. 오히려 너무나 많은 정보가 우리를 혼란에 빠뜨리고 있다. 정보의 홍수에서 각자가 자신이 원하는 정보를 찾아내기가 무척 어렵기 때문이다. 이른바 '정보 과부하' 현상이 나타났다. 자연히 그 많은 정보를 어떻게 정리해서 검색하기 쉽게 만들 것인가 하는 문제가 대두되었다. 놀랍게도 이 문제에 대한 하나의 해결책을 미국 스탠퍼드 대학의 두 학생이 제시했다. 이들은 인터넷에 올라온 콘텐츠의 상당 부분이 서로 연결되어 있다는 점에 착안했다. 마치 학계에서 하나의 논문이 발표되면 이것을 인용하거나 비판하는 논문이 나타나면서 서로 연결된 논문들이 한 집단을 형성하듯이 인터넷에서도 하나의 콘텐츠가 올라오면 댓글 달기나 퍼나르기 등으로 연결되는 콘텐츠들이 연이어 나타난다. 이런 식으로 콘텐츠들을 이어주는 연결고리를 추적해서 정리하면 검색이 쉬워진다.

그 두 학생은 이런 아이디어를 실행할 회사를 1998년에 설립했다. 회사명이 처음에는 '백러브BackRub'였는데 나중에 '구글'로 바뀌었다. 구글은 일반 대중이 올리는 콘텐츠들이 겉으로는 비록 무질서해 보여도 그 속에 그 나름의 질서가 있다는 깨달음을 토대로 세상을 바꾸었다. 이와 같이 방대한 정보를 정리하고 분석하며 관리하는 데 도움을 주는 시스템이 앞으로도 계속 개발될 것이다. 그리고 이런 시스템은 사용자의 특정 목적과 관련된 정보를 정확히 찾아내는 데 도움을 줄 것이다. 따라서 '정보의 과부하'라는 문제가 어느 정도 해결된다.

이미 오늘날에도 전문가가 아닌 보통사람도 그런 시스템을 이용해서 원하는 정보를 찾아낸 다음 이것을 분석하고 활용한다. 예를 들어보자. 부동산에 관해 방대한 자료를 수집할 수 있다면 부동산 문외한들도 간단한 부동산 지식을 활용해서 이것을 분석하면 실용적인 부동산 가격 예측 모형을 만들 수 있다. 쏟아져 나오는 정보 중에는 고급 경영지식도 많이 있으며, 비전문가들도 인터넷을 통해 그런 정보에 접근할 수 있다. 이 결과 기업들이나 컨설팅회사들은 정형화된 조사업무를 대부분 외부의 비전문가들에게 위탁하고 있다.

맞춤형 대량생산의 시대, 일반 대중의 활발한 생산활동의 시대

디지털 기술의 발달은 상품과 서비스의 생산 및 공급 방식에도 획기적인 변화를 초래했다. 기존의 획일적 대량생산 체제에서 '맞춤형 대량생산' 체제로 이행한 것이 바로 그것이다. 과거 제1, 2차 산업혁명은 획일적 대량생산 체제를 가져왔고 이것이 지금까지 계속되고 있다. 이 대량생산 체제에서는 기업과 소비자의 관계가 일방적이었다. 기업들이 상품을 대량으로 생산해서 시장에 쏟아놓으면 소비자들이 달려가서 자신들이 원하는 것들을 구매했다. 만일 원하는 것이 없으면 다음을 기약하고 발길을 돌려야 했다. 소비자들의 취향은 시장조사를 하든 또는 다른 방법을 활용하든 기업들이 알아서 헤아렸다. 다행히 잘 팔리면 소비자의 취향을 잘 헤아린 것이고, 그렇지 않으면 실패한 것이다. 소비자들은 기업이 잘하기를 기대하고 그저 앉아서 기다릴 수밖에 없었다.

　그러나 디지털 시대에는 얘기가 많이 달라진다. 개별 소비자의 취향에 최대한 부응하는 대량생산이 가능해졌기 때문이다. 흔히 제4차 산업혁명의 총아로 꼽히는 3D 인쇄기가 그 한 계기가 되었다. 3D 인쇄기로 물건을 만드는 방법은 기존의 공장에서 물건을 만드는 방법과 아주 다르다. 3D 인쇄기의 공법은 융해된 재료들을 한 층 한 층 쌓아가면서 물품을 만드는 이른바 '적층공법'이다. 영국의 한 대학원생이 아프리카의 사하라 사막에서 이 공법의 실용성을 입증했다. 이 학생이 직접 만든 3D 인쇄기에는 대형 렌즈가 부착되어 있는데, 이것으로 사막의 모래를 녹이면 3D 인쇄기가 사전에 작성된 소프트웨어(프로그램)의 명령에 따라 이것을 뿌리면서 한 층 한 층 쌓아 최종적으로 원하는 모양의 유리 제품을 완성하게 된다. 네덜란드의 한 학생은 플라스틱 재료로 가구를 만들 수 있는 3D 인쇄기를 개발했다. 오늘날에는 여러 가지 재료들을 융해해서 물품을 만드는 3D 인쇄기가 개발되었다. 소프트웨어의 명령에 따라 3D 인쇄기가 융해된 플라스틱, 융해된 금속, 혹은 기타 소재들을 한 층 한 층 쌓아올리면서 물품을 만든다. 작업이 완료되면 최종 완성된 제품이 인쇄기 밖으로 튀어 나온다. 3D 인쇄기 공법의 장점은 투자비를 줄여주며, 소재를 절약함으로써 생산비를 크게 줄일 수 있고, 각 개인들의 취향에 맞추어 다양하게 설계된 물건을 만들기가 쉽다는 점이다. 다시 말해 맞춤형 물건을 만들기가 용이하다는 것이다.

이 3D 인쇄기가 실용화되면서 소비자들은 자신들의 취향을 기업에 직접 전달해서 원하는 것을 가질 수 있게 되었다. 예를 들면 세계적인 한 운동화 제조업체는 3D 인쇄기를 이용해서 맞춤형 생산을 한다. 즉, 소비자들이 자신이 원하는 운동화를 그린 설계도를 보내면, 이 설계도에 맞추어 3D 인쇄기로 운동화를 만들어 보낸다. 단순히 맞춤형으로 공급할 뿐만 아니라 소비자의 요구에 즉각적으로 대응해서 공급한다. 이런 체제를 '온디맨드on-demand' 경제라고 한다. 기업이 소비자의 취향을 잘 헤아려주기를 앉아서 기다릴 필요가 없다. 말하자면 디지털 시대에는 맞춤형 온디맨드 경제가 온다는 것이다. 앞으로 3D 인쇄기가 더 저렴해지면 각 개인들이 직접 자신의 취향에 맞는 운동화를 '인쇄'해서 자신도 신고 다른 사람들과 거래도 하게 될 것이다.

앞으로 3D 인쇄기는 특수 장치들이 잔뜩 붙어 있는 대규모 설비를 갖출 필요가 없게 함으로써 개인들도 자신이 원하는 것을 스스로 손쉽게 만들게 될 것이다. 많은 경우 3D 인쇄기 소프트웨어가 공개되어 있으므로 일반 대중도 3D 인쇄기를 이용할 수 있게 되었다. 예를 들면 3D 인쇄기를 이용하면 주부들도 각 가정에서 자신의 취향과 체질에 맞는 화장품을 스스로 만들어서 쓸 수 있을 뿐만 아니라 인터넷을 통해 이것을 다른 사람들에게 소개하고, 원하는 사람들에게 그 화장품을 만들어서 보낼 수도 있다. 호응이 좋아서 동호인들의 수가 충분히 많아지면 그 화장품으로 장사를 할 수도 있다. 이렇게 되면 주부들이 사업가가 되는 셈인데, 이들은 생산자이면서 소비자다. 1980년대부터 시작된 3D 인쇄기는 이제 새로운 제조 모형이 될 것이다. 앞으로 건물을 만드는 3D 인쇄기도 개발될 것이며, 3D 인쇄기로 만들어지는 자동차는 이미 실험단계에 있다. 2025년이면 3D 인쇄기를 이용해서 거부 반응이 없는 생체조직을 제조하고 맞춤형 인공장기도 제작될 것으로 전망된다.

디지털 시대에는 지식의 창출과 공유의 측면뿐만 아니라 상품과 서비스의 생산에서도 일반 대중의 활동이 과거보다 훨씬 더 활발해질 것이다. 기술진보로 3D 인쇄기뿐만 아니라 각종 기계와 공구가 발달하고 저렴해지면서 보통사람들도 이런 것들을 쉽게 구할 수 있게 되었고, 따라서 보통사람들이 스스로 물건을 만들기도 쉬워지고 있기 때문이다. 취미로 개인들이 스스로 물건을 만드는 것을 흔히 DIY(Do-It-Yourself, 자작自作 혹은 자가 제작)라고 하는데, DIY는 각 개인이 스스로 선택한 물품을 자신들이 원하는 방식으로 만드는 활동이기 때문에 전형적인 '일'이다. 과거에는 DIY가 취미활동이었지만, 탈노동의 시대에는 DIY 활동이 한층 왕성해질 뿐만 아니라 취미활동의 범위를 크게 넘어서 아주 다양한 형태의 경제활동으로 발전하게 된다. 앞에서 살펴본 것처럼 3D 인쇄기의 발달이 일반 대중의 DIY 활동을 크게 촉진할 것이다. 현재 DIY 활동에 적합한 기계나 공구들이 많이 개발되고 있고, DIY에 필요한 물품들을 판매하는 상점들도 늘어나고 있는 추세다.

일반 대중의 DIY가 활발해지면 굳이 전통적 기업을 통하지 않더라도 자기들끼리의 거래를 통해서 원하는 물건을 손쉽게 얻을 수 있게 될 것이다. 이와 같이 전통적 기업을 통하지 않고 개인들끼리 하는 거래를 흔히 p2p(peer-to-peer) 활동이라고 한다. 디지털 시대에는 p2p를 이용한 일반 대중의 가치 창출 활동이 크게 늘어날 것이다. 근래 '메이커 운동maker movement'이 계속 확산되고 있는데, 이는 스스로 고치고 개량하는 사람, 자기가 쓸 물건을 직접 만드는 사람, 취미로 무언가를 만드는 창작자, 기술자, 과학자 등이 온라인에서 서로를 돕는 현상을 포괄적으로 표현하는 용어다. 메이커들은 요리법, 3D로 인쇄할 부품 설계도 등 온갖 문제들의 해결 요령을 공유한다. 어떤 메이커는 '식량 컴퓨터food computer'를 개발했는데, 컴퓨터를 활용해 다양한 크기의 폐쇄된 공간에서 작물을 키우는 방식이다. 온라인 대중거래가 성장하고 번성하고 있음을 보여주는 사례는 이 밖에도 수없이 많다.

디지털 시대에는 3D 인쇄기 이외의 방법으로도 수많은 상품이 맞춤형으로 공급된다. 예를 들면 과거에는 한정된 방송매체를 통해 음악을 들을 수 있었고, 디제이DJ들이 선정한 음악만 들을 수 있었으며, 앨범을 사더라도 거기에 실린 음악을 순서대로 들어야 했다. 그러나 지금은 각자가 듣고 싶은 음악만 골라서 들을 수 있을 뿐만 아니라 어떤 특정 부분만 발췌할 수도 있고, 나아가서 그것을 각자의 취향에 맞게 고칠 수도 있다. 여러 음악을 다운받은 다음 적절히 취합해서 자신에게 맞는 새로운 음악을 만들 수도 있고, 이것을 다른 사람들과 함께 즐길 수도 있다. 앞으로 10년 동안 만들어질 창작물의 양은 지난 50년 동안 만들어진 것보다 훨씬 더 많을 것이라는 전망도 있다.

디지털 시대에는 광고도 맞춤형이 된다. 종전에는 신문이나 텔레비전에 화장품 광고가 뜨면 그 화장품이 필요하지 않은 사람들도 그 광고를 봐야만 했다. 그러나 이제는 필요한 사람에게 필요한 광고만 뜨게 하는 맞춤형 광고가 많이 나타나고 있다. 구글과 같은 플랫폼들은 일반 대중 개인들의 취향을 소상히 파악하고 있기 때문에 예컨대 야구를 즐기는 사람들의 웹사이트에는 야구용품에 관한 광고가 뜨게 한다.

이런 수많은 사례를 종합해보면 몇 가지 뚜렷한 경향을 읽을 수 있다. 앞으로 기업을 통하지 않는 개인들끼리의 거래, 즉 p2p 활동도 크게 늘어나면서 이것이 시장경제에서 점점 더 큰 비중을 차지하게 될 것이다. 이렇게 되면 생산자와 소비자 사이의 경계도 모호해진다. '프로슈머prosumer'라는 말이 유행하고 있듯이 생산자이면서 소비자인 사람들이 늘어나고 있다. 3D 인쇄기를 비롯한 기계와 도구의 저렴화는 앞으로 프로슈머를 양산하게 될 것이다. 더욱더 주목되는 것은 자본가와 노동자 사이의 경계도 점점 더 모호해진다는 것이다.

보통사람도 에너지를 생산하는 시대

일반 대중이 가치 창출 활동을 직접 수행하는 또 하나의 좋은 실제 사례는 재생 가능 에너지renewable energy의 생산이다. 예를 들면 태양광 집열판 기술이 발달함에 따라 각 개인들도 손쉽게 태양광 발전시설을 갖출 수 있게 되었다. 각 개인들은 자신이 쓰고 남은 전력을 다른 개인들에게 공급할 수도 있고 전력회사에 판매할 수도 있다. 이들은 전기의 생산자이면서 소비자다. 독일의 경우 재생 가능 에너지 생산시설의 40퍼센트를 개인들이 가지고 있는 것으로 알려져 있다.[6] 과학자들은 앞으로 재생 가능 에너지를 채집하는 기술이 기하급수적으로 발전할 것이라고 말한다. 3D 인쇄술이 발달함에 따라 종이처럼 얇은 태양광 집열판solar strip을 만드는 DIY 기술이 보급될 것이다. 누구나 원하면 자신만의 태양광 채집harvesting 기술을 갖추게 된다. 이렇게 되면 개인들에 의한 에너지 생산이 크게 늘어나고 자연히 개인들끼리 에너지를 주고받는 p2p 활동도 매우 활발해질 것이다.

우선, 태양광 발전의 경우 기술진보가 다른 그 어떤 분야보다도 빠르게 진행되고 있다는 점이 주목된다. 반도체 분야에서 무어의 법칙과 비슷하게 태양광 분야에서는 스완슨Swanson의 법칙이 있다고 하는데, 태양광 발전시설의 규모가 두 배가 될 때마다 그 비용이 20퍼센트씩 떨어진다는 것이다. 최근까지의 추세를 보면 태양광 발전의 가격은 10년마다 절반으로 떨어지고 있다. 즉, 1년에 평균 10퍼센트씩 가격이 하락했다.[7] 우리나라는 전기요금이 워낙 싸기 때문에 아직까지는 태양광 발전단가가 기존 발전보다 비싸지만, 독일과 미국 등 일부 지역에서는 정부가 보조금을 주지 않아도 태양광 발전이 더 경제적일 정도로 이미 가격이 떨어졌다. 우리나라의 경우에도 2020년에는 태양광 발전단가가 석탄화력 발전단가보다 낮아질 것으로 전망된다. 리프킨 역시 과학적 근거와 통계자료에 의거해서 태양광 발전에 관해 매우 낙관적인 견해를 펴고 있다. 그에 따르면 가까운 장래에 태양광을 비롯한 재생 가능 에너지의 생산원가(한계비용)가 거의 제로 수준으로 수렴하겠지만, 화석연료 에너지의 한계비용은 날이 갈수록 높아지면 높아졌지

0으로 떨어지지는 않을 것이라고 단언하면서, 앞으로 10년 이내(2028년 안)에 태양열과 풍력을 소규모로 채집하는 기술이 휴대폰만큼 저렴해질 것이라고 주장한다.[8]

위도가 높아 우리나라가 태양광 발전에 적합하지 않다는 주장도 많지만, 에너지기술연구원의 연구에 따르면 태양광 발전에 유리한 지역도 적지 않다. 이미 태양광 발전량이 가파르게 증가하고 있다. 한국전력거래소에 따르면 시장에 참여한 태양광 발전기 용량은 2012년부터 2016년 사이에 3.5배 증가했다. 또한 태양광 발전의 고용 창출 효과는 다른 발전에 비해 월등히 높다. 한국에너지관리공단의 자료에 따르면 메가와트당 고용은 전통적인 화력 발전이 0.3명에 불과한데, 태양광 발전은 27.3명에 이른다.[9] 선진국의 경우 앞으로 20년 안에(2040년 이전에) 태양광을 비롯한 재생 가능 에너지가 전체 전력생산의 거의 80퍼센트를 담당할 것으로 전망된다.[10] 놀라운 것은 이 중 상당한 부분을 기업이 아닌 일반 대중이 생산한다는 것이다. 선진국의 경우 현재에도 수많은 영세기업과 개인들이 많은 양의 에너지를 생산하고 있다. 그만큼 에너지 공급원이 다양해진다.

9장

새로운 사회경제질서

집중형 위계질서에서 분산형 자율질서로

대중 기업가들이 가치 있는 것들을 점점 더 많이 생산하고 공급하는 현상이 두드러지게 나타나자 앞으로 '대중 기반 자본주의crowd-base capitalism' 시대가 온다는 주장도 나오고 있다.[1] 제4차 산업혁명의 시대로 진입하고 있는 우리나라에도 대중 기반 자본주의가 도래할 것이다. 대중 기반 자본주의는 전통적인 자본주의와 여러 가지 점에서 사뭇 다른 모습을 보인다.

전통적 자본주의 경제는 수직적 위계질서에 입각한 기업들이 주도하는 경제다. 우선, 생산비 절감과 생산의 효율을 위해 전통적 기업은 사람들과 생산시설을 특정 장소, 예컨대 공장이나 회사에 모아놓아야 했고, 따라서 이들을 효율적으로 관리하는 문제가 나타났다. 정보통신기술이 극히 미흡했던 과거에는 사람들 사이의 원활한 의사소통이 어려웠던 까닭에 대부분의 기업에서는 민주적 질서와 협동을 바탕으로 한 조직이 사실상 불가능했다. 예를 들어 회사의 회장과 사장을 포함한 전 직원이 민주적 대화를 바탕으로 경영에 동등하게 참여하고, 각자의 적성을 일일이 파악해 적재적소에 인재를 배치하고, 그러면서도 서로 협동하게 만든다는 것은 물리적으로나 경제적으로 불가능했다. 따라서 사업의 규모가 커지면 철저한 수직적 위계질서에 입각한 경영이 불가피했다. 무엇을 어떻게, 얼마나 많이 생산하며, 어떤 노동자들을 얼마나 많이 뽑아서 어떤 일을 어떻게 시킬 것인지는 거의 전적으로 자본가와 최고경영자가 알아서 결정할 수밖에 없었다. 기업이란 위에서 내려온 그런 지시를 일사불란하게 수행하는 조직이다. 시장에서 가격을 중심으로 수요와 공급이 조정되는 과정이 '보이지 않는 손'의 조화라고 한다면, 자본주의 경제를 지배하는 기업의 수직적 위계질서는 '보이는 손'이다.

전통적 자본주의 경제의 또 하나의 특징은 경제력의 집중이다. 즉, 소수의 거대 기업들이 시장을 장악하고 막강한 영향력을 행사한다. 이렇게 된 연유는 전통적 자본주의의 태동방식과 관련된다. 전통적 자본주의 발전의 기폭제가 된 제1, 2차 산업혁명은 대량생산과 대량유통 체제의 구축에 큰 힘이 되었다. 제1, 2차 산업혁명의 핵심인 전기, 도로, 철도 등 각종 사회기반시설의 건설과 관리는 막대한 초기 투자와 함께 방대한 인적 조직을 필요로 했다. 따라서 질서정연한 조직적 활

초연결사회와 보통사람의 시대

동을 위해 수직적 위계질서에 입각한 거대 조직이 등장하게 되었다. 20세기에 들어와서 석유의 발견과 이용, 내연 엔진의 발명과 보급, 전화를 바탕으로 한 방대한 통신망 건설 등은 기업의 거대화를 더욱 촉진했고, 이 결과 경제력이 더욱더 집중되었다.

이와 같이 제1, 2차 산업혁명 모두 수직적 위계질서와 고도의 경제력 집중에 기여한 중요한 요인이 되었는데, 이것을 당연시하는 사회적 분위기도 조성되었다. 사회진화론을 편 허버트 스펜서Herbert Spencer의 적자생존 이론이 이런 분위기 조성을 정당화했다. 그에 따르면 사회적 진화 과정은 단순한 미분화 상태가 복잡하고 분화된 상태로 발전하는 과정이다. 따라서 수직적 위계질서에 입각한 거대 조직의 등장은 자연스러운 것이며, 수직적으로 통합된 대규모 기업만이 살아남는 것은 진화의 필연적 결과라는 것이다. 이런 내용의 그의 주장은 당시 유럽의 지식인 사회에 무척 큰 영향을 주었다. 하지만 거대 기업들에 의한 독과점의 부작용도 점차 심해졌다. 그래서 미국을 비롯한 선진국 여러 나라가 독과점을 규제하기 시작했지만, 큰 효과를 보지 못한 채 오늘에 이르고 있다.

전통적 자본주의와 달리 대중 기반 자본주의는 주로 인터넷에 의한 네트워크를 기반으로 한 경제다. 대중 기반 자본주의 경제는 앞에서 설명한 세 가지 인터넷 작동원리(보편적 접근성, 수평적 관계, 최대 참여)에 따라 움직인다. 그러므로 대중 기반 자본주의 경제는 집중보다는 분산, 수직적 위계보다는 수평적 참여, 대규모 활동보다는 소규모 활동을 지향하는 경향이 강하다. 대중 기반 자본주의는 인터넷 작동원리와 궁합이 잘 맞는 반면에 상하 위계질서, 대규모, 집중을 지향한다는 점에서 전통적 자본주의 질서는 인터넷의 작동원리와 궁합이 잘 맞지 않는다고 볼 수도 있고, 시대의 변화에 잘 부응하지 못하는 체제라고도 할 수 있다.

인터넷이 발달하지 않았던 과거에는 다수의 기업이 특정 지역에 모이는 것이 판로 개척이나 정보와 아이디어 얻기에 큰 도움이 되었다. 매우 오래전부터 수도권 비대화가 우리 사회에서 하나의 큰 골칫거리였다. 왜 사람들이 수도권에 모일까? 우선, 그곳에는 기업들이 많이 몰려 있고 그래서 일자리가 많기 때문이었다.

그러나 디지털 시대에는 그와 같이 특정 지역에 기업들이 모일 필요성이 크게 완화될 것이다. 이는 정보통신 기술이 발달함에 따라 새로운 형태의 경제질서가 형성될 것임을 시사한다. 대화와 협동, 모니터링을 용이하게 해주는 인터넷은 전통적 기업의 위계질서를 완화하고 기업 경영의 민주화에 큰 도움이 된다. 디지털 시대에는 경제질서가 종래의 집중형 위계질서에서 분산형 자율질서로 바뀌게 된다. 신기한 것은 이런 변화가 경제 영역에서만 나타나는 것이 아니라 정치권에서도 나타나고 교육 분야에서도 나타난다는 점이다. 달리 말하면 집중형 위계질서에서 분산형 자율질서로 바뀌는 현상이 우리 사회 전반에 걸쳐 나타나게 된다는 것이다.

인터넷 작동원리에 따라 움직이기 때문에 전통적 자본주의에 비해 대중 기반 자본주의에서는 시장경쟁이 더 자유스럽고 활발해진다는 주장도 나온다. 수평적 관계를 바탕으로 더 많은 사람이 시장에 자유

초연결사회와 보통사람의 시대

롭게 참여하면 경쟁이 더 치열해질 가능성이 있다. 하지만 지금까지의 결과를 보면 그렇지 않은 측면도 있다. 인터넷에 뜨는 내용에는 개인의 의사 표명, 다른 사람의 조언이나 협조 요청, 다른 사람에 대한 도움 주기 등에 관한 것들이 많다. 네트워크를 연구하는 전문가들을 놀라게 하는 것은, 사람들이 남에게 조언을 하고 도와주기를 의외로 매우 좋아한다는 것이다. 인터넷은 사람들의 그런 심성이 표출되는 좋은 도구다. 앞에서 언급한 위키피디아와 환자 주도의 지식 공유가 좋은 예다. 전통적 자본주의 경제가 치열한 경쟁의 영역이었다면, 앞으로 활성화될 대중 기반 자본주의 경제는 협동과 경쟁의 공존을 특징으로 하는 영역이 될 것이라는 주장이 설득력을 가진다.

디지털 시대에 부합하는 에너지 산업의 구축

에너지 산업은 전통적 자본주의 질서에서 서서히 디지털 시대의 새로운 경제질서로 탈바꿈하는, 아니 탈바꿈해야 할 좋은 예로 꼽힌다. '탈원전' 정책이 추진되는 가운데 이에 대한 반대가 집요한데, 원자력 발전에 반대하는 이유가 단순히 위험성이나 방사선 물질 처분 문제 때문만은 아니다. 그것이 디지털 시대에 적합한 에너지 공급 방식이 아니기 때문이다. 인터넷 기술이 에너지 산업에도 매우 큰 영향을 줄 것은 명백하다.

　우리나라 에너지 산업의 발전 과정을 역사적으로 보면 정부 주도로 새롭게 산업을 창출해나가는 과정이었다. 과거 고도 경제성장 과정에서 우리 정부는 철강, 조선 등 에너지 다소비형 제조업 위주의 경제발전 모델을 밀어붙여서 큰 성공을 거두었다. 이 결과 화력발전소, 원자력발전소 등 대규모 발전시설을 중심으로 에너지를 대량 생산한 다음 거대한 송전망을 통해 전국에 흩어져 있는 기업과 소비자에게 공급하는, 이른바 대규모 위계적 공급 시스템을 갖추게 되었다.

우리나라는 정전시간, 전압 변동률, 주파수 변동률과 같은 전기의 품질 면에서 세계 최고 수준을 자랑한다. 가구당 평균 정전시간은 1년에 약 10분 정도이고, 발전된 전력이 소비자에게 전달되기 전 낭비되는 송배전 손실률은 3.7퍼센트 정도에 불과하다. 미국의 경우에는 소비자들이 한 해에 평균 2시간 정도 정전을 겪고 있고, 송배전 손실률은 5.8퍼센트에 달한다.[2] 그러나 과거 고도 경제성장을 견인한 큰 공헌은 인정되지만, 오늘날 우리나라 에너지 산업은 몇 가지 심각한 문제에 직면하고 있다. 우선, 우리나라의 에너지 산업이 대규모 집중식 공급 위주의 낡은 틀에서 벗어나지 못하고 있다는 근본적인 문제를 안고 있다. 우리나라 에너지 산업은 전통적 자본주의 체제의 표본이라고 할 수 있다.

첫째, 전력생산이 대규모 발전시설에 과도하게 집중되어 있으며, 에너지 공급 구조에서 화석에너지와 원자력 의존도가 지나치게 높다. 2016년 기준 에너지원별 발전량을 보면, 원자력 발전의 비중은 30퍼센트에 이르는 반면 신재생에너지(수력 발전 불포함)의 비중은 4.2퍼센트에 불과하다. 잘 알려져 있듯이, 지진에서 자유롭지 못한 우리나라가

초연결사회와 보통사람의 시대

원전 밀집도 면에서 압도적으로 세계 1위 국가다. 원자력 발전원가가 낮아서 그렇다고는 하지만, 그 원가에 사회적 손실을 제대로 반영했는지 의심되고, 외국에 비해 턱없이 낮은 이유에 대한 합리적인 설명도 없다.[3]

둘째, 대규모 발전시설들이 특정 지역, 특히 해안가에 집중되어 있어서 전력의 송배전에 많은 비용이 소요될 뿐만 아니라 그만큼 고장의 위험도 높다. 2013년 8월 뉴욕 시를 포함한 미국 북동부 지역과 캐나다 동부 지역에서 전력 공급이 전면적으로 중단되는 대정전 사태가 발생했다. 천문학적인 피해를 가져온 이 정전 사태는 웃자란 나무가 송전 선로에 닿는 바람에 일어난 작은 사고에서 시작되었다. 우리나라의 송배전망이 이미 지나치게 거대해졌고 밀집된 상황에서 그런 대규모 정전 사태가 우리나라에서도 발생할 가능성을 배제할 수 없다. 게다가 앞으로 전력수요가 증가할 경우, 발전시설과 송배전망의 추가 건설이 점점 더 어려워질 것이다. 주민들의 반발이 점점 거세지고 있기 때문이다.

셋째, 에너지 과소비와 비효율적 이용의 문제도 오래전부터 자주 제기되어왔다. 무엇보다도 지나치게 저렴한 전기요금이 에너지의 낭비를 초래하고 있다는 것이다. 전체 전력 소비량의 56퍼센트를 차지하는 산업용 전력요금은 OECD 국가들에 비해 상당히 저렴하다. 일반 소비자용 전력의 요금도 매우 저렴해서 국민 1인당 전력 소비량이 일본, 독일, 영국, 프랑스 등 우리보다 소득수준이 높은 선진국들보다도 많다. 에너지 과소비가 환경오염을 비롯해서 여러 가지 문제를 야기하는데

도 저렴한 전기요금을 당연시하는 국민정서가 전기요금의 합리화에 큰 장애요인이 되고 있다.

이런 여러 가지 문제를 해결하는 한 가지 효과적인 방법으로 많은 전문가가 신재생에너지의 육성을 제안하고 있고, 정부도 이에 적극 호응하고 있다. 우리나라는 태양광, 풍력, 수력, 지열, 바이오매스 등 8가지의 재생에너지와 연료전지, 수소에너지 등 3개의 신에너지를 합쳐서 11개 분야를 '신재생에너지'로 지정하고 있다. 그러나 총 발전량에서 신재생에너지가 차지하는 비율이 약 4.5퍼센트 수준으로 OECD 회원국 중 최하위권에 속한다. 또한 신재생에너지 중에서도 태양광과 풍력의 비중은 약 14퍼센트 수준으로 여타 선진국에 비해서 아주 낮다. 하지만 신재생에너지 중에서 태양광 발전이 가장 각광을 받고 있는데, 이는 에너지 산업의 골격을 디지털 시대에 부합하는 방향으로 전환함에 있어서 중심이 되기 때문이다. 원자력발전소나 화력발전소와 같은 대단위 발전소와는 달리 태양광 발전은 수요가 있는 곳에 분산 발전이 가능하므로 대규모 송배전망이 필요 없다. 이뿐만 아니라 기업이 아닌 개인들도 얼마든지 태양광 발전을 할 수 있으며, 법적 제도만 갖추어지면 개인들이 전력을 생산하고 판매도 할 수 있다.

에너지 공급원이 다양해지고 분산되면, 지금까지의 집중형 대규모 발전 시스템과 달리 수요처에서 필요로 하는 에너지를 가까운 지역에서 공급하는 시스템을 구축할 수 있다. 그러면 대규모 송배전망을 건설할 필요도 없고, 대규모 정전도 방지할 수 있으며, 지역별로 독립적인 자율운영 에너지 시스템을 갖출 수도 있다. 이런 독립적 자율운영

에너지 시스템의 사례는 울릉도에서 볼 수 있다. 울릉도는 육지와 전력망이 연결되어 있지 않은 가장 큰 섬으로 지금까지 대부분의 전력을 디젤 발전기가 공급해왔다. 그러나 앞으로 태양광 발전을 비롯한 신재생에너지가 본격적으로 활용되고 여기에 에너지 저장 장치를 도입하면, 울릉도는 에너지 자립형 시스템을 구축하게 된다.

이러한 새로운 시스템에 첨단 정보통신 기술을 접목해서 전력 공급자와 소비자가 실시간으로 정보를 교환하고 다양한 서비스를 도입하면, 에너지 이용의 효율을 극대화하는 수요자 중심의 유연한 에너지 시스템, 이른바 '스마트 그리드smart grid'를 구축할 수 있다. 전력 소비자와 생산자 사이에 실시간 정보교류가 가능해지면 변동하는 전기요금이나 발전예비율과 같은 유용한 정보를 서로 공유할 수 있어서 전력 소비 패턴이 변하게 된다. 소비자는 수요가 몰리지 않는 시간대에 전력을 더 많이 소비하거나 남는 전력을 저장하고, 수요가 피크인 시간대에 전력 소비를 줄이거나 저장된 전력을 활용한다면, 전기요금의 부담을 크게 줄일 수 있다. 최대 전력 소비가 줄어든다면 발전소의 추가 건설을 최소화할 수 있고, 에너지 저장 장치를 활용하면 송전 선로의 부담도 줄일 수 있다. 이런 스마트 그리드는 대규모 발전 설비와 송전망 중심으로 구성된 집중형 에너지 시스템을 디지털 시대의 분산된 에너지 시스템으로 전환하는 징검다리 역할을 할 것이다.

기업의 변모:
이윤 추구 대신 다양한 사회적 가치 추구

자본주의 체제를 떠받치는 세 가지 기둥은 기업, 정부, 시민사회다. 앞으로 디지털 시대, 탈노동의 시대가 오면 이 세 가지에도 큰 변화가 오게 될 것이라고 많은 미래학자가 입을 모은다. 그중에서도 우선 기업의 변모를 지적하는 학자들이 많다. 대중 기반 자본주의가 도래하면서 내용적으로도 기업이 달라지고 있다. 가격으로 승부를 거는 기업들을 밀어내고 네트워크 효과를 최대한 살린 기업들이 급부상하면서 기업의 개념도 애매모호해진다. 통상 제조업이라고 하면 공장과 생산시설을 갖추고 있어야 하고, 유통업체라고 하면 창고와 점포, 상품을 가지고 있어야 한다는 것은 상식이다.

이런 점에서 보면, 대중 기반 자본주의의 출현 이래 기업 같지 않은 기업들이 많아지고 있다. 이를테면 우후죽순처럼 늘어나고 있는 기업 플랫폼들도 그렇다. 에어비앤비는 부동산을 소유하지 않으면서 부동산업을 하고 있다. 우버는 자동차를 소유하지 않으면서 운송업을 하고 있다. 우버 자신은 정보기술업체라고 주장함으로써 기존의 운수회사 규제를 피할 수 있었다. 하지만 2017년 유럽사법재판소는 우버를 운수회사로 분류하는 것이 타당하다는 자문 의견서를 공개했다. 이제 유럽연합 회원국들이 우버와 같은 플랫폼에 대해 운수회사로 규제를 할 수 있는 근거가 마련되었다.[4] 그러나 자동차를 한 대도 가지지 않으며 운전사를 한 명도 고용하고 있지 않은 기업을 운수회사로 지정하는 것

이 옳은지, 규제한다면 어떻게 규제할 것인지에 관해서는 고개를 갸우
뚱하게 된다. 온라인 구매를 알선해주는 각종 플랫폼들은 가게나 창고,
심지어 상품도 가지고 있지 않으면서 판매업을 하고 있다. 옛날 말로
하면, 대동강 물을 팔아먹은 '봉이 김선달' 같은 존재들이다. 대중 기반
자본주의가 확산됨에 따라 앞으로 이와 같이 기업 같지 않은 기업들이
대폭 증가할 것이다. 이상한 기업들도 크게 늘어날 것이다. 예를 들어
장구한 역사를 자랑하는 세계 최대의 자동차 제조업체인 GM이 자동
차 임대사업으로 업종을 전환한다고 하면 누가 믿을 것인가? 그러나
그럴 날이 곧 올 것이다.

　기술진보 덕에 생산비가 저렴해지고 이윤율이 하락하는 추세가 계
속되면 전통적 자본주의 기업이 점차 쇠락하게 된다는 주장은 이미 여
러 석학이 제기했다. 마르크스가 그 대표적인 인물이다. 마르크스 이론
에서 한 가지 핵심은, 높은 생산성이 전통적 자본주의 경제를 융성하
게 하는 주된 요인이지만, 바로 그 높은 생산성이 장기적으로 이윤율
을 떨어뜨리면서 자본주의를 몰락으로 몰고 가는 요인이 된다는 것이
다. 즉, 성공의 요인이 패망의 요인이 된다는 뜻이다. 이런 점에서 전통
적 자본주의는 근본적인 모순을 내포한 체제다.[5] 케인스도 기술진보에
따른 생산비의 지속적 하락을 지적한 바 있다. 다만, 그는 이것을 자본
주의 체제의 쇠락과 명시적으로 연결시키지는 않았다. 생산단가의 지
속적 하락이 당장 전통적 자본주의의 몰락을 초래하지는 않겠지만, 기
업의 풍토를 크게 바꿀 것임은 틀림없다. 어떻든 이미 오래전부터 많
은 석학이 이윤율의 장기적 하락과 자본주의의 쇠락을 예언했는데도

아직까지 그런대로 자본주의가 잘나가고 있는 이유는 무엇일까? 기술진보가 한편으로는 생산비를 떨어뜨리기도 하지만, 다른 한편으로는 새로운 상품의 개발을 촉진함으로써 돈벌이 기회를 풍부하게 해주면서 자본주의 시장을 넓혀주는 면도 있기 때문이다.

하지만 리프킨은 또 다른 중요한 이유를 대고 있다. 기술진보로 생산원가(한계비용)가 계속 떨어질 때는 상품의 가격을 원가에 연동시켜서는 안 된다. 그러다가는 이윤율이 바닥을 치면서 기업이 망한다. 이 문제를 해결하는 한 가지 효과적인 방법은 기업들이 경쟁을 자제하고 암묵적으로 담합을 함으로써 상품 가격을 생산원가보다 훨씬 높은 수준으로 책정하고 독점이윤을 취하는 것이다. 생산원가가 지속적으로 하락하는 상황에서 서로 가격경쟁을 하다가는 공멸한다는 것을 기업들은 누구보다 잘 알고 있기 때문이다. 리프킨은 우리 주변을 돌아보라고 말한다. 어디를 가나 독과점 기업들이 득실득실하다. 독과점이 아닌 기업은 동네 뒷골목에 있는 작은 구멍가게뿐이다.

실로 오랫동안 경제학자들은 독과점을 극력 비난해왔다. 경제원리에 위배된다는 것이다. 경제원리에 따르면 가격은 생산원가(한계비용)에 따라 결정되어야 한다. 시장에서 자유경쟁이 잘 보장되면 각 상품의 가격이 한계비용과 일치하게 되며, '보이지 않는 손'이 작동해서 각 상품별로 수요와 공급이 일치하게 되고, 자원이 효율적으로 이용된다. 경제원론 교과서는 독과점이야말로 '보이지 않는 손'의 작동을 가로막는 중요한 요인이 된다고 가르친다. 하지만 이제는 일부 경제학자들조차 독과점을 용인하자고 주장한다. 자본주의가 망하는 것보다 낫지 않느냐는 것이다. 독과점이 판을 치는 상황에서는 시장원리와 경제원리가 일치하지 않는 셈이다. 강의실에서 경제학자는 경제원리를 가르치고 있는데, 업계는 시장원리를 옹호하고 있다. 그러나 생산원가가 지속적으로 하락하는 큰 흐름 속에서 그런 편법이 얼마나 오래 통할 수 있을 것인지에 의구심을 품는 학자들도 적지 않다.

전통적인 자본주의 기업이 택할 수 있는 또 한 가지 돌파구는 굳이 이윤 추구만을 고집하지 말고 다른 사회적 가치도 함께 추구하는 것이다. 예를 들면 문화사업, 지역사회 돕기, 저소득 계층 자녀의 교육지원, 각종 복지사업 등을 꼽아볼 수 있다. 최근 우리나라에서는 '사회적 기업social enterprise'이나 '기업의 사회적 책임Corporate Social Responsibility' 등에 대한 목소리가 높아지고 있다. 과거에는 기업이 수익의 일부를 사회에 쾌척함으로써 사회적 책임을 다했다고 큰소리쳤다. 그래봐야 총매출액의 1퍼센트도 안 되는 금액이었다. 그러나 근래에는 새로운 모습의 사회적 기업이 부상하고 있다. 종전과 같이 번 돈의 일부를 뚝 떼어 사회에 환원하는 형식이 아니라 애당초 돈 버는 과정에서부터 사회적 가치를 반영하는 형식을 채택하고 있다.

선진국에서는 비영리단체들이 사회적 기업의 모태라는 주장도 있다. 1980년대와 1990년대 신자유주의 바람이 불면서 미국과 영국 정부는 사회복지 지출을 대폭 삭감했고 비영리단체에 대한 지원도 크게 줄였다. 경영이 어려워지자 수익성 사업을 하는 비영리단체가 증가했는데, 이들이 비영리단체 본래의 사명을 수행하기 위해 수익성 사업을 하는 사회적 기업으로 변신했다는 것이다. 실제로 미국의 경우 사회적 기업의 60퍼센트가 2000년대 들어와서 설립되었고, 이들이 고용한 인원도 빠르게 증가했다.

기업의 사회적 책임 중에서 중요한 요건으로 꼽히는 것이 환경보호다. 근래에 와서 특히 선진국 기업들이 부쩍 큰 관심을 쏟는 분야가 바로 환경보호 사업이다. 범지구적 환경오염 문제가 날이 갈수록 심해지면서 환경개선에 대한 사회적 요구가 분출하고 있다. 지구온난화가 인류를 위기로 몰아가고 있다는 경고는 이미 오래전부터 나왔다. 소득수준이 높아지면서 국민의 환경의식도 전반적으로 높아졌다. 다수의 선진국 기업이 바로 이 점에 착안해 새로 개발된 기술을 환경개선에 적극 활용하려고 노력하고 있다. 그럼으로써 돈도 벌고 사회적으로 좋은 일도 할 수 있으니 일거양득이다. 폐품이나 폐기물의 재활용 사업이 좋은 예다.

상품의 생산과 판매를 통한 수익만큼이나 폐기물의 재활용을 통한 수익도 당연하게 생각하기 시작하면서 기업들은 수명이 끝난 제품들이나 폐품들을 회수하려고 다각적으로 노력하고 있다. 예를 들면 고객이 중고제품이나 부품을 반납할 때 저렴한 가격으로 새것으로 교환해주기도 하는데, 반납된 것들은 수리를 해서 재활용한다. 폐품이나 못 쓰게 된 제품을 가져오는 고객들에게 현물이나 현금으로 보상해줌으로써 폐제품이나 폐기물의 회수를 적극적으로 유도하는 기업들도 있다.

이 과정에서 특히 주목되는 점은, 기업들이 민간단체들과 협업하는 일이 빈번하다는 것이다. 예를 들면 시민들이 중고 의류나 신발, 가방

등을 한 비영리단체에 가져다주고 쿠폰을 받은 다음 이 단체와 협업하는 대형 유통업체에 가서 원하는 물건을 구입하는 식이다. 회수된 중고품들은 수선이나 개조 과정을 거쳐 재활용된다. 이렇게 번 돈은 그 비영리단체가 주관하는 빈민구호에 쓰인다. 한 걸음 더 나아가 다수의 유명 기업들과 협업관계를 맺고 중고품을 적극적으로 회수하는 민간단체도 있다.

미래의 기술진보는 과거의 기술진보와 차원이 다르다

노동을 하지 않아도 얼마든지 먹고살 수 있다면, 당연히 사람들은 여가활동을 많이 하게 될 것이다. 여가활동에는 놀고 쉬는 것도 있지만, 취미를 살리는 활동이나 보람을 추구하는 활동도 포함된다. 근래 여가시간이 크게 늘었다고는 하지만, 아직까지도 우리나라뿐만 아니라 대부분의 나라에서 노동자들은 여가시간을 풍족하게 누리지 못한다.

긴 인류 역사를 돌이켜보면, 여가시간의 측면에서는 인류가 오히려 퇴보했다고 볼 수도 있다. 아이러니하게도 과거의 기술진보가 이런 퇴보의 한 원인을 제공했다. 하라리는 다음과 같이 말했다. "수천 년 전 인간은 농업을 발명하였다. 하지만 이 기술은 소수의 엘리트만 부유하게 했다. 인간의 대다수는 노예가 되었다. 대다수의 사람들은 해 뜰 때부터 해 질 때까지 뙤약볕 아래에서 잡초를 뽑고 물동이를 나르고 옥수수를 수확하며 일을 해야 했다."[6] 잘 알려져 있듯이 자본주의의 기폭제가 된 제1, 2차 산업혁명은 수많은 노동자로 하여금 혹독한 노동에 시달리게 만들었다. 그러나 미래의 기술진보는 우리 인간을 노동에서 해방시켜주기 때문에 여가시간을 풍족히 즐길 수 있게 해줄 것이다. 이런 점에서 보면 미래의 기술진보는 과거의 기술진보와 차원이 다르다고 할 수 있다. 그런 기술진보 덕분에 우리의 미래에는 수만 년 전 수렵·채취 시대 원시인 사회의 모습이 재현된다. 하라리에 따르면 수렵·채취 시대 원시인들은 여가시간을 풍족하게 가졌다.[7]

수렵·채취 시대 원시인이라고 하면 우리는 흔히 굶주림과 추위에 시달리고 맹수에 쫓기면서 먹고살기 급급한 야만인을 연상하게 된다. 그러나 실제로는 전혀 그렇지 않았다. 수렵·채취 시대 원시인들은 하루에 평균 서너 시간밖에 일하지 않았다. 이 점은 하라리를 비롯한 많은 인류학자가 공통적으로 지적하는 바다. 지금도 아프리카나 남미 아마존 강 일대, 인도네시아 밀림의 원주민들은 여전히 그렇게 살고 있다. 이들은 사흘에 한 번 사냥을 나가며, 먹을 것을 채취하는 데 걸리는 시간은 하루에 3~6시간에 불과하다. 그래도 평상시에는 이 정도만 일해도 무리 전체가 먹고살 수 있었다. 그 나머지 시간에는 쉬고, 무리 지어 놀고, 자기가 원하는 취미활동을 하면서 지냈다. 그래서 각자 나름대로의 독특한 문화나 놀이문화를 발전시켰다. 사냥은 고도의 협동을 요구하기 때문에 수렵·채취 시대 원시인들의 인간관계는 상당히 평등했다고 한다. 수렵·채취 시대의 원시인들이 그렇게 평등한 인간관계 속에서 건강한 몸과 마음으로 여가를 풍족하게 즐기던 사람들이었다면 이들이야말로 행복의 조건을 고루 갖춘 셈이다. 현대에도 수렵·채

　　　　　　　　　　　　초연결사회와 보통사람의 시대

취 시대의 사회풍조가 많이 남아 있는 일부 저개발국 국민들의 행복지수가 선진국 못지않다는 사실에 많은 사람이 의아해하지만, 수렵·채취 시대의 원시 사회에 대한 하라리의 장황한 얘기를 듣고 나면 충분히 이해가 되고, 나아가서 그때가 인류의 황금기였다는 인상을 받게 된다. 평등하고 좋은 인간관계 속에서 잘 먹고, 건강한 몸으로 신나게 놀고, 하고 싶은 일을 마음껏 하면서 나날을 지낸다면, 그것보다 더 행복한 삶이 또 어디 있으랴.

물론 수렵·채취 시대의 원시 사회 모두가 풍요의 사회는 아니었을 것이다. 척박한 환경 탓에 기아에 허덕이는 원시 사회도 있었을 것이다. 하지만 고도의 풍요 시대라고 하는 현대에도 국민 대다수가 굶주림에 허덕이는 나라들이 얼마나 많은가. 수렵·채취 시대의 원시 사회라고 하면 많은 사람이 맹수나 독사, 벌레에 물려 죽는 끔찍한 광경을 연상한다. 그러나 이런 생각을 하는 사람들은 오늘날의 사회에서도 수많은 사람이 교통사고로 죽고 이에 못지않게 수많은 사람이 자살한다는 사실을 깜박한다.

미래의 기술진보가 초래하는 탈노동의 사회는 어떤 면에서 수렵·채취 시대와 비슷한 여건이 실현되는 사회라고 할 수 있다. 각 개인들이 스스로 보람 있다고 여기는 활동을 위해서 풍부한 여가시간을 활용하는 사회가 된다. 사실, 우리 사회에서도 오래전부터 이미 그 징조가 나타났다. 근래 '워라벨'이라는 말이 크게 유행하고 있다는 것은 돈을 벌기 위한 노동보다는 삶의 질을 위한 여가활동에 더 무게를 두는 풍조가 우리 사회에 퍼지고 있음을 시사한다. 특히 젊은 세대에서 이런 풍조가 강하다. 2018년 한 해에 우리나라에서 가장 유행한 말은 '소확행'이라고 하는데, 소소하지만 확실한 행복의 줄임말이다. "자세히 보아야 예쁘다. 오래 보아야 사랑스럽다"는 어느 시의 구절처럼, 우리가 미처 발견하지 못했던 소박한 행복을 재발견하고 추구한다는 뜻을 담고 있다고 한다. '욜로YOLO'라는 말도 유행하는데, '인생은 한 번뿐You Only Live Once'의 줄임말이다. 어차피 한 번뿐인 인생, 즐기며 살자는 것이다. 과거에는 많은 사람이 출세나 금전적 성공을 위해 오랜 기간의 준비 과정을 참고 견디면서 모든 것을 뒤로 미루었다. 소확행이나 욜로라는 신조어는 그런 삶이 아니라 일상과 주변에서 당장 누릴 수 있는 행복과 작은 기쁨을 즐기는 삶이 얼마나 소중한지를 일깨우는 단어들이다. 여가활동을 즐기려는 풍조가 퍼지면서 관광산업도 크게 신장할 것으로 전망된다. 한 가지 미리 강조해둘 것은, 개인적으로 가치 있다고 생각하는 활동뿐만 아니라 사회적으로도 가치 있는 활동들을 지금보다 훨씬 더 많이 수행하게 된다는 것이다.

　우리나라에만 워라벨이라는 말이 있는 것은 아니다. 이웃 나라 일본 도쿄 중심가의 어떤 회사에서는 저녁 6시만 되면 퇴근시간임을 알리는 안내방송과 함께 드론이 '위이잉' 소리를 내며 사무실 전체를 구석구석 날아다닌다. 칼퇴근을 재촉하기 위함이다. 칼퇴근이 시작됨에 따라 직장인들의 생활태도도 많이 달라졌다고 한다. 우선, 가족들과의 대화가 많아지고 가족여행도 늘어났다. 일본인들의 직장에 대한 인식도 바뀌고 있다. 인재들이 워라벨을 하기 쉬운 외국계 기업으로 몰리고 있다. 2015년에만 업무과다 등 근무 문제로 자살한 일본인이 2,159명에 달했다.[8] 드디어 일본 수상조차 나서서 '일하는 방식의 개혁'을 내세우고 노동시간을 단축하는 법을 만들었다.

새로운 생활태도를 추구하는 경향은 개인주의 국가 미국에서도 나타나고 있다. 2013년 12월『뉴욕 타임스』지는 미국 젊은 세대들이 2008년 금융시장 붕괴 이래의 대경기침체에 큰 영향을 받았음을 보여주는 수많은 연구 결과를 소개했다. 그중 하나는 젊은 세대들이 돈을 많이 벌기보다는 의미 있는 삶을 더 중요하게 생각하는 방향으로 의식이 바뀌고 있다는 것이다. 미국에서도 워라벨을 중시하는 풍조가 나타나고 있다는 점은 신기하다. 미국의 밀레니엄 세대(1980~2000년 사이에 태어난 세대)에 대한 설문조사 결과를 보면, 보수의 많고 적음보다는 자기계발을 중시하고, 자기가 원하는 시간에 자기가 원하는 방식으로 일하기를 더 선호하며, 노동과 생활의 균형을 다른 그 어떤 것보다 중요하게 여기는 것으로 나타났다.[9]

2013년 한 학술논문지에는 흥미로운 논문이 실렸는데, 지난 40여 년 동안 수십만 명의 젊은이들의 태도를 추적한 설문조사를 종합해서 분석한 것이다.[10] 분석 결과, 2008년을 분기점으로 젊은이들의 가치관이 크게 달라졌다는 놀라운 사실이 드러났다. 2008년 이전에는 물질주의 성향이 매년 증가하고 이에 따라 공감 능력이 감소했는데, 그 추세가 2008년을 기점으로 꺾였다는 것이다. 2008년 이후의 많은 젊은이가 물질적인 것에 대한 관심이 줄어드는 대신 인간관계에 더 많은 관심을 가지게 되었다고 응답했다. 최근의 연구들에서도 젊은 세대들이 물질주의에 편승하는 것에 점점 덜 관심을 가지고 있으며, 또한 생활방식으로서 소비에 집착하는 것에도 관심을 덜 가지고 있다는 점이 밝혀졌다.

이와 같이 젊은 세대를 중심으로 새로운 생활태도를 추구하는 경향이 전 세계적으로 나타나고 있지만, 아직까지 우리나라의 노동자들은 OECD 회원국들 중에서 멕시코 다음으로 장시간 노동에 시달리고 있다. 그만큼 우리나라 노동자들은 여가를 많이 가지지 못하고 있다. 그러다 보니 우리 국민의 행복지수가 OECD 회원국들 중에서 거의 꼴찌에 가깝다. 여가는 '삶의 질'을 높이는 핵심 요인이기 때문이다. 그래서 근래 정치권에서도 노동자들에게 더 많은 여가를 주자는 주장이 끊임없이 나오고 있고 문재인 정부는 근로시간 단축에 힘을 쏟고 있다.

초연결사회와 보통사람의 시대

3부

디지털
시대를
잘 살아가기

10장

임대문화와 공유경제

임대를 통한 가치 창출 활동

디지털 시대에 나타나게 될 또 하나의 획기적인 변화는 생산과 소비 사이의 관계가 매우 느슨해진다는 것이다. 과거에는 생산이 증가하면 이에 비례해서 소비도 늘어났다. 생산이 증가하면 고용이 많아지면서 노동계층의 소득이 올라가기 때문에 소비가 늘어나기도 하고, 생산이 증가하면 공급이 늘어나기 때문에 가격이 저렴해지면서 소비도 늘어났다. 이와 같이 과거에는 생산과 소비 사이에 밀접한 관계가 있었다. 그러나 디지털 시대에는 생산이 증가한다고 해서 소비도 비례해서 늘어나지 않는다. 뒤집어 말하면 소비를 많이 하기 위해서 굳이 생산을 많이 해야만 하는 것은 아니다. 생산과 고용 사이의 관계가 느슨해지듯이 생산과 소비의 관계도 느슨해지는 이상한 세상이 온다. 극단적으로 말해서 생산이 증가하지 않더라도 소비가 늘어날 수도 있다. 디지털 기술 덕분에 이미 생산된 것이나 이미 있는 것을 더 많이 활용하는 활동이 크게 늘어나기 때문이다. 빌려 쓰기와 나누어 쓰기가 그 예다.

물론 과거에도 가구, 주택, 자전거, 옷, 장난감 등을 빌려주고 빌려 쓰는 일이 더러 있었지만, 주로 이웃이나 친지들 사이에 국한되는 경우가 많았다. 그러나 인터넷은 서로 모르는 사람들을 다수 연결해주므로 낯선 사람들 사이에도 빌려 쓰기와 나누어 쓰기가 가능하다. 인터넷을 이용하면 누가 무엇을 빌려 쓰고 싶어하는지, 누가 무엇을 빌려줄 용의가 있는지를 쉽게 검색할 수 있기 때문에 일반 대중을 대거 끌어들일 수 있다. 따라서 빌려 쓰기와 나누어 쓰기가 획기적으로 늘어난다. 종전에는 생각하지도 못했던 것들이 빌려 쓰기와 공유의 대상이 된다. 우리 사회에도 이미 그 징조가 나타나고 있다. 집 안 구석에 처박혀 있는 옷이나 장난감, 캠핑도구 등을 빌려주고 빌려 쓰게 되면 이런 것들의 이용률이 높아진다. 방치된 것들의 이용률을 높이는 것도 가치를 창출하는 하나의 좋은 방법이다. 빌리는 사람은 편해서 좋고 빌려주는 사람은 돈을 벌 수도 있어서 좋다. 그만큼 가치가 창출된다. 요컨대 디지털 시대에는 빌려주기와 빌려 쓰기를 통한 일반 대중의 가치 창출 활동이 대폭 늘어난다는 것이다.

빌려 쓰기는 우리가 평소 생각하지 못했던 여러 가지 이익을 가져다준다. 빌려 쓰기는 직간접적으로 많은 가치를 창출한다. 자동차를 예로 들어보자. 우선, 자동차는 비싸기 때문에 구입비가 많이 든다. 주차장도 필요하고 세차, 오일 교환, 냉각수 교환, 타이어 교환, 정기점검 등 신경 써야 할 일도 많고 각종 유지관리비도 많이 든다. 일단 자동차를 끌고 나가더라도 주차장을 찾아 이리저리 헤매기가 일쑤고 주차비도 많이 든다. 이렇게 은근히 돈이 많이 들고 신경을 많이 써야 한다면, 자동차를 최대한 자주, 많이 이용해야 할 텐데 사실은 전혀 그렇지 못하다. 사람은 인생의 25퍼센트 이상을 잠자면서 보낸다고 하는데, 자동차는 수명의 거의 대부분을 주차장에 처박혀 낮잠 잔다.

우리나라의 경우 자동차 사용 가능 기간 중 약 4~5퍼센트만 실제로 이용하는 것으로 알려져 있다.[1] 자동차 문화의 종주국인 미국의 경우 각 가정이 소유하고 있는 자동차는 사용 가능 기간 중 평균 90퍼센트 동안 주차장에 처박혀 있다고 한다.[2] 하루 평균 2시간 운행하기 위해 22시간 동안 차를 세워둔다는 것은 어찌 보면 엄청난 비효율이다. 이런 비효율은 사람들이 잘 의식하지 못하는 '숨겨진 비용'이다. 이런 점을 고려하면 자동차 소유는 의외로 매우 비싼 선택이요 낭비다. 그러나 자동차를 빌려 쓰면 비싼 구입비용과 유지관리비를 치를 필요가 없고 비효율도 피할 수 있다. 정해진 임대료만 내면 그뿐이다. 선택의 자유도 풍부하게 누릴 수 있다. 기호와 사정에 따라 오늘은 빨간색 스포츠카, 내일은 검정 승용차, 모레는 외제 지프차, 가족여행을 떠날 때는 8인승 SUV 등 여러 가지 종류의 자동차를 마음대로 골라서 몰아보는 즐거움을 톡톡히 누릴 수 있다.

머지않아 자율주행 자동차가 상용화되면 자동차를 소유할 필요성이 더욱더 줄어든다. 스마트폰 단추만 누르면 집 앞에 차가 대기하고 있다가 목적지까지 데려다주고 일이 끝나면 다른 차가 대기하고 있다가 집까지 데려다준다. 이쯤 되면 앞으로 자동차는 으레 빌려 쓰는 물건 정도로 인식될 것이다. 자율주행 자동차는 수많은 사람이 돌아가면서 빌려 쓰는 공유물이 된다. 자동차 소유가 줄어들면 아파트의 지하나 단지 안에 있는 주차장도 많이 없어질 것이다. 이런 주차장을 다른 용도로 활용한다면 많은 경제적 이익이 발생한다.

이미 구글과 우버를 비롯한 여러 기업이 자율주행 자동차를 대량 확보해서 운송업을 벌일 채비를 하고 있다. 2018년 구글의 자회사인 웨이모는 미국 애리조나 주 피닉스 일대에서 공식적으로 자율주행 택시 서비스를 제공한다고 발표했다.[3] 승객이 스마트폰 앱으로 자율주행 택시를 호출해 탑승하면 자동으로 목적지까지 주행하고, 목적지에 도착해 내리면 앱에 연동된 신용카드에서 요금이 자동 결제된다. 미국 캘리포니아 주지사는 이미 2012년에 무인 자율주행 자동차를 합법화하는 법안에 서명한 바 있다.

물론 자율주행 자동차의 안정성에 관해 우려의 목소리도 높다. 그러나 이제까지 시험주행 결과에 따르면 자율주행 자동차의 사고율은 사람이 운전하는 자동차에 비해 월등히 낮다. 사람이 운전하는 자동차 사고의 90퍼센트는 주의 태만, 음주나 약물중독, 졸음, 난폭운전 등 인간의 실수 때문에 발생하는데, 자율주행 자동차는 절대 이런 실수를 하지 않는다는 점을 자동차 공학자들이 지적한다. 따라서 자율주행 자동차가 보편화되면 자동차 사고가 전반적으로 현저하게 감소한다고 이들은 주장한다.

초연결사회와 보통사람의 시대

자율주행 자동차가 초래할 또 하나의 큰 혜택은 운전으로부터 인간이 자유로워진다는 것이다. 자율주행 자동차가 상용화되면 자동차에 대한 기존의 개념을 버려야 한다. 자율주행 자동차는 단순한 운송수단이 아니다. 자율주행 자동차에는 핸들도 없고 브레이크, 가속페달, 변속기어, 깜빡이, 거울 등도 없고 운전석도 없다. 넓어진 공간에 회의 탁자, 간이침대, 텔레비전 등을 설치할 수 있다. 그러면 차를 타고 가면서 회의도 할 수 있고, 출퇴근시간에 업무를 볼 수도 있으며, 휴식을 취하고 놀이도 할 수 있다. 자동차는 움직이는 사무실이요, 독서실이며, 휴게실이고, 카페도 된다. 자율주행 자동차가 상용화되면 교통신호 체계도 간소화되면서 교통혼잡이 줄어들고 운행시간도 단축되며, 약속시간을 더 정확하게 지킬 수 있다. 따라서 더 많은 사람이 자율주행 자동차를 공유하게 될 것이다. 자동차 공유는 사람들의 이동 행태도 바꾼다. 예를 들면 더 많이 걷는다든가, 대중교통 수단을 더 많이 이용한다든가, 자전거를 더 많이 이용한다든가 등이다.

　　물론 자율주행 자동차가 보편적으로 상용화되기 위해서는 넘어야 할 산이 아직 많이 있는 것이 사실이다. 마치 100여 년 전 마차 대신 자동차가 이용되기 시작했을 때 마찻길 대신 자동차 주행에 편리한 도로를 건설하기 위해 방대한 사업을 벌였듯이 앞으로는 도로여건을 자율주행 자동차에 맞게 표준화하는 사업을 일으켜야 한다. 신호등이나 차선 등의 도로시설물은 기계가 쉽게 인식할 수 있도록 바꾸어야 하고, 방향 안내 표지판이나 과속 감시 카메라도 없애야 하며, 교통경찰도 크게 줄여야 할 것이다. 사고가 났을 때 책임 소재를 분명히 하는 법적·제도적 장치도 마련되어야 한다. 자율주행 자동차에 내장된 인공지능이 좀더 고도화될 필요도 있다. 예를 들면 더 많은 자료를 바탕으로 주변에서 일어나는 일들을 스스로 예측하고 대처할 수 있게 새로운 프로그램이 개발되어야 한다. 재래식 유인 자동차 통행을 제한하는 문제도 있다. 이제까지 자율주행 자동차와 결부된 사고는 대부분 사람이 운전하는 자동차 때문인 것으로 알려지면서 자율주행 자동차와 유인 자동차를 격리해야 한다는 주장이 나오고 있다. 자동차 사고의 대부분이 인간의 부주의 때문인데, 아직은 이런 것들까지 정확하게 예상할 정도로 인공지능이 고도화되어 있지 못하다.

자율주행 자동차가 상용화되기 위해서는 주차장 문제도 해결되어야 한다. 손님을 목적지까지 데려다주고 나서 대기하거나 다른 손님을 받을 때까지 기다리는 장소가 있어야 한다. 이 문제는 빈 주차장의 위치와 요금을 알려주는 주차 플랫폼으로 해결할 수 있다. 주차장의 경우 수요와 공급 사이의 불균형이 매우 심하다. 예를 들면 도심이나 부도심 부근의 업무용 빌딩 주차장이 낮에는 꽉 차 있지만, 저녁엔 텅텅 빈다. 반대로 번화한 유흥가의 주차장은 밤에 붐비고 낮에는 텅 비어 있다. 골목길이나 주택가의 거주자 우선 주차장들도 낮에는 대체로 비어 있다. 승용차의 소유가 감소함에 따라 이용하지 않는 주차장도 많이 나타날 것이다. 주차 플랫폼은 이런 빈 주차장에 대한 정보를 신속하게 제공함으로써 자율주행 자동차의 주차를 용이하게 하고 빈 주차장의 활용률을 높인다. 주차 플랫폼은 주차요금의 탄력적 운용에도 도움이 된다. 지역별 주차수요가 파악되기 때문에 주차수요가 높은 지역의 요금을 상대적으로 올리고, 수요가 적은 지역은 요금을 낮춤으로써 주차장을 좀더 효율적으로 이용하게 해준다.

일반 대중의 인식도 바뀌어야 한다. 자율주행 자동차가 사고를 낼 확률은 유인 자동차에 비해서 비교가 되지 않을 정도로 낮다는 것은 이미 수많은 실험으로 밝혀졌다. 다시 말해 자율주행 자동차의 안정성은 이미 과학적으로 증명되었다는 것이다. 그럼에도 일반 대중은 그렇게 생각하지 않는다. 세계 20여 개국 소비자들을 대상으로 조사한 바에 따르면 한국 소비자의 49퍼센트, 일본과 미국 소비자의 50퍼센트 이상이 자율주행 자동차는 안전하지 않다고 답했다. 반면에 중국 소비자의 75퍼센트가 안전하다고 답했다.[4] 어떻든 업계는 자율주행 자동차에 대한 국민의 이런 좋지 않은 인식이 앞으로 자율주행 자동차의 상용화에 큰 걸림돌이 될 것으로 우려하고 있다.

이미 오래전에 『소유의 종말』이라는 책에서 리프킨은 본격적인 '임대문화'의 시대가 오고 있다고 주장했다. 사실 이 책의 원 제목은 "접근의 시대The Age of Access"다. 네트워크를 통한 접속의 폭발적 증가가 빌려주기와 빌려 쓰기를 크게 촉진하는 계기가 된다는 것이다. 리프킨은 기술진보에 따라 앞으로 거의 모든 것을 빌려 쓰는 시대가 온다고 말한다. 그러면 상품을 소유하지 않고 그것의 서비스만 즐기는 '무소유의 시대'가 온다.

여행을 다닐 때는 으레 큰 여행 가방을 끌고 다닌다. 그 속에는 여행하는 동안 쓸 온갖 물건이 들어 있다. 가방이 무겁기도 하려니와 짐을 싸는 데 시간도 많이 걸린다. 수만 년 전 원시 시대의 사람들도 여행을 많이 다녔다. 한 번 식량을 구하러 길을 나서면 보통 2~3일이 걸렸다고 한다. 그러나 이들은 여행 가방을 싸는 일이 없이 늘 빈손으로 집을 나섰다. 무엇이든지 현지에서 조달했기 때문이다. 사냥이나 채취 도구도 현지에서 즉시 만들었고, 옷도 현지에서 만들어 입었다. 그러니 홀가분할 수밖에 없다. 탈노동 시대의 여행객도 여행 가방을 끌고 다닐 필요가 없게 된다. 옷, 구두, 모자, 칫솔, 면도기, 책 등 거의 모든 것을 현지에서 빌려 쓸 수 있는 시대가 열리기 때문이다. 그러면 미래의 여행객은 원시인처럼 홀가분해진다.

소유의 종말, 부동산 투기의 종말?

임대문화가 정착되면 차츰 사람들이 소유를 기피하게 된다. 기업도 공장이나 부동산을 소유하기보다는 빌려 쓰려고 한다. 이미 그 징후가 나타나고 있다. 부동산은 고가高價인 까닭에 부동산을 매입하게 되면 막대한 자금이 사장된다. 이뿐만이 아니다. 공장이나 부동산 소유의 가장 큰 약점은 환금성이 떨어지므로 신속한 행동에 걸림돌이 된다는 것이다. 세상은 빠르게 변하고 있다. 앞으로는 더욱더 빠르게 변할 것이다. 이런 시대에는 신속한 변신과 적응이 긴요하다. 옷장사가 잘 안 되면 얼른 물장사로 전환해야 하고, 물장사가 신통치 않으면 얼른 다른 사업으로 전환해야 한다. 그러나 부동산을 가지고 있으면 그런 신속한 변신이 어렵다. 부동산은 처분이 복잡하고 신속하지 못하기 때문이다.

빌려서 쓰면 이런 문제는 없다. 소유는 거추장스럽지만 빌려 쓰면 홀가분해진다.

리프킨의 말대로 장차 임대문화의 시대가 도래해서 부동산 소유를 기피하는 풍조가 정착된다면 부동산 투기도 거의 없어질 것이다. 부동산 투기로 얻은 이득은 부동산 소유에 따르는 이익이다. 즉, 가격이 낮을 때 부동산을 사서 소유하고 있다가 가격이 오를 때 되팔아 시세차익(자본이득)을 남기는 행위가 부동산 투기다. 이 시세차익은 일정 기간 부동산을 소유한 것에 대한 대가다. 부동산 투기는 국토이용을 왜곡할 뿐만 아니라 2008년 미국 금융시장의 붕괴가 여실히 보여주었듯이 때로는 경제 전체를 파탄으로 몰고 가는 요인들 중 하나다. 왜 그럴까?

경제학적으로 보면 부동산은 요물이다.[5] 경제학의 가장 핵심적인 이론인 수요의 법칙에 따르면 가격이 올라가면 수요가 줄어들어야 한다. 그러나 가격이 올라가는데도 수요는 오히려 더 늘어나는 이상한 현상이 우리 일상생활 도처에서 많이 관찰된다. 경제학 이론으로 설명하기 어려운 이런 이상한 현상은 특히 명품이나 부동산 시장에서 많이 볼 수 있다. 가격이 비쌀수록 사람들이 명품을 더 사고 싶어하듯이 부동산의 경우에도 가격이 비쌀수록 사람들이 더 좋아하고 더 사고 싶어하는 현상이 자주 벌어진다. 예를 들면 과거 서울 강남 지역의 주민들은 부동산 가격이 올라갈 때마다 박수치며 좋아했고, 돈 있는 사람들은 이 지역 부동산을 더 사고 싶어서 안달이었다. 왜 그럴까? 가격이 계속 상승하는 경우에는 큰 시세차익을 챙길 수 있기 때문이다. 보통 상품과는 달리 부동산은 고가인 까닭에 모갯돈이 있어야 살 수 있지만,

초연결사회와 보통사람의 시대

그 자체가 워낙 거금이라서 시세차익 역시 큰돈이다. 말 그대로 부동산 투기는 한방에 큰돈을 벌 수 있는 수법이다. 그래서 가격상승이 수요를 줄이기는커녕 늘리는 요인이 된다. 순전히 이 시세차익만을 노린 부동산 구매를 흔히 투기수요 혹은 '가수요'라고 부르며, 시세차익과는 관계없이 부동산의 실용성만을 목적으로 한 구매를 '실수요'라고 한다. 부동산의 경우, 가격상승은 실수요를 줄이는 반면 가수요를 증가시킨다. 경제학에서 말하는 수요의 법칙은 실수요에만 적용될 뿐 가수요에는 적용되지 않는다.

부동산의 또 하나의 큰 특징은 다른 일반 상품에 비해 불확실한 구석이 너무 많다는 점일 것이다. 부동산은 내구성을 가진 상품이다. 그래서 미래의 온갖 사건이 오늘의 부동산 가격에 영향을 미친다. 어느 시골 구석에 10년 후 지하철역이 들어선다는 것이 알려지면, 10년 후에 땅값이 뛰는 것이 아니라 지금 당장부터 땅값이 뛴다. 미래는 온통 불확실성으로 싸여 있기 때문에 앞으로 부동산 가격이 어떻게 변할지 아무도 모른다. 누가 대통령이 될지, 기후가 어떻게 변할지, 남북관계가 어떻게 될지, 미국·중국·일본이 앞으로 어떻게 나올지, 유럽의 경제 상황이 어떻게 바뀔지, 중동 지역에 무슨 일이 터질지 등 아무도 점칠 수 없는 별의별 것들이 부동산 가격에 영향을 미친다. 그래서 합리적 손익계산이 사실상 불가능하다. 주식시장도 마찬가지다.

이와 같이 불확실한 것이 너무 많은 상황에서는 투자가들이나 기업가들이 철저한 손익계산에 따라 행동하기가 사실상 불가능하므로 이들은 주로 자신의 직감과 주먹구구에 따라 행동한다. 경제학 교과서의 가르침과는 완전히 다르게 행동한다. 케인스의 표현으로는 '야성적 충동animal spirit'에 따라 행동한다. 실제 투자가들이나 기업가들의 행태를 조사한 수많은 연구가 케인스의 이런 주장을 뒷받침한다.[6] 자본시장 이론의 대가로 알려진 미국 예일 대학 로버트 실러Robert J. Shiller 교수도 부동산시장이나 주식시장에서 실제로 관찰되는 투자가들의 행태는 경제학 교과서에 적힌 것과 사뭇 다르다고 보고하고 있다.[7] 의외로 많은 투자가, 심지어 내로라하는 고수들도 직감과 주먹구구 계산에 따라 투자를 결정한다. 기껏해야 최근 수년간의 부동산 가격에 대한 자신의 기억과 금리 정도를 참작할 뿐이다.

부동산시장이나 주식시장에서 나타나는 또 하나의 두드러진 현상은 이른바 '남 따라 하기'다. 실러 교수에 따르면 전문 투자가들조차 주위 다른 투자가들의 눈치를 많이 보며 소문에 민감하다. 소수의 투자 전문가들이 특정 지역 부동산을 사재기하고 있다는 것이 알려지거나 또는 앞으로 어떤 특정 부동산의 가격이 오른다는 입소문이 퍼지면 수많은 사람이 우르르 달려들어 부동산 사재기를 한다. 친구 따라 강남 가듯이 남 따라 우르르 몰려가는 현상을 '떼 짓기 행태herd behavior'라고 하는데, 심리학자들이 말하는 동조현상의 일종이다. 떼 짓기의 결과로 특정 부동산에 가수요가 몰리면 그 가격은 오른다. 가격이 오르면 투기꾼들이 더 몰리면서 가수요가 다시 늘어난다. 그러면 해당 부동산 가격은 또다시 오른다. 이런 식으로 가수요 → 가격상승 → 가수요 → 가격상승의 악순환이 반복되면서 부동산의 가격은 계속 상승기류를 탄다. 이런 악순환 때문에 부동산 가격이 올라갔을 때 이 가격에 '거품'

초연결사회와 보통사람의 시대

이 끼었다고 말한다.

거품은 속성상 부글부글 끓어오르다가 어느 날 속절없이 푹 꺼진다. 부동산시장의 전망이 어둡다는 공감대가 형성되는 순간 투기꾼들은 저마다 시장에 부동산을 내놓고 손을 털려고 한다. 이 결과 시장에 급매물이 쏟아지면서 부동산 가격은 순식간에 폭락하게 된다. 거의 대부분의 경우 투기꾼들은 은행대출을 받아서 투기를 한다. 부동산 가격이 계속 오를 경우에는 보유한 부동산을 팔아서 대출금도 갚고 시세차익도 취득할 수 있다. 따라서 부동산 경기가 좋을 때는 은행도 안심하고 대출을 마구 해준다. 그러나 거품이 꺼지고 부동산 가격이 폭락하면, 보유한 부동산을 팔아도 대출금을 갚을 수 없게 된다. 이른바 '깡통 부동산'이 양산된다. 이 결과 투기꾼들이 대거 부도를 내면 은행도 망하면서 자칫 경제 전체가 휘청거리게 된다.

거품이 잔뜩 부풀어 올랐다가 어느 날 푹 꺼지는 현상이 부동산에만 나타나는 것은 아니다. 가장 유명한 역사적 에피소드는 아마도 17세기 네덜란드의 '튤립 거품Tulip bubble'일 것이다.[8] 당시 네덜란드의 막대한 무역수지 흑자로 부자들이 크게 늘었는데, 이들 사이에 아름다운 튤립 기르기가 큰 인기를 끌면서 튤립 가격이 오르기 시작했다. 그러자 무역흑자로 형성된 유동성 자본이 튤립시장으로 흘러들어가면서 튤립이 투기의 대상이 되었다. 튤립 구근의 가격이 천정부지로 올라가서 구근 한 개의 가격이 한때 집 한 채 가격보다 더 비쌌다고 하니 당시의 투기열풍이 어느 정도였는지 짐작할 만하다. 보통사람들은 누구나 '미친 가격'이라고 말하면서 분명히 누가 장난쳤다고 생각할 것이다.

현대에 와서 거품의 형성과 붕괴를 가장 입체적으로 절실히 느낄 수 있게 만든 부동산 투기 열풍이 1980년대 말 이웃 나라 일본에서 거세게 불었다. 그리고 이어서 2000년대에는 미국에서 훨씬 큰 규모로 부동산 투기 광풍이 불었다. 부동산 가격에 거품이 잔뜩 끼었다가 꺼지면서 이 두 나라가 경기침체의 나락으로 떨어졌다. 어떻든 이와 같이 남의 눈치 보기, 떼 짓기, 거품 등이 부동산시장의 엄연한 현실인데도 경제학자들은 이를 계속 외면하다가 결국 2008년 미국 금융시장의 붕괴, 그리고 이어진 세계 경제위기를 전혀 예측하지 못하는 엄청난 실수를 저질러서 큰 망신을 당했다.[9]

설령 부동산 투기가 경제위기를 초래하지 않는다고 해도 또 다른 심각한 문제를 안긴다. 한정된 국토를 효율적으로 이용하기 위해서는 주택건설, 농업생산, 공장건설 등 꼭 필요한 용도에 토지가 최대한 많이 배정되어야 한다. 달리 말하면 실수요에 토지가 최대한 투입되어야 한다는 것이다. 그러나 부동산 가격이 올라가고 투기가 심해지면 실수요가 위축되는 반면 가수요는 늘어난다. 결과적으로 실수요를 위한 부동산 공급은 위축되고 투기수요를 위한 부동산 공급은 활기를 띠게 된다. 그만큼 국토이용이 왜곡된다. 투기 대상이 되는 토지는 시세차익을 위한 용도로 이용되는 것이며, 투기가 사회 문제가 된다는 것은 국토의 너무 많은 부분이 실수요 대신 시세차익을 노리는 용도로 이용됨을 의미한다. 대체로 보면 부동산 투기는 돈을 많이 가진 사람들만 할 수 있는 것이다. 따라서 부동산 투기가 심하다는 것은 시세차익을 노리는 부자들의 재테크에 국토가 너무 많이 이용된다는 뜻이기도 하고 부자

초연결사회와 보통사람의 시대

들이 더욱더 부유해짐으로써 빈부격차가 심화됨을 의미한다. 그러나 만일 리프킨의 말대로 소유의 종말 시대가 온다면, 부동산 공급은 실수요 위주로 이루어지고 부동산 투기가 가져오는 각종 사회적 폐해도 사라질 것이다.

대량임대와 사회적 낭비 줄이기

각종 플랫폼이 빌려주고 빌려 쓰기를 더 활발하게 만든다. 우리가 소유하고 있는 것들의 대부분은 사용하지 않는 상태로 놀고 있을 때가 많다. 에어비앤비나 우버는 바로 이런 점을 노린 대표적 플랫폼이다. 코자자Kozaza는 숙박을 원하는 사람들에게 한옥을 소개해주는 플랫폼이다. 사회적으로 보면 이런 플랫폼들은 이미 주어진 공간에서 더 많은 가치를 창출한다는 큰 의미를 가진다. 우버는 주차장에 처박혀 낮잠을 자고 있는 자가용 자동차의 소유자와 택시를 타려는 승객을 연결시켜줌으로써 사회적으로는 이미 주어진 자동차에서 더 많은 가치를 창출할 수 있게 해준다. 각종 소매상과 자동차 소유자를 연결해주는 플랫폼도 있다. 자동차 소유자들은 플랫폼의 연락을 받고 소매상이 위탁한 상품을 신속하게 목적지로 운송해준다. 결국 소매상은 플랫폼을 통해 자가용 자동차를 빌려 쓰는 셈이다.

자동차만이 아니라 건설 중장비도 임대의 좋은 대상이 된다. 유휴 굴착기, 트랙터, 굴삭기 등을 보유한 개인이나 건설업체와 이런 것들을 이용하려는 업체들을 연결해주는 플랫폼들이 있다. 인터넷이 발달함에 따라 빈 공간을 주차장으로 대여한다든가, 빈 공간을 애완견 돌봄 센터로 이용하게 해주는 등 각종 기발한 임대가 늘어나고 있다. 사람들은 비싼 물건을 가지고 있으면서 이것을 최대한 활용하지 못하는 경우가 너무 많다.

기업형 대형 플랫폼을 통하지 않고 p2p를 통해 개인들끼리 직접 빌려주고 빌려 쓰기를 하는 경우도 많아지고 있다. p2p를 통한 빌려주기가 의외로 큰 이익을 가져다줄 수 있다. 예를 들어 자동차를 할부로 구입했다고 하자. 앞에서 언급했듯이 자동차는 하루 평균 2시간만 운행하고 나머지 22시간 동안 주차장에 세워둔다. 그 차를 p2p를 통해 남에게 빌려주고 돈을 받는다면 자동차 할부금만큼의 돈을 벌 수도 있다. 이렇게 되면 그 자동차를 공짜로 구매한 셈이 된다.

우리나라에서는 이런 행위가 불법이다. 자가용차를 영업용으로 굴리는 것이 법으로 금지되어 있기 때문이다. 선진국에서는 그렇지 않다. p2p를 통해 자동차를 빌려주고 빌려 쓰는 일이 큰 성황을 이루고 있다. 예컨대 개인들이 자신의 자동차를 온라인의 특정 사이트에 올린다. 이런 사람들의 수가 많아지면 개인들끼리 빌려주고 빌려 쓰기가 훨씬 더 수월해진다. 참여자들이 더 늘어나면 자동차 공동이용 클럽이 형성된다. 약간의 회비만 내면 회원권과 함께 스마트카드를 받는다. 이 카드와 GPS(위치 확인 시스템) 등을 이용하면 도시 여러 곳에 흩어져 있는 개인 차량의 위치와 이용 가능 시간 등을 알 수 있다. 따라서 필요에 따라 손쉽게 클럽 회원들끼리 자동차를 서로 빌리고 빌려 쓰게 된다. 다시 말해 나누어 쓴다는 것이다. 클럽에 따라 무료로 빌릴 수도 있고 약간의 수수료를 내는 경우도 있다. 자전거 공동이용 클럽도 아주 많이 있는데, 특히 젊은이들 사이에서 큰 인기다.

장난감도 매우 인기가 높은 임대 품목이다. 백화점이나 장난감 가게에 가보면 어린애들이 장난감 사달라고 떼쓰는 모습을 흔히 보게 된다. 정작 장난감을 사주면 대부분의 경우 애들은 한두 번 가지고 놀다가는 나 몰라라 한다. 애들이 크면 어릴 때 가지고 놀던 장난감을 거들떠보지도 않는다. 그러다 보니 내버려진 장난감들이 집집마다 수북이 쌓여 있다. 이 모두가 낭비다. 장난감을 빌려 쓰는 문화가 정착되면 이런 낭비가 크게 줄어든다. 그래서 장난감 빌려 쓰기가 인기를 끌게 되었고, 이에 관련된 사회단체들이 우리나라에서나 선진국에서 아주 많아졌다. 소액의 월회비를 내면 잘 소독된 장난감들을 빌려 쓸 수 있다.

쓰지 않고 쌓아두는 물건은 장난감뿐만이 아니다. 각 가정마다 고작 한두 번 또는 서너 번 쓰고 나서는 구석에 처박아둔 옷이며 구두, 가방, 각종 살림살이가 얼마나 많은가. 소비의 천국이라는 미국에서는 각 가정마다 쓰지 않고 방치된 물건이 너무 많아서 심지어 창고를 빌려서 쌓아두기까지 한다. 그러다 보니 창고대여업이 가장 번창하는 사업이 되고 있다. 1985~2008년 미국에서 창고대여업은 인구보다 세 배나 빠르게 성장했으며, 1인당 창고 공간 면적은 무려 633배나 증가했다.[10] 애니 레너드는 『물건 이야기』에서 이렇게 집집마다 물건이 넘쳐나는데도 소비주의에 물든 미국인들은 "불을 찾아 날아드는 불나방처럼 더 많은 것을 사려고 매장에 달려간다"고 지적한다. 물론 레너드의 이 말은 미국에만 적용되는 것이 아니다. 선진국의 경우 일반 가정에 있는 물건들의 80퍼센트는 한 달에 한 번만 이용된다는 조사 결과도 있다.[11] 정도의 차이만 있을 뿐 우리나라에 관해서도 같은 말을 할 수 있다.

애당초부터 한두 번 쓰고 구석에 처박아둘 요량으로 물건을 사는 사람은 별로 없을 것이다. 그러므로 각 가정의 구석구석에 쓸모없이 처박힌 그 많은 물건은 우리가 얼마나 생각 없이 쇼핑을 하며, 얼마나 많은 돈을 낭비하는지를 잘 보여준다. 따라서 이런 낭비는 사회적인 문제이기도 하다. 사용기간의 90퍼센트 이상을 주차장에 처박아두는 자동차에 보험료, 세금, 각종 유지관리비를 꼬박꼬박 낸다는 사실을 많은 사람이 별로 심각하게 의식하지 못한다. 비단 자동차뿐만이 아니다. 물건을 소유함으로써 각 개인이나 사회적으로 부담해야 할 '숨겨진 비용'들이 의외로 많다는 사실을 대부분의 사람이 간과하고 있다. 빌려쓰기는 이런 개인적·사회적 문제를 해결해준다.

우리나라의 경우 '키플'이라는 단체는 주로 아동용 의류를 다루지만 장난감과 신발도 다룬다. 이 단체는 쓰지 않는 물건을 쉽게 처분할 수 있도록 수거, 검수, 사진 촬영, 발송 등의 서비스까지 제공한다. '열린 옷장'이라는 비영리단체는 결혼식이나 면접 등 특별한 날 입는 정장을 기부받아 필요한 사람들을 찾아 빌려준다.[12] 쓰지 않는 물건들을 기부하고 싶어하는 사람들과 이것을 원하는 사람들을 연결시켜주는 사회단체들이 실제로 선진국에서 인기다. 이 사회단체에 접속하면 일반인들도 필요한 물건을 손쉽게 빌려 쓸 수 있다. 그런 사회단체들이 기업

초연결사회와 보통사람의 시대

과 제휴하기도 한다. 예를 들어 쓰지 않는 물건을 사회단체에 기부하는 사람들에게 일종의 상품권을 주면, 이 사람들이 그 제휴기업이 운영하는 가게에 가서 상품권을 내고 다른 물건을 얻을 수 있게 하는 것이다. 그러면 쓰지 않는 물건의 기부가 더 늘어나게 되고 그만큼 사회적 낭비를 줄일 수 있다.

사람들이 빌려 쓰기를 선택하는 이유는 편리하다는 점, 경제적이라는 점, 선택이 다양하다는 점 등이다. 과거에는 자전거 임대업소가 소수라서 불편했지만, 도처에 임대업소가 생기면 자전거 빌리기가 훨씬 편해진다. 이용자가 늘어날수록 더욱더 편리해진다. 필요한 것을 빌려 쓰면 돈을 아낄 수 있고, 필요 없는 것을 빌려주면 돈을 벌 수 있다. 따라서 빌려 쓰기와 빌려주기가 활성화되면 각 개인도 이중의 경제적 이익을 얻을 수 있다. 공유 플랫폼을 통해 고객들은 자신의 필요에 맞게 다양한 가격대의 여러 제품에 접근할 수 있다. 오늘날 자신만을 위한 '맞춤' 경험을 원하는 소비자들은 공유 플랫폼에 관심을 보인다. 공유 플랫폼들은 각종 심사 과정과 의견청취 과정을 거쳐서 믿을 만한 서비스를 공급한다. 경우에 따라서는 각종 보험 서비스도 제공한다.

대량공유의 시대

빌려 쓰기의 성행이 사회적 낭비를 줄이는 데 한몫을 톡톡히 하면서 근래에는 '나누어 쓰기' 혹은 '공유'라는 말이 자주 쓰이고 있다. 빈 방을 빌려 쓴다는 것은 계약기간 동안 그 소유자와 이용자가 그 방을 공유함으로써 활용도를 높였다고 볼 수도 있다. 유휴 자동차를 빌려 쓴다는 것은 계약기간 동안 그 소유자와 승객이 공유함으로써 활용도를 높였다고 할 수도 있고, 그 유휴 자동차들을 수많은 승객이 돌아가면서 이용하는 공유물이라고 할 수도 있다. 세계적인 연구기업인 닐슨컴퍼니Nielson Company가 2014년에 수행한 연구에 따르면, 전 세계 온라인 소비자의 68퍼센트가 돈을 받고 자신의 소장품을 공유 공동체에 제공할 의사가 있으며, 66퍼센트는 공유 공동체에 올라온 제품을 이용할 용의가 있다고 밝혔다. 공유 의사가 높은 품목은 전동공구, 자전거, 의류, 가정용품, 스포츠용품, 자동차, 캠핑물품, 가구, 집, 오토바이, 애완동물 등의 순서인 것으로 나타났다.[13] 무언가를 공유한다는 것은 도움을 주고받는다는 뜻이며, 따라서 많은 사람이 서로 협조한다는 뜻이기도 하다.

물론 공유라는 개념이 새로운 것은 아니다. 그러나 오늘날의 공유는 디지털 기술과 일반 대중의 호응이 합세해 대량으로 그리고 효율적으로 이루어진다는 점에서 과거의 공유와는 차원이 다르다. 앞으로는 거의 모든 것이 공유의 대상이 될 것이다. 파일을 공유하는 플랫폼이 인기를 끌고 있다. 예를 들면 p2p 파일이나 플랫폼을 통해 수많은 사람이 음악을 공유하고 있다. 한 집에 여럿이 모여 살며 방은 따로 쓰되 거실, 욕실, 주방 등을 공유해 월세를 절약하는 주택 공유, 이른바 '셰어하우스share-house'도 있고, 거실만 공유하는 '거실 공유'도 있다. 1인 가구가 증가하면서 혼밥족, 혼술족이 늘어나고 있지만, 외로움에 지쳐서 사람들과의 어울림을 그리워하는 사람들도 많아지고 있다. 이런 사람들이 부엌을 빌려서 같이 요리하고 식탁에 옹기종기 모여 앉아서 서로 얼굴을 보고 대화를 나누면서 최소한 저녁 한 끼라도 같이하는 이른바 '부엌 공유'도 있다. 이와 비슷한 취지에서 나온 '공유서재'도 있고 심지어 '공유옷장'도 있다.

한국토지주택공사가 참여한 서울시 장위동의 공유주택은 기존 노후 단독주택을 4층 규모로 재건축한 것으로 주차장, 커뮤니티 공간, 주방, 거실 등을 공동으로 이용함으로써 대학생들의 주거비 부담을 크게 줄여주었다는 평가를 받고 있다. 서울시는 2012년 '공유도시 서울'을 선언하고 공유 촉진 조례도 제정했다. 공유도시란 공유경제와 공유사회를 바탕으로 세워진 도시를 말한다. 공유도시의 취지에 따라 서울시는 차량 공유, 아동복 공유, 주차장 공유, 공공시설과 유휴공간 공유, 세대 공감 주거 공유 등을 추진하고 있다.

주택이나 공간 이외에 무형자산도 공유하는 추세가 늘어나고 있다. 그중 하나가 이른바 '재능 품앗이' 혹은 '재능 공유'다. 요즈음 부쩍 늘어나고 있다는 얼굴 화장술 배우기가 그 한 예다. p2p나 플랫폼을 통해 편리한 시간대에 편리한 장소에서 메이크업 강사를 만나 피부 관리와 개성에 맞는 얼굴 화장법 등을 아주 저렴한 비용으로 배운다. 그 강사는 자신의 경험을 다른 사람들과 나누는 셈이다. 춤을 배우고 싶은 사람들은 전문학원에 다닐 수도 있지만, 시간과 장소가 정해져 있고 수강료도 비싸므로 아무래도 부담스럽다. p2p나 플랫폼을 이용하면 이런 부담을 덜 수 있다. 댄스강사를 선택해서 만나면 원하는 춤을 원하는 시간에 얼마든지 배울 수 있다. 이 경우에도 댄스강사는 자신의 재능을 다른 사람들과 공유하는 셈이다. 이 밖에도 사진 찍기, 그림 그리기, 악기 연주 등에 관한 재능의 공유가 수없이 많이 생기고 있다.[14] 재능 공유는 자신의 재능을 다른 사람과 나누고 싶어하는 사람과 시간을 생산적으로 이용하고 싶어하는 사람들 모두에게 이익이 된다. 앞으로 탈노동의 시대에는 이런 종류의 사회적 가치 창출이 왕성하게 이루어질 것이다.

공유를 한층 더 편리하게 해주는 새로운 유형의 플랫폼도 등장하고 있다. 기존의 기업형 플랫폼들은 대개 집이나 자동차 등 한 가지 품목에 관해 서비스를 제공하지만, 새로운 유형의 공유 플랫폼은 여러 가지 공유 서비스를 한꺼번에 제공한다. 각 개인들은 이 공유 플랫폼을 통해 자동차, 의류, 공구, 집 등 다양한 재화와 서비스를 거래할 수 있다. 이 플랫폼은 공유에 수반되는 서비스도 제공한다. 예를 들어 빌려주거나 팔고 싶은 가구들이 있을 경우 개인이 굳이 택배나 용달을 부를 필요 없이 플랫폼에 연락하면 알아서 해결해준다. 자동차나 집을 빌려줄 경우 각종 사건이나 사고가 발생하더라도 플랫폼이 미리 가입해둔 보험회사를 통해 손쉽게 처리할 수 있다. 빌려준 물품이 고장 나거나 훼손되어 있는 경우에도 플랫폼이 자체적으로 수리해주고 청소도 해준다. 이와 같이 플랫폼이 배달, 보험, 수리 등 온갖 서비스를 제공하기 때문에 개인들은 공유에 수반되는 각종 번거로움에서 벗어날 수 있다.[15]

요즘은 개인들뿐만 아니라 기업들도 공유에 가세하고 있다. 그 한 예로 사무실을 같이 쓰는 '공유 오피스'가 근래 큰 인기를 끌고 있다. 공유 오피스란 매달 소정의 월세를 내고 여러 기업이 특정 사무공간을 같이 빌려 쓰는 것을 말하는데, 이들은 무선인터넷, 회의실, 휴게실 등 회사 운영에 필요한 각종 장비와 시스템을 이용할 수 있다. 자금력이 부족한 각종 스타트업이나 금융 신생기업, 프리랜서 등 사이에 인기를 끌고 있다. 이들뿐만 아니라 대기업이나 중견기업들도 일부러 공유 오피스를 빌려서 직원들을 파견하기도 한다. 공유 오피스에는 여러 기업의 사람들이 모여 자유롭게 교류하면서 정보와 아이디어를 교환할 수 있기 때문이다. 건물 소유주의 입장에서는 공실空室 위험을 줄일 수 있으므로 공유 오피스를 선호한다. 이와 같이 공유가 성행하고 공유에 대한 열의가 높아지자 바야흐로 '공유경제'의 시대가 도래했다고 주장하는 학자들이 많아졌다. 공유가 증가하면 신제품에 대한 수요가 감소할 수도 있겠지만, 그렇다고 소비수준을 떨어뜨리는 것은 아니다.

공유와 환경개선

공유는 거래 당사자에게 이익이 될 뿐만 아니라 사회적으로도 큰 이익이 된다. 예를 들면 공유는 사회적 낭비를 줄이고 환경개선에 큰 도움이 된다. 상품을 생산하고 공급하는 과정에서 환경오염물질이 많이 발생하고, 상품을 소비한 후에는 폐기물이 많이 나온다. 공유를 많이 하면 할수록 상품을 대량으로 생산할 필요가 없어지기 때문에 환경오염

물질의 배출량이나 폐기물의 양도 그만큼 줄어들고 환경도 개선된다. 이와 관련해서 주목되는 것은 기업이 돈 버는 방식의 변화다.

자연환경에 버려지는 환경오염물질과 폐기물의 양을 줄이는 한 가지 방법은 자연자원을 이용해서 만든 제품을 오랫동안 사용할 수 있도록 그 내구성을 높여서 제품의 수명을 연장하는 것이다. 과거에는 제조업체들이 대량생산과 대량매출에 열을 올려왔다. 이를 위해 기업들은 소비자들로 하여금 끊임없이 옛것을 버리고 새로운 상품을 구매하도록 유도했다. 실제로 기업들이 고의로 제품의 수명을 짧게 한다는 소문이 널리 퍼져 있었다. 예컨대 전구를 많이 팔아먹기 위해 제조업체가 고의로 전구의 수명을 짧게 한다는 것이다. 대량생산과 대량소비의 결과는 심한 환경오염과 자원고갈이다.

그러나 이제 디지털 시대, 임대문화의 시대가 오면서 사정이 많이 달라졌다. 제품을 많이 만들어서 판매하는 데 한계가 있음을 느끼는 기업들은 새로운 돌파구를 모색하는 가운데 면도기 제조회사인 질레트Gillett의 전략에 주목했다. 질레트는 면도기를 공짜로 주는 대신 면도날을 비싸게 파는 전략을 활용해 성공을 거두었다. 초창기 아마존의 킨들Kindle은 전자책eBook 기기를 공짜로 주는 대신 콘텐츠를 판매해서 수익을 올리거나 품질개선과 애프터서비스를 통해 수익을 창출하는 방법을 택했다. 우리나라에서도 요즈음 전자책이 많이 읽힌다. 인터넷 서점 예스24는 전자책을 빌려주기도 한다. 책 내용이 종이가 아니라 전자종이에 기록되기 때문에 전자책은 내구성이 탁월하다. 전자책 기기에는 수많은 책을 저장해놓을 수 있으므로 무거운 종이책을 여러 권

들고 다닐 필요가 없다. 앞으로 전자책이 많이 이용되면서 종이책의 판매가 줄어든다면 종이생산이 환경에 미치는 악영향도 줄어든다.

전자책의 예는 기업의 돈 버는 방식이 바뀌고 있음을 잘 보여준다. 과거에는 대부분의 경우 제품을 만들어서 팔고 나면 그것으로 끝이었다. 그러나 앞으로는 단순히 제품을 팔기만 하는 것이 아니라 판매된 제품의 품질관리와 품질개선까지 책임진다. 물론 공짜가 아니라 돈을 받고 해준다. 제품을 팔면서 돈을 벌고 애프터서비스를 제공해서 또 돈을 번다. 이와 같이 이중, 삼중으로 돈을 벌기 때문에 기업들도 제품의 수명을 최대한 연장하려는 인센티브를 가진다.

예를 들어 건설장비는 수많은 부품으로 구성되어 있는데, 사물인터넷 시스템을 잘 구축해놓으면 제조업체는 이미 판매된 건설장비의 상태를 수시로 점검할 수 있다. 점검 결과 이상이 발생하면 즉시 부품을 갈아주는 애프터서비스로 돈을 벌 수 있다. 그만큼 장비를 오래 사용할 수 있게 되므로 폐기되는 양이 크게 줄어든다. 이런 애프터서비스의 수익성이 증명되면서 애당초 제품을 만들 때 애프터서비스가 용이하도록 설계되기도 한다. 판매 후 품질개선이나 수리가 용이하도록 제품을 설계하는 것이다.

이제 많은 기업이 판매에 총력을 집중하는 대신 이미 판매된 제품에서 두고두고 수익을 최대한 뽑아내는 식으로 돈 버는 방법을 바꾸고 있다. 그러려면 제품의 유효수명이 길어야 한다. 기업은 '유통 매개자'가 될 수도 있다. 즉, 충분히 사용되지 않거나 아예 사용되지 않은 제품을 가진 사람들이 팔기를 원할 경우 기업이 새로운 사용자를 찾아줌으로써 해당 제품의 유효수명을 연장시킨다. 이 경우 기업은 물건을 가진 사람과 새로운 이용자를 연결시켜주는 플랫폼의 기능을 한다.

통상 제품의 판매와 동시에 그 소유권이 기업으로부터 구매자에게 넘어간다. 그러나 근래 소유권을 넘기지 않은 채 서비스만 판매하는 업체들이 급격하게 늘어나고 있다. 이제는 기업이 물건을 생산할 뿐만 아니라 그것을 계속 소유까지 해야 하는 이상한 시대가 오고 있다. 결과적으로 일반 소비자들은 돈도 아끼고 원시인들처럼 소유로부터 자유로워지는 혜택을 누린다.

자동차를 예로 들어보자. 앞에서 살펴보았듯이, 자동차 공유가 성행하면 사람들이 자동차를 소유하려고 하지 않을 뿐만 아니라 자동차 운행을 약 30퍼센트가량 줄인 것으로 나타났다.[16] 공유경제가 정착되면 자동차의 판매량이 감소할 것은 불 보듯 뻔한데 자동차 제조회사들이 이것을 가만히 앉아서 맥없이 당하지는 않을 것이다. 그래서 미국 최대의 자동차 제조회사인 GM이 자동차 임대업에 뛰어들려고 하는 이상한 모습이 나타나고 있다. 2018년 GM은 막대한 흑자를 냈는데도 획기적인 구조조정 계획을 발표했다. GM이 구조조정 계획을 단행하는 데는 그만한 이유가 있다. 자율주행 자동차나 전기차의 시대에 대비한다는 것도 한 가지 이유다. 하지만 무엇보다도 자동차 판매량의 대폭 감소가 눈에 보이는 상황에서 앞으로도 종전과 같이 자동차를 생산하고 판매하는 전략만으로는 생존할 수 없다는 판단이 섰기 때문이다. 그래서 GM이 선택한 전략 중 하나가 자동차 임대업이다. 역사상 가장 오랜 기간 자동차를 생산해온 GM이 이제 자동차 임대업체임을 공식 선언할 시기가 멀지 않아 보인다. 독일의 자동차업체인 다임러^{Daimler} 역시 별도의 사업 부문으로 자동차 대여업을 하고 있다.

　중요한 것은 이런 전략이 자동차 제조업체에만 국한된 것이 아니라는 점이다. 예를 들어 세계적인 가전제품 회사인 필립스^{Philips}는 조명기기를 판매하지 않고 임대하는 방향으로 전략을 바꾸고 있다. 사실, 사람들이 원하는 것은 전구 그 자체가 아니라 전구가 제공하는 조명 서비스다. 공유경제가 확산되면 굳이 전구를 파는 것보다는 빌려주는 것이 이익이다. 앞으로는 생산된 조명기기에 대한 소유권을 회사가 보유한 채 고객에게 그것을 임대하고 사용료를 받아서 돈을 벌게 된다. 조명기기의 전기료도 회사가 부담한다. 따라서 고객은 전기료를 아끼려고 절전에 세심하게 신경을 쓸 필요가 없다. 이제는 회사가 전기료 부담을 최소화하기 위해서 전기를 최대한 절약하는 조명기기를 만들려는 인센티브를 가지게 된다. 이뿐만 아니라 조명기기를 오래 쓸 수 있게 만들려는 인센티브도 가지게 된다. 고객이 오래 쓸수록 회사는 오랫동안 임대료를 받아 챙길 수 있기 때문이다.

　세계적인 타이어 제조업체인 미쉐린^{Michelin}은 고객들에게 타이어를 팔지 않고 빌려주는 프로그램을 시행하고 있다. 미쉐린은 최대한 오래 사용할 수 있는 타이어를 개발하려는 동기도 가지며, 또한 너무 닳아서 못 쓰게 된 타이어를 회수해 재활용하려는 동기도 가지게 된다. 건물의 지붕에 태양 전지판을 설치하고 관리해주는 기업도 나타나고 있다. 설치된 태양 전지판은 기업의 소유다.

　법적으로 자본주의는 사유재산권을 기본으로 하는 체제이며, 정신적으로는 개인의 이기심을 경제발전의 밑거름으로 삼는 체제다. 따라서 자본주의 사회에서는 다다익선多多益善, 즉 많이 가지면 많이 가질수록 더 행복해진다는 믿음이 깊이 뿌리내리고 있는 사회이며, 소유권을 지키기 위해 수많은 노력을 기울이는 사회다. 그러나 공유경제에서는 그런 믿음이 의미가 없어진다. 인터넷을 비롯한 첨단 기술 덕에 자동차를 소유하지 않고도 편하고 신속하게 이동할 수 있듯이 물건을 소유하지 않고도 얼마든지 즐길 수 있으며, 소유권을 지키기 위한 그 많은 노력도 필요 없어진다.

공유를 성행하게 만든 요인

그렇다면 왜 근래에 와서 공유가 폭발적으로 늘어나게 되었을까? 물론 여러 가지 요인이 있겠지만, 경제적 요인도 무시할 수 없을 것이다. 리프킨은 2008년 미국 금융시장의 붕괴에 이은 세계 경제의 침체를 그 한 요인으로 꼽고 있다. 제2차 세계대전 이후 1990년대까지 선진국들은 지속적 경제성장을 통해 엄청난 물질적 풍요를 누렸다. 우리나라도 그랬다. 그야말로 물자가 풍부하고 물건이 넘쳐나는 시대였다. 그러다가 2008년 세계 경제위기 이후 선진국들이 경제적 타격을 입고 장기 경기침체를 맞게 되었다. 우리나라도 저성장 시대로 접어들었고, 고용도 지지부진해졌으며, 빈부격차가 심해지면서 중·저소득 계층의 살림이 날로 팍팍해졌다. 이렇게 되면 자연스럽게 아껴 쓰고, 빌려 쓰고,

나누어 쓰려는 분위기가 조성된다.

선진국, 특히 미국의 경우에는 이런 현상이 두드러졌다. 2008년 금융시장 붕괴 이후 수많은 사람이 재산을 잃고, 빚을 지게 되었으며, 일자리를 잃었다. 자신들이 아무런 잘못을 하지 않았는데도 이런 일을 당하자 자본주의에 무슨 문제가 있다고 집단적으로 직감하게 되었다. 그러면서 경제적 어려움을 극복하기 위해 등장한 것이 소비절약과 공유였다고 리프킨은 설명한다. 2008년 이후 물질주의나 금전만능주의로부터 벗어나려는 경향이 특히 젊은 세대에서 뚜렷하게 나타나기 시작했는데, 이런 세태가 공유경제의 부상과 꼭 맞아떨어진다. 전 세계적으로 젊은 세대들은 자전거, 자동차, 집, 의류 등 이루 말할 수 없이 많은 것을 소유하기보다는 빌려 쓰거나 공유하려고 한다. 요즈음의 젊은이들은 기성세대에 비해 덜 물질주의적일 뿐만 아니라 환경보전을 더 지지하는 경향이 있다.

물론 리프킨의 이런 설명에 충분히 일리가 있지만, 그것만으로 공유의 급속한 확산을 다 설명할 수는 없다. 공유가 성행하게 된 더 중요한 이유로, 공유가 과거에 비해 훨씬 더 용이해졌고 경제적으로도 이익이 된다는 점을 꼽지 않을 수 없다. 공유가 가능하기 위해서는 여유공간, 여유시간, 여유자산, 유휴용량idle capacity 등이 있어야 한다. 실제에서 보듯이 이런 것들이 도처에 널려 있지만, 과거에는 그런 것들이 어디에 얼마나 많이 있는지를 샅샅이 알기가 어려웠다. 이것이 공유 확산에 큰 걸림돌이었다. 그러나 디지털 기술이 발달하면서 그런 것들을 검색하고 추적하기가 매우 쉬워졌다. 인터넷의 발달 덕분에 공유에 호응하는 사람들을 끌어모으기도 쉬워졌다. 이런 기술진보가 공유 활동을 용이하게 만들면서 공유의 대상도 대단히 다양해지고 있다. 예를 들어보자. 인구 감소, 수도권 인구 집중 등의 요인으로 지방에는 폐가廢家가 속출하고 있다. 이런 폐가들을 수리한 다음 숙박객들에게 임대해주는 조직이 생겨나고 있다. 개인 주택의 뒷마당을 인근의 아파트 주민들과 공동으로 경작하고 수확물을 나누어 가지는 식의 공동이용이 크게 늘어나면서 이런 활동을 지원하는 시민공동체나 플랫폼들이 속속 나타나고 있다. 그런 텃밭에서 생산되는 농산물들은 환경친화적인 것들이어서 더욱더 큰 인기를 끈다.

공유가 성행하게 된 또 다른 이유로 선택의 폭이 넓어졌다는 점도 꼽지 않을 수 없다. 예를 들면 시내에서 숙박할 수 있는 곳은 대체로 비싼 호텔뿐이지만 에어비앤비를 이용하면 다양한 가격대에 다양한 형태의 공간을 빌려 쓸 수 있다. 사람들의 여유공간뿐만 아니라 여유시간을 활용하게 도와주는 서비스나 플랫폼들도 많다. 아파트 내부의 설비가 낡아서 고장이 났을 때 외부 전문 기술자를 불러서 수리하려면 출장비와 인건비가 만만치 않다. 이럴 경우 아파트 주민들 중에서 은퇴한 전문 기술자들이 모임을 만들어 저렴한 비용으로 수리 서비스를 제공한다면 주민에게도 이익이다. 은퇴한 전문 기술자의 입장에서 보면 소일거리도 생기고 용돈도 벌 수 있다. 은퇴한 금융 전문가들과 이들의 조언을 듣고 싶어하는 사람들을 연결해주는 플랫폼도 있고, 은퇴한 교사들이 친지들의 자녀나 손자들의 학습을 서로 돌아가며 보살펴주는 품앗이 플랫폼도 많이 나왔다. 심지어 자투리 시간을 활용할 수

있게 도와주는 플랫폼도 있다. 대중교통 수단을 이용한 출퇴근시간이
나 줄서서 기다리는 시간을 포함해서 멍하니 보내는 시간이 하루에 두
세 시간쯤 된다고 하는데, 이런 시간에 간단한 일을 하면서 돈도 벌 수
있게 주선해주는 플랫폼이 있다. 앞으로 기술진보는 공유를 한층 더
확산시킬 것이다.

이미 공유경제는 기존의 전통적 자본주의 기업들을 크게 위협할 뿐
만 아니라 경우에 따라서는 능가할 정도로 성장했다. 공유경제는 이미
생산된 것들의 이용률을 높이기 때문에 기존 소매업의 매상과 숙박업
의 수입이 줄어들 수밖에 없다. 음악 파일이 공유되면서 CD 판매량이
급감했고 수많은 음악 관련 업체가 문을 닫았다. 여러 나라에서 우버
가 기존의 택시업계에 큰 타격을 주고 있음은 잘 알려져 있다. 바로 이
때문에 우리나라를 비롯한 여러 나라에서 우버와 비슷한 자동차 공유
제도의 도입을 택시업계가 극력 반대해왔다.

여러 종류의 플랫폼 기업이 번창하면서 전통적 자본주의 기업들이
흔들리거나 밀리고 있는 것이 사실이지만, 그렇다고 이들이 사라지는
것은 아니다. 플랫폼 기업들의 영향력은 분야마다 다를 수 있다. 예를
들면 에어비앤비가 급속하게 성장하자 세계 최대의 호텔 체인인 힐튼
호텔이나 인터콘티넨탈 호텔 등을 곧 압도할 거라는 예상도 나왔다.
하지만 아직까지 기존의 고급 호텔들은 건재하다. 이들이 에어비앤비
가 감히 넘볼 수 없는 차별화된 서비스를 제공하고 있기 때문이다. 관
광을 즐기는 여행객들에게는 에어비앤비가 편리하고 저렴해서 좋지
만, 공무로 여행하는 사람들에게는 에어비앤비가 불편할 수도 있다. 예

를 들어 대규모 국제회의에 공식 초청을 받은 기업가나 전문가들 대부분은 회의장 근처의 고급 호텔을 선호한다. 그런 모임이 대부분 대도시 도심에서 열리며, 고급 호텔들도 이런 곳에 몰려 있다. 업무 상담을 목적으로 하는 여행객들도 고급 호텔을 이용하려고 한다. 그곳이 많은 사람을 만나 상담하기에 편리하고 접대하기에도 좋기 때문이다. 다만, 이런 차별화된 서비스를 제공하지 못하는 호텔이나 숙박업소는 에어비앤비에 밀려날 수밖에 없다.

경제성장에 너무 집착하지 말자

실로 오랫동안 우리 사회를 사실상 지배해온 가장 중요한 가치는 '경제성장'이었다. 경제성장이 있어야 일자리도 늘어나고 좀더 넉넉한 생활을 영위할 수 있으며, 나아가서 빈곤도 퇴치된다는 생각이 우리의 뇌리에 깊이 박혀 있다. 이런 생각은 특히 보수 진영을 사로잡고 있다. 경제성장은 보수 진영이 내세우는 핵심 가치 중 하나다. '성장 제일주의'라는 말도 보수 진영에서 나왔다. 지금의 노년층은 박정희 정권 시대에 대한 향수에 젖어 있다. 이들은 '한강의 기적'을 이루는 데 각자 나름대로 일조한 것을 자랑스럽게 생각한다. 그러면서 이 점을 요즈음의 젊은이들에게 지겹게 반복한다. 그럼에도 자신들의 공헌을 알아주지 않는 요즈음의 젊은이들을 꾸짖고 욕한다. 보수 진영은 근래의 저성장을 정부의 무능 탓으로 돌리면서 비난의 삿대질을 하기에 여념이 없고, 보수 언론은 이때다 싶어서 박정희 정권 시대에 대한 향수에 불을 지피면서 정권을 향해 맹렬히 비난의 화살을 퍼부어댄다.

그러나 저성장은 우리나라만의 문제가 아니라 세계적인 현상이자 추세임을 우선 알아야 한다. 성장 제일주의 역시 시대의 큰 흐름에 밀려날 수밖에 없다. 과거 우리가 경험했던 6~7퍼센트 이상의 고도 성장률은 중국과 같은 개발도상국이나 저개발국에서나 가능한 일이다. 우리나라를 비롯한 선진국들은 저성장의 기조를 타고 있고 앞으로 상당 기간 여기에서 벗어나기 힘들 것이다. 설령 벗어난다고 해도 극히 일시적일 것이다. 물론 여기에는 여러 가지 이유가 있을 수 있지만, 기본적으로 성장 → 고용 → 소비 → 성장의 순환고리가 느슨해졌다는 점에 주목할 필요가 있다.

앞에서 강조했듯이 이제는 경제성장이 자동적으로 고용증가로 이어지지 않으며 낙수효과도 없다. 따라서 소비도 크게 증가할 수 없다. 더욱이 지금과 같이 빈부격차가 심한 상황에서는 설령 고용이 증가하더라도 소비가 잘 늘어나지 않는다. 소비의 대부분을 서민들이 담당해주는데 정작 서민들의 호주머니는 비어 있기 때문이다. 소비가 늘어나지 않으면 경제성장률도 저조해질 수밖에 없다. 어떻든 일반 서민들의 제1차적 관심사는 일자리다. 이제는 성장률이 높든 낮든, 그것은 일자리와 별 상관이 없어지고 있다. 그만큼 경제성장의 의미가 줄어들었다. 따라서 성장률에 일희일비할 것이 아니라 우리의 관심을 일자리 변동에 초점을 맞추고 대량실업에 대한 대비책 마련을 서둘러야 한다.

경제성장의 의미가 퇴색되는 데는 또 하나의 중요한 요인이 있다. 설령 일자리가 창출되지 않는다고 해도 경제가 성장하면 우리 생활이 경제적으로 더 풍족해지지 않겠느냐고 반문할 수도 있다. 이런 생각 역시 아주 틀리다고 할 수는 없지만, 옳은 생각은 아니다. 앞에서 살펴보았듯이 생산과 고용 사이의 고리뿐만 아니라 생산과 소비 사이의 고리 역시 느슨해졌다. 기술진보 덕분에 생산을 많이 하지 않더라도 높은 수준의 소비를 누릴 수 있게 되었기 때문이다. 다시 말해 경제성장률이 저조하다고 해서 소비수준도 떨어지는 것은 아니라는 뜻이다. 예를 들어 자율주행 자동차가 상용화되면, 자동차의 생산은 크게 줄어들겠지만 사람과 물자의 이동은 오히려 더 편하고 활발해질 수도 있다. 과거에 우리를 울고 웃게 만들었던 전통적 의미의 경제성장 지표, 특히 GDP는 우리의 현실을 제대로 반영하지 못하는 왜곡된 지표이며, 왜곡되는 정도는 앞으로 날이 갈수록 더 커질 것이다. 경제성장률이 저조한데도 실제 일상에서 우리는 마치 높은 경제성장률을 달성한 것처럼 풍족한 생활을 하고 있다는 점도 알아야 한다. 왜 그럴까?

사실 GDP가 왜곡된 지표임은 오래전부터 잘 알려져 있었는데, 근래 이에 대한 논쟁이 다시 불거졌다. 이렇게 된 데는 로버트 고든Robert J. Gorden의 최근 저서가 많은 학자의 눈길을 끌면서부터다.[17] 세계 경제 위기가 터진 2008년 이전 수년 동안에는 세계 경제가 GDP상으로 연간 5퍼센트의 높은 성장률을 보였다. 그러나 2008년 이후 아직까지 세계 경제, 특히 선진국 경제는 저성장 기조에서 빠져나오지 못하고 있는데, 그 주된 이유로 낮은 생산성이 꼽혔다. 그런데 한 가지 이상한 현상은 바로 이 저성장 시기에 기술진보가 기하급수적으로 빨리 이루어졌다는 것이다. 상식적으로 생각하면 기술진보는 생산성을 높이기 때문에 기술진보가 빠르게 이루어지면 경제성장도 빨라져야 옳다. 이런 상식에 어긋나는 일이 발생하자 "기술진보의 역설"이니 "생산성의 역설"이니 하는 말들이 나왔다.[18]

이 이상한 현상을 자세히 살펴본 고든에 따르면 2005년부터 2014년까지 10년 동안 미국 경제의 평균 생산성 증가율은 불과 1.3퍼센트였는데, 이는 그 이전 10년 동안의 연평균 생산성 증가율(2.05퍼센트)의 절반을 약간 넘는 매우 낮은 수준이다. 2014년 말에는 연 0.6퍼센트까지 떨어졌다. 이 밖에 여러 가지 일상생활의 근거를 열거하면서 그는 정보통신 기술의 혁신적인 영향력이 2004년 이후 점차 소멸하고 있다고 주장했다. 이에 비하면 오히려 과거 제1, 2차 산업혁명이 훨씬 더 강력하고 광범위하면서도 지속적인 영향력을 행사했다는 것이 그의 결론이다. 그러나 그의 이런 주장은 정보통신 기술의 영향력을 너무 과소평가했다는 비판을 받고 있다. 이런 비판을 뒷받침하는 한 가지 강력한 논거는 GDP라는 지표에 문제가 있어서 근래의 기술진보가 초래한 경제적 혜택을 제대로 반영하지 못하고 있다는 것이다.

흔히 GDP는 한 나라의 생산규모를 반영한 지표로 알려져 있다. GDP가 큰 나라는 생산규모가 큰 나라라는 것이다. 우리나라는 명목 GDP로 따지면 세계 10위권의 경제대국이다. GDP가 세계에서 두 번째로 큰 중국을 흔히 세계의 공장이라고 부르기도 한다. 그만큼 중국의 생산력이 크다는 뜻이다. 이렇게 GDP는 생산력의 지표라고 불리지만 시장에서 돈을 주고 거래한 것들만 반영한다. 예를 들면 가정주부의 가사노동은 돈을 받고 하는 것이 아니라서 GDP에 잡히지 않지만, 월급을 받는 가사도우미의 똑같은 가사노동은 GDP에 반영된다. 따라서 가사도우미를 해고하고 주부가 직접 살림을 하면 GDP는 감소한다. 미세먼지나 환경오염으로 야기된 사회적 손실도 GDP에 반영되지 않는다. 가죽제품의 생산은 지독한 수질오염을 수반하는데, 생산된 가죽제품의 가치는 GDP에 반영되는 반면 수질오염으로 생긴 사회적 손실은 잘 반영되지 않는다.

1인당 GDP는 한 나라 국민의 복지수준을 반영하는 지표로 간주되기도 한다. GDP로는 중국이 경제대국이지만 1인당 GDP로 보면 중국은 저개발국이다. 그러나 GDP는 사회복지수준도 정확하게 반영하지 못하는 지표다. 예를 들어 불평등이 심해지면 범죄율이 높아지는데, 범죄가 증가하면 경찰과 감옥이 늘어나야 하고, 그러면 정부의 치안유지비가 늘어나서 GDP도 증가한다. 이때의 GDP 증가는 사실상 범죄의 증가를 반영한 것이지 사회복지의 증가를 반영한 것이 아니다. 반면에 여가의 증가는 분명히 사회복지의 증가를 의미하지만 여가 그 자체의 가치는 GDP에 반영되지 않는다.

과거에는 생산을 한 단위 늘릴 때마다 국민의 생활수준(복지)도 거의 그만큼 증가한다고 가정했다. 이 가정이 옳다면 GDP가 국민복지수준의 근삿값이 될 것이다. 그러나 디지털 시대에는 해마다 가격이 0원이거나 공짜에 가까운 상품이 점점 더 많이 출시되면서 국민의 복지수준은 높아지지만 GDP는 증가하지 않거나 조금밖에 증가하지 않는다.

예를 들어보자. 옛날에는 백과사전이 많이 팔렸는데, 그만큼 GDP가 증가했다. 그러나 위키피디아가 보편화되면서 백과사전이 필요 없어졌다. 사람들이 백과사전 대신 주로 위키피디아를 이용하면서 백과사전의 판매량이 급감했다. 그만큼 GDP도 감소한다. 위키피디아는 공짜로 이용하기 때문에 수십억 명이 그것을 이용해도 이들이 누리는 혜택은 GDP에 반영되지 않는다. 위키피디아에 글을 올리는 사람들은 돈을 받지 않으므로 그들의 노고도 GDP에 반영되지 않는다.

옛날에는 맛집이나 명소 등을 알기 위해서는 두툼한 맛집 가이드나 여행 가이드 책을 구매해서 읽어봐야 했지만, 오늘날에는 이런 것들에 대한 정보를 언제 어디서나 공짜로 얻을 수 있다. 디지털 기술 덕분에 정보의 복제와 전송이 거의 공짜로 무한정 이루어지므로 거의 모든 정보를 공짜로 얻을 수 있다. 음악이나 영상물, 오락물들의 상당수는 무료거나 거의 무료다. 유튜브, 페이스북, 트위터 등 온라인 콘텐츠의 대부분은 무료다. 이런 것들 모두가 매우 가치 있지만 GDP에는 반영되지 않는다. 즉, 생산은 늘어나지만 GDP는 증가하지 않는다. 따라서 경제성장률은 저조해도 실제 생활수준은 높아진다. GDP는 시장에서 거래된 것들의 가치만 반영하므로 시장을 통하지 않고 p2p나 플랫폼을 통한 재능공유가 늘어나면 GDP가 감소할 수도 있다. 결과적으로 디지털 시대에는 GDP의 유용성이 더욱더 떨어진다.

기업이 새로 생산한 것을 사람들이 구매해서 소유하면 그만큼 GDP는 증가한다. 하지만 사람들이 새로운 상품을 구매하지 않고 있는 것을 빌려 쓰기만 한다면, GDP는 많이 증가하지 않는다. 소유하나 임대

하나 사람들이 실질적으로 누리는 복지수준에는 별 변함이 없다. 자동차 공유는 도로에서 움직이는 자동차의 수를 줄일 뿐만 아니라 이산화탄소의 배출량도 줄여준다. 그러면 대기오염이 감소함으로써 국민의 복지수준은 높아지지만 이 부분은 GDP에 잘 반영되지 않는다. 과거에는 기업들이 수입을 많이 올리기 위해 고의로 제품의 수명을 단축시킴으로써 그 회전속도를 높이는 전략을 많이 취했다. 그러나 앞에서 살펴보았듯이 임대문화가 도래함에 따라 기업들은 오랫동안 빌려주고 돈을 받기 위해 제품을 튼튼하게 만들어서 내구성을 높이려고 한다. 그러면 GDP는 일시적으로 감소한다.

무엇보다도 가장 두드러진 것은, 기술진보에 따라 고용이 감소하고 실질임금수준도 하락한다는 사실이다. 그러면 GDP는 그만큼 감소할 수밖에 없다. 그렇다고 국민의 생활수준이 떨어지는 것은 아니다. 기본소득 제도가 충실히 실시된다면 소비수준은 감소하지 않을 것이며, 사람들의 여가활동은 오히려 크게 증가한다. 뒤에서 다시 자세히 살펴보겠지만, 리프킨을 비롯한 많은 석학이 앞으로는 이윤을 추구하는 전통적 기업들이 점차 쇠락하고 그 대신 시민공동체나 협동조합이 크게 늘어날 거라고 한다. 그렇다면 앞으로 GDP 역시 감소할 가능성이 높다. 다시 한번 강조하지만 그렇다고 해서 국민의 생활수준이 떨어지는 것은 아니다.

앞으로 오게 될 탈노동 시대에 일반 대중과 시민사회가 주도하는 사회적 가치 창출이 크게 늘어나겠지만, 그 규모가 어느 정도인지는 가늠하기 어렵다. 하지만 그 상당 부분이 기존의 GDP 통계에 잡히지 않는다는 것은 분명하다. 달리 말하면 탈노동의 시대에는 GDP에 잡히지 않는 가치가 무척 많이 창출되며, 이런 가치들이 우리 생활을 더욱더 풍족하게 만든다는 것이다.

11장

일반 대중에 의한 신뢰 구축

—

신뢰와 사회적 자본

공유가 활발해지기 위해서는 또 하나의 중요한 전제조건이 충족되어야 한다. 사람들 사이의 신뢰가 그것이다. 빌려 쓰려는 물건의 내용에 대한 믿을 만한 정보가 있어야 하고 빌려준 물건을 제때에 제대로 되돌려 받으리라는 믿음이 있어야 공유가 가능하다. 옛날 전통적인 마을 안에서는 누가 어떤 물건을 가지고 있는지 서로 잘 알 수 있었다. 그래서 공유를 통한 상부상조가 잘 이루어졌다. 하지만 과거에는 공유가 주로 친지들 사이에 이루어졌기 때문에 그 범위가 제한적이었다. 마을 단위를 넘어가면 믿을 만한 정보를 얻기가 힘들어진다. 따라서 친지의 범위를 벗어날 경우, 예컨대 시장의 거래에서는 신뢰가 심각한 문제가 된다. 시장의 거래는 주로 낯선 사람들 사이의 거래이기 때문이다. 이럴 경우에는 낯선 사람들 사이의 신뢰를 담보하기 위한 여러 가지 관행이나 제도가 발달하게 된다.

살아가면서 사람들은 사기나 불공정 거래의 피해를 당하지 않도록 조심하고 신경을 쓴다. 이런 개인들의 노력이 여러 가지 사회적 관행으로 구체화된다. 영수증을 주고받는다든지, 예약을 할 때 예치금을 요구한다든지, 구매하기 전에 시험해본다든지, 반드시 문서계약을 한다든지, 증명서 제시를 요구한다든지 등이 그 예다. 이 모든 관행이 거래 상대방을 믿지 못하기 때문에 취해지는 행동이다. 자본주의 체제를 선도하는 미국에서도 CCTV 같은 감시장치가 발달하지 않았던 과거에는 백화점에 판촉요원보다 사설 경비요원이 더 많았다.

그러나 이런 여러 가지 사적 노력만으로는 충분한 신뢰관계를 구축하기 어렵기 때문에 정부나 공공기관의 개입이 광범위하게 이루어진다. 현혹적이고 과장된 광고를 규제하기 위한 공공기관을 비롯해서 증권거래 감독기관, 금융거래 감독기관, 건강이나 안전에 관련된 각종 규제기관 등 불공정 행위나 범죄를 방지하기 위해 그 수많은 공공기관이 존재한다. 이들 대부분 결국 국민의 세금으로 유지된다. 어디 이뿐인가. 약속, 계약, 협약, 기타 대인의무를 성실하게 수행할 것을 보장하기 위한 공적 노력 역시 다양하다. 특히 공적 금융기관의 활동이 두드러진다. 중앙은행의 화폐 발행, 각종 감독관 제도, 각종 공공기관의 보증, 각종 공적 등록 제도, 변호사 제도, 판검사 제도, 기록보관소, 공증 제도 등이 그 예다. 사람들의 의무감과 신뢰가 강하면 이런 제도들의 필요성은 크게 감소하고, 따라서 그런 제도의 유지에 소요되는 막대한 사회적 비용도 필요 없다. 결국 우리는 서로를 믿지 못하기 때문에 막대한 비용의 대가를 치르는 셈이다. 그만큼 신뢰라는 것이 경제적으로도 엄청난 가치를 갖는다는 것이다.

경제활동에 관련된 사기나 부정부패는 예로부터 언제나 골칫거리였다. 과거 중세에는 상공인 연합이 신용과 신뢰 체계를 형성하기 위한 하나의 효과적인 대책이었다. 그 시대에는 정부가 사적인 시장거래에 일일이 개입하지 않았지만, 상공인 연합과 같은 공동체의 상벌체제가 신뢰 구축의 기반이 되었다. 본격적인 자본주의 시대에 들어와서 시장거래가 대폭 확산되면서 공동체를 벗어난 낯선 사람들 사이의 거래도 크게 늘어났다. 물론 낯선 사람들 사이에도 신뢰가 쌓일 수 있다. 평판이 좋은 사람은 인기를 끌고 평판이 나쁜 사람은 기피 대상이 된다. 개인의 입장에서 장기적으로 보면 신용은 장사의 큰 밑천이요, 경쟁력의 중요한 요소가 된다. 예컨대 시장에서 상표는 상품을 만든 기업에 대한 대중의 신뢰를 반영한다. 치안이 엉망이라고 알려진 아프리카에서도 많은 사람이 상표를 믿고 코카콜라를 안심하고 사 마신다. 유럽에서도 LG가 만든 텔레비전을 안심하고 구매한다. 이와 같이 시장에서는 상표가 매우 중요한 신뢰의 원천이 된다.

개인들 사이의 굳은 신뢰관계가 형성되고 이것이 넓게 퍼질수록 시장의 거래가 활발해지면서 경제도 좋아진다. 이와 같이 신뢰가 경쟁력을 높임으로써 개인에게나 사회적으로 큰 경제적 이익을 낳는다는 사실이 확인되면서 '사회적 자본'이라는 용어가 크게 유행하게 되었다.

『신뢰*Trust*』라는 저서에서 프랜시스 후쿠야마*Francis Fukuyma*는 사람들이 어떤 공동의 목적을 위해 조직이나 집단을 구성하고 상호 신뢰 아래 서로 협력하는 능력을 사회적 자본이라고 정의하면서 "신뢰는 어떤 집단이나 조직을 효율적으로 움직이도록 하는 윤활유와 같다"고 말했다.[1] 사회적 자본을 사회 구성원들(개인, 집단, 조직) 사이의 자발적 연대나 결사 또는 사회적 연결망으로 보는 학자도 있다. 왜냐하면 바로 이런 연대나 연결망을 통해 사람들 사이의 사회적 접촉이 광범위하게 이루어질 수 있고, 이것이 사회적·정치적 안정과 협동의 핵심적 요소가 되기 때문이다. 다시 말해 그런 연대나 연결망이 사람들 사이의 신뢰를 높이고 협동을 이끌어낸다는 것이다.

자발적 모임이나 사회적 연결망이 신뢰 구축, 사회적 자본 형성과 밀접한 관계가 있는 것은 사실이지만, 그렇다고 그것을 사회적 자본과 동일시하는 것은 문제가 있다. 예를 들면 조직폭력배들 사이의 끈끈한 신뢰는 범죄조직의 활동에는 필수적일지 몰라도 각종 사회적 손실을 초래한다. 따라서 자발적 결사체나 사회적 연결망이 사회적 자본의 원천이 되기 위해서는 그것이 공익 증진으로 이어져야 한다.

'디지털 시대'의 사회적 자본

과거에는 직접적 인간관계, 친구의 친구를 통한 간접적 인간관계, 공적 기관에 의한 각종 제도 등이 사회적 자본의 원천이 되었다. 그러나 페이스북, 유튜브, 구글 등 사회적 연결망과 p2p를 통한 개인 간의 연결망이 빠르게 대폭 늘어나는 시대에는 기존의 관행이나 제도만으로는 사회적 자본을 유지하고 확충하기에는 턱없이 부족하다. 정보통신 기술이 크게 발달했다고는 하지만, 인터넷에서는 누가 나쁜 사람인지 모른다는 문제가 있다. 인터넷에서는 서로 상대방의 신원을 잘 알지 못하기 때문에 믿고 거래하기 어렵다. 물론 스마트폰이나 인터넷을 이용한 상업적 거래(온라인 거래)가 폭발적으로 늘어나고는 있지만, 이른바 '사이버 범죄'의 기회도 급격히 증가하고 있다. 단순히 스팸만 문제가 되는 것이 아니다. 명의 도용, 스파이, 사기, 자료 절취 등의 범죄가 크게 늘어나고 있다. 요즈음 해킹이라는 말을 자주 듣게 되는데, 해킹이란 컴퓨터 통신망을 통해 남의 컴퓨터에 무단 침입해 저장된 정보나 프로그램을 불법으로 이용하거나 바꾸고 없애는 행위를 말한다. 무어의 법칙Moore's Law이 말하듯이 컴퓨터의 자료처리 능력이 매년 두 배씩 늘어난다고 하면 사기와 절도 등 이른바 사이버 범죄의 능력 역시 두 배씩 늘어난다. 그래서 '무어의 범법Moore's Outlaws'이라는 말도 나왔다. 근래에는 온라인에서 대규모로 마약거래를 자행한 범죄조직이 적발되기도 했다. 굳이 범죄라고 하기는 어렵지만, 인터넷을 이용한 '가짜 뉴스'의 유포가 우리 사회에 큰 물의를 일으키고 있다.

이런 정보통신 기술을 이용한 사이버 범죄를 방지하기 위해서는 기존의 각종 관행이나 공적 제도를 보완하거나 새로 만들 필요가 있다. 그렇다고 공공 부문에만 의존할 수는 없다. 인터넷을 이용한 활동이 너무나 복잡해지고 그 규모가 커져서 공권력으로 이를 일일이 규제할 수 없다. 따라서 인터넷을 이용하는 기업이나 개인들의 자율규제가 필요하다. 실제로 이런 자율규제가 신뢰와 신용 구축에 있어서 한 축을 이루고 있다. 예컨대 에어비앤비는 숙박객과 집주인 사이의 상호 평가와 집주인의 신용도나 주택의 질, 고객의 신용도 등에 대한 자체 조사를 바탕으로 안전하고 믿을 만한 서비스를 제공하려고 애를 쓴다. 우버 역시 운전자들의 과거 경력이나 범죄 경력 등에 관한 검색도구를 갖춤으로써 승객의 안전을 도모하고 신뢰를 구축하고 있다. 다른 플랫폼 기업들도 자체 심사나 온라인 평가 제도를 이용해서 고객들의 신뢰를 얻으려고 노력한다.

플랫폼이나 p2p를 통한 공동체들은 이른바 '정보의 비대칭성' 문제를 해결하는 데 도움이 되기도 한다. 중고차시장을 예로 들어보자. 중고차시장에 나온 차들은 겉으로는 멀쩡하지만 실제 성능은 천차만별이다. 차 주인이 정기적으로 점검하고 얌전하게 운행한 덕에 높은 성능을 유지하는 차가 있는 반면, 험하게 몰고 다녀서 속이 곯을 대로 곯은 차도 있다. 중고차시장에 나간 고객들은 이런 내력을 잘 알지 못한다. 속이 곯은 차의 주인은 대개 정직하게 정보를 제공하지 않는다. 이와 같이 한쪽은 잘 알고 있고 다른 한쪽은 잘 알지 못하는 현상을 경제학에서는 '정보의 비대칭성' 문제라고 한다. 이런 정보의 비대칭성은 사회적 손실을 초래한다. 정확한 정보가 없는 상황에서 고객은 질 좋은 차나 질 나쁜 차를 구별하지 못한 채 모두 비슷한 것으로 생각할 수밖에 없다. 그러다 보면 질 좋은 차는 제값을 받지 못하는 반면, 질 나쁜 차는 적정 수준 이상의 높은 가격을 받게 된다. 평균보다 더 높은 성능의 차를 가지고 있는 사람은 억울해서 그 가격에는 차를 팔지 않을 것이다. 그는 중고차시장에서 자신의 차를 회수해버린다. 결국 중고차시장에는 나쁜 차만 득실득실하게 된다. 대략 이런 내용을 수학적으로 증명한 어느 노벨경제학상 수상자가 쓴 논문의 제목이 "레몬시장"이다. 레몬이란 겉으로만 번지르르한 불량품을 지칭하는 속어다. 우리말로는 개살구라고 한다.

플랫폼이나 p2p 공동체들은 바로 이런 문제를 해결하는 데 기여할 수 있다. 예를 들어 중고자동차를 중개하는 플랫폼들은 중고차의 성능 검사 결과를 비롯한 모든 정보를 공개함으로써 중고차에 대한 신뢰를 높이려고 노력한 결과 고객들이 안심하고 중고차를 구매하게 되었다. 이뿐만 아니라 시장에 나오는 중고차의 질을 전반적으로 높임으로써 중고차들이 제값을 받게 되었다. 비단 중고차 플랫폼들뿐만 아니라 공유경제 플랫폼들은 자신들의 서비스를 확대하기 위해 정보의 비대칭성을 줄이려는 인센티브를 가진다.

플랫폼 기업들이 보유하고 있는 막대한 양의 정보와 자료는 규제에 큰 도움이 되기도 한다. 예를 들면 구글은 이용자들의 활동에 대한 방대한 정보를 분석해서 언제 어느 곳에 독감이 발생할 것인지를 예보하는 독감예보 시스템을 운용하고 있다. 신용카드 이용자들에 대한 방대한 자료를 바탕으로 분실카드와 관련된 범죄 양상을 판별하거나 기타의 방법으로 신용카드와 결부된 범죄를 예방할 수 있다. p2p 네트워크의 경우에는 이용자들이 일종의 공동체를 형성하고 자체 심사와 자율규제를 실시함으로써 대중에 의한 신뢰 구축을 유도할 수 있다.

　　　　　　　　　　　　　　초연결사회와 보통사람의 시대

오늘날 디지털 기술은 제품과 기업에 대한 신뢰도를 높이는 데 널리 활용되기도 한다. 사물인터넷이 그 한 예다. 각 가정이 구매한 우유의 유효기간이 지나면 우유 통에 부착된 센서가 냉장고에 경고를 보내고, 이 경고는 식료품 가게로 전달되며, 식료품 가게는 배달업체를 통해 새 우유를 가정에 배달한다. 사물인터넷을 통해 우유, 냉장고, 식료품 가게, 배달업체들 사이에 자동적으로 대화가 이루어지면서 제품에 대한 신뢰뿐만 아니라 우유제조 회사, 가전제품 회사, 식료품 가게, 배달업체 등에 대한 신뢰도 구축된다.

이런 여러 가지 예들이 디지털 기술에 의해 개인 간 신뢰와 사회적 자본이 형성될 가능성을 보이고 있다. 그런 디지털 기술 중에서 가장 획기적인 것이 이른바 '블록체인' 기술일 것이다. "블록체인 혁명 Blockchain Revolution"이라는 제목의 책이 나올 정도로 이 기술은 혁명적인 것으로 평가받고 있다.[2] '블록체인'이라고 하면, 기술적인 측면에 대한 얘기가 많이 나오는데, 이 기술을 개발한 사람의 의도를 살펴볼 필요가 있다. 그 의도가 매우 참신하고 의미심장하기 때문이다.

블록체인 기술

블록체인 기술에 대한 첫 논문은 2008년 미국 금융시장 붕괴에 이은 세계 경제위기 직후에 발표되었다. 이 대사건은 미국 금융기관들의 무분별한 투기, 이와 결부된 부실대출과 파생상품의 남발에서 비롯되었다. 2000년대 초반부터 미국에서는 부동산 투기 열풍이 불기 시작했는데, 금융기관까지 가세하자 부동산 투기가 과열로 치달았다. 이를 진정시키기 위해 미국 정부가 금리 인상을 단행하면서 과열로 치닫던 미국 부동산 경기가 일단 한풀 꺾였다. 하지만 높아진 금리를 감당하지 못하는 채무자들의 채무불이행이 속출하면서 많은 금융기관이 도산 위기에 몰렸다. 이 과정에서 수많은 사람이 땅과 집을 잃고 길거리로 내몰렸다. 이어서 2008년을 전후해서 숱한 금융기관이 줄줄이 도산했다. 손꼽히는 거대 금융기관들마저 문을 닫기 시작했고 초거대 금융기관들이 휘청거리자 이들을 구제하기 위해 미국 정부는 막대한 양의 달러를 찍어냈다. 결국 달러 가치는 폭락했고 물가는 폭등했으며 금리는 바닥을 쳤다. 미국 금융시장의 붕괴로 인한 불똥이 다른 나라들로 튀면서 세계 경제가 위기에 빠졌고 그 여파가 지금까지 이어지고 있다.

한 가지 어이없는 것은, 금융시장의 붕괴 이전에만 해도 미국의 금융 제도는 세계에서 가장 선진화된 제도라는 평가를 받고 있었다는 사실이다. 미국은 시장원리에 지극히 충실한 자국의 금융 제도를 무척 자랑스럽게 여겼을 뿐만 아니라 다른 나라에도 적극 권고했다. 일본 경제가 1990년대 부동산 가격 거품 붕괴로 휘청거렸을 때 미국은 일본 금융계의 후진성을 비웃으면서 미국식 금융 제도를 도입하라고 집요하게 압력을 넣었다. 그러던 미국의 금융기관들이 하루아침에 폴싹 주저앉았고, 영원할 것이라 믿어 의심치 않았던 세계의 기축통화인 달러의 가치도 폭락했으니 경악하지 않을 수 없었다. 미국 금융기관뿐만 아니라 달러를 찍어내는 미국 중앙은행에 대한 국민의 신뢰도 무너져

초연결사회와 보통사람의 시대

버린 것은 당연하다. 그렇다면 왜 중앙은행만이 화폐발행권을 독점해야 하는가, 왜 공식적인 금융기관이 신용 창출의 주축이 되고 이들을 통해 송금을 해야 하는가, 왜 공공기관만이 땅문서·집문서·각종 계약서 등을 보관·관리하고 각종 증명서를 발급해야 하는가, 왜 공공기관이 사회적 자본 형성의 주체가 되어야만 하는가 등의 근원적인 질문이 한꺼번에 터져 나오는 것 역시 당연하다. 더 간단하게 말해서 왜 우리가 중앙은행이나 공식적 금융기관과 공공기관만을 믿고 의지해야만 하는가? 블록체인의 개발은 바로 이런 문제의식에서 비롯되었다. 그래서 그런 공적 금융기관이나 공공기관의 개입이 없어도 일반 대중의 참여와 디지털 기술을 이용해서 개인들 사이의 신뢰, 나아가 사회적 자본을 구축하는 방안을 모색하게 되었다. 블록체인은 그 한 결과물이다.

가정이나 기업이 금전출납 내역을 기록해놓은 장부처럼 블록체인도 일종의 장부다. 다만 컴퓨터에 저장되어 있고 특수한 보안장치가 달려 있는 장부다. 그 장부의 한 부분을 블록이라고 하는데, 어떤 특정 시간이나 일정 기간 동안에 일어난 금전거래 내역을 수록한 것이다. 거래가 추가될 때마다 새로운 블록이 만들어지면서 시간별로 블록이 하나씩 하나씩 쌓이게 된다. 그 블록들을 체인으로 묶듯이 연결한 것이 블록체인이다. 그래서 블록체인을 우리말로 '공공거래장부'라고 부르기도 한다. 그러나 블록에는 금전거래 내역뿐만 아니라 온갖 정보와 자료들을 수록할 수 있다. 금융거래, 물류 서비스, 의료 서비스 등에서 생성되는 정보와 자료도 수록된다. 지금까지는 그런 자료들이 대부분 대형 컴퓨터(서버)에 저장된다. 이렇게 데이터가 한곳에 모여 있을 경우 해킹을 당할 가능성이 높다. 해킹은 치명적 타격을 입힐 수 있다. 어떻게 하면 해킹을 막고 보안을 유지함으로써 개인들이 안심하고 거래를 할 수 있을까? 한 가지 방법은 데이터를 네트워크의 모든 사용자에게 분산하는 것이다. 다시 말해 블록 단위로 묶여 시간 순서대로 쌓인 데이터를 인터넷에 접속된 수많은 컴퓨터에 동시에 저장한다는 것이다. 한곳에 모여 있는 것보다 여러 곳에 분산되어 있는 것이 해킹하기 어렵기 때문이다. 이런 아이디어에서 탄생한 것이 블록체인이다.

디지털화된 데이터는 복사하기가 매우 쉽고 신속하기 때문에 일단 블록이 만들어지면 순식간에 수많은 복사본이 인터넷에 연결된 모든 컴퓨터에 저장될 수 있고 그것을 수많은 사람이 볼 수 있다. 블록이 생길 때마다 각 복사본들이 정확히 일치하는지 한꺼번에 대조하기 때문에 해킹을 하려면 모든 컴퓨터에 저장된 기록을 다 고쳐야 한다. 사실상 해킹이 불가능하다. 해킹이 불가능할 뿐만 아니라 수많은 사람이 데이터를 쳐다보고 있어서 데이터의 투명성도 보장된다. 일반 대중이 신뢰의 보증인이 되는 셈이다. 따라서 믿을 만하다. 디지털화된 데이터는 신속하게 전달되므로 블록체인을 이용하면 거래가 신속하게 이루어질 수 있다. 예를 들면 현재의 금융기관을 이용해 다른 나라에 송금하려면 관련된 사람들의 장부를 일일이 확인하고 승인하는 절차를 거쳐야 하는데 이 과정에 2~3일이 걸린다. 하지만 블록체인을 이용하면 거래 즉시 기록이 동시에 생겨나기 때문에 실시간 거래가 가능하다. 미국 IBM은 월마트와 함께 중국산 돼지고기를 추적하는 블록체인 시

초연결사회와 보통사람의 시대

스템을 구축했다. 월마트는 이 시스템을 통해 납품된 돼지가 어디에서 키워졌고, 어떻게 도축돼 어떤 경로로 매장에 들어왔는지 쉽게 파악할 수 있다. 요컨대 블록체인 기술은 제3의 공적 중개자가 없어도 일반 대중의 감시를 바탕으로 신뢰할 수 있는 p2p가 얼마든지 가능하다는 사실을 보여주었다는 것이다.

12장

시민사회의 시대

일반 대중의 집단활동이 늘어나고 중요해진다

근래 정보통신 기술의 발달은 일반 대중의 개인적 활동뿐만 아니라 이들의 집단활동도 촉진했다. 사회적 연결망은 일반 대중의 역량을 하나로 모을 때 큰 도움이 되지만 무언가를 하는 데 도움이 될 적합한 사람이나 단체를 신속하고 효율적으로 찾을 때도 큰 도움이 되며, 집단 구성원들 사이의 원활한 대화를 손쉽게 해줌으로써 이를 바탕으로 한 집단활동을 쉽게 해준다. 그래서 과거 어느 때보다 오늘날 많은 일이 집단적으로 이루어지고 있으며, 앞으로는 더욱더 그럴 것이다.

　흔히 고고한 지식은 천재들의 탁월한 개인적 능력에서 창조된다고 생각한다. 과거에는 그랬다. 대부분의 일반 대중이 무식했던 시대에는 높은 수준의 교육을 받은 소수 엘리트들이 지식 창출의 주역이었다. 하지만 일반 대중도 무척 똑똑해지는 디지털 시대에는 그렇지 않다. 지식 창조의 경우에도 집단활동이 점점 더 중요해지고 있다. 지난 반세기 동안 자연과학과 공학, 사회과학, 예술과 인문학 등을 대상으로 실시된 한 방대한 조사 결과에 따르면, 거의 대부분의 분야에 걸쳐 개인보다는 집단에 의해 수행된 연구가 더 많으며 집단의 규모는 점점 더 커지고 있다.[1] 인용의 빈도 면에서 가장 영향력이 큰 연구들 중 대다수가 팀워크를 통해 이루어진 것들이며, 이런 경향이 점점 더 강해지고 있다. 50년 전에는 가장 인용 빈도가 높은 통찰이나 진보의 획기적 돌파구를 마련한 연구들이 주로 저명한 개인들에 의해 이루어졌다.

그러나 오늘날에는 추세가 크게 바뀌었다. 1,000회 이상 인용되는 연구를 우수연구라고 보고 자연과학과 공학만을 예로 들면, 공동연구가 개인의 단독연구보다 우수연구가 될 가능성이 5.3배 더 높다. 이 방대한 조사를 주도한 학자들은 "지식 창조의 과정이 근본적으로 바뀌고 있다"고 결론 짓고 있다. 개인보다는 집단이 더 우수한 연구 결과를 내놓기 때문에 많은 학자가 단독연구보다는 공동연구에 참여하려고 한다. 정보통신 기술이 발달하면 각 개인들이 더 많은 정보와 자료를 얻을 수 있기 때문에 개인의 연구능력이 엄청나게 높아질 것으로 기대했지만, 그 기대는 어긋나고 있다. 정보통신 기술이 점점 더 큰 영향력을 발휘함에 따라 지식 창조에 있어서도 개인이 아닌 팀워크의 성과가 엄청나게 커졌다는 것은 어떤 의미에서는 놀라운 일이다.

왜 이런 놀라운 결과가 나타났을까? 여러 사람이 모여서 자유롭게 대화를 하다 보면, 집단이나 사회가 당면한 문제가 무엇인지를 더 잘 파악할 수 있고, 최선의 해결책에 대한 아이디어도 더 많이 제시된다. 과학자들에 따르면 인간의 인지능력은 약 4만 년 전부터 이미 정체되었다고 한다. 그럼에도 인간 사회의 발전 속도는 그 이후에도 계속 빨라졌다. 그 주된 이유는 무리지어 집단적으로 과제를 해결하는 능력을 갖게 되었기 때문이라고 한다. 이런 능력은 영장류 중에서 인간만이 가지고 있는 특성인 것으로 알려져 있다. 어느 인류학자는 "침팬지 두 마리가 함께 통나무를 옮기는 모습을 본다는 것은 상상도 할 수 없다"고 말한다.[2] 저명한 생물학자인 에드워드 윌슨Edward O. Wilson의 말을 들어보면, 지구상에서 인류가 성공적으로 살아남게 된 것은 높은 지능 덕분이 아니라 집단적으로 문제를 파악하고 해결하는 능력 덕분이었다. 미래에는 집단활동이 더욱더 활기를 띠게 된다는 점에서 윌슨의 이 말은 미래에 관해 더 적실하다. 앞으로도 집단활동이 조직의 성공을 위해서나 경제 전체의 성공을 위해서 점점 더 중요해질 것이다.

물론 집단을 이룬다고 해서 무조건 많은 성과를 내는 것은 아니다. 분위기 조성이 매우 중요하다. 집단이 성공하기 위해서는 구성원들 사이의 교류와 의사소통이 원활해야 한다. 결국 집단을 효과적으로 만드는 가장 중요한 요인은 구성원들 사이의 깊은 인간적 교류다. 여러 학자의 연구에 따르면 성공적인 집단은 다음과 같은 특징을 보였다. 즉, 각 구성원이 다른 구성원들의 생각과 기분을 재빨리 읽을 수 있는 능력(공감 능력)을 잘 갖추었으며, 집단 내에서 발언의 기회가 고르게 주어지는 가운데 토론이 활발하게 이루어졌다. 또 한 가지 재미있는 점은

초연결사회와 보통사람의 시대

집단이 거두는 성과가 구성원들의 평균 지능지수(IQ와 별 관계가 없었다는 사실이다.

집단의 성공에 구성원들 사이의 상호 교류가 얼마나 중요한지를 보여주는 연구들은 무척 많다. 공공 부문의 팀워크에 관해 하버드 대학의 심리학 교수들이 수행한 연구를 예로 들어보자. 팀을 구성할 때 머리 좋은 사람들(지능이 높은 사람들) 위주로 할 수도 있고 인간관계가 좋은 사람들 위주로 할 수도 있다. 조사 결과, 인간관계가 좋은 사람들로 구성된 팀이 머리 좋은 사람들로 구성된 팀에 비해 30퍼센트가량 더 높은 성과를 올렸다.[3] 왜 그럴까? 인간관계가 좋은 사람들로 구성된 팀의 구성원들은 정보와 지식을 공유하며 서로 돕는 데 더 많은 시간을 할애했고 아이디어 제안과 이에 대한 반응도 활발했다. 다른 그 어떤 요인들보다 상부상조의 행태가 기대 이상으로 집단의 성과에 중요하다는 것이 밝혀졌다. 기업 부문에서도 구성원들 사이의 인간관계가 매우 중요한 것으로 밝혀졌는데, 상부상조의 분위기를 조성함으로써 기업은 이윤을 더 크게 늘릴 수 있다.

집단 구성원들 사이의 상호 교류가 중요하다고 해서 이것에 너무 집착하다가는 오히려 '집단사고group-thinking'와 같은 역효과를 불러올 수도 있다. 늘 집단 구성원들끼리만 교류하다 보면 구성원들이 이미 알고 있는 것들에 대한 신념만 강화되는 현상이 나타나는데, 이런 현상을 집단사고라고 한다. 이런 현상은 우리 주위에서 흔히 볼 수 있다. 늘 보수 성향이 강한 사람들끼리만 모여서 얘기하다 보면 보수 성향이 더욱 강해진다. 진보 진영도 마찬가지다. 미국이 일으키고 결국 실패로 끝난 베트남전쟁도 집단사고의 결과물이라고 한다. 최근 한일 무역분쟁을 도발한 일본 아베 정부의 보수화도 집단사고의 결과라고 할 수 있다. '잃어버린 20년', 후쿠시마 원전사고, 급격한 노령화 등을 거치면서 일본 사회가 전반적으로 침체의 늪에 빠지자 과거의 영광을 되찾자는 구호 아래 일본 극우 세력들이 결집하고 있다. 극우 성향의 모임이 만들어지고 다른 목소리에는 귀를 기울이지 않은 채 자기들끼리 똘똘 뭉치다 보면 집단사고에 빠지면서 더욱더 극우화된다. 아베 정권의 핵심 인사들이 그런 극우모임의 회원인 것으로 알려져 있다.

집단사고의 오류를 피하고 새로운 아이디어가 활발하게 창출되기 위해서는 새롭고 낯선 사람들과의 어울림이 중요하다. 달리 말해 집단 내의 상호 교류도 중요하지만 다른 집단과의 교류도 중요하다는 것이다. 구글은 이를 실천한 대표적 사례로 자주 인용된다. 구글의 사내 식당은 최고로 맛있는 음식을 공짜로 제공한다. 그럼으로써 구글은 직원들로 하여금 회사식당에서 줄을 서면서 서로 얘기하게 만들었다. 식탁도 여러 사람이 얼굴을 맞댈 수 있고 새로운 사람들을 마주볼 수 있도록 길쭉한 것을 택했다. 서로 부딪칠 기회가 많아지도록 식탁 사이의 거리도 가깝게 좁혔다. 그래서 직원들 사이에 '구글 부딪치기Google bump'라는 말이 나왔다. 한 연구 결과에 따르면 재택근무 직원들이 사무실 근무자들보다 더 생산적일 수는 있으나 혁신적이지는 못하다고 한다. 그래서 혁신을 원한다면 사람들끼리 서로 어울리게 해야 할 뿐만 아니라 새로운 사람들과도 적극적으로 교류하게 만들어야 한다고 이 연구는 결론 내리고 있다.

초연결사회와 보통사람의 시대

앞으로 집단활동이 점점 더 중요해지고 많아진다는 것은, 단독 플레이를 잘하는 똑똑한 개인들보다는 다른 사람들과 잘 어울리고 집단활동을 잘할 수 있는 능력을 가진 사람들이 점점 큰 가치를 가지게 됨을 의미한다. 또한 그런 사람들이 앞으로 성공할 가능성이 높다. 집단활동이 좋은 결실을 맺도록 참석한 사람들을 설득하고 다독이는 리더십도 중요하다.

집단활동에 대한 연구에서 나타난 또 한 가지 재미있는 새로운 현상은, 높은 성과를 올리는 집단은 대체로 여성의 참여도가 높은 집단이라는 것이다. 여성의 비율이 높아질수록 집단의 성과가 올라가는 경향도 관찰되었다. 이런 연구 결과는 좀 의외이기 때문에 연구자들도 놀랐지만, 비슷한 결과가 다른 연구에서도 계속 반복되면서 결국 여성들이 집단을 더 똑똑하게 만든다는 결론을 내리게 되었다. 그러자 그 이유를 밝히는 연구들이 줄을 이었다. 일반적으로 남성보다 여성이 다른 사람들의 기분과 생각에 더 민감하다. 이는 실험 결과에서도 확인되었다. 사람들의 눈 부근 표정을 찍은 36개의 사진을 피실험자들에게 보여준 다음 사진에 나타난 사람의 기분(슬픔, 분노, 좌절, 두려움 등) 알아맞히기 검사를 실시해본 결과, 여성들의 성적이 남성에 비해 매우 높았다. 이런 성별 차이는 문화적인 요인 탓도 있겠지만, 분명히 태생적인 요인도 있다. 한 살 난 어린애를 상대로 실험을 해본 결과, 남자아이들은 빨리 지나가는 자동차 비디오를 주시했고 여자아이들은 사람 얼굴이 나타나는 비디오를 주시했다. 이런 차이를 놓고 어떤 사람들은 이미 1년 동안에도 문화적 영향이 있었을 것이라고 논평했다. 그러나 태

어난 지 겨우 하루 지난 갓난애를 상대로 한 실험에서도 비슷한 결과가 나왔다. 즉, 남자아이는 움직이는 물체를 오랫동안 응시했고 여자아이는 사람 얼굴을 오랫동안 응시했다. 이것은 문화적 요인으로 설명하기 어렵다. 결국 이런 실험 결과들은 성별 차이가 다분히 태생적임을 의미한다.

대체로 보면 여성은 주변을 넓게 보는 반면에 남성은 좁게 멀리 보는 경향이 있으며, 남성이 여성보다 더 경쟁적이고 권위적인 반면 여성은 남성보다 사회성이 더 강하다. 여성의 이런 특성이 집단 구성원들 사이의 대화와 협동을 효과적으로 이끌어냄으로써 집단을 더 똑똑하게 만든다. 여성들이 많이 참여하는 집단에서는 그렇지 않은 집단에 비해 아이디어가 더 많이, 활발하게 제시되며 그 아이디어에 대한 집단 전체의 의견을 여성들이 더 정확하게 판단하는 경향이 있다. 아이디어가 많이 제시된다는 것은 창조적임을 의미한다.

이런 성별 차이를 어느 심리학자는 남성 두뇌와 여성 두뇌 사이의 차이로 설명하기도 한다. 즉, 남성의 두뇌는 법칙이 지배하는 무생물 세계를 이해하고 예측하는 데 더 우월하고 여성의 두뇌는 인간관계가 지배하는 세계를 이해하고 예측하는 데 더 우월하다는 것이다. 달리 표현하면 남성의 두뇌는 '체계적인 것'에 우월하고 여성의 두뇌는 '공감적인 것'에 우월하다는 것이다. 그는 이와 관련된 방대한 자료를 제시하고 있다.[4] 그중 몇 가지를 예로 들면, 여성들은 눈 표정 읽기뿐만 아니라 목소리의 음질tone 읽기나 얼굴 표정 읽기에 있어서도 남성보다 우월하다. 여성은 남성보다 호혜적 관계를 더 중시하는 반면, 남성은 여성보다 권력과 경쟁을 중시한다.

이런 성별 차이점은 미래 디지털 시대에 남성의 역할과 여성의 역할에 대해 매우 중요한 시사점을 던진다. 대체로 보면 남성이 여성보다 더 잘하는 것들은 인공지능 로봇이나 컴퓨터도 잘한다. 반면에 여성이 남성보다 더 잘하는 것들은 인공지능 로봇과 컴퓨터도 잘 못한다. 간단히 말하면 남성이 잘하는 것은 인공지능 로봇과 컴퓨터도 잘하고, 여성이 잘하는 것은 인공지능 로봇과 컴퓨터가 잘 못한다는 것이다. 그렇다면 앞으로 인공지능 로봇과 컴퓨터가 발달하면 남성들이 할 일은 줄어들고 여성들의 능력은 더 빛나게 될 것이다. 그래서 슈바브는 전통적으로 여성들이 우월성을 보이는 능력이나 자질에 대한 수요가 제4차 산업혁명의 시대에 크게 늘어날 것이라고 전망했다.[5] 이런 연구 결과들이 보여주는 한 가지 아이러니한 사실은 기술진보가 진행되고 고용이 감소함에 따라 남성은 자기 무덤을 자기가 파는 꼴을 당하게 된다는 점이다. 남성들은 기술진보의 타격을 더 많이 받게 된다. 인공지능 로봇이나 기계가 주로 접수하는 분야가 바로 체계적인 것이 지배하는 분야이기 때문이다. 그동안 평균적으로 보아 남성들이 기술진보에 더 많은 관심을 가져왔고 기술혁신에 더 많이 기여해왔다는 사실에 비추어보면, 남성이 기술진보의 최대 희생자가 된다는 것은 아이러니다. 반면에 여성의 장점을 최대한 살리는 활동에 대한 수요는 앞으로 크게 늘어날 것이다. 이런 활동들은 인공지능 컴퓨터나 기계가 잘하지 못하는 것들이기 때문이다.

전통적 자본주의 대 시민사회

일반 대중의 집단활동이 늘어나면 시민사회도 크게 활성화된다. 소비자협동조합이나 생산자협동조합, 자선활동단체, 종교단체, 예술·문화단체, 교육기관, 스포츠단체, 기타 각종 비영리단체들이 시민사회의 영역에서 자발적으로 집단행동을 수행하는 단체들이라고 할 수 있다. 학자에 따라서는 이런 단체들을 통틀어 제3부문 혹은 제3섹터라고 부르기도 한다. 그런 단체들 중에서 자율적으로 관리되고 민주적으로 운영되는 조직들을 시민공동체라고 부르기도 한다.

대체로 보면 시민공동체는 서로 아는 사람들 사이의 모임이라서 대화를 통해 행위를 조정하고 서로 협동한다. 이것이 시민공동체의 특징이기도 하다. 디지털 기술은 대화와 협동을 쉽게 해줌으로써 시민공동체의 형성과 활동을 활발하게 해준다. 그래서 인터넷 시대는 시민공동체의 시대라고 할 수 있다. 수평적 인간관계, 보편적 접근성, 최대 참여 등 인터넷의 세 가지 특징은 대부분의 시민공동체가 지향하는 것들이다. 다시 말해 그 세 가지를 기본으로 하는 인터넷의 작동원리가 시민공동체와 궁합이 잘 맞는다는 것이다.

앞으로 시민공동체가 크게 늘어나고 활발해지는 또 하나의 중요한 이유는 인공지능 컴퓨터와 기계의 한계다. 중·장기적으로 보면, 인공지능 컴퓨터와 기계가 자본주의 기업의 부문에서는 노동을 큰 폭으로 대체하겠지만 시민공동체나 제3섹터에서는 그렇지 못할 것으로 전망된다. 시민공동체 부문의 핵심인 인간관계와 사회적 자본은 본질적으로 인간 고유의 것이기 때문이다. 시민공동체와 같은 비영리 부문의 고용은 전 세계에 걸쳐 크게 증가하고 있는데, 특히 선진국에서 가장 빨리 증가하고 있다. 그럼에도 경제학자들은 시민공동체 부문의 고용 증가에 관해서는 부정적인 견해를 가지고 있다. 비영리 부문 피고용자의 일부는 자원봉사자들이며, 비영리 부문은 대체로 정부의 지원이나 자선단체의 지원에 의지하고 있어서 독자적으로 고용을 창출하는 부문이 아니라고 본다. 그러나 42개국을 대상으로 존스홉킨스 대학이 조사한 결과는 경제학자들의 그런 견해를 무색하게 만든다. 시민공동체 부문에서 활동하는 비영리 부문의 총예산 중에서 절반이 서비스에 대한 수수료 등 수익사업에서 나왔다.[6]

리프킨의 『한계비용 제로의 사회』는 앞으로 시민공동체가 크게 부상하는 반면 전통적 자본주의 기업은 쇠락한다는 전망을 뒷받침하는 또 하나의 강력한 근거를 제시하고 있다.[7] 이윤이 기업을 움직이는 원동력이면서 나아가 자본주의 경제를 움직이는 활력소지만 근래의 기술진보는 이윤율을 떨어뜨리는 중요한 요인이 되고 있다. 기술진보가 상품의 생산단가(한계비용)를 낮춤으로써 그 가격을 떨어뜨리기 때문이다. 이 결과 너무나 많은 것이 공짜가 되거나 공짜에 가까워지고 있다. 이미 수많은 사람이 음악, 영상, 정보 등을 공짜로 즐기게 되면서 이 분야의 많은 기업이 문을 닫거나 축소되었다. 앞으로 3D 인쇄기의 발달이 수많은 상품의 제조단가를 크게 낮출 것이다. 이런 현상들은 이윤율의 전반적 하락을 의미하며, 이는 전통적 자본주의 기업의 쇠락을 의미한다.

초연결사회와 보통사람의 시대

기술진보는 기업들이 경쟁하는 양태에도 큰 영향을 주었다. 과거에는 기업의 경쟁력이 주로 생산비나 가격으로 결정되었다. 다른 기업보다 더 좋은 제품을 더 값싸게 생산하는 것이 경쟁에서 이기는 최선의 방법이었다. 하지만 리프킨이 지적했듯이 너무나 많은 상품과 서비스들이 공짜거나 공짜에 가까워지는 사회에서는 상품 가격이 큰 문제가 되지 않는다. 다시 말해 가격 경쟁력이라는 것이 별 의미가 없게 된다는 것이다.

생산단가를 낮추는 한 가지 효과적인 방법은 생산규모를 늘리는 것이다. 대체로 보면 생산규모가 커질수록 생산단가가 떨어지는 경향이 있는데, 이런 현상을 경제학에서는 '규모의 경제'라고 부른다. 이 규모의 경제 때문에 덩치가 작은 기업들은 덩치가 큰 기업들에 밀려나게 된다. 그래서 기업들은 저마다 몸집을 불리려고 애를 썼다. 이 결과 오늘날에 보듯이 대기업들이 자본주의 시장경제를 주름잡게 되었다. 일단 덩치를 충분히 불려서 가격 경쟁에서 살아남은 다음에는 인위적으로 가격을 올려서 독점이윤을 취득한다. 대부분의 대기업은 독과점 기업들이기도 하다.

그러나 지금도 그렇고 앞으로도 규모의 경제보다는 네트워크 효과가 기업의 경쟁력을 좌우하는 핵심 요인이 될 것이다. 네트워크는 새로운 돈벌이 방식을 열어주기도 한다. 상품을 가진 사람과 상품을 원하는 사람들을 연결시켜주는 플랫폼들이 우후죽순처럼 나타나고 있는데, 플랫폼은 바로 네트워크 효과를 최대한 활용하는 업체다. 정보통신 기술이 발달함에 따라 이미 규모의 경제 효과가 네트워크 효과에 밀리기 시작했다. 이를테면 과거에는 규모의 경제를 기반으로 한 공룡 기업들이 세계 10대 기업의 명단을 도배했지만, 근래에는 페이스북, 구글, 아마존 등 네트워크 효과를 기반으로 하는 플랫폼 기업들이 이들을 밀어내고 단숨에 세계 5대 기업의 명단을 장식하기에 이르렀다. 그만큼 네트워크 효과가 강력하다는 증거다. 이제 가격으로만 경쟁하던 시대는 지났다. 앞으로는 기업이 가격으로 경쟁하기보다는 네트워크 효과로 경쟁하게 될 것이다. 페이스북, 구글, 아마존 등의 위세가 이를 반증하고 있다.

기술진보에 따른 생산비 하락이 대세를 형성하더라도 건재할 수 있는 거의 유일한 사업체는 시민공동체들이다. 리프킨의 표현을 빌리면, 시민공동체는 한계비용 제로의 사회에서도 생존할 수 있는 유일한 사업체라는 것이다. 이들은 이윤 추구를 주목적으로 삼는 조직이 아니기 때문이다. 이윤을 추구하는 기업들이 점차 설자리를 잃게 되면서 다양한 가치를 다양한 방법으로 추구하는 일반 대중의 모임이 그 빈자리로 밀고 들어갈 것이다. 앞으로는 협동조합이나 사회적 기업 등 이윤극대화를 추구하지 않는 조직들이 자본주의 경제의 주축이 된다는 데 많은 학자가 동의한다. 우리나라의 경우 1990년대 후반 IMF 경제위기로 온 나라가 경제적 어려움을 겪고 있을 때 협동조합, 마을기업 등 이른바 '사회적 경제 기업'들이 본격적으로 등장했으며, 정부의 지원이 끊긴 이후에도 94퍼센트 이상이 살아남았다고 한다.[8] 이런 증거는 시민공동체들이 저성장기에 진가를 발휘한다는 주장을 뒷받침한다.

일부 경제학자나 시장옹호론자는 상품 가격의 하락에 따라 이윤율이 떨어지면 기술개발과 혁신에 대한 의욕이 전반적으로 떨어지게 될 것이라고 우려한다. 이들은 기본적으로 인간은 이기적이며, 사익 추구가 행위의 주된 동기라고 굳게 믿는다. 게다가 자본주의는 인간의 이기심을 찬양하는 체제다. 자본주의 사회에서 이기심이 지향하는 주요 대상은 돈벌이다. 따라서 일부 경제학자나 신자유주의자들의 믿음이 옳다면, 이윤율이 전반적으로 하락하는 추세를 보임에 따라 자본주의 기업들이 위축되고 기술개발과 혁신도 침체된다고 전망할 수 있다. 하지만 현실은 그렇지 않다. 지금까지의 추세를 보면 일반 대중과 시민 단체들의 가치 창출 활동이 활발해지면서 새로운 IT기술, 새로운 상품, 새로운 학습도구 등이 쏟아져 나오고 있으며 이들에 의한 연구활동도 활발하다. 왜 이런 예상치 못한 결과가 나왔을까? 기술진보가 남을 도와주려는 심성이나 협동심 등 잠재된 인간의 심성들이 활짝 꽃필 수 있게 길을 열어주었기 때문이다. 자본주의 기업과는 달리 시민공동체들은 다양한 가치를 추구한다. 물론 시민단체라고 해도 돈벌이를 완전히 무시하지는 않는다. 다만, 그것은 행위 동기의 일부거나 다른 중요한 가치를 위한 수단일 뿐이다.

'공유의 비극'을 '공유의 희극'으로

시민단체에도 여러 가지 종류가 있으나 그중에서도 오랫동안 학자들 사이의 큰 논쟁거리를 제공한 시민단체는 이른바 '공유재'의 관리에 관한 시민공동체다. 공유재란 누구나 쉽게 접근해서 마구 이용하는 탓에 고갈될 가능성이 높은 재화를 말한다. 예를 들어 서해 어장의 물고기를 중국 어부들이 많이 잡아가면 우리나라 어부들의 몫이 감소한다. 그렇다고 중국 어선의 남획을 막기가 매우 어렵다. 이 결과 서해 어장의 어족이 고갈되면 우리나라 어부뿐만 아니라 중국 어부도 큰 피해를 입는다. 바다의 물고기를 놓고 우리나라 어부와 중국 어부들은 경쟁관계에 있다. 이럴 경우 경제학에서는 바다의 물고기가 경합성을 가진다고 말한다. 한정된 양의 물고기를 놓고 경쟁적으로 남획하다 보면 물고기 씨가 마른다. 그럼에도 특정인의 접근을 배제하기가 매우 어렵다. 이럴 경우, 그 물고기는 비배제성을 가진다고 말한다. 공유재란 이와 같이 경합성을 가지면서 비배제성을 가진 재화를 말한다. 서해 먼바다뿐만 아니라 연안 어장의 물고기도 공유재다. 연안 어장의 물고기를 놓고 우리 어부들 사이에 경쟁관계가 있지만, 특정 어부의 접근을 배제하기가 매우 어려운 까닭에 남획되기 쉽다. 이것을 방치하면 연안어장의 물고기가 고갈되면서 모든 어부가 그 피해를 입게 된다. 이것이 흔히 말하는 '공유의 비극'이다.

물고기 이외에도 공유재의 종류는 대단히 많다. 저수지의 물도 공유재의 성격을 가진다. 저수지의 물을 인근의 농민들이 마구 퍼가면 저수지는 곧 말라버리면서 인근 농민 모두에게 피해가 돌아간다. 이런 점에서 지하수도 공유재다. 동식물도 공유재의 성격을 가지는 경우가 많다. 이를테면 아프리카의 코뿔소는 멸종위기에 처한 전 인류의 공유재라고 할 수 있다. 산림 역시 공유재의 성격을 가진다. 아무나

초연결사회와 보통사람의 시대

임야에 들어가 나무를 잘라가면 임야는 금방 벌거숭이가 된다. 이 결과 홍수와 가뭄을 비롯한 여러 가지 피해가 발생한다. 과거 1950년대와 1960년대에 우리나라 산야가 남벌로 벌거숭이가 된 적이 있었다.

공기와 물 등 자연환경도 공유재의 성격을 가진다. 환경오염은 공유재에 관련된 문제라고 할 수 있다. 수질오염을 예로 들어보자. 대부분의 하천은 오염물질을 자연적으로 처리할 수 있는 능력을 갖추고 있다. 폐수가 강에 버려지더라도 분해되고 희석되면서 결과적으로 물이 다시 깨끗해진다. 이런 능력을 '자정능력'이라고 하는데, 이 자정능력을 초과해서 사람들이 저마다 폐수를 강에 너무 많이 버리면 강물이 썩으면서 먹을 수도, 농사지을 수도, 물고기가 자랄 수도 없게 된다. 이 경우 강의 자정능력은 일종의 공유재가 된다. 사람들이 폐수를 과도하게 방출한 결과 하천의 자정능력이 바닥나서 생긴 문제가 바로 수질오염이다. 실로 셀 수 없이 많은 것이 공유재의 범위에 속한다.

공유재는 방치하면 고갈되거나 오염될 우려가 다분히 있으므로 적절히 관리되어야 한다. 문제는 누가 관리의 주체가 될 것이냐다. 공유재의 종류가 대단히 많으므로 이 문제는 매우 중요한 사항이다. '공유의 비극'을 피하기 위해서는 정부가 직접 관리하거나 적극 개입해야 한다는 주장이 강한 설득력을 가진다. 실제로 공유재의 관리에 정부가 많이 개입한다. 그러나 시장옹호론자나 신자유주의자들은 정부에 의한 관리를 강력하게 반대한다. 그 많은 공유재를 모두 정부가 직접 관리할 수는 없을뿐더러 설령 가능하다고 해도 정부의 관리가 효율적이라는 보장이 없다는 것이다. 공유재를 효율적으로 관리하기 위해서는 해당 공유재의 상태에 관해 정확하고 상세한 정보를 가지고 있어야 하는데, 정부가 시시각각 변하는 그 많은 공유재의 상태를 정확하게 파악할 수는 없다. 어느 특정 지역의 연안 어장에 물고기가 얼마나 많은지를 정부가 일일이 다 알 수는 없다. 오히려 해당 어장 인근의 어부들이 더 잘 알고 있을 가능성이 높다. 이들은 오랜 현장 경험을 가지고 있기 때문이다. 공유재를 효율적으로 관리하기 위해서는 현장 경험과 지식을 최대한 살려야 한다. 정부에 의한 공유재 관리를 강하게 비판하는 학자들이 강조하는 것은 바로 이 점이다. 정부는 정확하고 상세한 정보를 가지지 못할 뿐만 아니라 그런 정보를 얻으려는 강한 의욕도 없다. 따라서 정부에 의한 공유재 관리는 주먹구구에 의존하게 되니 비효율적일 수밖에 없다는 것이다.

그렇다면 대안은 무엇인가? 시장옹호론자나 신자유주의자들은 공유재의 사유화를 주장한다. 예컨대 어떤 연안 어장을 개인이 소유하게 해주면 그는 현장의 지식을 바탕으로 남획되지 않도록 어부들의 어획량을 효율적으로 조절할 것이며, 이렇게 하는 것이 자신에게도 이익이고 어부들에게도 이익이다. 이와 같이 공유재를 사유화하면 소유자와 이용자들이 이용량을 둘러싸고 서로 거래하는 시장이 형성되므로, 이 결과는 효율적 이용이라는 것이 시장옹호론자들의 주장이다. 그러나 모든 국민이 공동으로 소유하고 있다고 여겨지는 공유재를 특정인의 소유물로 만드는 것은 국민 정서에도 맞지 않을 뿐만 아니라 2008년 미국 금융시장의 붕괴를 비롯해 시장의 실패를 수없이 보아온 터에 시장이 공유재의 효율적 이용을 담보한다고 믿기도 어렵다. 그뿐만 아니

초연결사회와 보통사람의 시대

라 다수의 희생 위에 특정인에게 막대한 이익을 가져다줌으로써 불평등을 초래하게 될 우려도 있다. 이렇게 생각하는 많은 학자는 정부에 의한 공유재의 관리를 지지한다.

공유재 관리는 정부가 맡아야 한다고 주장하는 진영과 시장에 맡겨야 한다고 주장하는 진영이 오랫동안 격론을 벌여온 가운데 정부에 의한 관리에도 문제가 많이 있고 시장에 맡기는 것도 많은 문제가 있다는 사실이 드러나면서 정부도 아니고 시장도 아닌, 제3의 대안이 등장했다. 시민공동체가 바로 그것이다. 즉, 시민공동체에 공유재 관리를 맡겨야 한다는 것이다. 이런 주장을 펴는 학자들 중에서 가장 두드러진 인물이 엘리너 오스트롬Elinor Ostrom이다. 실제로 어족과 수자원 같은 공유재가 지역공동체에 의해서 잘 관리되는 사례가 매우 많다. 오스트롬은 세계 도처에 산재한 그런 수많은 사례를 바탕으로 시장에 맡기지도 않고 정부가 개입하지 않더라도 지역별 공동체에 의해 공유재가 성공적으로 잘 관리될 수 있음을 입증했다.[9] 이 공로로 오스트롬은 2009년에 정치학자이면서 여성으로서 노벨경제학상을 받은 최초의 인물이 되었다. 공유재에 대한 현장 경험과 지식을 가장 많이 가지고 있는 사람은 해당 공유재에 인접한 지역공동체 사람들이며, 이들은 그 공유재에 이해관계가 걸려 있으므로 잘 관리하려는 인센티브를 가지고 있기도 하다. 지역공동체에 의한 자율적 관리는 바로 그런 현장 경험과 지식, 인센티브를 최대한 살리는 하나의 방안이기 때문에 효과적인 대안이 된다.

사실 공유재를 자율적으로 관리하는 시민공동체는 자본주의 기업이나 민주주의 정부보다 훨씬 이전부터 존재했으니 그 역사가 무척 오래되었다. 시민공동체의 끈질긴 생명력에 주목한 오스트롬은 자율규제와 자율실천이 시민공동체의 특징이라고 주장하면서 '공유의 비극'을 주장하는 이론은 시민공동체의 이런 특징을 간과하고 있다고 비판했다. 오스트롬에 따르면 공동체 구성원들 사이의 지속적 의사소통과 이들이 자발적·민주적으로 합의한 자율관리 규약이 시민공동체로 하여금 강한 생존력을 가지게 했다. 수많은 시민공동체를 관찰한 오스트롬은 이기심이 인간 행동의 주된 동인이며 인간은 사익을 추구하는 존재라는 경제학자의 믿음에 대해서도 강한 의구심을 표명했다.

오스트롬의 연구팀은 성공적 자율관리에 공통적으로 나타나는 몇 가지 필수적 원칙들을 발견했다. 우선 공유재를 이용할 권리를 가진 사람과 그렇지 않은 사람들을 철저히 구분한 다음 공유재의 이용에 관한 구체적이고 적절한 규약을 확립해야 한다. 이 규약은 민주적인 방법으로 결정되어야 한다. 이용자들의 활동을 감시하는 기구가 있어야 하는데, 이 기구는 민주적인 방법으로 선출되어야 하며, 규약을 어기는 행위에 대한 징벌을 명시해야 한다. 공동체 내부의 갈등을 저비용으로 해소할 수 있는 중재 절차의 마련도 필수적이다. 이런 몇 가지 필수적인 원칙들을 준수하면 시민공동체에 의한 공유재의 자율관리는 '공유의 비극'을 '공유의 희극'으로 바꿀 수 있다. 인터넷과 첨단 기술은 시민공동체의 의한 효율적 관리에 큰 도움이 될 수 있다. 예를 들어 어장의 물고기 상태를 파악하고 규약 위반 행위를 감시하는 데 첨단 기술이 동원될 수 있다.

협동조합

공유재의 자율관리를 위한 시민공동체와 더불어 주목되는 또 한 부류의 시민공동체는 각종 협동조합이다. 전 세계 협동조합을 대표하는 협의체인 국제협동조합연맹[ICA]에 따르면, 협동조합이란 "공동으로 소유하고 민주적으로 통제되는 기구를 통해 공동의 경제적·사회적·문화적 필요와 포부를 달성하기 위해 자발적으로 모인 사람들의 결합체"다. 국제협동조합연맹은 협동조합이 기본적으로 자본투자보다는 인적 결합을 중심으로 운영되기 때문에 일자리 확충과 고용안정에 크게 기여할 수 있을 뿐만 아니라 상품의 생산과 유통, 소비를 통해 직접적으로 서민에게 경제적 도움을 주고, 그럼으로써 사회 양극화의 완화에도 크게 기여할 수 있다고 밝혔다. 그래서 협동조합은 자본주의 시장의 취약점을 보완하는 하나의 유력한 대안으로 떠오르고 있다. 이를 의식한 유엔은 2012년을 '세계 협동조합의 해'로 지정하고 협동조합의 발전을 위한 법과 제도의 마련을 권장했다.

우리나라에서는 2011년 12월 '협동조합기본법'이 제정되었다. 과거에는 국가 정책의 필요에 의거해 하향식으로 만들어진 협동조합이 많이 있었지만, 앞으로는 시민이 자발적으로 모이는 상향식 협동조합이 많이 나와야 할 것이다. 우리나라에도 많은 협동조합이 있지만 외국 특히 미국과 독일에는 협동조합이 대단히 많다. 미국 농민들이 공급하는 농산물의 약 30퍼센트가 협동조합을 통한 것이라고 하며, 농업 이외에 식품생산, 소매업, 건강관리, 보험, 신용조합, 에너지, 전신전화 등

거의 대부분의 산업 분야에 걸쳐 협동조합이 활동하고 있다.

역사적으로 보면, 미국의 경우 전력 분야의 협동조합이 큰 성과를 올렸던 것으로 평가되고 있는데, 앞으로 우리나라에서도 이 분야의 협동조합이 크게 활성화될 것이다. 1930년대 대공황을 극복하기 위해 뉴딜 정책의 일환으로 미국 루스벨트 대통령이 추진한 대규모 공공사업이 전력 분야에서 시민공동체가 활성화되는 계기를 제공했다. 이른바 테네시 강 유역 개발공사TVA로 불리는 이 사업은 대성공을 거둔 사업으로 많이 인용되지만, 사업 출범 당시에는 국민의 세금으로 중앙정부가 주도하는 이 사업이 "테네시 계곡에 작은 빨갱이 러시아"를 세우는 격이라며 시장주의자들이 격렬하게 반대했다.[10]

이 사업의 핵심 중 하나가 전력생산을 위한 대규모 댐의 건설이었다. 이 댐에서 생산되는 전력을 각 지역에 공급하기 위해서는 많은 송전망이 건설되어야 했다. 이 송전망을 건설하기 위해 농민들이 조직한 자발적 모임이 바로 전기협동조합이었다. 민간기업보다 훨씬 더 저렴한 비용으로 송전망을 구축함으로써 이 협동조합은 빠르게 퍼져나갔다. 이 결과 1946년까지 미국 농장의 절반이 전력화되는 큰 성과를 거두었다. 수많은 농가가 전력화되자 가전제품에 대한 수요도 크게 늘어나서 가전제품 기업들의 생산도 대폭 증가했다. 인터넷을 비롯한 디지털 기술의 발달은 앞으로 협동조합의 활동을 촉진할 것으로 전망된다. 협동조합 회원의 수도 많이 늘어나서 전 세계인 일곱 명 중 한 명이 협동조합 회원이며, 미국과 독일에서만 해도 네 명 중 한 명이 협동조합 회원이라고 한다.[11]

초연결사회와 보통사람의 시대

협동조합은 경제활동의 효율과 생산성을 높이는 데도 기여한다. 화물 운송을 예로 들어보자. 트럭이 화물을 싣고 목적지에 가서 짐을 푼 다음 빈 차로 되돌아오는 것보다는 다른 곳에 들러서 화물을 싣고 되돌아오는 것이 더 효율적이다. 하지만 실제에 있어서는 화물을 가득 싣지 않고 운행하는 트럭이 상당히 많다. 그만큼 비효율적이다. 화물 운송은 창고를 많이 이용하게 되는데, 창고의 이용과 관리에도 많은 비용이 소요된다. 어떤 창고에는 보관물품이 너무 많이 몰리고 어떤 창고는 비어 있다고 하면 그만큼 비효율적이다. 이런 여러 가지 물류 유통의 비효율을 줄이기 위해서는 기업들 사이의 의사소통과 협조가 중요하다. 그러나 흔히 보듯이 기업들이 지역별로 독자적 상권을 중심으로 독과점을 형성하는 경우가 많다. 이럴 경우 상권을 지키기 위해 경쟁하다 보면 결과적으로 기업들 사이의 협조가 잘 안 될 경우도 많다. 실제로 민간기업에 의한 물류유통이 비효율적이고 이산화탄소의 배출을 늘리고 있음을 폭로한 연구도 있다.[12]

그러나 협동조합이나 시민공동체들은 이윤 추구를 주된 목적으로 삼지 않으며, 기업처럼 돈벌이에 집착하지 않는다. 따라서 협동조합이나 시민공동체들 사이에는 의사소통과 협조가 잘 이루어질 수 있다. 만일 운송차량과 화물에 센서를 부착하고 여기에서 나오는 정보와 자료를 각 지역에 산재한 물류 협동조합과 시민공동체들이 공유하고 서로 협동한다면, 위에서 열거한 물류유통의 비효율을 크게 줄일 수 있고, 실제로 이런 사례들이 많이 나타나고 있다.

플랫폼 역할을 하는 시민공동체도 크게 늘어날 것이다. 예를 들어

인터넷의 p2p 연결망을 이용해서 소비자와 농부들을 연결해주는 지역공동체의 활동은 각 지역의 농업을 발전시키는 데 큰 도움이 된다. 지역공동체가 후원하는 농업이 유럽과 일본에서 이미 성행하고 있고, 미국과 다른 나라에서도 크게 늘어나고 있다. 종전에는 소비자와 판매자 사이의 거래가 주로 보통 말하는 시장을 통해 이루어졌지만, 지역공동체 후원 농업이 번성하면 그런 시장을 통하지 않는 거래가 대폭 늘어나게 될 것이다. 다시 말해 기존 시장 중심의 거래가 시민공동체 중심의 직거래로 대체된다는 것이다.

지역공동체는 환경친화적으로 생산되는 농산품의 판로를 확보해줌으로써 환경개선에도 기여할 수 있다. 비단 농업 분야뿐만 아니라 다른 여러 분야에서 앞으로 플랫폼 역할을 하는 시민단체들이 늘어날 것이다. 제품이 고장 났을 때 쉽게 수리할 수 있는 방법을 무료로 가르쳐주고 수리에 필요한 부품이나 도구를 판매함으로써 수익을 올리는 시민단체 플랫폼도 있다. 임대나 공유의 분야에서 이미 많은 시민단체가 플랫폼 역할을 하고 있다. 빌리는 사람과 빌려주는 사람을 무료로 연결해주는 시민단체 플랫폼들은 자선단체나 재단으로부터 자금을 지원받는 경우가 많다. 이런 단체들은 공유를 통해 간접적으로 환경개선에 기여한다. 물론 환경운동을 함으로써 직접적으로 환경개선에 기여하는 시민단체들도 많이 있으며, 앞으로 그 수는 더욱더 늘어날 것이다.

13장

기술진보의 부작용과
시민사회의 역할

디지털 기술과 개인의 자유

기술진보가 우리 사회를 더 살기 좋게 만든다고 하지만, 실제 우리 주위를 돌아보면 디지털 기술이 악용되는 사례도 비일비재하다. 다른 사회적 이슈들도 대개 그렇지만, 인공지능을 포함한 근래의 디지털 기술의 발달이 우리 사회에 미칠 영향에 관해서는 낙관적인 견해와 비판적인 견해가 엇갈리고 있다. 제1장에서 언급한 슈바브의 말대로 제4차 산업혁명이 우리 사회 전반에 걸쳐 패러다임의 전환을 가져온다고 하면, 자유·평등·안전 등 우리가 실로 소중하게 생각하는 중요한 가치의 차원에서도 큰 영향을 미칠 것이다. 그러나 예컨대 제4차 산업혁명의 내용을 기술적으로 다룬 연구나 저서들은 무척 많지만 이것이

자유·평등·민주주의 등 기본 가치에 미칠 영향에 관한 포괄적이고 일관성 있는 연구나 저서들은 찾아보기 힘들다. 다만, 아직까지는 각종 엇갈린 주장들이 난무하고 있다.

우선 자유의 측면부터 살펴보자. 앞에서 자세히 설명했듯이 디지털 기술이 정보의 검색과 추적을 용이하게 함으로써 개인들의 선택의 폭과 일반 대중의 활동 영역을 넓혀줌으로써 우리를 좀더 자유롭게 해주는 측면이 분명히 있다. 단순히 자유의 범위가 넓어지기만 한 것이 아니다. 마르크스의 표현을 빌리면 사람들이 '일'을 더 많이 하게 됨에 따라 '피상적 자유'보다는 '진정한 자유'를 더 많이 누리게 된다.

디지털 기술은 사회질서의 성격도 바꾸고 있다. 과거에는 지시와 명령을 위주로 하는 하향식top-down 위계질서가 우리 사회를 지배했다. 관료조직이나 기업이 그런 하향식 위계질서의 대표적인 예다. 어느 정도 큰 조직이나 집단의 경우에는 수없이 많은 인간관계를 관리하기가 매우 어려웠고 비용도 너무나 많이 들었던 까닭에 철저한 민주적 의사결정이 사실상 불가능했다. 그러나 디지털 기술의 발달 덕분에 구성원들 모두의 의견을 청취하고 종합하고 분석한 다음 이를 바탕으로 업무를 실시간 조정하고 구성원들을 서로 협동하게 만드는 일이 가능해졌다. 이른바 분권화된 상향식bottom-up 질서가 가능해졌다는 것이다. 실제로 지난 수년간 구성원들의 민주적 의사결정을 바탕으로 하는 조직들이 많이 나타나고 있다.

물론 우리 사회의 모든 조직이나 집단을 철저한 민주적 상향식 질서로 바꿀 수는 없을 것이다. 경우에 따라서는 철두철미한 상향식 질서

초연결사회와 보통사람의 시대

가 사실상 불가능할 수도 있다. 예를 들면 아주 큰 조직이나 집단의 경우에는 너무나 많은 정보가 넘쳐나면서 혼란과 악용을 야기할 수도 있다. 따라서 위키피디아에서 보듯이 중간에서 이를 약간 조정하거나 편집하는 조정자curator가 필요할 수도 있다. 아마도 이들은 믿을 수 있는 전문가들일 것이다. 어떻든 현실적으로는 상향식을 주로 하되 약간의 하향식을 가미한 조직, 다시 말해 상명하복 위계질서의 색채가 약한 절충형 질서가 앞으로의 대세가 될 것이라는 전망이 나오고 있다. 이런 전망이 옳다면, 그만큼 우리의 미래는 지금보다 더 자유롭고 민주적인 사회가 될 것이다. 인터넷이 일반 대중의 정치 참여를 독려함으로써 민주주의에 기여한다는 주장도 있다. 영국 정부의 한 연구에 따르면 페이스북이 국민들의 투표 참여를 독려하는 운동을 벌이자 투표율이 크게 높아졌다고 한다.[1] 세계적으로 유명한 언론인인 케빈 켈리Kevin Kelly는 다음과 같이 말한다. "우리의 미래 사회는 북한과 같은 독재국가는 없어지면서 위키피디아의 특징과 스웨덴 같은 온건한 사회주의의 특징을 혼합한 절충안이 될 것이다."[2]

그러나 이런 낙관론을 반박하는 섬뜩한 경고도 나왔다. 하라리는 모든 개인이 '빅브라더'의 끊임없는 감시체제 아래에서 살게 되는 구체적인 예를 들면서 다음과 같이 말한다. "가령 북한 정권은 신기술로 무엇을 할 수 있을까. 미래에는 북한 국민에게 혈압과 뇌 활동은 물론 모든 언행까지 감시하는 생체측정 팔찌 착용을 의무화할 수도 있다. (……) 김정은의 사진을 보여준 다음 생체측정 센서에 분노의 징후가 포착되면, 그 사람은 내일 아침 정치범 수용소에 가 있는 식이다." 실제로 여러 독재국가에서 디지털 기술이 권력 강화에 악용되면서 개인의 자유가 침해당하고 있다. 인공지능과 빅데이터를 장악한 독재정권은 참으로 소름끼치는 빅브라더가 될 수 있다.[3] 터키와 러시아 같은 나라의 독재자들은 노골적으로 독재를 실험하고 있다. 중국 역시 국민을 대상으로 신기술을 이용한 감시체제를 강화하고 있다는 언론보도가 여러 차례 있었다.

우리는 로봇들이 집단적으로 반란을 일으켜 인간을 대량 학살한다는 내용의 공상과학 영화를 아주 많이 봐왔다. 하지만 로봇의 진짜 문제는 정확히 그 반대라고 하라리는 말한다. 우리가 로봇을 두려워해야 할 이유는, 로봇은 언제나 주인에게 절대 복종만 할 뿐 결코 반란을 일으키지 않기 때문이다. 킬러 로봇으로 무장한 무자비한 독재자가 아무리 반인륜적이고 미친 지시를 해도 그는 로봇 병사들의 배신을 걱정할 필요가 없다. 독재정부가 인기 없는 전쟁을 벌이면 인간 병사들은 전의를 잃거나 그들의 가족들이 항의시위를 벌이지만, 로봇 군대를 이용할 경우 그런 걱정은 없다. 수많은 사람을 일사불란하게 행동하도록 만들기는 쉽지 않아도 로봇의 경우에는 그 수가 아무리 많아도 일사불란하게 행동하도록 만들 수 있다.

예를 들어 고속도로에서 허용되는 최고 주행속도를 시속 90킬로미터로 하향 조정했다고 하자. 모든 인간 운전자로 하여금 이 새로운 제한속도를 철저하게 지키도록 만들기는 매우 어렵지만, 모든 자율주행 자동차로 하여금 일제히 새 규정에 맞추어 운행하도록 만들기는 쉽다. 자율주행 자동차의 인공지능에 내장된 프로그램을 약간 바꾸기만 하

초연결사회와 보통사람의 시대

면 된다. 기계는 사람이 시키는 대로 움직이기 때문이다. 그러나 앞으로 첨단 기술이 발달하면 인간의 일탈행위에 대한 추적과 감시가 쉬워지기 때문에 인간을 로봇처럼 일사불란하게 행동하도록 만들 수는 있다. 요컨대 첨단 기술을 갖춘 독재정부는 독재를 더욱더 철두철미하게 밀어붙일 수 있다는 것이다.

우리가 '스크린의 국민'이 되고 인터넷에 너무 의존하다 보니 인터넷에 종속된 존재가 되고 있다는 우려도 제기된다. 스크린이 없으면 어쩔 줄 몰라 하는 사람들이 적지 않다. 스스로 자유를 상실한 존재가 되는 셈이다. 예를 들어보자. 요즈음에는 전화번호를 기억할 필요가 없다. 사람들이 기억하고 있는 전화번호의 수도 크게 줄었다. 심지어 형제들의 전화번호를 제대로 기억하지 못하는 사람들도 적지 않을 것이다. 그러니 스마트폰이 없으면 쩔쩔 맬 수밖에 없다. 단지 기억하는 전화번호의 수만 줄어든 것이 아니라 사람들이 숫자를 기억하는 능력까지도 현저히 감퇴했다고 한다. 공간 인지 능력도 현저히 줄어들었다.[4] 어느 동네 옆에 어떤 동네가 있으며, 그 동네로 가기 위해서는 어떤 동네를 거쳐 어느 방향으로 가야 하는지 이전에는 훤히 알고 있었지만, 지금은 스마트폰이 없으면 길을 찾는 데 큰 어려움을 겪는다. 내 삶에 매우 중요한 정보들이 이제는 내 두뇌가 아니라 내 스마트폰 또는 컴퓨터에 저장되어 있다. 이전에는 내가 스스로 판단해서 하던 일들을 이제는 내 스마트폰과 컴퓨터가 수행하기에 이르렀다. 이런 현상을 과연 어떻게 보아야 할까.

인터넷의 중심에는 인공지능이 있는데, 우리는 인공지능을 너무 믿는 경향이 있다. 예를 들어 앞으로 어떤 주식이 좋은 투자 대상인지를 인공지능에 문의한 결과 S기업의 주식이라는 대답이 나왔다고 하자. 그러면 사람들이 앞다투어 S기업의 주식을 집중 구매할 것이고, 당연히 그 주가는 상승기류를 탄다. 이것을 본 사람들은 인공지능이 주가의 동향을 정확하게 파악했다고 판단할 것이다. 하지만 S기업의 주식이 아니라 그 어떤 기업의 주식을 인공지능이 지목했어도 사람들이 그것을 믿어주는 한 그 주가는 올라가게 되어 있다. 다시 말해 사람들이 믿어주는 한 인공지능의 답은 항상 옳게 되어 있다는 것이다.

그렇다면 인공지능의 대답은 과연 항상 옳은가? 인공지능의 대답은 어떤 자료를 입력해서 학습시켰느냐에 따라 달라질 수 있다. 쓰레기 같은 자료를 입력하면 쓰레기 같은 답이 나올 수도 있다. 실제 사례가 있다. MIT 대학 연구진이 선보인 '노먼'이라는 이름의 인공지능은 죽음에 대한 이미지와 동영상을 묘사한 글들만 집중적으로 학습했다. 사물의 가장 어두운 면만 보도록 조련된 셈이다. 연구진은 노먼과 다른 보통 인공지능을 비교했다. 열 개의 그림을 본 두 인공지능의 답은 확연히 달랐다.

보통 인공지능이 '나뭇가지에 새들이 앉아 있다'고 한 그림에 대해 노먼은 '남자가 감전사하고 있다'고 했다. 보통 인공지능이 '작은 새를 찍은 흑백사진'이라고 한 그림을 노먼은 '한 남자가 반죽기계로 빨려 들어가고 있다'고 했다. 보통 인공지능이 '한 사람이 공중으로 우산을 뻗치고 있다'고 설명한 그림을 노먼은 '비명을 지르는 아내 눈앞에서 남편이 총을 맞고 살해되는 장면'이라고 해석했다. 노먼은 거의 모든 그림에 대해 '죽음', '살인' 등을 연상케 하는 대답을 내놓은 것이다. 사람의 답변이라면 '잠재적 사이코패스'로 분류될 만했다. MIT 연구진은 이 실험이 편견에 치우치거나 그릇된 학습자료로 학습한 인공지능의 위험성을 보여주는 연구사례라고 말하면서, 재교육을 통해 노먼의 사고방식을 바꿀 수 있을 것으로 낙관했다.[5] 그러나 이는 특정인에 의해 인공지능이 악용될 가능성을 배제할 수는 없음을 시사한다.

사생활 침해

독재까지는 아니더라도 첨단 기술과 관련해서 많이 제기되는 우려는 사생활의 침해다. 자본주의 시대에 들어와서 개인주의가 확산됨에 따라 사생활의 적극적 보호를 당연한 것으로 생각하는 풍조가 조성되었다. 사람들은 자신의 사생활이 노출되는 것을 극히 꺼린다. 이제 사생활은 개인의 권리로 인식되고 있다. 실제로 개인의 사생활을 보호하기 위해 수많은 제도와 법이 있는 것을 감안하면, 프라이버시 지키기는 거의 본능에 가까운 것처럼 보인다.

하지만 디지털 기술이 발달함에 따라 사생활 보호가 날이 갈수록 어려워지고 있는 것도 사실이다. 예를 들어 건강보조 장비들을 착용하면 수면시간, 운동시간, 걸음걸이 양, 섭취한 음식의 종류 등 개인의 건강에 관련된 정보가 기록된다. 이런 장비의 착용을 장려하는 보험회사의 제의에 동의하면 개인의 신상과 프라이버시에 관한 많은 정보가 보험

회사로 흘러들어가고, 그것이 또 어디로 흘러들어갈지 모른다. 앞으로 기업들이 노동자들의 생산성을 높이고 의료보험 비용을 줄이기 위해 그런 건강보조 장비들의 착용을 직원들에게 요구할 경우 그런 요구를 거부하기가 점점 더 힘들어질 것이다. 『보건의료 빅데이터로 영리를 추구하는 기업들』이라는 책도 나왔다. 이 책은 의료정보를 수집하는 컴퓨터 프로그램에 개인의 내밀한 의료 상담과 진단 내역이 집적되고, 이 정보들이 시장에서 거래되는 현실을 다루고 있다. 이 책에는 우리나라의 현실도 소개되어 있다. 2014년 검찰이 대한약사회와 한국약학정보원을 기소하면서 촉발된 사건을 다루고 있는데, 약국과 병원에서 사용되고 있는 처방전 프로그램의 업체가 환자들의 정보를 빼돌려 판매하면서 수익을 챙겼다는 것이다. 피해자의 수는 우리나라 5,000만 인구 가운데 4,399만 명에 달했다고 한다.[6] 더욱 큰 문제는 이른바 사이버 도둑들이다. 이들은 그 어떤 정보망도 뚫고 들어갈 수 있는 고도의 소프트웨어 기술로 무장되어 있다. 이들은 타인의 명의를 도용해서 개인 정보를 빼내어 광고회사에 팔아먹거나 자신의 돈벌이에 활용할 수 있다. 요컨대 첨단 기술이 발달함에 따라 프라이버시를 보호하기가 점점 더 어려워지고 있다는 것이다.

프라이버시의 신성화는 개인주의를 바탕으로 하는 자본주의의 산물이라고 할 수 있다. 도시화와 산업화가 이루어지기 이전 매우 오랫동안 인류는 소규모 집단을 이루면서 살아왔다. 이런 소규모 집단에서는 서로가 서로를 잘 안다. 어느 집에 숟가락이 몇 개 있는지도 알고 있고 누가 방귀를 뀌었는지도 금방 알 수밖에 없다. 거의 모든 개인 행동이 공개적이고 가시적이며 비밀이라는 것이 별로 없었다. 서로가 서로를 살피므로 범죄를 예방하기 쉽고 도움이 필요할 때 도와주기도 쉽다. 현대 이전의 서양 사회에서는 인간의 삶이 상당히 공개적이었다고 한다. 사람들은 공개된 장소에 모여 목욕을 했고, 배설도 공개된 곳에서 했으며, 집단적으로 식사를 했고, 여러 사람이 집단적으로 끼어서 잤으며, 공개된 곳에서 성행위를 하는 일도 흔했다.

자본주의 시대에 들어와서 보통사람도 잠금장치가 있는 문 안에서 살기 시작했다. 집 안에서도 사람들이 독방생활을 하면서 혼자만의 행동을 하게 되었다. 침실이라는 것이 생겨 사람들이 격리된 침대에서 혼자 잠을 자기 시작했다. 공유지의 분할과 사유화로부터 자본주의가 시작되었듯이 인간 생활의 사유화도 동시에 진행되었다. 프라이버시에 대한 권리는 곧 타인을 배제하는 권리가 되었다. 하지만 인류의 긴 역사에 비추어보면 프라이버시에 대한 강한 집착은 극히 짧은 기간 동안의 일이다.

사실 프라이버시에 대한 사람들의 집착이 그렇게 강한지를 의심하게 하는 면도 있다. 수많은 사람이 자신의 사생활에 대한 내밀한 내용을 서슴없이 인터넷에 올리는 것을 보면, 프라이버시 지키기보다는 다른 사람들과의 거리낌 없는 진솔한 대화를 더 중요하게 생각하는 듯 보이기도 한다. 어떻든 앞으로 인터넷이 발달함에 따라 개인의 프라이버시를 어디까지 보호해주어야 하느냐는 문제가 큰 논쟁거리가 될 것이다. 하지만 인터넷을 통한 추적과 검색의 보편적 확산에 대한 거부감이 점점 더 약해지면서 프라이버시에 대한 강한 집착도 점차 약화될 것으로 전망된다.

어떻게 보면 정보통신 기술에 의한 프라이버시 침해보다 훨씬 더 심각한 문제는 이른바 사이버 테러다. 리프킨은 2009년 북한 해커들이 미국 재무성을 비롯한 여러 연방정부 기관에 성공적으로 침입해서 웹사이트를 파괴한 실제 사례를 들어가면서 사이버 테러의 심각성을 고발하고 있다.[7] 해커들의 침입으로 유수한 금융기관들의 업무가 일시 마비되는 사태가 심심치 않게 발생했는데, 이는 대부분 이슬람 테러범들의 소행이라고 알려져 있다. 각국 정부가 가장 심각하게 걱정하는 것은 전력 시스템을 목표로 한 사이버 공격이다. 전력 시스템이 파괴되면 정부 기능이 마비되고 군사력도 힘을 쓰지 못하게 된다. 그러니 우려하지 않을 수 없다.

기술진보와 불평등

기술진보가 우리 사회에서나 선진국에서 불평등을 더 악화시킬 것인지, 아니면 완화시킬 것인지에 관해서도 학자들 사이에 의견이 분분하다. 시장주의자 혹은 신자유주의자들은 대체로 기술진보에 관해 긍정적이다. 이들은 기술진보가 우리 모두를 더 잘살게 만든다고 본다. 다만 어떤 사람들은 더 많이 잘살게 되는 반면 다른 사람들은 조금 덜 잘살게 될 수도 있다. 그러나 어떻든 모두가 더 잘살게 되었으니 그런 것은 따질 필요가 없다고 시장주의자들은 강변한다. 이들에 따르면 고소득 계층이 있고 저소득 계층이 있지만, 최상위 1퍼센트의 고소득은 나머지 99퍼센트를 더 잘살게 만들어준 것에 대한 보상일 뿐이다. 과거 기술진보가 노동자들의 실질임금을 떨어뜨렸다는 통계조사 결과가 있지만, 이 통계는 왜곡된 것이라고 이들은 주장한다. 디지털 기술진보가 가져온 혜택 중에서 GDP에 반영되지 않는 것들이 상당히 많기 때문이다.

기술진보의 영향에 관해 낙관론을 펴는 측은 일반 대중의 활동 영역 확장에 주목한다. 앞에서 살펴보았듯이 종전에는 수동적이었던 일반 대중이 지식의 창출과 물품 제조에 적극적으로 나서면서 가치 창출의 원천이 다양화되고 불평등이 완화된다는 것이다. p2p 비중의 증가가 일반 대중의 삶을 더 풍족하게 해줌으로써 불평등 완화에 도움이 되기도 한다. 공유경제의 확대도 불평등 완화의 한 요인이 된다. 임대시장의 주요 고객은 저소득 계층이다. 대체로 보면 고소득 계층은 빌려 쓰기에 소극적이지만 저소득 계층은 적극적이다. 따라서 공유경제의 혜택이 저소득 계층에 더 많이 돌아간다. 공유경제는 비전문가에게 일거리를 제공함으로써 이들의 소득증대에 기여한다. 예를 들어 낮에는 회사에 다니면서 여가시간에 보석을 가공하는 회사원의 작품을 널리 알리거나 잘 팔리게 플랫폼이나 p2p가 도움을 준다.

대중 기반 자본주의의 부상 역시 불평등 완화의 한 요인이 된다. 디지털 기술은 생산수단의 민주화를 초래함으로써 일반 대중이 사업을 벌이기 쉽게 해준다. 『21세기 자본』의 저자 피케티에 따르면 경제성장률(g)보다 지속적으로 더 높은 자본수익률(r)이 자본주의 국가의 불평등을 악화시키는 주된 요인이었다.[8] 대중 기반 자본주의는 경제성장률보다 더 높은 자본수익률을 누리는 대중 기업가의 수를 증가시킴으로써 불평등 완화에 기여한다.

이와 같이 디지털 기술의 발달이 여러 가지 측면에서 불평등을 완화시키지만, 또한 여러 가지 측면에서 불평등을 악화시키기도 한다. 이 점은 『제4차 산업혁명』의 저자 슈바브도 크게 우려한 바다.[9] 기술진보에 잘 적응하는 사람들에게는 제4차 산업혁명의 시대가 최고의 시대가 되겠지만 뒤처진 사람들에게는 최악의 시대가 된다는 것이다. 전 세계적으로 보면 정보통신 기술의 확산이 생각만큼 빠르게 이루어지지 못하고 있다. 세계 인구의 약 절반이 휴대전화를 가지고 있지 못하며, 저소득 국가 국민의 약 90퍼센트와 전 세계 인구의 약 60퍼센트가 온라인 접속 상태에 있지 못하다. 미국과 영국 등 주요 선진국에서 빈부격차가 이미 크게 벌어졌지만, 중국을 비롯해 급속한 경제성장을 이루어온 개발도상국에서도 노동소득분배율(국민소득에서 노동자가 차지하는 몫의 비율)이 현저히 낮아지고 있는데, 그 주된 원인은 노동을 기계로 대체하는 기술진보다. 기술진보는 다수의 실업자를 낳으면서 임금수준을 전반적으로 떨어뜨리는 반면, 기술진보를 잘 이용하는 사람들의 소득은 올라간다.

기술진보가 저소득 계층에게도 많은 혜택을 주는 것은 사실이다. 예를 들어 기술대국인 미국의 저소득 계층은 에어컨과 냉장고를 가지고 있지만, 저개발국의 저소득 계층은 그런 것들을 꿈도 못 꾼다. 그러나 선진국에서도 생활개선이나 신분상승을 위해 저소득 계층이 절실히 원하는 것들, 예컨대 의료 서비스, 교육, 안정적 주거 등의 실질 가격은 다른 것들의 가격보다 훨씬 더 빠른 속도로 상승했고 앞으로도 그럴 것이다. 이 결과 저소득 계층은 자신들에게 꼭 필요한 것들을 얻기가 점점 더 어려워지면서 생활개선이나 신분상승이 이루어지지 않는다. 결과적으로 계층이동이 점점 더 어려워진다. 비록 불평등이 심하더라도 계층이동이 자유롭다면 별 문제가 안 될 수도 있다. 그러나 그렇지 않을 경우 불평등은 더 심각한 사회 문제가 된다.

위로 올라갈 기회가 없는 불평등은 사회적 분열을 가속화시키면서 사회불안을 초래해 극단주의자들이 발호할 수 있는 여건을 조성할 위험이 점점 더 커지고 있다고 슈바브는 우려한다. 심한 불평등은 삶의 의미를 상실한 소외 계층을 낳고 이들은 기존의 체제와 기득권층에 크게 실망하게 된다. 극단주의자들은 고도로 발달한 정보통신 기술을 이용해 이들의 불만을 자극하고 자신들의 이념을 전파하며, 나아가서 행동을 취할 수 있는 세력을 규합할 수 있게 되었다. 이런 사례가 실제로 나타나고 있다. 사회안전망이 부실할 경우, 특히 젊은이들이 극단주의자들에게 쉽게 이용될 수 있다. 디지털 미디어를 통한 연결망 형성은 의사결정을 한쪽으로 쏠리게 함으로써 시민사회 전체를 위험에 빠뜨릴 수도 있다.

플랫폼과 불평등

공유경제가 새로운 유형의 불평등을 낳는다는 비판이 있다. 각종 플랫폼 기업들이 번성하면서 임대시장 자체가 사실상 '큰손들'에게 휘둘리고 있다는 것이다. 예를 들면 에어비앤비의 경우, 여러 채의 부동산을 소유한 큰손들이 이 플랫폼을 통해 엄청난 소득을 올리고 있다는 것이다. 에어비앤비가 간접적으로 불평등을 조장하는 측면도 있다. 에어비앤비가 인기를 끌면 임대용 공간에 대한 수요가 늘어나고 그 가격이 상승한다. 이 결과 가난한 사람들이나 소외 계층이 값싸게 공간을 빌려 쓸 수 있는 기회가 줄어들고 있다는 것이다. 다수의 주민이 자신의 집을 에어비앤비에 올리면 장기임대주택의 공급이 줄어드는 문제도 있다.

공유경제에 대한 또 다른 비판은 새로운 불안정한 근로 빈곤층을 만들어낸다는 것이다. 우버를 예로 들어보자. 우버에 등록된 운전사들은 우버에 고용된 기사가 아니라 '독립계약자'들이다. 과거 우버가 운전사들을 모집할 때 매우 현혹적인 광고를 냈다. 일단 우버와 계약을 하면 세 가지 지긋지긋한 것이 없는 곳에서 돈을 벌 수 있다는 것이다. 즉, 상사도 없고, 교대근무도 없고, 아무런 제약이 없는 직장에서 일하게 된다는 것이다.[10] 대부분의 직장인은 이런 광고에 현혹될 수밖에 없다. 자가용차만 가지고 있으면 그동안 몸담았던 직장을 때려치우고 우버와 계약하는 순간 '자유로운 사업가'로 변신한다. 자가용차가 없으면 우버가 자가용차 구매를 알선해준다. 그러나 우버의 독립계약자가 되

초연결사회와 보통사람의 시대

는 운전사는 승객이 지불한 요금의 일부를 받을 뿐 우버로부터 아무런 혜택도 받지 못한다. 보통 기업의 정식 직원이 되면 보너스, 각종 수당, 유급휴가, 건강보험, 퇴직금 등 각종 혜택을 받지만, 독립계약자에게는 아무런 혜택이 없다. 심지어 차량의 연료, 차량 유지비 등도 자신이 부담해야 한다. 우버는 운전사들에 대해 아무런 책임을 지지 않는다. 우버가 하는 일은 운전사와 승객을 연결해주고 요금의 일부를 수수료 형식으로 떼어가는 것뿐이다. 우버의 운전사들은 말하자면 비정규직과 비슷한 신세다.

사실, 우버가 출범하기 훨씬 전부터 독립계약자나 비정규직 노동자들이 많았다. 유급휴가를 줄 필요가 없고, 임금인상을 요구하지 않으며, 일감이 없으면 얼마든지 해고할 수 있고, 퇴직금을 줄 필요가 없으며, 복지혜택을 제공할 필요도 없는 노동자야말로 기업의 입장에서는 '최고로 좋은 노동자'다. 따라서 기업들은 되도록 정규직을 줄이고 독립계약자나 비정규직을 최대한 많이 고용하려고 애를 쓴다. 우버는 이런 기업 풍토에 인터넷을 접목함으로써 떼돈을 번 기업이다. 실제로 우버 운전사들을 대상으로 조사해본 바에 따르면, 일부 운전사의 소득은 최저임금에도 못 미치는 것으로 나타났다. 우버가 운전사들에 대해 아무런 책임을 지지 않는 것에 대한 불만이 쌓이면서 우버 운전사들이 네트워크를 통해 노동조합을 결성하려는 움직임도 나타나고 있다.

에어비앤비나 우버를 포함한 공유 플랫폼이 네트워크 효과를 이용해 세계적인 기업으로 부상하고 있는 것과는 대조적으로 공유 플랫폼을 통해 일하는 사람들의 소득이 너무 낮다는 비판이 제기되면서 "찌꺼기 공유경제"라고 표현하는 학자도 있다.[11] 소프트웨어를 소유한 기업들은 막대한 수익을 올리는 반면, 노동자들에게는 찌꺼기만 돌아간다는 뜻이다. 대체로 공유 플랫폼들은 전통적인 의미의 고용을 창출하지는 않는다. 오히려 기존 제품의 활용을 더욱 용이하게 만들어줌으로써 생산 분야의 직업에 대한 수요를 감소시키는 문제도 있다.

아마존, 에어비앤비, 우버 등 거대 플랫폼 기업들이 세금과 규제를 회피한다는 비판은 이미 오래전부터 나왔다. 호텔에서 방을 빌릴 때는 세금이 적용되지만 공유 플랫폼을 이용해서 공간을 대여하는 사람들이 항상 세금을 지불하는 것은 아니다. 운수업 기업들은 세금을 지불하지만 플랫폼과 계약을 맺고 활동하는 운전사들이 항상 세금을 지불하는 것도 아니다. 기존의 호텔은 안전기준을 준수하지만 공유 플랫폼을 통해 공간을 대여하는 사람들은 그런 안전기준을 항상 준수하는 것은 아니다. 공유 플랫폼과 계약을 맺고 활동하는 사람들이 과연 믿을 만한지에 대해서는 끊임없이 잡음이 나오고 있다. 예컨대 우버의 운전사들이 전과자가 아닌지, 과연 믿을 만한지를 의심하게 하는 사건도 벌어진다.

대체로 플랫폼 기업들은 진정한 의미의 공유경제가 아니라는 비판도 있다. 참된 의미의 공유경제에서 공유란 상부상조를 근본으로 한다. 상업성이 강한 플랫폼 기업을 통해 물건을 빌려 쓰는 사람들은 대부분 그런 기분을 전혀 느끼지 못한다. 그래서 플랫폼 기업들은 이윤을 추구하는 존재라는 점에서 다른 전통적 기업들과 별 차이가 없는데도 공유경제라는 미명으로 포장되었다는 말이 나온다.

시장, 정부, 시민사회

비관론이 주장하듯이 만일 기술진보가 기본 가치에 큰 악영향을 준다면 우리는 어떻게 해야 할 것인가? 시장에서 자연스럽게 해결되도록 내버려두자고 주장할 수도 있고, 아니면 정부가 적극 나서서 해결하도록 해야 한다고 주장할 수도 있다. 그러나 우리는 지난 200여 년간 시장이 실패하는 경우나 정부가 실패하는 경우를 너무도 많이 보아왔다. 따라서 기술진보의 부작용과 같은 중요한 문제를 무작정 시장과 정부에 맡길 수는 없어 보인다. 그렇다면 어떻게 할 것인가? 우선, 시장의 실패와 정부의 실패를 큰 틀에서 살펴보자.

경제학자들은 서구 자본주의가 세 단계를 거쳐 발전했다고 본다. 아나톨 칼레츠키Anatole Kaletsky는 그 세 단계를 자본주의 1, 2, 3으로 명명했다.[12] 자본주의 1은 제2차 산업혁명으로부터 1930년대 대공황에 이르기까지 약 60여 년간 서구 사회를 지배하던 고전적 자본주의 시대를 가리킨다. 이 시대는 시장에 대한 정부의 간섭을 배제하고 시장의 자율을 최대한 살려야 한다는 자유방임 사상이 아주 강했던 시기다. 자유방임에 대한 강한 믿음은 '작은 정부, 큰 시장'의 시대를 낳았다. 그러나 자유방임은 늘 독과점과 투기 등을 심화시켰고 큰 빈부격차를 낳았다. 이런 악재들이 누적되면서 그 잘나가던 서구 경제가 느닷없이 대공황의 나락으로 빠지게 되었다. 자본주의가 생존하느냐, 아니면 파멸하느냐의 기로에서 서구 각국의 정부가 적극 나서서 이 절체절명의 위기로부터 자본주의를 구출함으로써 새롭게 등장한 체제가 바로 자본주의 2다. 이 시대에 독과점에 대한 규제가 강화되었으며, 사회복지 제도가 도입되었고, 공공에 의한 실업구제가 대규모로 벌어졌다. 이런 가운데 자연스럽게 '큰 정부, 작은 시장'의 시대가 열리게 되었다. 거의 반세기에 걸친 바로 이 '큰 정부'의 시대가 서구 자본주의 역사상 최대 황금기였다.

그러나 시장에 대한 정부 개입의 폭이 점차 커지면서 정부가 급속도로 비대화되었다. 방만한 재정 지출에 수반되는 비효율과 부정부패, 스태그플레이션 등 이른바 '큰 정부, 작은 시장'의 폐해가 누적되면서 서구 사회에 신자유주의 바람이 불기 시작했으며, 시장의 자율을 최대한 보장하라는 요구가 거세졌다. 이런 시대적 흐름을 업고 1980년대부터 자본주의 3의 시대가 열렸다. 사회복지 지출이 대폭 삭감되었고, 부유층에 대한 조세부담이 경감되었으며, 시장에 대한 각종 규제가 대폭 풀리게 되었다. 바야흐로 다시 '작은 정부, 큰 시장'의 시대가 전개되었다.

그러나 2008년 미국의 금융시장이 붕괴되었고, 이어서 대공황 이래 최대의 세계 경제위기가 찾아왔다. 자본주의 체제가 또다시 위기에 빠지자 이번에도 정부가 구원투수로 등장했다. 비틀거리는 금융권에 천문학적 규모의 국민 혈세를 쏟아부어 간신히 불을 껐다. '작은 정부, 큰 시장'을 기조로 삼았던 자본주의 3은 그렇게 종말을 고하게 되었다. 그렇다면 그다음에는 어떤 시대가 올 것인가? 칼레츠키는 이제 자본주의 4.0의 시대가 온다고 말한다. 그의 논리에 따르면 역사적으로 이번에는 '큰 정부, 작은 시장'의 시대가 올 차례다. 그러나 과거 자본주의 2 시대의 '큰 정부, 작은 시장'이 그대로 재현되기는 어렵다. 또한 그래서도 안 된다. '큰 정부'가 과연 지난 20년 가까이 우리나라를 비롯한 선진국을 괴롭혀온 '고용 없는 경제성장', '임금 없는 경제성장'(실질임금 상승이 없는 경제성장), '분배 없는 경제성장'(낙수효과가 없는 경제성장) 등 구조적인 문제들을 해결할 수 있을지 극히 의심스럽기 때문이다.

　시장과 정부 사이의 균형에 관한 이런 일련의 논의 과정을 보면서 아쉬운 점은 '큰 정부'와 '큰 시장'이 시민사회에 미치는 악영향이나 시민사회의 역할이 상대적으로 큰 주목을 받지 못했다는 점이다. 어떻든 '큰 정부'도 바람직하지 않고 '큰 시장'도 바람직하지 않다면, 대안은 무엇인가? 이제는 시민사회가 적극 나서야 한다. 역사적으로 보더라도 시민사회가 나설 차례가 왔을 뿐만 아니라 앞에서도 자세히 살펴보았듯이 그럴 역량도 충분히 갖추고 있다. 역사적 맥락에서 원론적으로 볼 때 시민사회가 해야 할 역할은 시장과 정부를 효과적으로 견제함으로써 이 둘 사이의 적절한 균형을 유지하는 것이다. 시장의 독과점 폐해와 불공정 행위에 관해서도 시민사회가 좀더 큰 목소리를 내고 실종된 경제민주화를 더 강력하게 요구해야 하며, 정확한 정보와 올바른 판단을 바탕으로 각종 선거에 적극 참여함으로써 무능하고 부패한 정치가와 관료들을 솎아내야 하고, 정경유착에 대한 감시도 철저히 해야 한다. 시민사회는 정부와 시장을 견제하고 보완하는 데 그치지 않고 한걸음 더 나아가 국민들 사이의 갈등과 분열을 봉합하는 역할도 수행해야 한다. 사실, 각종 시민단체들이 이미 이 방면에서 많은 활동을 수행하고 있다.

그러나 기술진보의 부작용에 관해서는 아직까지 시민사회가 적극적인 활동을 하지 못하고 있다. 그럴 수밖에 없는 것이, 위에서 보았듯이 기술진보의 영향에 관해서는 비관론과 낙관론이 크게 엇갈려 있다. 무엇이 어떻게 될지 잘 모른다. 이런 상황에서 매우 시급하면서도 중요한 것은 국민들 사이의 공감대 형성이다. 의견이 극단적으로 엇갈리는 상황에서는 구체적인 대책을 마련할 수 없다. 따라서 시민사회가 해야 할 일은 기술진보의 부작용에 관해서 폭넓은 공감대가 형성되도록 여건을 조성하는 것이다. 우선 일반 대중 사이에 공감대가 이루어져야 비로소 구체적인 대책을 논의할 수 있을 것이다. 공감대의 형성을 위해서 앞으로 시민사회에서 기술진보에 관한 공론이 활발하게 이루어져야 할 것이다. 이런 공론은 어떤 특정 분야의 전문가들이 주도할 일이 아니다. 여러 분야의 전문가와 일반인들이 참석해서 긴밀히 협동하는 총체적 접근방법holistic approach이 요구된다.

과거 시민사회가 폭발적인 영향력을 행사한 경우가 여러 차례 있었다. 그러나 그 대부분이 2016년 촛불시위와 같이 정의구현이나 민주화, 개혁 등을 요구하는 정치적인 것이었다. 기술진보의 부작용과 같은 기술적이고 과학적인 문제에 관해서도 시민사회가 그런 큰 호응을 불러일으킬 수 있을지에 관해서는 의심스러운 면이 없지 않지만, 특히 환경 문제의 경우 시민사회가 주도한 공론화가 큰 반응을 이끌어낸 사례는 매우 많다. 과거 시화호 오염 사건, 새만금 개발, 4대강 사업 등이 대표적인 사례라고 할 수 있다. 시민사회가 충분한 역량을 갖추고 있으므로 기술진보의 문제에 관해서도 성공적으로 공론을 주도할 수 있

초연결사회와 보통사람의 시대

을 것이다.

　기술진보가 초래할 대량실업의 문제에 관해서도 시민사회의 적극적인 역할이 절실히 요구된다. 물론 이 문제에 관해서도 아직까지 찬반양론이 있지만, 기술진보가 대량실업을 초래하지 않는다는 낙관론은 대부분 단편적 사례에 치우쳐 있다. 중요한 것은 경제 전반에 걸쳐 기술진보가 일자리 총량을 줄이는지 아닌지다. 이에 관해서는 많은 연구가 이루어졌다. 더욱이 앞에서 살펴보았듯이, 대다수의 일반인이 대량실업을 우려하고 있다. 이런 점에서 대량실업의 문제에 관해서는 이미 일반 대중 사이에 상당한 정도의 공감대가 형성되어 있다고 할 수 있다. 기본소득을 비롯한 여러 가지 구체적인 방안도 이미 제시되어 있고, 이를 촉구하는 시민단체의 움직임도 있다. 따라서 대량실업 문제가 시민사회의 공론화를 위한 좋은 출발점이 될 것이다. 시민사회는 대화를 통해 행위를 조정하고 협동을 이끌어내는 영역이다. 이제 기술진보에 따른 대량실업을 재앙이 아닌 축복으로 바꾸기 위해 시민사회가 적극 나서야 한다.

14장

디지털 시대를 잘 살아가기

우리 인간만이 할 수 있는 일

인공지능 로봇과 기계가 인간의 노동을 대부분 접수한다면, 인간은 과연 무엇을 할 수 있을 것인가? 달리 말하면 인간에게 남겨진 일이 무엇일까? 수없이 자주 제기되는 이 질문에 제대로 답하기 위해서는 우리 인간이 어떠한 존재인지부터 깊이 생각해보아야 한다.

이제까지 살펴본 바와 같이 근래의 기술진보는 실로 여러 가지 측면에서 우리 사회에 큰 변화를 초래했는데, 그중 하나는 인간이라는 존재에 대한 인식의 변화 또는 인간성에 대한 재조명이다. 우리 인간은 최고의 지능을 가진 존재이며, 이기심에 따라 합리적으로 행동하는 존재이고, 남의 간섭을 배제하는 독자적('외로운') 존재라는 생각이 우리

사회를 지배해왔다. 이런 생각은 17세기 유럽의 계몽주의에서부터 시작해 자본주의의 발흥과 함께 전 세계에 퍼지게 되었다. 그러나 디지털 시대에 들어와서 그런 생각이 과연 옳은지를 의심하게 하는 여러 가지 정황이 속속 나타나고 있다.

우선, 고성능 인공지능의 출현은 인간이 최고의 지능을 가진 합리적 존재라는 생각에 타격을 주었다. 인간의 자존심이 여지없이 구겨졌지만, 우리 인간은 이를 솔직하게 인정하기를 꺼린다. 과거 인류는 코페르니쿠스의 지동설에 큰 충격을 받은 적이 있다. 지구가 우주의 중심은커녕 태양계의 중심에도 있지 않다는 사실을 인류가 받아들이기까지는 많은 희생과 세월이 필요했다. 지금의 세대는 그에 상응하는 충격에 직면하고 있다. 즉, 지능의 세계에서도 인간이 최고가 아니라는 깨달음이다. 우리의 손으로 창조된 것들이 지능의 면에서 우리를 능가하고 있다. 이제 합리성이 인간의 장기가 아님을 인정해야 한다. 합리성의 면에서 인간은 컴퓨터보다 더 잘할 수는 없다. 그럼에도 인간은 스스로의 예측과 판단을 너무 좋아한다. 그래서 인공지능 로봇이 훨씬 더 잘할 수 있을 경우에도 인간의 판단에 계속 의존하는 일이 너무나 많다. 앞으로 인공지능이 계속 발달함에 따라 우리 인간이 인공지능 로봇과 기계보다 더 잘할 수 있는 것이 도대체 무엇인지를 더욱더 심각하게 고민하지 않을 수 없게 될 것이다.

그러나 인간은 인공지능 로봇이 갖고 있지 않은 장점도 지니고 있다. 이를테면 오래된 상식은 인간이 가진 엄청난 이점들 중 하나다. 사람에 따라 상식을 지닌 정도가 다르기는 하지만, 우리 모두는 최첨단 컴퓨터보다도 엄청나게 많은 상식을 가지고 있다. 예를 들어 젊은 여성에게 나이를 물어보거나 성관계에 관한 얘기를 물어보는 것은 상식에 어긋난 큰 실례다. 함부로 쓰레기를 버리지 말아야 하며, 길거리에서 방뇨를 해서는 안 된다는 것은 상식이다. 요즈음에는 갑질이나 성희롱을 하지 말아야 한다는 것도 상식으로 자리 잡았다. 하지만 인공지능 로봇은 그런 걸 잘 모른다. 그렇다고 그 많은 상식을 인공지능 로봇한테 일일이 가르쳐줄 수도 없는 노릇이다. 한 가지 재미있는 것은, 수십 년 동안 연구했어도 인간은 여전히 자신의 상식을 어떻게 습득하는지를 잘 이해하지 못하고 있다는 사실이다. 인공지능에 상식을 주입하려는 시도는 지금까지 실패를 거듭해왔다.

인간이 가진 또 하나의 이점은, 인간이 다양한 감각을 통해 줄곧 엄청난 양의 데이터를 받고 있으며, 그것들을 미리 선택하지 않는다는 것이다. 그저 그 모든 것을 들어오는 대로 받아들인다. 인간은 아주 짧게라도 특정한 소리만을 듣거나 특정한 것만을 보려고 할 때 어려움을 겪는다. 컴퓨터는 정반대다. 컴퓨터는 설계자와 프로그래머가 허용하지 않은 데이터 또는 프로그래머가 허용한 것보다 더 많은 데이터를 모으는 데 큰 어려움을 겪는다. 프로그래머가 데이터를 입력하는 데에도 한계가 있다. 인공지능으로 하여금 인간의 행태를 예측하게 만들기 위해서는 인간 행태에 영향을 미치는 그 수많은 요인을 일일이 다 입력해야 하는데, 이는 사실상 불가능하다. 예를 들어 어떤 사람이 주말마다 테니스를 치러 간다고 하자. 컴퓨터는 이런 규칙적 행동을 예측하는 데 아주 능하다. 그런데 화요일에 계단에서 미끄러져 허리를 다

초연결사회와 보통사람의 시대

친 결과 잘 걸을 수 없게 되었다고 하자. 그럴 경우 인간이라면 누구나 그가 주말에 테니스 칠 계획을 포기하리라는 것을 쉽게 예측할 수 있다. 하지만 인공지능 컴퓨터는 그렇지 못하다. 프로그래머가 그런 불상사를 사전에 예측해서 컴퓨터에 일일이 입력해야 한다. 그러나 그 사람의 행동에 미치는 예기치 않은 개별 요인들이 너무나도 많다. 누가 설계하든 간에 컴퓨터 시스템은 이 모든 요인을 다 고려할 수 있도록 각각에 관한 충분한 데이터를 가질 수가 없다.

대체로 보면 인공지능은 한 가지 일만 특출하게 잘한다. 번역 로봇은 번역만 잘하지 다른 것은 거의 못하며, 자율운행 자동차의 인공지능은 부동산시장을 잘 예측하지 못하고, 질병을 진단하는 로봇은 집안일을 잘하지 못한다. 인공지능은 천재지만 한 가지밖에 모르는 '바보천재'다. 인공지능 로봇의 입장에서 보면 인간은 아주 다재다능한 존재다. 한 사람이 운전도 하고, 번역도 하고, 집안일도 하며, 어린애나 노인을 돌보기도 한다. 앞으로 상당 기간 인공지능의 거의 대부분은 한 가지 일만 인간보다 뛰어나게 잘하는 특수 전문가로 남을 것이다.

인간성의 재발견

인간이 이기심에 따라 합리적으로 행동하는 독자적 존재라는 생각도 많이 흔들리게 되었다. 일반 대중의 부상과 공유경제의 출현 과정을 지켜보면서 많은 학자가 놀라는 것은, 믿을 수 없을 정도로 우리 인간이 남 도와주기를 좋아하며, 공유하려는 마음과 협동심이 강하다는 점이다. 집단의 이익을 위해 자발적으로 헌신하는 경우도 대단히 많다. 이런 점에 비추어보면, 인간이 외톨이 이기적 존재라고 보기 어렵다. 예를 하나 들어보자. 1996년에 크레이그리스트Craiglist라는 웹사이트가 탄생했다. 지금은 주로 물건을 팔려는 사람과 사려는 사람을 연결시켜주는 플랫폼이 되었다. 많은 학자가 크레이그리스트에서 벌어지는 거래의 유형이 적절한 교환방법이라고 주장했다. 경제학이 가정하듯이 대부분의 사람이 손익계산에 따라 행동한다면, 이 시스템이 그런 인간성을 최대한 활용하기 때문이다. 그러나 이런 경제학적 주장을 무색케하는 일이 벌어졌다.

크레이그리스트와 흡사한 것으로 프리사이클Freecycle이 있는데, 여기에서는 물건을 사고파는 것이 아니라 물건을 공짜로 기부하려는 사람과 공짜로 얻어 쓰려는 사람을 연결해준다. 거래가 아니라 전적으로 베풀기에 의존하는 시스템이다. 처음에는 이런 시스템이 성공할 수 있을지 매우 의심되었고 크레이그리스트의 편을 드는 학자들은 특히 회의적인 태도를 보였다. 하지만 2005년에 회원 수만 100만이 넘을 정도로 급성장했고 2012년에는 회원 수가 110개국에 걸쳐 900만 명을 넘어섰다.[1] 경제학이 가정하듯이 만일 세상에 이기적인 사람들만 존재한다면, 프리사이클은 가망이 없어 보인다. 그러나 실제는 그렇지 않았다. 물론 초기에는 이타적인 사람들을 끌어들여서 성장했지만, 나중에는 이기적인 사람들을 끌어들이기 시작했다. 프리사이클이 이기적인 사람들로 하여금 이타적으로 행동하게 만드는 마력을 발휘했기 때문이다. 어떻게 이런 일이 발생할 수 있었을까?

첫째, 이타적 성향의 사람들이 우리가 생각하는 것보다 훨씬 많다. 그래서 프리사이클이 계속 성장하는 데 필요한 충분한 규모의 집단이 형성될 수 있었다. 일단 프리사이클을 통해 기부하는 사람들이 많아지면 판이 커지면서 이 시스템 덕에 혜택을 보는 사람들이 늘어난다. 둘째, 기부하는 사람들이 많아지면 기부가 하나의 규범이 된다. 이 결과 프리사이클을 통해 공짜로 혜택을 받은 이기적인 사람들도 이 규범을 따라 자신들에게 필요 없는 물건들을 기꺼이 공짜로 기부하게 된다. 즉, 이들도 다른 사람들에게 베풂을 주는 사람, 남을 도와주는 사람이 된다는 것이다.

프리사이클이 급성장한 데는 또 하나의 중요한 요인이 있다. 유대감 혹은 공동체 의식이다. 공동의 영역이 베풀기 행태에 영향을 주는 주된 요인이다. 대체로 사람들은 같은 집단에 속한 사람에게 더 많은 도움을 주게 되는데, 이는 강한 유대감을 느끼기 때문이다. 프리사이클에 속한 사람과 크레이그리스트에 속한 사람들을 대상으로 설문조사를 해본 결과, 프리사이클에 속한 사람들이 훨씬 더 강한 유대감을 가지고 있었다. 크레이그리스트를 통해 거래한 사람들은 거래 상대방에 대해서 아무런 고마움이나 애착을 느끼지 않는다. 서로 줄 것을 주고, 받을 것을 받았다고 생각하기 때문이다. 서로 신세 진 것이 없다. 그러므로 크레이그리스트를 통해 거래한 사람들은 서로에게 강한 유대감을 느끼지 않는다. 그러나 프리사이클을 통해 공짜로 물건을 받은 사람은 그것을 준 사람에게 고마움을 느낀다. 프리사이클을 통해 여러 사람에게서 다양한 물품을 얻은 사람은 그런 혜택이 프리사이클에 속한 집단 덕분이라고 생각하게 된다. 자연스럽게 이들은 프리사이클에 애착을 느끼면서 자신을 프리사이클의 구성원이라고 여기게 된다. 이렇게 되면 프리사이클에 속한 사람들은 같은 프리사이클에 속한 사람들에게 공짜로 물건을 줄 용의를 가지게 된다. 프리사이클 공동체 전체에 이런 분위기가 조성되면서 기부가 촉진된다. 공동체에 속한 사람을 내가 도와주면, 그 공동체에 속한 다른 사람들이 나를 도와준다는 것을 믿게 된다. 이런 현상은 프리사이클에만 국한된 것이 아니다. 동료로부터 도움을 받은 사람은 다른 동료를 도와줄 가능성이 높아지면서 일종의 도와주기 규범이 형성된다는 것은 실험을 통해 입증되었다.

무언가를 공유한다는 것은 서로 도움을 주고받는다는 뜻이자 협조한다는 뜻이다. 찰스 다윈Charles Darwin은 인간이 단순히 쾌락을 추구하는 존재가 아니라 위험을 무릅쓰고 남을 구하는 행동을 마다하지 않는 성향도 가지고 있다고 보았다. 그는 이런 행위 본능을 '사회적 본능'이라고 불렀다. 그렇다면 우리 주위에는 이기적으로 행동하는 사람들이 왜 그렇게 많을까? 이기심을 찬양하고 이것을 원동력으로 삼는 자본주의 체제가 이타심이나 협동심을 짓누른 측면도 있다. 자본주의 시장이 본격적으로 도입되지 않은 지역을 여행하고 온 사람들이 자주 하는 말은, 그곳 사람들이 대체로 너무 순진하며 착하고 남을 잘 도와준다는 것이다. 자본주의 시장에서는 이타적으로 행동하다가는 손해만 보는 경우가 많다. 이기심에 따라 행동해야만 하는 시장에 과도하게 노출되고 익숙해지다 보면 사람들이 더욱더 이기적으로 변하고 물질만

초연결사회와 보통사람의 시대

능주의에 젖게 된다는 연구 결과도 있다. 다윈의 말이 옳다면, 자본주의 체제나 자본주의 시장은 사회적 본능의 발현을 방해하는 제도라고 할 수 있다. 하지만 근래의 기술진보는 바로 그 억제된 인간의 이타심과 협동심을 최대한 발휘할 수 있는 여건을 조성하고 있다.

사람들은 공짜로는 일을 하지 않으며, 감독하는 사람이 없으면 열심히 일하지 않는다고 생각하는 사람이 많다. 특히 자본주의 사고방식에 젖은 사람들이 그렇다. 그러나 디지털 시대에 들어와서 아무런 보수 없이 그리고 감시·감독도 없이 자발적으로 일하는 일꾼들이 크게 늘어나고 있다. 이런 사람들이 만들어낸 소프트웨어 도구가 오늘날 우리 경제의 큰 부분을 움직이고 있다. 리눅스Linux나 위키피디아가 그 예다. 리눅스는 시민공동체가 주도해서 개발한 컴퓨터 운영체계다. 리눅스나 위키피디아는 누구나 공짜로 이용할 수 있고 개발에 참여한 사람들은 금전적 대가를 받지 않는다. 다만 혜택이 있다면 간접적으로 받을 수는 있다.

흔히 인간의 욕망은 무한하다고 말한다. 구체적으로 말하면 인간의 소비욕이나 소유욕이 무한하다는 뜻이다. 경제학은 '한정된 자원과 인간의 무한한 욕망' 사이의 조화를 다루는 학문임을 표방하고 있다. 그러나 경제학 밖에서는 인간의 무한한 소비욕과 소유욕에 대한 경고가 무척 많이 나왔다. 지구는 모든 사람의 필요를 충족시켜주지만 탐욕까지 충족시켜주지는 않는다는 것이다. 소비욕과 소유욕이 무한하다는 생각은 앞으로 일자리가 줄어들 염려가 없다는 주장으로 이어진다. 그런 욕망을 충족시키기 위해서는 끊임없이 많이 생산해야 하고, 따라서 일자리도 끊임없이 늘어난다는 것이다. 그러나 생산의 증가가 곧장 일자리 증가로 이어지지 않는다는 점은 이미 앞에서 자세히 살펴보았다.

어떻든 인간의 소비욕과 소유욕이 무한하다는 생각에 대해 의구심도 커지고 있다. 리프킨은 물자가 풍족하지 못한 '부족의 시대'에는 물욕이니 소비욕이니 하는, 상품에 대한 욕망이 무한해 보인다고 말한다. 부족의 시대에는 한정된 양의 물자를 놓고 모든 사람이 경쟁관계에 놓인다. 내가 차지하지 않으면 남이 가져가므로 그만큼 나는 손해를 본다. 그래서 모두들 더 많이 차지하려고 악을 쓰게 되고, 그러다 보면 물질만능주의 혹은 금전만능주의에 젖게 된다.

그러나 미래의 시대는 과거의 시대와 완전히 다른 '풍요의 시대'다. 인공지능 로봇과 기계가 본격적으로 활용되면 모든 물자가 지금보다 엄청나게 많이 생산되고 공짜가 너무나 많아지므로 한정된 물자를 놓고 경쟁할 필요가 별로 없는 세상이 된다. 따라서 물욕이나 소비욕이 무한하다고 말하기 어렵게 된다.[2] 풍요의 시대에는 사람들이 돈벌이보다는 여가를 더 중요하게 생각하며 물질적인 것보다는 정신적인 것을 적극 추구하게 될 것이다. 대체로 보면 물질적인 것과는 달리 정신적인 것의 총량은 딱 정해져 있지 않다. 예컨대 사랑, 명예, 보람 등의 총량은 한정된 것이 아니다. 어떤 사람을 사랑한다고 해서 다른 사람에 대한 사랑이 줄어드는 것은 아니며, 어떤 사람이 명예를 더 많이 누린다고 해서 다른 사람의 명예가 감소하는 것도 아니다. 젊은 세대들은 인터넷을 통한 타인과의 지속적인 접근에서 삶의 의미를 찾는다. 실제로 미국에서는 2008년 이후 협동적 시민공동체와 공유경제의 부상과

초연결사회와 보통사람의 시대

때를 같이해서 물질주의가 쇠퇴하는 현상이 나타나고 있음을 밝힌 연구도 나왔다.

공감 능력을 키우자

공감 능력은 21세기의 가장 중요한 능력으로 꼽힌다. 앞에서 살펴보았듯이 일반 대중의 활동 영역이 대폭 넓어지고 시민사회가 크게 활성화되면, 사람들 사이의 접촉이나 모임이 많아지기 때문이다. 공감한다는 것은 다른 사람들이 무슨 생각을 하며 어떤 기분을 가지고 있는지를 파악하고 가장 적절한 방법으로 대응함을 의미한다. 복잡한 인간 교류에 있어서 첫 번째 중요한 단계는 상대방의 표정을 읽거나 비언어 신호를 알아차리는 것인데, 그 방법은 부모, 형제, 친구들과 직접적 상호 교류를 통해서 터득하게 된다. 이는 지난 수십 년 동안 많은 연구가 밝혀낸 것이다. 직접 상대방의 눈빛, 얼굴 표정, 몸짓, 자세 등을 읽고 따라 하다 보면 우리도 모르는 사이에 공감 능력이 함양되고 신뢰가 쌓인다. 직접적 상호 교류가 그만큼 효과적이고 중요하다. 공감 능력은 모든 중요한 인간관계의 기반이 되므로 일상생활의 활동에 극히 중요하다. 공감 능력이 탁월한 사람들은 대체로 학업 성적도 우수하고, 동료들과 잘 어울리기 때문에 더 좋은 생활을 영위할 수 있다. 공감은 집단이 더 많은 성과를 올릴 수 있도록 만드는 촉매제가 된다. 오늘날 공감은 경제적으로도 점점 더 중요해지고 있다. 이를테면 공감 능력이 높은 채권 추심자가 빚을 두 배 정도 더 많이 받아낸다는 연구 결과도 있고, 공감 능력이 높은 의사들이 환자에 대해 더 많이 알게 되므로 이들의 진단이 더 정확해질 뿐만 아니라 의사의 지시를 환자들이 잘 준수할 가능성이 더 높다는 연구 결과도 있다.

사람들은 직접 만나서 얘기할 때 가장 강한 유대감을 느낀다. 화상을 통해 얘기할 때, 전화로 얘기할 때, 문자 주고받기texting를 통해 얘기할 때, 이 순서대로 유대감이 약해진다. 즉, 직접 대면 교류에서 멀어질수록 유대감이 약해진다. 대체로 온라인 교류는 이미 일상생활에서 확고한 직접 대면 관계를 많이 가져본 사람들 사이에서는 끈끈한 관계를 유지하는 데 도움이 되지만 새로 접하는 사람들 사이에는 그런 끈끈한 인간관계를 새로 만들어내지는 못한다. 여러 사람이 가상적으로 만나고 있을 때에 비해 직접 대면해서 교류했을 때 이들은 말 그대로 더 똑똑해지며 더 유능해진다. 집단적으로 더 똑똑해질 뿐만 아니라 구성원 개인적으로도 더 똑똑해진다는 것이다.

집단 구성원들 사이의 공감이 해당 집단의 성공에 매우 큰 역할을 한다는 사실을 설명할 때 자주 인용되는 사례는 미국 군사훈련의 개혁이다. 흔히 탑건Top Gun으로 알려진 미 해군의 군사훈련과 이를 모방한 육군의 훈련방법은 완전히 새로운 원칙에 따라 이루어졌다. 그 핵심 내용은 실전을 방불케 하는 모의훈련과 장병들 사이의 활발한 대화와 교류다. 예를 들면 훈련을 치른 후 사후평가를 할 때는 사병과 장교 모두 모자를 벗고 계급장을 뗀 분위기를 조성한 가운데 토론이 공개적으로 솔직하고 신랄하게 진행된다. 상사라고 해서 봐주는 일이 없다. 이

초연결사회와 보통사람의 시대

런 훈련방법이 군기를 문란하게 만든다는 반대가 있었지만, 실제로는 오히려 전력을 눈에 띄게 강화하는 효과를 낳았다. 이라크전쟁에서 그 성과가 실제로 증명되었다. 이미 잘 알려진 이 전쟁에 새로운 훈련 프로그램에 따라 훈련된 전투부대가 처음으로 투입되었는데 교전 100시간 만에 압도적 승리로 끝났다. 이 부대를 이끌었던 지휘관은 승리에 있어서 결정적 요인이 물리적 군사력이 아니라 부대원들이 터득한 협력의 방법과 상호간 신뢰라고 말했다. 실전적이면서 인간관계를 강조하는 훈련은 장병들로 하여금 서로를 더 잘 이해하게 만든다. 이들은 상호간의 신호를 신속하게 개발하고 상호간의 이해를 높임으로써 집단의 효율을 배가했다.

공감에 입각한 깊은 인간관계라든가 사회적 활동은 다분히 비합리적인 것들이다. 이런 활동들은 대체로 개인적 손익계산을 초월한 것이기 때문이다. 경제학은 비합리적 행동이나 선택이 결국 개인적으로나 사회적으로 손해를 초래한다고 주장한다. 하지만 공감에 바탕을 둔 비합리적 활동들은 오히려 우리로 하여금 더 큰 성과를 이루게 한다. 좋은 팀워크가 훌륭한 작품을 만들어낸다든가 전투에서 탁월한 전과를 올릴 뿐만 아니라 종전에는 꿈도 꾸지 못한 효율 증진에도 크게 기여한다. 인류의 긴 역사가 이를 증명한다. 공감 능력이 인류를 더 강하게 만드는 방향으로 진화 과정이 작용했음을 보이는 증거는 무수히 많다. 공감 능력을 잘 갖춘 집단이 그렇지 못한 집단을 이기고 번성했다. 그래서 수십만 년에 걸쳐 인류는 공감 능력을 가지게 되었고 이것이 두뇌에 구조화되었다. 옛날이나 이제나 공감 능력의 가장 큰 혜택은 인간을 사회적인 존재로 만들어줌으로써 사람들을 결속하게 하고 안전하게 만드는 데 도움이 된다는 것이다.

공감 능력은 타고나는 것으로 알려져 있다. 1990년대에 과학자들이 발견한 거울 신경망은 우리 인간으로 하여금 다른 사람의 감정을 내 것처럼 느끼게 만든다고 한다. 흔히 공감 신경망empathy neuron이라고 부르기도 하는 이 거울 신경망은 태어나면서부터 갖추게 되는 것으로 보인다. 예를 들면 태어난 지 몇 시간 되지 않는 신생아의 경우 한 신생아가 울면 다른 신생아들도 따라 운다. 신통하게도 다른 소리에는 따라 울지 않는다. 예컨대 큰 소리를 듣거나 생후 수개월 된 어린애가 울어도 신생아는 따라 울지 않는다. 심지어 녹음된 자신의 울음소리를 들려주어도 따라 울지 않는다. 오직 같은 처지에 있는 신생아들이 울 때에만 따라 운다고 하는데, 태어나면서부터 이와 같이 울음소리를 구분한다는 것은 놀랍다. 그러나 한 가지 중요한 것은, 공감 능력이 태생적인 것이라고 하지만 우리의 근육과 같아서 잘 활용하면 강화되지만 활용하지 않으면 쇠퇴한다는 사실이다.

고대 사회의 문화는 구두口頭를 중심으로 발전했다. 고대인들은 '말의 국민'이었다. 중세 인쇄술의 발명은 쓰기를 문화의 중심에 올려놓았고, 온갖 인쇄물이 쏟아져 나오면서 이후 사람들은 '책의 국민'이 되었다. 일찍이 마르크스는 화약, 나침판, 인쇄기를 자본주의 시대를 초래한 세 가지 중요한 발명이었다고 말했는데, 화약은 중세의 기사계급을 날려버렸고, 나침판은 세계 시장의 발견과 식민지 건설을, 인쇄기는 신교의 확산과 과학 일반의 발전을 불러왔다. 그러나 정보통신 기술이 발달하자 텔레비전 화면, 휴대전화 화면, 컴퓨터 화면, CCTV 등 우리는 온갖 종류의 스크린에 둘러싸여 이것에 빠져들게 되었다. 이제 우리는 '스크린의 국민'이 되었다. 요즈음의 어린이들은 하루에 너덧 시간 동안 스크린을 쳐다본다고 한다. 어른들도 마찬가지다. 우리나라 국민 1인당 스마트폰 사용시간은 200분을 넘었고 지속적으로 늘어나고 있는 것으로 드러났다. 특히 20~30대 청년세대는 1일 평균 4.5시간 넘게 휴대폰이나 컴퓨터를 쳐다본다.[3] 다른 나라들도 상황은 비슷하다. 그래서 '포노 사피엔스Phono-sapiens'라는 이름의 '신인류'가 등장했다는 말도 나오게 되었다.

스크린의 국민은 책의 국민과는 분명히 다를 것이다. 학자들의 연구에 따르면, 책읽기는 심사숙고하는 마음과 분석력을 함양하는 반면, 스크린 보기는 신속한 패턴 찾아내기, 아이디어와 아이디어의 결합, 재빠른 생각을 장려한다. 스크린은 설득 대신에 행동을 유발한다. 하지만 스크린을 보는 시간이 주위 사람들과의 직접적 상호 교류를 위한 시간을 깎아먹음으로써 여러 가지 부작용을 낳기도 한다. 스크린 의존도가 높은 청소년들은 부모와 잘 지내고 있다고 말할 가능성이 낮고, 학교 생활이 행복하다고 말할 가능성도 낮다. 이들은 자주 권태를 느낀다고 말할 가능성이 높고, 문제를 일으킬 소지도 많으며, 자주 슬프거나 불행하다고 말할 가능성이 높다. 어린애들뿐만 아니라 어른들도 공감 능력 향상을 저해하는 환경에 살고 있으면서 동시에 공감에 목말라하고 있다. 특히 물질주의(혹은 금전만능주의)가 공감 능력을 약화시키는 요인으로 꼽히는데, 이 두 가지 사이에는 아주 밀접한 상관관계가 있다는 연구 결과가 줄을 잇고 있다. 즉, 금전만능주의 성향이 강할수록 공감 능력은 떨어진다는 것이다. 이제 공감 능력은 충분히 활용되지 못하는 근육과 같다.

어린아이들의 공감 능력 향상에 가장 효과적인 방법들 중 하나는 마음껏 뛰노는 기회를 더 많이 가지게 하는 것이다. 감시받지 않는 어린아이들은 거리낌 없이 자기들끼리 자신의 기분을 얘기한다. 게다가 자유롭게 노는 아이들은 엄마, 아빠, 선생, 의사, 간호사 등의 역할을 번갈아 하면서 그들 스스로 다른 사람들의 생각과 기분을 상상하게 만든다. 일단의 심리학자들이 초등학교 6학년 학생들을 텔레비전, 핸드폰, 컴퓨터, 게임기 등 전자기기가 전혀 없는 산속에 5일 동안 자기들끼리 놀게 격리시켜놓고 관찰했다. 그리고 격리 전과 후의 공감 능력을 비교해본 결과, 그 능력이 상당히 향상되었음이 통계적으로 검증되었다.[4] 이와 같이 짧은 기간에도 감정신호를 알아차리는 능력이 향상된다는 사실은 매우 놀랍다. 그러나 불행하게도 어린애들이 이렇게 마음껏 노는 기회가 줄어들고 있다. 우리나라만의 얘기가 아니다. 지난 반세기 미국을 비롯한 많은 선진국에서 어린아이들이 자유롭게 마음껏 뛰노는 기회가 급격히 감소했음을 확인한 조사 결과가 있다.

어린아이들의 경우와 마찬가지로 성인들의 경우에도 공감 능력을 향상시키는 가장 효과적인 방법은 다른 여러 사람의 역할을 수행해보게 하는 것이다. 공감 능력을 함양하는 또 한 가지 효과적인 방법은 문학작품을 많이 읽는 것이다. 애플의 창립자인 스티브 잡스Steve Jobs는 특히 인문학의 중요성을 강조한 인물로 잘 알려져 있다. 높은 수준의 인문학은 비판적 사고방식, 명쾌한 대화, 복잡한 문제의 해결 등의 능력을 함양한다. 비록 오늘날 사람들의 공감 능력이 현저하게 떨어졌다고 하더라도 이것을 다시 회복하고 더 강화할 여지는 얼마든지 있다.

성공할 가능성이 높은 사람이 되자

흔히 성공의 비결로 재능, 근면, 운이 꼽힌다. 성공하려면 우선 능력이 있어야 할 뿐만 아니라 부지런해야 하며, 운도 따라야 한다는 것이다. 요즘 학자들은 여기에 한 가지를 더 추가한다. 인간관계가 바로 그것이다. 지금도 그렇지만, 특히 시민사회가 부상하고 시민공동체가 활성화되는 미래의 디지털 시대에는 인간관계가 점점 더 개인의 성공을 좌우하는 중요한 요인이 될 것으로 많은 학자가 전망하고 있다. 특정 인물에 대한 평판이 인터넷을 타고 급속히 번지는 까닭에 인간관계가 나쁜 사람들이 금방 노출되면서 불이익을 당하게 된다.

인간관계에 대한 태도에 따라 사람들을 크게 세 가지 유형으로 나누어볼 수 있다. 그 첫째는 다른 사람의 이익보다 자신의 이익을 앞세우는 사람들로서 남에게 주기보다는 남으로부터 받기를 더 좋아하는 사람들이다. 이들은 이 사회가 서로 먹고 먹히는 경쟁의 사회라고 믿는다. 따라서 성공하기 위해서는 남을 이겨야 하며, 내가 나 자신을 보살피지 않으면 아무도 나를 보살펴주지 않는다고 믿는다. 이런 유형의 사람들을 '이기형'이라고 하자.

이기형과 정반대 유형의 사람들이 있다. 이들은 받기보다는 주기를 좋아한다. 대체로 이들은 탁월한 공감 능력을 가지고 있어서 역지사지, 즉 상대방의 입장에서 생각해보기를 잘하며, 다른 사람들이 무엇을 원하는지에 신경을 더 많이 쓴다. 이들은 자신이 입는 손실에 크게 개의치 않으면서 반대급부를 기대하지 않고 남을 도와준다. 이런 유형을 '이타형'이라고 하자. 이기형이 자기중심적이라면 이타형은 타자 중심적이다. 그렇다고 이타형이 천사 같은 사람이라는 것은 아니다. 다만, 이기형처럼 오직 나의 이익을 위해 남을 이용하려고 하지 않을 뿐이다. 이들도 자기를 알아주지 않으면 섭섭하게 생각하면서 때로는 화를 내기도 하며 다른 사람들처럼 야심도 가지고 있다. 돈 씀씀이로 봐서는 이기형과 이타형을 구별할 수 없다. 이기형도 때로는 남을 도와준다. 다만 전략적으로 도와준다. 즉, 도와줌으로써 생기는 이익이 손실보다 더 클 때만 남을 돕는다.

대체로 직장에서는 순수한 이타형이나 순수한 이기형은 드물고, 그 중간쯤 되는 사람들이 많다. 이른바 '계산형'이라고 할 수 있는데, 이들은 주는 만큼 받으려고 하며, '눈에는 눈, 이에는 이'라는 식의 태도를 가진다. 이들은 남 도와주기에 소극적이다. 충분한 대가가 돌아온다는 보장이 없으면 돕지 않는다. 남의 도움을 받는 것도 부담스러워한다. 빚을 지는 기분이 들기 때문이다. 계산형들은 공정의 원칙이나 호혜의 원칙을 매우 중시한다. 하지만 대체로 이들은 주로 자신의 입장에서 얻는 것과 잃는 것을 꼼꼼히 계산할 뿐 다른 사람의 손익에는 별로 신경을 쓰지 않는다. 이런 점에서 보면 계산형이 철저하게 공정의 원

초연결사회와 보통사람의 시대

칙을 따른다고 보기 어려운 면도 있다. 그러나 다른 사람들의 불공정한 행위에 대해서는 민감하다. 상대방의 불공정 행위가 너무 심하다고 생각하면 비록 자신들이 손해를 보는 한이 있어도 그를 철저히 응징하려고 한다. 계산형의 입장에서 보면 이기형들이 불공정한 행위를 많이한다. 따라서 인구의 다수를 차지하는 계산형의 입장에서는 이기형이 기피의 대상이 되거나 응징의 대상이 되기 쉽다.

물론 이 세 가지 유형의 구분은 두부모 자르듯 확연하지는 않다. 가족이나 절친한 친구들에게는 이타형처럼 행동하다가도 직장으로 돌아와서는 이기형이나 계산형으로 돌변한다고 해서 놀랄 일은 아니다. 어떻든 이런 세 가지 유형이 있다고 할 때 특히 미래 디지털 시대에는 그중에서 어떤 유형이 성공할 가능성이 더 높을까? 이에 관해서는 의외로 많은 연구가 있다. 그중에서도 공학 분야, 상업 분야, 의료 분야 등 여러 분야의 직장에 걸쳐 수많은 사람을 대상으로 조사한 연구가 눈길을 끈다.

직장생활에서는 일의 성과나 업적이 매우 중요하다. 언뜻 생각해도 이타형은 직장에서 가장 성과를 못 내는 사람들의 축에 낄 것으로 짐작되는데, 이 짐작은 맞다. 통상 이타형은 성공의 사다리에서 맨 밑바닥에 있다는 것이다. 예를 들면 공학 분야의 직장이나 영업직 등을 포함한 모든 직장에서 이타형은 생산성이 가장 낮은 축에 낀다. 다른 사람들 도와주기에 바쁘다 보니 정작 자기 자신의 일을 제대로 못 하거나 고객에게 무엇이 최선인지에 몰두하다 보니 공격적으로 판촉을 하지 못한다. 똑같은 양태가 의과대학에서도 나타나는데, 성적이 가장 나쁜 학생들은 대개 이타형이다.

그렇다면 이기형들이나 계산형들이 성공의 사다리에서 최상층을 차지할까? 둘 다 아니다. 자료를 종합해보면 놀랍게도 꼭대기 층도 이타형들이 차지한다. 예를 들어 가장 생산성이 높은 엔지니어들을 자세히 살펴보면, 이들은 이타형이라는 증거가 나온다. 의학 분야에서도 마찬가지다. 저학년에서는 이타형들이 바닥을 기지만 학년이 높아짐에 따라 교대근무라든가, 환자 관리 등과 같은 팀워크와 서비스 정신의 비중이 커짐에 따라 이타형들이 약진하고 상층부를 차지하게 된다. 영업 분야에서도 비슷한 양태가 나타나는데, 평균적으로 이타형들이 이기형이나 계산형들보다 50퍼센트 더 많은 판매성과를 올린다.[5]

한 가지 분명히 해둘 것은, 그 세 유형의 사람들 모두 성공할 수 있고 실제로 성공한다는 것이다. 다만, 성공했을 때 나타나는 현상이 다르다. 이기형은 남을 이기려는 의지가 너무 강하고 지나치게 자기 몫을 챙기기 때문에 이들이 성공했을 때는 통상 패자가 나타나기 마련이다. 다시 말해 손해를 보는 사람이 나타난다는 것이다. 따라서 이기형이 성공했을 때는 사람들이 그를 시기하며 그를 끌어내리려고 한다. 이타형은 다른 사람도 성공하고 자신도 성공하는 '원윈win-win' 전략을 추구한다. 그래서 이타형이 성공했을 때는 다른 사람들도 성공하며 그 성공이 주변으로 퍼져나간다. 즉, 파급효과ripple effect를 수반한다. 따라서 이타형이 성공하면 사람들은 그를 적극 성원하고 지지하며 같이 일하고 싶어한다. 그래서 이타형의 성공은 오랫동안 지속될 뿐만 아니라 날이 갈수록 더욱더 성공하는 경우가 많다.

초연결사회와 보통사람의 시대

이타형이 친선과 신뢰를 쌓는 데는 오랜 시간이 걸리지만 결국은 좋은 평판과 좋은 인간관계를 확립하면서 성공의 확률을 크게 높인다. 우리나라의 문재인 대통령은 이타형으로 알려져 있으며, 미국에서는 링컨 대통령이 정치가로서 대표적인 이타형이었다고 한다. 링컨 대통령 당시와 같이 오래전에는 이타형이 사회적으로 인정받는 데 오랜 시간이 걸렸다. 하지만 오늘날과 같은 초연결사회에서는 좋은 인간관계나 좋은 평판이 더 가시적이라서 이타형들이 사회적으로 인정받는 시간도 크게 단축된다. 더욱이 오늘날에는 시민사회뿐만 아니라 사기업들이나 공기업들도 점점 더 빈번히 팀워크를 활용하므로 이타형들은 더욱 빛을 발하게 된다. 팀워크에서는 정보를 잘 교환하고, 인기 없는 과업을 마다하지 않으며 기꺼이 남을 도와주는 이타형이 팀의 성공에 크게 기여하기 때문이다. 이타형은 남의 문제를 풀어주고 도와주는 과정에서 자기 자신도 지식과 기능을 습득할 수 있기 때문에 한층 더 똑똑해진다.

현실에서는 이타형과 이기형을 구분하기 어려울 수도 있다. 대체로 사람들은 이기형을 경계하기 때문에 약은 이기형은 이타형이나 계산형의 탈을 쓴다. 대부분의 사람이 "당신은 이기적인 인간이야!"라는 평가를 받기 싫어한다. 하지만 아무리 가식을 해도 냄새를 숨길 수는 없다. 따라서 조금만 주의를 기울이면 가면을 쓴 이기형을 쉽게 알아낼 수 있음을 밝혀낸 연구도 있다. 이것을 보면 우선 이기형은 말투부터 남다르다. 이기형들은 '우리, 우리의 것, 우리의, 우리에게' 등 1인칭 복수대명사보다는 '나, 나의 것, 나의, 나 자신' 등 1인칭 단수대명사를 보통사람들보다 훨씬 더 많이 쓴다. 이들은 자신의 능력을 과시하기 위해 자기선전과 과장을 잘한다. 대체로 이기형들은 동료나 아랫사람에게는 가혹하거나 인색하면서 상사나 이용가치가 있는 사람들에게는 극진하다. 따라서 영향력이 있는 사람들은 이기형에게 호감을 가지게된다. 이기형은 남보다 훨씬 더 많은 몫을 차지하는 것을 당연하게 여기므로 다른 사람들에게 최대한 많은 것을 요구한다. 기업에서 이기형최고경영자는 부하 직원들보다 월등히 높은 보수를 요구한다. 따라서부하 직원들과의 연봉 차이가 이기형을 판별함에 있어서 상당히 믿을만한 신호가 된다는 조사 결과도 있다. 이기형은 동료들이나 아랫사람들이 자신을 어떻게 생각하는지에는 별 관심이 없다. 그래서 시간이흐를수록 동료나 아랫사람들과의 관계 또는 평판이 나빠지면서 이것이 네트워크를 타고 빠르게 퍼진다. 입소문은 이기형을 단죄하는 효과적인 수단이 된다.

오늘날 정보통신 기술의 발달 덕분에 이기형이 흘리는 신호를 잡기가 과거보다 훨씬 쉬워졌고, 따라서 이기형들이 이타형의 가면을 쓰고사람들을 속여먹기가 어려워지고 있다. 인터넷을 검색하면 우리가 접촉하는 사람의 평판에 대한 정보를 쉽게 얻을 수 있다. 몇 가지 간단한지식만 가지고 있으면 누구나 놀라울 정도로 정확하게 이기형을 판별할 수 있다. 어떤 사람이 이기형이라는 정보가 퍼지면, 사람들은 그에대한 신뢰를 접고 이용당하지 않으려고 경계한다. 따라서 이타형과는반대로 이기형은 다른 사람들의 도움을 많이 받기가 점점 더 어렵게된다.

4C를 함양하자

기술진보가 빠르게 진행되고 인공지능 로봇과 기계가 급속하게 인간의 노동을 접수함에 따라 자연히 제기되는 질문은 "앞으로 기술발전의 영향을 가장 덜 받으면서 인간의 몫으로 남아 있을 가능성이 높은 분야는 어떤 분야일까?"이다. 인간은 사회적 동물이라고 하는데, 바로 그 사회성이 많이 요구되는 분야가 그런 분야일 것이라는 데 많은 학자의 의견이 모이고 있다. 산업현장에서 일하는 다수의 최고경영자를 상대로 실시한 설문조사에서도 비슷한 대답이 돌아왔다. 이들의 대답에는 해박한 지식이나 기업가적 영리함, 분석력 등 좌뇌의 기능에 관한 것은 없었다. 그 대신 그들이 최우선적으로 꼽은 것은 인간관계 형성, 팀 짜기, 협동적 창조성, 문화적 감수성, 사람관리 능력 등 주로 우뇌 기능에 관한 것들이었다.[6] 이런 점에서 보면, 산업혁명 여명기 이래 우리 인간의 성공 여부의 상당 부분이 얼마나 컴퓨터처럼 해박하고 정확하고 빠르게 생각하고 행동하느냐에 달려 있었다는 것은 아이러니다.

모든 것이 풍부해지고 저렴해지는 사회에서 여전히 희소가치를 유지하거나 오히려 비싸지는 것은 고급 위락, 고급 음식점, 고급 문화활동, 여행, 기타 각종 여가활동 등 복사할 수 없는 인간 체험에 관한 것이나 유아 돌보기, 건강 서비스, 교육 등 대면 서비스들일 것이다. 다시 말해 인간적 상호관계에 크게 의존하는 부문이 앞으로 번성한다는 것이다. 이제는 얼마나 많이 아느냐보다는 얼마나 인간적이냐가 더 큰 성공의 열쇠가 되고 있고, 사람들 사이의 깊은 상호 교류를 형성하는 기능이 생존과 번영에 점점 더 중요한 요소가 되어가고 있다.

미래를 내다보는 교육자들이 던지는 질문은 "인간이 인공지능 로봇이나 기계보다 더 잘할 수 있는 일이 무엇일까?"이다. 이 질문에 대한 대답은 간단하다. 인간은 인간적인 면에서 더 우월하다. 인간적이 되는 것은 비판적으로 사고하는 것이며, 협력하는 것이고, 소통하는 것이며, 창의적이 되는 것이다. 그래서 교육자들은 미래 디지털 시대에 필요한 역량을 이른바 '4C'로 표현하고 있다. 즉, 비판적 사고critical mind, 의사소통communication 능력, 협동cooperation 능력, 창의성creative이 바로 그것이다. 물론 이 네 가지 역량은 인간 사회에서 언제나 가치 있는 것이지만, 미래 디지털 시대에는 특히 더 큰 가치를 가지게 된다. 그래서 그 네 가지 역량을 디지털 시대의 '성공의 열쇠'라고 표현하는 학자도 있다. 왜 그런지 하나씩 살펴보자.

비판적 사고방식을 가지고 있다는 것은 문제의식을 가지고 있다는 뜻이다. 어떤 문제의식을 가지고 있느냐를 보면 사람 됨됨이를 알 수 있다. 위대한 사람은 위대한 문제로 고민하며, 쩨쩨한 사람은 쩨쩨한 문제로 고민한다. 미래에 비판적 사고가 중요해지는 이유는, 인공지능 로봇이나 기계의 한계 때문이다. 우선, 인공지능 컴퓨터는 무엇이 문제인지는 잘 모른다. 그저 우리가 묻는 것에 대답만 할 뿐 질문은 하지 못한다. 그러나 인간은 다르다. 인간은 우리가 추구해야 할 목적이 무엇이며 당면한 문제가 어떤 것인지를 끊임없이 생각한다. 인공지능 컴퓨터가 아무리 발전하더라도 이런 것은 결국 우리 인간이 결정할 수밖에 없고, 최선의 해결책을 선택하는 것도 오롯이 인간의 몫이다.

초연결사회와 보통사람의 시대

우리는 흔히 오직 인간만이 창조적인 존재라고 생각한다. 하지만 정보통신 기술이 발달함에 따라 인공지능 컴퓨터도 창조적임을 보이고 있다. 예를 들면 아직까지 인간이 만들어내지 못했음직한 맛있는 요리를 만들어낸 로봇이 있고, 음악을 작곡하는 컴퓨터도 있다. 컴퓨터가 그린 그림도 있고 컴퓨터가 쓴 시도 있다. 축적된 빅데이터를 분석함으로써 인공지능 컴퓨터는 우리 인간이 미처 알지 못했던 사실을 밝혀내기도 한다. 사람들을 즐겁게 하고 열광하게 만드는 요소가 무엇인지를 가까운 장래에 인공지능 컴퓨터가 빅데이터로부터 알아낸다면, 엄청나게 인기를 끄는 예술작품을 만들어낼 수도 있다.

그렇다고 이제 창조적 활동마저도 인공지능 로봇한테 넘겨야 한다는 것은 아니다. 컴퓨터의 창조성과 인간의 창조성은 다르기 때문이다. 인공지능이 인간의 심금을 울린 명곡들의 빅데이터를 분석하고 조합해 또 하나의 멋진 곡을 만들어낼 수 있을지는 몰라도 감동의 영역을 새로 개척하고 이로부터 명곡을 만들어내지는 못할 것이다. 감동의 영역은 매우 다양하다. 대중가요에 열광하는 사람도 있고, 클래식 음악에 감동하는 사람도 있고, 국악에 매료되는 사람도 있다. 감동을 주는 내용이 변하기도 한다. 참으로 위대한 예술가는 그 변화를 앞서 나간다. 과연 인공지능 컴퓨터가 그 섬세한 감동의 영역을 일일이 다 쫓아갈 수 있을지 의심스럽지만, 설령 그렇다고 하더라도 위대한 예술가처럼 변화를 앞서 나가지는 못할 것이다. 이것이 인간만의 창조성을 내세우는 하나의 이유다.

인간의 감성은 예술적 영역과 관련될 뿐 아니라 윤리의 영역과도 관련된다. 윤리적 판단은 공감 능력에서 출발한다. 잔인한 폭행을 당하는 사람을 보면, 대부분의 사람은 소름 끼친다는 반응을 하게 마련이다. 이것이 그 행위에 대한 비판의 출발점이 된다. 선한 행동은 타인에게 유익한 결과를 초래하고, 따라서 승인의 감정을 불러일으켜 윤리적 칭찬의 토대가 된다. 윤리적 판단 능력을 가지려면 감성이 있어야 한다. 인공지능 로봇은 감성을 가질 수 없으므로 윤리적 판단 능력을 자생적으로 발전시킬 수 없다. 다시 말하면 로봇은 옳고 그름을 판단하는 능력을 자체적으로 함양할 수 없다는 것이다.

가장 가치 있는 창조활동은 우리가 일상에서 당면하는 실제 문제의 해결을 겨냥한 것들이다. 앞에서 지적했듯이 인공지능 컴퓨터는 우리 인간이 당면한 문제가 무엇인지 잘 알지 못한다. 더욱이 우리 인간의 목적이나 인간이 당면한 문제는 늘 바뀌는데, 컴퓨터는 일일이 이것을 따라가지 못한다. 그래서 가장 가치 있는 창조활동은 앞으로도 인간의 몫으로 남을 것이다. 많은 경우, 우리가 당면한 문제를 파악하고 이를 해결하기 위한 좋은 아이디어를 떠올리는 일은 사람들이 직접 대면해서 자유롭게 교류할 때 잘 이루어진다. 구글에 근무할 때 이것을 절실히 실감한 마리사 마이어Marissa Mayer는 야후Yahoo의 새 최고경영자로 취임하자마자 전 직원에게 재택근무를 그만두고 회사에 나와서 근무할 것을 요구했다.[7] 집단의 형성, 구성원들 사이의 활발한 교류와 협동은 창조적 활동에도 큰 도움이 된다.

앞으로 디지털 시대에 시민사회가 크게 부상함에 따라 의사소통 능력은 훨씬 더 중요해질 것이다. 앞에서 강조했듯이 우리 사회의 다른 영역과는 달리 시민사회에서 수행되는 행위들은 대부분 직접적 대화를 통해 조정되거나 해결된다. 의사소통이 제대로 이루어지지 않으면 시민사회가 제대로 작동할 수 없다. 시민사회가 제 기능을 충분히 발휘하는 데 절실히 요구되는 의사소통은 아무런 강압이나 강제가 없는 상태에서 모든 사람이 동등한 자격으로 자유롭고 진솔하며 성실하게 수행하는 대화, 달리 말하면 '참된 의사소통'을 의미한다. '참된 의사소통'은 공감 능력을 바탕으로 하며 상대방을 '수단이 아니라 목적'으로 대우하는 것을 전제한다. 위르겐 하버마스^{Jürgen Habermas}는 바로 그런 의사소통이 '참된 상호이해'를 유도하며 행위 조정이 합리적으로 이루어질 수 있다고 보았다.[8] 사회 문제가 터질 때마다 '대화를 통해 합리적으로 해결하자'는 말이 부쩍 늘어나고 있다는 사실은 우리 사회에서 참된 의사소통의 절실함을 반증한다. 우리 사회에서 세대 간 갈등이나 보수 진영과 진보 진영 사이의 갈등의 골이 날이 갈수록 깊어지고 있는데, 이는 '참된 의사소통'이 없기 때문이다. 우리 사회의 통합을 위해서라도 '참된 의사소통'이 폭넓게 이루어져야 하며, 따라서 이를 위한 시민사회의 역할이 매우 중요하다. 이는 앞으로 '참된 의사소통' 능력을 갖춘 사람들의 역할이 막중해질 것임을 의미한다.

일단 집단이 당면한 문제가 파악되고 최선의 해결책이 나왔다고 하더라도 이것을 효과적으로 수행하기 위해서는 사람들 사이의 협동이 중요하다. 협동이 잘되기 위해서는 구성원들 사이의 인간관계가 중요하고 협동의 분위기를 조성하는 리더십도 필요하다. 리더십을 발휘하려면 우선 구성원들의 얼굴 표정과 음성 등을 관찰함으로써 그들이 어떤 감정 상태에 있는지를 알아내야 한다. 물론 이런 일을 컴퓨터가 점점 더 능숙하게 해내는 것은 사실이다. 하지만 구성원들을 다독이고 설득해서 이들을 원만하게 이끌어나가는 데는 그것만으로 부족하다. 설득하고 이끌어나가는 리더십은 사람의 몫이다.

미래를 위한 교육

이와 같이 공감 능력과 4C가 중요해지고 있음에도 오늘날 우리의 교육 환경이 이것을 제대로 함양하고 있는지는 매우 의심스럽다. 세계은행의 2018년도 「세계개발보고서World Development Report」는 세계적으로 교육에 대한 투자가 지속적으로 증가하는데도 많은 아이들이 미래 디지털 시대에 적합한 학습을 받지 못하고 있음을 지적하고 이런 상황을 '학습위기'로 규정했다. 사실, 학습위기에 대한 범지구적 논의가 촉발된 것은 제4차 산업혁명이라는 화두를 던졌던 2016년 다보스포럼이었다. 지금 초등학교에 입학하는 학생들의 약 65퍼센트가 미래 사회에 진출했을 때 현재에 존재하지 않는 직업을 가지게 될 것이라는 다보스포럼의 예측은 많은 교육 전문가와 정책 담당자들에게 큰 충격을 안겨주었다. 달리 말하면 우리 차세대의 대부분이 여전히 곧 사라질 직업을 위한 교육을 받고 있다는 것이다. 세계은행도 이것이 세계적 문제이며, 인류의 미래와 직결된 문제라고 인식하기 시작한 것이다.

지금까지의 전형적인 교육의 모습은 제1, 2차 산업혁명 이후 세계로 확산된 공장의 대량생산 체제와 매우 흡사하다. 다시 말해 교사 한 명이 학생 20~30명, 때로는 60명 이상도 수용하는 교실에서 각각 다른 역량과 수요를 가진 학생들에게 정형화된 똑같은 학습 내용을 획일적으로 전달하는 체제였다. 문제는 이런 대량생산 체제와 유사한 교육방식이 지금까지 큰 변화 없이 유지되면서 미래 디지털 시대의 요구에 크게 뒤지게 되었다는 것이다. 세계적으로 향후 10년의 변화는 과거 100년의 변화보다 클 것이며, 학습에서 향후 50년의 변화는 과거 5,000년의 변화보다 더 많을 것이라고 한다. 앞에서 살펴보았듯이 오늘날 기업 부문에서는 생산방식이 과거의 획일적 대량생산 체제에서 맞춤형 대량생산 체제로 변하고 있다. 이제 교육 분야에서도 학생 개개인의 역량과 특성, 기호에 맞는 최적의 교육 내용을 설계한 후 첨단 디지털 기술과 기기를 동원해 누구에게나 저렴하게 제공하는 '대량 맞춤' 교육을 실시해야 한다. 다시 말해 미래 디지털 시대를 대비하는 교육의 방향은 학생 개개인의 능력과 수요에 맞추어 학습기회를 제공하는 '개별화 교육'이라는 것이다.

이미 이런 방향으로 변화가 시작되고 있다. 근래의 정보통신 기술이 교육 분야에도 혁신의 바람을 몰고 온 것은 사실이다. 가장 대표적인 변화로 '무크'(인터넷 공개강좌)와 '혼합 학습blended learning'이 꼽히고 있다.[9] 2000년도 초반 미국 MIT 대학은 많은 사람과 교육을 공유해야 한다는 신념 아래 자신들의 대학 강좌에서 다루는 내용을 인터넷상에 공개했다. 이것이 10년 뒤에 무크라는 형태로 발전했다. 무크는 통상 온라인에서 접할 수 있는 동영상 강의와 달리 대학 수준의 교육 내용을 동영상으로 제공하고 학점과 학위까지 부여할 수 있다. 우리나라에서도 국가평생교육진흥원의 주도로 서울대학교, 카이스트 등 여러 대학에서 무크 강좌를 구축해 활용한 이래 수강생 수와 강의의 수가 증가하고 있다. 이제는 과거에 접근할 수 없었던 강의와 지식을 누구나 쉽게 무료로 접근할 수 있게 되면서 지식의 민주화가 가능해지고 있다.

그러나 무크식의 교육방식은 고등교육 전반에 적용될 수 있는 방식이라기보다 매우 특화된 영역에 더 적합한 방식이라는 평가도 있다. 이를테면 공학적 지식에 대한 인증서를 제공하는 직업교육에 적합하다는 것이다.[10] 그렇다면 실업자들의 재교육에 대한 수요가 급증할 것으로 예상되는 미래에 무크식의 교육방식이 큰 역할을 할 수 있을 것이다. 앞에서 살펴보았듯이 빠른 기술진보와 노동시장의 유연화에 따라 생애주기 동안 여러 번의 직업 이전과 직종 전환이 불가피하다. 이러한 변화에 따라 단순한 지적 호기심의 충족이나 여가활동을 위한 평생학습이 아니라 제2, 제3의 경제생활을 위한 새로운 지식과 기술 습득이 필요해졌다. 새로운 직업교육은 기존의 평생학습 체계에서 제공하던 내용과는 전혀 다른 교육 내용을 요구할 것이다.

일반적으로 '혼합 학습'이라고 하면 기본적으로 온라인 학습과 오프라인 대면 학습을 섞는 방식을 지칭한다. 여기에도 여러 가지가 있을 수 있는데, 가장 주목받는 것은 이른바 '역진행 학습flipped learning'이다. 역진행 학습이란 강의 내용을 미리 온라인으로 보내면 학생이 집에서 시청하면서 스스로 공부한 다음 교실에 와서는 선생님에게 질문도 하고 문제를 풀기도 하는 방식으로 진행되는 학습이다. 2011년『사이언스』지에 실린 한 논문에 따르면 역진행 학습의 학업 성취도가 전통적 학습에 비해 더 높은 것으로 나타났다.[11] 무크가 교육을 전달하는 범위를 넓히는 길을 열었다면, 역진행 학습은 교육 전달의 효과를 높이는 길을 열었다고 할 수 있다. 역진행 학습을 비롯한 혼합 학습을 통해 기대할 수 있는 또 하나의 중요한 효과는 학습 데이터의 수집이다. 역진행 학습방식은 학생들의 학습 상황을 정밀하게 관찰하는 기술이 뒷받침되어야 한다. 학습 관련 수강생들의 상황을 다양하게 관찰할 수 있으면 그만큼 더 적절한 맞춤형 교수법을 고안해낼 수 있을 것이다.

이와 같이 근래의 첨단 기술이 교육의 혁신을 초래하고 있다고는 하지만, 대체로 보면 디지털 기술을 교육에 활용하는 측면이나 그 성과에 관심이 집중되어 있는 듯한 인상을 준다. 물론 그런 기술적인 측면도 중요하지만 전달하려는 교육의 내용도 중요하다. 그러나 현재의 교육은 미래 디지털 시대에 필요한 내용이 아니라 과거 20세기 산업화 시대에 적합한 표준화된 지식을 전수한다. 아무리 첨단 기술과 첨단 기기로 무장한들 현재의 구시대 교육 내용으로는 가까운 장래에 직업을 찾을 수 없는 근로자들만 양산하게 될 것이다. 물론 직업 찾기가 교육의 유일한 목표는 아니다. 어떻든 지금의 학생들이나 피교육자들이 맞이하게 될 미래의 사회에서 활발하게 활동할 수 있도록 이들을 제대로 대비시켜야 한다. 따라서 이것이 교육의 목표가 되어야 할 것이다. 이 목표를 달성하기 위해서는 현재의 교육 내용이 어떠한 것이 되어야 하며, 이것을 어떻게 효과적으로 전수할 것인지를 진지하게 모색해야 한다. 그러나 이에 대한 논의는 그리 활발하지 못한 채 미래의 과제로 남겨진 상태다. 물론 이 과제가 결코 쉬운 일은 아니다.

　그러나 미래 디지털 시대는 일반 대중의 시대요, 시민사회의 시대이며, 집단활동의 비중이 점점 더 커지는 시대라는 점을 생각해야 한다. 그리고 그런 시대에 각 개인이 제대로 활동하고 성공하기 위해서 갖추어야 할 역량과 자질에 관해서는 이미 전문가의 권고사항도 나와 있다. 예를 들면 앞에서 자세히 설명한 공감 능력, 이타형 성격, 4C 등이 그것이다. 좀더 구체적으로 말하면, 급격한 기술변화에 끊임없이 적응해야 하므로 스스로 학습하는 역량, 여러 사람과 팀을 이루어 새로운 것을 만들어낼 줄 아는 창조적 문제해결 능력, 소통을 기반으로 한 협동 역량 등이다. 엄청나게 증가하는 다양한 정보를 분석하고 활용할 수 있는 능력, 첨단 과학이나 공학의 기본 원리를 이해하는 능력도 중요하다. 학생에게 정답을 가르치기만 할 것이 아니라 스스로 문제를 제기하고 새로운 것을 만드는 역량도 키워야 한다. 그렇다면 이런 것들의 함양이 앞으로 교육 내용의 중요한 한 부분이 되어야 할 것이다.

　문제는 지금 자라나는 세대를 가르치는 교육자나 기성세대 자신이 다가올 디지털 시대를 경험해보지 못했고, 그에 대해 충분히 준비되지 않았다는 점이다. 그러므로 시민사회가 우선적으로 수행해야 할 일은, 지금의 입시 위주 교육이 결코 미래 디지털 시대에 필요한 인재를 양성할 수 없다는 국민적 공감대를 형성하는 것이다. 그리고 이를 출발점으로 삼아 디지털 시대에 대비해 어떠한 역량과 자질을 갖춘 인재를 양성해야 하는지에 관해서도 국민적 공감대를 형성하는 것이다. 공감 능력, 이타형 성격, 4C 등 앞에서 구체적으로 살펴본 내용들은 이런 국민적 공감대 형성을 위한 공론화 과정에 좋은 토론자료가 될 것이다. 교육을 학교에만 맡길 수는 없다는 것도 분명하다. 우선 학부모부터 입시 위주의 낡은 사고방식에서 벗어나야 한다. 미래 디지털 시대는 현재와는 판이하게 다르며, 따라서 그런 시대를 잘 살아가기 위해서 필요한 역량과 자질은 현재의 그것과는 사뭇 다르다는 점을 분명히 인식해야 한다. 수많은 학자가 지적하듯이 미래에는 얼마나 많이 아느냐보다는 얼마나 인간적이 되느냐가 매우 중요하다.

서두에서 자세히 살펴보았듯이 기술진보와 시장의 힘이 대세를 형성하면서 대량실업이 불가피하며 이것이 재앙이 아닌 축복이 되게 하려면 우리는 새로운 길을 모색해야 한다. 그 첫걸음은 현재 우리의 사고방식과 우리가 과거로부터 물려받은 제도가 그 새로운 길의 개척에 큰 걸림돌이 되고 있음을 솔직히 인정하는 것이다. 그리고 이를 바탕으로 참된 탈노동의 시대가 실현되도록 국민적 공감대를 형성하고 제도적 여건을 조성하는 것이다. 물론 여기에는 교육 제도의 개혁도 중요한 한 부분이다.

머리말

1 이에 관한 자세한 내용은 다음 문헌 참조: 이근 외(2019), 『디지털 사회 2.0』, 경기도 파주시: 21세기북스.

2 Schwab, Klause(2016), *The Fourth Industrial Revolution*, U. K.: Penguin Random House.

1부 대량실업의 시대가 온다

1장 대량실업의 시대가 온다

1 가이 스탠딩(2014), 『프레카리아트』(김태호 옮김), 경기도 고양시: 박종철출판사, 36쪽.
더 구체적 내용은 다음 문헌 참조: 한나 아렌트(1958), 『인간의 조건』(이진우·태정호 옮김), 경기도 파주: 한길사.

2 한나 아렌트(1958), 위의 책.

3 팀 던럽(2016), 『노동 없는 미래*Why Future is Workless*』(엄성수 옮김), 서울: (사)한국물가정보, 제6장.

4 『한국경제』, 2018년 10월 8일자.

5 『한겨레』, 2018년 5월 27일자.

6 유발 하라리(2018), 『21세기를 위한 21가지 제언』(전병근 옮김), 서울: 김영사, 71쪽.

7 Kelly, Kevin(2016), *The Inevitable*, New York: Penguin Books, pp. 15~17.

8 다음 논문에서 재인용한 것임: 황농문(2018), 「4차 산업혁명과 창의성 교육」, 『철학과 현실』 119호(겨울호).

9 『동아일보』, 2019년 7월 24일자에서 재인용.

10 유발 하라리(2018), 앞의 책 60쪽.

11 한나 아렌트(1958), 앞의 책, 53쪽.

12 유발 하라리(2018), 앞의 책, 45쪽.

13 Schwab, Klause(2016), *The Fourth Industrial Revolution*, U. K.: Penguin Random House.

14 정확하게 말하면, 10억 원어치의 최종 수요를 충족시키기 위한 생산이 전후방 연쇄 효과를 통해 유발하는 취업자의 수를 말한다.

15 한국은행 『조사통계 월보』 2019년 6월호, 「노동시장 분석: 고용상태 전환률을 중심으로」.

16 한국노동연구원, 『노동리뷰』 2019년 8월호.

17 『경향신문』, 2018년 12월 21일자.

18 유발 하라리(2018), 앞의 책, 68쪽.

2장 대량실업의 시대는 왜, 어떻게 오는가

1 『조선일보』, 2019년 6월 7일자.

2 『한겨레』, 2017년 1월 3일자.

3 오호영(2018), 「4차 산업혁명이 직업구조에 미치는 파장과 교육훈련 과제」, 『노사공포럼』 2018년 제2호(통권 46호).

4 C. B. Frey와 M. A. Osborne의 연구보고서. 다음 문헌에서 인용한 것임: 팀 던럽(2016), 앞의 책.

5 팀 던럽, 위의 책.

6 『한겨레』, 2016년 10월 25일자.

7 팀 던럽, 앞의 책.

8 미국의 총 은행원의 수가 2007년에 정점을 찍은 후 거의 20퍼센트가 감소했다. 앤드루 맥아피, 에릭 브린욜프슨(2018), 『머신·플랫폼·크라우드』(이한음 옮김), 경기도 파주시: 청림출판사.

9 팀 던럽, 앞의 책, 제3장.

10 팀 던럽, 위의 책, 제3장.

11 Rifkin, Jeremy(2014), *The Zero Marginal Cost Society*, New York: St. Martin's Griffin.

12 다음 문헌에서 인용한 것임: 필립 E. 워스월드(2018), 『코드경제학』(이영래 옮김), 서울: 동아앰앤비, 234쪽.

13 이에 대한 자세한 논의는 다음 문헌 참조: 이정전(2017), 『주적은 불평등이다』, 경기도 고양시: 개마고원.

14 『조선일보』, 2017년 12월 9일자.

15 한국은행(2018), BOK 이슈 노트, "온라인거래 확대의 파급효과 및 시사점".

16 김석준(2018), 『4차 산업혁명 이후의 미래』, 서울: 바른북스, 51쪽.

17 『조선일보』, 2018년 6월 28일자.

18 다음 문헌에서 재인용: 앤드루 맥아피, 에릭 브린욜프슨, 앞의 책.

19 오호영(2018), 앞의 논문.

3장 중세 신분사회 시대로 회귀?

1 가이 스탠딩(2014), 앞의 책, 38쪽.

2 1990년대 중반 이후 OECD 회원국에서 창출된 새로운 일자리의 50퍼센트가 시간제, 임시직 등 비정규직이었다.

3 가이 스탠딩(2014), 44쪽.

4 새라 케슬러(2019), 『직장이 없는 시대가 온다』(김고명 옮김), 서울: 더퀘스트.

5 『경향신문』, 2018년 9월 6일자.

6 다음 문헌 참조: Piketty, Thomas(2014), *Capital in The Tweety-First Century*, Cambridge: The Belknap Press of Harvard University.

7 Deaton, Angus(2013), *The Great Escape*, Princeton: Princeton University Press, Chapter 7.

8 리처드 돕스, 제임스 매니카, 조나단 워첼(2016), 『미래의 속도』(고영태 옮김), 서울: 청림출판.

9 문병로(2019), 「인공지능, 우리는 어디쯤?」, 『공존과 지속』.

4장 전문가의 시대는 저물고 있다

1 Doran, C. V.(1991), *History of Knowledge*, New York: Ballantine Books, pp. 137~143.

2 앤드루 맥아피, 에릭 브린욜프슨(2018), 앞의 책, 44쪽.

3 최인철(2019), 「인공지능을 바라보는 인간의 시설」, 『공존과 지속』, 앞의 책.

4 『조선일보』, 2019년 2월 25일자.

5 Susskind, Richard, Sussiknd Daniel(2015), *The Future of the Professions*, Oxford: Oxford University Press, Chapter 1.

6 『조선일보』, 2017년 12월 12일자.

7 『조선일보』, 2018년 10월 1일자.

8 Colvin, G.(2016), *Humans Are Underrated*, New York: Portfolio/Penguin. Chapter 1.

9 앤드루 맥아피, 에릭 브린욜프슨(2018), 앞의 책, 52~58쪽.

10 Kahneman, D. (2003), "A Perspective on Judgement and Choice: Mapping Bounded Rationality", *American Psychologist*, 58(9), Sept.

초연결사회와 보통사람의 시대

2부 인류의 오랜 꿈, '완전실업'

5장 인류의 오랜 꿈, 모두가 실업자가 되는 '완전실업'

1 CEO스코어(기업경영 분석업체)와 조선일보사가 공동으로 조사한 결과임. 『조선일보』, 2018년 10월 1일자.
2 이정전(2017), 『주적은 불평등이다』, 경기도 고양시: 개마고원.
3 기본소득에 관한 자세한 내용은 다음 문헌을 참조: 강남훈(2019), 『기본소득의 경제학』, 서울: 박종철출판사.
4 김석준(2018), 『4차 산업혁명 이후의 시대』, 서울: 바른북스, 59쪽.
5 남기업(2018), "국토보유세 실행방안", 「기본소득형 국토보유세 토론회」, 10명의 국회의원(강병원, 김경협, 김두관, 김현권, 설훈, 송옥주, 유승희, 정성호, 조정식) 주최, GRI와 경기연구원 주관, 2018년 10월 8일, 국회의원 회관.
6 김윤상 외(2018), 『헨리 조지와 지대개혁』, 경북대학교 출판부.
7 Atkinson, A. B.(2015), 앞의 책.
8 『조선일보』, 2019년 9월 20일자.

6장 노동에 대한 근원적 성찰

1 한나 아렌트(1958), 앞의 책.
2 다음 문헌에서 재인용: 팀 던럽, 앞의 책.
3 팀 던럽, 앞의 책.
4 Rifkin, Jeremy(2014), *The Zero Marginal Cost Society*, New York: St. Martin's Griffin.
5 이에 관한 자세한 논의는 다음 문헌 참조: Sundararajan, Arun(2016), *The Sharing Economy*, Cambridge: The MIT Press.
6 오준호(2017), 『기본소득이 세상을 바꾼다』, 경기도 고양시: 개마고원.

7 팀 던럽(2016), 앞의 책.

7장 디지털 시대

1 Susskind & Susskind, 앞의 책, pp. 164~166.
2 Susskind & Susskind, 앞의 책, p. 273.

8장 보통사람의 시대

1 '국가기후환경회의' 2019년 9월 27일 자문회의 반기문 위원장의 인사말에서 나온 말임.
2 이근 외(2019), 『디지털 사회 2.0』, 경기도 파주시: 21세기북스, 62쪽.
3 에릭 브린욜프슨, 앤드류 맥아피(2014), 『제2의 기계시대』(이한울 옮김), 서울: 청림출판사, 제4장.
4 『한국일보』, 2019년 3월 25일자.
5 이근 외(2019), 앞의 책, 제2장.
6 Rifkin, Jeremy(2014), 앞의 책, 제6장.
7 이창희(2019), 「새로운 시대를 이끌 태양광 에너지」, 『공존과 지속』, 앞의 책.
8 Rifkin, Jeremy(2014), 앞의 책, 제6장.
9 이창희(2019), 「새로운 시대를 이끌 태양광 에너지」, 『공존과 지속』, 앞의 책.
10 Rifkin, Jeremy(2014), 앞의 책, 제6장.

9장 새로운 사회경제질서

1 Sundararajan, Arun(2016), *The Sharing Economy*, Cambridge: the MIT Press, 제1장.

2 문승일(2019),「지속과 공존을 위한 한국 에너지」,『공존과 지속』.

3 홍종호(2019),「에너지 전환을 위한 정부의 책무」,『공존과 지속』.

4 『조선일보』, 2018년 6월 27일자.

5 오스카 랑게Oskar Lange도 이윤율 하락이 초래하는 자본주의의 모순을 알고 있었다. 즉, 기술진보가 체제의 성공요인이면서 결국에는 체제의 족쇄가 된다는 것이다.

6 유발 하라리(2018), 앞의 책, 400쪽.

7 유발 하라리(2014),『사피엔스』, 서울: 김영사, 84쪽.

8 『동아일보』, 2019년 1월 17일자.

9 세라 케슬러(2019),『직장이 없는 시대가 온다』(김고명 옮김), 서울: 더퀘스트, 39쪽.

10 *Social Psychology and Personality Science*에 실린 논문으로 다음 문헌에서 재 인용한 것임.

Colvin, G.(2016), *Humans Are Underrated*, New York: Portfolio/Penguin.

3부 디지털시대를 잘 살아가기

10장 임대문화와 공유경제

1 『시사IN』, "왜 공유경제의 흐름을 타야 할까", 2018년 11월 20일자.

2 Rifkin, Jeremy(2014), 앞의 책, 제13장.

3 『조선일보』, 2018년 11월 15일자.

4 『한겨레』, 2019년 1월 9일자.

5 이에 대한 자세한 내용은 다음 문헌 참조: 이정전(2015),『토지경제학』, 서울: 박영사.

6 Akerlof, G. A. and R. J. Shiller(2009), *Animal Spirits*, Princeton: Princeton University Press, chapter 1.

7 이에 관해서는 다음 문헌 참조: Shiller, R. J.(1990), Speculative Prices and Popular Models, *Journal of Economic Perspectives*, Vol. 4, No. 2, Spring. Shiller, R. J.(2012), *Finance and the Good Society*, Princeton: Princeton

University Press.

8 Garger, P. M.(2001), *Famous First Bubbles*, Cambridge, Mass.: The MIT Press.

9 이에 관한 자세한 내용은 다음 문헌 참조: 이정전(2006), 『경제학을 리콜하라』, 서울: 김영사, 1~15쪽.

10 애니 레너드(2011), 『물건 이야기*The Story of Stuff*』(김승진 옮김), 서울: 김영사, 제4장.

11 피터 레이시Peter Lacy와 제이콥 뤼비스트Jacob Rutquist(2017), 『순환경제의 시대가 온다*Waste to Wealth*』(최경남 옮김), 서울: 전략시티.

12 이계원(2018), 『공유경제』, 경기도 부천시: 부크크, 54~56쪽.

13 피터 레이시와 제이콥 뤼비스트(2017), 앞의 책, 제7장.

14 『한국일보』, 2019년 1월 9일자.

15 이계원(2018), 앞의 책, 64~68쪽.

16 Rifkin, Jeremy(2014), 앞의 책, 제13장.

17 로버트 J. 고든(2016), 『미국의 성장은 끝났는가』(이경남 옮김), 경기도 파주시: 생각의힘.

18 예를 들면 미국의 경우 총요소생산성 상승률이 1955년부터 2007년 사이에는 1.4퍼센트였던 데 비하면 2007년부터 2014년 사이에는 불과 0.5퍼센트였다.
Schwab, Klause(2016), *The Fourth Industrial Revolution*, U.K.: Penguin Random House, 제3장.

11장 일반 대중에 의한 신뢰 구축

1 Fukuyama, F.(1995), *Trust*, New York: Free Press.

2 Tapscott, Don and Alex Tapscott(2016), *Blockchain Revolution*, New York: Penguin Random House LLC.

12장 시민사회의 시대

1 방대한 자료에 바탕을 둔 이 연구는 252개 분야에 걸친 약 2,000만 개의 연구업적들 그리고 지난 30년 동안 모든 종류를 망라한 200만 개의 특허들을 그 증거로 제시하고 있다. Colvin, G.(2016), 앞의 책, 제7장.
2 앤드루 맥아피, 에릭 브린욜프슨(2018), 앞의 책, 제13장.
3 Colvin, G.(2016), 앞의 책, 제7장.
4 Colvin, G.(2016), 위의 책, 제10장.
5 Schwab, K.(2016), 앞의 책, 제3장.
6 Rifkin, J.(2014), 앞의 책, 제14장.
7 Rifkin, J.(2014), 위의 책.
8 『한국일보』, 2019년 6월 26일자.
9 오스트럼(2010), 『공유의 비극을 넘어』(윤홍근·안도경 옮김), 서울: 랜덤하우스.
10 『시카고트리뷴*Chicago Tribune*』지의 논평으로 다음 문헌에서 재인용한 것임: Rifkin, J.(2014), 앞의 책.
11 Rifkin, J.(2014), 위의 책.
12 Rifkin, J.(2014), 위의 책, 제12장.

13장 기술진보의 부작용과 시민사회의 역할

1 Schwab, K.(2016), 앞의 책, 제3장.
2 Kelly, Kevin(2016), 위의 책, 제6장.
3 유발 하라리(2018), 앞의 책, 112쪽.
4 김기현(2019), 「로봇의 인간화, 인간의 로봇화」, 『공존과 지속』.
5 '사이코패스 AI' 탄생, 『조선일보』, 2019년 6월 9일자.
6 애덤 테너(2019), 『보건의료 빅데이터로 영리를 추구하는 기업들』(김재용, 김주연, 이학영 옮김), 서울: 도서출판 따비, 제10장.
7 Rifkin, J.(2014), 앞의 책, 제15장.

8 다음 문헌 참조: Piketty, T.(2014), 앞의 책.

9 다음 문헌 참조: Schwab, K.(2016), 앞의 책, 제3장.

10 새라 케슬러(2019), 앞의 책, 32쪽.

11 Sundararajan, Arun(2016), *The Sharing Economy*, Cambridge: the MIT Press, 제7장.

12 Kaletsky, Anatole(2010), *Capitalism 4.0*, New York: Public Affairs, 제3장.

14장 디지털 시대를 잘 살아가기

1 Grant, Adam(2013), *Give and Take*, New York: Penguin Books, pp. 217~220.

2 Rifkin, J.(2014), 앞의 책.

3 최재봉(2017), 「4차 산업혁명의 기로에 선 우리의 현실」, 『철학과 현실』 113호(여름호).

4 Colvin, G.(2016), 앞의 책, 제4장.

5 Grant, Adam(2013), 앞의 책, 제1장.

6 Colvin, G.(2016), 위의 책, 제3장.

7 Colvin, G.(2016), 앞의 책, 제9장.

8 이에 관한 자세한 논의는 다름 문헌 참조: 이정전(2012), 『시장은 정의로운가』, 서울: 김영사, 제9장.

9 이상구(2019), 「블랜디드 러닝: 교육혁신의 시작」, 『공존과 지속』.

10 최태현(2019), "기술, 사회, 국가와 미래의 교육", 『공존과 지속』, 앞의 책.

11 이상구(2019), "블랜디드 러닝: 교육혁신의 시작", 『공존과 지속』, 앞의 글.